中华传世藏书

【图文珍藏版】

儒家经典

刘凯⊙主编

线装书局

中华传世藏书

儒家经典

图文珍藏本

仪 礼

[春秋] 孔子 ◎ 著

导读

《仪礼》一书形诸文字是在东周时期，而其中所记录的礼仪活动，在成书以前早就有了。这些繁缛的登降之礼，趋详之节，不是孔子凭空编造的，而是他采辑周鲁各国即将失传的礼仪而加以整理记录的。此书材料，来源甚古，内容也比较可靠，而且涉及面广，从冠婚飨射到朝聘丧葬，无所不备，犹如一幅古代社会生活的长卷，是研究古代社会生活的重要史料之一。书中记载的古代宫室、车旗、服饰、饮食、丧葬之制，以及各种礼乐器的形制、组合方式等等尤其详尽，考古学家在研究上古遗址及出土器物时，每每要质正于《仪礼》。《仪礼》还保存了相当丰富的上古语汇，为语言、文献学的研究提供了价值很高的资料。《仪礼》对于上古史的研究几乎是不可或缺的，古代中国是宗法制社，大到政治制度，小到一家一族，无不浸润于其中。《仪礼》对宗法制度的阐述，是封建宗法制的理论形态，要深刻把握古代中国的特质，就不能不求于此。此外，《仪礼》所记各种礼典，对于研究古人的伦理思想、生活方式、社会风尚等，都有不可替代的价值。

士冠礼第一

【原文】

士冠礼。筮于庙门。主人玄冠，朝服，缁带，素韠，即位于门东，西面。有司如主人服，即位于西方，东面，北上。筮与席、所卦者，具馔于西塾。布席于门中，闑西阈外，西面。筮人执策，抽上韇，兼执之，进受命于主人。宰自右少退，赞命。筮人许诺，右还，即席坐，西面；卦者在左。卒筮，书卦，执以示主人。主人受视，反之。筮人还，东面，旅占，卒；进告吉。若不吉，则筮远日，如初仪。彻筮席。宗人告事毕。

主人戒宾。宾礼辞，许。主人再拜，宾答拜。主人退，宾拜送。

前期三日，筮宾，如求日之仪。

乃宿宾。宾如主人服，出门左，西面再拜。主人东面答拜，乃宿宾；宾许主人再拜，宾答拜。主人退，宾拜送。宿赞冠者一人，亦如之。

厥明夕，为期于庙门之外。主人立于门东，兄弟在其南，少退；西面，北上。有司皆如宿服，立于西方，东面，北上，摈者请期，宰告曰："质明行事。"告兄弟及有司。告事毕。摈者告期于宾之家。

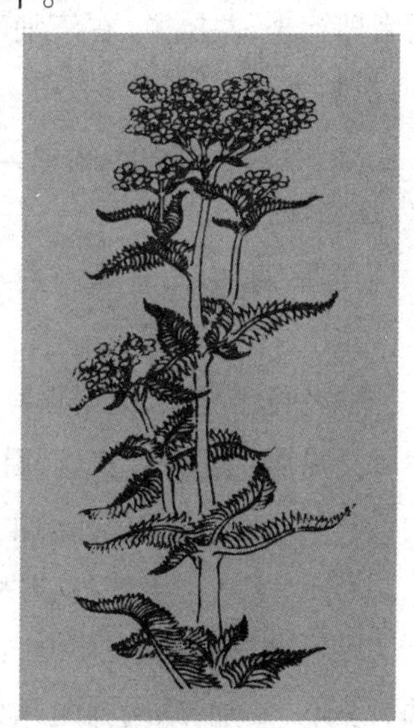
蓍

夙兴，设洗，直于东荣，南北以堂深。水在洗东。陈服于房中西墉下，东领，北上。爵弁服：纁裳，纯衣，缁带，韎韐。皮弁服：素积，缁带，素韠。玄端：玄裳、黄裳、杂裳可也，缁带，爵韠。缁布冠，缺项，青组缨属于缺。缁纚，广终幅，长六尺；皮弁笄，爵弁笄，缁组纮，纁边。同箧。栉实于箪。蒲筵二，在南。侧尊一甒醴，在服北；有篚实勺、觯、角柶，脯醢；南上。爵弁，皮弁，缁布冠，各一匴，执以待于西坫南，南面，东上。宾升则东面。

主人玄端爵韠，立于阼阶下，直东序，西面。兄弟毕袗玄，立于洗东，西面，北上。摈者玄端，负东塾。将冠者采衣，紒，在房中，南面。

宾如主人服，赞者玄端从之，立于外门之外。摈者告。主人迎，出门左，西面，再拜。宾答拜。主人揖赞者，与宾揖，先入。每曲揖。至于庙门，揖入。三揖，至于阶，三让。主人升，立于序端，西面。宾西序，东面。赞者盥于洗西，升，立于房中，西面，南上。

主人之赞者筵于东序，少北，西面。将冠者出房，南面。赞者奠纚、笄、栉于筵南端。

宾揖将冠者，将冠者即筵坐，赞者坐，栉，设缅。宾降，主人降。宾辞，主人对。宾盥，卒，壹揖、壹让、升。主人升，复初位。宾筵前坐，正缅，兴，降西阶一等。执冠者升一等，东面授宾。宾右手执项，左手执前，进容，乃祝，坐如初。乃冠，兴，复位，赞者卒。冠者兴，宾揖之，适房，服玄端爵韠，出房，南面。

宾揖之，即筵坐。栉，设笄。宾盥，正缅如初。降二等，受皮弁，右执项，左执前，进，祝，加之如初，复位。赞者卒纮。兴，宾揖之。适房，服素积素韠，容，出房，南面。

宾降三等，受爵弁；加之，服纁裳韎韐。其他如加皮弁之仪。彻皮弁、冠、栉、筵入于房。

筵于户西，南面。赞者洗于房中，侧酌醴；加柶，覆之，面叶。宾揖，冠者就筵，筵西，南面。宾授醴于户东，加柶，面枋，筵前北面。冠者筵西拜受觯，宾东面答拜。荐脯醢。冠者即筵坐，左执觯，右祭脯醢，以柶祭醴三，兴；筵末坐，啐醴，建柶，兴；降筵，坐奠觯，拜；执觯兴。宾答拜。

冠者奠觯于荐东，降筵，北面坐取脯，降自西阶，适东壁，北面见于母。母拜受，子拜送，母又拜。

宾降，直西序，东面。主人降，复初位。冠者立于西阶东，南面。宾字之，冠者对。

宾出，主人送于庙门外。请醴宾，宾礼辞，许。宾就次。

冠者见于兄弟，兄弟再拜，冠者答拜。见赞者，西面拜，亦如之。入见姑、姊，如见母。

乃易服，服玄冠、玄端、爵韠，奠挚见于君。遂以挚见于乡大夫、乡先生。

乃醴宾，以壹献之礼。主人酬宾，束帛、俪皮。赞者皆与。赞冠者为介。

宾出，主人送于外门，再拜；归宾俎。

若不醴，则醮用酒。尊于房户之间，两甒，有禁，玄酒在西，加勺，南枋。洗，有篚在西，南顺。始加，醮用脯醢。宾降，取爵于篚，辞降如初。卒洗，升酌。冠者拜受，宾答拜如初。冠者升筵坐，左执爵，右祭脯醢，祭酒，兴；筵末坐，啐酒，降筵拜。宾答拜。冠者奠爵于荐东，立于筵西。彻荐、爵，筵、尊不彻。加皮弁，如初仪。再醮，摄酒，其他皆如初。加爵弁，如初仪；三醮，有干肉折俎，哜之，其他如初。北面取脯，见于母。若杀，则特豚，载合升，离肺实于鼎，设扃鼏。始醮，如初。再醮，两豆，葵菹、蠃醢。两笾，栗、脯。三醮，摄酒如再醮，加俎，哜之，皆如初。哜肺。卒醮，取笾脯以降，如初。

若孤子，则父兄戒、宿。冠之日，主人纷而迎宾，拜，揖，让，立于序端，皆如冠主。礼于阼。凡拜，北面于阼阶上，宾亦北面于西阶上答拜。若杀，则举鼎陈于门外，直东塾，北面。

若庶子，则冠于房外，南面，遂醮焉。

冠者母不在，则使人受脯于西阶下。

戒宾，曰："某有子某。将加布于其首，愿吾子之教之也。"宾对曰："某不敏，恐不能共事，以病吾子，敢辞。"主人曰："某犹愿吾子之终教之也。"宾对曰："吾子重有命，某敢不从。"宿，曰："某将加布于某之首，吾子将莅之，敢宿。"宾对曰："某敢不夙兴。"

始加，祝曰："令月吉日，始加元服。弃尔幼志，顺尔成德。寿考惟祺，介尔景福。"再加，曰："吉月令辰，乃申尔服。敬尔威仪，淑慎尔德。眉寿万年，永受胡福。"三加，曰："以岁之正，以月之令，咸加尔服。兄弟具在，以成厥德。黄耇无疆，受天之庆。"

醴辞曰："甘醴惟厚，嘉荐令芳。拜受祭之，以定尔祥。承天之休，寿考不忘。"

醮辞曰："旨酒既清，嘉荐亶时。始加元服，兄弟具来。孝友时格，永乃保之。"再醮，曰："旨酒既湑，嘉荐伊脯。乃申尔服，礼仪有序。祭此嘉爵，承天之祜。"三醮，曰："旨酒令芳，笾豆有楚。咸加尔服，肴升折俎。承天之庆，受福无疆。"

字辞曰："礼仪既备，令月吉日，昭告尔字。爰字孔嘉，髦士攸宜。宜之于假，永受保之，曰伯某甫。"仲、叔、季，唯其所当。

屦，夏用葛。玄端黑屦，青絇繶纯，纯博寸。素积白屦，以魁柎之；缁絇繶纯，纯博寸。爵弁纁屦，黑絇繶纯，纯博寸。冬，皮屦可也。不屦繐履。

记

冠义。始冠，缁布之冠也。太古冠布，齐则缁之。其緌也，孔子曰："吾未之闻也，冠而敝之可也。"

适子冠于阼，以著代也。醮于客位，加有成也。

三加弥尊，谕其志也。冠而字之，敬其名也。

委貌，周道也。章甫，殷道也。毋追，夏后氏之道也。周弁、殷冔、夏收。三王共皮弁素积。

无大夫冠礼，而有其昏礼。古者五十而后爵，何大夫冠礼之有？公侯之有冠礼也，夏之末造也。天子之元子，犹士也，天下无生而贵者也。继世以立诸侯，象贤也。以官爵人，德之杀也。死而谥，今也。古者生无爵，死无谥。

【译文】

士冠礼。选择举行冠礼吉日的仪式在祢庙（父庙）门前举行。主人头戴黑色的冠，身穿朝服，腰束黑色大带系着白色的蔽膝，在门东即位，面朝西而立。有司穿着和主人一样的服装，在门西即位，面朝东而立，以北首为上位。占筮用的蓍草、蒲席和记录卦爻的用具，陈放在门外西堂。在门中（门橛以西，门限之外的地方）铺设蒲席，席面朝西。筮人左手拿着蓍草筒的下端，右手抽出上半截，用左手一起拿着，然后上前向主人请示命筮辞。为什么占筮？宰站在主人右边稍稍靠后的地方，代替主人传命。筮人受命后应诺，右旋（犹如今日之左转），向北走到蒲席前，面朝西坐下，记卦爻者在筮人左侧。占筮完毕，记

卦的人记下所得的卦，由筮人把所得卦象给主人。主人看过后，退还筮人。筮人向西回到原来有司之位，面朝东而立；三位占人根据所得之卦，顺序占问吉凶，占卜完毕然后禀告主人：某日吉利。吉日择定后，有司撤去蓍草和蒲席。由宗人（掌管礼事的人）向主人禀告，筮日的仪式完毕。

主人逐一来到宾家，通报举行冠礼的日期，邀请其届时观礼。被邀者礼貌地推辞一次然后答应。主人行再拜之礼，表示感谢，宾家答拜回礼。主人告退，宾家行拜礼相送。

举行冠礼的前三天，主人用占筮的方式从所通报的宾家中选定一人，作为主持冠礼的正宾。占筮的仪节与筮日时礼节一样。

于是，主人前往邀请正宾。正宾穿着与主人一样的礼服，从门的左边出来，在门左、面朝西以再拜之礼相迎。主人站在门右，面朝东答拜，并致邀请之辞。正宾接受邀请。主人再拜致谢，宾答拜回礼。主人告退，宾行拜礼送。另需邀请一位赞冠者（正宾的助手），仪式同邀请正宾的仪式一样。

邀请正宾的次日黄昏，在庙门外举行约定冠礼时间的仪式。主人站在门东，将冠者的亲戚在主人南侧面稍后一点朝西依次而立，以站在北首者为尊。有司们身穿与主人宿宾时一样的朝服，站在门西，面朝东，以站在北边者为尊。摈者（协助主人行礼事的人）请示明日举行冠礼的时间，宰转达主人的决定说："明天天色初明时开始。"由摈者通告在场的亲戚和有司。

宗人禀告主人，约期仪式完毕。然后，摈者前往各位来宾的家中，通报刚刚约定的时间。

第二天天色初明（主人家开始陈设冠礼所用的器物和衣服），将"洗"（接洗手水用的盆）放在正对着堂东端屋翼的地方；洗与堂的距离，等同堂的纵深。盛水器放在洗的东侧。将冠者的三套衣服，由北而南依次放在东房的西墙下，衣领都朝东，以放在北边的为尊。最北边是爵弁服：浅红色的下裳，黄黑色的上衣，黑色的大带，赤黄色的蔽膝。其次是皮弁服：用白缯制作、腰两侧有褶的下裳，黑色的大带，白色的蔽膝。再往南是玄端服：与玄冠、缁布衣相配的下裳可以有浅黑色、黄色、杂色等三种（依将冠者的身份等级而定），黑色的大带和雀色的蔽膝。冠饰有：戴缁布冠时用的"缺项"，两端系着用青丝带编成的缨；包发用的黑色的帛（宽度与帛的幅宽相等，为二尺二寸，长度则为六尺）；戴皮弁时用的笄；固定爵弁用的笄；颔下的冠带（中间为黑色，两侧有浅红色的边），皮弁、爵弁各有一根；以上六件饰物放在同一个箧（狭长形的竹器）中。梳篦放在箪（圆形的竹器）内。蒲席有两张，放在箪的南面。醴酒单独设在东房内服装的北面。再往北是篚（圆形的竹器，冠礼时专用于盛放酒器），里面放着勺、觯（青铜酒器名）和柶（角制的匕），盛干肉和肉酱的笾豆则又在其北（陈设在爵弁服以北的器物，以南边的为尊）。爵弁、皮弁和缁布

冠，分别陈放在三个匴（竹器名，即后世的冠箱）中，由三位有司拿着，在堂西隅之南面朝南而立，以东首为上位。正宾升堂后，有司要转为面朝东而立。

主人身穿玄端服系着雀色蔽膝，在阼阶下正对着堂上东序的地方，面朝西而立。主人的亲戚身穿衣裳、大带和蔽膝都是玄黑色的服装，在洗的东边面朝西并排而立（以北边的位置为上位）。摈者身穿玄端衣，背朝东塾而立。将冠者身穿彩衣，束着发髻，在东房内面朝南而立。

正宾身穿与主人一样的服装，赞者则穿玄端服，跟随于正宾之后，来到主人家，站在大门外。摈者出门请问正宾为何事而来，然后入门禀告主人。主人遂走出大门，从门左侧面出来迎接，朝西向正宾行再拜之礼。正宾答拜还礼。主人又向赞者拱手行礼，再拱手请正宾入门，然后自己先入门为正宾和赞者引路。每逢转弯处，宾主都拱手行礼。走到庙门前，主人拱手行礼后先入门，正宾和赞者随后。进庙后，主人又像先前那样，三次与正宾拱手行礼，直至走到各自的台阶前。主人三次礼请正宾先登阶，正宾则三次谦让。于是主人先行登阶，并导引正宾登堂，主人站在东序的南端，面朝西；正宾则站在西序的南端，面朝东；宾主相向而立。赞者到洗的西侧就洗盥手后，然后从西阶升堂，进入东房中，面朝西，站在主人赞者南边上位，赞者之位，以南为尊。

主人的赞者在东序为将冠者设席，其位置稍偏北，席面朝西。将冠者出房，站在房外之西，面朝南等待加冠。正宾的赞者将包发用的帛、簪和梳子放在席的南端。站在西序的正宾，向将冠者拱手行礼，请他入席。将冠者即席就座，赞者跟着坐下，为他梳理头发，然后用帛包发。正宾走下西阶准备盥手，主人恐有役使尊者之嫌，也随之走下东阶，正宾请主人留步，主人婉言谦辞。正宾盥手完毕，宾主拱手行礼一次、谦让一次后登阶。主人升堂后，回到东序南端原位。正宾则走到将冠者的席前坐下，亲自扶正将冠者头上包发的帛，然后起身，从西阶走下一级台阶。在西阶下捧持缁布冠的有司则走上一级台阶，面朝东，将缁布冠交给正宾。正宾右手握住冠的后部，左手握着冠的前部，走到将冠者席前，端正自己的容仪，后向将冠者致祝辞，接着像刚才那样坐在席前，亲自为将冠者戴上缁布冠。加冠毕，正宾然后起身，回到西序东面的位置。最后，由正宾的赞者为冠者系好冠缨。冠者起身，正宾拱手行礼。冠者进房，脱去采衣，换上玄端服和微黑色蔽膝，再出房，面朝南而立（表示一加之礼已成，特向众人展示容体）。

正宾向冠者拱手行礼，请他即席坐下。赞者再次为冠者梳理头发、插笄。正宾盥手后，为冠者扶正包发的帛，仪节与始加礼时一样。正宾从西阶走下两级，从捧冠的有司手中接过皮弁，右手握着其后部，左手握着其前端，走到冠者的席前，再致祝辞，将皮弁加于其首，然后回到西序之南。最后，正宾的赞者将冠者颐下的带子系好。冠者起身，正宾拱手示意，请冠者更衣。冠者进东房，穿上用白缯制作的、腰间有褶的裳和白色的蔽膝。赞

者为其端正容体，冠者出房，面朝南而立（二加之礼至此完成）。

正宾从西阶走下三级台阶，从捧冠的有司手中接过爵弁，给冠者加上。冠者进房，穿上浅红色的裳和赤黄色的蔽膝。其他仪节与加皮弁时一样（三加之礼至此完成）。赞冠者和主人赞者将已冠者换下的皮弁、缁布冠以及梳篦、席等撤至房内。

主人赞者在室门之西设席，席面朝南，准备举行醴冠者的仪式。赞者在房中盥手后洗觯，（由于不设玄酒，所以）只往觯中斟醴酒，并把角柶反扣在觯上，大而宽的一端朝前。正宾拱手行礼，请冠者就席，冠者站到席西，面朝南。赞者捧着觯从东房出来，正宾在室门之东接过觯，觯上柶的方向变成柄朝前，然后走到冠者席前，面朝北，向冠者敬醴酒。冠者在席西端，拜过正宾后接觯。正宾回到西序之位，面朝东答拜还礼。赞冠者向冠者进献干肉和肉酱。冠者即席而坐，左手执觯，右手取干肉蘸和肉酱，祭祀先世创造此食者，又用柶挹取觯中醴酒，祭祀先世创造此食者，一共祭三次。然后起身，到席的西端坐下，尝一口醴酒，再把柶插入觯中，表示饮毕。冠者起身离席，又坐在地上，将觯放在席上，为冠礼完成而拜谢正宾，然后回席拿觯，起身。正宾答拜还礼。

冠者将觯放在笾豆的左边，离席，到席的南、面朝北坐下，取笾中的干肉，然后从西阶下堂，折而东行，到东墙那边，从北头的闱门出去，面朝北礼见母亲，并献上干肉，表示敬意。母亲拜而受之。冠者拜送母亲，母亲又回拜。

正宾从西阶下堂，站在正对西序之处，面朝东。主人从东阶下堂，回到正对东序之处，面朝西而立。冠者见过母回来后站在西阶下的东侧，面朝南。正宾为冠者取表字，并致祝辞。冠者对答。

正宾出庙，主人送至庙门外，请求用醴礼敬谢正宾，正宾谦辞后允诺，进入门外更衣处等候。

冠者到洗东礼见兄弟。兄弟向冠者行再拜之礼，冠者答拜还礼。冠者又礼见赞者，面朝西而拜。其后的仪节，与见兄弟时一样。冠者出庙门、入寝门，礼见姑姑和姐姐，仪节和礼如同见母亲时一样。

冠者脱去爵弁服，换上玄冠、玄端和雀色的蔽膝，然后捧着挚去拜见国君。见面时，挚要放在地上（不能亲手交给国君）。接着，又捧着挚分别去拜见卿大夫和乡先生。

于是主人以醴酬谢宾，用壹献之礼。主人又以礼物酬正宾，赠以五匹帛和两张鹿皮（以表谢意）。主人一方的众赞者都参加饮酒。正宾以赞冠者作为副手。

正宾出大门，主人送到门外，以再拜之礼相别，并派人将醴宾用的牲肉送到正宾的家中。

在不用醴礼的地区，则可沿袭其旧俗，用酒行醮礼。在东房与室门之间设两瓶，一为酒，一为玄酒，瓶下都有器座。二瓶以玄酒为尊，故置于西端，瓶上都放有勺，勺柄朝南。

洗设在东边屋檐前，篚在洗西纵向放置，首北尾南。第一次加缁布冠之后，就向冠者行醮礼，赞冠者进上脯、醢；正宾下堂走到洗的西面，从篚中取出爵，准备洗涤。主人下堂时，正宾劝阻的仪节与醴礼相同。正宾洗爵后上堂，自行酌酒。正宾将爵授给在户西席上就座的冠者，冠者面朝南拜受。正宾答拜的仪节，与醴礼相同。冠者回到席正中坐下，左手握着爵，右手取脯醢而祭，又取酒祭，然后起身，到席的末端坐下，尝一口酒，再离席拜谢正宾，正宾答拜还礼。冠者将爵放在笾豆东侧，再站到席的西端，等待正宾的命令。赞冠者撤去笾豆和爵，席和瓬不撤。为冠者加皮弁的仪节与醴礼一样。向冠者第二次行醮礼，酒要搅动，以示整理一新。其他仪节都和醴礼一样。为冠者加爵弁的仪节与醴礼一样。向冠者第三次行醮礼，要进上放有节折的干肉的俎，冠者只尝一口。其他仪节与醴礼一样。冠者面朝北取脯后，去见母亲。

如果行醮礼而杀牲的话，则用一只小猪，放入鼎中以及煮熟后放在俎上时，都要合左右牲体；切开的肺与牲体一起放入鼎中，然后加上鼎盖和杠。始加缁布冠后行醮礼，进脯醢和撤荐爵等的仪节与醴礼一样。第二次行醮礼，则要加两豆（木制盛食器名，状如高足盘）：腌制的秋葵菜和蜗牛酱；两笾：栗和脯。第三次行醮礼时，要整新爵中的酒，如同再醮时那样；此外要增加豚俎，冠者先用肺致祭，如同用脯醢祭先人那样，然后尝一口肺。三醮之礼完毕，冠者取笾中之脯下堂，出闱门礼见母亲，仪节和醴礼一样。

如果是孤子行加冠礼，则由叔伯父或从兄出面通报僚友，并且特邀加冠的正宾。加冠之日，孤子冠者自为主人，梳着发髻，在大门外迎接正宾，面朝西向正宾行再拜之礼，又三次拱手行礼，导引正宾来到阶前，三让之后升堂立于序端，其间仪节与父为冠主时一样。向孤子行醴礼要在阼阶上进行。凡是仪式中的拜礼，孤子冠者都面朝北在阼阶上进行，正宾也面朝北站在西阶上答拜还礼。如果要杀牲的话，则把盛牲肉的鼎陈放在庙门外，正对着东塾的地方，鼎面朝北。

如果是庶子行冠礼，则在房门之外加冠，面朝南，冠毕在原地行醮礼。

冠者的母亲如果因故不能亲与其礼，则可派人到西阶上代替自己接受冠者所送的干肉。

主人向僚友通报行礼的日期时说："某人有子某某，将要加缁布冠于其首，希望您前去教导他。"僚友回答说："某人不才，只怕难以胜任而有辱于尊府，请允许我斗胆推辞。"主人说："某人依然希望您前往教导他！"僚友回答说："您再次发命，某人岂敢不从？"

主人邀请加冠的正宾时说："某人将要加缁布冠于子某之首，您将要光临，冒昧邀请您为加冠的正宾。"正宾回答说："某人岂敢不早早起身前往？"

第一次加冠时，正宾的祝辞说："在这良月吉日，第一次为你加冠。望你从此抛弃童心，谨慎地修养成人之德。愿你长寿吉祥，广增洪福。"

第二次加冠时,正宾的祝辞说:"月份和时辰都很吉祥,再次为你加冠。不要懈怠你外表的威仪,好好慎养你内在的德行。愿你长寿万年,永受洪福。"

第三次加冠时,正宾的祝辞说:"在这吉岁美月,把成人的三种冠都依次加给了你。兄弟们都来参加冠礼,以成就你成人的美德。愿你长寿无疆,受天之赐。"

正宾向冠者敬醴酒时的祝辞说:"甘美的醴酒多么醇厚,上好的脯醢多么芳香。请拜而受觯,祭献脯醢和醴酒,以奠定你的福祥。承受着上天的美福,一直到老,永生不忘!"

正宾第一次向冠者行醮礼时的辞令说:"美酒清澄,祭献真诚。首次加冠,兄弟皆到。谨守孝友,永远保持。"

第二次行醮礼时说:"美酒清澄,脯醢敬献。再次加冠,礼仪井然。祭献佳酒,受天赐福。"

第三次行醮礼时说:"美酒芳香,笾豆整齐。三冠均加,敬献祭品。承天之赐,福佑无边。"

正宾为冠者取表字的辞令说:"礼仪已经齐备,在此良月吉日,宣布你的表字。你的表字无比美好,适宜英俊的男士拥有。适宜就有福佑,愿你永远保有。你的表字就叫'伯某甫'。"排行为仲、叔、季的,字辞也是如此,只是要将"伯"字换成相应的区别字。

行冠礼时,夏天穿用葛做的鞋。穿玄端服,要用黑色的鞋相配,鞋头的装饰,鞋缝的丝带和鞋的镶边都是青色的,镶边宽一寸。穿腰间带褶的白缯裳,要用白色的鞋相配,将大蛤壳研成的粉涂附鞋帮,使之变成白色,鞋头的装饰、鞋缝的丝带和鞋的镶边都是白色的,镶边宽一寸。穿爵弁服,要用浅绛色的鞋相配,鞋头的装饰、鞋缝的丝带和鞋的镶边都是黑色的,镶边宽一寸。冬天行冠礼,可以穿皮革做的鞋。一般不宜穿繐做的鞋,因为这是做丧服用的。

《记》冠礼的意义:第二次加冠,是用缁布做的冠。唐虞以上的太古时代,人们以白布为冠,只有在祭祀时才把它染成黑色。至于说上古的冠是否有 绫饰,孔子说:"我没有听说过有这种东西。"又说:"缁布冠在第一次加冠戴过之后,就可以弃之而不用了。"

嫡子在阼阶上近于主人位置上加冠,是显示将来他是要替代父亲的人。在客位上向他行醮礼,是加礼于有成德者。

三次所加之冠,一次比一次尊贵,这是希望他的德行与日俱进。加冠之后,正宾为他取一个便于称呼的表字,是因为敬重他父母所取的名。

平常戴的冠,三代异制:委貌,是周人服以行道的冠。章甫,是殷人服以行道的冠。毋追,是夏后氏服以行道的冠。祭祀用的冠,周人叫"弁",殷人叫"冔",夏人叫"收"。三代之王都穿戴皮弁和腰间带褶的白缯裳。

没有大夫的冠礼,只有大夫的婚礼。古时年满五十岁才可能有大夫的爵位,而冠礼

是在二十岁时举行的,哪会有大夫行冠礼的道理?诸侯有冠礼,是夏末开始的。天子的世子也行士冠礼,这说明天下没有生下来就尊贵的人。之所以让诸侯的后人继承其先世立为诸侯,是为了让他们能效法先贤。用官位爵人,要以德行高低分等级。

人死以后有谥号,这是今天的做法。古代的士若活着没有爵称,死后则没有谥号。

士昏礼第二

【原文】

昏礼。下达。纳采用雁。主人筵于户西,西上,右几。使者玄端至。摈者出请事,入告。主人如宾服,迎于门外,再拜,宾不答拜。揖入。至于庙门,揖入。三揖,至于阶,三让。主人以宾升,西面。宾升西阶,当阿,东面致命。主人阼阶上北面再拜。授于楹间,南面。宾降,出。主人降,授老雁。

摈者出请。宾执雁,请问名,主人许。宾入,授,如初礼。

摈者出请,宾告事毕。入告,出请醴宾。宾礼辞,许。主人彻几,改筵,东上。侧尊甒醴于房中。主人迎宾于庙门外,揖、让如初,升。主人北面再拜。宾西阶上北面答拜。主人拂几授校,拜送。宾以几辟,北面设于坐,左之,西阶上答拜。赞者酌醴,加角柶,面叶,出于房。主人受醴,面枋,筵前西北面。宾拜受醴,复位。主人阼阶上拜送。赞者荐脯醢。宾即筵坐,左执觯,祭脯醢,以柶祭醴三,西阶上北面坐,啐醴,建柶,兴,坐奠觯,遂拜。主人答拜。宾即筵,奠于荐左,降筵,北面坐取脯,主人辞。宾降,授人脯,出。主人送于门外,再拜。

纳吉,用雁,如纳采礼。

纳征,玄纁束帛、俪皮,如纳吉礼。

请期,用雁。主人辞。宾许,告期,如纳征礼。

期,初昏,陈三鼎于寝门外东方,北面,北上。其实:特豚,合升,去蹄。举肺脊二、祭肺二、鱼十有四、腊一肫。髀不升。皆饪。设扃鼏。设洗于阼阶东南。馔于房中:醯酱二豆,菹醢四豆,兼巾之,黍稷四敦,皆盖。大羹湆在爨。尊于室中北墉下,有禁,玄酒在西,綌幂,加勺,皆南枋。尊于房户之东,无玄酒,篚在南,实四爵合卺。

主人爵弁,纁裳缁袘。从者毕玄端。乘墨车,从车二乘,执烛前马。妇车亦如之,有裧。至于门外。主人筵于户西,西上,右几。女次,纯衣纁袡,立于房中,南面。姆纚笄宵衣,在其右。女从者毕袗玄,纚笄,被纚黼,在其后。主人玄端,迎于门外,西面再拜,宾东面答拜。主人揖入,宾执雁从。至于庙门,揖入。三揖,至于阶,三让。主人升,西面。宾

升，北面，奠雁，再拜稽首，降出。妇从，降自西阶。主人不降送。婿御妇车，授绥，姆辞不受。妇乘以几，姆加景，乃驱。御者代。婿乘其车先，俟于门外。

妇至，主人揖妇以入。乃寝门，揖入，升自西阶，媵布席于奥。夫入于室，即席，妇尊西，南面。媵、御沃盥交。赞者彻尊幂。举者盥，出，除幂，举鼎入，陈于阼阶南，西面，北上。匕俎从设，北面载，执而俟。匕者逆退，复位于门东，北面，西上。赞者设酱于席前，菹醢在其北。俎入，设于豆东。鱼次。腊特于俎北。赞设黍于酱东，稷在其东。设湆于酱南。设对酱于东，菹醢在其南，北上。设黍于腊北，其西稷。设湆于酱北。御布对席，赞启会，却于敦南，对敦于北。赞告具。揖妇，即对筵，皆坐。皆祭，祭荐、黍、稷、肺。赞尔黍，授肺脊。皆食，以湆酱，皆祭举、食举也。三饭，卒食。赞洗爵，酌酳主人，主人拜受，赞户内北面答拜。酳妇亦如之。皆祭。赞以肝从，皆振祭，哜肝，皆实于菹豆。卒爵，皆拜。赞答拜，受爵，再酳如初，无从。三酳用卺。亦如之。赞洗爵，酌于户外尊，入户，西北面奠爵拜，皆答拜。坐祭，卒爵拜，皆答拜。兴。主人出，妇复位。乃彻于房中，如设于用室，尊否。主人说服于房，媵受，妇说服于室，御受。姆授巾。御衽于奥，媵衽良席在东，皆有枕，北止。主人入，亲说妇之缨。烛出。媵馂主人之余，御馂妇余，赞酌外尊酳之。媵侍于户外，呼则闻。

夙兴，妇沐浴，缅笄、宵衣以俟见。质明，赞见妇于舅姑。席于阼，舅即席；席于房外，南面，姑即席。妇执笲枣栗，自门入，升自西阶，进拜，奠于席。舅坐抚之，兴，答拜。妇还，又拜。降阶，受笲服修，升；进，北面拜；奠于席。姑坐举以兴，拜，授人。

赞醴妇。席于户牖间，侧尊甒醴于房中。妇疑立于席西。赞者酌醴，加柶，面枋，出房，席前北面。妇东面拜受。赞西阶上北面拜送。妇又拜。荐脯醢。妇升席，左执觯，右祭脯醢，以柶祭醴三，降席，东面坐，啐醴，建柶，兴，拜。赞答拜。妇又拜，奠于荐东；北面坐取脯；降，出，授人于门外。

舅姑入于室，妇盥馈。特豚，合升，侧载，无鱼腊，无稷。并南上。其他如取女醴。妇赞成祭，卒食，一酳，无从。席于北墉下。妇彻，设席前如初，西上。妇馂，舅辞，易酱。妇馂姑之馔，御赞祭豆、黍、肺、举肺、脊，乃食，卒。姑酳之，妇拜受，姑拜送。坐祭，卒爵，姑受，奠之。妇彻于房中，媵御馂，姑酳之，虽无娣，媵先。于是与始饭之错。

舅姑共飨妇以一献之礼。舅洗于南洗，姑洗于北洗，奠酬。舅姑先降自西阶，妇降自阼阶。归妇俎于妇氏人。

舅飨送者以一献之礼，酬以束锦。姑飨妇人送者，酬以束锦。若异邦，则赠丈夫送者以束锦。

若舅姑既没，则妇入三月，乃奠菜。席于庙奥，东面，右几。席于北方，南面。祝盥，妇盥于门外。妇执笲菜，祝帅妇以入。祝告称妇之姓，曰："某氏来妇，敢奠嘉菜于皇舅某子。"妇拜，扱地，坐奠菜于几东席上；还，又拜如初。妇降堂，取笲菜，入；祝曰："某氏来妇，敢告于皇姑某氏。"奠菜于席，如初礼。妇出，祝阖牖户。老醴妇于房中，南面，如舅姑醴妇之礼。婿飨妇送者丈夫、妇人，如舅姑飨礼。

记

士昏礼，凡行事必用昏昕，受诸祢庙，辞无"不腆"、无"辱"。挚不用死，皮帛必可制。腊必用鲜，鱼用鲋，必殽全。

女子许嫁，笄而醴之，称字。祖庙未毁，教于公宫，三月。若祖庙已毁，则教于宗室。

问名。主人受雁，还，西面对。宾受命，乃降。

祭醴，始扱一祭，又扱再祭。宾右取脯，左奉之，乃归，执以反命。

纳征，执皮，摄之，内文；兼执足，左首；随入，西上；参分庭一在南。宾致命，释外足，见文。主人受币，士受皮者自东出于后，自左受，遂坐摄皮。逆退，适东壁。

父醴女而俟迎者，母南面于房外。女出于母左，父西面戒之，必有正焉。若衣，若笄，母戒诸西阶上，不降。

妇乘以几，从者二人坐持几，相对。

妇入寝门，赞者彻尊幂，酌玄酒，三属于尊，弃余水于堂下阶间，加勺。

笲，缁被纁里，加于桥。舅答拜，宰彻笲。

妇席荐馔于房。飨妇，姑荐焉。妇洗在北堂，直室东隅；篚在东，北面盥。妇酢舅，更爵，自荐；不敢辞洗，舅降则辟于房；不敢拜洗。凡妇人相飨，无降。

妇入三月，然后祭行。

庶妇，则使人醮之。妇不馈。

昏辞曰："吾子有惠，贶室某也。某有先人之礼，使某也请纳采。"对曰："某之子惷愚，又弗能教。吾子命之，某不敢辞。"致命，曰："敢纳采。"

问名，曰："某既受命，将加诸卜，敢请女为谁氏？"对曰："吾子有命，且以备数而择之，某不敢辞。"

醴，曰："子为事故，至于某之室。某有先人之礼，请醴从者。"对曰："某既得将事矣，敢辞。""先人之礼，敢固以请。""某辞不得命，敢不从也？"

纳吉，曰："吾子有贶命，某加诸卜，占曰'吉'。使某也敢告。"对曰："某之子不教，唯恐弗堪。子有吉，我与在。某不敢辞。"

纳征，曰："吾子有嘉命，贶室某也。某有先人之礼，俪皮束帛，使某也请纳征。"致命，曰："某敢纳征。"对曰："吾子顺先典，贶某重礼，某不敢辞，敢不承命？"

请期，曰："吾子有赐命，某既申受命矣。惟是三族之不虞，使某也请吉日。"对曰："某既前受命矣，唯命是听。"曰："某命某听命于吾子。"对曰："某固唯命是听。"使者曰："某

使某受命,吾子不许,某敢不告期?"曰某日。对曰:"某敢不敬须?"

凡使者归,反命,曰:"某既得将事矣,敢以礼告。"主人曰:"闻命矣。"

父醮子,命之,曰:"往迎尔相,承我宗事。勖帅以敬,先妣之嗣。若则有常。"子曰:"诺。唯恐弗堪,不敢忘命。"

宾至摈者请,对曰:"吾子命某,以兹初昏,使某将,请承命。"对曰:"某固敬具以须。"

父送女,命之曰:"戒之敬之,夙夜毋违命!"母施衿结帨,曰:"勉之敬之,夙夜无违宫事!"庶母及门内,施鞶,申之以父母之命,命之曰:"敬恭听,宗尔父母之言。夙夜无愆,视诸衿鞶!"婿授绥,姆辞曰:"未教,不足与为礼也。"

宗子无父,母命之。亲皆没,己躬命之。支子,则称其宗。弟,称其兄。

若不亲迎,则妇入三月,然后婿见,曰:"某以得为外昏姻,请觌。"主人对曰:"某以得为外昏姻之数,某之子未得濯溉于祭祀,是以未敢见。今吾子辱,请吾子之就宫,某将走见。"对曰:"某以非他故,不足以辱命,请终赐见。"对曰:"某得以为昏姻之故,不敢固辞,敢不从!"主人出门左,西面。婿入门,东面,奠挚,再拜,出。摈者以挚出,请受。婿礼辞,许,受挚,入。主人再拜受,婿再拜送,出。见主妇,主妇阖扉,立于其内。婿立于门外,东面。主妇一拜。婿答再拜,主妇又拜,婿出。主人请醴,及揖让入。醴以一献之礼。主妇荐,奠酬,无币。婿出,主人送,再拜。

【译文】

婚礼。男家请媒人到女家转达求亲之意,得到同意后再派使者致送礼物(这一仪节称为"纳采"),用雁作为礼品。(纳采的仪式是)女家主人在祢庙的室门之西为神设席,席头朝西,席的右边放着供神凭依的几。男家使者身穿玄端服来到女家大门外。女家主人的摈者出大门询问使者为何事而来,然后入门禀告主人。主人穿着和宾一样的服装,到大门外迎接,向宾行再拜之礼,宾(是奉命而来,自己并非事主,不敢当宾礼,所以)不答拜。主、宾拱手行礼后入大门。走到庙门前,主、宾再次拱手行礼后入门。(途中)主、宾三次拱手行礼后,走到各自的阶前,升阶之前,主、宾又三次互相谦让。主人作为宾的先导,从东阶上堂,然后面朝西而立。宾从西阶上堂,在屋正脊的下方就位,面朝东致纳采辞。主人在阼阶上,面朝北行再拜之礼,然后在东西楹柱之间接受宾的礼物(雁),宾主都面朝南。礼毕,宾下堂,出庙门。主人走下阼阶,将雁交给家臣中的长老。

(宾纳采后出门,但未离去,在此等候询问主人之女的名字,以便回去占卜吉凶。这一仪节称为"问名"。)摈者出庙门,请问宾是否还有事。宾手拿另外一只雁,说还需要问明主人之女的名字。摈者入门告诉主人,主人同意相告。宾再次入门,把雁送给主人,其间的仪节,与纳采时入门后的一样。

摈者出庙门,请问等候在此的宾是否还有什么事。宾告知说,问名之事已经完毕。

摈者入门禀告，然后出来告诉宾，主人将用醴礼酬宾。宾谦辞一次，然后答应了。主人命赞者撤换堂上的几，席也换过，席头朝东。又在房中设醴酒一瓶。主人亲自到庙门外迎宾，双方揖、让的仪节和纳采时一样，然后登阶上堂。主人在东阶上，面朝北行再拜之礼；宾在西阶上，面朝北答拜还礼。主人拂拭供宾使用的几，再握着几的中部，把几足的一端授给宾，然后行拜送礼。宾接住几足，微微转身回避(表示不敢当主人之礼)，接着面朝北，将几转成纵向，放在坐席之左，再回到西阶上答拜。赞者在东房中往觯内酌醴，再在觯上放一把角制的柶，大而宽的一头朝前，端出房。主人接过觯，使柶柄朝前，走到宾席之前站定。宾在西阶之上行拜礼，再到席前受醴，然后退回到西阶上原先站立的位置。主人到阼阶上行拜送礼。赞者将笾豆进献到宾的席前。宾就席而坐，左手拿觯，右手取少许脯、醢，祭先世创造此物的人，又用柶取醴祭先世创造此物的人三次(此为食前之祭)，祭毕，回到西阶上面朝北而坐(表示不敢当宾礼)，尝一口醴后，把角柶插入觯中，表示饮毕，接着起身，再坐下将觯放在笾豆右侧，于是向主人行拜礼致谢。主人答拜还礼。宾回到席上，把觯放在笾豆的左侧，离席，走到席前，面朝北坐下，从笾中取脯。主人说了一番谦虚的话(说这不是珍异之物，不值得您这样敬重)。宾走下西阶，将脯交给随从人员，然后出门。主人送到大门外，向宾行再拜之礼。

(男家问得女子姓氏，归而卜于祢庙，得到吉兆后，要向女家通报，这一仪节称为“纳吉”，婚事由此而定。)使者到女家来纳吉，仍用雁作礼物，仪节与纳采时一样。

(纳吉之后，男家派使者致送聘礼，这一仪节称为“纳征”。女家纳聘后，婚姻之事乃成。)男家遣使者到女家行纳征礼，致送的聘礼是玄色和纁色的帛共五匹，鹿皮两张。仪节与纳吉时一样。

雁

(男家卜得举行婚礼的吉日后，不直接告知女家，而是派使者到女家，请女家指定婚期，意在表示听命于女家，尊重女家。这一仪节称为“请期”。)男家使者到女家请示婚期，带去的礼物仍是雁。女家的主人推辞后，宾这才将男家主人已卜定的吉日告诉女家主人。其间的仪节与纳征时一样。

娶妻之日，黄昏初临之时，男家在寝门外的东方陈设三个鼎(豚鼎、鱼鼎、腊鼎)，鼎面朝北，以北边的为尊。所盛的食物是：最北边的鼎内小猪一只，左右牲体合在一起升入鼎中，蹄甲都已去掉，经切割的肺(举肺)两块，脊骨两块，经划割而底部仍连在一起的肺(祭肺)两块；中间的鼎内盛放鱼十四条；南边的鼎内盛有一只风干全兔，但尾骨不得放入鼎中。

以上食品都已煮熟。每鼎都配加鼎杠和鼎盖。供盥手用的“洗”设在阼阶的东南。陈设在房中的食品有:加醋的酱两只豆中,腌制的冬葵菜和螺酱分盛在四只豆中,这六只豆用同一块巾罩着(以防灰尘),黍、稷分盛在四只敦中,都加上盖(以便保温)。浓汤汁在灶上。室中北墙下放着两瓶酒,下面有承放器物用的底座“禁”,玄酒(水。以其色玄,故名)放在酒瓶之西,都用粗葛布覆盖,上面放一把勺,柄都朝南。在房门之东也放一瓶酒,但不设玄酒。南面放一篚,内有四只爵和一对合在一起的卺(剖成两半的瓠)。

新郎头戴爵弁(身穿黑色上衣,衣带也是黑色的),裳的下缘镶有黑色的边。随从们都穿玄端服。新郎乘坐墨车,随行者分乘两辆副车。有徒役手持烛炬,在马前开道照明。接新娘用的车与新郎的一样,只是车上有帷幕。新郎来到女家大门外。女家在祢庙的室门之西为神设席,席头朝西,右面放着供神凭依的几。新娘戴着假发,身穿镶有黑边的纯玄色的衣裳,站立在房中,面朝南。傅母的头发用帛束着,再绾髻加簪,身穿黑色的衣服,站在新娘右边。陪嫁者都穿纯玄色的衣和裳,用帛束发,再绾髻加簪,身披绘有黑白相间的斧形花纹的单层披肩,站在新娘后面。新娘的父亲身穿玄端服,到大门外迎接女婿,面朝西,对他行再拜之礼,女婿面朝东答拜还礼。新娘的父亲拱手行礼,请女婿进门,女婿拿着雁跟随其后。走到庙门前,双方再次拱手行礼,然后入内。双方又三次拱手行礼后来到阶前,宾主又三次互相谦让(请对方先登阶)。于是,新娘的父亲先登阶上堂,在阼阶上面朝西而立。新郎登上西阶后,到东房之前,面朝北将雁放在地上,行再拜稽首之礼,然后走下西阶,出门。新娘跟着新郎,从西阶下堂。新娘的父亲不下堂送别。新郎准备为新娘驾车,把登车的引绳交给新娘,傅母代替新娘推辞,并把引绳递给新娘。新娘踩上专设的矮几登车。傅母为她披上避风尘用的罩衣。新郎驱车前进,车轮滚动三圈后,由车夫代替新郎驾车。新郎乘自己的墨车先走,到家后在大门外等候新娘墨车的到来。

新娘到达夫家大门外,新郎拱手行礼,请新娘进门。走到寝门前,新郎又拱手行礼,请新娘入内,然后一起从西阶登堂。陪嫁者在室内西南角为新郎布席。新郎入室后站在席前,新娘站在瓶的西边,面朝南。陪嫁者和新郎的女侍交替为新郎、新娘浇水洗手。赞者撤去盖在瓶上的粗葛布。抬鼎者先洗手,然后出门去掉鼎盖,把鼎抬入寝门,放在阼阶南面,鼎面朝西,以北边的鼎为尊。执匕和俎的有司跟随抬鼎者入内设俎(俎放在鼎西,匕放入鼎内,每鼎都是如此)。然后面朝北用匕从鼎中取出食物,陈放在俎上,握俎等待(让豆先设)。事毕,执匕者按与进门时相反的顺序退出,回到寝门东原先站立的位置,面朝北,以站在西首者为尊。赞者把酱设在新郎席前,腌制的冬葵菜和螺酱放在酱的北边。豚俎抬进来后,放在盛有冬葵菜和螺酱的豆的东边,其次放鱼俎。风干的兔肉俎单独放在豚俎和鱼俎之北。赞者把黍敦设在酱的东边,稷敦又在其东,大羹汁在酱的南边。为新娘专设的酱放在新郎馔席的东面,腌制的冬葵菜和螺酱放在其南,以北边为上位。黍

敦放在兔肉俎之北，黍西放稷。大羹汁在酱的北边。女侍在新郎之席的对面为新娘布席。赞者打开敦盖，仰放在敦的南侧，对敦的盖放在北侧。赞者禀告主人，陈设已毕。新郎拱手行礼，请新娘就席，然后双方各自就席，一起祭祀：（祭品由近及远依次为）与螺酱调和过的冬葵菜，黍、稷和祭肺（以祭祀先世创造此物的人）。赞者将黍移到新郎、新娘席前，以便取食，又授以肺、脊。夫妇先吃黍，再用口啜羹汁，用手指咂酱吃，这是一饭。一饭之前都要祭肺、脊（以祭祀先世创造此物的人），然后尝一口。夫妇二人吃过三口饭之后，食礼完毕，赞者洗爵酌酒，请新郎漱口。新郎拜而受爵。赞者在室门内答拜还礼。请新娘漱口的礼仪也是如此。新郎、新娘饮酒前都要先祭酒（以祭祀先世创造此物的人）。赞者给夫妇进酒时，随进两块在火上烤熟的肝。新郎、新娘用肝振祭（古代食前祭法之一，将肝插入盐中，再振落多余的盐，祭祀之），然后尝之，再把它放入盛腌菜的豆中。新郎、新娘饮尽爵中之酒，拜谢赞者，赞者答拜还礼，然后接过他们的爵。第二次送酒给夫妇漱口的礼仪，从洗爵开始，仪节与初时一样，只是不再随酒进烤肝。第三次送酒漱口时用卺盛酒，其他与第二次时一样。于是赞者（行自酢之礼）：先洗爵（好像有人为自己洗一样），再到房门外东边的瓶内酌酒，然后进入门内，面朝西北放下爵，对新郎、新娘行拜礼（好像在接受他们敬酒一样）。新郎、新娘答拜还礼（如同用酒回敬一样）。赞者坐下祭酒，祭毕将爵中的酒饮完，再行拜礼，新郎、新娘答拜还礼。赞者和新郎、新娘都起身。新郎走出房。新娘回到瓶西边的原位，面朝南而立。于是赞者将室中的食物撤到东房中，如同在室中那样陈设。北墙下的瓶不撤（因为房门之东已有酒尊）。新郎在东房中脱下礼服，由陪嫁者接着。新娘在室中脱下礼服，由女侍接着。傅母将佩巾授给新娘。女侍在室内西南角为新娘铺卧席，陪嫁者把新郎的卧席铺在新娘卧席之东，卧席上都放有枕头，按脚朝北的睡向摆放。新郎从外房入室，亲手解下新娘许嫁时系的缨带。室内的执烛者出门离去。陪嫁者将新郎未吃尽的食物吃完，女侍则将新娘未吃尽的食物吃完。赞者从房门之东的瓶中酌酒，请她们漱口。陪嫁者在新房门口伺候，以便在新郎、新娘有事呼唤时能及时听见。

第二天清晨，新娘早早起身，洗头沐身，用帛束发，绾髻加簪，身穿黑色的缯衣，到公婆的寝门外等待公婆的接见。天亮时，赞者告诉公婆，新娘要来拜见。于是赞者在阼阶上设席，公公（以主人的身份）即席；又在房门外之西设席，席面朝南，婆婆（以内主的身份）即席。新娘捧着装有枣、栗的笲（圆形竹器名，外有青缯做的套子），从寝门进入，登上西阶，走到公公的席前行拜见礼，礼毕，将笲放在席上。公公坐在席上抚摸笲中的枣栗（表示接受礼物），然后起身，向媳妇答拜还礼。媳妇转身回避（表示不敢当公公之拜），并向公公行侠拜礼（妇人对男子的拜礼：男子拜一次，妇人拜两次）。礼毕，新娘走下西阶，从女侍手中接过装着加姜桂捶制而成的干肉的笲走上西阶，走到婆婆席前，面朝北而

拜，然后将笲放在席上。婆婆坐在席上，再拿着笲起身，向媳妇答拜还礼，然后把笲交给身边的侍从。

赞者代表公婆向新娘行醴礼。在室门之西和窗户之间的地方布席，又在东房中独放一尊醴酒。新娘在席的西边正身而立。赞者往觯中酌醴，再在觯上放一把柶，柶柄朝前，捧着出房，走到新娘席前，面朝北而立。新娘面朝东拜而接觯。赞者走到西阶之上，面朝北行拜送礼。新娘行侠拜礼。有司进上干肉和肉酱。新娘入席，左手握着觯，右手取少许干肉和肉酱，祭祀先世造此物者，又用柶酌醴祭祀先世造此物者，凡三次；然后离席，在席的西边面朝东而坐，先用柶尝一口醴酒，再将柶插入觯中，接着起身，拜谢赞者。赞者答拜还礼。新娘行侠拜礼，礼毕，将觯放在笾豆的东侧，面朝北而坐，从笾中取干肉后，走下西阶，出寝门，将干肉交给站在门外的娘家人。

公公与婆婆进入室内，新娘洗手后向他们进食。所进的是一只小猪，左右两半牲体事先合在一起放入鼎中，此时从鼎中取出，分开放在公公和婆婆的俎上。没有鱼俎和兔俎，也没有稷。席上的馔肴都以放在南边的为尊。其他如酱、羹汁、腌菜等物的陈放规定，与婚礼夫妇共食时一样。新娘协助公婆完成食前的祭祀。公婆吃了三口饭，食礼完毕，新娘先后给公婆递酒，请他们漱口，但不随酒进烤肝。接着，在室中北墙下设席，新娘将公婆吃剩的食品撤到席前，像原先一样摆放，但以放在西边的为尊。新娘要吃公公的余食，公公嫌不干净而加以制止，让她更换豆中之酱，新娘从命。新娘又吃婆婆的余食。女侍在旁协助新娘祭祀菹、醢、黍、祭肺、举肺、脊，祭毕，新娘才吃，食礼到此完成。婆婆递酒，请她漱口。新娘拜而接觯，婆婆行拜送礼。新娘入席坐下祭祀先人，再将酒饮尽。婆婆接过觯，放在篚中。新娘将余食撤至东房中，让陪嫁者和女侍吃完，婆婆递酒请她们漱口。如果陪嫁者中没有新娘的妹妹，那么其他陪嫁者先漱口，然后才是女侍。与公公婆婆饭后由新娘吃余食不同，此时由陪嫁者吃公公的余食，女侍吃婆婆的余食。

公公向媳妇敬酒，婆婆酌酒后再酬，共同完成一献之礼。公公盥手洗爵是在堂下的南洗，婆婆盥手洗觯则在堂上的北洗。新娘从婆婆手中接过盛有酬酒的觯，把它放置在笾豆的东侧不再饮。然后，公公婆婆先走下西阶，而新娘则从阼阶下堂（表示公婆已将家内的事托交给了媳妇）。公婆命有司将豚俎交给送婚者中的男人，让他们回去向新娘的父母复命。

公公用一献之礼款待女家的执事，并赠给五匹锦。婆婆用一献之礼款待前来送婚的女家仆隶的妻妾，也赠给五匹锦，以示酬谢。如果新娘来自他邦，则到送婚的男子下榻的宾馆另外赠送五匹锦。

如果公婆已经亡故，那么新娘在过门后的三个月内，要设莱祭祀（在庙中拜见公婆的亡灵）。在祢庙之室的西南角为公公设席，按面朝东的方位摆放，席的右面设一小几。又在北墙下为婆婆设席，按面朝南的方位摆放。祝在庭中洗手，新娘在庙门外洗手。新娘手持盛有祭菜的笲，在祝的带领下进入庙门。祝用新娘的姓氏告神，说："某氏来此做媳妇，冒昧地用这美味的菜祭祀尊敬的公公某某。"新娘跪拜，双手至地（如同与公公进献食物）；接着，将祭菜放在小几东面的席上（如同向公公授受食物）；然后回身，行扱地拜礼（如同在答拜公婆），拜法与前面一样。新娘下堂，从有司手中接过装有祭菜的笲，走到婆婆的席前，祝告说："某氏来此做媳妇，冒昧地用这美味佳肴祭祀尊敬的婆婆某氏。"然后将祭菜放在席上，行礼的仪节与前面一样。礼毕，新娘出庙，祝者关上窗和门。老者代表公婆在房中向新娘行醴礼，媳妇面朝南，仪节与公婆向媳妇行醴礼一样。新郎用酒食款待送婚者中的男女，仪节与公婆款待女家随从一样。

《记》士的婚礼。凡是有关婚礼的事，必在黎明或黄昏的时候进行，并且一定要在祢庙中通过占卜向先父请示，接受了先父的命令才敢去做。双方的辞令不用"不腆""辱"之类的客气话。作为见面礼用的雁不能用死的，作为礼物用的皮帛必须能制衣用。腊肉一定要用新鲜的，鱼要用鲫鱼，俎上之牲的骨体要完整。

女子许嫁之后，要举行笄礼，束发加簪，为她行醴礼，如同男子行冠礼一样，并且开始称呼她的表字。如果高祖之庙未迁，就在宗子的祠堂里教给她妇德、妇言、妇容、妇功之类的知识，时间是在出嫁以前的三个月。如果高祖之庙已迁，就在支子的祠堂里教她。

男家使者到女家询问女子的姓氏。主人站在阼阶上，使者站在西阶上、面朝东请问主人，主人面朝北再拜，再走到两楹之间，收下男家的礼物雁，然后回到阼阶上，面朝西，告知女子的姓氏。使者受命后，主宾一起下堂。

宾祭先人醴酒的方法：先用柶舀一次醴，祭毕，又舀第二次醴分祭两次，一共祭三次。宾右手从笾中取干肉，左手捧着，然后离开女家回去，向主人复命。

男家到女家纳征，随从手持的鹿皮，要从背脊处对折后迭合，让有花纹的一面朝内；左手抓住两只前足，右手抓住两只后足，使鹿皮的头在左边；进门时，送礼者鱼贯而入，进门后分成两行，以西边那行为尊，宾立其首。执鹿皮者在靠庭南侧三分之一的地方并立。宾到堂上向女家主人致辞后，执鹿皮者放开外侧的鹿足，把鹿皮打开，露出花纹。主人接受客人送来的皮帛。负责接受鹿皮的士从东边过来，从执鹿皮者的身后绕至其左侧，面朝北，代表主人接过鹿皮，然后坐下将鹿皮按原样折叠好，再捧在手中倒退着回到东壁之前。

亲迎那天，女打扮完毕后，父亲在房中为女儿行醴礼后，女儿面朝南立于其位，等待丈夫来迎亲。新郎到达门外时，父亲出房，派摈者去询问，自己站在阼阶之上，面朝西而立。母亲在房外面朝南而立。女儿出房，跟从新郎从西阶下堂时，要从母亲左侧经过，这时，站在阼阶上的父亲告诫女儿，要谨记父母的教育，并赠以托戒之物，如衣服或发簪等，

让她日后见物思今,永远不忘。母亲则在西阶上告诫女儿,但不随女儿下堂。

新娘踩上专设的矮几登车。小几由夫家两名侍从跪坐扶持,面部相向。

新娘进入夫家寝门后,赞者撤去覆盖在瓶上的布巾,用勺三次酌取涚水注入尊中用作玄酒,剩余的水倒在堂下两阶之间的地方,再在酒尊上放一把勺。

新娘见公婆时放礼物用的笲,要用面子为黑色、里子为绛色的巾,覆盖在的提梁上。公公向媳妇答拜,收下礼物后,把笲交给家臣提走。公公婆婆款待新娘时,所用的席和脯、醢,预先陈放在房中。先酌酒自饮,然后再献给媳妇(酬),并共同完成一献之礼。新娘盥手用的洗设在北堂,对着室的东北角;盛爵觯的篚放在它的东面。新娘洗手时面朝北。新娘酌酒回敬给公公(酢),要另换一只新爵,并亲自向公公进献脯、醢;公公要去洗爵,准备敬酒时不敢辞拦(因为那是尊者之间的礼节);公公下阶去洗爵时,(新娘不可跟着下去,但若安立于堂上,则有役使尊者之嫌,所以)可到房中暂时回避。爵洗毕,新娘也不敢向公公拜谢(因为这也是尊者之间的礼节)。婆婆款待送婚者中的妇人;或者公公已亡故,婆婆款待媳妇,都不下阶去盥手洗爵(应在北堂之洗进行)。

新娘过门后三个月,才能助夫致祭。

如果是庶子所娶的新娘,公婆让家臣向她敬酒,新娘不必回敬。公婆不用酒食款待新娘,新娘也不必向公婆献食物。

纳采时,男家使者的辞令是:“尊敬的主人施惠,把妻室赐给某某。某某按照先辈传授的礼节,派我来行纳采之礼。”摈者回答说:“我家主人某某的女儿天性愚钝,父母又不能教而使之聪敏。但是您有命于此,某某岂敢推辞。”使者登堂向主人致辞说:“谨向您赠送采礼。”

男家使者问名的辞令是:“主人某某已敬受贵家长之命,将要占卜婚姻的吉利与否,请问女子的姓氏。”女家的摈者回答说:“您既然有命于我,而我家女子又不过是备供选择的对象之一,某人岂敢推辞。”

女家主人请男家使者接受醴礼的辞令是:“您为两家的婚事之故,来到某人的家。某人的家有先辈传授的礼节,请允许用醴酒酬谢您。”男家来宾回答说:“某人还将继续办事,不得不辞谢。”主人说:“用醴酒酬劳来宾,是先辈传授的礼节,所以胆敢执意相请。”来宾说:“某人的推辞不能得到您的同意,岂敢不从命?”

纳吉时的辞令是:“承您赐命,告知女儿之名。主人某某已经占卜,结果是‘吉’。所以派某人前来相告。”主人家的答辞是:“某某的女儿不堪教育,恐怕不堪与尊府匹配。但是尊府既已占得吉兆,我家同有这吉利,所以某某不敢推辞。”

纳征时的辞令是:“您有美好的命令,把妻室赐给某某。某某按先辈传授的礼节,备下两张鹿皮和五匹帛,派某人前来,请您接受聘礼。”使者入庙上堂,向女家主人转致男家

主人纳征的辞令是:“某某斗胆献上礼物。”主人一方的答辞是:“您遵循先辈的常法,赐某某以重礼,某某未能得到您准予推辞的命令,岂能不从命?”

男家使者请定婚期的辞令是:“尊敬的主人已赐命许婚,某人已屡屡在此受命。目前某某的主人家三族康吉,正是行嘉礼的好时候,因此请求择定完婚的吉日。”摈者回答说:“主人某某此前已受命于尊府,此事唯命是从。”使者说:“主人某某命令我某人,完婚之期一定要听命于尊府的主人。”摈者说:“主人坚持要听命于尊府。”使者说:“主人某某派某人前来听命,尊府主人不肯发话。某人唯也就不敢不把某所选择的日子告诉您:婚期定在某日。”主人一方回答说:“某敢不敬待吉日到来!”

凡是使者回归,向主人复命的辞令是:“某人已经事情办完了,现在谨以所拿的脯来向您报告。”主人说:“知道了”。

父亲为儿子行醮礼,训命之辞是:“去迎接你的内助,以继承我们的宗室之事。勉励和引导她恭敬从事,以嗣续我们先妣的美德。你的言行要有常法。”儿子说:“是,只怕我不能胜任,但绝不敢忘记父亲的训诫。”

新郎来到女家大门外,摈者请问为何事而来,然后入内向主人转告新郎的话说:“岳父大人命家父某某,在此黄昏初临的时刻,令某人行婚礼,特前来迎妻,我已遵命恭恭敬敬地等待至今,请允许承接先前的诺言。”摈者又出来向新郎转告主人的话说:“主人某某也一直恭恭敬敬地准备着,等待您的到来。”

父亲送别女儿,训诫之辞是:“切记要恭敬从事,从早到夜,都不可违背你公婆的意志!”母亲给女儿系好小带、结好佩巾,告诫说:“要努力,要谨慎,白天黑夜,都不可违反夫家宫室的规定!”庶母送到门内,给她系上盛佩巾用的丝囊,并且重申父母之命,告诫她说:“恭恭敬敬地听从和尊崇你父母的话。白天黑夜都不要有过错,经常看着这个丝囊,就不会忘记父母的告诫!”

新娘将要登车时,新郎将拉手用的引绳递给她,傅母替新娘辞谢道:“新娘尚未得到尊府的教诲,尚不能接受这一礼节。”

如果嫡长子的父亲已去世,则命令使者的事由母亲请儿子的叔伯或兄长来代理。如果双亲都已去世,族人之中没有主婚者,嫡长子可以自己命令使者。如果庶兄弟的双亲已经去世,则求婚的辞令中凡需要提及父亲名字的地方,都可以改用嫡长子的名字。如果宗子的母弟双亲皆亡,则婚辞中都要改用小宗之子的名字。

如果因故,新郎不能行亲迎之礼,那就应在新娘过门后三个月,再去女家拜见岳父、岳母,说:“某因为能与您为婚姻之族,因此请求进见岳父、岳母。”岳父回答说:“前此,某人得以与尊府骤然通婚,其时尚短,某人的女儿还没有在尊府祭祀时做洗涤器具之事,所以一直没敢去见您。今天有辱您亲临敝府,请您先回家,某将急速前往见您。”新郎说:

"某人与尊府是至亲,不敢有辱于您的走见之命,请最终能赐某人一见。"岳父说:"某人因已与您结为婚姻的缘故,不敢固执地推辞,敢不从命?"于是,岳父出内门,立在右边,面朝西。新郎进大门,立在左边,面朝东,将见面礼放在地上,行再拜之礼,然后出门。摈者拿着新郎送来的见面礼,出门,请新郎收回(以便用正式的宾客之礼相见)。新郎以礼相辞,然后答应,接过礼物,又走进大门。岳父行再拜之礼后收下礼物,新郎行再拜之礼相送,出门。新郎又去拜见岳母。岳母关上寝门西侧的门扉,站在里面。新郎站在门外,面朝东。岳母向新郎一拜,新郎答以再拜之礼,岳母又一次拜之。新郎退出。岳父送新郎到寝门外,请用醴酒敬新郎。于是彼此揖让而入。向新郎敬酒用一献之礼。岳母进上佐酒的干肉和肉酱。新郎放下酬酒不饮(表示一献之礼已成)。由于外婚姻是变礼,所以礼物中没有币帛(以示区别)。新郎出门,岳父送至门外,行再拜之礼。

士相见礼第三

【原文】

士相见之礼。挚,冬用雉,夏用腒。左头奉之,曰:"某也愿见,无由达。某子以命命某见。主人对曰:"某子命某见,吾子有辱。请吾子之就家也,某将走见。"宾对曰:"某不足以辱命,请终赐见。"主人曰:"某不敢为仪,固请吾子之就家也,某将走见。"宾对曰:"某不敢为仪,固以请。"主人对曰:"某也固辞,不得命,将走见。闻吾子称挚,敢辞挚。"宾对曰:"某不以挚,不敢见。"主人对曰:"某不足以习礼,敢固辞。"宾对曰:"某也不依于挚,不敢见,固以请。"主人对曰:"某也固辞,不得命,敢不敬从。"出迎于门外,再拜。客答再拜。主人揖,入门右。宾奉挚,入门左。主人再拜受,宾再拜送挚,出。主人请见,宾反见,退。主人送于门外,再拜。主人复见之,以其挚,曰:"向者吾子辱,使某见。请还挚于将命者。"主人对曰:"某也既得见矣,敢辞。"宾对曰:"某也非敢求见,请还挚于将命者。"主人对曰:"某也既得见矣,敢固辞。"宾对曰:"某不敢以闻,固以请于将命者。"主人对曰:"某也固辞,不得命,敢不从?"宾奉挚入,主人再拜受。宾再拜送挚,出。主人送于门外,再拜。

士见于大夫,终辞其挚。于其入也,一拜其辱也。宾退,送,再拜。

若尝为臣者,则礼辞其挚,曰:"某也辞,不得命,不敢固辞。"宾入,奠挚,再拜,主人答壹拜,宾出。使摈者还其挚于门外,曰:"某也使其还挚。"宾对曰:"某也既得见矣,敢辞。"摈者对曰:"某也命某:'某非敢为仪也。'敢以请。"宾对曰:"某也,夫子之贱私,不足以践礼,敢固辞!"摈者对曰:"某也使某,不敢为仪也,固以请!"宾对曰:"某固辞,不得

命，敢不从？”再拜受。

下大夫相见以雁，饰之以布，维之以索，如执雉。上大夫相见以羔，饰之以布，四维之，结于面；左头，如麛执之。如士相见之礼。

始见于君，执挚，至下，容弥蹙。庶人见于君，不为容，进退走。士大夫，则奠挚再拜稽首，君答壹拜。

若他邦之人，则使摈者还其挚，曰：“寡君使某还挚。”宾对曰：“君不有其外臣，臣不敢辞。”再拜稽首，受。

凡燕见于君，必辩君之南面。若不得，则正方，不疑君。君在堂，升见无方阶，辩君所在。

凡言，非对也，妥而后传言。与君言，言使臣；与大人言，言事君；与老者言，言使弟子；与幼者言，言孝弟于父兄；与众言，言忠信慈祥；与居官者言，言忠信。凡与大人言，始视面，中视抱，卒视面，毋改。众皆若是。若父，则游目，毋上于面，毋下于带。若不言，立则视足，坐则视膝。

凡侍坐于君子，君子欠伸，问日之早晏，以食具告，改居，则请退可也。夜侍坐，问夜，膳荤，请退可也。

若君赐之食，则君祭，先饭、遍尝膳、饮而俟。君命之食然后食。若有将食者，则俟君之食然后食。若君赐之爵，则下席，再拜稽首，受爵，升席祭，卒爵而俟，君卒爵，然后授虚爵。退，坐取屦，隐辟而后屦。君为之兴，则曰：“君无为兴，臣不敢辞。”君若降送之。则不敢顾辞，遂出。大夫则辞，退下，比及门三辞。

若先生异爵者请见之，则辞。辞不得命，则曰：“某无以见，辞不得命，将走见。”先见之。

非以君命使，则不称寡。大夫士，则曰寡君之老。凡执币者，不趋，容弥蹙以为仪。执玉者，则唯舒武，举前曳踵。凡自称于君，士大夫则曰下臣。宅者在邦，则曰市井之臣；在野，则曰草茅之臣，庶人则曰刺草之臣。他国之人则曰外臣。

【译文】

士相见之礼。士与士相见时所拿的礼物，冬天用鲜活的雉，夏天用风干的雉。宾到达主人家大门外求见时，要将雉的头朝左，用双手捧着，说：“某某久欲拜谒，而无缘自达。今日某人以您之命让我前来拜见。”主人回答说：“某某曾命某人前去见您。不意您屈尊先来，实在愧不敢当！请您先回，某人随即到尊府拜见。”宾回答说：“某人岂敢劳您大驾，尚望就此赐见。”主人回答说：“某人岂敢以虚言相对，务请先回尊府，某人随即前往拜见。”宾说：“某人亦不敢以虚言作答，故尔再次请求。”主人回答说：“某人一再推辞，而未获应允，某人随即出门往见。但听说您持礼物而来，岂敢当之，谨此辞谢。”宾说：“某人若

不持礼物，就不敢见尊者。”主人回答说：“某人实在不敢当此大礼，再次辞谢。”宾回答说：“某人不凭借礼物来表达敬意，就不敢前来拜见，所以再次恳请笑纳。”主人回答说：“某人一再推辞，而始终不能得到应允，岂敢不恭恭敬敬地从命！”于是主人出大门迎接宾客，行再拜之礼。宾以再拜之礼作答。主人拱手行礼，请宾入内，自己先从门的右侧进入。宾捧着雉，从门左侧进入。主人在庭中再拜之后接受礼物，宾则在再拜之后送上礼物，礼毕出门。主人让摈者转达希望与宾相见叙谈之意，宾返回与主人相见，叙毕退出。主人送宾到大门外，行再拜之礼。

改日，主人到宾家回访，礼物就用此前客人送来的雉，通过对方傧者与其主人对话，说：“此前您屈尊光临敝舍，使某人得以拜见。请允许某人将雉奉还给您的傧相。”（此时，由于场所的变换，宾已变成主人）主人说：“彼此已经相见，不敢劳您前来，谨辞谢。”（原先的主人此时已变成宾）宾回答说：“某人非敢求见主人，不过是要奉还人礼。”主人回答说：“某人前此已经拜见，不敢烦劳尊驾，故再次辞谢。”宾回答说：“某人不敢以奉还礼雉之事相扰，所以再次求见尊府傧相。”主人回答说：“某人一再推辞，而不能得到应允，敢不听从尊命？”宾捧雉入门，主人在庭中向宾再拜后收下雉。宾授雉后行再拜礼，然后出门。主人送宾到门外，向宾行再拜之礼。

士去拜见大夫（向大夫致送礼物），大夫推辞两次后，还是不接受礼物。士到来时（大夫不到门外迎接），只是在他进门后以一拜之礼感谢他屈尊光临。宾退出时，送行，再拜之礼（但不送到大门口）相送。

如果是大夫家过去的家臣现在做了士，又去求见大夫，对客人的礼物，大夫应辞谢一次，然后就可以收下，说：“某人辞谢你的礼物，但不能得到你的允许，因此不敢再次辞谢。”宾入门之后，要先把礼物放在地上，再向主人行再拜之礼。主人以一拜之礼作答。来宾出门后，主人派摈者到门口向他奉还礼物，说：“主人某某让某人奉还礼物。”来宾回答说：“某人已致送礼物并拜见主人，因此不能接受您的要求。”摈者说：“主人某某告诉我：‘奉还礼物决不可虚情假意。’所以仍请收下。”来宾说：“某人不过是主人的卑贱私臣，岂敢让主人行宾客还挚之礼？所以再次辞谢！”摈者说：“主人派某人来办此事，不敢虚情相对，再次恳请收下！”来宾说：“某人屡次辞谢，始终不能得到应允，敢不听从您的命令？”于是再拜之后收下礼物。

下大夫之间相见，用雁作为礼物，雁的身上裹着绘有纹饰的布，双足用绳子系着。捧持的方式与士相见时捧雉一样（雁头朝左方）。上大夫之间相见，用羔羊作为礼物，羊身上用绘有纹饰的布裹着，四足两两相系，绳子要在羊背上交叉后回到胸前打结。捧羊时，羊头朝左方，握着的方式与秋天行献麛礼时握麛的方式相同。大夫相见的仪节与士相见时一样。

新臣首次见君，要携带礼物，走到君的堂下时，容貌要愈加恭敬。庶人进见国君时，不讲究仪容，只是进退时要疾走。士或大夫首次见国君，把礼物放在地上后，行再拜叩首礼，君答以一拜之礼。

如果是外邦之臣来见国君，（礼毕）就让摈者把礼物还给客人，说："寡君派某人奉还礼物。"来宾回答说："君不愿以外臣为臣，岂敢再推辞。"于是再拜叩首，收下礼物。

凡是私见国君，必须以国君南面的位置为正。如果不能得到国君南面的位置，则要取国君正东面或正西面的位置，不能随便猜度国君的方位而在斜方向行礼。国君在堂上时，臣走哪个台阶没有一定之规，君近在哪个方向，就走哪个方向的台阶。

凡是向国君进言，而不是回答国君的发问，一定要等国君安坐后再开口。谈话与国君进言，应该谈论如何使用臣下；与公卿大夫进言，应该谈论如何奉事君上；与年老的长辈进言，应该谈论如何教育弟子；与年轻人谈话，应该谈论如何孝悌父兄；与一般人谈话，应该谈论如何以忠信慈祥处世；与士以下的官吏谈话，应该谈论如何忠信奉公。凡是向在上位的人进言，（要注意自己视线的位置）开始时视线要落在对方脸部，观察其气色，看能否开口说话；话说完后，视线要移到对方的怀抱处，以示尊敬，并给对方以思考的时间；最后再将视线移到对方脸部，观察他是否已采纳自己的意见；整个过程，体态容颜不要随便变动。如果是与父亲说话，则目光可以游移，观察周围与父亲生活起居有关的事物；如果看父亲，但上不得高于其面部，那样显得傲慢，下不得低于其腰带，那样显得忧愁。如果对方不再说话，那么视线要落在他行走时最先动作的部位，立则视其足部，坐则视其膝部。

凡是在君子的左右陪坐，如果君子打哈欠、伸懒腰、问时间的早晚，就要问从人饭菜是否已准备好。如果君子在座位上不断变动姿势，表明君子已有倦意，这时可以请求告退。如果是在夜间陪坐，君子问钟鼓漏刻的时数，或者要用葱韭等辛物作夜宵解瞌困，表明君子已有睡意，这时可以请求告退。

如果士在国君身旁侍坐，国君若以食赐臣，则国君要先祭。如果没有膳宰在，臣要代国君尝一口黍稷，再遍尝每种菜肴，然后尝一尝酒，等候国君先吃。国君下令开始吃，再正式吃。如果有膳宰代尝饮食，则要等国君开始吃之后再吃。国君若以爵赐臣，臣要离席，对国君再拜叩首，接过爵，然后入席献祭，将爵中的酒饮完后，要等国君也将爵中之酒饮完，再把空爵交给赞者。退席之后，到堂下坐着取鞋，然后到隐蔽之处跪着穿鞋。国君要起身相送时，则说："请别为我起身，否则，下臣不敢告辞了。"如果国君下堂相送，则不敢回头告辞，径直出门。如果客人是大夫，则可以向国君告辞；大夫起身退席时国君起身，下阶时国君也下阶，国君到门口送行，这三种场合，大夫都应该辞谢国君。

如果有退休的官员、在职的卿大夫仰慕某士的德行而往相见（因彼此地位及年龄相

差悬殊)，士应该推辞，表示不敢当。如果不能得到他们的同意，就说："某人没有德行可以使您辱临敝舍，虽已辞谢但又得不到允许，某人只有随即前往拜见。"(于是出门率先拜见)

如果大夫不是奉国君之命出使(而是因私事出访)邻国，那么他的私人摈者向邻国传言时，不得称他为寡君的某人(只能直称其名)。如果是大夫卿士奉国君之命出使，则摈者称其为"寡君之老"。凡是手执币帛去见国君，(要谨慎)不要飞快地行走，越是走近国君，容貌要越恭敬，以此为容仪。执玉器去见国君的，步伐要缓而小，前脚拖着后脚走，脚跟不离地。凡是对国君，士大夫都统统自称为"下臣"；退休的官员，如果居宅在国中，就自称"市井之臣"；居宅在郊野的，就自称"草茅之臣"；如果是庶民则自称"刺草之臣"；如果是其他国家的士大夫，则自称"外臣"。

乡饮酒礼第四

【原文】

乡饮酒之礼。主人就先生而谋宾、介。主人戒宾，宾拜辱；主人答拜，乃请宾。宾礼辞，许。主人再拜，宾答拜。主人退，宾拜辱。介亦如之。

乃席宾、主人、介、众宾之席皆不属焉。尊两壶于房户间，斯禁，有玄酒，在西。设篚于禁南，东肆，加二勺于两壶。设洗于阼阶东南，南北以堂深，东西当东荣。水在洗东，篚在洗西，南肆。

羹定，主人速宾，宾拜辱，主人答拜。还，宾拜辱。介亦如之。宾及众宾皆从之。主人一相迎于门外，再拜宾，宾答拜；拜介，介答拜；揖众宾。主人揖，先入。宾厌介，入门左；介厌众宾，入；众宾皆入门左；北上。主人与宾三揖，至于阶，三让。主人升，宾升。主人阼阶上当楣北面再拜。宾西阶上当楣北面答拜。

主人坐取爵于篚，降洗。宾降。主人坐奠爵于阶前，辞。宾对。主人坐取爵，兴，适洗，南面坐，奠爵于篚下，盥洗，宾进，东北面，辞洗。主人坐奠爵于篚，兴对。宾复位，当西序，东面。主人坐取爵，沃洗者西北面。卒洗，主人壹揖，壹让。升。宾拜洗。主人坐奠爵，遂拜。降盥。宾降，主人辞；宾对，复位，当西序。卒盥，揖让升。宾西阶上疑立。主人坐取爵，实之宾之席前，西北面献宾。宾西阶上拜，主人少退。宾进受爵，以复位。主人阼阶上拜送爵，宾少退。荐脯醢。宾升席，自西方。乃设折俎。主人阼阶东疑立。宾坐，左执爵，祭脯醢，奠爵于荐西，兴；右手取肺，却左手执本，坐，弗缭，右绝末以祭，尚左手，哜之，兴；加于俎，坐挩手，遂祭酒，兴；席末坐，啐酒，降席，坐奠爵，拜，告旨，执爵

兴。主人阼阶上答拜。宾西阶上北面坐，卒爵，兴；坐奠爵，遂拜，执爵兴。主人阼阶上答拜。

宾降洗，主人降。宾坐奠爵，兴辞，主人对。宾坐取爵，适洗南，北面。主人阼阶东，南面辞洗。宾坐奠爵于篚，兴对。主人复阼阶东，西面。宾东北面盥，坐取爵，卒洗，揖让如初，升。主人拜洗。宾答拜，兴，降盥，如主人礼。宾实爵主人之席前，东南面酢主人。主人阼阶上拜，宾少退。主人进受爵，复位，宾西阶上拜送爵。荐脯醢。主人升席自北方。设折俎。祭如宾礼，不告旨。自席前适阼阶上，北面坐卒爵，兴，坐奠爵，遂拜，执爵兴。宾西阶上答拜。主人坐奠爵于序端，阼阶上北面再拜崇酒。宾西阶上答拜。

主人坐取觯于篚，降洗。宾降，主人辞降。宾不辞洗，立当西序，东面。卒洗，揖让升。宾西阶上疑立。主人实觯酬宾，阼阶上北面坐奠觯，遂拜，执觯兴。宾西阶上答拜。坐祭，遂饮，卒觯，兴；坐奠觯，遂拜，执觯兴。宾西阶上答拜。主人降洗；宾降辞，如献礼，升，不拜洗。宾西阶上立；主人实觯宾之席前，北面；宾西阶上拜；主人少退，卒拜进，坐奠觯于荐西；宾辞，坐取觯，复位；主人阼阶上拜送；宾北面坐奠觯于荐东，复位。

主人揖，降。宾降，立于阶西，当序，东面。主人以介揖让升拜如宾礼。主人坐取爵于东序端，降洗；介降，主人辞降；介辞洗，如宾礼，升，不拜洗。介西阶上立。主人实爵介之席前，西南面献介。介西阶上北面拜，主人少退；介进，北面受爵，复位。主人介右北面拜送爵，介少退。主人立于西阶东。荐脯醢。介升席自北方，设折俎。祭如宾礼，不哜肺，不啐酒，不告旨，自南方降席，北面坐卒爵，兴，坐奠爵，遂拜，执爵兴。主人介右答拜。

介降洗，主人复阼阶，降辞如初。卒洗，主人盥。介揖让升，授主人爵于两楹之间。介西阶上立。主人实爵，酢于西阶上，介右坐奠爵，遂拜，执爵兴。介答拜。主人坐祭，遂饮，卒爵，兴；坐奠爵，遂拜，执爵兴。介答拜。主人坐奠爵于西楹南，介右再拜崇酒；介答拜。

主人复阼阶，揖降，介降立于宾南。主人西南面三拜众宾，众宾皆答壹拜。主人揖升，坐取爵于西楹下；降洗，升实爵，于西阶上献众宾。众宾之长升拜受者三人，主人拜送。坐祭，立饮，不拜既爵；授主人爵，降复位。众宾献，则不拜受爵，坐祭，立饮。每一人献，则荐诸其席。众宾辩有脯醢。主人以爵降，奠于篚。

揖让升，宾厌介升，介厌众宾升，众宾序升，即席。一人洗，升，举觯于宾。实觯，西阶上坐奠觯，遂拜，执觯兴，宾席末答拜；坐祭，遂饮，卒觯兴；坐奠觯，遂拜，执觯兴，宾答拜。降洗，升，实觯，立于西阶上；宾拜。进坐奠觯于荐西，宾辞，坐受以兴。举觯者西阶上拜送，宾坐奠觯于所。举觯者降。

设席于堂廉，东上。工四人，二瑟，瑟先。相者二人，皆左何瑟，后首，挎越，内弦，右手相。乐正先升，立于西阶东。工入，升自西阶。北面坐。相者东面坐，遂授瑟，乃降。

工歌《鹿鸣》《四牡》《皇皇者华》。卒歌，主人献工。工左瑟，一人拜，不兴，受爵。主人阼阶上拜送爵。荐脯醢。使人相祭。工饮，不拜既爵，授主人爵。众工则不拜，受爵，祭饮，辩有脯醢，不祭。大师；则为之洗。宾、介降，主人辞降。工不辞洗。

笙人堂下，磬南，北面立，乐《南陔》《白华》《华黍》。主人献之于西阶上。一人拜，尽阶，不升堂，受爵，主人拜送爵。阶前坐祭，立饮，不拜既爵，升授主人爵。众笙则不拜，受爵，坐祭，立饮；辩有脯醢，不祭。

乃间歌《鱼丽》，笙《由庚》；歌《南有嘉鱼》，笙《崇丘》；歌《南山有台》，笙《由仪》。

乃合乐：《周南·关雎》《葛覃》《卷耳》，《召南·鹊巢》《采蘩》《采蘋》。工告于乐正曰："正歌备。"乐正告于宾，乃降。

主人降席自南方，侧降；作相为司正。司正礼辞，许诺。主人拜，司正答拜。主人升，复席。司正洗觯，升自西阶，阼阶上北面受命于主人。主人曰："请安于宾。"司正告于宾，宾礼辞，许。司正告于主人。主人阼阶上再拜，宾西阶上答拜。司正立于楹间以相拜，皆揖，复席。

司正实觯，降自西阶，阶间北面坐奠觯；退共，少立；坐取觯，不祭，遂饮，卒觯兴，坐奠觯，遂拜；执觯兴，盥洗；北面坐奠觯于其所，退立于觯南。

宾北面坐取俎西之觯，阼阶上北面酬主人。主人降席，立于宾东。宾坐奠觯，遂拜，执觯兴，主人答拜。不祭，立饮，不拜，卒觯，不洗，实觯，东南面授主人。主人阼阶上拜，宾少退。主人受觯，宾拜送于主人之西。宾揖，复席。

主人西阶上酬介。介降席自南方，立于主人之西，如宾酬主人之礼。主人揖，复席。

司正升相旅，曰："某子受酬。"受酬者降席。司正退立于序端，东面。受酬者自介右，众受酬者受自左，拜、兴、饮，皆如宾酬主人之礼。辩，卒受者以觯降，坐奠于篚。司正降，复位。

使二人举觯于宾、介，洗，升实觯于西阶上，皆坐奠觯，遂拜，执觯兴。宾、介席末答拜。皆坐祭，遂饮，卒觯兴，坐奠觯，遂拜，执觯兴，宾、介席末答拜。逆降，洗，升实觯，皆立于西阶上。宾、介皆拜。皆进，荐西奠之，宾辞，坐取觯以兴。介则荐南奠之，介坐受以兴。退，皆拜送，降。宾、介奠于其所。

司正升自西阶，受命于主人。主人曰："请坐于宾。"宾辞以俎。主人请彻俎，宾许。司正降阶前，命弟子俟彻俎。司正升，立于序端。宾降席，北面。主人降席，阼阶上北面。介降席，西阶上北面。遵者降席，席东南面。宾取俎，还授司正；司正以降，宾从之。主人取俎，还授弟子；弟子以降自西阶，主人降自阼阶。介取俎，还授弟子；弟子以降，介从之。若有诸公、大夫，则使人受俎，如宾礼。众宾皆降。

说屦，揖让如初，升，坐。乃羞。无算爵。无算乐。

宾出，奏《陔》。主人送于门外，再拜。

宾若有遵者：诸公、大夫，则既一人，举觯，乃入。席于宾东，公三重，大夫再重。公如大夫，入，主人降，宾、介降，众宾皆降，复初位。主人迎，揖让升。公升如宾礼，辞一席，使一人去之。大夫则如介礼，有诸公，则辞加席，委于席端，主人不彻；无诸公，则大夫辞加席，主人对，不去加席。

明日，宾服乡服以拜赐，主人如宾服以拜辱。主人释服，乃息司正。无介，不杀，荐脯醢，羞唯所有。征唯所欲，以告于先生、君子可也。宾、介不与。乡乐唯欲。

记

乡，朝服而谋宾、介，皆使能，不宿戒。

蒲筵，缁布纯。尊绤幂，宾至彻之。其牲，狗也。亨于堂东北。献用爵，其他用觯。荐脯，五挺，横祭于其上，出自左房。俎由东壁，自西阶升。宾俎，脊、胁、肩、肺。主人俎，脊、胁、臂、肺。介俎，脊、胁、肫、胳、肺。肺皆离。皆右体，进腠。

以爵拜者不徒作。坐卒爵者拜既爵，立卒爵者不拜既爵。凡奠者于左，将举于右。众宾之长，一人辞洗，如宾礼。立者东面北上；若有北面者，则东上。乐正与立者，皆荐以齿。凡举爵，三作而不徒爵。乐作，大夫不入。献工与笙，取爵于上篚；既献，奠于下篚。其笙，则献诸西阶上；磬，阶间缩霤，北面鼓之。主人、介，凡升席自北方，降自南方。司正，既举觯而荐诸其位。凡旅，不洗。不洗者，不祭。既旅，士不入。彻俎：宾、介，遵者之俎，受者以降，遂出授从者；主人之俎，以东。乐正命奏《陔》，宾出，至于阶，《陔》作。若有诸公，则大夫于主人之北，西面。主人之赞者，西面北上，不与，无算爵，然后与。

【译文】

乡饮酒之礼。乡大夫（作为仪式的主人）到乡学的先生处商定出席乡饮酒礼的宾和介（辅佐宾的陪客）的人选。（一经选定）主人要亲自前往宾的家中通告。宾拜谢主人屈尊光临，主人答拜后，说明来此相邀的目的。宾谦辞一次后表示接受。主人行再拜之礼（以示为国求贤的郑重），宾答拜。主人告退，宾行拜礼，再次感谢他屈尊而来。通知介的仪节也是如此。

于是铺设宾、主人、介的席位。众宾的席位，都不相连接。在东房之西与室门之东的地方，陈放酒和玄酒各一壶，壶下有器座；玄酒放在酒的西侧。篚放在器座之南，头在西，尾朝东，两壶之上各放一把勺。洗放在阼阶的东南，洗与堂的南北间距约等于堂的纵深，东西向的位置则大致与东端的屋翼对齐；水放在洗的东侧。洗的西侧也放有一篚，篚首在北，尾朝南。

肉羹煮熟后，主人亲自前往宾的家中敦请，宾向主人拜礼，感谢主人屈尊光临。主人答拜还礼，然后离开。主人到介的家中敦请的仪节也是如此。（主人邀请宾、介完毕后）

宾、介和众宾都跟随主人(前往乡学"庠")。主人的一位相礼者在庠门前迎候。主人向宾行再拜之礼,宾答拜还礼;又向介行一拜之礼,介答拜还礼;然后向众宾拱手行礼。然后主人揖请宾入庠门,然后自己先入门为宾引路,从门右进入(然后站在门内的右边,面朝西)。宾向介长揖后,从门左进入(然后站在门内的左边,面朝东);介向众宾长揖后入门,众宾尾随而入,都站在门的左侧,而以北首者为尊。主人与宾三次相互拱手行礼后来到阶前。双方三次相互谦让后,主人先登上阼阶,接着宾登上西阶。主人在阼阶之上、堂的前梁下,面朝北行再拜之礼,宾在西阶上、堂的前梁下,面朝北答拜还礼。

周云纹壶

主人就席而坐,然后起身从篚中取出酒爵,走下阼阶准备洗濯。宾随之走下西阶。主人在临阼阶处坐下,放下酒爵,起身辞谢宾的下堂。宾答对(说自己理应下堂)。主人又坐下拿起酒爵,起身,走到洗的北侧,面朝南坐下,把酒爵放在篚之南,起身盥手,准备洗爵。宾从堂下正对西序处走到洗前,面朝东北,劝阻主人不要为自己洗爵(表示不敢当)。主人坐下,将酒爵放进篚内,起身作答。宾回到原先的位置,在堂下对着西序的地方,面朝东而立。主人又坐下取出酒爵,洗涮酒爵的执事面朝西北而立。洗濯完毕,主人拱手行礼(请宾先登阶上堂),双方彼此谦让一次后,先后登阶。宾拜谢主人亲自下堂为自己洗濯酒爵。主人在堂上坐下。放好酒爵,向宾回拜,又走下阼阶准备洗手(以便为宾酌酒)。宾随之走下西阶(表示不敢独自在堂上安坐)。主人向宾辞谢,宾作答,回到原来的位置。主人洗完手,双方拱手谦让后登阶。宾在西阶之上正立。主人坐下取出洗净的酒爵,酌满酒,在宾的席位前,面朝西北献给宾。宾在西阶上拜谢,主人持爵稍稍后退(以示谦避)。宾走到席前接过酒爵,回到西阶上。主人在阼阶上拜送受爵者,宾持爵稍稍后退(表示谦避)。有司将干肉和肉酱进于宾的席前。宾从西方即席。于是摆上盛着节折的牲体的小案。主人在阼阶之东正立。宾坐在席上,左手执爵,右手取干肉和肉酱祭祀先世造此食者;然后将酒爵放在席的西侧,起身,用右手取祭肺,左手缩着抓住肺的厚而大的一端(使之下垂),然后坐下,不行缭祭,而行绝祭之礼,右手将其下端扯断,用以祭祀。左手在上,尝一口祭肺,然后起身,将祭肺放在小案上。宾又坐下,擦干净手,再行祭酒。宾起身,到席的西端坐下,尝一口酒,接着离席,再坐下放好酒爵,然后拜谢主人,称赞酒的甘美,并握爵起身。主人在阼阶上答拜。宾到西阶之上面朝北而坐,将爵中的酒饮尽,起身,再坐下放好爵,拜谢主人,然后执爵起身。主人在阼阶上答拜还礼。

宾手持酒爵，走下西阶（准备为主人洗爵），主人随之走下阼阶（表示不敢独自在堂上安坐）。宾坐下放好酒爵，起身辞谢主人下堂。主人作答。宾坐下取爵，然后走到洗之南，面朝北而立。主人在阼阶之东，面朝南，劝阻宾不要为自己洗爵。宾坐下，将爵放入篚内，起身作答。主人回到阼阶东、面朝西的位置。宾面朝东北洗手，接着坐下，从篚内取出爵，洗濯完毕，宾主像先前那样拱手谦让后，先后登堂。主人拜谢宾亲自下堂为自己洗濯酒爵。宾答拜还礼，然后起身，走下西阶洗手（准备为主人酌酒），其间的仪节和刚才主人为宾做的一样。宾取爵酌满酒，在主人的席前面朝东南回敬主人。主人在阼阶上拜谢，宾手持酒爵稍稍后退（以示谦避）。主人上前接爵，回到原先的位置，宾在西阶上拜送受爵者。有司将干肉和肉酱进于主人席前。主人从席的北边入席。于是摆上盛有节折的牲体的俎。祭荐俎和祭酒的仪节，与刚才宾做的一样，只是最后不必告谢酒的旨美。主人从席前走到阼阶上，面朝北坐下，将爵中的酒饮毕，起身，再坐下放好爵，于是拜谢宾，握着爵起身。宾在西阶上答拜还礼。主人坐下，将酒爵放在东序的南端，在阼阶上面朝北再拜，感谢宾饮了自己的薄酒，宾在西阶上答拜还礼。

主人坐于席上，然后起身从篚内取出觯，走下阼阶准备洗濯。宾随之走下西阶（表示不敢独自在堂上安坐）。主人辞谢宾下堂。宾不必像献酒仪节中那样劝阻主人为自己洗濯，只要在堂下正对西序处，面朝东而立。洗濯完毕，宾主拱手谦让后登堂。宾在西阶上正立。主人在觯中注酒，准备酬宾，接着在阼阶上面朝北而坐，放好觯，拜宾，请他饮酒，接着握着觯起身。宾在西阶上拜谢主人。于是，主人坐下祭干肉、肉酱等，祭毕饮酒，饮毕，起身；再坐下放好觯，拜谢主人，然后握着觯起身。宾在西阶上答拜还礼。主人再次走下阼阶洗觯，宾辞谢主人下堂，其间的仪节和献酒时一样。洗濯完毕，主宾先后登堂，此时不必拜谢主人下堂亲自洗觯。宾站在西阶之上，主人持觯注酒，然后在宾的席前面朝北捧觯；宾在西阶之上拜谢主人，主人执觯稍稍后退以示谦避，拜毕回到席上坐下，将觯放在荐席之西；宾辞谢之后，坐下取觯，再回到原来的位置。主人在阼阶上拜送宾。宾又到席前面朝北而坐，将觯放在荐席之东而不饮，然后回到西阶上原来的位置。

主人向宾拱手行礼示意将下堂与介为礼，然后走下阼阶；宾随之下堂，站在西阶下正对着堂西序的地方，面朝东。主人与介揖让、登堂、相拜的仪节，与迎宾时一样。主人坐下，从东序的端头取爵，下堂洗濯；介随之下堂，主人辞谢，介劝阻主人为自己洗爵，其间的仪节与献宾时一样，但双方升堂后，介不必拜谢主人亲劳洗爵。介在西阶上站立。主人持爵斟酒，在介的席位前、面朝西南献给介。介在西阶上面朝北拜谢主人，主人持爵稍稍后退以示谦避。介走到主人之前，面朝北接爵，回到原位。主人在介的右侧，面朝北拜送持爵者，介持爵稍稍后退以示谦避。主人站在西阶之东。有司将干肉和肉酱进于介的席前。介从席的北边入席，有司摆上盛有节折的牲体的小俎。介祭祀的内容和方式与宾

一样，只是不尝肺，不尝酒，也不必向主人告谢酒的旨美，祭毕，从南方离席，接着面朝北坐下，将爵中的酒饮完，起身；又坐下放好爵，接着拜谢主人，再拿着爵起身。主人在介的右侧答拜还礼。

介走下西阶为主人洗爵，主人回到阼阶上原来的位置，介下堂向主人辞谢等仪节，与刚才宾酢主人时的礼仪一样。洗爵完毕，主人下堂洗手，准备酌酒。介与主人揖让后登堂，在堂上的东、西楹柱之间，介将爵授给主人。介站在西阶上。主人往爵中斟酒，在西阶上自酢。接着，主人在介的右侧坐下，放好爵，拜介，然后拿着爵起身。介答拜。主人坐下祭酒，并饮酒，饮毕，起身；接着坐下放爵，再拜介，然后拿着爵起身。介答拜。主人在西楹柱之南坐下放好爵，在介的右侧，再拜，感谢介饮了自己的薄酒，介答拜还礼。

主人回到阼阶上原来的位置，向介行拜礼，示意自己将要与众宾行礼，然后走下阼阶，介随之走下西阶，站在宾的南侧。主人来到大门内侧，面朝西南，向等候在此的众宾行三拜之礼，众宾都答以一拜之礼。主人到庭中，向众宾拱手行礼后登堂，接着在西楹柱下坐下取爵，下堂洗濯后，再上堂酌酒，然后在西阶上献给众宾。三位众宾之长登堂拜而受爵，主人拜而送之。他们坐下祭祀，站着饮酒，爵之酒饮毕后不必拜谢主人，只需将空爵交还主人，然后回到堂下原来的位置。众宾接受主人的献酒，不必拜谢就可以接爵，然后坐下祭祀，站着饮酒。众宾之长中的每一位接受献酒时，有司要将食品进于他的席位前。众宾接受献酒时都有干肉和肉酱进于其在堂下的位。主人手持空爵，走下阼阶，放入庭中的篚内，不再使用。

主人与宾拱手礼让后登堂。宾向介行长揖后登堂，介向众宾行长揖后随之登堂，然后，众宾依次登堂，并一一入席。赞者在庭中洗觯，然后上堂，代表主人向宾举觯；接着往觯中斟酒，再在西阶上坐下放好爵，拜宾，然后拿着觯起身；宾在席末答拜还礼。赞者坐下祭祀先人，然后，将觯中之酒饮完，起身；又坐下放好觯，拜宾，接着拿着觯起身；宾答拜还礼。赞者下堂洗濯自己刚用过的觯，再上堂往觯中斟上酒，站在西阶上；宾拜谢准备受觯。赞者在宾席西坐下，把觯放在脯醢西边（表示不敢亲授于尊者）。宾谦辞后，坐着拿着觯并起身。举觯的赞者在西阶上拜送宾，宾又坐下，将觯放在席的西端。赞者下堂。

在西阶东、靠近堂南侧之处为乐工设席，以东面的位置为尊。乐工共四人，二人鼓瑟，二人歌唱，入场时鼓瑟者在前。两位搀扶鼓瑟者的人，都是左肩荷瑟，左手持瑟，瑟首朝后，手指钩入瑟底的孔中，瑟弦朝内，右手扶着鼓瑟者。乐工之长最先登堂，站在西阶之东。乐工入场时，从西阶上堂，面朝北而坐。搀扶者在其旁面朝东坐下，把瑟递给他，然后下堂。乐工歌唱《鹿鸣》《四牡》和《皇皇者华》三首诗歌。歌毕，主人向乐工献酒。乐工左瑟而避，乐工之长拜谢主人，不起身而受爵。主人在阼阶上拜送受爵者。有司为乐工进上干肉和肉酱。主人命人协助乐工祭祀先人。乐工饮酒，饮毕不必拜谢，只需将

酒爵授给主人。其余三工则不必拜谢主人就可受爵,祭酒之后再饮。每人都备有干肉和肉酱,但不必祭祀。如果乐工中有太师,则主人献酒前先要为他洗爵。宾和介随之下堂,主人要辞谢。太师则不必下堂辞谢。

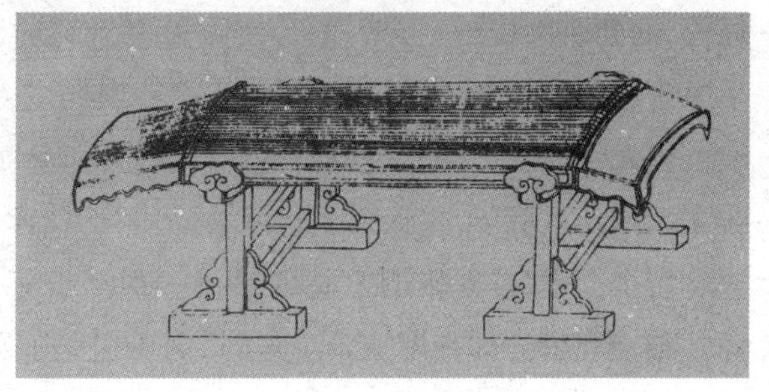
瑟

吹笙者入场,在堂下设磬处的南面就位,面朝北而立,吹奏的乐曲是《南陔》《白华》和《华黍》三诗的原曲。主人在西阶上向奏乐者献酒。吹笙者中的一位年长者拜谢主人,走上最高一级台阶但不登堂,从主人手中接过爵;主人拜送受爵者。长者下阶,在阶前坐下祭酒,站着饮酒,饮毕不必拜谢主人,但要登阶将酒爵奉还主人。其余的吹笙者不必拜谢主人就可以受爵,在阶前坐下祭酒,站着饮酒,每人都备有干肉和肉酱,但不必祭它。

堂上、堂下交替演奏乐歌:堂上弹瑟唱《鱼丽》之歌,堂下则笙奏《由庚》之曲;堂上弹瑟唱《南有嘉鱼》之歌,堂下则笙奏《崇丘》之曲;堂上弹瑟唱《南山有台》之歌,堂下则笙奏《由仪》之曲。

接着,歌乐与器乐合起,奏《周南》中的《关雎》《葛覃》《卷耳》,《召南》中的《鹊巢》《采蘩》《采蘋》。奏毕,乐工报告乐正:"规定的乐曲都已演奏完毕。"乐正又向宾报告,然后下堂。

主人从南方离席,独自下堂,命令原先在门口迎宾的相担任监礼的司正。司正推辞一次后,表示同意。主人拜而谢之,司正以礼答拜。主人登堂,回到原来的席位上。为挽留宾,司正洗觯作准备,然后从西阶上堂,在阼阶之上面朝北听命于主人。主人对司正说:"请宾继续安坐。"司正向宾转达主人的挽留之意,宾推辞一次后同意。司正又转告主人。主人在阼阶上行再拜之礼,感谢宾的留坐,宾在西阶上答拜还礼。司正在堂上东、西楹柱之间协助宾主行拜礼,礼毕,宾主互相拱手行礼,分别回席。

司正在觯中斟酒后,从西阶下堂,在东西两阶之间往南的地方坐下,放好觯,退而拱手,并自正其位;接着坐下取觯,不祭酒即饮,饮毕起身,再坐下放好觯,拜谢主人;然后拿觯起身,去盥手洗觯;洗毕再回到原位面朝北而坐,将洗净的觯放在奠觯之所,起身退而站到觯的南侧。

宾面朝北坐下,取过方才司正所放的觯,到阼阶之上,面朝北酬主人。主人离席,站在宾的东侧与宾面朝北并排而立。宾坐下放好觯,向主人行拜礼,接着拿觯起身,主人答拜还礼。宾不必祭酒,站着饮酒,也不必拜主人,饮毕不必洗觯;然后再往觯中酌酒,返回

原位，面朝东南授给主人。主人在阼阶之上拜谢，宾拿觯稍稍后退以示谦避。主人从宾手中接过觯，宾在主人的西侧拜而送之。宾向主人拱手行礼后回到自己的席位。

主人到西阶上向介进酬酒。介从南方离席，站到主人的西侧。主人酬介的仪节与宾酬主人相同。酬毕，主人拱手行礼，回到自己的席位。

司正上堂，监督旅酬之礼的进行。司正按年龄的长幼顺序招呼："某子前来接受酬酒。"被点名者立即离席上堂。这时，司正退立于西序的端头，面朝东方而立，以便为上下的众宾让道。接受介酬酒的众宾从介的右侧走过，其余接受酬酒者从介的左侧走过，他们拜、起身、饮酒等仪节，都和宾酬主人时一样。酬酒遍及于堂下的每位众宾。最后一位接受酬酒的人，要拿觯下堂，坐下将觯放入庭中的篚内。然后司正下堂，回到自己原来的位置。

司正命二位小吏举觯，分别向宾、介进酬酒，二人先下堂洗手、洗觯，然后升堂，往觯中斟酒，再在西阶上坐下，将觯放在地上，向宾、介行拜礼，接着拿着觯起身，宾、介在席的末端答拜还礼。二位小吏坐下祭酒，接着将觯中的酒饮完，起身；再坐下放好觯，向宾、介行拜礼，然后拿觯起身，宾、介在席的末端再次答拜还礼。二位小吏下堂洗觯，下堂的顺序与上堂时正相反，升堂后往觯中酌酒，都是站在西阶上进行；宾、介拜而谢之。二位小吏走上前，将宾的觯放在席前、醢西，宾辞谢后，坐下取觯，起身。介的觯则放在席前、脯醢之南，介也是坐下接觯，再起身。二位小吏退回西阶时，要拜送，然后下堂。宾、介要将觯放在原处。

司正从西阶登堂，请主人发命。主人说："请宾坐下饮酒。"司正转告宾，宾推辞说，有俎在堂，不敢坐下。司正转告主人。主人询问宾，是否将俎撤走，宾表示同意。于是司正到西阶前，命来宾中较年轻的几位撤俎。司正又上堂，站在西序的端头。宾离席，面朝北而立。主人离席，在阼阶上面朝北而立。介离席，在西阶上面朝北而立。应邀观礼的大夫离席，在席的旁边面朝东南而立。宾捧起俎，交还司正，司正捧着俎下堂，宾跟着下去。主人取过俎，授给年轻的弟子，弟子捧着俎从西阶下堂，主人从阼阶下堂。介取过俎授给弟子，弟子捧俎下堂，介跟着下去。如果有诸公和大夫在场，则派人接过他们撤下的俎，其余的礼节与撤宾的俎一样。三位宾长也都下堂。

于是，在堂下脱鞋，主人、宾、介、众宾按先前登堂的顺序，揖让、登堂、就席而坐。有司进上菜肴。接着从宾、介开始，用两觯交错进酬酒，不限次数，一醉方休。堂上堂下的音乐或间或合，歌奏不已，尽欢而止。

饮酒礼结束，宾出门时，奏《陔》的乐曲。主人要送到门外，向宾行再拜之礼。

来宾中如果有尊者，即诸公、大夫，则到门口后不必依缛礼行事，在一人举觯时就可一起进入。尊者的席位安排在宾的东侧，公的席有三层，大夫的席为二层。公或大夫进

门时，主人先下堂，宾、介跟着下堂，众宾也都要下堂，大家都回到迎宾入门时在门口站立的位置。主人迎尊者入门，彼此揖让后登堂。公上堂时的礼节和宾一样，公入席前请主人将三层席撤去一层，于是主人命人撤去一层。大夫登堂的礼节与介一样。如果有诸公在场，则要请主人将二层席撤去一层，将这一层席卷起来放在席的北端，但主人不许将席撤走；如果没有诸公在场，则大夫请求撤去一层席时，主人不许，也不让人卷去上面的一层席。

第二天，宾身着乡饮酒礼时穿的朝服，前来拜谢主人昨天赐予的款待。主人穿着和宾一样的服装迎见，拜谢宾屈尊光临。会见结束后，主人脱去朝服，换上便服，接着慰劳司正等。慰劳的仪节比较简便，以司正为宾，不设陪客，也不设俎，所荐干肉和肉酱没有严格的规定，用家中现有的就行。对于昨天未能邀请的亲友，今天可以随意邀请；对于乡中已退休或在职的卿、大夫，只要向他们通报一下，来否听便。宾和介都不再参加今天的活动。宴饮时，《周南》《召南》中的六首乐章可以随意点奏。

《记》。乡大夫身穿朝服与乡先生一起选定宾介，为的是要兴贤举能。人选确定后，行礼的前一天不必再往邀请。

乡饮酒礼使用的蒲席，用黑布缀边。酒尊要用粗葛布覆盖，等宾到来时再撤去。所进之牲，用狗，在堂东夹的东北烹煮。只有献酒时用爵，其余场合用觯。进荐的干肉有五条，另有一条横置于其上，从东房端出来。狗肉烹熟后放在俎上，从东壁端进来，再从西阶端上堂。端给宾的俎上有脊骨、胁骨、肩、肺；端给主人的俎上有脊骨、胁骨、臂、肺；端给介的俎上有脊骨、胁骨、后股骨、后胫骨、肺。三个俎上的肺都用刀划割，但不割断。肉要用狗牲右侧的那一半，肉皮要朝上。

凡是饮尽献酒后拜主人，不可随便起立，起立就必定要酢主人。凡是坐着饮尽爵中之酒的要对他行拜礼，对站着饮尽爵中之酒的则不必行拜礼。凡是接受酬酒而不饮，爵觯应放在席前肉酱的左边；凡是要举起的爵觯，都应放在右侧以就近右手。主人向众宾之长献酒时，只为其中年长的一位洗爵，此人可以辞谢主人为他洗爵，其间的仪节与宾一样。站在堂下的众来宾，在西阶之西面朝东排列，以最北端紧靠近堂的位置为尊，如果人数多而排不下，则可折而向东排列，但要面朝北而立，以西端的位置为尊。乐正与在堂下站立的众宾一起，按年龄长幼的顺序饮酒。主人从篚中取爵之后，有三次拿爵起身，每次都要往爵中斟酒，不能空爵。乐曲开始演奏后，前来助兴的大夫就不再入内（以示对贤者的尊重）。向乐工和吹笙者献酒，要从堂上的篚中取爵；献酒毕，要将空爵放入堂下的篚内。对吹笙者，要在西阶上献酒。磬陈列在两阶之间靠近堂南屋檐滴水的地方，击磬者站在磬南面朝北敲击。主人和介，一律要从北方入席，离席则从南方。司正是主人的助手，所以不向他献酒，但在他举觯时要将肴馔送到他的席位前。凡是向众宾旅酬（礼数都

要降低），不必洗爵，因为这酒不用于祭祀。旅酬开始后，前来观礼的士就不再入内。撤去俎的顺序是：宾、介和遵者的俎，由受俎者捧下堂，出门后再交给各自的随从；主人的俎则要在堂的东方敛藏。宾退席时，乐正命令乐工奏《陔》的乐曲；当宾走到西阶时，《陔》的乐声正好起来。行礼时，堂上如果有诸公在，则大夫之席要在主人的北侧，席面朝西。主人的赞者都面朝西而立，以北首为尊，不参与主人献酒及行旅酬礼时的饮酒；燕饮开始，不再计算喝酒的爵数时，才能饮酒。

乡射礼第五

【原文】

乡射之礼。主人戒宾，宾出迎，再拜。主人答再拜，乃请。宾礼辞，许。主人再拜，宾答再拜。主人退；宾送，再拜。无介。

乃席宾，南面，东上。众宾之席，继而西。席主人于阼阶上，西面。尊于宾席之东，两壶，斯禁，左玄酒，皆加勺。篚在其南，东肆。设洗于阼阶东南，南北以堂深，东西当东荣。水在洗东，篚在洗西，南肆。县于洗东北，西面。乃张侯，下纲不及地武。不系左下纲，中掩束之。乏参侯道，居侯党之一，西五步。

羹定。主人朝服，乃速宾；宾朝服出迎，再拜；主人答再拜，退；宾送，再拜。宾及众宾遂从之。

及门，主人一相出迎于门外，再拜；宾答再拜。揖众宾。主人以宾揖，先入。宾厌众宾，众宾皆入门左，东面北上。宾少进，主人以宾三揖，皆行。及阶，三让，主人升一等，宾升。主人阼阶上当楣北面再拜，宾西阶上当楣北面答再拜。

主人坐取爵于上篚，以降。宾降。主人阼阶前西面坐奠爵，兴辞降。宾对。主人坐取爵，兴，适洗，南面坐奠爵于篚下，盥洗。宾进，东北面辞洗。主人坐奠爵于篚，兴对，宾反位。主人卒洗，壹揖，壹让，以宾升。宾西阶上北面拜洗。主人阼阶上北面奠爵，遂答拜，乃降。宾降，主人辞降，宾对。主人卒盥，壹揖壹让升；宾升，西阶上疑立。主人坐取爵，实之宾席之前，西北面献宾。宾西阶上北面拜，主人少退。宾进受爵于席前，复位。主人阼阶上拜送爵，宾少退。荐脯醢。宾升席，自西方。乃设折俎。主人阼阶东疑立。宾坐，左执爵，右祭脯醢，奠爵于荐西，兴取肺，坐，绝祭，尚左手，哜之，兴，加于俎，坐挩手，执爵，遂祭酒，兴，席末坐啐酒，降席，坐尊爵，拜，告旨，执爵兴。主人阼阶上答拜。宾西阶上北面坐卒爵，兴，坐奠爵，遂拜，执爵兴。主人阼阶上答拜。

宾以虚爵降。主人降。宾西阶前东面坐奠爵，兴，辞降；主人对。宾坐取爵，适洗，北

面坐奠爵于篚下，兴，盥洗。主人阼阶之东，南面辞洗。宾坐奠爵于篚，兴对。主人反位。宾卒洗，揖让如初，升。主人拜洗，宾答拜，兴，降盥，如主人之礼。宾升，实爵主人之席前，东南面酢主人。主人阼阶上拜，宾少退。主人进受爵，复位，宾西阶上拜送爵。荐脯醢。主人升席自北方。乃设折俎。祭如宾礼，不告旨，自席前适阼阶上，北面坐卒爵，兴，坐奠爵，遂拜，执爵兴。宾西阶上北面答拜。主人坐奠爵于序端，阼阶上再拜崇酒。宾西阶上答再拜。

主人坐取觯于篚，以降。宾降，主人奠觯辞降，宾对，东面立。主人坐取觯，洗，宾不辞洗。卒洗，揖让升。宾西阶上疑立。主人实觯，酬之，阼阶上北面坐奠觯，遂拜，执觯兴。宾西阶上北面答拜。主人坐祭，遂饮，卒觯，兴，坐奠觯，遂拜，执觯兴。宾西阶上北面答拜。主人降洗。宾降辞，如献礼，升，不拜洗。宾西阶上立。主人实觯宾之席前，北面。宾西阶上拜。主人坐奠觯于荐西。宾辞，坐取觯以兴，反位。主人阼阶上拜送。宾北面坐奠觯于荐东，反位。

主人揖降。宾降，东面立于西阶西，当西序。主人西南面三拜众宾，众宾皆答壹拜。主人揖升，坐取爵于序端，降洗；升实爵，西阶上献众宾。众宾之长升拜受者三人，主人拜送。坐祭，立饮，不拜；既爵，授主人爵；降复位。众宾皆不拜，受爵，坐祭，立饮。每一人献，则荐诸其席。众宾辩有脯醢。主人以虚爵降，奠于篚。

揖让升。宾厌众宾升，众宾皆升，就席。一人洗，举觯于宾；升实觯，西阶上坐奠觯；拜，执觯兴。宾席末答拜。举觯者坐祭，遂饮，卒觯，兴；坐奠觯，拜，执觯兴；宾答拜。降洗，升实之，西阶上北面。宾拜。举觯者进，坐奠觯于荐西。宾辞，坐取以兴，举觯者西阶上拜送。宾反奠于其所。举觯者降。

大夫若有遵者，则入门左。主人降。宾及众宾皆降，复初位。主人揖让，以大夫升，拜至，大夫答拜。主人以爵降，大夫降。主人辞降。大夫辞洗，如宾礼，席于尊东。升，不拜洗。主人实爵，席前献于大夫。大夫西阶上拜，进受爵，反位。主人大夫之右拜送。大夫辞加席。主人对，不去加席。乃荐脯醢。大夫升席。设折俎。祭如宾礼，不哜肺，不啐酒，不告旨，西阶上卒爵，拜。主人答拜。大夫降洗，主人复阼阶，降辞如初。卒洗。主人盥，揖让升。大夫授主人爵于两楹间，复位。主人实爵，以酢于西阶上，坐奠爵，拜，大夫答拜。坐祭，卒爵，拜，大夫答拜。主人坐奠爵于西楹南，再拜崇酒，大夫答拜。主人复阼阶，揖降。大夫降，立于宾南。主人揖让，以宾升，大夫及众宾皆升，就席。

席工于西阶上，少东。乐正先升，北面立于其西。工四人，二瑟，瑟先，相者皆左何瑟，面鼓，执越，内弦。右手相，入，升自西阶，北面东上。工坐。相者坐授瑟，乃降。笙入，立于县中，西面。乃合乐：《周南·关雎》《葛覃》《卷耳》，《召南·鹊巢》《采蘩》、《采蘋》。工不兴，告于乐正，曰："正歌备。"乐正告于宾，乃降。

主人取爵于上篚，献工。大师，则为之洗。宾降，主人辞降。工不辞洗。卒洗，升实爵。工不兴，左瑟，一人拜受爵。主人阼阶上拜送爵。荐脯醢。使人相祭。工饮，不拜既爵，授主人爵。众工不拜，受爵，祭饮，辩有脯醢。不祭，不洗。遂献笙于西阶上。笙一人拜于下，尽阶，不升堂。受爵，主人拜送爵。阶前坐祭，立饮，不拜既爵，升，授主人爵。众笙不拜，受爵，坐祭，立饮，辩有脯醢，不祭。主人以爵降，尊于篚，反升，就席。

主人降席自南方，侧降，作相为司正。司正礼辞，许诺。主人再拜，司正答拜。主人升就席。司正洗觯，升自西阶，由楹内适阼阶上，北面受命于主人；西阶上北面请安于宾。宾礼辞，许。司正告于主人，遂立于楹间以相拜。主人阼阶上再拜，宾西阶上答再拜，皆揖就席。司正实觯，降自西阶，中庭北面坐奠觯，兴，退，少立；进，坐取觯，兴；反坐，不祭，遂卒觯，兴；坐奠觯，拜，执觯兴；洗，北面坐奠于其所，兴；少退，北面立于觯南。未旅。

三耦俟于堂西，南面东上。司射适堂西，袒决遂，取弓于阶西，兼挟乘矢，升自西阶。阶上北面告于宾，曰："弓矢既具，有司请射。"宾对曰："某不能。为二三子。"许诺。司射适阼阶上，东北面告于主人，曰："请射于宾，宾许。"

司射降自西阶，阶前西面，命弟子纳射器。乃纳射器，皆在堂西。宾与大夫之弓倚于西序，矢在弓下，北括。众弓倚于堂西，矢在其上。主人之弓矢，在东序东。

司射不释弓矢，遂以比三耦于堂西。三耦之南，北面，命上射曰："某御于子。"命下射曰："子与某子射。"

司正为司马，司马命张侯，弟子说束，遂系左下纲。司马又命获者："倚旌于侯中。"获者由西方，坐取旌，倚于侯中，乃退。

乐正适西方，命弟子赞工，迁乐于下。弟子相工，如初入；降自西降，阼阶下之东南，堂前三笴，西面北上坐。乐正北面立于其南。

司射犹挟乘矢，以命三耦："各与其耦让取弓矢，拾！"三耦皆袒决遂。有司左执弣，右执弦，而授弓，遂授矢。三耦皆执弓，搢三而挟一个。司射先立于所设中之西南，东面。三耦皆进，由司射之西，立于其西南，东面北上而俟。

司射东面立于三耦之北，搢三而挟一个，揖进；当阶，北面揖；及阶，揖；升常，揖；豫则钩楹内，堂则由楹外。当左物，北面揖；及物，揖。左足履物，不方足，还；视侯中，俯正足。不去旌。诱射，将乘矢。执弓不挟，右执弦。南面揖，揖如升射；降，出于其位南；适堂西，改取一个，挟之。遂适阶西，取扑，搢之，以反位。

司马命获者执旌以负侯，获者适侯，执旌负侯而俟。司射还，当上耦西面，作上耦射。司射反位。上耦揖进，上射在左，并行；当阶，北面揖；及阶，揖。上射先升三等，下射从之，中等。上射升堂，少左；下射升，上射揖，并行。皆当其物，北面揖；及物，揖。皆左足履物，还视侯中，合足而俟。司马适堂西，不决遂，袒执弓，出于司射之南，升自西阶；钩

楹，由上射之后，西南面立于物间；右执箫，南扬弓，命去侯。获者执旌许诺，声不绝，以至于乏；坐，东面偃旌，兴而俟。司马出于下射之南，还其后，降自西阶；反由司射之南，适堂西，释弓，袭，反位，立于司射之南。司射进，与司马交于阶前，相左；由堂下西阶之东，北面视上射，命曰："无射获，无猎获！"上射揖。司射退，反位。乃射，上射既发，挟弓矢；而后下射射，拾发，以将乘矢。获者坐而获，举旌以宫，偃旌以商；获而未释获。卒射，皆执弓不挟，南面揖，揖如升射。上射降三等，下射少右，从之，中等；并行，上射于左。与升射者相左，交于阶前，相揖。由司马之南，适堂西，释弓，说决拾，袭而俟于堂西，南面，东上。三耦卒射，亦如之。司射去扑，倚于西阶之西，升堂，北面告于宾，曰："三耦卒射。"宾揖。

司射降，搢扑，反位。司马适堂西，袒执弓，由其位南，进；与司射交于阶前，相左；升自西阶，钩楹，自右物之后，立于物间；西南面，揖弓，命取矢。获者执旌许诺，声不绝，以旌负侯而俟。司马出于左物之南，还其后，降自西阶；遂适堂前，北面立于所设楅之南，命弟子设楅，乃设楅于中庭，南当洗，东肆。司马由司射之南，退，释弓于堂西，袭，反位。弟子取矢，北面坐委于楅；北括，乃退。司马袭进，当楅南，北面坐，左右抚矢而乘之。若矢不备，则司马又袒执弓如初，升命曰："取矢不索！"弟子自西方应曰："诺！"乃复求矢，加于楅。

司射倚扑于阶西，升，请射于宾，如初。宾许诺。宾、主人、大夫若皆与射，则遂告于宾，适阼阶上告于主人，主人与宾为耦；遂告于大夫，大夫虽众，皆与士为耦。以耦告于大夫，曰："某御于子。"西阶上，北面作众宾射。司射降，搢扑，由司马之南适堂西，立，比众耦。众宾将与射者皆降，由司马之南适堂西，继三耦而立，东上。大夫之耦为上，若有东面者，则北上。宾、主人与大夫皆未降，司射乃比众耦辩。

遂命三耦拾取矢，司射反位。三耦拾取矢，皆袒决遂，执弓，进立于司马之西南。司射作上耦取矢，司射反位。上耦揖进；当楅北面揖，及楅揖。上射东面，下射西面。上射揖进，坐，横弓；却手自弓下取一个，兼诸弣，顺羽，且兴；执弦而左还，退反位，东面揖。下射进，坐，横弓；覆手自弓上取一个，兴；其他如上射。既拾取乘矢，揖，皆左还；南面揖，皆少进；当楅南，皆左还，北面，搢三挟一个；揖，皆左还，上射于右；与进者相左，相揖；退反位。三耦拾取矢，亦如之。后者遂取诱射之矢，兼乘矢而取之，以授有司于西方，而后反位。

众宾未拾取矢，皆袒决遂，执弓，搢三挟一个；由堂西进，继三耦之南而立，东面，北上。大夫之耦为上。

司射作射如初，一耦揖升如初。司马命去侯，获者许诺。司马降，释弓反位。司射犹挟一个，去扑，与司马交于阶前，升，请释获于宾；宾许。降，搢扑，西面立于所设中之东；北面命释获者设中，遂视之。释获者执鹿中，一人执算以从之。释获者坐设中，南当楅，

西当西序，东面；兴受算，坐实八算于中，横委其余于中西，南末；兴，共而俟。司射遂进，由堂下，北面命曰："不贯不释！"上射揖。司射退反位。释获者坐取中之八算，改实八算于中，兴，执而俟。

乃射，若中，则释获者坐而释获，每一个释一算。上射于右，下射于左，若有余算，则反委之。又取中之八算，改实八算于中，兴，执而俟。三耦卒射。

宾、主人、大夫揖，皆由其阶降揖。主人堂东袒决遂，执弓，搢三挟一个。宾于堂西亦如之。皆由其阶，阶下揖，升堂揖。主人为下射，皆当其物，北面揖，及物揖，乃射；卒，南面揖；皆由其阶，阶上揖，降阶揖。宾序西，主人序东，皆释弓，说决拾，袭，反位；升，及阶揖，升堂揖，皆就席。

大夫袒决遂，执弓，搢三挟一个，由堂西出于司射之西，就其耦。大夫为下射，揖进；耦少退。揖如三耦。及阶，耦先升。卒射，揖如升射，耦先降。降阶，耦少退。皆释弓于堂西，袭。耦遂止于堂西。大夫升就席。

众宾继射，释获皆如初。司射所作，唯上耦。卒射，释获者遂以所执余获，升自西阶，尽阶，不升堂。告于宾曰："左右卒射。"降，反位，坐委余获于中西；兴，共而俟。

司马袒决执弓，升命取矢，如初。获者许诺，以旌负侯，如初。司马降，释弓，反位。弟子委矢，如初。大夫之矢，则兼束之以茅，上握焉。司马乘矢如初。

司射遂适西阶西，释弓，去扑，袭；进由中东，立于中南，北面视算。释获者东面于中西坐，先数右获。二算为纯，一纯以取，实于左手；十纯则缩而委之，每委异之；有余纯，则横于下。一算为奇，奇则又缩诸纯下。兴，自前适左，东面；坐，兼敛算，实于左手；一纯以委，十则异之，其余如右获。司射复位。释获者遂进取贤获，执以升，自西阶，尽阶不升堂，告于宾。若右胜，则曰："右贤于左。"若左胜，则曰："左贤于右。"以纯数告；若有奇者，亦曰奇。若左右钧，则左右皆执一算以告，曰："左右钧。"降复位，坐，兼敛算，实八算于中，委其余于中西；兴，共而俟。

司射适堂西，命弟子设丰。弟子奉丰升，设于西楹之西，乃降。胜者之弟子洗觯，升酌，南面坐奠于丰上；降，袒执弓，反位。司射遂袒执弓，挟一个，搢扑，北面于三耦之南，命三耦及众宾："胜者皆袒决遂，执张弓。不胜者皆袭，说决拾，却左手，右加弛弓于其上，遂以执弣。"司射先反位。三耦及众射者皆与其耦进立于射位，北上。司射作升饮者，如作射。一耦进，揖如升射，及阶，胜者先升，升堂，少右。不胜者进，北面坐取丰上之觯；兴，少退，立卒觯；进，坐奠于丰下；兴，揖。不胜者先降，与升饮者相左，交于阶前，相揖；出于司马之南，遂适堂西；释弓，袭而俟。有执爵者。执爵者坐取觯，实之，反奠于丰上。升饮者如初。三耦卒饮。宾、主人、大夫不胜，则不执弓，执爵者取觯，降洗，升实之，以授于席前，受觯，以适西阶上，北面立饮；卒觯，授执爵者，反就席。大夫饮，则耦不升。若大

夫之耦不胜,则亦执弛弓,特升饮。众宾继饮,射爵者辩,乃彻丰与觯。

司马洗爵,升实之以降,献获者于侯。荐脯醢,设折俎,俎与荐皆三祭。获者负侯,北面拜受爵,司马西面拜送爵。获者执爵,使人执其荐与俎从之;适右个,设荐俎。获者南面坐,左执爵,祭脯醢;执爵兴,取肺,坐祭,遂祭酒;兴,适左个;中亦如之。左个之西北三步,东面设荐俎,获者荐右东面立饮,不拜既爵,司马受爵,奠于篚,复位。获者执其荐,使人执俎从之,辟设于乏南。获者负侯而俟。

司射适阶西,释弓矢,去扑,说决拾,袭;适洗,洗爵;升实之,以降,献释获者于其位,少南。荐脯醢,折俎,有祭。释获者荐右东面拜受爵,司射北面拜送爵。释获者就其荐坐,左执爵,祭脯醢;兴,取肺,坐祭,遂祭酒;兴,司射之西,北面立饮,不拜既爵。司射受爵,奠于篚。释获者少西辟荐,反位。

司射适堂西,袒决遂,取弓于阶西,挟一个,搢扑,以反位。司射去扑,倚于阶西,升请射于宾,如初。宾许。司射降,搢扑,由司马之南适堂西,命三耦及众宾:"皆袒决遂,执弓就位!"司射先反位。三耦及众宾皆袒决遂,执弓,各以其耦进,反于射位。

司射作拾取矢。三耦拾取矢如初,反位。宾、主人、大夫降揖如初。主人堂东,宾堂西,皆袒决遂,执弓;皆进阶前揖,及楅揖,拾取矢如三耦。卒,北面搢三挟一个,揖退。宾堂西,主人堂东,皆释弓矢,袭;及阶揖,升堂揖,就席。大夫袒决遂,执弓,就其耦;揖皆进,如三耦。耦东面,大夫西面。大夫进坐,说矢束,兴反位。而后耦揖进坐,兼取乘矢,顺羽而兴,反位,揖。大夫进坐,亦兼取乘矢,如其耦,北面,搢三挟一个,揖退。耦反位。大夫遂适序西,释弓矢,袭;升即席。众宾继拾取矢,皆如三耦,以反位。

司射遂挟一个以进,作上射如初。一耦揖升如初。司马升,命去侯,获者许诺。司马降,释弓反位。司射与司马交于阶前,去扑,袭;升,请以乐乐于宾。宾许诺。司射降,搢扑,东面命乐正,曰:"请以乐乐于宾,宾许。"司射遂适阶间,堂下北面命曰:"不鼓不释!"上射揖。司射退反位。乐正东面命大师,曰:"奏《驺虞》,间若一。"大师不兴,许诺。乐正退反位。

及奏《驺虞》以射。三耦卒射,宾、主人、大夫、众宾继射,释获如初。卒射,降。释获者执余获,升告左右卒射,如初。

司马升,命取矢,获者许诺。司马降,释弓反位。弟子委矢,司马乘之,皆如初。司射释弓视算,如初;释获者以贤获与钧告,如初。降复位。

司射命设丰,设丰、实觯如初;遂命胜者执张弓,不胜者执弛弓,升饮如初。

司射犹袒决遂,左执弓,右执一个,兼诸弦,面镞;适堂西,以命拾取矢,如初。司射反位。三耦及宾、主人、大夫、众宾皆袒决遂,拾取矢,如初;矢不挟,兼诸弦弣以退,不反位,遂授有司于堂西。辩拾取矢,揖,皆升就席。

司射乃适堂西，释弓，去扑，说决拾，袭，反位。司马命弟子说侯之左下纲而释之，命获者以旌退，命弟子退楅。司射命释获者退中与算，而俟。

司马反为司正，退，复觯南而立。乐正命弟子赞工即位。弟子相工，如其降也，升自西阶，反坐。宾北面坐，取俎西之觯，兴，阼阶上北面酬主人。主人降席，立于宾东。宾坐奠觯，拜；执觯兴；主人答拜。宾不祭，卒觯，不拜，不洗，实之，进东南面。主人阼阶上北面拜，宾少退。主人进受觯，宾主人之西北面拜送。宾揖，就席。主人以觯适西阶上酬大夫；大夫降席，立于主人之西，如宾酬主人之礼。主人揖，就席。若无大夫，则长受酬，亦如之。司正升自西阶，相旅，作受酬者曰："某酬某子。"受酬者降席。司正退立于西序端，东面。众受酬者拜、兴、饮，皆如宾酬主人之礼。辩，遂酬在下者；皆升，受酬于西阶上。卒受者以觯降，奠于篚。

司正降复位，使二人举觯于宾与大夫。举觯者皆洗觯，升实之；西阶上北面，皆坐奠觯，拜，执觯兴。宾与大夫皆席末答拜。兴觯者皆坐祭，遂饮，卒觯，兴；坐奠觯，拜，执觯兴。宾与大夫皆答拜。举觯者逆降，洗，升实觯，皆立于西阶上，北面，东上。宾与大夫拜。举觯者皆进，坐奠于荐右。宾与大夫辞，坐受觯以兴。举觯者退反位，皆拜送，乃降。宾与大夫坐，反奠于其所，兴。若无大夫，则唯宾。

司正升自西阶，阼阶上受命于主人，适西阶上，北面请坐于宾，宾辞以俎。反命于主人，主人曰："请彻俎。"宾许。司正降自西阶，阶前命弟子俟彻俎。司正升立于序端。宾降席，北面。主人降席自南方，阼阶上北面。大夫降席，席东南面。宾取俎，还授司正。司正以降自西阶，宾从之降，遂立于阶西，东面。司正以俎出，授从者。主人取俎，还授弟子。弟子受俎，降自西阶以东。主人降自阼阶，西面立。大夫取俎，还授弟子；弟子以降自西阶，遂出授从者；大夫从之降，立于宾南。众宾皆降，立于大夫之南，少退，北上。

主人以宾揖让，说屦，乃升。大夫及众宾皆说屦，升，坐。乃羞。无算爵。使二人举觯。宾与大夫不兴，取奠觯饮，卒觯，不拜。执觯者受觯，遂实之。宾觯以之主人，大夫之觯长受，而错，皆不拜。辩，卒受者兴，以旅在下者于西阶上。长受酬，酬者不拜，乃饮，卒觯，以实之。受酬者不拜受。辩旅，皆不拜。执觯者皆与旅。卒受者以虚觯降奠于篚；执觯者洗，升实觯，反奠于宾与大夫。无算乐。

宾兴，乐正命奏《陔》。宾降及阶，《陔》作。宾出，众宾皆出，主人送于门外，再拜。

明日，宾朝服以拜赐于门外，主人不见。如宾服，遂从之，拜辱于门外，乃退。

主人释服，乃息司正。无介。不杀。使人速。迎于门外，不拜；入，升。不拜至，不拜洗。荐脯醢，无俎。宾酢主人，主人不崇酒，不拜众宾；既献众宾，一人举觯，遂无算爵。无司正。宾不与。征唯所欲，以告于乡先生、君子可也。羞唯所有。乡乐唯欲。

记

大夫与，则公士为宾。使能，不宿戒。

其牲，狗也。亨于堂东北。

尊，綌幂。宾至，彻之。

蒲筵，缁布纯。西序之席，北上。献用爵，其他用觯。以爵拜者，不徒作。荐，脯用笾，五胑，祭半胑横于上。醢以豆，出自东房。胑长尺二寸。

俎由东壁，自西阶升。宾俎，脊、胁、肩、肺。主人俎：脊、胁、臂、肺。肺皆离。皆右体也。进腠。

凡举爵，三作而不徒爵。

凡奠者于左，将兴者于右。

众宾之长，一人辞洗，如宾礼。

若有诸公，则如宾礼，大夫如介礼。无诸公，则大夫和宾礼。乐作，大夫不入。

乐正，与立者齿。

三笙一和而成声。

献工与笙，取爵于上篚。既献，奠于下篚。其笙，则献诸西阶上。

立者，东面北上。

司正既举觯，而荐诸其位。

三耦者，使弟子。司射前戒之。

司射之弓矢与扑，倚于西阶之西。

司射既袒决遂而升，司马阶前命张侯，遂命倚旌。

凡侯：天子熊侯，白质；诸侯麋侯，赤质；大夫布侯，画以虎豹；士布侯，画以鹿豕。凡画者，丹质。

射自楹间，物长如笴。其间容弓，距随长武。序则物当栋，堂则物当楣，

命负侯者，由其位。

凡适堂西，皆出入于司马之南。唯宾与大夫降阶，遂西取弓矢。

旌，各以其物。无物，则以白羽与朱羽糅。杠长三仞，以鸿脰韬上，二寻。

凡挟矢，于二指之间横之。

司射在司马之北。司马无事不执弓。

始射，获而未释获；复，释获；复，用乐行之。

上射于右。

楅，和如笴，博三寸，厚寸有半，龙首，其中蛇交，韦当。

楅：髹横而奉之，南面坐而奠之，南北当洗。

射者有过，则挞之。

众宾不与射者,不降。

取诱射之矢者,既拾取矢,而后兼诱射之乘矢而取之。

宾、主人射,则司射摈升降,卒射即席,而反位卒事。

鹿中:髹,前足跪,凿背容八算。释获者奉之,先首。

大夫降,立于堂西以俟射。大夫与士射,袒薰襦。耦少退于物。

司射,释弓矢视算。与献释获者释弓矢。礼射不主皮。主皮之射者,胜者又射,不胜者降。

主人亦饮于西阶上。

获者之俎,折脊、胁、肺、臑。

东方谓之右个。释获者之俎,折脊、胁、肺,皆有祭。

大夫说矢束,坐说之。

歌《驺虞》,若《采蘋》,皆五终。射无算。

古者于旅也语。凡旅,不洗。不洗者,不祭。既旅,士不入。

大夫后出。主人送于门外,再拜。乡侯,上个五寻,中十尺。侯道五十弓,弓二寸以为侯中。倍中以为躬,倍躬以为左右舌。下舌半上舌。

箭筹八十。长尺有握,握素。

楚扑长如笥。刊本尺。君射,则为下射。上射退于物一笥,既发,则答君而俟。君,乐作而后就物。君,袒朱襦以射。小臣以巾执矢以授。若饮君,如燕,则夹爵。君,国中射,则皮树中,以翿旌获,白羽与朱羽糅;于郊,则闾中,以旌获;于竟,则虎中,龙旜。大夫,兕中,各以其物获。士,鹿中,翿旌以获。唯君有射于国中,其余否。君在,大夫射,则肉袒。

【译文】

乡射之礼。主人前往宾的家中告请。宾出门迎接,向主人行再拜之礼。主人以再拜之礼相答,然后邀请宾参加射礼。宾推辞了一下,便接受了邀请。主人行再拜之礼致谢,宾再拜作答。主人告退回射宫,宾行再拜之礼相送。乡射礼不设辅助宾行礼的助手(介)。

于是为宾铺设席位,(乡射礼在州学"序"举行,序的构造与乡学"庠"不同,堂上没有室和户牖,但宾的)位置在堂上相当于户牖之间的地方,席面朝南,席的首端朝东;三位众宾之长的席位在宾席右侧依次向西排列;主人的席位在阼阶之上,席面朝西。在宾席的东侧放置两把酒壶(以方便主宾取用),承放酒壶用的底座是无足的"斯禁"。西侧之位尊,所以玄酒放在西侧,酒尊上都加放勺。放爵、觯的篚,在尊的南侧,器首在西而尾朝东。盥手用的洗陈设在阼阶的东南方,洗与堂的南北间距相当于堂的纵深,它的东西位置是在正对着堂东端的飞檐。盛水器放在洗的东侧,篚在洗的西侧,器首在北而尾朝南。悬挂着磬的架子设在洗的东北方向,磬面朝西。接着张设箭靶,靶下端的绳索离地一尺二寸。射礼开始前,左下角的绳索先不拴上,而将它向左上方翻折将靶的中部遮盖起来,系在右上方的绳索上。报靶者避箭容身用的"乏",在箭靶以北十丈远的地方,也就是从射者到箭靶距离的三分之一处,再向西移五步也就是三丈(这一位置能清楚地观察中靶的情况,并及时报告堂上)。

狗肉羹煮熟的时候,主人身穿朝服再次前往邀请宾。宾穿着朝服出门迎接,向主人行再拜之礼,主人以再拜之礼作答,然后退归,宾相送,行再拜之礼。然后,宾和众宾便跟随主人前往参加乡射礼。

宾和众宾到达州学门前时,主人由一名小吏作为赞礼的辅相出门迎接,向宾行再拜之礼,宾以再拜之礼作答。接着又向众宾拱手行礼。主人与宾拱手谦让后,先入门。宾向众宾行长揖后才入门,众宾接着入门,一律站在门的西边面朝东,以北面的位置为尊。宾的位置则要比宾客稍靠北些。主人与宾三次拱手谦让后,一同前行到堂阶前。升阶时,主人和宾又三次拱手谦让,然后主人先从阼阶上走上一级,接着宾开始登堂。主人在阼阶之上、前梁正下方之处面朝北行再拜之礼,宾则在西阶之上、前梁正下方之处面朝北以再拜之礼作答。

主人坐下,从堂上的篚中取出爵,起身走下阼阶,准备为宾洗濯。宾随之走下西阶。主人在阼阶之前面朝西坐下,将爵放下,起身向宾辞谢。宾以辞作答。于是主人坐下取爵再起身,走到洗的北侧,面朝南坐下,将爵放在篚的前面,准备盥手洗爵。这时宾从西阶前走来,面朝东北,劝阻主人不要为自己洗爵以表示不敢当。主人坐下,将爵放入篚中,起身作答,于是宾退回到原先的位置。主人洗爵完毕后,与宾拱手谦让一次后,先后登堂。宾在西阶之上、面朝北拜谢主人亲劳洗爵,主人在阼阶之上、面朝北将爵放下,答拜还礼,然后走下阼阶准备洗手,以便为宾斟酒。宾随之走下西阶。主人辞谢宾下堂,宾作答。主人洗完手,宾主拱手谦让一次后登堂。宾登堂后在西阶上正立。主人坐下取出刚才洗净的爵,到宾的席位前斟满酒,面朝西北献给宾。宾在西阶之上面朝北拜谢,主人稍稍谦避。宾走到席前接过酒爵,然后退回原位。主人在阼阶之上拜送受爵者,宾持爵稍稍谦避。此时,有司将干肉和肉酱进于宾的席前。宾便从西方入席。有司摆上盛有节折的牲体的俎。主人在阼阶之东正立。宾坐在席上,左手拿爵,右手取干肉和肉酱致祭;然后将酒爵放在干肉和肉酱的西侧,起身取祭肺,再坐下扯断肺的下端而祭,左手在上,将扯下的肺尝过后,起身放到俎上,坐下擦手,端起酒爵,再行祭酒,然后起身,到席的西端坐下,尝一口酒,离席,又坐下放下爵,拜谢主人,称赞酒的甘美,并拿爵起身。主人在

阼阶上答拜。宾到西阶之上，面朝北坐下，将爵中之酒饮毕，起身，再坐下放好爵，拜谢主人，然后拿爵起身。主人在阼阶上答拜还礼。

宾拿着空爵下堂，准备洗净后斟酒回敬主人。主人随之走下阼阶，表示不敢独自在堂上安坐。宾在西阶之前面朝东坐下，放下爵，起身辞谢主人亲自下堂，主人作答。宾又坐下拿起爵，走到洗的南侧，面朝北坐下，将爵放入洗旁边的篚中，起身，盥手洗爵。主人站在阼阶之东，面朝南，辞谢宾为自己洗爵。宾坐下将爵放入篚中，起身作答。主人回到原先的位置。宾洗爵完毕，如刚才献酒时那样与主人谦让，再先后登堂。主人拜谢宾亲自下堂为自己洗爵，宾答拜还礼，然后起身，下堂洗手准备为主人酌酒，其间的仪节与刚才主人为宾做的一样。宾洗完手上堂，拿爵酌酒，然后在主人席前面朝东南还敬主人。主人在阼阶上拜谢，宾拿爵稍稍后退以示谦避。于是，主人上前接过爵，退回原位，宾在西阶上拜送受爵者。这时，有司将干肉和肉酱进于主人席前。主人从北方入席。有司又摆上盛有节折的牲体的俎。主人祭荐俎和酒的仪节与刚才宾做的一样，只是最后不必告谢酒的旨美（因为酒是主人自己的）。主人从席前走到阼阶上，面朝北坐下，把爵中的酒饮毕，起身；再坐下放好酒爵，拜谢宾，然后拿爵起身。宾在西阶之上面朝北答拜还礼。主人坐下，将爵放在东序的端头，到阼阶之上面朝北再拜，感谢宾不嫌弃自己的薄酒，宾在西阶之上答以再拜之礼。

主人坐下，从篚中取出觯，起身下堂。宾随之走下西阶。主人放下觯辞谢宾，宾以辞作答后，在西阶前面朝东而立。主人又坐下拿起觯，亲自洗濯，此时宾不必劝阻。洗濯完毕，宾主拱手谦让后登堂。宾在西阶之上正立。主人往觯中斟酒，在阼阶之上、面朝北坐下，放好觯，拜宾，然后拿觯起身。宾在西阶上面朝北答拜还礼。于是主人坐下祭荐俎和酒，祭毕将觯中之酒饮完，起身；接着坐下放好觯，拜谢主人，又拿觯起身。宾在西阶上面朝北答拜还礼。主人再次下堂洗觯，宾辞谢主人，其间的仪节和方才献酒时一样。洗濯完毕，主宾先后登堂，此时宾不必拜谢主人洗觯。宾站在西阶之上。主人往觯中斟酒，然后在宾的席前面朝北捧觯。宾在西阶之上拜谢主人。主人坐下，将觯放在干肉和肉酱之西。宾辞谢主人之后，坐下端起觯，起身，回到西阶上的原位。主人在阼阶之上拜送宾。宾又回席面朝北而坐，将觯放在干肉和肉酱之东不再饮，再回到西阶上的原位。

主人向宾拱手行礼后下堂。宾随之下堂，面朝东站在西阶之西，正对着堂上西序的地方。主人来到大门内侧，面朝西南，向等候在此的众宾行三拜之礼（表示遍拜），众宾都答以一拜之礼。走到庭中，主人向众宾拱手行礼后登堂，在东序端头坐下取爵，下堂洗濯，然后上堂斟酒，在西阶之上献给众宾。三位众宾之长登堂拜而受爵，主人拜而送之。他们坐下祭祀，站着饮酒；饮毕不必拜谢主人，只要将爵奉还主人，然后下堂回到原位。众宾接受主人的献酒，不必拜谢就可以接过爵，然后坐下祭祀，站着饮酒。三位众宾之长

中的每一位接受献酒时，有司都要将食品进于他的席前。众宾的席位前都进有干肉和肉酱。主人拿着饮干的酒爵从阼阶走下堂，放入洗旁的篚中(表示不再使用)。

主人向宾拱手行礼后先登堂。宾向众宾长揖后也随之上堂。接着，众宾之长依次登堂，一一就席。赞者在庭中洗觯，向来宾举觯致意，表示旅酬开始。然后上堂酌酒，再到西阶上坐下放好觯，拜宾，拿觯起身。宾在席末答拜还礼。赞者坐下祭祀，祭毕将觯中之酒饮毕，起身。又坐下放好觯，拜宾，再拿觯起身。宾答拜还礼。赞者下堂洗濯自己刚用过的觯，再上堂斟酒，站立在西阶之上，面朝北。宾拜而谢之。赞者上前，接着坐下，将觯放在干肉和肉酱之西，表示不敢亲授。宾谦辞后，坐着从地上接过觯并起身，赞者在西阶之上拜送宾。宾又返回，将觯放在席的西端。赞者下堂。

应邀而来的客人中如果有位高德昭的遵者，可以从序门左侧进入。主人闻讯要下堂，亲自到门内迎接。宾和众宾都下堂来，站到自己刚入门时的位置。主人与大夫三次拱手谦让后登堂，主人拜谢大夫的光临，大夫答拜还礼。主人拿爵下堂，准备为大夫洗濯，大夫随之下堂。主人辞谢大夫下堂，大夫劝阻主人洗爵，其间的仪节和主人为宾洗爵时一样。大夫的席位设在酒樽的东侧。主人洗完爵上堂时，大夫不必拜谢。主人往爵中斟酒后，在大夫席前献之。大夫在西阶之上拜谢主人，然后上前接过酒爵，回到原来的位置。主人站在大夫的右侧拜送大夫。主人为大夫铺设了两层席，大夫请求撤去上面一层。主人对答，不同意撤去。有司将干肉和肉酱进至大夫席前。大夫入席。此时有司摆上盛有节折的牲体的俎。大夫祭荐俎和酒的礼节和宾一样，只是不尝肺，不尝酒，也不必告谢主人的美酒，在西阶上将爵中之酒饮完后，拜谢主人。主人答拜还礼。于是，大夫下堂洗爵，准备回敬主人，主人走下阼阶，双方像刚才那样以礼辞谢。大夫将爵洗濯干净，主人又洗手，彼此拱手谦让后登堂。大夫在堂上的东、西楹柱之间将爵授给主人，再回到自己原来的位置。主人饮毕又往爵中酌酒，先到西阶上坐下，放好爵，拜大夫；大夫以礼答拜。主人坐下祭祀，将爵中之酒饮毕，拜大夫，大夫以礼答拜。主人在堂西楹柱南面放下爵，用再拜之礼感谢大夫不嫌弃自己的薄酒，大夫以礼答拜。主人下阼阶，向大夫拱手行礼。大夫随之下堂，站在宾的南侧。主人与宾揖让后，先后上堂，大夫和众宾也随后上堂，一一入席。

乐工的席位设在西阶之上，稍稍往东的地方。乐正最先登堂，面朝北站在乐工席位的西侧。乐工共四人，其中二人鼓瑟，入场时鼓瑟者在前；搀扶鼓瑟者的人，都是左肩荷瑟，瑟的鼓部朝前，左手指钩入瑟底的孔中，瑟弦朝内，右手扶着鼓瑟者。乐工进入序门，要从西阶上堂，面朝北，以东面的位置为尊。工就席坐下后，搀扶他们的人也坐下，将瑟交给他们，然后下堂。吹笙者入场后在堂下就位，站在悬挂钟磬的木架中间，面朝西。于是，堂上、堂下的乐工合奏《诗经·周南》中的《关雎》《葛覃》《卷耳》以及《诗经·召南》

中的《鹊巢》《采蘩》《采蘋》。奏毕，乐工不起身，只是报告乐正："规定的乐曲演奏完毕。"乐正又向宾报告，然后下堂。

主人从堂上的篚中取爵，向乐工献酒。乐工中如果有大师，主人则要下堂为他洗爵（以示敬重）。宾随主人下堂时，主人要辞谢。（大师则不必下堂辞谢）酒爵洗毕，上堂斟酒。向乐工献酒时，乐工不必起身，只是要将瑟移至身左边（以避让授爵者）。只有乐正在拜谢主人后受爵。主人则在阼阶之上拜送受爵者。由于乐工多是盲人，所以有司将干肉和肉酱进上后，主人命人协助他们祭祀。乐工饮酒，饮毕不必拜谢，只要将酒爵授给主人。其他乐工不必拜谢主人就可以接爵，祭祀后方可饮酒；每人席前都进有干肉和肉酱，但不必祭祀。主人不下堂洗爵，在西阶上向堂下的吹笙者献酒。吹笙者中的一位年长者在堂下拜谢主人，然后走上台阶但不登堂。从主人手中接爵后即走下台阶，主人在堂上拜而送之。长者下阶后，在阶前坐下祭祀，站着将爵中之酒饮完，不必拜谢主人，但要登堂将酒爵奉还主人。其余的吹笙者则不拜谢主人就可以受爵，然后坐下祭祀，站起来饮酒，每人的席前都进有干肉和肉酱，但不必祭它。最后，主人拿着空爵下堂，将它放入篚中，回身上堂，入席。

主人从南方离席，独自下堂，命令刚才在门口迎宾的相担任监礼的司正。司正推辞一次后，同意担任。主人以再拜之礼相谢，司正答拜还礼。接着，主人登堂，回到自己的席位上。司正在堂下洗觯，然后从西阶上堂，从楹柱的内侧走到阼阶之上，面朝北，听命于主人。司正按照主人的吩咐，到西阶上，面朝北请求宾继续安坐。宾推辞一次后，表示同意。司正转告主人，并在堂上东、西楹柱之间协助宾主行拜礼。主人在阼阶之上以再拜之礼感谢宾赏光留坐，宾在西阶之上以再拜之礼作答。双方拱手谦让后入席。司正在觯中斟酒后，从西阶下堂，在庭中面朝北坐下，放好觯，接着起身，后退，端正自己的站姿；再上前，坐下端起觯，起身；然后再坐下，不祭酒，将觯中之酒饮毕，又起身；再坐下放好觯，拜谢主人，然后拿觯起身；洗完觯后，面朝北坐下，将觯放回庭中原处，再起身，稍稍退后，面朝北站在觯的南侧。此时，主人尚未依次向众宾酬酒。

由司射挑选的六名德才兼备的弟子，作为"三耦"（案射箭比赛二人为一组，称为一耦，三耦则六人）的成员已经等候在西堂之下，面朝南，以站在东首者为尊。司射走到西堂之下，脱去左衣袖，给右手大拇指戴上引弓用的扳指，左臂套上护臂，从西阶的西侧取了弓，右手持弓，左手挟持弓弦和四支箭，从西阶上堂。在西阶之上，面朝北报告宾："弓箭都已经准备好，有司特来请求由您开始射箭比赛。"宾谦辞说："在下不擅长此道，还是只答应有司开始射箭的请求吧。"司射到阼阶之上，面朝东北禀告主人，说："开始射箭的请求，已经获得宾的许可。"

司射从西阶下堂，在阶前面朝西，命令弟子将射礼所用的各种器具搬进来。于是弟

子们把射具全部陈设在西堂之下。宾与大夫的弓倚在堂的西夹之西,箭放在弓的下面,箭的括部朝北。众宾的弓倚在西堂之下,箭放在堂廉上。主人的弓箭,都放在堂的东夹之东。

司射不放下手中的弓箭,紧接着在堂下之西将六名选定的弟子按能力分成三耦。司射站在三隅的南边,面朝北,命令站在右侧的上射说:“某人将配合你射。”又命令站在左侧的下射说:“你与某人一起射。”

主人命令司正兼任司马之职。司马下令将掩折着的箭靶张开,于是负责张射侯的弟子上前解开系在右上角的绳子,将它系在左边的柱子上。司马命令报靶者:“将报靶用的旌旗倚靠在箭靶的中央。”报靶者走到西方,坐下后将地上的旌旗拿起,起身由庭西往东,倚靠在箭靶的正中,然后退回庭西方。

乐正从西阶之上的东侧走到西阶前,命令弟子帮助各位乐工迁移到堂下,并将堂上的瑟全部搬到堂下(以便为即将进行的射礼腾出地方)。弟子们搀扶乐工下堂的方式和程序,与上堂时一样;下堂从西阶走,然后到阼阶下的东南方向,离开东堂九尺远的地方,面朝西并排坐下,以北端的位置为尊。乐正则面朝北,站在他们的南侧。

司射依然用两指夹持着四支箭,用以命令三耦之人:“与各自的搭档揖让,然后取弓箭,依次而行,不得杂越!”于是,三耦之人都脱去左袖,右手拇指戴上扳指,左臂套好护臂。等候在西堂之下的有司,左手握住弓的中部,右手抓住弓弦,将弓授予三耦之人,接着又授以箭。三耦之人都手握弓,箭则三支插入腰带中,一支夹在右手的指间。司射率先站在将要放筭壶处的西南侧,面朝东。三耦之人都从司射的西侧经过,站在他的西南侧,面朝东等候,以站在北首者为尊,等待射箭。

三耦之人站定后,司射从筹壶的西南方回到三耦的北方,面朝东而立,先将手中四支箭中的三支插入腰带,另一支夹在指间(然后开始为三耦之人作射仪的示范)。先在所立之处朝东拱手行礼,走到正对着西阶的路上时,又朝北拱手行礼;走到西阶下,再次面朝北拱手行礼(这是在堂下的三次拱手礼)。上堂后,朝北拱手行礼。如果是在州学“豫”(即“序”)中举行射礼,就要绕过西楹柱的内侧向东走;如果是在庠学中举行射礼,则从西楹柱的外侧向东走。走到画在地上的射位符号右侧时,要面朝北行拱手礼。左足踩到射位符号时,不要马上并足,而要旋转右足,先回头观察靶的中部(表示自己已专注于射事),然后俯身察看双足是否已按规定踩在射位符号上。此时,报靶者不必把倚靠在靶正中的旌旗拿走。接着,司射开始作射箭的示范,依次将四支箭全部射完。这时,司射左手拿着弓,不再用拇指拉弦(因为箭已射完),右手搭在弦上。然后,朝南方行拱手礼。行拱手礼的仪节如同当初升堂之时那样,礼毕下堂,从他站位的南侧走过,来到西堂之下,另取一支箭,夹在指间。随即走到西阶之西,取出刑杖,插入腰带,再回到原先站立的位置。

司马命令报靶者手持旌旗背朝箭靶而立（为射者指示靶的位置）。报靶者奉命走到靶前，手执旌旗，背朝箭靶，等待司马的命令。司射先南行而后转身向西，走到对着上耦站立的位置，面朝西，命令上耦到指定的位置射击。命毕，司射返回原位。上耦的两位射手拱手行礼后一起往东，上射在左，下射在右，并排前行；走到正对着西阶的地方，两人面朝北拱手行礼，然后北行；到西阶下，再次拱手行礼。于是，上射先登阶，走到第三级台阶时，下射这才走上第一级台阶，两人之间要隔开一级台阶。上射走到堂上后，要略向左侧站立（以便为下射让出登堂的地方，并在此等侯）；下射登堂后，上射面朝东向他拱首行礼，然后并排向东走去。当两人都走到正对着射位符号的地方时，面朝北拱手行礼，然后北行；走到射位符号前时，再次面朝北拱手行礼。两人都用左脚踩住射位符号，然后转身向西，回首察看南方的箭靶的中部，再调整步式，等待司马和司射的命令。司马走到西堂之下，不戴扳指，也不套护臂，只是袒去左袖，手握着弓，从司射的南侧走过，然后从西阶登堂；上堂后，绕到西楹柱之北再向东，走到上射的身后，再面朝西南站在上下射的射位符号之间，用右手握住弓的末端，向南方扬起，命令在箭靶中央站立的报靶者迅速离开。报靶者拿起旌旗，一边应诺、一边离开，应诺的声音要持续到他到容身避箭的“乏”为止；接着坐下，面朝东将旌旗放下，再起立等待命令。司马从下射的南侧走过，绕到他身后，从西阶下堂；再从司射位置的南侧走过，一直到西堂之下，放下手中的弓，穿上左衣袖，回到自己的位置，在司射之位的南侧站定。与此同时，司射从西堂之下北行，与司马在西阶前交错时，对方都在各自的左方。司射站在堂下西阶的东侧，面朝北注视着上射，命令道：“不得射伤报靶者！不得惊吓报靶者！”上射听后向司射拱手行礼。司射退下，回到自己的位置。于是，开始射击，上射射完一箭后，右手从腰间再抽出一支箭搭在弦上，然后由下射射，如此轮流更替，直至将各自的四支箭射完。报靶者坐着向堂上报告射中的结果，报靶的声调要有变化，举起旌旗喊时，声调用“宫”，放下旌旗时，声调下降为“商”；由于此时是习射，所以即使射中，也不计入各人射中的次数。射毕，上射和下射都不再将箭搭在弦上，而只是用右手执弓弦（表示已射完），接着面朝南拱手行礼，下堂。拱手下堂的仪节与登堂射箭时一样。上射走下第三级台阶时，下射要稍偏右侧跟随，彼此之间仍要隔开一级台阶。下射下堂后并排向南行，上射走在左侧。此时，中耦已开始离位上堂，并排向北行，在西阶前与上耦交错，对方都在各自的左侧，双方相揖致意。上耦从司马的南侧走过，直到西堂之下，再放下弓，脱下扳指和护臂，穿上左衣袖，在原地待命，站立时面朝南，以东首之位为尊。三耦射完，其仪节也都是如此。于是，司射将刑杖从腰间抽出，倚靠在西阶之西，然后上堂，面朝北向宾禀告说：“三耦都已射毕。”宾向司射行拱手礼，表示知道了。

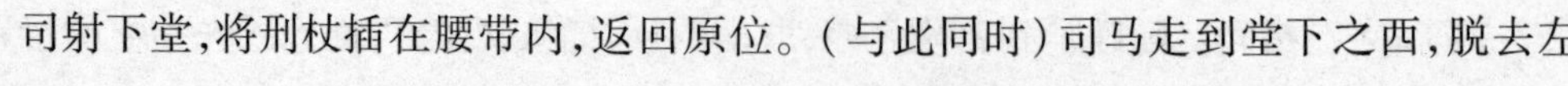

司射下堂，将刑杖插在腰带内，返回原位。（与此同时）司马走到堂下之西，脱去左

袖，拿着弓，经由他的原位之南，向前走去；在西阶之前与司射交错而过，对方都在各自的左侧。接着司马从西阶上堂，绕至楹柱的后面往东，走到右侧的射位符号之后停下，再到左、右射位符号之间立定，面朝西南，双手持弓而向外推之，命令弟子取箭。报靶者手执旌旗，连声应诺，声音连绵不绝，随即执旌旗站到箭靶之前，等待司马的命令。司马从左侧的射位符号之南经过，转身走到它后面，再走下西阶；接着走到堂前，面朝北站在将要陈放箭架处的南面，命令弟子陈设箭架。箭架设在庭中，南面正对着洗，按首西尾东的方向放置。接着，司马从司射的南侧走过，退下，到西堂之下放下弓，穿上左衣袖，回到原位。弟子奉命取来箭，面朝北坐下，将箭摆放在箭架上；箭尾朝北，退下。司马穿上左衣袖后，走到正对着箭架的南面，朝北坐下，左右手将箭按四支一份分好。如果箭数不够，司马要脱去左袖，拿起弓，就像当初那样，上堂命令说："箭的数量没有取足！"弟子在他西方回答说："是。"再去取箭来，陈放在箭架上。

司射将刑杖斜倚在西阶的西侧，接着上堂，如同当初向宾请示开始第一番射箭比赛时那样，请问宾是否让三耦以外的宾客射箭。宾表示同意。如果宾、主人、大夫都要参与射箭，则要把宾的射耦告诉宾。再到阼阶上禀告主人，主人与宾配合为一耦。要把射耦告知所有与会的大夫，大夫人数虽多，但都必须与士配合为耦（以示自谦）。将合耦者的姓名告诉大夫时，说："某人将御射于您。"然后，司射在西阶之上，面朝北请众宾开始射箭。接着，司马下堂，将刑杖插在腰带中，经由司马的南侧，走到西堂之西立定，准备将众宾一一配合为耦。将要参与射事的众宾走下西阶，经由司马的南面走到西堂之西，接在三耦的西侧向西排列，以站在东首者为尊。众宾的排列，以年龄为序，所以，有大夫的耦必定排在尊位，如果众宾的人数太多，堂西之位站不下，则可让他折而向南排列，面朝东，以北端之位为尊。宾、主人和大夫都在堂上，不下阶准备射箭。此时，司射将堂下的众宾全部配合成耦。

接着司射命令三耦轮流取箭，然后司射返回原位。三耦轮流更迭地取满四支箭，都脱去左袖，右手拇指戴上扳指，左臂套上护臂，拿着弓，走到司马的西南方站定。司射转身走到正对着上耦的地方，命令他们取箭，自己则返回原位。上耦的两位射手拱手行礼后往东，走到正对着箭架的地方，面朝北拱手行礼，然后往北。走到箭架前再次拱手行礼。接着两人转身而立，上射面朝东，下射面朝西。上射向下射拱手行礼，走到箭架的西侧，坐下，弓横放在身前，弓背朝上，弓弦向下；右手掌心向上从弓弦下边伸出，从箭架上取一支箭，将箭的前部并在左手与弓把之间，右手理顺箭后部的羽毛，一边起身；接着，左手握着弓弦而向左转身，退回原位，面朝东拱手行礼。然后，下射走到箭架的东端，坐下，将弓按南北方向放在身前；右手掌心向下从弓的上方伸向箭架左侧取一支箭，起身；其余的仪节与上射一样。如此轮流更迭，各取四箭之后，彼此相向揖让，然后都向左转身，面

朝南拱手行礼，并略向箭架靠近；走到正对着箭架的南方，又都向左转身，面朝北，手中的四支箭，三支插入腰带中，另一支挟在指间；再相向拱手行礼，然后向左转身走回原位，行走时上射在右侧；途中，与走向箭架的中耦相遇错过，对方都在各自的左侧，此时彼此拱手致意，然后上耦回到原位。三耦轮流更迭取箭的仪节，也都是如此。最后一位取箭者，要将司射示范时用的四支箭和自己的四支箭一起取来，在堂西授给庭西边的有司，然后返回原位。

堂下的众宾各自取四支箭，而不必轮番拿取，接着都在堂下脱去左袖，右手拇指戴上扳指，左臂套上护臂，再拿着弓，在腰间插三支箭，指间挟一支箭，从西堂之西往南走到三耦的南面顺序而立，面朝东，以北面的位置为尊。有大夫的耦为尊。

司射命令一耦开始射击，其仪节与示范时相同。一耦的双方相互拱手行礼后登堂，其仪节也和诱射时相同。司马命令报靶者离开靶位，报靶者应诺。接着，司马下堂，到堂西放下弓回到原位。司射的指间还挟着一支箭（表示尚有职责在身），只是抽去了腰中的刑杖，走到西阶前时，与反位的司马交错而过。接着升堂，请问宾是否可以将算筹取出，以计算胜负，宾表示同意。于是，司射下堂，将刑杖插入腰间，面朝西站在将要设置盛筹器之地的东侧，再面朝北命令释获者设置盛筹器，并在一旁指示设置的方法以及如何算数、报知胜负结果。释获者抬来鹿形的盛筹器。另一人捧着算筹跟随其后。释获者坐下后放置好盛筹器，使它南面正对着箭架，西面正对着堂上的西夹室之墙，面向东方；然后起身接过算筹，再坐下，将八支算筹放入鹿形盛筹器的孔中。剩余的算筹则横放在盛筹器的西侧，将筹的末端全部朝南，然后起身，恭恭敬敬地等待射事开始。此时司射进来，经由堂的下面，面朝北命令说："未射穿箭靶者不得计筹！"上射拱手向司射行礼。司射退回原位。释获者坐下，取出盛筹器中的八支算筹，准备计数，又往盛筹器中放入另外八支算筹（为下一耦射作准备），接着起身，拿着算筹，等待射事开始。

于是开始射箭。如果射中箭靶，坐着的释算筹者就将算筹丢在地上，每中一箭，丢一支算筹。上射的算筹丢在右边，下射的算筹丢在左边。如果箭已射完，手中还有剩余的算筹，要放回盛筹器的西侧。再将盛筹器中的八支算筹拿出来，重新放入八支算筹，接着起身，拿着算筹等待再射。如此，三耦全部射毕。

宾、主人、大夫相互拱手谦让后，各自从西阶或阼阶下堂，并再次拱手行礼。主人到东堂之下脱去左袖，右手拇指戴上扳指，左臂套上护臂，拿起弓，将三支箭插入腰间，另一支箭挟在指间。宾在西堂之下也是如此行事。上堂时各自从原阶经过，先在阶下面朝北拱手行礼，到堂上后面朝北再次拱手行礼。主人担任下射（以示谦敬）；与宾一起走到正对着射位符号的地方，面朝北拱手行礼；踩到射位符号时面朝北再次拱手行礼，然后射箭。射毕，双方面朝南拱手行礼，都站在各自的阶上，在阶上拱手行礼，下阶后再次拱手

行礼。接着,宾在堂的西夹室墙前,主人在堂的东夹室墙前,各自放下弓,脱下扳指和护臂,穿上左衣袖,返回原位,然后升堂,在阶上、面朝北相互拱手行礼,升堂后面朝北再次拱手相让,分别入席。

大夫脱去左袖,右手拇指戴上扳指,左臂套上护臂,拿着弓,腰间插着三支箭,指间挟着另一支箭,从西堂之下出来,经由司射的西侧,站到其配耦者的南面。大夫担任下射(以示谦恭),向上射拱手行礼后又前行;其配耦者稍稍后退以示谦避。彼此拱手谦让的礼节与三耦一样。走到西阶前,配耦者先上堂。射毕,拱手谦让的礼节与升堂射箭时一样。配耦者先下堂。大夫下堂时,配耦者稍稍后退以示谦避。大夫和士都在西堂之下放下弓,接着穿上左衣袖。配耦者就此在西堂之下止步,大夫则登堂入席。

众宾接着射击,释获者计算中靶次数的方法与刚才一样。司射下令射箭,只对众耦中的上耦。射毕,释获者拿着剩余的算筹,从西阶上堂,但走到最后一级便停止,不登堂。然后禀告宾:"左右射都已射毕。"接着下堂,返回原位,坐下,将剩余的算筹放在盛筹器的西侧,再起身,恭恭敬敬地等候计算结果。

司马脱去左袖,拿起弓,上堂命令取回射出的箭,其间仪节与先前一样。报靶者闻声应诺,手持旌旗背朝箭靶站好,如同先前所做的一样。司马下堂,放好弓,返回原位。弟子们往箭架上陈放箭,方式与先前一样。大夫用的箭,则每四支用茅草一并裹束,裹束的位置在箭中部握手处的下面。司马如前那样,将箭架上的箭四支四支地数取分开。

司射于是走到西阶的西边,放下弓和刑杖,穿上左衣袖;往北走到盛筹器的东侧,再转而走到它的南侧,面朝北指导并监督释获者统计算筹的数目。释获者在盛筹器的西侧面朝东坐下,先数右面那一堆算筹。计数时,每两根算筹为一"纯",右手一纯一纯地取起算筹放在左手上;取满十纯就作一堆,纵向放在盛筹器的西侧;又取满十纯时,应另作一堆分开放;剩下的筹,如果是双数,就按"纯"为单位,横向放在十纯一堆的西侧,如果是单数,则要把零单的筹纵向放在"纯"的西侧,使总数一目了然。然后起身,从右获的算筹前走到左获的算筹前,面朝东坐下,先将地上左获的所有算筹拿起来放在左手上,再用右手两根两根地数着往地上放,放满十纯就另起一堆再放,剩余的算筹按上述计算右获时的办法放置。计毕,司射回到原位。释获者手持胜方净胜的算筹,从西阶上堂,到最后一级台阶停住(不再往堂上走)。在此向宾报告比赛结果。如果是右边的上射获胜,就说:"右射胜了左射。"如果是左边的下射获胜,就说:"左射胜了右射。"净胜数如果是双数,要以"纯"为单位报告;如果是单数,则在纯数之后再报单数。如果左、右获算筹的数量相等,就从双方的算筹中各取出一支报告宾,说:"左、右方算筹的数量均等。"接着,下堂回到原位,面朝东坐下,再将地上的算筹放在左手中,数出八根,放入盛筹器的孔中,剩下的全部放在盛筹器的西侧;然后起身,恭恭敬敬地等待新的命令。

司射走到西堂之下，命令弟子陈设放置爵觯等酒器的器具“丰”。弟子捧着丰上堂，陈设在西楹柱的西侧，然后下堂。胜方的弟子在堂下洗觯，接着上堂斟酒，在丰的北边面朝南坐下，将觯放在丰上；再下堂，到堂西脱去左袖，持弓返回原位。司射于是脱去左袖，拿着弓，右手指间挟一支箭，将刑杖插在腰间，面朝北站在三耦之南，命令三耦和众宾：“胜方射手一律脱去左袖，右手拇指戴上扳指，左臂套上护臂，拿起弦已拉紧的弓。负方射手一律穿上左衣袖，脱下扳指和护臂，仰起左手掌右手将弦已松开的弓放在左手上，左手握住弓把的中部。”命毕，司射先返回原位。三耦和其余的射手都和各自的合耦者一起走到射礼开始时所立的位置，以北首的位置为尊。司射命令他们升堂饮酒的仪节，与先前命令他们射箭时一样。每一耦的射手上前时，都要像先前升堂射箭时那样拱手相让，走到西阶前，胜方射手先登阶，走到堂上后，要稍稍向右站立以避让上堂的负方射手。负方射手上堂后，面朝北坐下，从丰上取觯；起身，稍稍后退，站着将觯中之酒饮毕；再上前，坐下将觯放在丰南边的地上；起身，向胜方的射手拱手行礼。下堂时，由负方射手先走，在西阶之前与接着上堂饮酒的下一耦射手交错而过，对方都在各自的左侧，互相拱手行礼；接着，上耦从司马的南侧走过，直到西堂之下，再放下弓，穿上左衣袖待命。堂上的执爵者由赞者代理。执爵者坐着取过觯，斟上酒，将觯放在丰上。其后的诸耦，上堂饮酒的仪节与此相同。于是，三耦都已上堂饮酒完毕。宾、主人和大夫如果是负方，那么不必拿弓（以示尊优），由执爵者拿了觯，下堂洗濯，再上堂斟酒，并在他们的席前敬授。他们接过觯后，走到西阶之上，面朝北站着饮酒；饮毕，将觯交给执爵者，然后返回就席。大夫是尊者，上堂饮酒时，作为其合耦者的士不能随之上堂。如果大夫的合耦者是负方，那么也应手持弦已松弛的弓，单独上堂饮酒。于是，众宾像三耦那样继续上堂饮酒，等负方的射手全部上堂饮过罚酒后，再撤去堂上的丰和觯。

司马在堂下洗濯酒爵，接着上堂斟酒，再下堂，到箭靶之前向报靶者献酒。赞者准备干肉、肉酱和折俎，到靶前的左、中、右三处致祭。报靶者背朝箭靶而立，面朝北拜谢司马，并接过酒爵，司马则面朝西拜送受爵者。报靶者手捧酒爵，让赞者捧持干肉、肉酱和肉俎跟随其后；先到靶的右侧，将干肉、肉酱和肉俎放好。报靶者面朝南坐下，左手拿酒爵，祭干肉和肉酱，接着拿爵起身；从俎上取过祭肺，坐下祭祀，又祭酒；祭毕，起身到靶的左侧祭祀，最后到靶的中部祭祀，仪节都是如此。然后，在靶左侧祭祀处西北三步的地方，面朝东摆放好干肉、肉酱和肉俎。报靶者站在干肉和肉酱的右侧，面朝东饮酒，饮毕不必拜谢司马。司马接过空爵，放入篚中，再回到原位。报靶者又捧持干肉和肉酱，让赞者捧持折俎跟随其后，将祭食全部迁设于“乏”的南面。报靶者走到靶的前面，背靶站着等候命令。

司射走到西阶的西边，放下手中的弓箭，除去腰间的刑杖，又到堂西脱下扳指和护

臂，穿好左衣袖；走到庭中之洗的前面洗爵；接着上堂斟酒，然后捧爵下堂，到释获者的席位前献酒，释获者站立时略向南偏（以便靠近祭食）。有司摆上干肉、肉酱和肉俎，并进行祭祀。释获者在祭食的右侧，面朝东拜司射并接爵，司射则面朝北拜送受爵者。释获者就近靠着祭食坐下，左手拿爵，右手祭干肉和肉酱；接着起身，从肉俎上取了祭肺，坐下祭祀，又祭酒；然后起身，走到司射的西面，面朝北站着饮酒，饮毕不必拜谢。司射接过空爵，放入篚中。释获者稍向西站，以避开放荐、俎的地方，然后返回原位。

司射走到西堂之下，脱去左袖，右手拇指戴上扳指，左臂套上护臂，从西阶的西边拿起倚着的弓，手持一箭，将刑杖插在腰间，然后返回原位。第三番射开始，司射取下腰间的刑杖，倚在西阶的西边，再登堂请示宾：下一轮射仪是否可以开始？其间的仪节与前二番射时一样，宾表示同意。司射便走下堂，将刑杖插入腰间，从司马的南面走过，走到西堂之下，命令三耦和众宾："脱去左袖，右手拇指戴上扳指，左臂套上护臂，执好弓各就各的射位！"命毕，司射先返回原位。三耦和众宾都遵命行事，脱去左袖，右手拇指戴上扳指，左臂套上护臂，拿着弓，与各自的合耦者一起前行，回到射位。

司射命令三耦：开始轮流取箭。三耦像前二番射已做过的那样，顺序轮流取箭，取毕回到原位。接着，宾、主人和大夫像此前所做的那样，相互拱手谦让，然后下堂。主人在东堂之下，宾在西堂之下，都脱去左袖，右手拇指戴上扳指，左臂套上护臂，拿着弓，分别向庭中走去，当主人走到东阶之前、宾走到西阶之前时，双方转而面向南拱手行礼。接着一起往南，走到箭架两侧时，两人转身，面对面行拱手礼，然后像三耦那样轮流取箭。取毕，转身面朝北，将三支箭插在腰间，另一支夹在手指间，相互拱手行礼后退下。宾回到西堂之下，主人回到东堂之下，将手中的弓箭都放下，再穿上左衣袖；双方走到各自的阶前，面朝北，相互拱手行礼；接着上堂，面朝北，再次拱手谦让，然后入席。大夫在西堂下脱去左袖，右手拇指戴上扳指，左臂套上护臂，拿起弓，走到其合耦者的旁边，双方面朝东拱手行礼后一起去取箭，就像方才三耦所做的那样。走到箭架旁，合耦者站在左侧，面朝东；大夫站在右侧，面朝西。大夫先到箭架前坐下，将箭架上已为自己束好的箭解开，然后起身退回原位。接着，合耦者面朝东向大夫拱手行礼后到箭架前坐下，将自己的四支箭一次取出，理顺箭羽后起身，退回原位，面朝东再次向大夫拱手行礼。大夫到箭架前坐下，将四支箭一次取完，就像其合耦者刚才所做的那样，然后面朝北，将三支箭插入腰间，另一支夹在指间，拱手行礼后退回原位。接着，合耦者先返回射位。大夫则走到西序之下，放下弓箭，穿上左衣袖；再上堂入席。众宾以耦为单位，轮流上前取箭，就像三耦已经做过的那样，然后拿着箭返回射位。

司射右手指间依然夹着一支箭（像第二番射时那样），命令上射开始射箭。每一耦都要像第二番射时那样，互相拱手谦让后上堂。接着，司马上堂，命令报靶者从靶中央离

开，报靶者闻声应诺离去。司马下堂，到堂西放下弓，回到原位。司射上堂时，在西阶之前与下堂的司马交错而过。司射取下腰间的刑杖，穿好左衣袖，走到堂上请示宾：能否用乐曲来助射？宾表示同意。司射走下堂，将刑杖插在腰间，面朝东命令乐正，说："向宾请示奏乐以助射，宾已应允。"接着，司射走到东阶与西阶之间，在堂下面朝北命令，说："不按鼓的节奏射箭的，不得计数！"上射向司射拱手行礼。司射退回原位。乐正面朝东命令大师，说："奏《驺虞》，乐节的间隔要前后一致。"大师不必起身，只在自己的位置上应诺。乐正退回原位。

在演奏《驺虞》乐章的过程中射击再次开始。三耦射完后，宾、主人、大夫和众宾相继而射，凡是应着鼓和歌的节拍射中者，就抽出算筹扔到地上，如同最初所做的那样。射毕，下堂（脱去扳指、护臂）。释获者拿着剩下的算筹，升阶禀告宾：所有的人都已射完。其间的仪节与第二番射时一样。

司马上堂，下令取回靶位的箭，报靶者闻声应诺。命毕，司马下堂，到堂西放下手中的弓，回到原位。弟子们往箭架上摆放箭，司马将大夫用的箭每四支一束扎好，其间仪节与第二番射时一样。

司射放下手中的弓，指导和监督统计算筹之事，其间的仪节和第二番射时一样；释获者将统计的结果禀告于宾，胜方赢若干筹，或者是双方射平，其间的仪节也与第二番射时一样。然后，释获者下堂回到原位。

司射命令弟子陈设丰，陈设丰以及往觯中斟酒的仪节都和第二番射时一样；于是，命令胜方的射手拿着弦已拉紧的弓，负方的射手拿着弦已放松的弓。然后上堂让负方射手饮罚酒，其间的仪节与第二番射时一样。

司射此时还是袒着左臂，右手拇指戴着扳指，左臂套着护臂，左手拿着弓，右手拿着一支箭，然后将箭与弓弦并列拿着，箭头朝上；又走到西堂之下，命令轮流取箭，其间的仪节和第二番射时一样。命毕，司射返回原位。于是，三耦和宾、主人、大夫、众宾都脱去左袖，右手拇指戴着扳指，左臂套着护臂，轮流交替地从箭架上取箭，其间的仪节也和第二番射时一样；只是箭不横搭在弓弦上，而是分别与弓弦和弓把并在一起拿着，然后退下，但不返回射位，接着在西堂之下将弓箭交给有司（表示射事已毕）。在所有的射手都轮流交替地取完箭并交给有司后，堂上有席位者彼此拱手行礼，相继上堂入席。

于是司射走到西堂之下，放下手中的弓，取下腰间的刑杖，脱下扳指和护臂，穿上左衣袖，返回原位。司马命令弟子将箭靶左下方的绳索松开，又命令报靶者拿着旌旗退下，再命令弟子将箭架撤去。司射则命令释获者将盛筹器和算筹全部撤走，在堂西待命。

司马重新担任司正之职，并退回到庭中所设的觯的南边站立。乐正命令弟子们帮助乐工即位。弟子扶助乐工时，要像先前下东阶扶工时那样（左手扶持乐器，右手搀扶其

人)。乐工从西阶上堂后,回到先前各自的坐位。宾面朝北坐下,取过放在折俎之西的觯,起身,到阼阶之上,面朝北酬主人。主人离席,站到宾的东侧。宾坐下放好觯,拜主人;接着拿觯起身;主人答拜还礼。宾不祭荐俎和酒,直接将觯中之酒饮毕,不必拜谢主人,也不必洗觯,而是在觯中斟酒,然后上前,面朝东南捧觯而立。主人在阼阶之上,面朝北拜谢宾,宾稍稍后退以示谦避,主人上前从宾手中接过觯,宾在主人的西侧,面朝北拜送。宾拱手行礼,然后入席。接着主人又捧觯到西阶上向在场的大夫进酬酒;于是大夫离席,站到主人西侧,其间的仪节,和刚才宾酬主人一样。酬毕,主人拱手行礼,入席。如果没有大夫与会,那么主人就向三位众宾之长依次进酬酒,其间的仪节与向大夫进酬酒一样。于是,司正从西阶上堂,协助宾和主人等进酬酒,说:“某人向某子酬酒。”接受酬酒的一方要离席接酒。司正退至堂西夹室墙的端头,面朝东而立。各位接受酬酒者拜谢、起身、饮酒的仪节,都和宾向主人进酬酒的仪节一样。向宾、主人、大夫、众宾进酬酒后,再向各位有司等进酬酒;有司等上堂,在西阶之上接受酬酒。最后一位接受酬酒的人,要将喝空的觯带下堂,放入庭中的篚内。

司正下堂回到原位,命二位赞者上堂,分别向宾和大夫进酬酒。二位赞者下堂洗手、洗觯,再上堂酌酒;又到西阶之上、面朝北坐下,放好觯,礼拜主人,然后拿觯起身。宾和大夫都在席的末端答拜还礼。于是,二位赞者又都坐下祭酒,接着将觯中之酒饮完,起身;又坐下放好觯,礼拜主人,再拿觯起身。宾和大夫在席的末端再次答拜还礼。二位赞者下堂洗觯,下去的顺序与上堂时相反,上堂后往觯中斟酒,都是面朝北站在西阶上进行。两人面朝北而立,以东面的一位为尊。宾和大夫拜而谢之。两位赞者一起到宾和大夫的席前坐下,将觯放在干肉和肉酱的西侧,宾和大夫辞而谢之,然后坐下取过觯,再起身。二位赞者退回到西阶之上,拜送宾和大夫,然后下堂。于是宾和大夫坐下,将觯放回到干肉和肉酱的西侧,再起身。如果与会的贵宾中没有大夫,那么就由赞者中年长者仅仅向宾一人举觯即可。

司正从西阶上堂,走到阼阶之上请主人发命,接着奉命走到西阶之上,面朝北转达主人请宾安坐之意,宾推辞说,堂上有俎,不敢安坐。司正又请示主人,主人说:“去请问宾,是否可以撤俎。”司正转告宾,宾表示同意。接着司正从西阶下堂,在阶前命令弟子撤俎。然后司正上堂,站在西序的南端。宾离席,在席南边面朝北而立。主人从南方离席,在阼阶上、面朝北而立。大夫离席后,在席旁面朝东南而立。宾拿起俎,授还司正。司正持俎走下西阶,宾跟着下堂,并站立在西阶的西侧,面朝东。司正持俎出门,交给宾的随从。与此同时,主人持俎,授予弟子。弟子接过俎,从西阶下堂,再往东走。主人随即从阼阶下堂,面朝西而立。大夫取过俎,授予弟子,弟子持俎从西阶下堂,出门交给宾的随从。这时大夫也已跟着下堂,站在宾的南侧。堂上的三位众宾之长也都下堂,站在大夫的南

侧,但要略向后退,表示不敢与宾、大夫并列,三人的位置以北首为尊。

主人与宾相互拱手谦让后,在阶前脱鞋,然后上堂。与此同时,大夫和众宾也都脱鞋,在主人与宾之后上堂,入席坐下。于是有司进上佐酒的食品。此时饮酒,不限爵数,醉而后止。二位赞者取觯斟酒,先敬宾和大夫。宾和大夫不必起身,直接将放在席上的觯端起来饮,饮毕,不必拜谢赞者。赞者接过空觯,再斟上酒放在席上。宾端起觯敬主人,大夫端起觯敬众宾之长,按照尊卑之序,两只觯分别交错向下酬酒,所有受酬者都不必拜谢。如此,对堂上所有宾客逐一酬酒,最后二位受酬者起身,到西阶之上向堂下的各位众宾酬酒。先由众宾中的一位长者接酒,此时授酬者可以不拜就饮,并将觯中的酒饮完,接着在觯中斟酒。受酬者不必拜谢,就可以接觯而饮。然后,依尊卑之序一一酬酒,直至全部轮遍,所有受酬者都不必拜谢。赞者也受酬。最后二位受酬酒者要将饮干的觯拿到堂下,放进庭中的篚内;赞者又取出觯洗濯,再上堂酌酒,然后放在宾和大夫的席前准备下一轮酬酒。在不计数酬酒的过程中,堂上堂下的音乐或间或合,歌奏不已,尽欢而止。

燕饮毕,宾起身告辞,乐正命乐工奏《陔》的乐曲。宾将下堂,走到西阶时,《陔》的乐声开始响起。宾走出大门,众宾也都随之出门,主人到门外相送,向宾行再拜之礼。

第二天,宾身穿朝服到主人门外拜谢昨日的恩赐,主人不再请宾入门相见。随后,主人身穿与宾相同的衣服,随即到宾家门外拜谢宾屈尊光临,然后退回。

主人脱下朝服,换上玄端服,开始慰劳司正。慰劳的仪节比较简约,以司正为宾,不设陪客,也不杀牲。但是要派人去邀请。司正到来时,主人要到门外迎接,但不必行拜礼。接着入门、上堂。宾不必拜谢主人的迎接,也不必拜谢他为自己洗爵。进上的食品有干肉和肉酱,但没有俎。宾用酒酢主人时,主人不必感谢宾饮了自己的薄酒,也不必拜众宾;向众宾献完酒后,由一名赞者举觯,向宾进酬酒,于是开始随意饮酒,不限爵数,至醉方休。不设司正,昨日参加射礼的宾可不再参加。昨日未能邀请的亲友,今天可随意邀请,对于乡中已经退休或还在职的卿大夫,只需向他们通报一下,来否听便。佐酒的菜肴,除干肉和肉酱外,用家中现有的就行。宴饮时,六首乡乐可以随意点奏。

《记》。

如果有大夫参加乡射之礼,则必须由在官的士担任宾。要选择有德行道艺而又善射的人为宾,行礼前一天不必再往邀请。

乡射之礼的牲,用狗。烹煮的地点在堂下东壁的北边。

酒尊要用粗葛布覆盖,宾到来时再撤去。

蒲席,用黑布缀边。西序前的席位,以北端为尊。

献酒时用爵,其他情况用觯。拿爵拜主人者,起身后必须酢主人,不得不酢而起。

进荐食品中干肉要用笾盛放，干肉条用五根，另有祭祀用的干肉条，只截取其挺直的那一段，横放在五条干肉之上。肉酱则要用瓦制的豆盛放，并且要从东房端出来。干肉条每根长一尺二寸。

狗肉煮熟后放在俎上，要从东壁端进来，再从西阶端上堂。端给宾的俎上有：脊骨、胁骨、肩、肺。端给主人的俎上有：脊骨、胁骨、臂、肺。肺要用刀划成块，但不切断。狗肉一律用它右侧的那一半。摆放时骨端朝前。

主人取爵之后，总共有三次拿爵起身，每次都要往爵中斟酒，不能空爵。

凡是安放爵觯，一律放在干肉、肉酱的左边，凡是将要举起的爵觯，则应放在宾和大夫席前、干肉和肉酱的右边，以便于使用者。

主人向三位众宾之长献酒时，只为其中一人洗爵，所以只有他一人可以辞谢主人，其间的仪节与宾辞谢主人洗爵一样。

行礼时，堂上如果有诸公在，则主人的礼节与对待宾一样；如果有大夫在，则礼节与介一样。如果没有诸公而只有大夫，则对待大夫的礼节与宾一样。乐声响起后，大夫不得再入内。

乐正接受酬酒，要与站在堂下的众宾一起按年龄排序。

三人吹笙，一人吹和，相互配合然后才能成声。

向乐工及吹笙者献酒，要从堂上的篚中取爵。献酒毕，要将空爵放入堂下的篚中。对吹笙者，则要在西阶上献酒。

在堂下站立的众宾，面朝东从北向南排列，以北首的位置为尊。

司正是主人的助手，所以不向他献酒，但在他举觯时，要将干肉和肉酱送到他的席位前。

三耦之人，要选择众宾中的年轻人。司射在教射之前，要告诫注意事项。

司射的弓箭和刑杖，倚在西阶的西侧。

在司射脱去左袖、右手拇指戴上扳指、左臂套上护臂，上堂请射于宾的同时，司马在西阶前命令打开掩折着的箭靶，接着命令报靶者将旌旗倚在箭靶的中央。

所有箭靶的样式是：天子的箭靶，侧面饰有熊皮，靶心涂成白色；诸侯的箭靶，侧面饰有麋皮，靶心涂成赤色；大夫的箭靶，用布制作，侧面无饰物，但在布面上画有虎或豹；士的箭靶也用布制作，侧面无饰物，但布面上画有鹿或猪。凡是画有野兽的箭靶，靶心都涂成浅红色。

如果是在庠举行射礼，射手站在东、西楹柱之间，射位符号纵画的长度与箭杆相等。两位射手的射位符号之间的距离，等于一把弓的长度，射位符号横画的长度与人的足迹相等。射位符号的南北位置是：如果在序，则正对着屋的大梁；如果是在庠，则正对着

前梁。

司马命令报靶者到靶前就位，是在他的礼仪之位上宣布的，即司射之南的地方。

凡有事到西堂下去，都要向南走，从司马之南经过。唯一的例外是，宾和大夫下堂后，到西堂之下取弓箭，可以直接前往，不必绕至司马之南。

报靶用的旌旗，应该用与射者身份相称的旗帜。没有资格使用任何一种旌旗的士，则可以用白色的羽毛和红色的羽毛杂缀于旗杆的顶部，旗杆长二丈一尺，在一丈六尺以上的部位，用帛缝制成状如鸿雁颈脖的长条套上。

凡是用手指夹箭，应该用右手的中指与食指横夹。

司射的礼仪之位在司马的北面。司马不主射事，所以一般情况下不拿弓。

在第一番三耦射箭时，三耦的射击具有练习的意思，所以即使射中，也不必抽算筹于地；第二番三耦射箭时，可以抽算筹；第三番射箭时，要根据音乐的节奏来进行。

射箭时，上射站在右方的射位。

箭架的形制是，长度与箭杆相当，宽三寸，厚一寸半，两端雕成龙首形。中部为两蛇之身相交，上面覆以漆成红黑色的革衣。

箭架用漆刷成赤黑色，拿的时候要横捧，到了指定的位置要面朝南坐下再将它放下，其南北位置，应该正对着盥洗用的盆。

射者如果误伤他人，要在中庭用刑杖责打。

堂上的众宾之长，如果不参加射箭，可以不下堂。

为司射取教练用箭的人，在与合耦者轮流取完四支箭后，接着将四支教练用箭一并取之。

宾和主人射箭，上下堂时由司射导引，射毕，宾和主人入席，司射则返回原位继续做未了之事。

鹿形盛筹器的形制是：刷有赤黑色的漆，鹿的前足跪曲，背上凿有能放八支算筹的孔。释获者捧持时，鹿头朝前。

大夫随宾、主人下堂后，站在西堂之下待射。大夫与士合耦射箭时，只需脱去浅红色的短衣，内衣可以不袒。在射位站立时，合耦者要略向射位符号的后方退步，表示不敢与大夫并列。

在射礼中，司射只有两次放下弓箭：一次是指导并监督统计算筹，另一次是向抽算筹者献酒。

礼射的目的不在于比较射力的强弱，而在于举动都能合于礼乐。如果是主皮之射，则射穿兽皮者接着射，射不穿者下堂不再射。

主人如果属于负方，也在西阶之上饮罚酒。

报靶者的俎上有:折断的脊骨、胁骨、肺、前腿。

箭靶面朝北方的堂,所以称东方为右侧。抽算筹者的俎上有:折断的脊骨、胁骨、肺。报靶者和抽算筹者都另加祭肺。

大夫解开箭束上的茅草时,要坐下再解,表示不敢自尊。

每一耦射时,乐工歌唱《驺虞》,或者《采蘋》之诗,都是五遍。众宾射则不必计算唱的遍数。

古人行礼,旅酬完毕才开始说话。凡是旅酬,不必洗觯。不洗觯,是因为众宾不必祭祀。旅酬开始后,迟到的士不得再入场。

大夫要在宾离去回家后再出门。主人送大夫要送到门外,行再拜之礼。

乡射用的箭靶尺寸是:最上端的一块布四丈,靶心的布一丈见方。如果箭道有五十把弓那样长,那么按每一把弓取二寸的方法累计,所得结果就是靶心的大小。靶心宽度的一倍就是靶心上、下幅的宽度,上、下幅宽度的一倍就是最上端那块布的宽度。下舌向左右伸出的长度只有上舌的一半。

算筹一次准备八十支。每支长一尺四寸,握手处刮削成白色。

刑杖的长度与箭杆相当。握手处约一尺,被刮削成白色。

如果国君来参加射礼,应按照礼仪惯例担任下射。与国君合耦的上射,应该从射位符号处后退一箭长的距离再射,表示不敢与国君并列,每箭射出后,要转身面对国君,等待他接着射。国君在奏乐声起后再踏上射位符号。国君射箭时只需脱去内衣外的红色短衣即可。小臣为国君递箭时,要用巾包裹着,表示不敢亵渎国君使用的东西。如果国君属于负方要饮罚酒,那么宾应该像燕礼中那样让国君饮完爵中之酒,再自酌自饮。国君如果在城中燕射,则用"皮树"这种野兽的皮做靶心,用旌之旗报靶,旗的顶部用白色和红色的羽毛装饰;如果在城郊大射,则用"闾"这种野兽的皮做靶心,用旌旗报靶;如果在边境与邻国之君相遇而会射,则用虎皮做靶心,用龙旃之旗报靶。大夫参加的射礼,用兕皮做靶心,报靶用的旗则根据大夫的等级来选择。士参加的射礼,用鹿皮做靶心,用旌之旗报靶。只有国君可以在城中燕射,其他人都不允许。如果有国君在场,则大夫射箭时要袒露左臂。

燕礼第六

【原文】

燕礼。小臣戒与者。膳宰具官馔于寝东。乐人县。设洗、篚于阼阶东南,当东霤。

罍水在东，篚在洗西，南肆。设膳篚在其北，西面。司宫尊于东楹之西，两方壶，左玄酒，南上。公尊瓦大两，有丰，幂用綌若锡，在尊南，南上。尊士旅食于门西，两圜壶。司宫筵宾于户西，东上，无加席也。射人告具。

小臣设公席于阼阶上，西乡，设加席。公升，即位于席，西乡。小臣纳卿大夫，卿大夫皆入门右，北面东上。士立于西方，东面北上。祝史立于门东，北面东上。小臣师一人在东堂下，南面。士旅食者立于门西，东上。公降立于阼阶之东南，南乡尔卿，卿西面北上；尔大夫，大夫皆少进。

射人请宾。公曰："命某为宾。"射人命宾，宾少进，礼辞，反命。又命之，宾再拜稽首，许诺，射人反命。宾出立于门外，东面。公揖卿大夫，乃升就席。

小臣自阼阶下，北面，请执幂者与羞膳者。乃命执幂者，执幂者升自西阶，立于尊南，北面，东上。膳宰请羞于诸公卿者。

射人纳宾。宾人，及庭，公降一等揖之。公升就席。

宾升自西阶，主人亦升自西阶，宾右北面至再拜，宾答再拜。主人降洗，洗南，西北面。宾降，阶西，东面。主人辞降，宾对。主人北面盥，坐取觚洗。宾少进，辞洗。主人坐奠觚于篚，兴对。宾反位。主人卒洗，宾揖，乃升。主人升。宾拜洗。主人宾右奠觚答拜，降盥。宾降，主人辞。宾对，卒盥。宾揖升。主人升，坐取觚。执幂者举幂，主人酌膳，执幂者反幂。主人筵前献宾。宾西阶上拜，筵前受爵，反位。主人宾右拜送爵。膳宰荐脯醢，宾升筵。膳宰设折俎。宾坐，左执爵，右祭脯醢，奠爵于荐右，兴；取肺，坐绝祭，哜之，兴加于俎；坐挩手，执爵，遂祭酒，兴；席末坐啐酒，降席，坐奠爵，拜，告旨，执爵兴。主人答拜。宾西阶上北面坐卒爵，兴；坐奠爵，遂拜。主人答拜。

宾以虚爵降，主人降。宾洗南坐奠觚，少进，辞降。主人东面对。宾坐取觚，奠于篚下，盥洗。主人辞洗。宾坐奠觚于篚，兴，对。卒洗，及阶，揖，升。主人升，拜洗如宾礼。宾降盥，主人降。宾辞降，卒盥，揖升，酌膳，执幂如初，以酢主人于西阶上。主人北面拜受爵，宾主人之左拜送爵。主人坐祭，不啐酒，不拜酒，不告旨，遂卒爵，兴，坐奠爵，拜，执爵兴。宾答拜。主人不崇酒，以虚爵降尊于篚。

宾降，立于西阶西。射人升宾，宾升立于序内，东面。主人盥，洗象觚，升实之，东北面献于公。公拜受爵。主人降自西阶，阼阶下北面拜送爵。士荐脯醢，膳宰设折俎，升自西阶。公祭如宾礼，膳宰赞授肺。不拜酒，立卒爵，坐奠爵，拜，执爵兴。主人答拜，升受爵以降，奠于膳篚。

更爵，洗，升酌膳酒以降；酢于阼阶下，北面坐奠爵，再拜稽首。公答再拜。主人坐祭，遂卒爵，再拜稽首。公答再拜，主人奠爵于篚。

主人盥洗，升，媵觚于宾，酌散，西阶上坐奠爵，拜宾。宾降筵，北面答拜。主人坐祭，

遂饮，宾辞。卒爵，拜，宾答拜。主人降洗，宾降，主人辞降，宾辞洗。卒洗，揖升。不拜洗。主人酌膳。宾西阶上拜，受爵于筵前，反位。主人拜送爵。宾升席，坐祭酒，遂奠于荐东。主人降复位。宾降筵西，东南面立。

小臣自阼阶下请媵爵者，公命长。小臣作下大夫二人媵爵。媵爵者阼阶下，皆北面再拜稽首；公答再拜。媵爵者立于洗南，西面北上，序进，盥洗角觯；升自西阶，序进，酌散；交于楹北，降；阼阶下皆奠觯，再拜稽首，执觯兴。公答再拜。媵爵者皆坐祭，遂卒觯，兴；坐奠觯，再拜稽首，执觯兴。公答再拜。媵爵者执觯待于洗南。小臣请致者。若君命皆致，则序进，奠觯于篚，阼阶下皆再拜稽首；公答再拜。媵爵者洗象觯，升实之；序进，坐奠于荐南，北上；降，阼阶下皆再拜稽首，送觯。公答再拜。

公坐取大夫所媵觯，兴以酬宾。宾降，西阶下再拜稽首。公命小臣辞，宾升成拜。公坐奠觯，答再拜，执觯兴，立卒觯。宾下拜，小臣辞。宾升，再拜稽首。公坐奠觯，答再拜，执觯兴。宾进受虚爵，降奠于篚，易觯洗。公有命，则不易不洗，反升酌膳觯，下拜。小臣辞。宾升，再拜稽首。公答再拜。宾以旅酬于西阶上，射人作大夫长升受旅。宾大夫之右坐奠觯，拜，执觯兴；大夫答拜。宾坐祭，立饮，卒觯不拜。若膳觯也，则降更觯洗，升实散。大夫拜受。宾拜送。大夫辩受酬，如受宾酬之礼，不祭。卒受者以虚觯降尊于篚。

主人洗，升，实散，献卿于西阶上。司宫兼卷重席，设于宾左，东上。卿升，拜受觚；主人拜送觚。卿辞重席，司宫彻之，乃荐脯醢。卿升席坐，左执爵，右祭脯醢，遂祭酒，不啐酒；降席，西阶上北面坐卒爵，兴；坐奠爵，拜，执爵兴。主人答拜，受爵。卿降复位。辩献卿，主人以虚爵降，奠于篚。射人乃升卿，卿皆升就席。若有诸公，则先卿献之，如献卿之礼；席于阼阶西，北面东上，无加席。

小臣又请媵爵者，二大夫媵爵如初。请致者。若命长致，则媵爵者奠觯于篚，一人待于洗南。长致，致者阼阶下再拜稽首，公答再拜。洗象觯，升，实之，坐奠于荐南，降，与立于洗南者二人皆再拜稽首送觯，公答再拜。

公又行一爵，若宾，若长，唯公所酬。以旅于西阶上，如初。大夫卒受者以虚觯降奠于篚。

主人洗，升，献大夫于西阶上。大夫升，拜受觚，主人拜送觚。大夫坐祭，立卒爵，不拜既爵。主人受爵。大夫降复位。胥荐主人于洗北。西面，脯醢，无脀。辩献大夫，遂荐之，继宾以西，东上。卒，射人乃升大夫，大夫皆升，就席。

席工于西阶上，少东。乐正先升，北面立于其西。小臣纳工，工四人，二瑟。小臣左何瑟，面鼓，执越，内弦，右手相。入，升自西阶，北面东上坐。小臣坐授瑟，乃降。工歌《鹿鸣》《四牡》《皇皇者华》。

卒歌，主人洗，升献工。工不兴，左瑟，一人拜受爵，主人西阶上拜送爵。荐脯醢。使

人相祭。卒爵,不拜。主人受爵。众工不拜受爵,坐祭,遂卒爵。辩有脯醢,不祭。主人受爵,降奠于篚。

公又举奠觯。唯公所赐。以旅于西阶上,如初。

卒,笙入,立于县中。奏《南陔》《白华》《华黍》。

主人洗,升,献笙于西阶上。一人拜,尽阶,不升堂,受爵,降。主人拜送爵。阶前坐祭,立卒爵,不拜既爵,升,授主人。众笙不拜受爵,降;坐祭,立卒爵。辩有脯醢,不祭。

乃间:歌《鱼丽》,笙《由庚》;歌《南有嘉鱼》,笙《崇丘》;歌《南山有台》,笙《由仪》。遂歌乡乐:《周南·关雎》《葛覃》《卷耳》,《召南·鹊巢》《采蘩》《采蘋》。大师告于乐正曰:"正歌备。"乐正由楹内、东楹之东,告于公,乃降复位。

射人自阼阶下,请立司正,公许。射人遂为司正。司正洗角觯,南面坐奠于中庭;升,东楹之东受命,西阶上北面命卿、大夫:"君曰以我安!"卿、大夫皆对曰:"诺!敢不安?"司正降自西阶,南面坐取觯,升酌散,降,南面坐奠觯,右还,北面少立,坐取觯,兴,坐不祭,卒觯,奠之,兴,再拜稽首,左还,南面坐取觯,洗,南面反奠于其所,升自西阶,东楹之东,请彻俎,降,公许。告于宾,宾北面取俎以出。膳宰彻公俎,降自阼阶以东。卿、大夫皆降,东面北上。宾反入,及卿、大夫皆说屦,升就席。公以宾及卿、大夫皆坐,乃安。羞庶羞。大夫祭荐。司正升受命,皆命:君曰:"无不醉!"宾及卿、大夫皆兴,对曰:"诺!敢不醉?"皆反坐。

主人洗,升,献士于西阶上。士长升,拜受觯,主人拜送觯。士坐祭,立饮,不拜既爵。其他不拜,坐祭,立饮。乃荐司正与射人一人、司士一人、执幂二人,立于觯南,东上。辩献士。士既献者立于东方,西面北上。乃荐士。祝史,小臣师,亦就其位而荐之。主人就旅食之尊而献之。旅食不拜,受爵,坐祭,立饮。

若射,则大射正为司射,如乡射之礼。

宾降洗,升媵觚于公,酌散,下拜。公降一等,小臣辞。宾升,再拜稽首,公答再拜。宾坐祭,卒爵,再拜稽首,公答再拜。宾降洗象觯,升酌膳,坐奠于荐南,降拜。小臣辞。宾升成拜,公答再拜。宾反位。公坐取宾所媵觯,兴。唯公所赐。受者如初受酬之礼,降更爵洗,升酌膳,下拜。小臣辞。升成拜,公答拜。乃就席,坐行之。有执爵者。唯受于公者拜。司正命执爵者爵辩,卒受者兴以酬士。大夫卒受者以爵兴,西阶上酬士。士升,大夫奠爵拜,士答拜。大夫立卒爵,不拜,实之。士拜受,大夫拜送。士旅于西阶上,辩。士旅酌。卒。

主人洗,升自西阶,献庶子于阼阶上,如献士之礼。辩,降洗,遂献左右正与内小臣,皆于阼阶上,如献庶子之礼。

无算爵。士也,有执膳爵者,有执散爵者。执膳爵者酌以进公,公不拜,受。执散爵者酌以之公，命所赐。所赐者兴受爵，降席下，奠爵，再拜稽首。公答拜。受赐爵者以爵就席坐，公卒爵，然后饮。执膳爵者受公爵，酌，反奠之。受赐爵者兴，授执散爵，执散爵者乃酌行之。唯受爵于公者拜。卒受爵者兴，以酬士于西阶上。士升，大夫不拜，乃饮，实爵。士不拜，受爵。大夫就席。士旅酌，亦如之。公有命彻幂，则卿大夫皆降，西阶下北面东上，再拜稽首。公命小臣辞。公答再拜，大夫皆辟。遂升，反坐。士终旅于上，如初。无算乐。

宵，则庶子执烛于阼阶上，司宫执烛于西阶上，甸人执大烛于庭，阍人为大烛于门外。宾醉，北面坐取其荐脯以降。奏《陔》。宾所执脯以赐钟人于门内霤，遂出。卿、大夫皆出。公不送。

公与客燕。曰："寡君有不腆之酒，以请吾子之与寡君须臾焉。使某也以请。"对曰："寡君，君之私也。君无所辱赐于使臣，臣敢辞。""寡君固曰不腆，使某固以请！""寡君，君之私也。君无所辱赐于使臣，臣敢固辞！""寡君固曰不腆，使某固以请！""某固辞，不得命，敢不从？"致命曰："寡君使某，有不腆之酒，以请吾子之与寡君须臾焉！""君贶寡君多矣，又辱赐于使臣，臣敢拜赐命！"

记

燕，朝服，于寝。其牲，狗也，亨于门外东方。

若与四方之宾燕，则公迎之于大门内，揖让升。宾为苟敬，席于阼阶之西，北面，有，胥不哜肺，不啐酒。其介为宾。无膳尊，无膳爵。

与卿燕，则大夫为宾。与大夫燕，亦大夫为宾。

羞膳者与执幂者，皆士也。羞卿者，小膳宰也。

若以乐纳宾，则宾及庭，奏《肆夏》；宾拜酒，主人答拜，而乐阕。公拜受爵，而奏《肆夏》；公卒爵，主人升，受爵以下，而乐阕。升歌《鹿鸣》，下管《新宫》，笙入三成，遂合乡乐。若舞，则《勺》。

唯公与宾有俎。

献公，曰："臣敢奏爵以听命。"凡公所辞，皆栗阶。凡栗阶，不过二等。

凡公所酬，既拜，请旅侍臣。

凡荐与羞者，小膳宰也。

有内羞。

君与射，则为下射，袒朱襦，乐作而后就物。小臣以巾授矢，稍属。不以乐志。既发，则小臣受弓以授弓人。上射退于物一笴，既发，则答君而俟。若饮君，燕，则夹爵。君在，大夫射，则肉袒。

若与四方之宾燕，媵爵，曰："臣受赐矣。臣请赞执爵者。"相者对曰："吾子无自

辱焉。”

有房中之乐。

【译文】

燕礼。退朝时,小臣代表国君请各位大臣留下,参加宴饮。膳宰将国君款待臣下的肴馔陈设在寝殿屋的东边。乐工在堂下两阶之间悬挂好钟磬。盛放群臣酒器用的篚陈设在阼阶的东南方,正对着堂东侧屋檐的滴水处,盛着水的罍放在洗的东面,篚在洗的西面,按首南尾北的方向放置。盛放国君酒爵用的篚,在洗的北面,朝西。司宫在东楹柱西方陈放两把方壶,左侧为玄酒,左侧即南方,为上位(表示尊重,这是卿大夫的酒尊)。公的酒尊是两个名为“瓦大”的尊,下面有托盘,覆盖在酒尊上的,用粗葛布或细麻布,依季节而定,其位置在卿大夫的酒尊之南,以南为尊。众士的食物放在门的西侧,盛酒器是两把圆壶。司宫将宾的席位铺设在室户的西边,席头朝东,上面不再铺加席。于是,射人禀告国君,燕礼所用器具已陈设完毕。

小臣在阼阶之上为国君设席,席位朝西,上面再加铺一层坐席。国君上堂后就席,面朝西。小臣奉命导引卿大夫入内,卿大夫入门后站在门内右侧,面朝北并排而立,以东首为尊。士站在门内的左侧,面朝东,以北首为尊。祝史入门后,站在门内右侧,面朝北,以东首为尊。小臣师一人在东堂之下,面朝南而立。士旅食者站在门内左侧面朝北而立,以东首为尊。这时,国君下堂立于阼阶东南,面朝南向大夫行拜礼,让他们近前来,卿转而面朝西而立,以北首为尊;国君又向大夫行拜礼,让他们近前来,于是大夫都稍稍上前。

射人请问本次燕礼宾的人选。国君说:“命某大夫为宾。”射人向宾转达国君的命令。宾稍稍上前,婉言推辞。射人回禀国君后,又向宾重申国君的命令。宾再拜叩首,表示接受。射人向国君复命。于是宾出门,在大门外面朝东而立,等待主人的正式邀请。国君在庭中向卿大夫行拜礼致意,然后上堂入席。

小臣从阼阶下堂,面朝北,向国君请问执幂者和羞膳者的人选。于是小臣奉国君之命任命执幂者,执幂者受命后从西阶上堂,站立在酒樽的南边,面朝北并列,以站在东首者为尊。接着膳宰又向君请示命谁向诸公和卿进献酒食。

于是,射人导引宾入门。宾入门后,走到庭中,国君从阼阶走下一级,向宾行拜礼致意。礼毕,国君转身上堂入席。

宾从西阶上堂。(国君位尊,不能亲自向宾献酒等,所以命宰夫代为主人行事)主人也随之从西阶上堂,在宾右侧,面朝北而立,宾上堂后,主人行再拜之礼;宾以再拜之礼作答。主人下堂准备洗手、洗酒器,到庭中后站在洗的南方,面朝西北。宾随之下堂(表示不敢安居于堂),在西阶的西边、面朝东而立。主人辞谢宾下堂,宾谦辞作答。主人面朝北洗手,接着坐下,从篚中取觚洗濯;宾稍稍上前,辞谢主人亲自为自己洗觚。主人坐下,

将觚放入篚中，起身作答。宾退回原位，主人洗濯完毕，宾行拜礼，然后上堂。主人接着上堂。宾再次拜谢主人亲为洗觚。主人在宾的右侧放下觚答拜还礼，然后下堂洗手。宾随之下堂，主人辞谢宾，宾谦辞作答。主人洗完手，宾行拜礼，然后上堂。主人随之上堂，接着坐下取出篚中已洗净的觚。执幂者将覆盖在国君酒尊上的布撤去，主人酌酒后，执幂者将布盖上。主人在宾席前献酒。宾在西阶之上拜谢，然后走到席前接爵，再返回到西阶之上的位置。主人在宾的右侧拜而送之。膳宰将干肉和肉酱送到席上。于是宾入席。膳宰又摆上折俎。宾坐下，左手拿觚，右手取干肉和肉酱祭祀，祭毕，将觚放在干肉和肉酱之右，起身；接着取祭肺，坐下，将肺的下端扯断，放在口中尝一尝，再起身将它放到俎上；然后坐下擦手，又拿起觚，祭酒，接着起身，走到席的末端坐下，尝一口酒，再离席，坐下放好觚，拜谢主人，并声言酒味甘美，然后拿觚起身。主人答拜还礼。宾在西阶上面、面朝北坐下，将觚中之酒饮毕，起身；又坐下放好觚，拜谢主人。主人答拜还礼。

宾拿空觚下堂。主人也随着下堂。宾在洗的南面坐下放好觚，然后起身稍稍上前，辞谢主人下堂。主人面朝东谦辞作答。宾又坐下取觚，放在篚的南方，接着洗手。主人辞谢宾亲为洗觚。宾坐下将觚放入篚内，起身谦辞作答，然后洗觚；宾主走到阶前，宾向主人行拜礼，接着上堂。主人随之上堂，主人拜谢宾亲为洗觚，仪节与刚才宾拜谢主人时一样。宾又下堂洗手，主人随着下堂。宾辞谢主人下堂，洗手完毕，向主人行拜礼，接着上堂；在觚中斟酒，执幂者像方才那样，先撤去酒尊上的布，然后盖上，宾执觚在西阶上向主人进酢酒。主人面朝北拜谢宾，并接过觚，宾走到主人左侧拜送之。主人坐着祭酒，祭毕不用尝酒，不必拜谢宾敬酒，也不必告谢酒味甘美，将酒饮毕，起身；再坐下放好觚，拜谢主人，然后拿觚起身。宾答拜还礼。主人不必感谢宾不嫌弃自已的薄酒，手拿空觚下堂，将它放入庭中的篚内。

（接着主人向国君行献酒）宾下堂回避，站立在西阶的西侧。射人奉国君之命请宾上堂，宾上堂后站在西序的内侧，面朝东。主人下堂洗手，接着洗涤国君专用的象觚，然后上堂酌酒，面朝东北献给国君。国君拜谢后接过象觚。主人从西阶下堂，再走到阼阶前，面朝北拜送之。于是，士进上干肉和肉酱，膳宰摆上折俎，都从西阶上堂。国君祭酒和干肉、肉酱的仪节与宾一样，只是由膳宰协助递给祭肺。国君不必拜谢主人的敬酒，站着将象觚中的酒饮毕，再坐下放好象觚，拜谢主人，然后手拿象觚起身。主人答拜还礼，上堂接过饮干的象觚，下堂放入为国君专设的膳篚中。

主人另取一觚，下堂洗濯，再上堂酌以国君的膳酒，然后下堂，在阼阶之下行自酢酒之礼，接着面朝北坐下放好觚，向国君再拜叩首。国君以再拜之礼作答。主人坐下祭祀，祭毕，将酒饮毕，向国君再拜叩首。国君仍以再拜之礼作答，主人将空觚放入篚中。

主人下堂洗手、洗觚，接着上堂准备向宾进酬酒；主人从方壶中斟酒，然后在西阶上

坐好放下觚，向宾行拜礼。宾离席，在西阶上面朝北答拜还礼。主人代替国君坐下祭酒，接着又坐下饮酒。宾不敢当此大礼而推辞。主人将觚中之酒饮毕，拜宾；宾答拜还礼。主人下堂洗觚，宾随着下堂，主人辞谢宾下堂，宾辞谢主人亲劳洗觚。主人洗觚毕，宾向他行拜礼后上堂。宾上堂后不必再拜谢主人亲为洗觚。主人在觚中酌以国君之酒。宾在西阶之上拜谢，并在筵席前接过觚，然后回到自己的席位。主人拜而送之。宾入席后，坐下祭酒，祭毕，接着将觚放在干肉和肉酱的东侧。主人下堂回到原位。宾离席站至筵席的西侧，面朝东南而立。

小臣在阼阶之下向国君请问送爵者的人选，国君命令由下大夫中的长者担任。于是小臣请二位下大夫中的长者去送爵。送爵者走到阼阶下，面朝北向国君再拜叩首，国君以再拜之礼作答。送爵者在庭洗南侧面朝西并排而立，以站在北面者为尊，然后依次上前洗手、洗角觯；又从西阶上堂，依次上前，从方壶中斟酒；两人在西楹柱的北侧交错而过，接着先后下堂；两人在阼阶之下放好觯，向国君再拜叩首，然后拿觯起身。国君以再拜之礼作答。二位送爵者都在阼阶前坐下用酒祭祀，接着饮尽觯中之酒，起身；再坐下放好觯，向国君行再拜稽首之礼，然后拿觯起身。国君以再拜之礼作答。送爵者拿觯在庭洗之南等待国君命令。小臣请问国君致爵由一人还是两人进行。如果国君命令两人都致爵，则两人依次序上前，将觯放入篚中，再在阼阶下向国君再拜叩首以答谢君命；国君以再拜之礼作答。接着送爵者洗濯象觯，然后上堂斟酒；再依次上前，两人面朝东坐下，将觯放在国君席前的干肉和肉酱之右，以长者所进之觯为尊，放在北面；然后两人下堂，在阼阶前向国君再拜叩首，送受觯者。公以再拜之礼作答。

国君坐下，取过大夫所送的觯，起身到西阶前向宾进酬酒。宾下堂，在西阶下准备行再拜叩首之礼。国君命令小臣劝阻，于是宾上堂完成再拜叩首之礼。国君坐下放好觯，以再拜之礼作答，然后拿觯起身，站着将觯中之酒饮毕。宾又下堂，准备拜国君，小臣劝阻。于是宾上堂，对国君再拜叩首。国君坐下放好觯，以再拜之礼作答，再拿觯起身。宾上前从国君手中接过空觯，下堂放入篚中，然后另取一觯洗濯。如果国君有命令，则可以不更换觯，也不洗濯它。接着，宾转身上堂，在觯中斟膳酒，然后下堂，准备拜国君。小臣又加劝阻。于是宾上堂，对国君再拜叩首。国君以再拜之礼作答。宾在西阶之上依序向卿大夫行旅酬礼。射人请大夫之长上堂接受酬酒。宾在大夫的右侧坐下放好觯，拜大夫，然后拿觯起身；大夫答拜还礼。宾坐下祭祀，站着饮酒，将觯中之酒饮毕不必拜谢。如果宾用的是膳觯，那么进酬酒时应该下堂更换它觯并洗濯，因为膳觯是尊者使用的，然后上堂酌方壶中的酒。大夫拜而受觯，宾拜而送之。大夫一一受到宾的酬酒，其间仪节与公卿受宾酬酒一样，也不必祭酒。最后一位接受酬酒者，拿空觯下堂，将它放入篚中。

主人到庭中洗觚，接着上堂，从方壶中酌酒，然后在西阶之上向卿献酒。司宫将卿的

两层席一并卷起，放在宾的左侧，席的首端朝东。卿上堂，拜谢主人并接过觚；主人拜而送之。卿请求撤去上面的一层席，司宫遵命撤之，再将下面一层席铺设好。于是有司进上干肉和肉酱。卿入席坐下，左手拿觚，右手取干肉和肉酱祭祀，接着祭酒，祭毕不用尝酒；然后离席，在西阶之上、面朝北坐下，将觚中之酒饮毕，再起身；接着又坐下放好觚，拜谢主人，再拿觚起身。主人答拜还礼，从卿手中接过觚。卿下堂回到原位。如此，一一向卿献酒，最后主人手拿空觚下堂，将它放入篚内。于是，射人导引卿上堂，众卿都上堂入席。如果有诸公在场，则应在卿之前向他们献酒，其间仪节与向卿献酒时一样；诸公的席位设在阼阶的西边堂廉上，席面朝北，席头朝东，筵席只有一层，上面不再加席。

小臣又向国君请问下一轮送爵者的人选，国君仍然命令二位下大夫担任（他们送爵的仪节与刚才一样）。小臣又请问国君致爵的人选。如果由二位下大夫中的尊长者致爵，则送爵者将觯放入篚内，另一人在庭洗之南等待。尊长者致爵，致者要在阼阶之下向国君再拜叩首，国君以再拜之礼作答。接着在庭中洗濯象觯，再上堂酌酒，然后在主人席前坐下，将觯放在干肉和肉酱之南，下堂，与站在庭洗之南的送爵者一起对国君再拜叩首，礼送受觯者。国君用再拜之礼作答。

国君坐下，举起方才放着的另一只觯，准备向卿、大夫行旅酬礼，如果自己已不胜酒量，则可以命宾或卿大夫之长自行酬酒。国君在西阶上依次向卿、大夫进酬酒，就像刚才所做的那样。最后一位接受酬酒的大夫手持空觯下堂，再将它放入篚中。

主人在庭中洗觚，接着上堂斟酒，在西阶之上向大夫献酒。大夫上堂，拜谢主人后接过觚。主人拜送受觚者。大夫坐着祭祀，站着将觚中之酒饮毕，不必拜谢。主人接过空觚。大夫下堂回到原位。胥将主人的食品进至庭洗的北边、面朝西的位置，有干肉和肉酱，但没有折俎。主人向大夫一一献酒之后，便有食品进在大夫席前。大夫的席位排在宾的西侧，而以东方为尊。进陈食品毕，射人便导引大夫上堂。于是大夫上堂后，一一入席。

乐工的席位设在西阶之上、稍稍靠东的地方。乐正先上堂，面朝北站在工的席位西边。小臣导引乐工入门，乐工有四人，其中二人为鼓瑟者。小臣左肩荷瑟，瑟的可以鼓的一端朝前，手指钩入瑟底的孔中，瑟弦朝内，右手搀扶乐工入门，从西阶上堂，面朝北并列而坐，以东面的位置为尊。小臣坐下，将瑟授给乐工，然后下堂。乐工们歌奏《鹿鸣》《四牡》《皇皇者华》等乐曲。

歌奏完毕，主人洗觚，上堂向乐工献酒。乐工不必起身，但要将瑟移向左侧；乐工之长拜谢主人后接过觚。主人在西阶之上拜送受觚者。于是，有司为乐工进上干肉和肉酱。主人命小臣协助乐工祭祀。乐工之长将觚中之酒饮毕，不必拜谢主人。主人接过空觚。其他乐工不必拜谢，就可以接觚；再坐下祭祀，接着将觚中之酒饮毕。每位乐工席前

都进有干肉和肉酱,都不必祭祀。主人接过乐工的空觚,下堂放入篚中。

国君又举起送爵者放置在席南的觯,准备旅酬诸位大夫。但先将觯赐给哪位大夫,或者授给宾,由国君自己决定。受赐者在西阶上依次向大夫们进酬酒,其间仪节与先前所做的一样。

旅酬完毕,吹笙者进入寝门,走到堂下,站立在所悬钟磬的中间,面朝北而立。吹奏的乐曲是《南陔》《白华》《华黍》。

主人在庭中洗觚,然后上堂,在西阶之上向吹笙者献酒。吹笙者中的一位年长者拜谢主人,走到西阶的最高一级,但不上堂;在此从主人手中接过觚,然后走下西阶;主人拜送受觚者。长者在西阶前坐下祭祀,站着将觚中之酒饮毕,不必拜谢主人,然后上堂将空觚奉还主人。其余的吹笙者不必拜谢主人就可以接觚,然后走下西阶,坐着祭祀,站着将觚中之酒饮毕。每位吹笙者席前都进有干肉和肉酱,但不必致祭。

于是堂上堂下交替歌奏乐曲:堂上鼓瑟《鱼丽》之歌,堂下则笙奏《由庚》之曲;堂上鼓瑟《南有嘉鱼》之歌,堂下则笙奏《崇丘》之曲;堂上鼓瑟《南山有台》之歌,堂下则笙奏《由仪》之曲。接着又以合乐的形式歌奏地方乐曲:《周南》中的《关雎》《葛覃》《卷耳》,《召南》中的《鹊巢》《采蘩》《采蘋》。奏毕,大师报告乐正说:"指定乐曲已演奏完毕。"于是乐正从楹柱的内侧走到东楹柱之东,报告国君乐曲已奏毕,然后下堂回到原位。

射人从阼阶之下,请国君设立司正,以便监察即将开始的燕饮的仪法,国君允准。于是射人随即命为司正。司正洗濯角觯,然后在庭中面朝南坐下,将它放在两阶之间,接着上堂,在东楹柱之东领受国君之命,然后到西阶之上,面朝北命令卿、大夫:"国君说,以我的命令让卿大夫安坐!"卿大夫都应答说:"是! 岂敢不安坐?"司正从西阶下堂,到庭中面朝南坐下取觯,接着上堂从方壶中酌酒;再下堂,面朝南坐下,放好觯,向右转身,走到觯南,面朝北而立,并稍稍端正自己的站姿,坐下,取觯后起身;坐时不必祭祀,将觯中之酒饮毕放下;再起身,向国君再拜叩首;接着向左转身,面朝南坐下取觯,洗濯后又在庭中面朝南坐下,将觯放在原处;然后从西阶上堂,走到东楹柱的东侧,请求撤去席上的俎,国君允准撤俎。司正转告宾,接着下堂。宾面朝北取俎后出门。膳宰撤去国君席上的俎,从阼阶下堂,送到东壁下。这时,卿、大夫都下堂,在西阶下、面朝东并排而立,以北面的位置为尊。宾从门外返回庭中,与卿、大夫在堂下都脱鞋,上堂入席。国君和宾以及卿、大夫都在各自席上坐下。接着,有司进上各种佐酒的肴馔。大夫祭干肉和肉酱。司正上堂请命于国君,然后对所以在场者发命:"国君说,大家尽情饮酒,一醉方休!"宾和卿、大夫都起身下席,回答说:"是! 岂敢不醉?"答毕退回原位重新坐下。

主人在庭中洗觯,接着上堂,在西阶之上向士献酒。众士之长上堂拜谢主人,并接过觯;主人拜送受觯者。众士之长坐下祭祀,站着饮酒,饮毕不必拜谢主人。其他的士,受

觯时也不必拜谢,坐着祭祀,站着饮酒。于是先为即将行事的几位士长进上肴馔。士长包括司正与射人各一人、司士一人、执幂者二人,都在觯的南侧并排而立,以东边的位置为尊。接着一一向士献酒。凡已接受过献酒的士,都站到东方,面朝西并排而立,以北端的位置为尊。于是为其他的士进肴馔。对于祝史、小臣师,则就其席位而进肴馔。主人用旅食之尊酌酒献士。众士依次序就食时不必拜谢,就可接觯,坐着祭祀,站着饮酒。

如果要举行射箭比赛的话,则由大射正担任司射,其间的仪节,与乡射礼一样。

宾下堂洗觯,接着上堂,将觯呈给国君,酒是从方壶中斟取的,然后下堂准备拜国君。国君从阼阶上走下一级台阶,小臣以国君之命劝阻宾下堂行拜礼。于是宾又上堂,对国君行再拜叩首之礼;国君以再拜之礼作答。宾在西阶上坐下祭祀,将觯中之酒饮毕,向国君再拜叩首,国君仍答以再拜之礼。宾下堂为国君洗象觯,上堂斟以膳酒,在国君席前坐下,将觯放在国君的右手前,接着下堂,准备拜国君。小臣又以君命劝阻宾下堂行拜礼。于是宾上堂完成拜礼,国君以再拜之礼作答。宾返回原位。国君坐下取宾呈送的觯,起身。国君将觯赐给他选中的人。接受国君赐觯者,要像最初接受国君酬酒的人那样行礼,接着下堂更换一觯,表示不敢与国君用同一件酒器,然后将觯洗净,上堂酌膳酒,再下堂,准备拜国君,小臣以君命劝阻,于是到堂上拜国君,国君答拜还礼。然后入席,坐着与左右的士旅酬,执觯者代为酌酒。只有从国君手中受觯者才需行拜礼。司正命令执觯者为每位进酬酒,最后一位受觯者起身用此觯向士进酬酒。最后一位受觯的大夫拿觯起身,在西阶之上向士进酬酒。士之长上堂,大夫置觯行拜礼,士答拜还礼。大夫站着将觯中之酒饮毕,不必拜谢。但要在觯中再酌上酒。士拜而受觯,大夫拜而送之。堂下的士依次序在西阶之上一一接受酬酒,每前一士受酬后,便自己酌酒,依秩序酌下一位士,直至饮事完毕。

主人在庭中洗完觚,从西阶上堂,到阼阶之上向庶子献酒,其间的仪节与向士献酒一样。全部献遍后,下堂洗觚,然后又到阼阶之上向左右正和内小臣献酒,其间仪节和向庶子献酒一样。

(此时饮酒)不再计算行爵次数,可以随意酌饮、相劝,醉而方休。两位士担任执爵者,一位执膳爵,另一位执散爵。执膳爵者斟酒后献爵于国君,国君不必拜谢就可以接爵。执散爵者斟酒后,先要进爵于国君,然后国君下令赐此爵给某人。受赐者要起身接觯,离席下堂,将觯放在地上,对国君再拜叩首。国君答拜还礼。受赐者拿觯入席就坐,等国君将觯中之酒饮毕,再开始饮。执觯者接过国君饮干的空觯,斟上酒,放回原处。受赐者起身,将空觯授给执散爵者,执散爵者斟酒之后,依次进于众宾客的席前。只有国君指定的接觯者才需要行拜礼。最后一位受觯者要起身,到西阶之上向堂下的众士进酬酒。众士之长上堂,大夫不必向他行拜礼,就可将觯中之酒饮完,然后斟上酒。众士之长

也不必向大夫行拜礼，就可以接觯。之后，大夫入席就座。众士依次进酬酒，仪节也是如此。如果国君命令撤去覆盖在酒尊上的布，则卿、大夫都要下堂，在西阶之下、面朝北并排而立，以东首之位为尊，准备对国君行再拜叩首之礼。国君命小臣劝阻（但卿、大夫仍要在堂下行再拜叩首之礼）。国君以再拜之礼作答，大夫皆回避表示不敢当。然后，卿、大夫上堂，回到各自的席位坐下。士依次进酬酒（尽兴而止），最后在西阶之上告终，仪节与当初一样。其间，歌唱与吹奏相互交替，不计次数（尽欢方止）。

入夜，由庶子拿着烛站在阼阶上，司宫拿着烛站在西阶上，甸人拿着大烛站在庭中，阍人在门外拿着大烛。宾微醉时，到席南边面朝北而坐，从席上取干肉后下堂。这时，乐工奏《陔》的乐曲。宾将所取的干肉，在门内屋檐的滴水处赐给敲钟的乐工，然后出门。卿、大大随之出门。国君不必相送。

国君宴请异国的使臣，事先要派卿、大夫作为摈者前往邀请。说："寡君备下薄酒，希望您能与他小饮片刻，特派我前来邀请。"使臣的副手回答说："敝国之君，是贵国国君的私属。贵国国君无故下请使臣，使臣岂敢前往？"摈者再次传达君命说："寡君说'薄酒而已'，让某人再次相请！"使臣的副手说："敝国之君是贵国国君的私属。贵国国君无故下请，请允许使臣再次推辞！"摈者又一次传达君命说："寡君一再说'薄酒而已'，让某人一定要请到！"使臣的副手说："某人一再推辞，但不能得到您的允许，敢不从命？"于是，使臣出来见摈者，摈者当面向使臣转达国君的邀请说："寡君派某人前来，前已备下薄酒，以此邀请您小饮片刻！"使臣回答说："贵国国君给敝国之君的恩赐已经很多，今又屈尊下赐使臣，谨拜谢国君的恩赐之命！"

《记》

燕礼，君臣都穿着朝服在路寝进行。所用的牲是狗，在路寝门外东方的灶上烹煮。

如果国君与异国使臣燕饮，则国君要在大门之内迎接使臣，相互揖让后上堂。如果以使臣为正宾，则主宾必然拘泥于礼节而无法尽欢，为此，以宾的副手为正宾，而将使臣的席位安排在阼阶之西，紧挨着主人的地方，以示亲近，面朝北；为使臣进上的肴馔中有盛着牲体的俎。使臣不必尝肺，也不必尝酒；以使臣的副手充当燕礼的正宾，坐在西阶之上正宾的位置。不为国君设专用的膳尊和膳爵。

国君与卿燕饮，则以大夫为宾，为的是让卿不劳于仪节，能与之尽欢。如果国君与大夫燕饮，也以大夫为宾。

进膳酒者与执幂者都由士担任。向卿进酒食者，由小膳宰担任。

如果以乐曲迎宾，则在宾走到中庭时，开始奏《肆夏》。

宾拜谢主人用美酒款待，主人答拜时，乐曲终止。当国君拜谢主人而接过酒爵时，再次乐奏《肆夏》；当国君将爵中的酒饮毕，主人上堂，接过空爵下堂时，乐曲终止。这时，歌手们上堂歌唱《鹿鸣》之诗，接着下堂用管乐吹奏《新宫》之诗，同时，吹笙者与管合奏《南陔》《白华》和《华黍》等三篇乐诗；紧接着堂上堂下合奏《诗经》中《周南》和《召南》的六篇乡乐之诗。如果有表演舞蹈的话，则奏《勺》的乐曲。

只有国君与宾的席上可以设俎。

主人持爵向国君献酒，说："臣谨献爵，敬候尊命。"

凡是国君要劝阻宾或他人下堂行礼时，主人要连步走上台阶，凡是连步走上台阶，一次不能跨越二级。

凡是国君酬宾，宾接过空爵，自行斟酒后，上堂拜谢，请求国君行酒于侍饮之臣。凡是进献各种佐酒的食品，都由小膳宰负责。

房内也同时进以各种佐酒的食品。

如果国君参与射箭，则应按礼仪惯例担任下射，只需褪去内衣外的红色短衣即可，当奏乐声起时再踏上射位符号。小臣用巾包着箭矢递送给国君，君射一支就接着授给一支。射箭时不一定跟随音乐的节奏。四支箭射完后，小臣从国君手中接过弓，交给弓人。（与国君合耦的）上射射箭时应从射位符号处后退一箭长的距离以示不敢与国君并列，每射出一箭，都要转身面对国君，等待他射。如果国君（因属于负方）要饮罚酒，则应像燕礼那样，先自饮，再让国君饮，接着又自饮。国君在场，大夫射箭时，则要袒露左臂。

如果国君与异国的使臣燕饮，使臣送爵时说："臣已受到国君恩赐之酒。臣请求协助执爵者行事。"国君的辅佐者回答说："您无须屈尊受苦了。"（堂上、堂下奏乐时）房中也安排有管弦之乐。

大射仪第七

【原文】

大射之仪。君有命戒射，宰戒百官有事于射者。射人戒诸公、卿、大夫射，司士戒士射与赞者。

前射三日，宰夫戒宰及司马、射人宿视涤。司马命量人量侯道与所设乏以狸步，大侯九十，参七十，干五十，设乏各去其侯西十、北十。遂命量人、巾车张三侯。大侯之崇，见鹄于参；参见鹄于干，干不及地武，不系左下纲。设乏西十、北十，凡乏用革。

乐人宿县于阼阶东，笙磬西面，其南笙钟，其南鑮，皆南陈。建鼓在阼阶西，南鼓，应鼙在其东，南鼓。西阶之西，颂磬东面，其南钟，其南镈，皆南陈。一建鼓在其南，东鼓，朔鼙在其北。一建鼓在西阶之东，南面。簜在建鼓之间，鼗倚于颂磬西纮。

厥明，司宫尊于东楹之西，两方壶，膳尊两瓶在南。有丰。幂用锡若絺，缀诸箭。盖幂加勺，又反之。皆玄尊。酒在北。尊士旅食于西镈之南，北面，两圆壶。又尊于大侯之乏东北，两壶献酒。设洗于阼阶东南，罍水在东，篚在洗西，南陈。设膳篚在其北，西面。又设洗于获者之尊西北，水在洗北。篚在南，东陈。小臣设公席于阼阶上，西乡。司宫设宾席于户西，南面，有加席。卿席宾东，东上。小卿宾西，东上。大夫继而东上，若有东面者，则北上。席工于西阶之东，东上。诸公阼阶西，北面，东上。官馔。羹定。

射人告具于公，公升，即位于席，西乡。小臣师纳诸公、卿、大夫，诸公、卿、大夫皆入门右，北面东上。士西方，东面北上。大史在于侯之东北，北面东上。士旅食者在士南，北面东上。小臣师从者在东堂下，南面西上。公降，立于阼阶之东南，南乡。小臣师诏揖诸公、卿大夫，诸公、卿大夫西面北上。揖大夫，大夫皆少进。大射正摈。摈者请宾，公曰："命某为宾。"摈者命宾，宾少进，礼辞。反命，又命之。宾再拜稽首，受命。摈者反命。宾出，立于门外，北面。公揖卿、大夫，升就席。小臣自阼阶下北面，请执幂者与羞膳者。乃命执幂者。执幂者升自西阶，立于尊南，北面东上。膳宰请羞于诸公卿者。摈者纳宾，宾及庭，公降一等揖宾，宾辟，公升，即席。奏《肆夏》，宾升自西阶。主人从之，宾右北面，至再拜。宾答再拜。主人降洗，洗南，西北面。宾降阶西，东面。主人辞降，宾对。主人北面盥，坐取觚，洗。宾少进，辞洗。主人坐奠觚于篚，兴对。宾反位。主人卒洗。宾揖，升。主人升，宾拜洗。主人宾右奠觚答拜，降盥。宾降，主人辞降，宾对。卒盥。宾揖升。主人升，坐取觚。执幂者举幂，主人酌膳，执幂者盖幂。酌者加勺，又反之。筵前献宾。宾西阶上拜，受爵于筵前，反位。主人宾右拜送爵。宰胥荐脯醢。宾升筵。庶子设折俎。宾坐，左执觚，右祭脯醢，奠爵于荐右；兴取肺，坐绝祭，哜之；兴加于俎，坐捝手，执爵，遂祭酒，兴，席末坐啐酒，降席，坐奠爵，拜，告旨，执爵兴。主人答拜。乐阕。宾西阶上北面坐，卒爵，兴；坐奠爵，拜，执爵兴。主人答拜。

宾以虚爵降。主人降。宾洗南西北面坐奠觚，少进，辞降。主人西阶西东面少进对。宾坐取觚，奠于篚下，盥洗。主人辞洗。宾坐奠觚于篚，兴对，卒洗，及阶，揖升。主人升，拜洗如宾礼。宾降盥，主人降。宾辞降，卒盥，揖升。酌膳、执幂如初，以酢主人于西阶上。主人北面拜受爵。宾主人之左拜送爵。主人坐祭，不啐酒，不拜酒，遂卒爵，兴，坐奠爵，拜，执爵兴。宾答拜。主人不崇酒，以虚爵降，奠于篚。宾降，立于西阶西，东面。摈者以命升宾。宾升，立于西序，东面。

主人盥，洗象觚，升酌膳，东北面献于公。公拜受爵，乃奏《肆夏》。主人降自西阶，阼阶下北面拜送爵。宰胥荐脯醢，由左房。庶子设折俎，升自西阶。公祭，如宾礼，庶子赞授肺。不拜酒，立卒爵，坐奠爵，拜，执爵兴。主人答拜，乐阕。升受爵，降奠于篚。

更爵，洗，升，酌散以降；酢于阼阶下，北面坐奠爵，再拜稽首。公答拜。主人坐祭，遂卒爵，兴，坐奠爵，再拜稽首。公答拜。主人奠爵于篚。

主人盥洗，升媵觚于宾，酌散，西阶上坐奠爵，拜。宾西阶上北面答拜。主人坐祭，遂饮。宾辞。卒爵兴，坐奠爵，拜，执爵兴。宾答拜。主人降洗，宾降。主人辞降，宾辞洗。卒洗。宾揖升，不拜洗。主人酌膳。宾西阶上拜，受爵于筵前，反位。主人拜送爵。宾升席，坐祭酒，遂奠于荐东。主人降，复位。宾降筵西，东南面立。

小臣自阼阶下请媵爵者，公命长。小臣作下大夫二人媵爵。媵爵者阼阶下皆北面再拜稽首。公答拜。媵爵者立于洗南，西面北上，序进，盥洗角觯，升自西阶，序进，酌散，交于楹北，降，适阼阶下，皆奠觯，再拜稽首，执觯兴。公答拜。媵爵者皆坐祭，遂卒觯，兴，坐奠觯，再拜稽首，执觯兴。公答再拜。媵爵者执觯待于洗南。小臣请致者。若命皆致，则序进，奠觯于篚，阼阶下皆北面再拜稽首。公答拜。媵爵者洗象觯，升实之；序进，坐奠于荐南，北上；降，适阼阶下，皆再拜稽首送觯。公答拜。媵爵者皆退反位。

公坐取大夫所媵觯，兴以酬宾。宾降，西阶下再拜稽首。小臣正辞，宾升成拜。公坐奠觯，答拜，执觯兴。公卒觯，宾下拜，小臣正辞。宾升，再拜稽首。公坐奠觯，答拜，执觯兴。宾进，受虚觯，降，奠于篚，易觯，兴洗，公有命，则不易不洗。反升酌膳，下拜。小臣正辞。宾升，再拜稽首。公答拜。宾告于摈者，请旅诸臣。摈者告于公，公许。宾以旅大夫于西阶上。摈者作大夫长升受旅。宾大夫之右坐奠觯，拜，执觯兴。大夫答拜。宾坐祭，立卒觯，不拜。若膳觯也，则降、更觯，洗，升实散。大夫拜受。宾拜送，遂就席。大夫辩受酬，如受宾酬之礼，不祭酒。卒受者以虚觯降，奠于篚，复位。

主人洗觚，升实散，献卿于西阶上。司宫兼卷重席，设于宾左，东上。卿升，拜受觚。主人拜送觚。卿辞重席，司宫彻之。乃荐脯醢。卿升席。庶子设折俎。卿坐，左执爵，右祭脯醢，奠爵于荐右，兴，取肺，坐，绝祭，不哜肺，兴，加于俎，坐捝手，取爵，遂祭酒，执爵兴，降席，西阶上北面坐卒爵，兴，坐奠爵，拜，执爵兴。主人答拜，受爵。卿降，复位。辩献卿。主人以虚爵降，奠于篚。摈者升卿，卿皆升，就席。若有诸公，则先卿献之，如献卿之礼，席于阼阶西，北面东上，无加席。

小臣又请媵爵者，二大夫媵爵如初。请致者。若命长致，则媵爵者奠觯于篚，一人待于洗南，长致者阼阶下再拜稽首，公答拜。洗象觯，升实之，坐奠于荐南，降，与立于洗南者二人皆再拜稽首送觯。公答拜。

公又行一爵，若宾，若长，唯公所赐。以旅于西阶上，如初。大夫卒受者以虚觯降，奠于篚。

主人洗觚，升，献大夫于西阶上。大夫升，拜受觚。主人拜送觚。大夫坐祭，立卒爵，不拜既爵。主人受爵。大夫降复位。胥荐主人于洗北，西面。脯醢，无胥。辩献大夫，遂荐之，继宾以西，东上，若有东面者，则北上。卒，摈者升大夫。大夫皆升，就席。

乃席工于西阶上，少东。小臣纳工，工六人，四瑟。仆人正徒相大师，仆人师相少师，仆人士相上工。相者皆左何瑟，后首，内弦，挎越，右手相。后者徒相入。小乐正从之。升自西阶，北面东上。坐授瑟，乃降。小乐正立于西阶东。乃歌《鹿鸣》三终。主人洗，升实爵，献工。工不兴，左瑟；一人拜受爵。主人西阶上拜送爵。荐脯醢。使人相祭。卒爵，不拜。主人受虚爵。众工不拜，受爵，坐祭，遂卒爵。辩有脯醢，不祭。主人受爵，降奠于篚，复位。大师及少师、上工皆降，立于鼓北，群工陪于后。乃管《新宫》三终。卒管。大师及少师、上工皆东坫之东南，西面北上，坐。

摈者自阼阶下请立司正。公许，摈者遂为司正。司正适洗，洗角觯，南面坐奠于中庭，升，东楹之东受命于公，西阶上北面命宾、诸公、卿、大夫。公曰："以我安！"宾、诸公、卿、大夫皆对曰："诺！敢不安？"司正降自西阶，南面坐取觯，升，酌散，降，南面坐奠觯，兴，右还，北面少立，坐取觯，兴，坐，不祭，卒觯，奠之，兴，再拜稽首，左还，南面坐取觯，洗，南面反奠于其所，北面立。

司射适次，袒决遂，执弓，挟乘矢，于弓外见镞于弣，右巨指钩弦。自阼阶前曰："为政请射。"遂告曰："大夫与大夫，士御于大夫。"遂适西阶前，东面右顾，命有司纳射器，射器皆入。君之弓矢适东堂。宾之弓矢与中、筹、丰，皆止于西堂下。众弓矢不挟。总众弓矢、楅，皆适次而俟。工人、士与梓人升自北阶，两楹之间。疏数容弓，若丹，若墨，度尺而午。射正莅之。卒画，自北阶下。司宫扫所画物，自北阶下。大史俟于所设中之西，东面以听政。司射西面誓之曰："公射大侯，大夫射参，士射干。射者非其侯，中之不获！卑者与尊者为耦，不异侯！"大史许诺。遂比三耦。三耦俟于次北，西面北上。司射命上射，曰："某御于子。"命下射，曰："子与某子射。"卒，遂命三耦取弓矢于次。

司射入于次，搢三挟一个，出于次，西面揖，当阶北面揖，及阶揖，升堂揖，当物北面揖，及物揖，由下物少退，诱射。射三侯，将乘矢，始射干，又射参，大侯再发。卒射，北面揖。及阶，揖降，如升射之仪。遂适堂西，改取一个挟之。遂取扑搢之，以立于所设中之西南，东面。

司马师命负侯者："执旌以负侯。"负侯者皆适侯，执旌负侯而俟。司射适次，作上耦射。司射反位。上耦出次，西面揖进。上射在左，并行。当阶北面揖，及阶揖。上射先升三等，下射从之，中等。上射升堂，少左。下射升，上射揖，并行。皆当其物北面揖，及物揖。皆左足履物，还，视侯中，合足而俟。司马正适次，袒决遂，执弓，右挟之，出，升自西阶，适下物，立于物间，左执弣，右执箫，南扬弓，命去侯。负侯皆许诺，以宫趋，直西，及乏南，又诺以商，至乏，声止，授获者，退立于西方。获者兴，共而俟。司马正出于下射之南，还其后，降自西阶，遂适次，释弓，说决拾，袭，反位。司射进，与司马正交于阶前，相左，由堂下西阶之东北面视上射，命曰："毋射获！毋猎获！"上射揖。司射退，反位。乃射，上射

既发，挟矢，而后下射射，拾发以将乘矢。获者坐而获，举旌以宫，偃旌以商，获而未释获。卒射，右挟之，北面揖，揖如升射。上射降三等，下射少右，从之，中等；并行，上射于左。与升射者相左，交于阶前，相揖。适次，释弓，说决拾，袭，反位。三耦卒射亦如之。司射去扑，倚于阶西，适阼阶下，北面告于公，曰："三耦卒射。"反，搢扑，反位。

司马正袒、决、遂，执弓，右挟之，出；与司射交于阶前，相左。升自西阶，自右物之后，立于物间；西南面，揖弓，命取矢。负侯许诺，如初去侯，皆执旌以负其侯而俟。司马正降自西阶，北面命设楅。小臣师设楅。司马正东面，以弓为毕。既设楅，司马正适次，释弓，说决拾，袭，反位。小臣坐委矢于楅，北括；司马师坐乘之，卒。若矢不备，则司马正又袒执弓，升，命取矢如初，曰："取矢不索！"乃复求矢，加于楅。卒，司马正进坐，左右抚之，兴，反位。

司射适西阶西，倚扑；升自西阶，东面请射于公。公许。遂适西阶上，命宾御于公，诸公、卿则以耦告于上，大夫则降，即位而后告。司射自西阶上，北面告于大夫，曰："请降！"司射先降，搢扑，反位。大夫从之降，适次，立于三耦之南，西面北上。司射东面于大夫之西，比耦。大夫与大夫，命上射曰："某御于子。"命下射曰："子与某子射。"卒，遂比众耦。众耦立于大夫之南，西面北上。若有士与大夫为耦，则以大夫之耦为上，命大夫之耦曰："子与某子射。"告于大夫曰："某御于子。"命众耦，如命三耦之辞。诸公、卿皆未降。

遂命三耦各与其耦拾取矢，皆袒、决、遂，执弓，右挟之。一耦出，西面揖，当楅北面揖，及楅揖。上射东面，下射西面。上射揖进，坐横弓，却手自弓下取一个，兼诸弣，兴，顺羽且左还，毋周，反面揖。下射进，坐横弓，覆手自弓上取一个，兼诸弣，兴；顺羽且左还，毋周，反面揖。既拾取矢，梱之。兼挟乘矢，皆内还，南面揖；适楅南，皆左还，北面揖；搢三挟一个。揖，以耦左还，上射于左。退者与进者相左，相揖。退释弓矢于次，说决拾，袭，反位。二耦拾取矢，亦如之。后者遂取诱射之矢，兼乘矢而取之，以授有司于次中。皆袭，反位。

司射作射如初。一耦揖、升如初。司马命去侯，负侯许诺如初。司马降，释弓，反位。司射犹挟一个，去扑；与司马交于阶前，适阼阶下，北面请释获于公；公许，反，搢扑；遂命释获者设中；以弓为毕，北面。大史释获。小臣师执中，先首，坐设之；东面，退。大史实八算于中，横委其余于中西，兴，共而俟。司射西面命曰："中离维纲，扬触，梱复，公则释获，众则不与！唯公所中，中三侯皆获。"释获者命小史，小史命获者。司射遂进由堂下，北面视上射，命曰："不贯不释！"上射揖。司射退，反位。释获者坐取中之八算，改实八算，兴，执而俟。乃射。若中，则释获者每一个释一算，上射于右，下射于左。若有余算，则反委之。又取中之八算，改实八算于中。兴，执而俟。三耦卒射。

宾降，取弓矢于堂西。诸公、卿则适次，继三耦以南。公将射，则司马师命负侯，皆执

其旌以负其侯而俟，司马师反位。隶仆人扫侯道。司射去扑，适阼阶下，告射于公，公许，适西阶东告于宾，遂搢扑，反位。小射正一人，取公之决拾于东坫上，一小射正授弓拂弓，皆以俟于东堂。公将射，则宾降，适堂西，袒决遂，执弓，搢三挟一个，升自西阶，先待于物北，一北，东面立。司马升，命去侯如初，还右，乃降，释弓，反位。公就物，小射正奉决拾以笥，大射正执弓，皆以从于物。小射正坐奠笥于物南，遂拂以巾，取决，兴，赞设决、朱极三。小臣正赞袒，公袒朱襦，卒袒，小臣正退俟于东堂。小射正又坐取拾，兴。赞设拾，以笥退奠于坫上，复位。大射正执弓，以袂顺左右隈，上再下壹，左执弣，右执箫，以授公。公亲揉之。小臣师以巾内拂矢，而授矢于公，稍属。大射正立于公后，以矢行告于公。下曰留，上曰扬，左右曰方。公既发，大射正受弓而俟，拾发以将乘矢。公卒射，小臣师以巾退，反位，大射正受弓，小射正以笥受决拾，退奠于坫上，复位。大射正退，反司正之位。小臣正赞袭。公还而后宾降，释弓于堂西，反位于阶西东面。公即席，司正以命升宾。宾升复筵而后卿大夫继射。

诸公、卿取弓矢于次中，袒决遂，执弓，搢三挟一个，出，西面揖，揖如三耦，升射、卒射、降如三耦，适次，释弓，说决拾，袭，反位。众皆继射，释获皆如初。卒射，释获者遂以所执余获，适阼阶下，北面告于公，曰："左右卒射。"反位，坐委余获于中西，兴，共而俟。

司马袒执弓，升，命取矢如初。负侯许诺，以旌负侯如初。司马降，释弓如初。小臣委矢于楅，如初。宾、诸公、卿、大夫之矢皆异束之以茅，卒，正坐左右抚之，进束，反位。宾之矢，则以授矢人于西堂下。司马释弓，反位，而后卿、大夫升就席。

司射适阶西，释弓，去扑，袭；进由中东，立于中南，北面视筭。释获者东面于中西坐，先数右获。二筭为纯，一纯以取，实于左手。十纯则缩而委之，每委异之。有余纯，则横诸下。一算为奇，奇则又缩诸纯下。兴，自前适左，东面坐，坐，兼敛算，实于左手，一纯以委，十则异之，其余如右获。司射复位。释获者遂进取贤获，执之，由阼阶下，北面告于公。若右胜，则曰右贤于左。若左胜，则曰左贤于右。以纯数告；若有奇者，亦曰奇。若左右钧，则左右各执一算以告，曰左右钧。还复位，坐，兼敛算，实八算于中，委其余于中西，兴，共而俟。

司设命设丰。司官士奉丰，由西阶升，北面坐设于西楹西，降复位。胜者之弟子洗觯，升酌散，南面坐奠于丰上，降反位。司射遂袒执弓，挟一个，搢扑，东面于三耦之西，命三耦及众射者："胜者皆袒决遂，执张弓。不胜者皆袭，说决拾，却左手，右加弛弓于其上，遂以执弣。"司射先反位。三耦及众射者皆升饮射爵于西阶上。小射正作升饮射爵者，如作射。一耦出，揖如升射，及阶，胜者先升，升堂少右。不胜者进，北面坐取丰上之觯，兴；少退，立卒觯，进；坐奠于丰下，兴，揖。不胜者先降，与升饮者相左，交于阶前，相揖；适次，释弓，袭，反位。仆人师继酌射爵，取觯实之，反奠于丰上，退俟于序端。升饮者如初。

三耦卒饮。若宾、诸公、卿、大夫不胜,则不降,不执弓,耦不升。仆人师洗,升实觯以授;宾、诸公、卿、大夫受觯于席,以降,适西阶上,北面立饮,卒觯,授执爵者,反就席。若饮公,则侍射者降,洗角觯,升酌散,降拜;公降一等,小臣正辞,宾升、再拜稽首,公答再拜;宾坐祭,卒爵,再拜稽首,公答再拜;宾降,洗象觯,升酌膳以致,下拜,小臣正辞,升、再拜稽首,公答再拜;公卒觯,宾进受觯,降洗散觯,升实散,下拜,小臣正辞,升、再拜稽首,公答再拜;宾坐,不祭,卒觯,降奠于篚,阶西东面立。摈者以命升宾,宾升就席。若诸公、卿、大夫之耦不胜,则亦执弛弓,特升饮。众皆继饮射爵,如三耦。射爵辩,乃彻丰与觯。

司宫尊侯于服不之东北,两献酒,东面南上,皆加勺,设洗于尊西北,篚在南,东肆,实一散于篚。司马正洗散,遂实爵,献服不。服不侯西北三步北面拜,受爵。司马正西面拜送爵,反位。宰夫有司荐,庶子设折俎。卒错,获者适右个,荐俎从之。获者左执爵,右祭荐俎,二手祭酒;适左个,祭如右个,中亦如之。卒祭,左个之西北三步东面,设荐俎,立卒爵。司马师受虚爵,洗,献隶仆人与巾车、获者,皆如大侯之礼。卒,司马师受虚爵,奠于篚。获者皆执其荐,庶子执俎从之,设于乏少南。服不复负侯而俟。

司射适阶西,去扑,适堂西,释弓,说决拾,袭,适洗,洗觚,升,实之,降,献释获者于其位,少南。荐脯醢、折俎,皆有祭。释获者荐右东面拜受爵。司射北面拜送爵。释获者就其荐坐,左执爵,右祭脯醢,兴取肺,坐祭,遂祭酒;兴,司射之西,北面立卒爵,不拜既爵。司射受虚爵,奠于篚。释获者少西辟荐,反位。司射适堂西,袒决遂,取弓,挟一个,适阶西,搢扑以反位。

司射倚扑于阶西,适阼阶下,北面请射于公,如初。反搢扑,适次,命三耦皆袒决遂,执弓,序出取矢。司射先反位。三耦拾取矢如初,小射正作取矢如初。三耦既拾取矢,诸公、卿、大夫皆降如初位,与耦入于次,皆袒决遂,执弓,皆进当福,进坐,说矢束。上射东面,下射西面,拾取矢如三耦。若士与大夫为耦,士东面,大夫西面。大夫进坐,说矢束,退反位。耦揖进坐,兼取乘矢,兴,顺羽,且左还,毋周,反面揖。大夫进坐,亦兼取乘矢,如其耦;北面搢三挟一个,揖进。大夫与其耦皆适次,释弓,说决拾,袭,反位。诸公、卿升就席。众射者继拾取矢,皆如三耦,遂入于次,释弓矢,说决拾,袭,反位。

司射犹挟一个以作射,如初。一耦揖升如初。司马升,命去侯,负侯许诺。司马降,释弓反位。司射与司马交于阶前,倚扑于阶西,适阼阶下,北面请以乐于公。公许。司射反,搢扑,东面命乐正曰:"命用乐!"乐正曰:"诺。"司射遂适堂下,北面视上射,命曰:"不鼓不释!"上射揖。司射退反位。乐正命大师,曰:"奏《狸首》,间若一!"大师不兴,许诺。乐正反位。奏《狸首》以射,三耦卒射。宾待于物如初。公乐作而后就物,稍属,不以乐志。其他如初仪,卒射如初。宾就席。诸公、卿、大夫、众射者皆继射,释获如初。卒射,降反位。释获者执余获进告:"左右卒射。"如初。

司马升，命取矢，负侯许诺。司马降，释弓反位。小臣委矢，司马师乘之，皆如初。司射释弓、视算，如初。释获者以贤获与钧告，如初。复位。

司射命设丰、实觯，如初。遂命胜者执张弓，不胜者执弛弓，升、饮如初。卒，退丰与觯，如初。

司射犹袒决遂，左执弓，右执一个，兼诸弦，面镞，适次，命拾取矢，如初。司射反位。三耦及诸公、卿、大夫、众射者，皆袒决遂以拾取矢，如初，矢不挟，兼诸弦，面镞；退适次，皆授有司弓矢，袭，反位。卿、大夫升就席。

司射适次，释弓，说决拾，去扑，袭，反位。司马正命退楅解纲。小臣师退楅，巾车、量人解左下纲。司马师命获者以旌与荐俎退。司射命释获者退中与算而俟。

公又举奠觯，唯公所赐。若宾，若长，以旅于西阶上，如初。大夫卒受者以虚觯降，奠于篚，反位。

司正升自西阶，东楹之东，北面告于公，请彻俎，公许。遂适西阶上，北面告于宾。宾北面取俎以出。诸公、卿取俎如宾礼，遂出，授从者于门外。大夫降复位。庶子正彻公俎，降自阼阶以东。宾、诸公、卿皆入门，东面北上。司正升宾。宾、诸公、卿、大夫皆说屦，升就席。公以宾及卿、大夫皆坐，乃安，羞庶羞。大夫祭荐。司正升受命，皆命公曰："众无不醉！"宾及诸公、卿、大夫皆兴，对曰："诺！敢不醉？"皆反位坐。

主人洗、酌，献士于西阶上。士长升，拜受觯，主人拜送。士坐祭，立饮，不拜既爵。其他不拜，坐祭，立饮。乃荐司正与射人于觯南，北面东上，司正为上。辩献士。士既献者立于东方，西面北上。乃荐士。祝史、小臣师亦就其位而荐之。主人就士旅食之尊而献之。旅食不拜，受爵，坐祭，立饮。主人执虚爵，奠于篚，复位。

宾降洗，升，媵觯于公，酌散，下拜。公降一等，小臣正辞。宾升再拜稽首，公答再拜。宾坐祭，卒爵，再拜稽首。公答再拜。宾降，洗象觚，升酌膳，坐奠于荐南，降拜。小臣正辞。宾升成拜，公答拜。宾反位。公坐取宾所媵觯，兴。唯公所赐。受者如初受酬之礼。降，更爵，洗；升酌膳；下，再拜稽首。小臣正辞，升成拜。公答拜。乃就席，坐行之，有执爵者。唯受于公者拜。司正命"执爵者爵辩，卒受者兴以酬士。"大夫卒受者以爵兴，西阶上酬士。士升，大夫奠爵拜，士答拜。大夫立卒爵，不拜，实之。士拜受，大夫拜送。士旅于西阶上，辩。士旅酌。

若命曰："复射！"则不献庶子。司射命射，唯欲。卿、大夫皆降，再拜稽首。公答拜。壹发，中三侯皆获。

主人洗，升自西阶，献庶子于阼阶上，如献士之礼。辩献。降洗，遂献左右正与内小臣，皆于阼阶上，如献庶子之礼。

无算爵。士也，有执膳爵者，有执散爵者。执膳爵者酌以进公；公不拜，受。执散爵

者酌以之公,命所赐。所赐者兴受爵,降席下,奠爵,再拜稽首;公答再拜。受赐爵者以爵就席坐,公卒爵,然后饮。执膳爵者受公爵,酌,反奠之。受赐者兴,授执散爵者。执散爵者乃酌行之。唯受于公者拜。卒爵者兴以酬士于西阶上。士升。大夫不拜乃饮,实爵;士不拜,受爵。大夫就席。士旅酌,亦如之。公有命彻幂,则宾及诸公、卿、大夫皆降,西阶下北面东上,再拜稽首。公命小臣正辞,公答拜。大夫皆辟。升,反位。士旅于上,如初。无算乐。

宵,则庶子执烛于阼阶上,司宫执烛于西阶上,甸人执大烛于庭,阍人为烛于门外。宾醉,北面坐取其荐脯以降。奏《陔》。宾所执脯,以赐钟人于门内霤,遂出。卿、大夫皆出,公不送。公入,《骜》。

【译文】

大射之仪。(诸侯即将进行祭祀、朝觐、盟会等活动,需要通过大射的仪式来选择参与其礼的人员)国君命令有司宣告即将举行射箭比赛。于是,先由宰告知百官中应该参与射事有关的人。又由射人告知公、卿和大夫准备参加射箭比赛。司士则告知参加射箭的士和执事的士。

举行大射前的第三天,宰夫再次告诫宰和司马、射人说:“大射前一天检查清扫射宫和洗涤器皿的情况。”司马命令量人用“狸步(长六尺)”测量堂到箭靶的距离,以及到报靶者藏身用的“乏”的距离,诸侯的箭靶“大侯”距离堂九十狸步,大夫的箭靶“参”距离堂七十狸步,士的箭靶“干”距离堂五十狸步;乏设立的位置,分别在每一箭靶以西十狸步,再向北十狸步。接着命令量人和巾车张设上述三种箭靶,其高度是:诸侯箭靶的靶心,要高于大夫的箭靶;大夫箭靶的靶心要高于士的箭靶,箭靶下端的绳索距离地面为一尺二寸。箭靶左下方的绳索可以先不拴上。乏设在箭靶之西十狸步、再向北十狸步的地方。凡是乏都用皮革制作的。

举行大射前的一天,乐人在阼阶的东边悬架乐器:笙磬设在东侧,面朝西;笙磬之南是笙钟,再往南是钟,都是由北向南陈设。建鼓陈设在阼阶之西,鼓面朝南;应鼙在建鼓东边,鼓面也朝南。颂磬陈设在西阶的西边,面朝东,往南是颂钟,再往南是镈钟,也都由北向南陈列。另外又有一个建鼓在钟的南侧,但鼓面朝东。它的北面则是朔鼙。建鼓设在西阶的东边,鼓面朝南。称为“簜”的管乐器陈放在这两个建鼓之间。有柄的小鼓“鼗”倚靠在颂磬的架子上,小鼓一侧悬耳上的绳子朝西。

举行大射礼的那天天亮的时候,司宫在东楹柱的西侧陈设两把方壶(供百官诸臣用);国君专用的膳尊两瓶,在方壶之南。下面都有名叫“丰”的托盘。覆盖在瓶上的织物(根据季节而定),或用细布,或用细葛布,上面都缀饰有小竹条。织物覆盖在器物上,上面再放勺,然后将织物的两端向上翻折,遮住勺。两方壶和两瓶的中间都有一个玄酒之

尊。酒在其北侧。士众饮用的酒陈设在西南的镈钟之南，面朝北，是两把圆壶。又在国君箭靶旁“乏”的东北陈放酒尊，是两壶特别滤过的沙酒。洗陈设在阼阶东南，盛水的罍在洗的东侧，盛饮酒器用的小竹箱“篚”在洗的西南，首北尾南。盛国君饮酒器的篚在它的北侧，朝西。又在报靶者的酒樽的西北陈放一个洗，盥洗用的水在其北，篚又在其南，都是首北尾南。小臣在阼阶上为国君设席，席面朝西。司宫在室户之西为宾设席，席面朝南，上有一层加席。卿的席位在宾的东侧，由西向东排列，以东首为尊。卿的副手的席位在宾的西侧，由西向东排列，以东首为尊。大夫的席位接着卿副手的席位向西排列，以东首为尊，如果排不下，则折而向南排列，席位的方向朝东，而以北首为尊。接着在西阶之东的堂廉上为乐工铺席，由西向东排列，以东首为尊。诸公的席位在阼阶之西的堂廉上，面朝北，(由东向西排列)以东首为尊。有司为百官诸臣进上肴馔。此时，狗肉羹已经煮熟。

射人禀告国君，宴饮所需的器具已陈设完毕。于是，国君上堂，就位入席，面朝西。小臣引导诸公、卿、大夫入射宫。诸公、卿、大夫都从门的右侧进入，再右行，在干侯的东北边面朝北而立，自东向西排列，以东首为尊。士站在庭的西侧，面朝东，从北向南排列，以北方为尊。大史站在士的干侯的东北边，面朝北，自东向西排列，以东首为尊。庶人在官者站在士的南边，面朝北，自东向西排列，以东首为尊。小臣师及其随从站在东堂之下，面朝南，自西向东排列，以西首为尊。于是，国君走下堂，在阼阶的东南面朝南而立。小臣师向诸公和卿行拜礼，告诉他们上前稍靠近国君，诸公、卿便转而面朝西，自北向南排列，以靠近国君的北首为尊；小臣师又向大夫行拜礼，大夫也都稍稍上前靠近国君。接着，国君命令大射正兼任摈者。摈者请问国君宾的人选，国君说：“命某人为宾。”于是，摈者向被命为宾者转达国君之命，宾便稍稍上前，以自己德疏才浅为由而谦辞。摈者转身向国君复命，国君重申前命。于是宾向国君行再拜叩首之礼，接受任命。摈者向国君复命。接着，宾出门，在大门外面朝北而立，等待国君以宾礼正式邀请。国君向卿、大夫拱手行礼后，上堂入席。小臣在阼阶之下面朝北，请问国君执幂者与羞膳者的人选。于是，国君任命执幂者。执幂者从西阶上堂，站在酒樽的南边，面朝北，以东首为尊。膳宰向国君请问为列位公卿进膳者的人选。于是，摈者导引宾入射宫，宾走到庭中时，国君从堂上走下一级阼阶，向宾拱手行礼，宾退避表示不敢当，国君转身上堂，入席。

此时，乐工们奏《肆夏》的乐曲。宾从西阶上堂。主人也随着从西阶上堂，在宾的右侧面朝北而立，向宾行再拜之礼。宾以再拜之礼作答。主人下堂准备洗觚，走到庭中后站在洗的南方，面朝西北。宾随着下堂，表示不敢安居于堂，在西阶的西边，面朝东而立。主人辞谢宾下堂，宾谦辞作答。主人面朝北洗手，接着坐下，从篚中取出觚。宾稍稍上前，劝阻主人亲劳洗觚。主人又坐下，将觚放入篚中，起身作答。宾退回原位。主人洗觚

完毕，宾向他拱手行礼，然后上堂。主人上堂后，宾再次拜谢主人亲为洗濯。主人在宾的右侧放下觚，答拜还礼，接着又下堂洗手。宾随着下堂，主人辞谢，宾谦辞作答。主人洗完手，宾向他拱手行礼，然后上堂。主人随着上堂，接着坐下，从篚中取出已洗净的觚。执幂者将覆盖在膳尊上的布撤去，主人斟酒后，执幂者又将布盖上。斟酒者将勺放在布上，再将布从两端向上翻折，盖上勺。主人在宾的席前向宾献酒。宾先在西阶之上拜谢。再走到席前接爵，然后回到西阶之上的原位。主人在宾的右侧拜送受爵者。此时，宰胥将干肉和肉酱送到宾的席上。于是宾入席。庶子又摆上盛有节解过的牲体的俎。宾坐下，左手拿觚，右手用干肉和肉酱祭祀，祭毕，将觚放在干肉和肉酱右边；又起身取祭肺，再坐下，将肺的下端扯断，尝一口，然后起身将它放在俎上，坐下擦手，又拿觚祭酒，再起身，走到席的末端处坐下尝一口酒，然后离席，坐下放好觚，拜谢主人，称赞酒的甘美，又拿爵起身。主人答拜还礼。此时乐曲终止。宾在西阶上面朝北坐下，将觚之酒饮毕起身，再坐下放好觚，拜谢主人，再拿爵起身。主人答拜还礼。

宾拿空觚下堂。主人也随着下堂。宾到洗的南方，面朝西北坐下放好觚，起身稍稍走上前，辞谢主人下堂。主人在西阶的西面朝东，稍稍上前作答。宾坐下取觚，放在篚之南，接着洗手，准备为主人洗觚。主人辞谢宾。宾又坐下，将觚放入篚中，再起身谦辞作答，然后将觚洗濯干净；宾主走到阶前，宾向主人拱手行礼后上堂。主人随着上堂，拜谢宾亲为洗觚，其间仪节与方才宾拜谢主人时一样。于是，宾又下堂洗手，准备为主人酌酒，主人随着下堂。宾辞谢主人下堂，洗手完毕，宾向主人拱手行礼后上堂。其后酌膳酒、执幂者撤幂、覆幂等仪节与此前所做的一样。宾拿觚在西阶上向主人酢酒。主人面朝北拜谢后受觚。宾走到主人的左侧，面朝北拜而送之。主人坐着祭酒，祭毕不用尝酒，也不必拜谢宾的敬酒，就可以将觚中之酒饮毕，然后起身；接着又坐下放好爵，拜谢主人，再拿爵起身。宾答拜还礼。主人不必感谢宾不嫌弃自己的薄酒，拿空觚下堂，放入庭中的篚内。接着，宾下堂，站在西阶的西边，面朝东而立。摈者奉命导引宾上堂。宾上堂后站在堂的西序前，面朝东。

主人下堂洗手，接着洗濯象觚，又上堂酌膳酒，面朝东北献给国君。国君拜谢后接过象觚，此时乐工奏《肆夏》的乐曲。主人从西阶下堂，走到阼阶前，面朝北拜而送之。于是，宰胥在国君席前进献干肉和肉酱，都从左房端出来。庶子摆上盛有折断的牲体的俎，从西阶端上堂。国君祭酒等等的礼节与宾一样，只是由庶子协助递上祭肺。国君不必拜谢主人敬酒，站着将象觚之酒饮毕，然后坐下，放好象觚，拜谢主人，再拿象觚起身。主人在阼阶下答拜还礼。此时乐曲终止。于是，主人上堂，接过饮空的象觚，下堂放入篚中。

主人在堂下另取一只觚洗，洗净后上堂，从膳尊中斟酒，然后下堂，在阼阶之下自酢，再面朝北坐下，放好爵，向国君再拜叩首。国君答拜还礼。主人坐下祭祀，接着将觚中的

酒饮毕,起身;然后又坐下放好爵,向国君再拜叩首。国君答拜还礼。主人将空觚放入篚中。

主人下堂洗手、洗觚,然后上堂,向宾进送酬酒。酒是从方壶中斟的,接着在西阶上坐下,放好觚,向宾行拜礼。宾在西阶的上面朝北答拜还礼。主人代替国君坐下祭酒,接着又饮酒。宾不敢当此大礼而推辞。主人将觚中之酒饮毕起身,又坐下放好觚,拜宾,然后拿觚起身。宾答拜还礼。主人又下堂洗觚,宾也随着下堂。主人辞谢宾的下堂,宾辞谢主人亲为洗觚。主人洗毕,宾向他拱手行礼,然后上堂,不必再次拜谢主人亲为洗觚。主人在觚中斟以膳尊之酒。宾在西阶上拜谢,并在席前接过觚,回到自己的席位,主人拜送受爵者。宾入席,然后坐下祭酒,祭毕,将觚放在席前干肉和肉酱的东侧。主人下堂回到原位。宾离席,站到席的西侧,面朝东南而立。

小臣在阼阶下请问国君送爵者的人选,国君命令由下大夫中的长者担任。于是,小臣请二位下大夫中的长者送爵。送爵者走到阼阶下,面朝北向国君再拜叩首。国君答拜还礼。送爵者在庭洗的南边、面朝西并立,以站在北首者为尊,然后依次上前,先洗手再洗角觯,接着从西阶上堂,依次上前,从方壶中酌酒,两人在楹柱的北侧交错而过。接着先后下堂,走到阼阶下,都放好觯,对国君再拜叩首,然后拿觯起身。国君答拜还礼。送爵者都在阼阶前坐下祭祀,接着将觯中之酒饮毕,起身;再坐下放好觯,对国君再拜叩首,然后拿觯起身。国君以再拜之礼作答。送爵者拿觯在庭洗的南边等待国君的命令。这时,小臣向君请示送爵者中的一人,还是二人向国君致酒。如果国君命令两人都致爵,则两人依次上前,将觯放入篚中,在阼阶下面朝北向国君再拜叩首。国君答拜还礼。接着,送爵者在庭中从膳篚中取象觯洗,然后上堂酌酒,依次走到国君席前,将觯放在席前干肉和肉酱的右侧,以放在北面的觯为尊;接着下堂,走到阼阶前,一起向国君再拜叩首,送受觯者。国君答拜还礼。送爵者退下回到原位。

国君坐下,拿取大夫所进送的觯,起身到西阶上向宾进酬酒。宾下堂准备在西阶下行再拜叩首之礼。小臣正劝阻,于是宾上堂完成再拜叩首之礼。国君坐下,放好觯,以再拜之礼作答,然后拿觯起身。国君将觯中之酒饮毕,宾再次下堂准备行拜礼,小臣正又加劝阻。于是宾上堂,向国君再拜叩首。国君坐下,放好觯,以再拜之礼作答,然后拿爵起身。宾上前,从国君手中接过空觯,下堂放入篚中,另取一觯洗濯。如果公有命令,则可以不更换觯,也不洗濯。宾转身上堂斟膳酒,然后下堂,准备拜国君,小臣正劝阻。于是宾上堂,对国君再拜叩首。国君答拜还礼。宾请求摈者询问国君,可否为各位大臣行旅酬礼。摈者转告国君,国君应允。宾便站在西阶上依次向大夫行旅酬礼。摈者命大夫中的长者上堂接受酬酒。宾在大夫的右侧坐下,放好觯,礼拜大夫,然后拿觯起身。大夫答拜还礼。宾坐着祭祀,站着将觯中之酒饮毕后,不必拜谢。如果宾用的是膳觯,则在劝酒

前应下堂另换一觯，洗濯，然后上堂酌方壶中的酒。大夫之长接受酬酒前要拜而受之。宾拜而送之，接着入席。大夫们一一受到宾的酬酒，其间仪节与公卿受宾酬酒一样，也不必祭酒，最后一位接受酬酒者要拿着空觯下堂，将它放入篚中，然后回到原位。

主人到庭中洗觚，上堂，从方壶中斟酒，接着在西阶上向卿献酒。司宫将卿的两层席一并卷起，设在宾席的左侧，席的首端朝东。卿上堂，拜谢主人并接过觚。主人拜送受觚者。卿请求撤去上面的一层席，司宫遵命撤之，接着将下面的那层席铺好。于是有司进上干肉和肉酱。卿入席。庶子摆上盛有节解的牲体的俎。卿坐下，左手拿觚，右手祭干肉和肉酱，祭毕，将觚放在干肉和肉酱的右侧；起身从俎上取祭肺，再坐下将肺的下端扯折致祭，不必尝肺，然后起身将它放在俎上，坐下擦手，又取过觚，接着祭酒，再拿觚起身；然后离席，在西阶上边面朝北坐下，将觚中之酒饮毕，起身；再坐下放好觚，拜谢主人，然后拿觚起身。主人答拜还礼，从卿手中接过觚。卿下堂，回到原位。如此，向所有的卿一一献酒。最后，主人拿空觚下堂，将它放入篚内。于是，摈者导引卿上堂，众卿都上堂入席。如果有诸公在场，则应在卿之前向他们献酒，其间仪节与向卿献酒时一样。诸公的席位设在阼阶西边的堂廉上，面朝北，以东首为尊，筵席只有一层，上面不再加铺第二层席。

小臣请问下一轮送爵者的人选，国君仍然命令二位下大夫担任，送爵的仪节与刚才一样。小臣又请问致爵的人数。如果由二位下大夫中的长者致爵，则送爵者将觯放入篚内时，另一人在庭洗之南等候。长者致爵，要到阼阶下边向国君再拜叩首，国君答拜还礼。接着致爵者在庭中洗濯象觯，然后上堂斟酒，再坐下，放在干肉和肉酱的右侧，再下堂，与站在庭洗南边的送爵者一起向国君再拜叩首，并礼送受觯者。国君答拜还礼。

国君举起刚才放着的另一只觯，准备旅酬卿大夫，如果国君此时已不胜酒量，则可以将觯赐给宾或卿大夫中的长者，由国君自己决定（请他们代行旅酬）。国君在西阶上依次向卿大夫旅酬，就像前面所做过的那样。最后一位受酬酒的大夫要持空觯下堂，把觯放入篚中。

主人在庭中洗觚，然后上堂，在西阶上向大夫献酒。大夫上堂，拜谢主人后接过觚。主人拜送受觚者。大夫在西阶上坐着祭祀，站着将觚中之酒饮完，之后不必拜谢主人。主人接过空爵。大夫下堂回到原位。胥将主人佐酒的食品放在庭洗之北，按面朝西之位进上干肉和肉酱，但没有盛着牲体的俎。主人向大夫们一一献酒之后，于是分别进以干肉和肉酱，（他们的位置）在宾的旁边接着往西排，而以紧挨着宾的东方为尊。如果排不下，则折而向南，面朝东，而以北首之位为尊。干肉和肉酱进陈完毕，摈者导引大夫上堂，于是大夫上堂就席。

在西阶上稍稍靠东为乐工设席。小臣引导乐工入内，乐工共有六名，其中四名是鼓

瑟者。仆人正徒手扶着大师，仆人师扶助少师，仆人士扶着堂上的乐工。搀扶乐工者都是左肩荷瑟，瑟的首部朝后，瑟弦朝内，左手指钩入瑟底的孔中，右手扶着乐工。进入时的顺序正好相反，乐工先入，所以最后进去的是空手搀扶大师的仆人正。小乐正跟随于大师之后。他们都从西阶上堂，然后面朝北并列而坐，以东面的位置为尊。搀扶鼓瑟者的人，要坐着将瑟交给鼓瑟者，然后下堂。小乐正站立在西阶的东侧。于是，歌手唱《鹿鸣》之歌三遍。歌毕主人下堂洗觚，再上堂酌酒献给乐工。乐工不必起身，但要将瑟移向左边，乐工之长拜谢主人后接觚。主人在西阶上拜送受觚者。于是，有司为乐工们进上干肉和肉酱。主人命相者帮助乐工祭祀。乐工中的长者将觚中之酒饮毕，不必拜谢主人。主人接过空觚。其他乐工不必拜谢主人，就可以接过觚，坐下祭祀，接着将觚中之酒饮完。每位乐工的席前都进有干肉和肉酱，但不必祭它。主人接过乐工们的空觚，下堂放入篚中，再回到原位。至此，堂上的乐事完毕。大师、少师和堂上的乐工都下堂，站在庭西的建鼓之北，众乐工都陪立于后边。接着，堂下吹奏《新宫》之乐三遍。管乐吹奏毕，大师、少师和堂上的乐工都站在堂角土台的东南边，面朝西并排而坐，以北首为尊。

摈者从阼阶下向国君请示设立司正。国君应允，于是摈者奉命兼任司正。司正走到庭洗前，洗涤角觯，然后面朝南坐下，将它放在两阶之间的庭中，接着上堂，在东楹柱的东侧领受国君之命，然后走到西阶上面朝北命令宾、诸公、卿、大夫："国君说，以我之命，请诸宾安坐！"宾、诸公、卿、大夫应答道："是，岂敢不安坐！"司正从西阶下堂，在庭洗前面朝南坐下取觯，然后上堂从方壶中酌酒，接着下堂，面朝南坐下，放好觯；再起身，向右转身，面朝北而立，并稍稍端正自己的站姿；又坐下取觯，起身；然后坐下，不必祭祀，将觯中之酒饮毕放下，起身；向国君再拜叩首，接着向左转身，在庭洗前面朝南坐再取觯，洗濯后，面朝南坐下，将觯放在原处，再面朝北而立。

司射进入更衣处，脱去左袖，给右手大拇指戴上扳指，左臂套上护臂，拿起弓，右手指间夹着的四支箭搭在弦上拿着，箭头在弓把的中部露出，右手的拇指钩住弓弦。司射走到阼阶前请示国君说："臣下们请求开始射箭比赛。"君答应后，接着禀告国君匹配射耦的情况，说："（堂上之人合耦的方法是）大夫与大夫相合耦，（如果人数不足）可以让士与大夫合耦。"接着又走到西阶之前，面朝东而立，向右顾视有司，命令他搬射箭用的器具。于是，射箭的器具全部搬了进来。国君的弓箭放在东堂；宾的弓箭以及盛筭器、算筭、酒器托盘，都放在西堂的下边。三耦和卿、大夫之外的人所用弓箭不挟持，但要将这些弓箭和箭架束在一起，全部送到更衣处待用。工人士和梓人从北阶上堂，在东、西楹柱的中间画射位符号，两个射位符号的纵画之间相隔一把弓的距离，用浅红色或黑色描画，纵画和横画都以一尺长为度，交叉成午字。射正亲至现场监察。画毕，工人士和梓人从北阶下堂。司宫清扫射位符号处（使之更加清晰），扫毕从北阶下堂。大史则在将要陈设盛筭器处的

西面候立，面朝东听司射等发令。司射面朝西，告诉在场的人："国君射的箭靶是'大侯'，大夫射的箭靶是'参侯'，士射的箭靶是'干侯'。如果射中的不是自己的箭靶，即使射中也不能计数！地位低者与高者合为一耦者，射同一个箭靶！"大史听后应允。于是选定三耦的成员。被选中的三耦之人在更衣处的北侧等候，面朝西并排而立，以北首为尊。司射命令上射说："某人侍射于您。"命令下射说："你和某人合射。"命毕，接着命三耦之人到更衣处取弓箭。

司射走进更衣处，腰间插三支箭，食指和中指间夹一支箭，然后走出更衣处，面朝西拱手行礼，走到正对着西阶时，面朝北拱手行礼，走到西阶前拱手行礼，上堂后拱手行礼，走到正对着射位符号处面朝北拱手行礼，踩上射位符号时拱手行礼；再从下射的射位符号处稍稍后退，开始为三耦作射箭的动作及仪容的示范。司射先后射三个箭靶，用四支箭，先射士的箭靶干侯，又射大夫的箭靶参侯，最后两箭射国君的箭靶大侯。（射毕，面朝北拱手行礼）走到西阶前，拱手行礼后下堂，其间的仪节与方才上堂射箭时一样。接着走到西堂之下，重新取一支箭，夹在食指与中指间。然后又取刑杖插在腰间，再走到将要陈设盛筭器处的西南，面朝东而立。

司马师命令报靶者拿着旌旗到箭靶前面站着，为射手指示靶的位置。三位报靶者分别走到各自的箭靶前，手持旌旗，背朝箭靶，等候司马的命令。司射走到更衣处，命上耦的射手去作射箭的准备。然后司射返回原位。上耦从更衣处出来，面朝西相互拱手行礼后一起上前，上射走在左侧，并排而行。走到正对首西阶的地方，两人面朝北拱手行礼，走到西阶下再次拱手行礼。于是，上射先登阶，走上第三级台阶时，下射再走上第一级台阶，两人之间要空一级台阶。上射走到堂上后，要略向左侧站立。下射上堂后，上射要向他拱手行礼，然后并排向东走去。当两人走到正对着射位符号的地方时，面朝北拱手行礼。走到射位符号时再次拱手行礼。两人都用左足踩住射位符号，再转身向西，并扭头察看南方箭靶的中央，然后调整步式，等待司马的命令。司马正走到更衣处，袒去左袖，右手拇指戴上扳指，左臂套上护臂，左手拿起弓，右手拇指钩住弦，走了出来。接着从西阶上堂，走到下射的射位符号前停下，然后站立在上射和下射的射位符号之间，左手握住弓把，右手抓住弓的末端，向南扬起弓，命令站立在箭靶中央的报靶者迅速离开。报靶者闻声应诺，应诺声开始时要高，用"宫"调，一边喊着，一边朝正西方向跑；到乏的南方，应诺声要降为"商"调；走到乏前，应诺声才停止。于是，大侯的报靶者将旌旗授予另一人（由他代替报靶），自己则退立于西方。另外两个箭靶的报靶者则起身，恭立等候。司马正从下射的南侧走过，绕到他身后，然后从西阶下堂；接着走到更衣处，放下弓，脱去扳指和护臂，穿上左衣袖，回到原位。（与此同时）司射上前，在西阶前与下堂的司马正交错而过，对方都在各自的左侧；司射站在堂下西阶的东侧，面朝北注视着上射，命令道："不得

射伤报靶者！不得惊吓报靶者！”上射听后向司射行拱手礼。于是司射退下，回到原位。接着，射击开始，上射每射完一箭，就从腰间再抽出一支箭挟着，然后由下射开始，如此轮流更替，直至将各自的四支箭射完。报靶者坐着向堂上报告射中的情况，报靶的声调要有变化，举旗报喊时，声调高起而为“宫”调，垂旗时声调降而为“商”调。由于此时是习射，所以即使射中，也不统计各人射中的次数。射毕，射手用右手拇指钩住弓弦，面朝北拱手行礼下堂，其间仪节与相揖上堂时一样。上射走下第三级台阶时，下射要稍稍向右侧退避，并跟随而下，但两人之间仍要隔开一级台阶。下堂后两人并列而行，上射走在左侧。此时，中耦已开始离位上堂，在西阶前与下堂的上耦交错而过，对方都在各自的左侧，双方拱手行礼。上耦走到更衣处，放下弓，脱去扳指和护臂，穿上左衣袖，回到原位。三耦射完后的仪节都是如此。于是，司射抽下腰间的刑杖，将它倚靠在西阶的西侧，然后走到阼阶之下，面朝北向国君禀告说：“三耦都已射毕。”接着回到西阶之西，插好刑杖，返回原位。

司马正脱去左袖，右手拇指戴上扳指，左臂套上护臂，左手执弓，右手拇指钩住弓弦，走出更衣处；在西阶之前与司射交错而过，对方都在各自的左侧。司马从西阶上堂，走到右侧的射位符号之后停下，再在左、右射位符号之间立定，面朝西南，双手持弓拱手行礼，命令弟子取箭。报靶者闻声应诺，就像第一番射离开箭靶那样，都执持旌旗，站到各自的箭靶前等候。司马正从西阶下堂，面朝北命令陈放箭架。小臣师奉命在庭中陈放箭架。司马正在箭架西边面朝东，用弓代替描画放置器物位置的工具“毕”，指示箭架陈放的准确位置。箭架陈放完毕，司马正又走到更衣处，放下弓，脱去扳指和护臂，穿上左衣袖，回到原位。小臣师面朝北坐着将箭横放到箭架上，箭括朝北。司马师坐着将箭按四支一份分好，直至全部分完。如果箭的数量准备不足，司马正则要脱去左袖，拿起弓上堂，像起初那样命令取箭，说：“取箭！所取的箭的数要有余！”于是小臣再去将箭取来，摆在箭架上。取毕，司马正上前坐下，用左右手将上、下射用的箭分开，然后起身，回到原位。

司射走到西阶的西侧，将刑杖斜倚着，然后从西阶上堂，面朝东请问国君，是否让三耦以外的宾客都来射箭。国君表示同意。司射走到西阶之上，命令宾与国君合为一耦，诸公、卿合耦的原则在堂上宣布，大夫的合耦原则，则要在他们下堂即位后再宣布。于是，司射在西阶上，面朝北告诉大夫说：“请下堂！”然后司射先下堂，接着将刑杖插在腰间，再回到西阶前的原位。大夫随司射之后下堂，先到更衣处准备，然后站在三耦的南侧，面朝西排列，以北首为尊。司射面朝东站在大夫的西边，将他们一一配合为耦。凡是大夫与大夫合耦，（司射在告知合耦者姓名时）对上射说：“某人将侍射于您。”对下射说：“您与某人合射。”说完，再将众士配合为耦。士之耦站在大夫的南侧，面朝西并列，以北首为尊。如果有士与大夫合为一耦的，要以大夫的合耦者为上射，司射告知双方合耦者

的姓名时，对士说："你和某人合射。"对大夫说："某人侍射于您。"向士之耦的双方通告合耦者姓名的辞令，与通告三耦时一样。这时，诸公、卿都还没有下堂。

接着司射又命令三耦各与其合耦者从箭架上轮流取箭，然后都脱去左袖，右手拇指戴上扳指，左臂套上护臂，左手拿弓，右手拇指钩住弓弦。每一耦的两位射手出来后，先面朝西相互拱手行礼，走到正对着箭架的地方，面朝北拱手行礼，走到箭架前又拱手行礼。接着两人转身相向而立，上射面朝东，下射面朝西。然后，上射向下射拱手行礼，进至箭架的西侧，坐下，将弓横放在身上，弓背朝上，弓弦向下，右手掌心向上，从弓弦下向前伸出，从箭架上取一支箭，将箭的前部并在左手与弓把之间，起身，一边用右手理顺箭后部的羽毛，一边向左转身，但不要转一周至原位，而是向右转至面朝东的方向，向下射拱手行礼。下射进至箭架的东端，坐下，将弓南北向横放在身前，右手掌心向下，从弓的上方伸向箭架的左侧，取一支箭，将箭的前部并在左手与弓把之间，起身，一边用右手理顺箭后部的羽毛，一边向左转身，但不要转一周回到原位，而是转至面朝西的方向，向上射拱手行礼。两人轮流取完箭后，将各自的四支箭一齐向下扣击，使之齐整。再将四支箭一起夹持在指间，并分别向内侧转身，面朝南拱手行礼，并略向箭架靠近。走到箭架的南侧，两人都向左转身，面朝北拱手行礼，接着将手中的三支箭插入腰间，另一支箭夹持在右手指间。两人拱手行礼之后，上射与他的合耦者向左转身，然后并排退下，上射走在左侧。退下之耦与上前之耦在途中交错而过，对方都在各自的左侧，此时要相互拱手行礼。退下之耦在更衣处放下弓箭，脱去扳指和护臂，再穿上左衣袖，回到原位。其余二耦轮流取箭的仪节，也是如此。最后取箭者，要将诱射用的四支箭和自己用的四支箭一起取来，并在更衣处将诱射的箭交给有司。然后都穿上右衣袖，回到原位。

司射像当初那样命令三耦中的上耦开始射击。每一耦也都像一番射时那样拱手行礼、上堂。司马命令报靶者离开靶位，报靶者像一番射时那样应诺。接着司马下堂，放下弓，回到原位。司射手中依然夹着一支箭，只是将刑杖除去了。司射走到西阶前时，与下堂的司马交错而过，接着走到阼阶下，面朝北请问国君，是否可以抽算筹计数，国君表示同意。司射回到西阶的西边，将刑杖插入腰间；接着命令计数者摆放盛筭器，并以弓代替"毕"，指画放置盛筭器的确切位置，站立时面朝北。大师负责抽算筭计数。小臣师手持盛筭器，让它的首部朝前，然后坐下放置好，使之面朝东，放毕退下。大史将八支算筭放入盛筭器的孔中，剩余的算筭则横放在盛筭器的西侧，再起身，恭敬地等候射事开始。司射面朝西命令说："射中箭靶上下的绳索，射中其他物件而飞弹到靶上，射中箭靶后反弹回落，这三种情况对于国君都可以视为射中，其他人则一概不算！凡是国君射中的，无论是三个箭靶中的哪一个都按射中计数。"计数者将这一命令转告小史，小史又转告报靶者。接着，司射走到堂下，面朝北注视着上射，命令说："不射穿箭靶者不得计数！"上射拱

手行礼。司射退下，回到原位。计数者坐着将盛筭器中的八支筭取出来，又另外放入八支筭（这是为下一耦射准备的），然后起身，手持算筭等待射事开始。于是，射击开始。如果射中，则每中一箭计数者就抽出一支筭扔在地上，上射的筭在右方，下射的筭在左方。射毕，如果手中还有多余的算筭，就放回盛筭器的西侧。接着，又将盛筭器中的八支筭抽出来，重新放入另外八支筭。然后起身，手持算筭等候下一耦射击。如此，三耦全部射毕。

宾下堂，到西阶西边取弓箭。诸公卿下堂到更衣处作准备，然后紧挨着三耦向南排列。国君将要射击时，司马师命令报靶者，一律手执旌旗站到靶前待命。命毕，司马师回到原位，隶仆清扫箭道。司射抽去腰间的刑杖，走到阼阶之下，禀告国君，下一轮射击即将开始。国君表示同意。司射又走到西阶东边禀告宾，然后在腰间抽好刑杖，回到原位。小射正中的一位，到东边的土台上为国君取扳指和护臂。另一位小射正将国君的弓授给大射正，大射正拂去弓上的灰尘，然后都站在东堂待命。国君将要射击时，宾下堂，走到西堂下，脱去左臂，右手拇指戴上扳指，左臂套上护臂，左手持弓，将三支箭插入腰间，右手指间夹一支箭，接着从西阶上堂，先在射位符号之北约一支箭的距离，面朝东而立。司马上堂后，像第一番射时那样，命令报靶者离开靶位，再向右转身，于是下堂，放下弓，回到原位。国君踩到射位符号上，小射正用笥盛了国君的扳指和护臂，捧在手上，大射正拿着弓，都站在射位符号之后。接着，小射正坐下，将笥放在射位符号之南，并用巾布擦拭笥中之物，然后拿着扳指起身；又协助国君戴上扳指和能套住三个手指的红色皮革指套。小臣正协助脱去左袖，国君只需要脱去内衣外朱色的短袄即可。脱袖完毕，小臣正退至东堂待命，小射正又坐下拿护臂，起身，协助国君套上护臂，然后捧着空笥退下，将它放在东边的土台上，再回到原位。大射正拿着弓，用衣袖顺着弓左右两端的弯曲处擦拭，内侧擦两下，外表擦一下，然后左手握住弓把中部，右手抓住弓的末梢，授给国君。国君亲自拉弦、试弓力的强弱。小臣师用巾向自身内侧拭去箭上的灰尘（以免弄脏国君的衣服），然后将箭递给国君，递四支箭的动作都一支接着一支。大射正站在国君身后，将箭发出后的走向告诉国君：偏低就说"留"，偏高就说"扬"，偏左右两侧就说左方或右方。国君射出一支箭，大射正就接过弓等候着。国君与宾轮流射击，直至将各自的四支箭全部射出。国君射完后，小臣师拿着箭退下，回到原位；大射正接过弓；小射正用方形盛器"笥"收下国君脱下的扳指和护臂，然后退下，放在东边的土台上，再回到原位。大射正退下后，回到司正站的位置。小臣正协助国君穿上左衣袖。国君转身之后宾再下堂，将弓放在西堂下，然后回到西阶的西边，面朝东而立。国君入席，司正以国君之命请宾上堂。宾上堂后回到筵席上，尔后，卿大夫继续射箭。

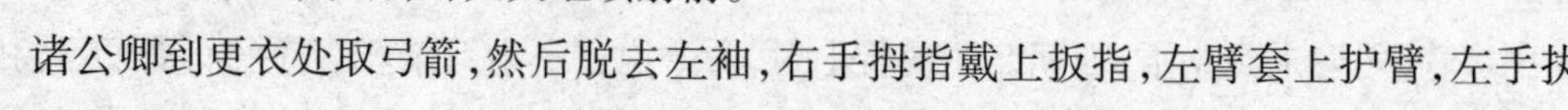

诸公卿到更衣处取弓箭，然后脱去左袖，右手拇指戴上扳指，左臂套上护臂，左手执

弓，将三支箭插入腰间，右手指间夹着一支箭，走出更衣处；接着面朝西拱手行礼，其后拱手行礼的地点、方式等都和三耦一样，然后上堂射箭；射毕，下堂的仪节也和三耦一样；最后走到更衣处，放下弓，脱下扳指和护臂，穿上左衣袖，回到原位。其余的人都依顺序接着射击，抽筭计数的方法也和第一番射一样。射毕，计数者拿着剩余的筭，走到阼阶之下，面朝北禀告国君说：“周围的人都已射完。”接着，回到原位坐下，将剩余的算筭放入盛筭器的西侧，再起身，恭立等待数筭。

司马脱去左袖拿起弓，上堂，像先前那样命令取回射出的箭。报靶者闻声应诺，像先前那样，手持旌旗到箭靶前站好。接着司马下堂，像先前那样放好弓。小臣则像先前那样将箭放在箭架上。宾、诸公、卿、大夫的箭，每四支用茅草裹束；裹毕，司马正坐下用左右手数箭，然后上前，将已裹束好的箭放到箭架上，再返回原位。接着，将宾的箭，在西堂之下交给执箭的有司，以备再用。于是，司马到更衣处放下弓，回到原位，然后卿大夫上堂入席。

司射走到西阶的西边，放下弓，取下腰间的刑杖，穿上左衣袖，然后走到盛筭器的东侧，再转而走到其南侧站着，监督并指导有司统计算筭。计数的有司在盛筭器的西边面朝东坐下，先数右面那堆算筭。计数时，以两支算筭为一“纯”，右手一纯、一纯地从地上拿起来放在左手上。取满十纯，就作一堆纵向放在盛筭器之西，再取满十纯则要另作一堆分开放。剩余的算筭，如果是双数，就以纯为单位，横向放在十纯一堆的西侧；如果是单数，就把零单的筭纵向放在“纯”的西侧，使总数一目了然。然后起身，从右方这堆算筭前走到左方那堆算筭之前，面朝东坐下先将左方地上所有的算筭拿起来放在左手上，再用右手一纯、一纯地数着往地上放，放满十纯就另起一堆再放，剩余的算筭按上述计算右方算筭时的方法放置。计数完毕，司射回到原位。计数的有司将胜方净胜的算筭拿在手中，走到阼阶之下，面朝北禀告国君。如果右方的算筭多于左方，就说：“右胜过左。”如果是左方的算筭多于右方，就说：“左胜过右。”净胜数如果是双数，就以纯为单位禀告；如果有单数，则在纯数之后再报单数。如果左、右方算筭的数量相等，就从双方的算筭中各取出一支来禀告，说：“左右方的算筭相等。”然后回到原位，坐下，将地上的算筭拿起来放在左手上，数出八支放入盛筭器的孔中，剩下的全部放到盛筹器的西侧，接着起身，恭立待命。

司射命令司宫士摆上放置饮酒器的托盘。司宫士捧着托盘，从西阶走上堂，在西楹柱之西面朝北坐下，放好托盘，下堂回到原位。胜方的弟子在庭中洗觯，上堂酌方壶中的酒，又面朝南坐下，将觯放在托盘内，下堂回到原位。接着，司射脱去左袖，左手拿弓，右手指间夹一支箭，将刑杖插在腰间，面朝东站在三耦之西，命令三耦和各位射手：“胜方的射手一律脱去左袖，右手拇指戴上扳指，左臂套上护臂，拿起拉紧弦的弓。负方的射手一

律穿上左衣袖，脱下扳指和护臂，空出左手，右手将弦松开的弓放在左手上，使左手握住弓把的中部。”命毕，司射先返回原位。三耦和其他射手都上堂到西阶之上饮罚酒。小射正像先前命令他们射箭那样，命令上堂饮罚酒。每一耦的射手走上前时，都要像先前上堂射箭那样相互拱手行礼，走到西阶前，胜方的射手先上堂，上堂后，要稍稍向右站立。负方射手上堂后继续向前，走到托盘前面朝北坐下，取过托盘上的觯，再起身，又稍稍后退，站着将觯中之酒饮尽，再上前坐下，将空觯放在托盘中，然后起身，向胜方射手拱手行礼。下堂时，负方的射手先走，在西阶之前与正要上堂的下一耦射手交错而过，双方互相拱手行礼，接着又走到更衣处，放下弓，穿上左衣袖，回到原位。此时，堂上的仆人师接着酌罚酒，取过空觯酌上酒，再放回托盘上，然后退至西序的端头处待命。接着上堂饮罚酒的中耦、下耦，所行的仪节与上耦相同。如此，三耦都上堂饮过罚酒。如果宾或诸公卿大夫属于负方，则不必下堂，也不拿弓，以示尊优，与大夫合耦的士不必上堂，由仆人师洗觯后，上堂酌酒，再递给他们；宾或诸公卿大夫在各自的席前接过觯，再离席，走到西阶之上，面朝北站着饮酒，饮毕，将空觯交给执爵的有司，然后回转入席。如果让国君饮罚酒，则由侍射者下堂，洗涤角觯，接着上堂酌方壶中的酒，然后下堂，准备向国君行拜礼，国君从堂上走下一级台阶，小臣正劝阻宾，于是宾上堂，向国君再拜叩首，国君以再拜之礼作答。接着，宾在西阶坐下用酒祭祀先人，将觯中之酒饮毕，再次向国君再拜叩首，国君以再拜之礼作答。宾又下堂洗涤象觯，再上堂酌膳酒，致送给国君，并再次下堂准备行拜礼。小臣正劝阻后，宾上堂向国君再拜叩首，国君以再拜之礼作答。国君将象觯中的酒饮完，宾上前接过空觯，然后下堂另取一觯洗涤，再上堂从方壶中酌酒，又下堂准备行拜礼，小臣正加以劝阻，宾上堂向国君再拜叩首，国君以再拜之礼作答。于是宾在西阶上坐下，不必祭酒，直接将觯之酒饮毕，然后下堂，将觯放入篚中，在西阶之西，面朝东而立。摈者奉国君之命导引宾上堂，宾上堂后入席。如果诸公卿大夫的合耦者是负方，则应手持弦松弛的弓，单独上堂饮罚酒。最后，堂下众士之耦的负者相继上堂饮罚酒，其仪节与三耦一样。在负方射手全部饮过罚酒后，有司撤去堂上的托盘和觯。

祭箭靶时，司宫将献给报靶者的酒，放在他的东北，是两壶滤过的浊酒，朝东并放，以南侧那壶为尊，上面都放着勺；洗放在酒壶的西北，篚在洗南，首东尾西，又将一只酒器“散”放在篚中。接着，司马正洗散，然后酌上酒，献给报靶者。报靶者在靶的西北方三步处，面朝北拜谢司马正，并接过散。司马正面朝西拜送爵者，然后返回原位。宰夫的属吏送上佐酒的干肉和肉酱，庶子则摆上盛有节解的牲体的俎。摆放完毕，报靶者走到靶的右侧，赞者捧着干肉和肉酱以及折俎跟随其后。报靶者左手拿散，右手拿了干肉和肉酱以及折俎上的祭肺祭祀，祭酒时用两只手向内侧倒酒；接着，报靶者又走到靶的左侧，祭祀的方法与在靶右侧一样，在靶的中间祭祀也是如此。在靶前的左、右、中三处祭祀完

毕，报靶者又到箭靶左侧祭祀处西北三步远的地方，面朝东而立，接着摆放好干肉、肉酱和折俎，然后站着将散中之酒饮尽。司马师接过空散，洗涤后酌上酒，分别献给隶仆人、巾车、与参侯、干侯的报靶者，其间礼节与向大侯的报靶者献酒时一样。献毕，司马师接过空散，将它放入篚中。三个靶的报靶者都拿着干肉和肉酱，庶子则捧着折俎跟随其后，全部迁设于挡箭牌偏南的地方。然后，报靶者又站到靶前待命。

司射走到西阶的西边抽去腰间的刑杖，又到西堂之下放下弓，脱去扳指和护臂，穿上左衣袖；接着走到庭中洗的前面，洗觚，然后上堂酌酒，又下堂，在计数者的席位前向他献酒，计数者要略向南站，以便靠近祭食。有司摆上干肉、肉酱和盛着折断的牲体的俎，都有祭脯和祭肺。计数者在祭食的右侧面朝东拜谢司射，并接过觚。司射则面朝北拜送受觚者。计数者就近靠着祭食坐下，左手拿觚，右手取干肉和肉酱而祭，接着起身，从肉俎上取过祭肺，再坐下祭祀，然后又祭酒；祭毕起身，走到司射的西面，面朝北站着将觚中的酒饮完，之后不必拜谢。司射接过空觚，放入篚中。计数者稍向西站，以避开放祭食和俎的地方，接着回到原位。司射走到西堂之下，脱去左袖，右手拇指戴上扳指，左臂套上护臂，左手取弓，右手指间夹一支箭，然后走到西阶西边，将刑杖插在腰间再返回原位。

第三番射开始。司射取下腰间的刑杖，倚靠在西阶的西边，再走到阼阶下，面朝北向国君请示：第三番射箭是否可以开始？其间仪节与前二番射时一样。在国君表示同意后，司射将刑杖插在腰间，又走到更衣处，命令三耦都脱去左袖，右手拇指戴上扳指，左臂套上护臂，拿起弓，顺序而出取箭；命毕，司射先返回原位。三耦像前二番射时那样，轮流取箭；小射正则像前二番射时那样，命三耦轮流取箭。三耦轮流取箭完毕，诸公卿大夫都下堂，按前二番射时的位置站立；接着与自己的合耦者一起进入更衣处，都脱去左袖，右手拇指戴上扳指，左臂套上护臂，拿着弓，又都走到正对着箭架的地方，再上前坐下，将束好的箭解开。坐时上射面朝东，在箭架的西侧；下射面朝西，在箭架的东侧，然后如三耦那样轮流从箭架上取箭。如果是士与大夫合耦，则士面朝东而坐，大夫面朝西而坐。大夫先上前坐下，解开裹束着的箭，就可以退下回到原位。然后，大夫的合耦者向大夫拱手行礼后上前坐下，将自己的四支箭一起拿取，再起身；一边理顺箭羽，一边向左转身，但不能转身至原位，而应适时回转朝西，向合耦者拱手行礼。接着大夫再次上前坐下，也是一次将自己的四支箭拿起来，和他的合耦者一样；然后面朝北将三支箭插在腰间，手指间夹一支箭，拱手行礼后退下。接着，大夫与合耦者都到更衣处，放下弓，脱下扳指和护臂，穿上左衣袖，回到原位。诸公卿上堂入席。堂下的众士之耦则继续顺序上前轮流取箭，其间仪节都和三耦所做的一样；取箭毕，再进入更衣处，放下弓箭，脱去扳指和护臂，穿上衣服，回到原位。

司射右手指间依然夹着一支箭，像前一番射时那样，上前命令上射开始射击。每一

耦上堂前都要像前一番射时那样相互拱手行礼。接着司马上堂，命令报靶者离开靶位，报靶者闻声应诺。于是司马下堂，放下弓，回到原位。司射与下堂的司马在西阶前交错而过，司射将腰间的刑杖抽出，倚靠在西阶的西边，然后走到阼阶下，面朝北请示国君：能否奏乐助射？国君表示同意。于是司射返回西阶的西边，将刑杖插在腰间，面朝东命令乐正说："国君命令奏乐！"乐正说："是。"于是司射走到堂下，面朝北注视着上射，命令说："不按照鼓的节奏射击的，即使射中也不得计数！"上射向司射拱手行礼。司射退回原位。乐正又命令大师说："奏《狸首》的乐曲，乐节的间隔要前后一致！"大师不必起身，在自己位置上应诺即可。于是，乐正回到原位。接着，在乐工奏《狸首》的乐曲声中开始第三番射，如此，三耦全部射完。宾和国君射时，宾要像前一番射时那样，先在射位符号上等候。国君在奏乐声起之后再踩上射位符号，有司为国君递箭的动作要比较连贯，射箭的动作不一定要合乎乐节。其余的仪节都和前一番射时一样，从国君射毕，至宾在西阶的西边站立等仪节也和第一番射时一样。然后宾上堂入席。诸公卿大夫和众射者继续按射仪的程序射箭，抽算筹计射中次数的方法，也和前一番射时一样。射毕，下堂回到原位。计数者拿着剩下的算筹到阼阶前禀告国君，所有的人都已射完，就像前一番射时那样。

司马上堂，下令拾取靶位的箭，报靶者闻声应诺。司马下堂，放下弓回到原位。小臣将箭放到箭架上，司马师将卿大夫用的箭每四支一束扎好，与前一番射时一样。司射放下弓，监督和指导统计算筹，与前一番射时一样。计数者根据统计结果禀告国君：某方胜或双方平，就像前一番射时那样。然后回到原位。

司射命令有司在堂上陈设饮酒器的托盘，往觯内酌酒，为饮罚酒做准备，就像前一番射时那样。接着命令胜方射手拿弦拉紧的弓，负方射手拿弦松弛的弓，然后上堂让负方射手饮罚酒，就像前一番射时那样；饮毕，撤去托盘和觯，也像前一番射时那样。

司射依然袒着左臂，右手拇指戴着扳指，左臂套着护臂，左手执弓，右手指间夹着一支箭，与弓弦并在一起拿着，箭头朝上；接着走到更衣处，命令正在此作准备的三耦等去庭中轮流取箭，就像前一番射那样。命毕，司射返回原位。三耦以及诸公卿大夫和众射者，都脱去左袖，右手拇指戴上扳指，左臂套上护臂，轮流从箭架上取箭，就像前一番射时那样，只是箭不夹在指间，而是将它与弓弦并在一起拿着，箭头朝上，接着退至更衣处，将弓箭交给有司，表示射事已毕。接着穿上左衣袖，回到原位。卿大夫则上堂入席。

司射走到更衣处，放下弓，脱去扳指和护臂，取下腰间的刑杖，穿上左衣袖，回到原位。司马正命令有司撤走箭架，松开箭靶左下方的绳索。小臣师奉命撤去箭架，巾车和量人松开箭靶左下方的绳索。司马师命令报靶者拿着旌旗和祭余的食品退下。司射命令计数者撤去盛筭器和算筹，然后待命。

国君又举起此前放在席右的觯，由他决定将觯赐给哪位，或者赐给宾，或者赐给大夫中的长者，由他们代替国君到西阶上向大夫行旅酬礼，就像此前所做过的那样。最后一位受酬的大夫要拿着空觯下堂，将它放入篚中，然后回到原位。

司马正从西阶上堂，走到东楹柱的东侧，面朝北向国君转告宾的意思，（射事已毕，众宾客都已劳倦）请将席上之俎全部撤去（以便燕坐），国君表示同意。接着，司马正走到西阶上，面朝北将国君的决定转告宾。于是，宾面朝北将自己席上的俎搬至门外。诸公卿取自己席前之俎的礼节与宾一样，然后出门，在门外将它交给随从人员。大夫们的席上没有俎，但在宾和诸公卿下堂送俎时，不敢安然在堂，也随着下堂，回到门东之位，面朝北而立，以北首为上位。庶子正将国君席上的俎撤去，接着从阼阶下堂，再往东藏之。宾和诸公卿将俎送走后，又都入门，站在门的左侧，都面朝东，而以北首为尊。接着，司正导引宾上堂。宾和诸公卿大夫都脱下鞋，依次上堂入席。国君和宾以及卿大夫都坐下，至此，主宾等都已安坐。于是，有司进上各种肴馔。大夫的身份较低，至此方开始祭祀所进的食品。然后，司正上堂接受君命，然后向宾和诸公卿大夫发布君命说："君说'大家要尽情饮酒，喝个一醉方休！'"宾和诸公卿大夫都起身离席，回答说："是！岂敢不醉？"然后都入席而坐。

主人在庭中洗觯，再上堂酌酒，接着在西阶上向士献酒。士长上堂，拜谢主人后接觯，主人拜而送之。士长要坐着祭酒，站着饮酒，饮毕不必拜谢。其余众士接觯时不必拜谢主人，坐着祭祀，站着饮酒即可。接着又将干肉和肉酱放在司正和射人之觯的南侧，他们以年龄为序面朝北并排而立，以东首为尊，一般司正在东首。向士遍献酒。已经接受过献酒的士站在东方，面朝西而立，以北首为尊。接着向士进献干肉和肉酱。对祝史、小臣师，也在其所在之位进献干肉和肉酱。主人用士旅食者的酒尊酌酒献士。众士不必拜谢，就可以从主人手中接过觯，然后坐下祭祀，站着饮酒，最后，主人接过空觯，放入篚中，再回到原位。

宾下堂洗觯，然后上堂向国君送觯。宾酌方壶中的酒，再下堂，准备对国君行拜礼。国君走下一级台阶，小臣正劝阻宾，于是宾又上堂，向国君行再拜叩首之礼。国君以再拜之礼作答。宾在西阶上坐下祭祀，然后将觯中的酒饮毕，又向国君再拜叩首，国君以再拜之礼作答。接着，宾下堂洗涤象觯，再上堂酌上膳酒，然后在国君席位前坐下，将觯放在干肉和肉酱之南，又下堂准备拜国君，小臣正再次劝阻，于是，宾上堂完成再拜叩首之礼，国君答拜还礼。宾回到原位。国君坐下端起宾送上的觯，然后起身，将它赐给某人，请他代替自己向卿大夫行酬礼，人选由国君自己选择。接受国君赐觯的礼节，与宾接受国君酬酒一样。然后下堂，从篚中另取一觯，洗涤后上堂酌以膳酒，然后下堂，准备向国君再拜叩首。小臣正劝阻后，受觯者上堂完成拜礼。国君答拜还礼。于是受觯者入席，坐下

行旅酬礼。席间由执爵者酌酒。只有从国君手中受觯者才需行拜礼。司正命令执爵者为每一位大夫酌酒。最后一位接受酬酒的大夫要起身向士进酬酒。大夫中最后接受酬酒者,要拿觯起身,到西阶上向众士献酒。士长上堂,大夫放下觯行拜礼,士长答拜还礼。大夫站着将觯中的酒饮完,不必行拜礼,直接酌上酒。士长拜谢后接过觯,大夫拜而送之。士长站在西阶上向众士进酬酒,一一轮遍。然后众士依次自酌酒献给后面的士。

最后的仪节是向庶子献酒。如果国君发命说:“再射!”则暂停向庶子献酒。然后司射请宾和卿大夫射,被请者可射可不射,根据自己的兴趣而定。卿大夫都要下堂向国君再拜叩首,感谢他不断地让自己欢娱。国君以再拜之礼作答。由于此时已不是正射,所以射者都只发射一箭,射中三个箭靶中的任何一个,都算射中。

于是,主人下堂洗觚,然后从西阶上堂,再走到阼阶之上向庶子献酒,其礼节与向士献酒一样。要一一向庶子献遍,接着又下堂洗觚,向左右正和内小臣献酒,都是在阼阶上献,其礼节与向庶子献酒一样。

接着开始不计数地依次进酬酒。从士中选出两人,一人执膳爵,一人执散爵。执膳爵者酌酒后进献给国君,国君不拜就接了。执散爵者酌酒后到国君前,由国君命令赐给某人。受赐者要起身接觯,再离席下堂,放好爵,向国君再拜叩首,国君以再拜之礼作答。受赐者拿觯入席坐下,等国君将觯中之酒饮尽,再开始饮。执膳爵者接过国君饮干的空觯,酌上酒,再放下。受赐者起身,把它授给执散爵者。执散爵者再酌酒顺序而酬,只有从国君手中接觯者才需要行拜礼。最后一位受酬的大夫,要起身到西阶之上酬士。士长上堂。大夫不必行拜礼,就可饮酒,然后在空觯中酌上酒;士长也不必拜谢,就可以接觯。然后大夫回身入席。众士依次序自酌相酬,也和大夫一样可以不拜而饮,饮毕在觯中酌酒。国君为了使大家畅饮,命令将覆盖在酒尊上的巾撤去,此时宾和诸公卿大夫都要下堂,在西阶之下面朝北而立,以东首为尊,接着向国君行再拜叩首礼。国君命小臣正劝阻,并答拜还礼。大夫都回避。然后,卿大夫都上堂,回到各自的席位。士在西阶上像最初君为士举旅酬时一样地依次递酬而遍。在整个旅酬过程中,堂上堂下的音乐或间或合,歌奏不已,尽欢而止。

入夜,庶子拿着烛站在阼阶之上,司宫拿着烛站在西阶之上,甸人拿着大烛站在庭中,阍人拿着烛站在门外。宾已微醉,到席的南面面朝北而坐,取席上的干肉下堂。此时乐工奏《陔》的乐曲。宾在门内屋檐漏水处将手中的干肉赐给钟人,然后出门。卿大夫也都随着出门。国君不送别。国君将要从射宫返回都城时,乐工奏《骜夏》的乐曲。

聘礼第八

【原文】

聘礼。君与卿图事，遂命使者，使者再拜稽首，辞，君不许，乃退。既图事，戒上介，亦如之。宰命司马戒众介，众介皆逆命，不辞。

宰书币，命宰夫官具。及期，夕币。使者朝服帅众介夕。管人布幕于寝门外。官陈币，皮北首，西上，加其奉于左皮上；马则北面，奠币于其前。使者北面，众介立于其左，东上。卿、大夫在幕东，西面北上。宰人，告具于君。君朝服出门左，南乡。史读书展币。宰执书，告备具于君，授使者。使者受书，授上介。公揖入。官载其币，舍于朝。上介视载者、所受书以行。

厥明，宾朝服释币于祢。有司筵几于室中。祝先入，主人从入。主人在右，再拜，祝告，又再拜。释币，制玄纁束，奠于几下，出。主人立于户东，祝立于牖西。又入，取币，降，卷币，实于笲，埋于西阶东。又释币于行。遂受命。上介释币亦如之。

上介及众介俟于使者之门外。使者载旜，帅以受命于朝。君朝服，南乡。卿、大夫西面，北上。君使卿进使者。使者入，及众介随入，北面，东上。君揖使者，进之，上介立于其左，接闻命。贾人西面坐启椟，取圭垂缫，不起而授宰。宰执圭屈缫，自公左授使者。使者受圭，同面，垂缫以受命。既述命，同面授上介。上介受圭屈缫，出，授贾人，众介不从。受享束帛加璧，受夫人之聘璋，享玄纁束帛加琮，皆如初。遂行，舍于郊，敛旜。

若过邦，至于竟，使次介假道，束帛将命于朝，曰："请帅。"奠币。下大夫取以入告，出许，遂受币。饩之以其礼，上宾大牢，积唯刍禾，介皆有饩。士帅没其竟。誓于其竟，宾南面，上介西面，众介北面东上，史读书，司马执策立于其后。

未入竟，壹肄。为壝坛，画阶，帷其北，无宫。朝服，无主，无执也。介皆与，北面，西上。习享，士执庭实习夫人聘享，亦如之。习公事，不习私事。

及竟，张旜，誓。乃谒关人。关人问从者几人，以介对。君使士请事，遂以入竟。

入竟，敛旜，乃展。布幕，宾朝服立于幕东，西面；介皆北面，东上。贾人北面，坐拭圭，遂执展之。上介北面视之，退复位。退圭。陈皮，北首，西上，又拭璧，展之，会诸其币，加于左皮上。上介视之，退。马则幕南、北面，奠币于其前。展夫人之聘享，亦如之，贾人告于上介，上介告于宾。有司展群币以告。及郊，又展，如初。及馆，展币于贾人之馆，如初。

宾至于近郊，张旜。君使下大夫请行，反。君使卿朝服，用束帛劳。上介出请。入

告。宾礼辞，迎于舍门之外，再拜。劳者不答拜。宾揖，先入，受于舍门内。劳者奉币入，东面致命。宾北面听命，还少退，再拜稽首，受币。劳者出。授老币，出迎劳者。劳者礼辞。宾揖，先入，劳者从之。乘皮设。宾用束锦傧劳者，劳者再拜稽首受。宾再拜稽首，送币。劳者揖皮出，乃退。宾送再拜。夫人使下大夫劳以二竹簋方，玄被纁里，有盖，其实枣蒸栗择，兼执之以进。宾受枣，大夫二手授栗。宾之受，如初礼。傧之如初。下大夫劳者遂以宾入。

至于朝，主人曰："不腆先君之祧，既拚以俟矣。"宾曰："俟间。"大夫帅至于馆，卿致馆。宾迎，再拜。卿致命，宾再拜稽首。卿退，宾送再拜。宰夫朝服设飧：饪一牢，在西，鼎九，羞鼎三；腥一牢，在东，鼎七。堂上之馔八，西夹六。门外米、禾皆二十车，薪刍倍禾。上介：饪一牢，在西，鼎七，羞鼎三；堂上之馔六；门外米、禾皆十车，薪刍倍禾。众介皆少牢。

厥明，讶宾于馆。宾皮弁聘，至于朝。宾入于次，乃陈币。卿为上摈，大夫为承摈，士为绍摈。摈者出请事。公皮弁，迎宾于大门内。大夫纳宾。宾入门左，公再拜，宾辟，不答拜。公揖入，每门每曲揖。及庙门，公揖入，立于中庭，宾立接西塾。几筵既设，摈者出请命。贾人东面坐启椟，取圭垂缫，不起而授上介。上介不袭，执圭屈缫，授宾。宾袭，执圭。摈者入告，出辞玉。纳宾，宾入门左。介皆入门左，北面西上。三揖，至于阶，三让。公升二等，宾升，西楹西，东面。摈者退中庭。宾致命。公左还，北乡。摈者进。公当楣再拜。宾三退，负序。公侧袭，受玉于中堂与东楹之间。摈者退，负东塾而立。宾降，介逆出。宾出。公侧授宰玉，裼，降立。摈者出请。宾裼，奉束帛加璧享。摈者入告，出许。庭实，皮则摄之，毛在内；内摄之，入设也。宾入门左，揖让如初，升致命，张皮。公再拜受币。士受皮者自后右客；宾出，当之坐摄之。公侧授宰币，皮如入，右首而东。聘于夫人，用璋，享用琮，如初礼。若有言，则以束帛，如享礼。摈者出请事，宾告事毕。

宾奉束锦以请觌。摈者入告，出辞，请礼宾。宾礼辞，听命。摈者入告。宰夫彻几改筵。公出，迎宾以入，揖让如初。公升，侧受几于序端。宰夫内拂几三，奉两端以进。公东南乡，外拂几三，卒，振袂，中摄之，进，西乡。摈者告。宾进，讶受几于筵前，东面俟。公壹拜送。宾以几辟，北面设几，不降，阶上答再拜稽首。宰夫实觯以醴，加柶于觯，面枋。公侧受醴。宾不降，壹拜，进筵前受醴，复位。公拜送醴。宰夫荐笾豆脯醢，宾升筵，摈者退负东塾。宾祭脯醢，以柶祭醴三，庭实设。降筵，北面，以柶兼诸觯，尚擸，坐啐醴。公用束帛。建柶，北面奠于荐东。摈者进相币。宾降辞币，公降一等辞。栗阶升，听命，降拜，公辞。升，再拜稽首，受币，当东楹，北面，退，东面俟。公壹拜，宾降也。公再拜。宾执左马以出。上介受宾币，从者讶受马。

宾觌，奉束锦，总乘马，二人赞。入门右，北面奠币，再拜稽首。摈者辞。宾出。摈者

坐取币出，有司二人牵马以从，出门，西面于东塾南。摈者请受。宾礼辞，听命。牵马，右之。入设。宾奉币，入门左，介皆入门左，西上。公揖让如初，升。公北面再拜。宾三退，反还负序。振币进授，当东楹北面。士受马者，自前还牵者后，适其右，受。牵马者自前西，乃出。宾降阶东拜送。君辞。拜也，君降一等辞。摈者曰："寡君从子，虽将拜，起也。"栗阶升。公西乡。宾阶上再拜稽首。公少退。宾降出。公侧授宰币。马出。

公降立。摈者出请。上介奉束锦，士介四人皆奉玉锦束，请觌。摈者入告，出许。上介奉币，俪皮，二人赞；皆入门右，东上，奠币，皆再拜稽首。摈者辞，介逆出。摈者执上币，士执众币。有司二人举皮，从其币。出请受。委皮南面，执币者西面，北上。摈者请受。介礼辞，听命。皆进，讶受其币。上介奉币，皮先，入门左，奠皮。公再拜。介振币，自皮西进，北面授币，退复位，再拜稽首送币。介出。宰自公左受币，有司二人坐举皮以东。摈者又纳士介。士介入门右，奠币，再拜稽首。摈者辞，介逆出。摈者执上币以出，礼请受，宾固辞。公答再拜。摈者出，立于门中以相拜，士介皆辟。士三人，东上，坐取币，立。摈者进。宰夫受币于中庭，以东，执币者序从之。

摈者出请，宾告事毕。摈者入告，公出送宾。及大门内，公问君。宾对，公再拜。公问大夫，宾对。公劳宾，宾再拜稽首，公答拜。公劳介，介皆再拜稽首，公答拜。宾出，公再拜送，宾不顾。

宾请有事于大夫，公礼辞，许。宾即馆。卿、大夫劳宾，宾不见。大夫奠雁再拜，上介受。劳上介，亦如之。

君使卿韦弁，归饔饩五牢。上介请事，宾朝服礼辞。有司入陈。饔，饪一牢，鼎九，设于西阶前，陪鼎当内廉，东面北上，上当碑，南陈。牛、羊、豕、鱼、腊，肠、胃同鼎，肤、鲜鱼、鲜腊，设扃鼏。膷、臐、膮，盖陪牛、羊、豕。腥二牢，鼎二七，无鲜鱼、鲜腊，设于阼阶前，西面，南陈如饪鼎，二列。堂上八豆，设于户西，西陈，皆二以并，东上韭菹，其南醓醢，屈。八簋继之，黍其南稷，错。六铏继之，牛以西羊、豕，豕南牛，以东羊、豕。两簠继之，粱在北，八壶设于西序，北上，二以并，南陈。西夹六豆，设于西墉下，北上韭菹，其东醓醢，屈。六簋继之，黍其东稷，错。四铏继之，牛以南羊，羊东豕，豕以北牛。两簠继之，粱在西，皆二以并，南陈。六壶西上，二以并，东陈。馔于东方，亦如之，西北上。壶东上，西陈。醓醢百瓮，夹碑，十以为列，醓在东。饩二牢，陈于门西，北面东上。牛以西羊、豕，豕西牛、羊、豕。米百筥，筥半斛，设于中庭，十以为列，北上。黍、粱、稻皆二行，稷四行。门外，米三十车，车秉有五籔。设于门东，为三列，东陈；禾三十车，车三秅。设于门西，西陈。薪刍倍禾。

宾皮弁迎大夫于外门外，再拜，大夫不答拜。揖入。及庙门，宾揖入。大夫奉束帛，入，三揖，皆行。至于阶，让，大夫先升一等。宾从，升堂，北面听命。大夫东面致命，宾

降,阶西再拜稽首,拜饩亦如之。大夫辞,升成拜。受币堂中西,北面。大夫降,出。宾降,授老币,出迎大夫。大夫礼辞,许。入,揖让如初。宾升一等,大夫从,升堂。庭实设,马乘。宾降堂,受老束锦,大夫止。宾奉币西面,大夫东面。宾致币。大夫对,北面当楣,再拜稽首,受币于楹间,南面,退,东面俟。宾再拜稽首送币。大夫降,执左马以出。宾送于外门外,再拜。明日,宾拜于朝,拜饔与饩,皆再拜稽首。上介饔饩三牢。饪一牢在西,鼎七,羞鼎三。腥一牢,在东,鼎七。堂上之馔六,西夹亦如之。筥及瓮,如上宾。饩一牢。门外米、禾视死牢,牢十车,薪刍倍禾。凡其实与陈,如上宾。下大夫韦弁,用束帛致之。上介韦弁以受,如宾礼。傧之两马束锦。士介四人,皆饩大牢,米百筥,设于门外。宰夫朝服,牵牛以致之。士介朝服,北面再拜稽首受。无摈。宾朝服问卿,卿受于祖庙,下大夫摈。摈者出请事。大夫朝服迎于外门外,再拜。宾不答拜。揖,大夫先入,每门每曲揖。及庙门,大夫揖入。摈者请命。庭实设四皮。宾奉束帛,入。三揖,皆行,至于阶,让。宾升一等;大夫从,升堂,北面听命。宾东面致命。大夫降,阶西再拜稽首。宾辞,升,成拜。受币堂中西,北面。宾降,出。大夫降,授老币,无摈。

摈者出请事。宾面,如觌币。宾奉币,庭实从,入门右。大夫辞。宾遂左。庭实设。揖让如初。大夫升一等,宾从之。大夫西面,宾称面。大夫对,北面当楣再拜,受币于楹间,南面,退,西面立。宾当楣再拜送币,降,出。大夫降,授老币。

摈者出请事。上介特面,币如觌。介奉币。皮,二人赞。入门右,奠币,再拜。大夫辞。摈者反币。庭实设,介奉币入,大夫揖让如初。介升,大夫再拜受。介降拜,大夫降辞。介升,再拜送币。摈者出请。众介面,如觌币,入门右,奠币,皆再拜。大夫辞,介逆出。摈者执上币出,礼请受,宾辞。大夫答再拜。摈者执上币,立于门中以相拜,士介皆辟。老受摈者币于中庭,士三人坐取群币以从之。摈者出请事。宾出,大夫送于外门外,再拜。宾不顾。摈者退,大夫拜辱。

下大夫尝使至者,币及之。上介朝服、三介,问下大夫,下大夫如卿受币之礼。其面,如宾面于卿之礼。

大夫若不见,君使大夫各以其爵为之受,如主人受币礼,不拜。

夕,夫人使下大夫韦弁归礼。堂上笾豆六,设于户东,西上,二以并,东陈。壶设于东序,北上,二以并,南陈。醙、黍、清,皆两壶。大夫以束帛致之。宾如受饔之礼,傧之乘马束锦。上介四豆、四笾、四壶,受之如宾礼,傧之两马束锦。明日,宾拜礼于朝。

大夫饩宾大牢,米八筐。宾迎,再拜。老牵牛以致之,宾再拜稽首受。老退,宾再拜送。上介亦如之。众介皆少牢,米六筐,皆士牵羊以致之。

公于宾,壹食,再飨。燕与羞、俶献,无常数。宾介皆明日拜于朝。上介壹食、壹飨。若不亲食,使大夫各以其爵,朝服致之以侑币。如致饔,无傧。致飨以酬币,亦如之。大夫于宾，壹飨、壹食。上介，若食，若飨，若不亲飨，则公作大夫致之以酬币，致食以侑币。

君使卿皮弁，还玉于馆。宾皮弁，袭，迎于外门外，不拜；帅大夫以入。大夫升自西阶，钩楹。宾自碑内听命，升自西阶，自左，南面受圭，退负右房而立。大夫降中庭。宾降，自碑内，东面，授上介于阼阶东。上介出请，宾迎，大夫还璋，如初入。宾裼，迎。大夫贿用束纺。礼玉、束帛、乘皮，皆如还玉礼。大夫出，宾送，不拜。

公馆宾，宾辟，上介听命。聘享，夫人之聘享，问大夫，送宾，公皆再拜。公退，宾从，请命于朝。公辞，宾退。

宾三拜乘禽于朝，讶听之。遂行，舍于郊。公使卿赠，如觌币。受于舍门外，如受劳礼，无傧。使下大夫赠上介，亦如之。使士赠众介，如其觌币。大夫亲赠，如其面币，无傧。赠上介亦如之。使人赠众介，如其面币。士送至于竟。

使者归，及郊，请反命。朝服，载旜，禳，乃入。乃入陈币于朝，西上。上宾之公币、私币皆陈，上介公币陈，他介皆否。束帛各加其庭实，皮左。公南乡。卿进使者，使者执圭垂缫，北面，上介执璋屈缫，立于其左。反命，曰："以君命聘于某君，某君受币于某宫，某君再拜。以享某君，某君再拜。"宰自公左受玉。受上介璋，致命亦如之。执贿币以告，曰："某君使某子贿。"授宰。礼玉亦如之。执礼币，以尽言赐礼。公曰："然。而不善乎！"授上介币，再拜稽首，公答再拜。私币不告。君劳之，再拜稽首，君答再拜。若有献，则曰："某君之赐也。君其以赐乎。"上介徒以公赐告，如上宾之礼。君劳之，再拜稽首，君答拜。劳士介亦如之。君使宰赐使者币，使者再拜稽首。赐介，介皆再拜稽首。乃退，介皆送至于使者之门，乃退揖。使者拜其辱。

释币于门。乃至于祢，筵几于室，荐脯醢。觞酒陈。席于阼，荐脯醢，三献。一人举爵，献从者，行酬，乃出。上介至，亦如之。

聘遭丧，入竟，则遂也。不郊劳。不筵几。不礼宾。主人毕归礼，宾唯饔饩之受。不贿，不礼玉，不赠。遭夫人、世子之丧，君不受，使大夫受于庙，其他如遭君丧。遭丧，将命于大夫，主人长衣练冠以受。

聘，君若薨于后，入竟则遂。赴者未至，则哭于巷，衰于馆；受礼，不受飨食。赴者至，则衰而出，唯稍受之。归，执圭复命于殡，升自西阶，不升堂。子即位，不哭。辩复命，如聘。子臣皆哭。与介入，北乡哭。出，袒括发。入门右，即位踊。

若有私丧，则哭于馆，衰而居，不飨食。归。使众介先，衰而从之。

宾入竟而死，遂也。主人为之具，而殡。介摄其命。君吊，介为主人。主人归礼币，必以用。介受宾礼，无辞也。不飨食。归，介复命，柩止于门外。介卒复命，出，奉柩送之。君吊，卒殡。若大夫介卒，亦如之。士介死，为之棺敛之，君不吊焉。若宾死，未将命，则既敛于棺，造于朝，介将命。若介死，归复命，唯上介造于朝。若介死，虽士介，宾既

复命，往，卒殡乃归。

小聘曰问。不享，有献，不及夫人。主人不筵几，不礼。面不升。不郊劳。其礼，如为介，三介。

记

久无事，则聘焉。若有故，则卒聘。束帛加书将命，百名以上书于策，不及百名书于方。主人使人与客读诸门外。客将归，使大夫以其束帛反命于馆。明日，君馆之。

既受行，出，遂见宰，问几月之资。使者既受行日，朝同位。出祖，释軷，祭酒脯，乃饮酒于其侧。

所以朝天子，圭与缫皆九寸，剡上寸半，厚半寸，博三寸，缫三采六等，朱白仓。问诸侯，朱绿缫，八寸。皆玄纁系，长尺，绚组。问大夫之币，俟于郊，为肆。又赍皮马。

辞无常，孙而说。辞多则史，少则不达。辞苟足以达，义之至也。辞曰："非礼也。敢辞?"对曰："非礼也。敢?"卿馆于大夫，大夫馆于士，士馆于工商。管人为客，三日具沐，五日具浴。

飧不致，宾不拜，沐浴而食之。

卿，大夫讶。大夫，士讶。士，皆有讶。宾即馆，讶将公命，又见之以其挚。宾既将公事，复见讶以其挚。

凡四器者，唯其所宝，以聘可也。

宗人授次。次以帷。少退于君之次。

上介执圭，如重，授宾。宾入门，皇；升堂，让；将授，志趋；授如争承，下如送；君还，而后退。下阶，发气，怡焉；再三举足，又趋。及门，正焉。执圭，入门，鞠躬焉，如恐失之。及享，发气焉，盈容。众介北面，跄焉。私觌，愉愉焉。出，如舒雁。皇，且行；入门主敬，升堂主慎。

凡庭实，随入，左先，皮马相间，可也。宾之币，唯马出，其余皆东。多货，则伤于德。币美，则没礼。贿，在聘于贿。

凡执玉，无藉者袭。

礼，不拜至。醴尊于东箱，瓦大一，有丰。荐脯五胑，祭半职横之。祭醴，再扱，始扱一祭，卒再祭。主人之庭实，则主人遂以出，宾之士讶受之。

既觌，宾若私献，奉献，将命。摈者入告，出礼辞。宾东面坐奠献，再拜稽首。摈者东面坐取献，举以入告，出礼请受。宾固辞，公答再拜。摈者立于阈外以相拜，宾辟。摈者授宰夫于中庭。若兄弟之国，则问夫人。

若君不见，使大夫受。自下听命，自西阶升受，负右房而立。宾降亦降。不礼。

币之所及，皆劳，不释服。

赐饔，唯羹饪。筮一尸，若昭若穆。仆为祝，祝曰："孝孙某，孝子某，荐嘉礼于皇祖某甫、皇考某子。"如馈食之礼。假器于大夫。肦及廋、车。

聘日致饔。明日，问大夫。夕，夫人归礼。既致饔，旬而稍，宰夫始归乘禽，日如其饔饩之数。士中日则二双。凡献，执一双，委其余于面。禽羞，俶献。

比归大礼之日，既受饔饩，请观。讶帅之，自下门入。

各以其爵，朝服。

士无饔。无饔者无傧。

大夫不敢辞，君初为之辞矣。

凡致礼，各以其爵，朝服。皆用其飨之加笾豆。无饔者无飨礼。

凡饩，大夫黍、粱、稷，筐五斛。

既将公事，宾请归。凡宾拜于朝，讶听之。

燕，则上介为宾，宾为苟敬。宰夫献。无行。则重贿反币。

曰："子以君命在寡君，寡君拜君命之辱。"君以社稷故，在寡小君，拜。""君贶寡君，延及二三老，拜。"又拜送。宾于馆堂楹间，释四皮束帛。宾不致，主人不拜。

大夫来使，无罪，飨之。过，则饩之。其介为介。有大客后至，则先客不飨食，致之。

唯大聘有几筵。

十斗曰斛，十六斗曰薮，十薮曰秉，二百四十斗，四秉曰筥，十筥曰稯，十稯曰秅，四百秉为一秅。

【译文】

聘礼。国君与卿商议关于聘礼的事，接着便就卿中任命使者。使者向国君再拜叩首，谦称自己的才能不足以当此大任而推辞。国君不准其推辞，于是使者便退下。聘问之事决定后，任命上介也是如此。宰命令司马去任命随行的众介，众介都接受任命，不必像使者和上介那样谦辞。

宰把聘礼所用的礼物记录下来，又命令宰夫交各部门备办。出行之日的前一天，黄昏时候要检视礼品。使者身穿朝服，率领随行人员去见国君。管人在寝门外的地方铺设幕巾。宰夫的属官们将礼品陈列在幕巾上：皮革的首部要朝北（由西向东一张一张地放），献给聘问国国君的要放在西侧，献给国君夫人的布帛之类的礼品放在皮革的左半边之上；如果礼品中有马匹，让马头朝北，币帛之类放在马的前面。使者在幕巾的南边面朝北而立，随行人员站在他的左侧（也都面朝北），而以东首为尊。卿、大夫在幕巾的东侧，面朝西而立，以北首为尊。宰走进路寝禀告国君礼品已准备完毕。国君身穿朝服，从路门左侧走出，面朝南而立。史官读清单，并一一核验实物。核查毕，然后宰手拿礼单，禀

告国君礼品齐备无误,并将礼单交给使者。使者接过礼单,又交给副使。国君向众臣拱手行礼,请诸臣入路寝门。使者的随行官员将礼品装载上车,车就停在治朝。副使监视装载完毕,将礼单放入车内,使其随车而行。

第二天,宾身穿朝服在祢庙进行告庙仪式。有司在祢庙室中为神铺席设几。祝首先进室中,主人跟着进入。主人在祝的右侧,向庙主行再拜之礼,祝向庙主报告宾将行聘之事,又行再拜之礼。接着,祝将带来的束帛放下,长一丈八尺,玄色,共五匹,放在小几前的席上,然后祝与宾退出。主人站在室户之东,祝站在窗户之西。接着主人和祝再次入门,将刚才放下的束帛取起下堂,再卷起来,放在筭中,然后埋在东、西阶之间的地方。又在道路神前放帛行告祭。于是,前往朝中接受国君的命令。副使到祢庙放束帛告庙的仪式也是如此。

副使和随行人员在使者的门外等候。使者在车上插上旃旗(表示将要出使),并率领副使和随行人员前往治朝接受国君的命令。国君身穿朝服,在治朝面朝南而立。卿、大夫面朝西而立,以靠近国君的北首为尊。国君请卿召使者。使者入门,随行人员也相继而入,都面朝北而立,以东首为尊。国君拱手行礼,让使者上前;副使站在使者左侧,接着听君命。贾人面朝西坐下,打开藏玉的匣子,取出圭,让垫圭用的木板末端的丝带向下垂着,之后不必起身,直接将圭交给宰。宰拿着圭,将丝带垂直持于手中,从国君的左侧将圭交给使者。使者接过圭,站立的方向与宰相同,然后将丝带向下垂着,同时听取国君之命。接着,使者复述国君之命,再将圭授给在左侧同方向而立的副使。副使接过圭,将丝带放在手上,出门授还贾人,随行人员不必跟随副使之后。接着,使者接过献给聘问国国君的璧,这是用作享礼而将加在束纁帛之上的,又接过献给聘问国国君夫人的璋,和用作享礼而将加在玄纁束帛上献给主君夫人的琮,授受的仪节都和刚才一样。于是使者启程,走到郊外时要脱下朝服换上深衣,并将车上的旃旗收起来。

出使途中,如果要经过其他国家,那么在到达该国边境时,要派次介前往借路。次介带着五匹帛,以奉国君之命的口吻,到过往国的外朝表达自己奉君命请求借道之意,说:"请给我等引路。"然后放下束帛。过往国的下大夫拿起束帛入内禀告国君,出来时说国君已经同意,接着收下束帛。过往国国君依照礼节给过境人员以馈赠:使者是上宾,所以馈赠牛、羊、豕三牲,路上备用的东西就只有喂牲口的草料,其他随行人员都有馈赠。然后派一位士带路,直至走出国境。使者和随行人员进入国境前,宾在边境上向众人进行告诫。宾面朝南而立,副使面朝西而立,众随员都面朝北,以东首为尊,史官宣读戒书,司马手持马鞭站在他身后以示违戒必罚。

在进入聘问国国境之前,要演习一次聘问的仪式。先堆土为坛,再画上台阶,在堂的北面设置帷围(象征国君所在的方位),不必画地为宫墙。使者换上朝服,但不让人模拟国君，也不必执玉。随行人员都要参与演习，一律面朝北而站，以西首为尊。接着演习向主人献礼品，随行人员手持皮革。演习向夫人聘问献礼，仪节也是如此。只演习国君命令的聘问等事，不得演习私下会见卿、大夫的事。

使者一行到达聘问国国境时，要张开旃旗，所有人员起誓，决不违反聘问国的礼法。接着谒见关人说明来意。关人询问随行的人数，使者让副使回答。关人向国君报告，国君让士询问来者入境的事由，然后使者等得以入境。

入境后，要收起旃旗，然后再次展陈和核验所带的礼品。先在地上铺设幕巾，宾身穿朝服站在它的东侧，面朝西；随行人员都站在南侧，面朝北，以东首为尊。贾人也在幕巾南侧面朝北，坐着将圭取出擦拭，然后持圭起身，告诉使者圭还在。副使上前看过后，退回原位。贾人将圭放回匣内。接着展陈皮革，皮革都是首部朝北放在幕巾上，献给国君的皮革放在西侧：贾人又擦拭璧，然后向使者展示；再将璧和玄纁束帛一起放在西侧的皮革上。副使上前检视后退回。如果有马匹，就牵至幕巾的南边，马首朝北，币帛放在它的前面。展示献给国君夫人的礼品，仪节与此相同，只是贾人在擦拭璋和琮之后要禀告副使，副使再禀告使者。有司展示使者等私见卿大夫的礼品，然后禀告使者。走到远郊时，再次展陈所有礼物，并加以核验，其仪节与前一次相同。到达设在远郊的馆舍时，要在贾人的馆舍第三次展示、核验礼品，其仪节与前一次相同。

使者到达近郊，要张开旃旗。国君派下大夫前往询问客往何方，然后回去复命。于是，国君派卿身穿朝服，带着五匹帛前往慰劳。上介出馆舍门，询问卿缘何而来，然后入内禀告使者。使者谦辞一次后，到馆舍门外迎接，行再拜之礼。慰劳者不必答拜。使者向慰劳者拱手行礼，接着先行入门，在馆舍的门内接受慰劳。慰劳者捧着束帛入门，在门内西侧面朝东而立，代致国君慰问之辞。使者面朝北恭听，然后转身稍向后退，行再拜叩首之礼，再上前接过束帛。慰劳者出门等候。使者将束帛交给家臣。副使出门请慰劳者入内，慰劳者谦辞不入。于是使者亲自出门揖请慰劳者，然后先行入内，慰劳者随其后进入舍内。宾的随行人员将送给慰劳者的四张麋鹿皮陈设在门内，又用五匹锦送给来客，慰劳者再拜叩首后收下。使者再拜叩首后，致送币帛。慰劳者拱手行礼后执皮而出，接着退归。国君夫人派下大夫拿两个方篮的食品前往慰劳。篮子上罩有巾，表面为玄黑色，里子为绛色，篮子有盖，里面放着经过挑选并蒸熟后去掉皮核的枣栗，下大夫一手提枣，一手提栗上前。使者接过盛有枣的篮子，下大夫用双手将盛有栗的篮子授给使者。使者接受礼物的礼节，与刚才接受卿的礼物时一样；接着，使者又像刚才回赠卿以礼物那样，回赠下大夫礼物。来慰劳的下大夫为使者带路，于是进入国门。

使者来到外朝，国君说："敝先君之庙，早已洒扫完毕，等待您的到来。"使者说："不必如此仓促，还是等您闲暇时再来吧。"大夫奉国君之命导引使者到馆舍，上卿在此致礼。

使者迎受，并答以再拜之礼。卿代国君致辞，请宾在此下榻，使者再拜叩首致谢。卿退下，宾以再拜之礼相送。宰夫身穿朝服为宾设便宴，所设的食物有：煮熟的牛、羊、豕各一，放置在庭西，有九鼎，另有三个陪鼎；生的牛、羊、豕各一，放置在庭东，有七鼎；堂上的食品都以八为数，西夹室前的食品以六为数。门外有米、禾草各二十车，薪草的数量是禾草的一倍（这是为使者准备的）。为副使准备的食品是：煮熟的牛、羊、豕各一，陈设在庭西，有七鼎，另有三个陪鼎；堂上的食品都以六为数，门外的米、禾草都是十车，薪草是禾草的一倍。随行人员的食品都是牛、羊各一。

第二天，下大夫奉国君之命到馆舍迎接使者。使者身穿皮弁之服前往聘问，到达治朝。使者进入更衣处休息等候，宾的有司在庙门外陈设带来的礼品。国君任命卿为上摈，大夫为承摈，士为绍摈（去迎接使者）。上摈出门请问使者为何事而来，然后入门禀告国君。国君身穿皮弁之服，在大门内迎接使者。上摈导引使者进门。使者从大门左侧进入。国君向使者行再拜之礼，使者避让，不必答拜。国君向使者拱手行礼后先入门，为之引路，每走进一门，或每逢拐弯处，国君都向使者拱手行礼。走到庙门前，国君拱手行礼后先进门，在中庭站立等候使者，宾进门后站在靠近西塾的地方。有司在庙中为神铺设几席完毕，摈者出门向国君请命。于是，贾人在所陈礼物的西边面朝东坐下，打开玉匣，取出圭，让圭垫尾部的丝带垂着，不必起身，直接授给副使。副使不必掩其上服，手执圭而将丝带垂直托在掌上，转递给使者。使者掩其上服，然后持圭。上摈入内禀告国君，接着又出来推辞使者所赠之圭。然后，摈者导引使者进庙门，使者入门后站在左侧。副使等入门后也都站在门左，面朝北，以西首为尊。国君与使者三次互相拱手行礼，来到阶前，然后三次相让。国君先走上二级台阶，接着使者再开始走上第一级台阶，再走到堂上西楹柱之西，面朝东而立。上摈退至中庭。使者转达己君向主国君表示友好和慰问之辞；国君向左转身，面朝北而立（准备行拜礼）。这时，上摈上进前在堂下阼阶之西为国君赞礼。国君在正对着前梁的地方向使者行再拜之礼。使者三次向后避退，到西序前站定。国君独自掩好上服，在堂中间与东楹柱之间亲手接过圭。摈者退下，背靠东塾而立。使者下堂，随行人员按与入内时相反的次序退出。接着使者也退出。国君亲手将圭授给宰，然后袒左袖露出裼衣，再下堂立在庭中。这时，上摈又出门，请问使者是否还有事。使者袒左袖露出裼衣，然后捧着束帛，上面放着一块璧，准备献给国君。于是上摈进门禀告国君，接着出门告诉使者，国君同意他入内行享礼。放在庭中的礼品，如果是兽皮，则应左手握两前足，右手抓两后足，将兽毛朝里对折，在庭南三分之一处并立。使者进门后站在左侧，接着与国君像刚才那样互相揖让，然后上堂再次致词，同时，执皮者将对折着的兽皮打开。国君行再拜之礼后接过币帛。在堂下接受兽皮的士，从执皮者身后走到其右侧，使者退出，士在对着使者站过的地方坐下，表示兽皮是受之于使者，然后将兽皮依

原样对折好。国君亲手将币帛交给宰，士执兽皮退出时，要像刚才执皮者进来时那样，为首者立在左侧，向东行进，将兽皮收藏起来。聘问夫人时，玉器用璋，献礼时则用琮加放在束帛上，其间仪节与刚才向国君献礼一样。至此，如果使者还有其他事要禀告国君，则要像向国君献礼那样，再奉五匹帛。于是，上摈出门请问使者是否还有事，使者告知上摈：公事已完毕。

使者捧着束锦请求私见国君。摈者入门禀告国君，接着出门推辞使者来见。国君请使者允许他行醴礼，使者先谦辞，接着表示听从国君之命。摈者入内禀告国君。于是宰夫将庙中为神而设的几和席撤去，重新为使者设席。国君出门，迎接宾入内，双方像聘问时那样相互揖让。国君上堂，在东序南头亲自从宰夫手中接过漆几。宰夫向内拂拭漆几上的灰尘（以免弄脏国君的衣服），一共拂三次，然后捧着漆几的两端上前。国君面朝东南，用衣袖向外侧拂拭漆几上的灰尘，一共三次，拂毕，抖落衣袖上的灰尘，然后双手执住漆几的中部，向西进送给宾。摈者禀告使者，国君将要授漆几于他。使者上前，在席前迎受漆几，面朝东等候。国君向使者一拜之后，送上漆几。使者拿着漆几避让，表示不敢当国君之礼，然后面朝北放下漆几，（由于仪节未完）此时不必下堂，只需在西阶之上以再拜叩首之礼作答。宰夫往觯中酌醴酒，再在觯上加一把勺，勺把朝前。国君亲手接过醴酒。使者仍不必下堂，只需对国君行一拜之礼，然后走到席前接过醴酒，再回到西阶之上的位置。国君行拜送受礼者。于是，宰夫在使者席前进上笾豆和干肉、肉酱，使者入席，摈者退至东塾之前。使者祭干肉和肉酱，又用勺酌醴酒而祭，一共酌、祭三次。接着有司在庭中陈设作为礼物的四匹马。使者离席，面朝北，将勺和觯并在一起，一手拿住上方的勺把，坐下尝一口醴酒；国君送束帛给使者。使者将勺插入觯中，然后面朝北放在席前干肉和肉酱的东侧。摈者上前协助国君向使者赠送束帛。使者下堂推辞，国君则走下一级台阶，（不让使者下堂，也）不同意他的推辞。于是，使者连步登阶上堂，表示听从国君的命令；接着又下堂，准备行拜受礼；国君不许。然后使者上堂，向国君行再拜叩首之礼，再接过束帛，在正对着东楹柱的地方，面朝北；然后退下，面朝东立候。国君向使者拜一拜，使者下堂回避。国君又行再拜礼。于是，使者牵着庭中最左侧的那匹马出门。副使接过使者手中的束帛，随员牵着其余的马，随后出门。

使者私下去见国君时，一手要捧着束锦，一手总揽四匹马的缰绳；另有两人在两马之间协助牵马。宾从门右侧入内，面朝北放下束锦，行再拜叩首礼。摈者（以其是臣见君之礼，不敢当而）加以推辞。使者出门（恭候）。摈者坐下，取使者的束锦而出，两位有司则牵着马跟随其后，然后出门，面朝西站在门外东塾之南。摈者请使者把礼物收回，重新以客礼相见。使者谦辞后，表示从命。于是，使者的四位随员在马的左边用右手牵着马，进入庭中，面朝北站好。使者捧着束锦，进门后站在左侧，随行人员入门后也都站在左侧，

以西首为尊。国君像先前那样与使者相互揖让,然后上堂。国君面朝北行再拜之礼。使者三次后退,接着转身,走到西序前站好;然后用袖子拂去锦上的灰尘,上前授给国君,位置是在正对东楹柱处的北面。接受马匹的四位士,走到牵马者的前面,再向右转身走到其身后,又走到其右侧,然后接过马匹。牵马者稍向前走,再折向西行,然后出门。使者下堂,在西阶的东边准备行拜送礼。国君不让使者在堂下行拜礼。使者依然在西阶的东边行拜礼(以表示敬意),于是国君走下一级台阶再次劝阻。摈者说:“寡君已经跟着您走下台阶,您即使要行拜礼,也请起身上堂。”于是使者迅速登阶走上堂。国君在阼阶上面朝西而立。使者在西阶之上向国君行再拜叩首之礼。国君稍稍后退。使者下堂后出庙门。国君亲手将束锦授给宰。宰在庭东将它收藏起来,只将马匹牵出门(以保持庙中的清静)。

国君下堂,在庭中面朝南而立。摈者出门请问在此等候的副使等还有什么事。副使捧着束锦,四位随行人员各捧一束玉锦,请求私见国君。摈者入内禀告国君,接着出门告知国君已同意相见。副使捧着束锦,另有两张麋鹿皮,由两人协助执持;都从庙门的右侧入内。在庭中面朝北而立,以东首为尊。然后放下束锦,向摈者行再拜叩首之礼。(因为这是臣见君的礼节)摈者不敢当而推辞。于是随行人员按与入门时相反的次序退出门。摈者拿着副使赠送的锦,士拿着随行人员赠送的玉锦,两位有司举起两张麋鹿皮,跟在他们后面。出门后,摈者请副使收回他们的礼物以客礼相见。有司在门限外将麋鹿皮面朝南放下;执锦者在门外东侧面朝西而列,以北首为尊。摈者请副使以客礼相见。副使先谦辞,然后从命。接着副使和随行人员都上前,各自迎受玉锦。副使捧着束锦,跟在执皮者之后,进门后站在左侧,接着在庭南放下麋鹿皮。国君在中庭面朝南行再拜之礼。副使用衣袖拂去锦上的灰尘,从麋鹿皮的西侧向北行,再折而向东,走到对着君站立处,再折而向北行,然后面朝北将束锦献给国君,接着退回原位,向国君再拜叩首,并拜送受币帛者。副使出门。宰在国君的左侧接过币帛,两位有司坐着拿起麋鹿皮,到庭东收藏起来。

摈者又导引随行人员入内。随行人员从庙门右侧入内,接着放下玉锦,行再拜稽首之礼。(这是臣见君之礼)摈者不敢当而推辞,随行人员按与入门时相反的次序退出。摈者拿着随行人员之长的束锦出门,谦辞请求他们收回,使者代表随行人员推辞(于是摈者收下)。(摈者入内禀告国君)国君在中庭以再拜礼遥相致谢。摈者又出门站在门的中间协助双方行拜礼,随行人员都退避(表示不敢当国君之礼)。国君一方的三位士,由东向西并立,以东首为尊,接着坐下拿起所献的玉锦,然后起身站立。这时摈者仍拿着束锦走到中庭,由宰夫在庭中从摈者手中接过束锦,藏于庭东。三位执币帛的士依次序一一将玉锦交给宰夫。

摈者再次出庙门请问使者还有何事,使者说事已办完。摈者入内禀告国君,于是国君出庙门送使者。即将走到大门口时,国君询问对方国君的起居情况。使者回答身体很好,于是国君行再拜礼,祝他平安无恙。国君又问及对方卿大夫的情况,使者一一回答。国君对使者辛劳而来表示慰问,使者向国君行再拜叩首之礼以示感谢。国君答拜还礼。国君又慰问随行人员,随行人员都行再拜叩首之礼表示感谢,国君答拜还礼。使者出大门,国君在门内以再拜之礼相送,直至使者不再回头才返归。

(出庙门时)使者请求聘问对方的卿大夫。国君谦辞一次后表示同意。使者回到馆舍稍事休息。卿大夫前往馆舍慰问使者,使者以不敢劳卿大夫登门而加以推辞。于是卿大夫将作为见面礼的雁放在地上,并且行再拜之礼,副使代表使者收下礼物。卿大夫前往慰问副使的礼节,也是如此。

国君派卿身穿韦弁服向使者馈赠杀好的以及活的牛、羊、猪,总共五牢。副使禀告使者请问如何处置,使者身穿朝服,谦辞后收下。主国的有司进入馆舍的庙门内陈设馈送之物:五牢。煮熟的牛、羊、猪一共三牢,其中煮熟的一牢,正鼎共九个,陈设在西阶前,陪鼎陈设在正对着西阶东廉的地方,一律朝东摆放,以北首的鼎为尊,北首的正鼎与陪鼎都与碑对齐,由北向南排列。九鼎内分别盛有牛、羊、猪、鱼、腊肉,牛羊的肠、胃在同一鼎内,还有细切的猪肉、新鲜的鱼、尚未晒干的腊肉等,每鼎都有鼎杠和盖。三个陪鼎内分别盛着牛肉羹、羊肉羹、猪肉羹,这是牛、羊、猪的陪鼎。尚未煮的牛、羊、猪为二牢,共十四鼎,(分两行排列,每列七鼎,与西阶前陈设的九鼎相比,只是)没有新鲜鱼和未晒干的腊肉(其余相同),全都陈设在阼阶前,鼎面朝西,从北向南像九个熟食鼎那样排列,只是分成两行。堂上陈设的食品,按照豆数为八的规格,陈设在室户的西边,全部朝西陈放,都按两个食器并列为一组的方式摆放。最东首是腌制的韭菜,南侧是汁很多的肉酱,如此两两相并,曲折地陈放。接着往西陈设八簋,黍在北,稷在南,交错陈放。再接着往西陈设盛羹的六铏,牛羹之西为羊羹和猪羹,猪羹之南又是牛羹,再往东是羊羹和猪羹。再接着往西放两,粱在北,稻在南。八壶陈放在西序的前边,以北首为尊,两两并列,向南摆放。西夹室的六豆,陈设在西墙下,腌韭菜(最尊)放在北首,其南是汁很多的肉酱,也如上曲折地陈设。接着往南放六簋,黍在西,稷在东,交错着陈设。再接着往南陈设四铏,牛羹之南是羊羹,羊羹之东是猪羹,猪羹之北是牛羹。再接着往南陈设两簋,粱簋放在西边,稻簋放在东边,都是两两相并,从北向南摆放。六壶摆放在西夹的北墙下,以西首为尊,两两相并,从西向东陈放。在东夹室陈放食品的方式也是如此,以西北为尊。壶以东为尊,向西陈放。醯酒和肉酱共有一百瓮,在碑的两侧,十瓮为一列地陈放,醯酒在碑的东侧醢陈放在西边。尚未杀的牛、羊、猪共二牢,陈列在庙门之西,头朝北,以东首为尊。最东边是牛,牛的西侧是羊、猪,这是一牢;猪的西侧又是牛、羊、猪,这是第二牢。米一共

一百筥，每筥的容量为五斗，陈设在庭中，以十筥为一列陈放，都以北首为尊。黍、粱、稻都摆成两行，稷摆成四行。门外陈放的物品有：米三十车，每车二百四十斗，都陈设在门外东侧，排成三行，自西向东陈列；禾草三十车，每车一千二百把，都陈放在门外西侧，自东向西陈放，柴薪和草料的数量是禾草的一倍。

使者身穿皮弁服在大门外迎接大夫，行再拜之礼，大夫不必答拜。双方相互拱手谦让后入门。（走到庙门前）使者向大夫拱手行礼后先入门。大夫捧着束帛，进入庙门，与使者三次拱手行礼后并排而行。走到阶前，双方拱手谦让后，大夫先走上一级台阶。使者随后走上阼阶，上堂，面朝北听命于大夫。大夫在西阶的上面朝东致辞，使者下堂，准备在阼阶的西边行再拜叩首之礼，拜谢大夫馈赠活牲的礼节也是如此。大夫以君命不让使者下堂行礼，于是使者上堂完成拜礼。使者在堂中央的西侧面朝北接受大夫赠送的束帛，面朝北。大夫下堂，然后出庙门。使者下堂，将束帛交给家臣，又出门迎请大夫。大夫谦辞，然后应允。入庙门时，双方像刚才那样相互拱手谦让。使者走上一级台阶后，大夫随后跟着，走到堂上。陈设在庭中的礼物，是四匹马。使者下堂，从家臣手中接过束锦准备回赠大夫，大夫在堂上劝阻。使者面朝西捧着束锦，大夫在西阶上面朝东而立。使者向大夫致送束锦。大夫站在正对着前梁的地方，面朝北以辞相答，并且行再拜叩首之礼；接着在两楹之间接受束锦，再面朝南，然后退回西阶上，面朝东待命。使者再拜叩首，礼送受束锦者。大夫下堂后，牵着庭中最左侧的那匹马出门。使者一直送到大门之外，行再拜之礼。第二天，使者要到朝上去外拜谢国君，拜谢他馈赠杀牲和活牲，都是行再拜叩首之礼。

馈送给副使的食物有：已杀死的和活的牛、羊、猪共三牢，其中杀死的牛、羊、猪有一牢已经煮熟，陈列在宾馆庭中的西侧，正鼎是七个，陪鼎是三个；未煮的牛、羊、猪也是一牢，陈列在东侧，连同其他生肉，总共有七个鼎；陈设在堂上的食品都以六为数。在西夹室陈设的食品也是如此。筥和瓮的数量，都与馈赠使者的一样。活的牛、羊、猪一牢。陈设在大门外的米、禾的数量，根据已杀死的牛、羊、猪的牢数来决定，每牢配以十车米或禾，柴薪与草料的数量则是禾草的一倍。所有上述陈设于庭内外的礼物，都与送给使者的一样。下大夫向副使致送礼物时，身穿韦弁服，赠以束帛。副使接受束帛时，也要穿韦弁服，其间仪节与使者一样。回赠给下大夫的礼物，是两匹马和一束锦。赠送给四位随行人员的是活的牛、羊、猪各一，米一百筥，陈设在馆舍门外。向随行人员馈送礼物时，宰夫身穿朝服，牵牛致送。随行人员身穿朝服，面朝北再拜叩首后接受礼物。以上仪节都没有摈者协助。

使者身穿朝服前往聘问卿。卿在祖庙接受使者的问候，下大夫担任卿的摈者。摈者先出庙门，请问使者为何事而来；接着卿身穿朝服到大门之外相迎，向宾行再拜之礼，使者不必答拜。双方拱手行礼后，卿先入门为使者引路，每到一门或每逢拐弯处，卿都向使者拱手行礼。走到庙门前，卿拱手行礼后先入内。接着摈者出门，请使者行问礼。使者命人将赠给卿的四张麋鹿皮陈设在庭中。接着，使者捧着束帛，入庙门。使者与等在庙门内的卿并排而行，三次拱手谦让后，走到阶前，又三次相互礼让。于是，使者先走上一级台阶，卿接着踏上台阶，然后登堂上，面朝北听使者致词。使者在西阶之上面朝东转致君的问候之辞。于是卿下堂，在阼阶的西边准备行再拜叩首之礼。使者劝阻后，卿上堂，完成拜礼。接着卿在堂中央的西侧，面朝北接受束帛。然后使者下堂，出门。卿随后下堂，将束帛授给家臣，没有摈者协助。

摈者出庙门请问使者还有何事。使者请求私见大夫，所准备的币帛与私见国君时一样。使者捧着束锦，随行人员牵着四匹马跟随其后，从庙门右侧进入。大夫（认为这是使者谦虚降礼）表示不敢当。于是使者又从门的左侧进入。有司将四匹马牵入庭中。双方像先前那样相互拱手谦让来到阶前。大夫先走上一级台阶，使者随后登阶。大夫在阼阶之上面朝西，使者在西阶之上面朝东，致相见之辞。大夫应对之后，面朝北在前梁之下行再拜之礼，接着在东西楹柱之间接受束锦，再面朝南，然后退回原位，面朝西而立。使者在前梁下以再拜之礼送受束锦者，然后下堂，出门。接着大夫下堂，将束锦交给家臣。

摈者出门，请问副使有何事。副使请求私见大夫，准备的礼物与使者私见大夫时一样。副使手捧束锦，一对麋鹿皮由两人协助拿着。从庙门右侧进入，接着放下束锦，行再拜之礼。大夫表示不敢当其从门右侧进入之礼，副使出门。摈者出门将束锦交还副使。副使命人将麋鹿皮陈放在庭中，自己重新捧着束锦从门的左侧进入，大夫像先前那样与副使拱手谦让。然后，副使升堂，在堂上将束锦赠送给大夫，大夫再拜之后收下。副使下堂，准备行拜礼，大夫下堂劝阻。于是副使上堂，行再拜之礼，然后出门。摈者又出门，请问客人还有何事。使者的随行人员请求私见大夫，准备的礼物与使者私见大夫时一样，从庙门右侧进入，然后放下玉锦，行再拜之礼。大夫表示不敢当其从庙门右侧进入之礼。随行人员按照与进门时相反的次序退出。摈者拿着随行人员之长的玉锦出门，谦辞请收回，使者辞谢。摈者入门禀告，大夫表示在门内致再拜之礼后方可接受。摈者拿着随行人员之长的束帛，站在庙门中央协助行拜礼，随行人员不敢当而回避。家臣在庭中从摈者手中接过束帛，另外三位士坐下将随行人员的束帛取起，跟随在家臣之后去敛藏。摈者又出门请问还有何事，使者说私见已完毕，于是出大门，大夫一直送到大门之外，行再拜之礼。直到使者不再回头时，大夫再转身进门。摈者亦告退，大夫拜谢他屈尊为自己做傧相。

如果主国有某位下大夫曾经作为使者聘问过自己的国家，则此时要由副使带着束帛去问候，表示不忘旧交。副使要身穿朝服，带着三名随行人员，前往问候下大夫。下大夫

接受束帛的仪节与卿一样。彼此相见的仪节，与使者私见卿一样。

如果主国的大夫中有因故不能与使者等相见的，则国君派与这位大夫爵位相同的人代为接受礼物，仪节与大夫本人接受对方礼物的一样，但不必拜谢对方（因为是代替的，不敢当主人之礼）。

使者慰问卿的当天傍晚，国君夫人派下大夫穿韦弁服向使者回礼。下大夫在馆舍的堂上摆放的笾豆都以六为数，陈设在室户之东，以西首为尊，笾豆都是两两相并，由西向东陈放。壶陈设在东序前，以北首为尊，两两相并，由北向南陈放。稻、黍、粱三种酒，都有清有白，每种酒都是两壶。下大夫捧着束帛代夫人向使者致辞。使者像当初接受馈赠时那样，回赠四匹马和一束锦。为副使准备的食品则是四豆、四笾、四壶酒，副使接受时的礼节与使者一样，但回赠的礼物为两匹马和一束锦。第二天，使者要到朝上拜谢国君夫人的馈送。

大夫馈赠给使者的礼物陈设在门外，有大牢，米八筐。使者出门迎接，行再拜之礼。室老牵着牛，将大牢致送给使者，使者再拜叩首后收下馈送。室老退归，使者以再拜之礼相送。大夫向副使馈赠礼物的仪节也是如此。大夫馈赠随行人员的礼物是各一少牢，米六筐，都是由大夫的士牵着羊致送。

国君宴请使者，食礼一次，飨礼两次。燕饮及所献禽鸟肉和当令的新物，没有定数（视双方感情的深浅而定）。每接受一次款待，使者和副使都要在第二天到朝上拜谢国君。如果是宴请副使，则食礼一次、飨礼一次。如果国君因故不能亲往参加宴会，则要请爵位与使者相同的大夫参加，大夫要身穿朝服，用侑币代己向宾致辞，劝使者进食。其仪节与向使者致送食物时一样，只是没有傧者协助。行飨礼时用酬币劝使者饮酒，仪节也是如此。大夫宴请使者，也是飨礼一次、食礼一次。大夫宴请副使，则或用食礼，或用飨礼；如果大夫因故不能亲自参加，则国君要另派一名爵位相同的大夫参加，也是用酬币向宾劝酒致辞，劝食之礼用侑币。

国君派卿身穿皮弁服，到使者的馆舍归还玉圭。使者身穿皮弁服，掩住前襟，在大门外迎接卿，不必行拜礼，接着引领卿入门。卿从西阶上堂，由西楹柱的北侧到庭中（面朝南）。使者在堂下碑的北侧面朝北听命于卿，然后从西阶上堂，站到卿的左侧，与卿面朝南并排而立，接着从卿手中接过圭，然后退至右房的前面，背朝右房而立。于是，卿下堂来到庭中。使者下堂来到碑的北侧，面朝东，将圭授给站在阼阶东边的副使。副使又出门，请问卿还有何事，接着回禀使者，使者出门相迎；卿像前一次进来时那样，将璋交还使者。使者袒去左袖，露出裼衣，上前接圭。卿赠送的财物是束纺。国君回赠对方国君的礼物是：礼玉、束帛、四张虎豹皮，其仪节与还圭璋时一样。于是卿出门，使者相送，但不必行拜礼。

使者返国的前一天，国君亲往馆舍拜见使者，使者谦避，副使出门听国君致词。国君对使者奉君命来向自己行聘享之礼，又向自己的夫人聘享之礼，又问候各位大夫，表示感谢，对使者即将归国表示送别，这四件事每说完一件，国君都要行再拜之礼。国君退归，使者跟随其后，直至朝上，并再次拜谢国君屈驾来看望自己。国君谦辞，使者退归。

出发回国的那天，使者到朝上行三拜之礼感谢国君赐以乘禽，侍者听后禀告国君使者的拜谢之辞。于是使者一行踏上归途，当天在王国近郊的馆舍住宿。国君又派卿前往赠物送行，所赠之物与私见国君时所赠送的一样。使者在馆舍门外接受礼物，其仪节与入境时接受郊劳之礼一样，只是没有摈者协助。国君又派下大夫向副使赠物送行，仪节也是如此。又派士向使者的随行人员赠物送行，其仪节与私见国君时赠送币帛一样。大夫要亲自向使者私赠物品，物品与当初私见时所赠的一样，没有傧者相助。向上介赠送礼物也是如此。派人向各位随行人员赠送物品，物品与当初私见时赠送的一样。主国的士要一直将使者一行送到国境。

使者回国，走到近郊时，请郊人禀告国君，使者已归将要复命。使者穿上朝服，将旃旗插在车上，又举行禳祭，然后才入城中。于是进入寝门，将带回的币帛陈列于治朝，以西首为尊。对方国君、卿大夫赠送给使者的币帛全部要陈设，对方国君赠送给副使的币帛也要陈设，赠送给随行人员的币帛则不必陈设。使者和副使的束帛，放在庭中各自的礼物内，在皮革的左侧。国君（在礼物之北）面朝南而立。接着，国君命令卿传呼使者入内，使者手拿圭，让圭垫板下面的丝带垂着，在所陈礼物南边面朝北而立，副使手拿璋，将丝带垫托在掌上，站在使者的左侧。使者向国君复命，说："奉国君之命前往聘问某国国君，某国国君在某一宫庙接受我方赠送的币帛，并且行再拜之礼。我方又向某国国君献礼，国君接受后行再拜之礼。"宰从国君的左侧来到使者左边接过圭。使者接过副使的璋，向国君复命的仪节也是如此。使者又捧着束纺说："某国国君让某子还报君的聘礼的礼物。"然后将纺交给宰。捧持对方赠送的礼玉向国君禀告的礼节也是如此。最后，使者捧持对方国君初次接见使者时所赠送的礼物，将从郊劳到赠物的每个细节都详尽禀告。国君听后说："好，你不是很善于奉命出使吗！"接着将手中的礼物赏给副使，副使向国君再拜叩首，国君以再拜之礼作答。私见对方卿大夫时收下的币帛可以不报告国君。接着，国君慰问使者，使者向国君再拜叩首，国君以再拜之礼作答。如果主国国君还有向国君特意进献的礼物，则要说："这是某国国君赠给的，不一定合您用，您用它再赐给别人吧。"副使可以空着双手向国君禀告对方赐物的详细情况，就像刚才使者汇报时那样。国君又慰劳副使，副使再拜叩首，国君以再拜之礼作答。国君慰劳随行人员的仪节也是如此。国君命宰把使者出使所得礼物赐给使者币帛，使者向国君再拜叩首。赐给副使及随行人员币帛，副使和随行人员也都要向国君再拜叩首。然后，使者等都退归。随行人员

等要一直送到使者的祢庙门口,然后才能退归,并拱手告别。使者拜谢他们屈尊随行出使。

使者在家的大门旁用束帛告庙,告知出使归来。接着来到祢庙,有司在室中为神铺设席和小几,并进上干肉和肉酱。使者用觞酌酒放在神席前,是为一献。然后有司在阼阶之上为主人铺席,并进上干肉和肉酱,室老和家臣中的一位士接着完成三献之礼。于是,主人之吏奉主人之命举起酒爵,向跟随主人出使的家臣行旅酬礼,家臣按次序接受酬酒,饮毕出门。副使回到自己家中,也要如此举行告庙仪式并酬劳随行人员。

聘往国如果适逢国君新丧,而使者已进入其国境,则应继续进行聘问活动。不过,礼数都要降低,主国不派大夫到近郊慰劳使者。由于尸柩停在庙中,使者无法依常礼在此向国君致命,所以不为神铺设席和小几。聘享丧君完毕,不向使者醴礼。使者一行滞留期间所需食物,主人要按礼仪规定全部送去,但使者只能收下其中已烧熟的食物和未杀的牲口。卿大夫不再向使者等赠送纺等礼品,不赠送礼玉之类,也不赠送币帛。如果适逢国君夫人或嫡长子之丧,国君作为丧主不能亲自接受聘礼,便命卿大夫在庙中接受之,其他的仪节都和遇到国君之丧一样。即使遇到大丧时,使者仍然要向大夫陈述自己国君的命辞时,摄政而为主人的卿要脱下丧服,穿着长衣、戴着练冠接受使者致礼。

使者奉命出国聘问,如果出发后得到本国国君的死讯,则应根据当时所在的位置来决定今后的行动,如果已经进入聘往国境内,则应按原计划继续进行聘问活动。如果尚未到达聘往国,报告讣闻的人又尚未到达,使者一行只能在巷门号哭,在馆舍内穿丧服;接受对方馈赠的食物时,不能接受加礼之食。报告讣闻者到达后,则可以穿着丧服走出馆舍,此后只能接受粮食和草料之类。出使完毕回到国内,要捧着圭到国君的遗体前复命,从西阶走上去,但不到堂上。世子在阼阶上即位时,(为保持复命时的肃静)不号哭。使者像平时出聘归来那样一一向亡君复命。于是,世子和群臣都开始哭泣。使者与副使及随行人员走入堂内,面朝北哭泣。出来时,要脱下左衣袖,用麻束发。入门时,从门右侧进入,然后在阼阶下的臣位上边哭边跳。

如果使者出国聘问,适逢自己的父母去世,则在馆舍内哭泣,居住时穿衰麻丧服,不参加国君为自己举行的飨礼和食礼。归国途中,让随行人员走在前,自己穿着丧服跟随于后。

使者出聘,如果在进入聘往国境内后死去,则聘问仍要继续进行。主国国君为死者备办殓殡的所有物品,并且殡之。副使接替使者之任。国君前往吊唁,副使担任丧主。丧主从对方赠送的助丧之物中选择丧葬所必需的物品带回国。国君以使者之礼对待副使,副使不必推辞。副使不参加国君为自己举行的飨礼和食礼。回国后,副使向国君复命,而将使者的灵柩停在大门外。副使复命完毕,出大门,奉灵柩到使者的家。国君到宾

家前往吊唁，直至看到棺殡之后方才归去。如果是副使死亡，其仪节也是如此。如果是随行人员死亡，则殓之入棺，国君不往吊唁。如果使者死时，聘问已进行到即将行聘享之礼时，则必须将使者殓入棺，送至主国的朝上，由副使向主国国君致聘享之礼。如果副使或随行人员死亡，归国复命时，只有副使的灵柩可以送到朝门外。如果随行人员死亡，即使他只是士，使者在复命之后，也要前往送柩，到殡殓完毕方才回归。

小聘称为问。小聘时不享以玉帛之类，只献以本国特产，而且不献及夫人。主人虽在庙中接受小聘之礼，但不铺设席和几，接受聘问之后，不向宾行醴礼。私见大夫时不上堂，只在庭中进行。使者到达近郊时，国君不派人慰劳。国君接待使者的礼节，与大聘中的副使相同，介只能有三个。

《记》

诸侯之间如果很久没有盟会，则应该派使者互相聘问。如果国内发生灾难，则应该停止聘问。如果有事与主国磋商，行毕聘享礼之后，把聘问的书简要放在束帛上，捧着向对方国君致命，书简的字数若超过一百字，就写在策上；若不满百字，就写在木版上。对方国君在接受使者致送的书简后，随使者下堂出门，国君让内史与使者在门外宣读书简内容。使者将要回国时，国君派大夫到宾馆，将使者致送的束帛归还。第二天，国君将回复的书简送到宾馆，请使者早日送达。

使者接受国君命令后准备出使，从朝中出来后后，接着去见宰，商议路途需要带几个月的费用。受命出行之日，使者与副手及随行人员和上朝时站的方位一样，都是面朝北。出行开始，使者及随行者要以物祭道路神，祭毕，卿大夫们在土堆旁祭酒和干肉，接着饮酒，为使者饯行。

用以朝见天子的玉器，圭和垫板都是九寸长，圭的顶部左右各削去一寸半（使之呈锐角形），厚是半寸，宽为三寸，托板上用三种颜色横向画了六圈。三种颜色的顺序是朱色、白色、苍色、朱色、白色、苍色。聘问诸侯时用的圭，垫板只有朱色和绿色两种，圭和垫板的长度都是八寸。这两种垫板末端都有上为玄色下为纁色的丝带，丝带长一尺，上有彩纹。聘问大夫用的束帛，由宰夫拿着在近郊等待，预先陈列好，等待使者到来后，便将束帛以及将赠送给对方大夫的皮革和马匹交付给使者。

大夫出聘，接受使命而不接受辞令，因为聘问的辞令没有固定的内容，只要顺从对方心愿，并且使他愉悦即可。辞令若太多，就有点像宗庙中的祝史了；若太少，则又不足以表达意思。如果辞令能足以表达意思就止，那就是应答场合中的极致水平了。遇有不能接受的礼遇时，推辞说："不符合礼，岂敢接受？"如果主人仍坚持，则回答说："不符合礼，岂敢不推辞？"

出聘时不能在与自己身份相当的人的宗庙中下榻，而应该降一等。卿住在大夫的宗

庙,大夫住在士的宗庙,士则住在工商之人的舍中。管人接待来客,要满足客人三天洗一次头,五天洗一次澡的要求。

主人用飨礼招待来宾时,不必用束帛来致辞,来宾接受赐宴也不用拜礼,但要沐浴之后再就食,以示对国君赐食的尊重。

聘问之日,国君派到宾馆去迎接客人的人的级别,根据对方的身份而定,使者是卿,要派大夫去迎接。副使是大夫,要派士去迎接。随行人员都是士,但也有专门的迎接者。使者在馆舍时,迎接者要告诉使者,国君让自己在此等候他,然后又拿着礼物去拜见使者。使者的公事完毕之后,用迎接者送来的礼物去回见。

凡是圭、璋、璧、琮等四种礼器,可以根据五等诸侯所宝爱而选取行聘。

(使者初次到达宗庙大门外时)宗人为他安排休息之处。休息处的四周围以帷布。使者的休息处的位置要比国君的稍稍靠后(以示区别)。

副使拿圭,分量虽轻,但要像拿很重的东西似的,授给使者(以示慎重)。使者进入庙门时,神色要庄敬;上堂时,拿圭的双手要与胸口平;将要把圭授给国君时,脚步要小而快;授圭时,要像争着承接东西,唯恐掉在地上,放下时好像送走一件东西;国君转身将圭转交给宰,然后使者退下。使者在堂上时,出于恭敬要屏着气,走到台阶下,才开始舒气,很舒坦的样子;在原地几次踏步后,心气平定,又再快步前行。走到门口,容色回复正常。(也有人认为)使者拿着圭入门时,形体犹如鞠躬一样,好像生怕丢失似的。到享礼时才敢舒气,和气溢于面部。随行人员都面朝北而立,容貌也都很舒畅的样子。私见国君时,容貌要很和敬的样子。使者等出门时,要像雁那样自然而有行列。(还有人认为)执玉者行进时要庄敬,入门时的神色以敬为主,上堂时的神色要以谨慎为主。

凡是要陈设在庭中的马匹或皮革,要逐一相随而入,而让陈放在庭右侧的先进入,皮革与马匹不必同时有,可以互相替代。使者向国君赠送的币帛等,只有马被牵至门外马厩,其余物品都送到庭东的内府收藏。(聘问的目的在于礼,而不在于礼物的多少、好坏)如果陈设的玉器太多,则变成以玉为主,势必有伤于德行。如果束帛太美,则礼的本意就会被淹没。回赠给对方的礼物,视对方带来的礼物而定(厚薄要相称)。

凡是执持玉器,下面没有束帛为衬托,则持玉者要掩好正服前襟。

(聘享完毕)对使者行醴礼时,不必行拜至礼。因为使者并非于此时始至。醴酒陈放在东厢房,是一个名为“瓦大”的瓦尊,下面有托盘。进上的干肉条共五根,另有半根祭祀时用的干肉横放在这五条干肉之上。祭醴酒时,要取两次酒,舀第一次祭一回,舀第二次要分祭两回。国君赠给使者的四匹马,由国君使人为宾牵出,而由使者的随行人员迎受并牵走。

使者私见国君之后,如果有珍异之物私相敬献,则要捧而献之,并以君命致辞。摈者

得知使者将有私献，要入门禀告国君，再出门谦辞，然后表示接受。使者面朝东坐下，放下礼物，向国君再拜叩首，声明因礼物微薄，不敢在刚才私见时呈送。摈者从门东走到使者南侧，面朝东坐下拿起使者放下的礼物，举着进门禀告国君，然后出门谦辞请使者收回。使者不允，于是国君在庭中以再拜之礼相谢表示接受宾的献物。摈者站在门限之外协助国君行拜礼，使者回避（不敢当此大礼）。摈者在庭中将礼物交给宰夫。如果双方是兄弟之国，则还应聘问夫人。

如果国君因故不能接见使者，则命大夫接受聘享之礼。大夫在堂下听宾致命，然后从西阶上堂接受礼物，再退到右房前背靠右房而立。使者下堂时，大夫也随着下堂。大夫不敢像君那样向宾行醴礼。

凡是知道自己将受到使者币帛之赠的主国卿大夫退朝后要先往馆舍慰问使者，来不及脱下皮弁之服。

国君赐给的饔食中，只用其中的羹和熟牛羊猪肉祭祀先人。祭祀前，要从随行的弟子中占筮定一位担任尸，祭祀的对象或昭或穆，视父亲是否在世而定。让仆人担任祝告者，祝辞说："孝孙某人、孝子某人，进荐美好的礼物于皇祖某人、皇父某人之前。"其礼节与少牢馈食礼相同。但使用的器物只能借主国大夫的，而不敢用国君的器物与祭器，祭毕分给祭肉时，要赐给所有随从人员，包括瘦人、巾车之类的贱官。

聘问之日，国君要向使者等致送饔食。第二天，使者等聘问大夫，摈者入内禀告大夫。当天傍晚，夫人向使者行馈赠之礼。致送饔食之后，如果过了十天使者还未回归，则要再次赠给粮等，以免难以为继。宰夫则开始向使者等馈赠乘行之禽，供给的数量与饔饩之牢的数量相同。对于随行人员，不必每人致送，隔日赠送两对乘行之禽即可。凡是进献乘行之禽，要拿一双向使者致辞，其余的可以放在使者面前。煮好的禽，要用新鲜当令的呈献。

到行馈赠大礼的那天，使者接受饔饩的各种食物后，可以请求参观宗庙等。待主君同意后，由前来迎接的大夫引路，从便门进入，进行参观。

大夫各依其爵位穿朝服。

给使者的随行人员馈赠的食物中没有熟食（没有熟食则礼数较低）。随行人员也不必向馈送者行傧礼。

大夫不必推辞使者的慰问，国君一开始就已代卿大夫推辞过。

凡是国君派人向使者行飨礼，都沿用使者、副使飨礼时的加笾、加豆之数。随行人员不赐以熟食，因此也没有飨礼。

凡是赠送食物，大夫送给使者的是黍、粱、稷三种，都装在筐中，每筐的容积为五斛。

使者在公事完毕之后，请求国君准许回国。凡是使者到朝上拜谢国君、夫人的赐予，

都由迎接者向国君转达。

燕礼时，由副使担任宾，而对使者则保持一种不专事恭敬、但又不失恭敬的身份。国君让宰夫担任献主，代替自己向使者等献酒。

如果使者不再去其他国家，主国国君则应该厚赠礼物并全部归还使者赠送给国君和夫人的礼物。

赞者在拜谢使者聘享国君时说："您奉国君之命前来存问寡君，寡君拜谢国君命您辱临于此。"赞者在拜谢使者聘享夫人时说："您为了敝国的社稷之主，奉命前来存问夫人，拜谢您屈尊下临。"赞者在拜谢使者问候大夫时说："您的国君赐物于寡君，又延及于各位大夫，拜谢您屈尊相问。"然后对于使者即将回国致拜送之辞，并拜送宾。

使者在离开馆舍前，在堂上的东西楹柱之间留下礼物（以示对馆主人的感谢），放下的礼物是四张皮革和五匹帛。使者不必致送馆主人，馆主人也不必拜谢。

大夫奉命来聘，如果入国后没有罪行，则国君亲自以飨礼款待；如果犯有过错，则不以飨礼相待，而只赠以杀好的三牲，即饩。飨礼时，以使者的副使为助手。如果有诸侯晚到，则先来的使者不能吃飨礼之食，只是派人把飨礼和食礼所用币帛佳肴给使者送去。

只有大聘问时，主国国君才为神设几和席。

量器的递进关系是：十斗为一斛，十六斗叫一薮，十薮叫一秉。一车装米二百四十斗。禾四秉叫一筥，十筥叫一稯，十稯叫一秅，那么四百秉即一秅。

公食大夫礼第九

【原文】

公食大夫之礼。使大夫戒，各以其爵。上介出请，入告。三辞。宾出，拜辱。大夫不答拜，将命。宾再拜稽首。大夫还，宾不拜送，遂从之。宾朝服即位于大门外，如聘。

即位，具。羹定。甸人陈鼎七，当门，南面，西上，设扃鼏，鼏若束若编。设洗如飨。小臣具槃匜，在东堂下。宰夫设筵，加席、几。无尊。饮酒、浆饮，俟于东房。凡宰夫之具，馔于东房。

公如宾服迎宾于大门内。大夫纳宾。宾入门左，公再拜；宾辟，再拜稽首。公揖入，宾从。及庙门，公揖入。宾入，三揖。至于阶，三让。公升二等，宾升。大夫立于东夹南，西面，北上。士立于门东，北面，西上。小臣，东堂下，南面，西上。宰，东夹北，西面，南上。内官之士在宰东北，西面南上。介，门西，北面西上。公当楣北乡，至再拜，宾降也，公再拜。宾，西阶东，北面答拜。摈者辞，拜也；公降一等。辞曰："寡君从子，虽将拜，兴

社稷坛正位俎

也！”宾栗阶升，不拜。命之成拜，阶上北面再拜稽首。

士举鼎，去幂于外，次入。陈鼎于碑南，南面，西上。右人抽扃，坐奠于鼎西南，顺出自鼎西，左人待载。雍人以俎入，陈于鼎南。旅人南面加匕于鼎，退。大夫长盥洗东南，西面北上，序进盥。退者与进者交于前。卒盥，序进，南面匕。载者西面。鱼腊饪。载体进奏。鱼七，缩俎，寝右。肠、胃七，同俎。伦肤七。肠、胃、肤，皆横诸俎，垂之。大夫既匕，匕奠于鼎，逆退，复位。

公降盥，宾降，公辞。卒盥，公壹揖壹让，宾升，公升。宰夫自东房授醯酱，公设之。宾辞，北面坐迁而东迁所。公立于序内，西乡。宾立于阶西，疑立。宰夫自东房荐豆六，设于酱东，西上，韭菹，以东醓醢、昌本；昌本南麋臡以西菁菹、鹿臡。士设俎于豆南，西上，牛、羊、豕，鱼在牛南，腊、肠、胃亚之，肤以为特。旅人取匕，甸人举鼎，顺出，奠于其所。宰夫设黍、稷六簋于俎西，二以并，东北上。黍当牛俎，其西稷，错以终，南陈。大羹湆，不和，实于镫。宰右执镫，左执盖，由门入，升自阼阶，尽阶，不升堂，授公，以盖降，出，入反位。公设之于酱西，宾辞，坐迁之。宰夫设铏四于豆西，东上，牛以西羊，羊南豕豕以东牛。饮酒，实于觯，加于丰。宰夫右执觯，左执丰，进设于豆东。宰夫东面，坐启簋会，各却于其西。赞者负东房，南面，告具于公。

公再拜，揖食，宾降拜，公辞，宾升，再拜稽首。宾升席，坐取韭菹，以辩擩于醢，上豆之间祭。赞者东面坐取黍，实于左手，辩，又取稷，辩，反于右手，兴，以授宾，宾祭之。三牲之肺不离，赞者辩取之，壹以授宾。宾兴受，坐祭。挩手，扱上铏以柶，辩擩之，上铏之间祭。祭饮酒于上豆之间。鱼、腊、酱、湆不祭。

宰夫授公饭粱，公设之于湆西。宾北面辞，坐迁之。公与宾皆复初位。宰夫膳稻于粱西。士羞庶羞，皆有大、盖，执豆如宰。先者反之，由门入，升自西阶。先者一个升，设于稻南簋西，间容人。旁四列，西北上，膷以东，臐、膮、牛炙，炙南醢，以西牛胾、醢、牛鮨，鮨南羊炙，以东羊胾、醢、豕炙，炙南醢，以西豕胾、芥酱、鱼脍。众人腾羞者尽阶、不升堂，授，以盖降，出。赞者负东房，告备于公。

赞升宾。宾坐席末，取粱，即稻，祭于酱湆间。赞者北面坐，辩取庶羞之大，兴，一以授宾。宾受，兼壹祭之。宾降拜，公辞。宾升，再拜稽首。公答再拜。

宾北面自间坐，左拥簠粱，右执湆，以降。公辞。宾西面坐奠于阶西，东面对，西面坐取之；栗阶升，北面反奠于其所；降辞公。公许，宾升，公揖退于箱。摈者退，负东塾而立。宾坐，遂卷加席，公不辞。宾三饭以湆酱。宰夫执觯浆饮与其丰以进。宾挩手，兴受。宰

夫设其丰于稻西。庭实设。宾坐祭，遂饮，奠于丰上。

公受宰夫束帛以侑，西乡立。宾降筵，北面。摈者进相币。宾降辞币，升听命，降拜。公辞。宾升，再拜稽首，受币，当东楹，北面；退，西楹西，东面立。公壹拜，宾降也，公再拜。介逆出。宾北面揖，执庭实以出。公降立。上介受宾币，从者讶受皮。

宾入门左，没霤，北面再拜稽首。公辞，揖让如初，升。宾再拜稽首，公答再拜。宾降辞公，如初。宾升，公揖退于箱。宾卒食会饭，三饮，不以酱湆。捝手，兴，北面坐，取粱与酱以降，西面坐奠于阶西，东面再拜稽首。公降，再拜。介逆出，宾出。公送于大门内，再拜。宾不顾。

有司卷三牲之俎，归于宾馆。鱼腊不与。

明日，宾朝服拜赐于朝，拜食与侑币，皆再拜稽首。讶听之。

上大夫八豆，八簋，六铏，九俎，鱼腊皆二俎；鱼，肠胃，伦肤，若九，若十有一，下大夫则若七，若九。庶羞，西东毋过四列。上大夫，庶羞二十，加于下大夫，以雉、兔、鹑、駕。

若不亲食，使大夫各以其爵、朝服以侑币致之。豆实，实于瓮，陈于楹外，二以并，北陈。簋实，实于筐，陈于楹内、两楹间，二以并，南陈。庶羞陈于碑内，庭实陈于碑外。牛、羊、豕陈于门内，西方，东上。宾朝服以受，如受饔礼。无摈。明日，宾朝服以拜赐于朝。讶听命。

大夫相食，亲戒速。迎宾于门外，拜至，皆如飨拜。降盥。受酱、湆、侑币束锦也，皆自阼阶降堂受，授者升一等。宾止也。宾执粱与湆，之西序端。主人辞，宾反之。卷加席，主人辞，宾反之。辞币，降一等，主人从。受侑币，再拜稽首。主人送币，亦然。辞于主人，降一等，主人从。卒食，彻于西序端；东面再拜，降出。其他皆如公食大夫之礼。若不亲食，则公作大夫朝服以侑币致之。宾受于堂。无摈。

记

不宿戒，戒不速。不授几。无阼席。亨于门外东方。

司宫具几，与蒲筵常缁布纯，加萑席寻玄帛纯，皆卷自末。宰夫筵，出自东房。

宾之乘车在大门外西方，北面立。铏芼，牛藿，羊苦，豕薇，皆有滑。

赞者盥，从俎升。

簠有盖幂。凡炙无酱。

上大夫：蒲筵加萑席。其纯，皆如下大夫纯。

卿摈由下。上赞，下大夫也。

上大夫，庶羞。酒饮，浆饮，庶羞可也。

拜食与侑币，皆再拜稽首。

【译文】

公食大夫礼。国君派与使者级别相同的大夫前往馆舍,请使者来宗庙参加食礼,大夫到馆舍后,副使出馆舍门,请问大夫为何事而来,然后入门禀告使者。使者三次谦词推辞未得允许。于是使者出门,拜谢大夫屈尊前来。大夫不必答拜还礼,便可转述国君相邀之命。使者再拜叩首表示遵命。接着大夫回去向国君复命,使者不必拜送,但应随大夫一同前往。使者身穿朝服在大门处即位,像聘礼时一样(进入休息处等待)。

国君即位。迎接使者所需的各种器物都准备完毕。肉羹也已经煮熟。甸人在门外将七个鼎陈列在庙门外正对着门的地方。鼎都朝南,自西向东排列,而以西首为尊。每鼎都设有鼎杠和盖,鼎盖是用白茅束结或编连成的。洗的位置,与飨礼时一样。小臣在东堂之下摆设盘和匜。宰夫铺设筵席,席上面再设加席和小几。不设酒尊。漱口用的清酒、浊酒,都在东房准备着。凡是宰夫掌管的饮食器具,也都陈设在东房。

国君和使者一样身穿朝服,在大门内迎接使者。担任上摈的大夫引导使者进门。使者从门的左侧进入,国君行再拜之礼;使者谦避,然后向国君再拜叩首。国君拱手请使者入内,使者跟从于后。走到庙门前,国君拱手行礼后先入。使者入门后先后三次与国君拱手行礼。到阶前,又三次彼此谦让。然后国君先从阼阶走上两级台阶,使者才接着走上西阶。大夫都站在堂东夹室之南,面朝西,以北首为尊。士站在庙门内东侧,面朝北,以西首为尊。小臣站在东堂之下,面朝南,以西首为尊。宰站在东夹室之北,面朝西,以南首为尊。内官的士站在宰的东北方,面朝西,以南首为尊。使者的随行人员站在庙门内西侧,面朝北,以西首为尊。国君在堂上正对着前梁的地方,面朝北而立。使者走至西阶时,国君行一拜之礼。使者下阶,国君行再拜之礼。于是使者在西阶的东边、面朝北站定,准备答拜。摈者不允,使者不从摈者,仍在堂下行答拜礼;于是国君走下一级台阶。摈者说:“寡君已经随同您而下阶了,您即使要拜,也该起来!”于是使者一步两阶走上堂,(因为已在堂下拜过)所以不再拜。国君认为不能接受使者在堂下的再拜叩首之礼,所以又命他重新在堂上行礼,于是使者在西阶上面朝北行再拜叩首之礼。

士扛起鼎,将鼎盖取下放在庙门外,然后顺序进入庙门。鼎陈设在碑的南侧,鼎面朝南,以西首为尊。在鼎右的人抽去鼎杠,再坐下将它放在鼎的西侧,都是南北方向放置,接着从鼎的西侧出去,鼎左的人在鼎旁站着,等待将鼎中的肉放在俎上。雍人端着俎进入庭中,将俎一一放在鼎的南侧。旅人在鼎北面朝南将匕放在鼎上,然后退下。大夫中的年长者洗手,先在洗的东南方站候,都面朝西,以北首为尊,接着依次上前洗手。洗毕退下者与上前盥洗者在洗的南面交错而过。全部洗毕后,又依次上前,走到鼎的北面,面朝南用匕取出鼎中的肉。站在鼎左侧的人用俎接肉,鼎中的干鱼干肉都是煮熟的。放置俎上的牲体,要将骨的根部朝前。鱼有七条,都纵向放在俎上,鱼体的右侧朝下。牛羊的

肠和胃各七块,肠胃可以放在同一个俎上。精美的肉皮七份。肠、胃和细切的猪肉都横放在俎上,放不下就向两边垂着。大夫用匕将鼎内的肉取出后,将匕放入鼎中,再按与上来时相反的顺序退下,回到各自的位置。

国君下堂洗手准备设酱,使者随着下堂,国君不允。洗手完毕,国君与使者彼此拱手谦让一次,然后国君先上堂,使者随后上堂。宰夫从东房出来,将用醋和过的酱交给国君,国君亲自设酱,表示亲手向使者馈食。使者推辞不敢当,然后面朝北跪坐,将国君设的酱稍稍往东移到规定的位置。于是,国君站在东序以内,面朝西而立。使者站在西阶的西边,面朝北正立。宰夫又从东房送上六个食豆,陈设在酱的东侧,以西首为尊:腌韭菜以东是肉酱、菖蒲根;菖蒲根之南是带骨的麋肉酱,以西是腌蔓菁、带骨的鹿肉酱。士在豆的南侧放俎,以西首为尊:牛、羊、豕为一行(在北侧),鱼在牛的南侧,然后次以腊肉、肠、胃,细切的猪肉皮单列一行。(此时鼎食已取毕)旅人拿着匕,甸人扛起鼎,顺序而出,然后将它们放在正对着庙门的地方。宰夫在俎的西侧放置盛黍、稷的六个簋,簋两两相并地摆放,以东北方的为尊。黍簋的位置正对着牛俎,西面是稷,如此交错着向南陈列,直至放完。大羹的汁不和,放入镫内。宰右手端着镫,左手抓住盖在镫上的盖,从庙门外入内;然后上阼阶,走到最后一级时停下,不上堂,将镫交给国君,然后拿着镫盖走下阼阶,再出门放下盖,又进门回到原位。国君亲自将镫放在宾席前酱的西侧,表示亲手为使者馔食,使者因不敢当而推辞,(国君不允)使者便跪坐着将镫稍稍东移到指定位置。宰夫又在豆的西侧摆放四个铏,以东首为尊:牛以西是羊,羊以南是豕,豕以东是牛。将要饮用的酒,酌在觯内,再放在托盘上。宰夫右手拿觯,左手拿托盘,上前放在豆的东侧。接着宰夫面朝东坐下,打开簋的盖子,分别仰置在簋的西侧。最后,赞者背靠东房,面朝南而立,禀告国君,正馔已陈设完毕。

国君以再拜之礼,告诉使者肴馔已陈设好,又拱手行礼请使者就食。使者下堂准备行拜礼。国君不允。于是使者上堂,行再拜叩首之礼。接着使者入席,坐下,右手取腌韭菜,在肉酱以下的五个豆内逐一蘸之,然后在韭菹和醢两豆之间祭祀。赞者面朝东坐下,右手取簋中的黍,放在左手上,三个黍簋取毕;又取另外三簋的稷,六簋取毕,再将左手上的黍稷放到右手上,起身交给使者。使者祭黍、稷。牛、羊、豕三牲的肺割划后不切断,赞者遍取后,一一交给使者。使者起身接受,再坐下致祭;然后擦手,用柶将上面一列的牛铏中的菜,在下面一列铏中逐一蘸之,再在牛铏和羊铏之间致祭,宾又用柶舀取饮酒浇在韭菹和醢二豆之间以祭。鱼、腊、酱、羹汁可以不祭。

宰夫将小米饭递给国君,国君将它放在羹汁之西。使者(不敢当)到席前面朝北推辞,又坐下将它移向西侧。于是国君和使者都回到设酱时所站的位置。宰夫进米饭于小米饭的西侧。士进上各种珍馐,每种都有大脔,放在豆内,并加上盖,然后送给宰。由于

珍馐数量多，取者人手不足，所以先送到者要返回再取，路线是从庙门外入内，再从西阶上堂。先到的一人上堂后，将豆放在米饭之南，黍稷之簋的西侧，豆与簋之间的距离要可以容人。庶羞在正馔西侧，排成四行，以西北方为尊；牛肉羹以东是羊肉羹、猪肉羹、烤牛肉；烤牛肉之南是肉酱，以西是大块的牛肉、肉酱、牛脍；牛脍之南是烤羊肉，以东是大块羊肉、肉酱、烤猪肉；烤猪肉之南是肉酱，以西是大块猪肉、芥子酱、脍鱼。各位进庶羞者只走到西阶的最后一级，不上堂，只将豆交给最先上堂的士，然后拿着盖下堂，出门。赞者背朝东房而立，向国君禀告，庶羞都已陈设完毕。

周星纹豆

赞者奉国君之命请使者入席。使者在席末就座。取小米饭后又取米饭，在酱与羹汁之间祭祀。赞者面朝北而坐，遍取庶羞中的大脔，然后起身，一一递给使者。使者接受后，一并祭祀之。祭毕使者下堂，准备拜谢国君备下庶羞，国君不允。于是使者又上堂，向国君再拜叩首，国君以再拜之礼作答。

使者在正馔与加馔之间面朝北而坐，左手拿起盛着小米饭的簋，右手拿着羹汁，准备下堂食用，因为国君在堂上站立，自己不敢坐食于席。国君不允，于是使者在西阶的西面朝西坐下，放下小米饭和羹汁，面朝东与国君应对，再面朝西坐下取小米饭和羹汁，接着连步走上西阶，面朝北将小米饭和羹汁放回原处，再下堂请求国君不要像赞者那样侍食于自己。国君应允。于是使者上堂，国君拱手行礼后退至东夹室等待。摈者退下，背朝东塾而立。使者坐下后，将加在上面的一层席卷起来，表示不敢居此隆礼，国君不表示反对。使者三次举饭而食，每次都喝羹汁，并用菜肴蘸着酱吃。宰夫把盛有浆饮的觯放在托盘上，进到宾席前。使者擦了擦手，起身接觯。宰夫将托盘放在米饭的西侧。有司将作为礼物的四张皮革陈设在庭中。使者坐下祭祀，接着饮酒漱口，然后将觯放在托盘上。

国君从宰夫手中接过束帛将作为侑币向使者劝食，国君手持侑币在东序内面朝西而立。使者离席，在西阶上面朝北而立。摈者在堂下东西阶之间协助国君向使者赠束帛。使者下堂辞谢国君赠束帛，国君命使者上堂，于是使者上堂听命于国君，接着又下堂，准备拜谢国君。国君不允。使者便上堂，向国君行再拜叩首之礼，然后接过束帛，站立的位置是在正对着东楹的地方，面朝北；接着退下，在西楹之西，面朝东而立。国君行一拜之礼后，使者不敢等他再拜，随即下堂，国君行再拜之礼。副手先于使者出门。使者面朝北拱手行礼，向国君致意，有司拿起陈设在庭中的四张皮革随宾出庙门。国君下堂面朝南而立，等待使者返回。使者出庙门之后，由副使从使者手中接过束帛，随行人员从有司手

中接过皮革。

使者再次从庙门左侧进入，在屋檐滴水处的尽头，面朝北准备向国君行再拜叩首礼。国君制止，于是宾主像第一次入门时那样三次相互拱手谦让，然后上堂。使者在堂上向国君再拜叩首，感谢国君的厚待。国君以再拜之礼作答。使者下堂请国君不要再亲临食礼，其间仪节与上一次一样。然后使者上堂，国君向使者拱手行礼后，退至东夹室等候。使者将黍稷做的饭吃完后，三次饮酒漱口，不再像吃正馔时那样用酱和羹汁；接着擦擦手，起身；再到席南面朝北坐下，然后拿着小米饭和酱下堂表示亲手撤馔；又面朝西坐在西阶的西边，将手中的小米饭和酱放下，再面朝东向国君再拜叩首。国君下堂，以再拜之礼作答。副使按照和进来时的先后相反的顺序出门，接着使者出门。国君送至大门内，行再拜之礼。到使者不再回头时，国君再转身回去。

主国有司将三个俎上的牛、羊、豕牲体全部收起来，给使者送至馆舍。鱼、腊肉等细小食物可以不送。

第二天，使者身穿朝服到大门外拜谢国君，感谢他以食礼款待，并且以侑币劝食，每谢一次都要行再拜叩首之礼。讶者在门口负责向国君传话。

国君以食礼款待上大夫身份的使者，设食的规格是：八个豆、八个簋、六个铏、九个俎，鱼和腊肉都是干鲜各一，所以都是两个俎，鱼、肠胃、细切的猪肉皮，或九个鼎，或十一个鼎，要根据上大夫的爵命而定；下大夫身份的使者，或七个鼎，或九个鼎，也要视其爵命而定。各种珍馐，数量多少也要视使者的身份而定，但其排列，东西向不得超过四行。为上大夫准备的庶羞共二十个豆，比下大夫多出的种类是：野鸡、兔子、鹌鹑和鴽鸟。

如果国君因故不能亲自参加食礼，则派爵位与使者相当的大夫身穿朝服，带着侑币前往代公致辞并馈送食物。豆内的食品，先放在瓮中，陈设在楹柱的外侧，两两相并，向北陈列。簋中的食品，则先放在筐中，陈设在楹柱的内侧、两楹柱之间的地方，两两相并，向南陈列。各种珍馐则陈设在碑的北侧，放在庭中的礼物先陈设在碑的南侧。牛、羊、豕陈列在门内的西方，以东首为尊。使者身穿朝服接受馈赠，礼节与接受饔饩时一样。没有使者对大夫的傧礼。第二天，使者身穿朝服到大门外拜谢国君的赐予。讶者在门口传话。

大夫为使者举行食礼，主人先要亲自去通知使者来（在器物准备完毕后再亲自去召请）。主人在大门外迎接使者，拜谢使者的到来，其间仪节和举行飨礼的拜仪一样。主人下堂洗手。主人从家臣手中接过酱、羹汁和作为侑币的束锦，都是从阼阶上走下一级台阶来接受，家臣则登上一级台阶授给。主人每次下堂，使者都制止（表示不敢当）。使者拿着梁和羹汁，走到西序的端头，准备在此就食。主人制止，于是使者又返回自己的席位。使者将加设在自己席上的那层席卷起来，主人不允，于是又将加席铺上。主人以侑

币劝食，使者辞谢时要走下一级台阶，主人也走下一级台阶，不许使者推辞。接着，使者接受币帛，向主人再拜叩首。主人送受侑币者，也行再拜叩首之礼（因为双方身份相同）。使者感谢主人亲临食礼时，要走下一级台阶，主人也随着走下一级台阶。吃完后，使者要亲自将食品撤至西序的端头，接着面朝东向主人再拜；然后下堂出门。其他仪节都与国君以食礼款待大夫时一样。如果主人不能亲自参加食礼，则国君要另派一位爵位相当的大夫身穿朝服前往，并用侑币代公向宾致辞并馈送食物。使者在堂上接受币帛。没有使者对大夫的傧礼。

《记》

举行食礼的日期到来之前，主人不提前通知来宾，到举行食礼那天主人要起早告宾，通知后即跟着来。国君不向宾授漆几。不设阼席（因为国君不坐）。

烹煮之处在门外的东方。

食礼开始前，司宫准备漆几，以及一丈六尺长的蒲席，席的边缘缀以黑色的布，加席是芦席，八尺长，边缘缀以玄黑色的帛，都是从席的末端卷起。将行食礼时，由宰夫铺设席，席从东房取出。

使者参加食礼所乘坐的车停在大门外的西侧，使者的位置是在门前，面朝北。

食礼羹内的菜各不相同：煮牛肉羹用豆叶，煮羊肉羹用苦菜，煮猪肉羹用山菜，羹中都用堇、之类的菜调味。

赞者洗手后，跟着执俎者上堂。

盛稻粱的簠，临食用时再设，先在房内去掉盖，再用巾盖好。

凡是吃烤肉都不用蘸酱，因为它已加过盐。

上大夫用的席是：蒲席上加芦席。席边缘缀的布帛，都和下大夫一样用纯色。

上摈站在堂下赞礼。在堂上的赞者，由下大夫担任。

上大夫为使者行食礼，备有各种珍馐。有清酒、浊酒：只用庶羞就可以了。向国君拜谢赐食和赠以劝食的束帛时，都要行再拜叩首之礼。

觐礼第十

【原文】

觐礼。至于郊，王使人皮弁用璧劳。侯氏亦皮弁迎于帷门之外，再拜。使者不答拜，遂执玉，三揖。至于阶，使者不让，先升。侯氏升听命，降，再拜稽首，遂升受玉。使者左还而立，侯氏还璧，使者受。侯氏降，再拜稽首，使者乃出。侯氏及止使者，使者乃入。侯

氏与之让升。侯氏先升，授几。侯氏拜送几；使者设几，答拜。侯氏用束帛、乘马傧使者，使者再拜受。侯氏再拜送币。使者降，以左骖出。侯氏送于门外，再拜。侯氏遂从之。

拱璧

天子赐舍，曰："伯父，女顺命于王所，赐伯父舍！"侯氏再拜稽首，傧之束帛、乘马。

天子使大夫戒，曰："某日，伯父帅乃初事。"侯氏再拜稽首。

诸侯前朝，皆受舍于朝。同姓西面，北上；异姓东面，北上。

侯氏裨冕，释币于祢。乘墨车，载龙旂、弧韣乃朝以瑞玉，有缫。天子设斧依于户牖之间，左右几。天子衮冕，负斧依。啬夫承命，告于天子。天子曰："非他，伯父实来，予一人嘉之。伯父其入，予一人将受之。"侯氏入门右，坐奠圭，再拜稽首。摈者谒。侯氏坐取圭，升致命。王受之玉。侯氏降，阶东北面再拜稽首。摈者延之，曰："升！"升成拜，乃出。

四(三)享皆束帛加璧，庭实唯国所有。奉束帛，匹马卓上，九马随之，中庭西上，奠币，再拜稽首。摈者曰："予一人将受之。"侯氏升，致命。王抚玉。侯氏降自西阶，东面授宰币，西阶前再拜稽首，以马出，授人，九马随之。事毕。

乃右肉袒于庙门之东。乃入门右，北面立，告听事。摈者谒诸天子。天子辞于侯氏，曰："伯父无事，归宁乃邦！"侯氏再拜稽首，出，自屏南适门西，遂入门左，北面立，王劳之。再拜稽首。摈者延之，曰："升！"升成拜，降出。

天子赐侯氏以车服。迎于外门外，再拜。路先设，西上，路下四，亚之，重赐无数，在车南。诸公奉箧服，加命书于其上，升自西阶，东面，大史是右。侯氏升，西面立。大史述命。侯氏降两阶之间；北面再拜稽首，升成拜。大史加书于服上，侯氏受。使者出。侯氏送，再拜，傧使者，诸公赐服者，束帛、四马，傧大史亦如之。

同姓大国则曰伯父，其异姓则曰伯舅。同姓小邦则曰叔父，其异姓小邦则曰叔舅。飨，礼，乃归。

诸侯觐于天子，为宫方三百步，四门，坛十有二寻、深四尺，加方明于其上。方明者，木也，方四尺，设六色，东方青，南方赤，西方白，北方黑，上玄，下黄。设六玉，上圭，下璧，南方璋，西方琥，北方璜，东方圭。上介皆奉其君之旂，置于宫，尚左。公、侯、伯、子、男，皆就其旂而立。四传摈。天子乘龙，载大旂，象日月、升龙、降龙。出，拜日于东门之外，反祀方明。礼日于南门外，礼月与四渎于北门外，礼山川丘陵于西门外。

祭天，燔柴。祭山、丘陵，升。祭川，沉。祭地，瘗。

记

几，侯于东箱。偏驾不入王门。奠圭于缫上。

【译文】

觐礼。当前来觐见王的诸侯抵达王城近郊时，天子命使者穿上皮弁服，拿着璧去慰劳。诸侯也身着皮弁服，在帷宫的门外迎接，向使者行再拜之礼。使者只是作为天子的代表，所以不能像天子一样答拜还礼。使者手拿玉璧进入帷门，途中与诸侯三次拱手行礼。走到台阶前，使者不必谦让，先登上坛。诸侯接着上坛，使者在西阶的上边、面朝东致天子之命，诸侯在东阶之上面朝西恭听。然后下堂，行再拜叩首之礼，接着登坛接过玉璧。使者向左转身，面朝南而立，诸侯面朝南将玉璧奉还。使者收下玉璧。诸侯下坛再拜叩首，感谢天子派使者来慰劳。然后，使者出门。诸侯制止，使者又进门。走到台阶前，诸侯与使者礼让上坛。于是诸侯先上坛，接着向使者授以小几。使者接几，诸侯拜而送之，使者将小几放在席上，答拜还礼。诸侯用五匹帛、四匹马赠送使者，以表达敬意，使者再拜致谢后收下。诸侯以再拜之礼送受币帛者。使者下坛后，牵着庭中最西侧的那匹马出门。诸侯送至帷门外，行再拜之礼。接着诸侯遂跟随使者入朝。

天子派使者赐给诸侯馆舍。于是使者为诸侯安排馆舍，并代致王命说："伯父，您在王这里听命。王赐给伯父您馆舍！"诸侯再拜叩首（感谢天子的恩赐），然后在馆舍内向使者行傧礼，并赠送五匹帛、四匹马以表敬意。

天子派大夫通知使者觐见的日期，说："某日，伯父您按照惯例觐见。"诸侯再拜叩首（接受觐见的日期）。

前来觐见的诸侯，都提前一天到文王庙门外接受天子赐给的馆舍。同姓诸侯的馆舍都在庙门的东边，面朝西，以北首为尊；异姓诸侯的馆舍都在庙门的西边，面朝东，也是以北首为尊。

到了觐见那天，诸侯身穿裨冕之服，在祢庙用束帛致祭。诸侯乘坐墨车，车上插着龙、张旗的弓和弓套，用作为瑞信的玉器去觐见天子，玉器都有垫板。天子将绣有斧状花纹的屏风设在室的门、窗之间，两侧有玉几。天子身穿衮冕之服，背朝屏风而立。啬夫作为末摈，承接诸侯请求觐见的辞令，层层上传，告于天子。天子说："不是别人，是伯父来了，我很赞许他的光临。请伯父进来吧，我将亲手接受他的圭。"诸侯从门的右侧入内，然后在庭南坐下，放好圭，向天子再拜叩首。上摈将天子的话告诉诸侯。诸侯坐着拿起圭，上堂向天子致奉命而来之意。天子亲自接受诸侯呈上的圭。接着诸侯下堂，在西阶的东面朝北准备向天子再拜叩首。摈者在诸侯身后诏告说："请登堂！"于是诸侯登堂，完成再拜叩首之礼，然后出庙门。

诸侯在庙中三次向王行享礼，每次都在五匹帛上放着璧；陈放在庭中的礼物，用本国

所出产的。诸侯捧着五匹帛，随员牵着一匹马超越其他马（单独走在前面），剩下的九匹马跟随其后，十匹马都面朝北牵至庭中，以西首那匹为尊；诸侯放下币帛，向天子再拜叩首。摈者传天子的话说："我将亲自接受享礼。"于是诸侯上堂向天子致辞。天子抚摸玉璧（表示收下）。然后，诸侯从西阶下堂，面朝东将币帛授给宰；再在西阶的前面朝北向天子再拜叩首，然后牵着庭中最西侧的那匹马出门，交给天子的属员，其余九马随着被牵出授给王的属吏（都在门前交付）。三享之事至此完毕。

诸侯在庙门外的东侧袒露右臂，从庙门右侧入内，面朝北而立，禀告天子说：己国的治理情况以及获罪之处，表示愿听凭天子处置。摈者将话转达于天子。天子对侯氏说："伯父您并无获罪之事，回去安定您的国家吧！"诸侯向天子再拜叩首，然后出门，从门外屏风的南面绕至庙门的西侧，穿好衣服再按客礼从门左侧入内，面朝北而立；于是，天子对诸侯路途辛苦表示慰问。诸侯准备在堂下向天子再拜叩首。摈者在诸侯身后说："请登堂！"然后诸侯登堂完成拜礼，下堂出庙门。

天子派使者赐给诸侯车和礼服。诸侯在馆舍大门外迎接，向使者行再拜之礼。先陈设车辆，以西为尊；车之后是四匹马，挨着车向东排列，天子加赐的礼物则没有定数，陈设在车的南侧。诸公捧着小竹箱箧，里面放着礼服，天子的命书就放在衣服之上，从西阶上堂，面朝东而立，大史在其右侧。诸侯从阼阶上堂，面朝西而立。大史宣读天子的命书，诸侯下堂在东阶与西阶之间面朝北而立，准备向国君行再拜叩首之礼，天子不允，于是上堂完成拜礼。大史宣读完毕，又将命书放在礼服上，诸侯连箧一并接过。使者下堂出门，诸侯相送，行再拜礼。向使者行傧礼，捧箧和礼服者，赐五匹帛、四匹马，向大史行傧礼也是如此。

天子称呼诸侯，如果是同姓大国，就称"伯父"；异姓大国，则称"伯舅"。如果是同姓小国，称"叔父"；异姓小国，则称"叔舅"。天子亲自用飨礼食礼及燕礼款待诸侯，然后，诸侯才能回国。

如果诸侯因会同而朝觐天子，则在都城外用土垒成方三百步的矮墙，四方各一门，作为行礼的场所；内有方九十六尺，高四尺的坛，方明就放在坛上。所谓方明，是一块木头，四尺见方，六个面分别画有六种颜色：东面是青色，南面是赤色，西面是白色，北面是黑色，上面是玄黑色，下面是黄色。六面分别嵌有六种玉器：上面是圭，下面是璧，南面是璋，西面是琥，北面是璜，东面是圭。副使将代表各自国君爵命的旗帜插在矮墙内的坛前，一律以王的左方为尊。然后，公、侯、伯、子、男五等诸侯都站到各自的旗帜下。五等诸侯分四批上坛向天子致命，摈者四次传令。天子骑着八尺高的马，插着大常之旗，上面画有日月、升龙、降龙等，率领诸侯出城。如果正值春季，则前往东门外礼拜太阳，然后返回城内祭祀方明；如果正值夏季，则前往南门外礼拜太阳；如果正值冬季，则前往北门外

礼拜月亮和江、河、淮、济等四条大河之神。如果正值秋季，则前往西门外礼拜山川和丘陵。

祭天，要在积柴上放牲和玉帛燔烧，使香气上闻于天神；祭山和丘陵，要登上山去悬挂或埋藏祭品；祭河流，要将牲或玉帛沉入河底；祭地，要将牲和玉帛埋入地下。

《记》

为天子准备的左右玉几，要等天子入席后再陈设在东夹室前。诸侯驾乘的金路、象路等车不得进入王门。将圭放在地上时，下面要有垫板。

丧服第十一

【原文】

丧服。斩衰裳，苴绖杖，绞带，冠绳缨，菅屦者。传曰：斩者何？不缉也。苴绖者，麻之有蕡者也。苴绖大搹，左本在下，去五分一以为带。齐衰之绖，斩衰之带也，去五分一以为带。大功之绖，齐衰之带也，去五分一以为带。小功之绖，大功之带也，去五分一以为带。小功之绖，齐衰之带也，去五分一以为带。分一以为带。缌麻之绖，小功之带也，去五分一以为带。苴杖，竹也。削杖，桐也。杖各齐其心，皆下本。杖者何？爵也。无爵而杖者何？担主也。非主而杖者何？辅病也。童子何以不杖？不能病也。妇人何以不杖？亦不能病也。绞带者，绳带也。冠绳缨，条属，右缝；冠六升，外毕；锻而勿灰。衰三升。菅屦者，菅菲也，外纳。居倚庐，寝苫枕块，哭昼夜无时。歠粥，朝一溢米，夕一溢米。寝不脱绖带。既虞，翦屏柱楣，寝有席，食疏食，水饮，朝一哭、夕一哭而已。既练，舍外寝，始食菜果，饭素食，哭无时。

父，

传曰：为父何以斩衰也？父至尊也。

诸侯为天子，

传曰：天子至尊也。

君，

传曰：君至尊也。

父为长子，

传曰：何以三年也？正体于上，又乃将所传重也。庶子不得为长子三年，不继祖也。

为人后者。

传曰：何以三年也？受重者，必要尊服服之。何如而可为之后？同宗则可为之后。

何如而可以为人后？支子可也。为所后者之祖父母、妻、妻之父母、昆弟、昆弟之子，若子。

妻为夫，

传曰：夫至尊也。

妾为君，

传曰：君至尊也。

女子子在室为父，布总，箭笄，髽，衰，三年。

传曰：总六升，长六寸，箭笄和尺，吉笄尺二寸。

子嫁，反在父之室，为父三年。公士、大夫之众臣，为其君布带、绳屦。

传曰：公卿、大夫室老、士，贵臣。其余皆众臣也。君，谓有地者也。众臣杖，不以即位。近臣，君服斯服矣。绳屦者，绳菲也。

疏衰裳齐、牡麻绖、冠布缨、削杖、布带、疏屦三年者，

传曰：齐者何？缉也。牡麻者，枲麻也。牡麻绖，右本在上，冠者沽功也。疏屦者，藨蒯之菲也。

父卒则为母，继母如母，

传曰：继母何以如母？继母之配父，与因母同，故孝子不敢殊也。

慈母如母，

传曰：慈母者何也？传曰：妾之无子者，妾子之无母者，父命妾曰："女以为子。"命子曰："女以为母。"若是，则生养之，终其身如母，死则丧之三年如母，贵父之命也。

母为长子。

传曰：何以三年也？父之所不降，母亦不敢降也。

疏衰裳齐，牡麻绖，冠布缨，削杖，布带，疏屦，期者，

传曰：问者曰：何冠也？曰：齐衰、大功，冠其受也。缌麻、小功，冠其衰也。带缘各视其冠。

父在为母，

传曰：何以期也？屈也。至尊在，不敢伸其私尊也。父必三年然后娶，达子之志也。

妻，

传曰：为妻何以期也？妻，至亲也。出妻之子为母。

传曰：出妻之子为母期，则为外祖父母无服。传曰：绝族无施服，亲者属。出妻之子为父后者，则为出母无服。传曰：与尊者为一体，不敢服其私亲也。

父卒，继母嫁，从；为之服，报。

传曰：何以期也？贵终也。

不杖,麻屦者:祖父母,

传曰:何以期也? 至尊也。

世父母,叔父母;

传曰:世父、叔父,何以期也? 与尊者一体也。然则昆弟之子何以亦期也? 旁尊也,不足以加尊焉,故报之也。父子一体也,夫妻一体也,昆弟一体也,故父子首足也,夫妻牉合也,昆弟四体也。故昆弟之义无分,然而有分者,则辟子之私也。子不私其父,则不成为子,故有东宫,有西宫,有南宫,有北宫,异居而同财,有余则归之宗,不足则资之宗。世母、叔母,何以亦期也? 以名服也。

大夫之適子为妻,

传曰:何以期也? 父之所不降,子亦不敢降也。何以不杖也? 父在,则为妻不杖。

昆弟,为众子,昆弟之子;

传曰:何以期也? 报之也。

大夫之庶子为適昆弟,

传曰:何以期也? 父之所不降,子亦不敢降也。

适孙。

传曰:何以期也? 不敢降其适也。有适子者,无适孙,孙妇亦如之。

为人后者,为其父母,报。

传曰:何以期也? 不贰斩也。何以不贰斩也? 持重于大宗者,降其小宗也。"为人后者",孰后? 后大宗也。曷为后大宗? 大宗者,尊之统也。禽兽知母而不知父。野人曰:"父母何算焉!"都邑之士,则知尊祢矣。大夫及学士,则知尊祖矣。诸侯,及其大祖。天子,及其始祖之所自出。尊者尊统上,卑者尊统下。大宗者,尊之统也。大宗者,收族者也,不可以绝,故族人以支子后大宗也。适子不得后大宗。

女子子适人者为其父母、昆弟之为父后者,

传曰:为父何以期也? 妇人不贰斩也。妇人不贰斩者何也? 妇人有三从之义,无专用之道,故未嫁从父,既嫁从父,夫死从子。故父者子之天也,夫者妻之天也。妇人不贰斩者,犹曰不贰天也,妇人不能贰尊也。为昆弟之为父后者,何以亦期也? 妇人虽在外,必有归宗,曰小宗,故服期也。

继父同居者,

传曰:何以期也? 传曰:夫死,妻稚,子幼。子无大功之亲,与之适人,而所适者亦无大功之亲;所适者以其货财为之筑宫庙,岁时使之祀焉;妻不敢与焉。若是,则继父之道也,同居则服齐衰期,异居则服齐衰三月也。必尝同居,然后为异居;未尝同居,则不为异居。

为夫之君。

传曰:何以期也?从服也。

姑、姊妹、女子子适人无主者,姑、姊妹报。

传曰:无主者,谓其无祭主者也。何以期也?为其无祭主故也。

为君之父、母、妻、长子、祖父母。

传曰:何以期也?从服也。父、母、长子,君服斩。妻,则小君也。父卒,然后为祖后者服斩。

妾为女君。

传曰:何以期也?妾之事女君,与妇之事舅姑等。

妇为舅姑,

传曰:何以期也?从服也。

夫之昆弟之子。

传曰:何以期也?报之也。

公妾、大夫之妾为其子。

传曰:何以期也?妾不得体君,为其子得遂也。

女子子为祖父母。

传曰:何以期也?不敢降其祖也。

大夫之子为世父母、叔父母、子、昆弟、昆弟之子,姑、姊妹、女子子无主者。为大夫命妇者,唯子不报。

传曰:大夫者,其男子之为大夫者也。命妇者,其妇人之为大夫妻者也。无主者,命妇之无祭主者也。何以言"唯子不报"也?女子子适人者为其父母期,故言不报也,言其余皆报也。何以期也?父之所不降,子亦不敢降也。大夫曷为不降命妇也?夫尊于朝,妻贵于室矣。

大夫为祖父母、適孙为士者。

传曰:何以期也?大夫不敢降其祖与适也。

公妾以及士妾为其父母。

传曰:何以期也?妾不得体君,得为其父母遂也。

疏衰裳齐,牡麻绖,无受者;寄公为所寓,

传曰:寄公者何也?失地之君也。何以为所寓服齐衰三月也?言与民同也。

丈夫、妇人为宗子、宗子之母、妻,

传曰:何以服齐衰三月也?尊祖也。尊祖故敬宗。敬宗者,尊祖之义也。宗子之母在,则不为宗子之妻服也。

为旧君、君之母、妻，

传曰：为旧君者，孰谓也？仕焉而已者也。何以服齐衰三月也？言与民同也。君之母、妻，则小君也。

庶人为国君；大夫在外，其妻、长子为旧国君；

传曰：何以服齐衰三月也？妻，言与民同也。长子，言未去也。

继父不同居者，曾祖父母，

传曰：何以齐衰三月也？小功者，兄弟之服也。不敢以兄弟之服服至尊也。

大夫为宗子，

传曰：何以服齐衰三月也？大夫不敢降其宗也。

旧君：

传曰：大夫为旧君，何以服齐衰三月也？大夫去，君扫其宗庙，故服齐衰三月也，言与民同也。何大夫之谓乎？言其以道去君而犹未绝也。

曾祖父母为士者如众人，

传曰：何以齐衰三月也？大夫不敢降其祖也。

女子子嫁者、未嫁者为曾祖父母。

传曰：嫁者，其嫁于大夫者也。未嫁者，其成人而未嫁者也。何以服齐衰三月？不敢降其祖也。

大功布衰裳，牡麻绖，无受者：子、女子子之长殇、中殇，

传曰：何以大功也？未成人也。何以无受也？丧成人者，其文缛。丧未成人者，其文不缛。故殇之绖不樛垂，盖未成人也。年十九至十六为长殇，十五至十二为中殇，十一至八岁为下殇，不满八岁以下皆为无服之殇。无服之殇以日易月。以日易月之殇，殇而无服。故子生三月，则父名之，死则哭也；未名则不哭也。

叔父之长殇、中殇，姑、姊妹之长殇、中殇，昆弟之长殇、中殇，夫之昆弟之子、女子子之长殇、中殇，適孙之长殇、中殇，大夫之庶子为適昆弟子之长殇、中殇，公为適子之长殇、中殇，大夫为適子之长殇、中殇。其长殇，皆九月，缨绖；其中殇，七月，不缨绖。大功布衰裳，牡麻绖缨，布带，三月；受以小功衰，即葛，九月者：

传曰：大功布，九升。小功布，十一升。

姑、姊妹、女子子适人者，

传曰：何以大功也？出也。

从父昆弟；为人后者为其昆弟，

传曰：何以大功也？为人后者降其昆弟也。

庶孙；適妇，

传曰：何以大功也？不降其适也。女子子适人者为众昆弟；侄丈夫妇人，报；

传曰：侄者何也？谓吾姑者，吾谓之侄。

夫之祖父母、世父母、叔父母，

传曰：何以大功也？从服也。夫之昆弟何以无服也？其夫属乎父道者，妻皆母道也。其夫属乎子道者，妻皆妇道也。谓弟之妻"妇"者，是"嫂"亦可谓之母乎？故名者，人治之大者也，可无慎乎？

大夫为世父母、叔父母、子、昆弟、昆弟之子为士者；

传曰：何以大功也？尊不同也。尊同，则得服其亲服。

公之庶昆弟、大夫之庶子为母、妻、昆弟，

传曰：何以大功也？先君余尊之所厌，不得过大功也。大夫之庶子，则从乎大夫而降也。父之所不降，子亦不敢降也。

皆为其从父昆弟之为大夫者；为夫之昆弟之妇人子适人者；大夫之妾为君之庶子；女子子嫁者、未嫁者，为世父母、叔父母、姑、姊妹，

传曰：嫁者，其嫁于大夫者也。未嫁者，成人而未嫁者也。何以大功也？妾为君之党服，得与女君同。下言为世父母、叔父母、姑、姊妹者，谓亲自服其私亲也。

大夫、大夫之妻、大夫之子、公之昆弟为姑、姊妹、女子子嫁于大夫者，君为姑、姊妹、女子子嫁于国君者。

传曰：何以大功也？尊同也。尊同则得服其亲服。诸侯之子称公子，公子不得祢先君。公子之子称公孙，公孙不得祖诸侯。此自卑别于尊者也。若公子之子孙有封为国君者，则世世祖是人也，不祖公子，此自尊别于卑者也。是故始封之君不臣诸父昆弟，封君之子不臣诸父而臣昆弟，封君之孙尽臣诸父昆弟。故君之所为服，子亦不敢不服也；君之所不服，子亦不敢服也。

繐衰裳，牡麻绖，既葬除之者：

传曰：繐衰者何？以小功之繐也。

诸侯之大夫为天子。

传曰：何以繐衰也？诸侯之大夫以时接见乎天子。

小功布衰裳，澡麻带绖，五月者：叔父之下殇，適孙之下殇，昆弟之下殇，大夫庶子为適昆弟之下殇，为姑、姊妹、女子子之下殇，为人后者为其昆弟、从父昆弟之长殇，

传曰：问者曰："中殇何以不见也？"大功之殇，中从上；小功之殇，中从下。

为夫之叔父之长殇；昆弟之子、女子子、夫之昆弟之子、女子子之下殇；为侄、庶孙丈夫妇人之长殇；大夫、公之昆弟、大夫之子，为其昆弟、庶子、姑、姊妹、女子子之长殇；大夫之妾为庶子之长殇。小功布衰裳，牡麻绖，即葛，五月者：从祖祖父母，从祖父母，报：从祖

昆弟，从父姊妹、孙适人者，为人后者为其姊妹适人者，为外祖父母；

传曰：何以小功也？以尊加也。

从母，丈夫妇人报；

传曰：何以小功也？以名加也，外亲之服皆缌也。

夫之姑、姊妹，娣、姒妇，报；

传曰：娣、姒妇者，弟长也。何以小功也？以为相与居室中，则生小功之亲焉。

大夫、大夫之子、公之昆弟为从父昆弟，庶孙，姑、姊妹、女子子适士者；大夫之妾为君之庶子适人者；庶妇；君母之父母、从母；

传曰：何以小功也？君母在，则不敢不从服。君母不在，则不服。

君子子为庶母慈己者。

传曰：君子子者，贵人之子也。为庶母何以小功也？以慈己加也。

缌麻，三月者：

传曰：缌者十五升抽其半，有事其缕，无事其布，曰缌。

族曾祖父母，族祖父母，族父母，族昆弟；庶孙之妇，庶孙之中殇；从祖姑、姊妹适人者，报；从祖父、从祖昆弟之长殇；外孙；从父昆弟侄之下殇，夫之叔父之中殇、下殇；从母之长殇，报；庶子为父后者，为其母；

传曰：何以缌也？传曰：与尊者为一体，不敢服其私亲也。然则何以服缌也？有死于宫中者，则为之三月不举祭，因是以服缌也。

士为庶母；

传曰：何以缌也？以名服也。大夫以上，为庶母无服。

贵臣、贵妾；

传曰：何以缌也？以其贵也。

乳母，

传曰：何以缌也？以名服也。

从祖昆弟之子，曾孙，父之姑，从母昆弟，

传曰：何以缌也？以名服也。

甥，

传曰：甥者何也？谓吾舅者，吾谓之甥。何以缌也？报之也。

婿，

传曰：何以缌？报之也。

妻之父母，

传曰：何以缌？从服也。

姑之子。

传曰:何以缌?报之也。

舅,

传曰:何以缌?从服也。

舅之子;

传曰:何以缌?从服也。

夫之姑姊妹之长殇;夫之诸祖父母,报;君母之昆弟;

传曰:何以缌?从服也。

从父昆弟之子之长殇,昆弟之孙之长殇。为夫之从父昆弟之妻。

传曰:何以缌也?以为相与同室,则生缌之亲焉。长殇、中殇降一等,下殇降二等。齐衰之殇中从上,大功之殇中从下。

记

公子为其母,练冠,麻,麻衣縓缘;为其妻,縓冠,葛绖带,麻衣縓缘。皆既葬除之。

传曰:何以不在五服之中也?君之所不服,子亦不敢服也。君之所为服,子亦不敢不服也。

大夫、公之昆弟,大夫之子,于兄弟降一等。为人后者,于兄弟降一等,报;于所为后之兄弟之子,若子。兄弟皆在他邦,加一等。不及知公母,与兄弟居,加一等。

传曰:何如则可谓之兄弟?传曰:小功以下为兄弟。

朋友皆在他邦,袒免,归则已。朋友,麻。

君之所为兄弟服,室老降一等。夫之所为兄弟服,妻降一等。庶子为后者,为其外祖父母、从母、舅,无服。不为后,如邦人。宗子孤为殇,大功衰,小功衰,皆三月。亲,则月算如邦人。

改葬,缌。童子,唯当室缌。

传曰:不当室,则无缌服也。

凡妾为私兄弟,如邦人。大夫吊于命妇,锡衰。命妇吊于大夫,亦锡衰。

传曰:锡者何也?麻之有锡者也。锡者,十五升抽其半,无事其缕,有事其布,曰锡。

女子子适人者为其父母,妇为舅姑,恶笄有首以髽。卒哭,子折笄首以笄,布总。

传曰:笄有首者,恶笄之有首也。恶笄者,栉笄也。折笄首者,折吉笄之首也。吉笄者,象笄也。何以言子折笄首而不言归?终之也。

妾为女君、君之长子,恶笄有首,布总。凡衰,外削幅;裳,内削幅,幅三袧。若齐,裳内,衰外。负,广出于适寸。适,博四寸,出于衰。衰,长六寸,博四寸。衣带,下尺。衽,二尺有五寸。袂,属幅。衣,二尺有二寸。祛,尺二寸。衰三升,三升有半。其冠六升。

以其冠为受，受冠七升。齐衰四升，其冠七升。以其冠为受，受冠八升。繐衰四升有半，其冠八升。大功八升，若九升。小功十升，若十一升。

【译文】

丧服。用裁割后不缝边的布做衰裳，配以用麻做的首绖和腰绖、粗糙的丧杖和用粗麻纠合成的绞带，丧冠用麻绳做缨带，鞋是用菅草织成的这样一种丧服。传文说：斩是什么意思呢？斩就是让衣服毛边的断口露着，不去缝齐它（表示内心悲痛，无心修饰边幅）。所谓苴绖，苴是指大麻能结籽的那一种。首绖的粗细相当于人手的一握，麻的根端在左耳上，绕过额、颈，麻的末端压在根上，将首绖的粗细减去五分之一，就是斩衰的腰绖。齐衰之服的首绖，粗细与斩衰的腰绖一样，再减去五分之一，就是齐衰的腰。大功丧服又次一等，首绖与齐衰之服的腰绖一样粗细，再减去五分之一，则是大功的腰绖。小功衰服又次一等，首绖的粗细，等于大功腰绖，再减去五分之一，才是小功腰绖的长度。缌麻是五种丧服中最轻的一种，其首的粗细与小功的腰绖相等，减去五分之一，则是缌麻的腰绖。苴杖，用竹子做成。削杖，用桐木做成。杖是扶病用的，杖的高度都要与心的位置齐平，而让竹或桐木的根朝下。杖是什么呢？就是爵，有爵者才有杖。为什么有人没有爵位却有杖呢？那是因为他以嫡子的身份担任丧主。有人不是丧主，但也有杖，又是为什么呢？那是为了扶持他因悲痛而致病的身体。童子为什么不用杖呢？那是因为他无知，不会因悲哀而致病。未成年的女子为什么不用杖呢？那是因为她们与死者关系较疏远，也不会因悲哀而致病。所谓绞带，是用麻搓成绳后，再绞合而成的带子。丧冠用一条绳屈而绕之，再打结，多余的部分下垂为缨带，绳缀连在冠上，缝在右侧。冠布的密度是六升，每升八十缕，冠前后多余部分向外缝纳，冠布捣捶时不加石灰。衰的密度是三升，二百四十缕。所谓菅屦，是用菅草做的丧鞋，鞋两头多余的部分向外缝纳。孝子居丧期间住在倚庐中，睡在草荐上，头枕土块，哭泣唯哀痛所至，不规定在昼夜的某一时间。最初只能喝粥，早晨煮一把米，傍晚煮一把米。睡眠时不能脱去首绖和腰绖。虞祭之后，可以将倚庐上的草苫略事修剪，原置于地上的楣两端也可用柱子顶起来，并可以睡在席上，吃粗疏的食物、饮水，哭泣早、暮各一次就可以了。举行过练祭之后，就可以睡到倚庐外面的垩室中，可以开始食用蔬菜和水果，吃饭和素食，哭泣没有规定的时间。

（下列情况，丧主应服斩衰之服：）儿子为父亲服丧。

传文说：为父亲服丧，为什么要服斩衰之服？因为父亲是一家中最尊贵的人。

诸侯为天子服丧，

传文说：天子是天下最尊贵的人。

臣为国君服丧，

传文说：国君是一国之中最尊贵的人。

父亲为嫡长子服丧，

传文说：父亲为嫡长子服丧为什么要三年？因为嫡长子是要作为父亲的正体而列宗庙之中，又是要主持祢庙之祭的人。如果父亲是庶子，则不得为自己的嫡长子服三年之丧，因为他们不能继承父祖的宗庙。

为大宗之后者，

传文说：为大宗之后者，死者并非其父母，为什么也要服三年之丧？大宗之后是承继宗祀的，所以必须服斩衰的丧服。怎样才叫为后？同一大宗就是为后。怎样才叫为人之后？支子就可以。为所后者的祖父、祖母、妻子，为宗子之妻的父母、兄弟，为宗子之妻的兄弟之子所服的丧服，与宗子的亲子所服的丧服相同。

妻子为丈夫，

传文说：丈夫是妻子最尊贵的人。

妾为夫君，

传文说：夫君是妾最尊贵的人。女子已许嫁而尚在父母之室者为父亲服丧，要用布束发，以小竹为笄，梳丧髻，斩衰，服三年之丧。

传文说：束发用的布，密度为六升（四百八十缕），束发后余下的长度为六寸，斩衰用的竹笄长一尺，吉礼时用的笄长一尺二寸。

女子出嫁后，被夫家休回父母之室者，为父亲服三年之丧。公卿、大夫的众臣，为其主人服布带、穿绳鞋。

传文说：公卿、大夫的家相和邑宰属于贵臣，其余的家臣都属于众臣。君，是指有封地的公卿、大夫。众家臣为主人服丧用丧杖，但不即朝夕哭泣之位。家中的近臣，君服何种丧服则也服之。所谓绳屦，是绳做的丧鞋。

穿用粗麻布制作但边侧已缝齐的丧服，用牡麻做的首绖和腰绖，丧冠以布为缨带，丧杖用桐木削制而成，丧带用布制作，穿草鞋服三年之丧的有下列情况：

传文说：齐是什么意思？就是缝缉丧服的毛边。所谓牡麻，就是不结籽的大麻。用牡麻做的首绖，麻根的一端置于右耳之上，从前额绕至颈后，再回到右耳之上，将麻的末端压在麻根之下，再缀而束之。做丧冠的布比大功之布略粗，以示与丧服的区别。所谓疏屦，就是用藨蒯草编的鞋。

（如果父亲健在，母丧则只需服一年之丧）如果父亲已先去世，则母亲去世要服三年之丧，为继母服丧的时间与生母一样。

传文说：为继母服丧的时间为什么能像生母那样？继母承接生母与父亲匹配，则与生母一样，因此，孝子不敢另眼相待。

为慈母服丧的时间与生母一样，

传文说:所谓慈母是怎么回事呢?传文说:有的妾没有子,而有些妾生的子女已丧母,于是父亲对妾说:"你就把这孩子当作自己的孩子吧。"又对丧母的孩子说:"你就把她当作是自己的母亲吧。"像这种情况,生则奉养之,直至终老,犹如生母;死则服齐衰三年之丧,如同亲生母亲,这是敬重父亲的命令。

母亲为嫡长子服丧。

传文说:母亲为嫡长子为什么要服齐衰三年之丧?因为嫡长子是宗庙的正体,他的父亲都不敢以自己的尊严而降低礼数,夫妻一体,所以其母亲也不敢降低礼数。

身穿用粗麻布制作但边侧已缝齐的衰裳,用牡麻做首绖和腰绖,丧冠以布为缨带,丧杖用桐木削制而成,丧带用布制作,穿草制的丧鞋,服一年之丧的,有下列几种情况:

传文说:有人问道:用什么样的布做丧冠呢?回答说:如果是齐衰和大功的冠,则以受衰之布为冠。如果是缌麻、小功的冠,则冠与衰相同。衣带边缘的升数,分别与冠布的升数相同。

父亲尚健在,为母服丧,

传文说:为什么只为母亲服一年之丧?是因为孝子自屈于父亲。作为家中至尊的父亲还健在,孝子不敢将内心对母亲的尊敬扩大到与父亲一样。父亲只为妻子服一年之丧,但一定要在妻子死后三年再续娶,是为了满足儿子为母亲心丧三年的愿望。

丈夫为妻子,

传文说:为妻子服丧为什么也是一年齐衰?因为妻子与丈夫共同承祀宗庙,是最亲近的人。

被丈夫休弃之妻的儿子为其母亲。

传文说:被休弃之妻的儿子为母亲服齐衰一年之丧,对外祖父、外祖母等母家的人不再服丧。旧传说:对已经与父亲断绝关系的妻族不再服丧,但母子之间是骨肉至亲,不能断绝之。被休弃之妻的儿子如果已被确定为父亲的后嗣,则对被休弃的母亲不再服丧。旧传又说:孝子与至尊的父亲是一体,所以不敢再为其被休弃的母亲服丧。

父亲死后,继母改嫁,儿子因年幼而随其母;则可为母服齐衰一年之丧,继母要以相同的丧服回报。

传文说:为什么要服一年之丧?因为曾经是母子,所以要以终其恩谊为贵。

服齐衰之服,但不用丧杖,而穿麻鞋的情况是:孙为祖父、祖母,

传文说:孙为祖父、祖母为什么要服丧一年?祖父、祖母是同宗中最尊贵的人。

为伯父母、叔父母,

传文说:对伯父、叔父,为什么服一年之丧?因为他们与父亲是兄弟,兄弟是一体。那么对兄弟之子为什么也要服一年之丧呢?因为他是旁系的尊者,而非自己正宗的尊

者，不足以加礼与自己的尊者一样，所以报之以相同的丧礼。父与子是一体，丈夫与妻子是一体，兄弟也是一体，所以父与子好比是首和足，丈夫与妻子好比是两半相合的整体，兄弟各得父亲之体以为体，如四肢本为一体。所以兄弟一体，其义无可分割，然而也有不能不分之时，因为儿子各与其父亲有特殊的恩情，所以要避开这种儿子与父亲的私恩。儿子对其父亲没有私恩，则不能称为儿子。兄弟分居不同宫，所以有东宫、西宫、南宫、北宫，居处不一而财产共有，财用有余则归给小宗，财用不足，则从小宗那里领取。对伯母、叔母，为什么也要服二年之丧？这是因为她们是伯父、叔父的配偶，因而有了"母"的名分，所以丧期与伯父、叔父相同。

是大夫的嫡长子为他的妻子所服。

传文说：为什么大夫的嫡长子要为妻子服一年之丧？父亲看重嫡妻，不肯降低为嫡妻服大功之服的礼数，所以做儿子的也不敢降低这一礼数。为什么不用丧杖？因为父亲还健在，做儿子的不敢在私丧上尽礼。

是为兄弟所服；是为长子之弟或妾之子所服；是为兄弟之子所服；

传文说：为兄弟之子为什么服期呢？因为兄弟之子为伯父、叔父加尊而服期，所以伯父、叔父也报之以服期。

是大夫的庶子为其嫡兄或嫡弟所服，

传文说：大夫的庶子为其嫡兄或嫡弟为什么要服一年之丧？有大夫身份的父亲，虽是尊者，但也不敢降低对嫡长子的丧礼，必为之服三年之丧，因此庶子也不敢降低其规定的礼数。

父为嫡长孙，

传文说：为什么祖父要为嫡长孙服一年之丧？这是因为不敢降低其嫡长孙的身份。如果嫡子还健在，则不立嫡孙；嫡子之妇在，嫡孙之妇也不得立为嫡孙妇。

受族于人，出为他人之后者，为自己的亲生父母，以一年之丧相报。

传文说：为什么对亲生父母只服一年之丧？因为父亲不得有二，儿子不得同时为两个父亲服斩衰之服。为什么不能为两个父亲服斩衰之服？过继给他人为后嗣，主持宗庙祭祀之重，则与自己的亲兄弟为宗，成为小宗，所以对自己的亲生父母的礼数也就要降低。"为人后者"，后于谁？后于大宗。什么叫后于大宗？所谓大宗，是族人所尊之统。禽兽不通人性，所以知母而不知父。郊外的野人不懂礼，说："父母有什么可尊贵的！"生活在都邑之中的士民，就知道尊敬父亲了。居官的大夫和学校的学士，则知道尊敬祖父了。诸侯则能将这种尊敬推及于太祖。天子则能再远推及于其始祖的感生帝。因此，地位越尊，其所尊之祖就越是统于上，地位越低，其所尊之祖就越是统于下。所谓大宗，是族人所尊之统。所谓大宗，是结聚全族的，不能断绝，所以大宗无嫡子时，族人用支子承

继之。小宗的嫡子不得为大宗的嗣子。

女子已嫁人者为亲生父母、兄弟中立为父亲之后者，

传文说：为父亲为什么只服一年之丧？因为妇人不能两次服斩衰。为什么妇人不能服两次斩衰？因为妇人一生的意义在于服从三个人，而没有自专自用之道，故尚未出嫁时要服从父亲，出嫁之后要服从丈夫，丈夫死后要服从儿子。所以父亲是子女的天，丈夫是妻子的天。妇人不能两次服斩衰，好比是说不能有两个天，妇人不能同时有两个尊者。那么，为兄弟中立为父亲之后的，为什么也要服一年之丧？因为妇人虽已出嫁在外，但难保没有被丈夫休弃的可能，届时，即使父亲已经去世，也必有可归往之宗，这称为小宗，所以只服一年之丧。

继父而与之同居的，

传文说：继父并非生身之父，为什么要为他服一年之丧？旧传说道：丈夫死时，若妻子年龄不足五十岁，子女不足十五岁，子女又没有可为之服大功之丧的亲戚，因而随其母至再嫁之夫家中，而所再嫁之人也没有可服大功之丧的亲戚；则再嫁之夫要用自己的钱财为上门的子女建造宫庙，每年按时让子女祭祀其生父。妻子因已改嫁，与前夫之族已断绝关系，所以不得参与祭事。如此，才是继父同居之道，继父与自己同居的，则要服齐衰一年之丧，如果没有同居，则为之服齐衰三月之丧就可以了。一定要先同居过，后因继父有大功的亲戚，或者自己有大功的亲戚，或者继父不为自己筑造宫庙而异居，则服齐衰三日之丧；如果子女未随其母到继父中，则不能称为异居，也不需服丧。

妻子为丈夫的国君。

传文说：妻子为丈夫的国君为什么要服一年之丧？因为丈夫与国君有君臣关系，所以要从夫而为之服丧。

对姑姑、姐妹、女子已嫁人但没有丧主的，姑姑、姐妹用一年之丧回报。

传文说：所谓无主，是说没有祭主。为什么要为她们服一年之丧？这是因为家中没有祭主而哀怜她们。

为国君的父亲、母亲、嫡长子、祖父母。

传文说：为什么要为国君的父亲、母亲、长子、祖父母服一年之丧？这是因为臣从君而服的缘故，死者的亲属是自己的国君。对于自己的父亲、母亲、嫡长子，国君要服斩衰，所以臣降一等，服期年之丧。国君之妻是小君，臣要像为自己的母亲那样服期年之丧。国君之父先于祖父而死，则祖父死时，应为之服斩衰。

妾为君的嫡妻。

传文说：为什么妾为君的嫡妻服一年之丧？因为妾侍奉嫡妻，与妇人侍奉公公、婆婆一样。

媳妇为公公、婆婆，

传文说：为什么媳妇要为公公、婆婆服一年之丧？这是从服的一种，死者是自己丈夫的父母，所以要从夫服丧。

为丈夫兄弟的子女。

传文说：为什么要为丈夫兄弟的子女服一年之丧？这是因为丈夫的兄弟之子为自己服一年之丧，因此要用相同的丧期回报。

诸侯的妾、大夫的妾为她们的儿子。

传文说：诸侯和大夫的妾为什么为自己的儿子服一年之丧？妾不能与其君为一体，所以也就不敢降低其子之服的礼数，而顺其本服的礼数。

女子已嫁人者为祖父母。

传文说：女子已嫁人为什么要为祖父母服一年之丧？祖父是至尊之人，不敢因为已出嫁而降低礼数服丧。

大夫之子为伯父母、叔父母、子、兄弟、兄弟之子，姑姑、姐妹、女子家中无祭主者，以上为大夫命妇者可服一年之丧，只有子女不用相同的丧礼回报。

传文说：此处的大夫，是指以上亲属中男子担任大夫者。所谓命妇，是指以上亲属中妇人是大夫之妻者。所谓无主，是指命妇而没有祭主者。为什么说“唯子不报”呢？女子嫁人者理应为其父母服期年之丧，所以说不报，实际上是说其余的人对大夫之子都要以期服回报。为什么要服期年之丧？父亲对以上亲属不降低丧礼的礼数，子女也不敢降。大夫为什么不像对姑姊妹等那样，降低对命妇的丧礼礼数？因为大夫尊于朝，与妻同尊，妻贵于室，与丈夫同爵。

大夫为祖父母以及嫡长孙而有士的身份者。

传文说：大夫为祖父母，以及有士的身份的嫡长孙，为什么要服期年之丧呢？因为大夫不敢降低其祖与嫡长孙的礼数。

诸侯的妾以及士的妾为她的父母。

传文说：诸侯和士的妾为什么要为自己的父母服期年之丧？妾虽不能与君为一体，但是应该顺其父母的本服而服丧。

穿用粗麻布制作，但毛边已缝齐的衰裳，用牡麻做首绖和腰绖，三月后即除服，不再换穿轻丧之服者，有下列几种情况：寄寓于他国的国君为所在国的国君，

传文说：寄公是指什么？是指黜爵失地，寄寓他国的国君。为什么要为寄寓他国的国君服齐衰之服三个月呢？是说与庶民的丧服相同，庶民为国君服齐衰三个月。

一族中的男女为宗子、宗子的母亲和妻子。

传文说：为什么族人要对宗子和宗子的母亲、妻子服齐衰三个月？因为要尊祖，祖是

族之本。尊祖就要敬宗子。因此,尊敬宗子,就是尊祖的意思。如果宗子的母亲健在,就不必为宗子之妻服齐衰三月之丧。

已致仕者为过去事奉过的国君以及他的母亲和妻子,

传文说:所谓旧君指的是什么?是指居官时曾经事奉过的国君。为什么对他只服齐衰三月之丧?这是说与庶民为国君服丧的礼数相同。国君的母亲、妻子可以视为小君,所以也要为之服丧。

庶人为国君;大夫离开本国,去往他国,其妻子和长子为旧君,

传文说:为什么大夫不在国内,其妻子、长子要为旧君服齐衰三月之丧?妻子虽随大夫出国,为国君服丧的礼数,与本国庶民相同。长子,是指未随大夫出国,留在国内的。

与继父不同居的,曾祖父母,

传文说:对不同居的继父和曾祖父母,为什么只服齐衰三月之丧?按照服数安排,为曾祖父宜服小功的丧服,但是小功是为外婚姻兄弟服的丧服,因此,不敢以兄弟的丧服作为至尊者的丧服,所以服齐衰三个月。

大夫为大宗之子,

传文说:以大夫之尊,为什么还要为大宗之子服齐衰三月之丧?虽然有大夫之尊,但也不敢降低对大宗之子的礼数。

将要离境的大夫为旧君,

传文说:将要见逐的大夫为什么只为旧君服齐衰三月之丧?因为大夫虽然离国而去,国君却于每年春秋时派有司扫除其宗庙,以示仍希望大夫最终能回来守祀之,君臣之恩并未断绝,所以大夫要为旧君服齐衰三月之丧,这是说礼数只能与庶民相同。既已离境,为何还称其为大夫?因为他用道规劝国君,屡谏而未被采纳,于是在郊外等待国君悔悟,此时他的大夫爵禄尚未被削夺,君臣之恩尚未断绝。

大夫为有士的身份的曾祖父母者,丧礼与族内的众人相同,

传文说:大夫为有士的身份的曾祖父母服丧,为什么要齐衰三月?因为大夫不敢因为自己位尊而降低对他的曾祖应服的礼数。

女子已经出嫁或尚未出嫁者为曾祖父母,

传文说:嫁者,是指已嫁给大夫的女子。未嫁者,是指已成年并许配给了大夫而尚未出嫁的女子。为什么她们要为曾祖父母服齐衰三月之丧?因为他们虽因丈夫位尊,仍不敢降低对其曾祖应服的礼数。

大功的丧服,用熟麻布制作衣裳,用牡麻做首绖和腰绖,自始至终只用一种丧服,不换轻丧之服。服大功九月之丧的情况有:为男子、女子中的长殇和中殇者,

传文说:子女夭亡者,为什么要为之服大功之丧?这是因为他们尚未成年就死亡了。

为什么服丧期间不再换轻丧之服？因为为成年人服丧，其礼数繁缛。为未成年人服丧，其礼数不能繁缛。所以，为夭亡者服的腰，可用散带的方式，不必缠结后下垂，因为死者尚未成年。年龄在十九岁至十六岁之间死亡的，称为长殇；十五岁至十二岁之间死亡的，称为中殇；十一岁至八岁死亡的，称为下殇；不满八岁即死亡的，都称为无服之殇。无服之殇用日数代替死者年龄的月数。用日数代替月数的殇丧，仅仅哀泣而已，不服丧服。所以子女生下三个月后，父亲就为他取名，对于已取名的死亡之后则哀哭；如果尚未取名，则不必哀哭。

叔父的长殇、中殇，姑姑、姐妹的长殇、中殇，兄弟的长殇、中殇，丈夫的兄弟之子、女儿的长殇、中殇，嫡孙的长殇、中殇，大夫的庶子为嫡兄弟的长殇、中殇，诸侯为嫡长子的长殇、中殇，大夫为嫡长子的长殇、中殇。以上的长殇，服丧的时间都是九个月，首绖上有一条绳，下垂以为缨带，中殇的服丧的时间为七个月，首绖上没有缨带。大功之服，用大功布制作衰裳，用牡麻作首绖、腰绖，首绖上有缨带，以布为丧带，三个月入葬后，脱下大功之服，换上小功布衰裳，脱下麻绖带，换上葛制的绖带，至九个月然后除去此服，下列情况可照此服丧：

传文说：大功丧服所用的布，密度为九升（七百二十缕）。小功丧服所用的布，密度为十一升（八百八十缕）。

为姑姑、姐妹、女子已嫁人者，

传文说：姑姑、姐妹、女子已嫁人者，应当为之服一年之丧，为什么只服大功之丧？因为她们已出嫁，所以要降低其本亲丧服的级别。

为堂兄弟；作为宗子后继者的支子为自己的兄弟，

传文说：作为宗子后继者的支子为其兄弟应该服齐衰一年之丧，为什么只服大功之丧？因为宗子的后继人尊贵，所以对自己兄弟的丧服应降低一等。

为庶孙；为嫡长子之妻，

传文说：为什么为庶妇服小功，为嫡长子之妻要服大功？因为重视嫡子的身份，所以不能降低其礼数而服小功。

女子已嫁人者为众兄弟；姑为侄男侄女，侄男侄女以相同的丧服回报姑。

传文说：侄是什么？称呼我为姑者，我则称他为侄。

为丈夫的祖父母、伯父母、叔父母，

传文说：妻与丈夫的祖父母、伯父母、叔父母本无血统关系，为什么要服大功之服？这是从夫而服，因为死者是丈夫的亲人，所以妻子比丈夫必须降一等为之服丧。丈夫对兄弟服期年之丧，妻子应降一等服大功之丧，为什么此处没有提及妻子的丧服？妻子的尊卑，随丈夫的辈分而定，如果丈夫属于父辈，则妻子属于母辈。如果丈夫属于子辈，则

妻子属于妇辈。丈夫的兄弟之妻的辈分与自己相同，既不是自己的母辈，也不是自己的妇辈。如果称丈夫之弟的妻为“妇”，那么丈夫之兄的妻，即“嫂”，岂不也可以称其为母了吗？所以，名分是人君之治中最重要的，能不慎重吗？

大夫为伯父母、叔父母、庶子、兄弟、兄弟之子有士的身份者，

传文说：大夫为伯父母、叔父母、庶子、兄弟、兄弟之子应该服齐衰一年之丧，为什么只服大功之丧？因为尊卑不同，这里说的是只有士的身份者，而不是有大夫的身份者，所以丧服也就不同。如果伯父母、叔父母等也是大夫，则可以服本亲之服，即期年之丧。

诸侯的庶兄弟、大夫的庶子为母亲、妻子、兄弟，

传文说：这一类亲属都应服期年之丧，为什么只服大功之丧？其父亲虽已去世，嫡子承继为诸侯，先父的余尊犹在，因此丧礼为其所压抑，不能超过大功之丧。至于大夫的庶子，因其父亲尚健在，作为大夫的父亲要降低其妾以及庶子、庶妇的丧服等级，所以大夫的庶子也必须随之将对母亲、妻子、兄弟的丧服降格为大功。父亲对自己的嫡长子不降低丧礼等级，庶子也不敢降低。

都为其有大夫身份的堂兄弟服大功，若只有士的身份则降服小功；为丈夫兄弟的女儿已嫁人者；大夫的妾为国君的庶子；女子已嫁或未嫁者，为伯父母、叔父母、姑姑、姐妹。

传文说：所谓嫁，是指嫁给大夫的女子。所谓未嫁，是指女子成年并许配给了大夫而未出嫁的女、子。大夫的妾为大夫的庶子为什么服大功呢？因为妾为大夫的宗族中人服丧，与大夫的嫡妻相同。下面说：“为世父母，叔父母、姑、姊妹”，是说妾为自己娘家这些亲属所服。

大夫、大夫的妻子、大夫的儿子、诸侯的兄弟为姑姑、姐妹、女子已嫁给大夫的，诸侯为姑姑、姐妹、女子已嫁给国君的。

传文说：上述情况为什么都是服大功之丧？因为她们尊贵的程度已与自己相同。尊贵的程度彼此相同，就可以服其亲服，而不须降等。诸侯之子称为公子，公子不得立祢庙祭其先君。公子所生的儿子称为公孙，公孙不得立太祖庙祭始封的诸侯。这是用地位卑远者来区别于尊贵者。如果公子的子孙中有被封为国君的，则其后人世世以此始封君为太祖致祭，而不以公子为太祖，这是从地位尊贵者来区别于卑远者。因此，始封之君不以诸父和兄弟为臣；始封君之子即位后，不以诸父为臣，而以兄弟为臣；始封君的孙子即位后则要把诸父、兄弟都作为自己的臣。所以国君为之服丧的，子即位后不敢不服丧；国君所不服丧的，子即位后也不敢服丧。

身穿用细而疏的繐布做的衰裳，用牡麻做首绖和腰绖，灵柩落葬之后就除去丧服的情况是：

传文说：繐衰是一种什么样的衰？就是用小功丧服的布制作的丧服。

是诸侯的大夫为天子所服。

传文说:诸侯的大夫是天子的陪臣,情分疏远,为什么要服缌衰之服?因为诸侯的大夫奉命依时朝见过天子,恩谊犹存。

用小功之布做衰裳,用洗过的麻做丧带和首绖、腰绖,服丧五个月的情况是:为叔父的下殇、嫡孙的下殇,兄弟的下殇,大夫的庶子为嫡兄弟的下殇,为姑姑、姐妹,女子的下殇,作为宗子后继者的支子为他的兄弟、堂兄弟的长殇,

传文说:有人问道:"这段经文中只讲上殇、下殇,为什么没有提到中殇呢?"因为本来为之服大功以上的人如果中殇了,就降一等而为之服小功,中殇与上殇相同;本来为之服小功的人如果中殇了,就降二等而无服,中殇与下殇相同。

为丈夫的叔父的长殇;为兄弟之子女以及丈夫的兄弟的子女的下殇;姑为侄男侄女的长殇和祖为庶孙男、庶孙女的长殇;大夫、诸侯的兄弟、大夫的儿子,为自己的兄弟、庶子、姑姑、姐妹、女子的长殇;大夫的妾为庶子的长殇。

用小功布做衰裳,用洗过的牡麻做首绖、腰绖,三个月后,除去麻绖换上葛绖,服丧五个月的情况是:为父亲的伯父母、叔父母,父亲的堂兄弟及其妻子;父亲的伯父母、叔父母,父亲的堂兄弟及其妻子用此服相报;父亲的堂兄弟之子,父亲的兄弟的女儿、孙女已嫁人者,作为宗子后继者的支子为他已出嫁的姐妹,为外祖父母;

传文说:为外祖父母理应服缌麻之服,为什么是服小功之服?因为外祖父母是母亲的至尊之人,所以加一等服小功之服。

对母亲的姐妹,母亲的姐妹对外甥和外甥女用此服相报。

传文说:母亲的姐妹属于外姓异亲,为什么要服小功之服?因为从母有母的名分,所以要加服一等为小功。外姓之亲的正服是缌麻,小功都是加服。

为丈夫的姑姑、姐妹和娣姒以此服相报。

传文说:娣、姒,是指兄之妻和弟之妻。娣、姒之间为什么要服小功?因为彼此因丈夫之故而同居于一室之中,所以生出小功之亲。

大夫、大夫之子、诸侯的兄弟为堂兄弟、庶孙,以及姑姑、姐妹、女子嫁给士的;大夫的妾为大夫已出嫁的庶女嫁给士的;舅姑为庶妇;妾之子为嫡母的父母和姐妹;

传文说:妾之子为什么要为嫡母的父母等服小功之丧?因为嫡母犹在,则不敢不从而服之,如果嫡母已不在,则不必为之服丧。

大夫或公子的嫡妻所生之子,为作为自己养母的庶母。

传文说:所谓君子之子,是指贵人之子。为什么贵人之子要为庶母服小功之丧?因为她作为养母养育了自己,所以要加服一等丧服。

穿缌麻做衰裳,用麻做首绖、腰绖和带,服丧三月的是:

传文说：所谓缌，就是密度为朝服用布的一半的那种布，缕细如丝，可以洗濯之使其洁白，但不加石灰而使之爽滑，这就是缌布。

为曾祖父的亲兄弟及其配偶、祖父的堂兄弟及其配偶、父亲的从祖兄弟，同一高祖的同辈兄弟；为庶孙的配偶，庶孙的中殇；为父亲的堂姊妹、祖父兄弟的孙女已嫁人者，父亲的堂姊妹和祖父兄弟的孙女已嫁人者以此丧服相报；为祖父的兄弟、同祖兄弟的长殇；为外孙；为堂兄弟之侄的下殇，为丈夫的叔父中殇、下殇；为姨母的长殇，姨母也以此丧服相报；妾之子承嗣父亲之后者为其母亲；

传文说：为什么庶子作为父亲的后继者为其母只服缌麻之服？旧传说：庶子既已承嗣为父亲之后，就与父亲为一体，所以不敢再用母子之服来为生母服丧。那么，既然与父亲为一体，就不应再为妾母服丧，为什么还服缌麻之服？宫中若有臣仆死亡，也必定为他三月不举行祭祀，以示哀伤，此时可以为妾母服缌麻三月之丧。

士为父亲的妾，

传文说：为什么士要为父亲的妾服缌麻之服？因为她有母的名分，所以要为她服丧。但是大夫以上的人没有缌服，所以可以不为庶母服丧。

为贵臣、贵妾，

传文说：公士大夫为什么要为贵臣、贵妾服缌麻之丧？因为他们是家臣和媵妾中的贵者，所以要加以区别，并为之服丧。

为乳母，

传文说：为什么要为乳母服缌麻之丧？因为乳母以乳汁哺育，对自己有母的名分，所以应为之服缌麻丧。

为父亲的堂兄弟之子，为曾孙，为父亲的姑姑，为姨所生之子。

传文说：姨所生之子为何也要为之缌麻之丧？因为姨与母亲为姐妹，有母的名分，姨母之子与自己有兄弟的名分，所以要为之服缌麻丧。

为外甥，

传文说：所谓甥是指什么？称呼我为舅舅的，我称他为外甥。为什么舅舅要为外甥服缌麻之丧？因为外甥为舅服缌麻之丧，所以舅以缌麻之丧相回报。

为女婿，

传文说：丈人为什么要为女婿服缌麻之丧？因为女婿从妻子为丈人服缌麻之丧，所以丈人以缌麻之丧相回报。

为妻子的父母，

传文说：为什么丈夫要为妻子的父母服缌麻之丧？因为这是从服的一种，死者是妻子的父母，故从妻而服。

为姑姑的儿子，

传文说：为什么要为姑姑的儿子服缌麻之丧？这也是从报，因为姑姑的儿子从其母为自己服缌麻之丧，所以自己也以同服相报。

为舅舅，

传文说：为什么外甥要为舅舅服缌麻之丧？因死者是母亲的弟兄，必须从母亲而为之服丧。

为舅舅的儿子；

传文说：为什么要为舅舅的儿子服缌麻之丧？因为死者的父亲是自己母亲的兄弟，所以要从母亲而为之服丧。

为丈夫的姑姐妹的长殇；为丈夫的从祖祖父母、外祖父母，丈夫的从祖祖父母、外祖父母用缌麻之服回报；

妾之子为嫡母的兄弟；

传文说：妾之子为什么要为嫡母的兄弟服缌麻之丧？因为嫡母尚在，不敢不从而服之。

为堂兄弟之子长殇，为兄弟之孙长殇。为丈夫的堂兄弟之妻。

传文说：为什么要为丈夫的堂兄弟之妻服缌麻之丧？因为彼此同处于一室，久之则生缌麻之亲。因为是妻为丈夫从服，所以丧服规格要比丈夫低。如果是为长殇、中殇的人服丧，则降本服一等。如果是为下殇的人服丧则降本服二等。本该为之服齐衰之殇的人，如果中殇就从上殇，为之降一等而服大功；本该为之服大功之丧的人如果中殇就从下殇，为之降二等而服缌麻。

《记》

诸侯的庶子为其母亲所服的丧服是，练熟的麻布做的丧冠，用缌麻做首绖和腰带，三年练祭时换穿的麻布丧衣，边缘为浅红色；为其妻子，则服浅红色的丧冠，细葛布做的绖带，麻布丧衣的边缘是浅红色的。灵柩落葬后就都除去丧服。

传文说：这两种丧服为什么不见于斩衰等五种丧服之中？凡是国君所不为之服丧的对象，其儿子也不敢为之服丧。凡是国君为之服丧的对象，其子不敢不为之服丧。所以，当国君还健在时，妾之子只能在五服之外另制这种丧服，以表达自己对母亲的哀悼之情。

大夫、诸侯的兄弟，大夫之子为族亲服丧，规格都降一等。作为宗子后继者的支子者，为自己的兄弟服丧，规格也要降一等，兄弟以同样规格服丧回报；支子为宗子的兄弟之子服丧，则与为自己的儿子服丧一样。

兄弟因出游或避仇等原因都在异国，无家室之亲，若有客死者，生者为之服丧的规格要加一等，以示哀怜。幼年时即丧父母，自己尚不懂事，便与兄弟同居，如果兄弟死了，则为之服丧的规格要提高一等,以报答其养育之恩。

传文说:怎样才是可以加一等丧服的兄弟呢?传文说:这是指亲属关系只有小功以下血统关系的兄弟。

朋友都在异国,而或有死亡者,则由活着的朋友为死者主丧,即为死者肉袒而免,以示哀怜,如果把死者的灵柩送还本国,则不为死者肉袒而免。朋友虽非血亲,但有同道之谊,所以相互以缌麻的丧服和麻带服丧。

公卿大夫所为之服小功以下丧服的亲属,室老则从公卿大夫降一等服丧。

丈夫所为之服小功以下丧服的亲属,妻子降一等服丧。

庶子立为后嗣者,对其外祖父母、姨、舅,不再有丧服。如果没有立为后嗣,则像众人一样,可以服丧。

大宗之子无父,未及成年而死称为殇,与他没有亲属关系的族人,丧服都降一等,长殇、中殇用大功之衰,下殇用小功之衰,其丧服都与大功、小功的殇服一样,丧期都是三个月。如果与大宗之子有五服之亲,则其服丧的月数与众人一样;与宗子有期之亲者,成人则服齐衰一年之丧,长殇则服大功衰九月之丧,中殇则服大功衰七月之丧,下殇则服大功衰五月之丧;有大功之亲者,成人则为之服齐衰三月之丧,长殇、中殇服大功衰五月之丧,下殇服小功衰三月之丧;有小功之亲者,成人则为之服齐衰三月之丧,其殇与无亲属关系者相同。

因坟墓崩塌而重新安葬时,臣为君,子为父,妻为夫服缌麻之丧。

未成年的童子,只有因故而主持家事者才有缌麻之服。

传文说:不主持家事者,则没有缌麻之服。

凡是妾为私亲服丧,与众人为兄弟服丧相同。

如果有命妇死,大夫前往吊唁其丈夫,服锡衰。如果有大夫死,命妇前往吊唁,也是服锡衰。

传文说:五服之中不见有锡衰,锡衰是一种什么样的丧服?锡衰就是经过整治后变得滑爽的细麻布。所谓锡,其织缕的密度是朝服用布一千二百缕的一半,不整治其缕使之更细,只整治其布,使之滑爽,此即锡布。

女子已嫁人者为自己的父母,妇人为公公婆婆服丧时的头饰是:用粗恶的柞木做丧笄,头部有刻镂,插在丧髻上。卒哭之后,女子要将丧笄的头部折断后去掉,先松开丧髻,再将笄插在发上,用布束发。

传文说:笄有首,是说丧笄的头部有刻镂,吉笄则没有。所谓恶笄,是指用粗恶的柞木做的丧笄。所谓折笄首,是将吉笄头部去掉,因为雕饰过于华丽。所谓吉笄,是用象骨制作的笄。为什么经文说"子折笄"而不说"妇折笄"?因为子是对父母之称,称子是表

示对父母终守为子之道。

妾为嫡妻的君和嫡长子服丧时，头上要插用粗恶的柞木做的丧笄，用布束发。

五服的衰衣，边幅都向外折倒一寸；下裳，边幅都向内折倒一寸；每幅布都只有三个褶裥。如果衰服要缝边，则裳的边要向内折，衣的边要向外折，然后再用针缝。背上的方布，其宽度要超出辟领一寸。辟领，宽四寸，两侧都超出胸前的衰的宽度。衰，长六寸，宽四寸。上衣的当腰带处，缀以布带，并下垂一尺，以遮掩裳的上端。上衣两边掩遮裳际的布，长两尺五寸。衣袖和衣身的布幅连为一体。衰衣，从领至腰长二尺二寸。衰衣的袖口，宽一尺二寸。

斩衰用的布的密度是三升（二百四十缕），或三升半（二百八十缕），其冠的布为六升（四百八十缕）。用做丧冠的布作为变换丧服时穿的轻丧之服的布，轻丧之服的丧冠用布，密度为七升（五百六十缕）。齐衰之服布的密度为四升（三百二十缕），冠的密度为七升（五百六十缕）。用冠的布作为受换丧服后的轻丧之服的布，轻丧之服的丧冠用布，密度为八升（六百四十升）。

缌衰用的布，密度为三百六十缕，冠的密度为六百四十缕。

大功丧服用布的密度为八升（六百四十缕），或九升（七百二十缕）。小功丧服用布的密度为十升（八百缕），或十一升（八百八十缕）。

士丧礼第十二

【原文】

士丧礼。死于适室，幠用敛衾。复者一人以爵弁服，簪裳于衣，左何之，扱领于带；升自前东荣、中屋，北面招以衣，曰："皋某复！"三，降衣于前。受用箧，升自阼阶，以衣尸。复者降自后西荣。

楔齿用角柶。缀足用燕几。奠脯醢、醴酒。升自阼阶，奠于尸东。帷堂。

乃赴于君。主人西阶东，南面，命赴者，拜送。有宾，则拜之。

入，坐于床东。众主人在其后，西面。妇人侠床，东面。亲者在室。众妇人户外北面，众兄弟堂下北面。

君使人吊。彻帷。主人迎于寝门外，见宾不哭，先入门右，北面。吊者入，升自西阶，东面。主人进中庭，吊者致命。主人哭，拜稽颡，成踊。宾出，主人拜送于外门外。

君使人襚，彻帷，主人如初。襚者左执领，右执要，入，升致命。主人拜如初。襚者入衣尸，出。主人拜送如初。唯君命，出，升降自西阶。遂拜宾，有大夫则特拜之。即位于

西阶下，东面，不踊。大夫虽不辞，入也。

亲若襚，不将命，以即陈。庶兄弟襚，使人以将命于室，主人拜于位，委衣于尸东床上。朋友襚，亲以进，主人拜，委衣如初，退，哭，不踊。彻衣者，执衣如襚，以适房。

为铭，各以其物。亡，则以缁长半幅，赪末长终幅，广三寸。书铭于末，曰："某氏某之柩。"竹杠长三尺，置于宇西阶上。

甸人掘坎于阶间，少西。为垼于西墙下，东乡。新盆，槃，瓶，废敦，重鬲，皆濯，造于西阶下。

陈袭事于房中，西领，南上，不绩。明衣裳，用布。鬠笄用桑，长四寸，緌中。布巾，环幅，不凿。掩，练帛广终幅，长五尺，析其末。瑱，用白纩。幎目，用缁，方尺二寸，赪里，著，组系。握手，用玄，纁里，长尺二寸，广五寸，牢中旁寸，著，组系。决，用正王棘，若檡棘，组系，纩极二。冒，缁质，长与手齐，赪杀，掩足。爵弁服、纯衣、皮弁服、椽衣、缁带、韎韐、竹笏。夏葛屦，冬白屦，皆繶缁絇纯，组綦系于踵。庶襚继陈，不用。

贝三，实于笄。稻米一豆，实于筐。沐巾一，浴巾二，皆用绤，于笲。栉，于箪。浴衣，于箧。皆馔于西序下，南上。

管人汲，不说繘，屈之。祝淅米于堂，南面，用盆。管人尽阶，不升堂，受潘，煮于垼，用重鬲。祝盛米于敦，奠于贝北。士有冰，用夷槃可也。外御受沐入。主人皆出，户外北面。乃沐，栉，挋用巾，浴，用巾，挋用浴衣。渜濯弃于坎。蚤，揃如他日。鬠用组，乃笄，设明衣裳。主人入，即位。

商祝袭祭服，椽衣次。主人出，南面，左袒，扱诸面之右，盥于盆上，洗贝，执以入。宰洗柶，建于米，执以从。商祝执巾从入，当牖北面，彻枕，设巾，彻楔，受贝，奠于尸西。主人由足西，床上坐，东面。祝又受米，奠于贝北。宰从立于床西，在右。主人在扱米，实于右，三，实一贝。左、中亦如之。又实米，唯盈。主人袭，反位。

商祝掩，瑱，设幎目，乃屦，綦结于跗，连絇。乃袭，三称。明衣不在算。设韐、带，搢笏。设决，丽于掔，自饭持之，设握，乃连掔。设冒，櫜之，幠用衾。巾、柶、鬊蚤，埋于坎。

重木，刊凿之。甸人置重于中庭，三分庭一，在南。夏祝鬻余饭，用二鬲于西墙下。幂用疏布，久之，系用靲，县于重。幂用苇席，北面，左衽，带用靲，贺之，结于后。祝取铭置于重。

厥明，陈衣于房，南领，西上，绩。绞横三缩一，广终幅，析其末。缁衾，赪里，无紞。祭服次，散衣次，凡十有九称，陈衣继之，不必尽用。

馔于东堂下，脯醢醴酒。幂奠用功布，实于箪，在馔东。设盆盥于馔东，有巾。

苴绖，大鬲，下本在左，要绖小焉，散带垂，长三尺。牡麻绖，右本在上，亦散带垂。皆馔于东方。妇人之带，牡麻结本，在房。

床第、夷衾，馔于西坫南。西方盥，如东方。

陈一鼎于寝门外，当东塾，少南，西面。其实特豚，四鬄，去蹄，两胉，脊、肺。设扃鼏，鼏西末。素俎在鼎西，西顺，覆匕，东柄。

士盥，二人以并，东面立于西阶下。布席于户内，下莞上簟。商祝布绞衾、散衣、祭服。祭服不倒，美者在中。士举迁尸，反位。设床笫于两楹之间，衽如初，有枕。卒敛，彻帷。主人西面冯尸，踊无算；主妇东面冯，亦如之。主人髻发，袒，众主人免于房。妇人髽于室。士举，男女奉尸，侇于堂，幠用夷衾。男女如室位，踊无算。主人出于足，降自西阶。众主人东即位。妇人阼阶上西面。主人拜宾，大夫特拜，士旅之，即位踊，袭绖于序东，复位。

乃奠。举者盥，右执匕，却之，左执俎，横摄之，入，阼阶前西面错，错俎北面。右人左执匕，抽扃予左手，兼执之，取鼏，委于鼎北，加扃，不坐。乃朼，载。载两髀于两端，两肩亚，两胉亚，脊、肺在于中，皆覆。进柢，执而俟。夏祝及执事盥，执醴先，酒、脯、醢、俎从，升自阼阶。丈夫踊。甸人彻鼎，巾待于阼阶下。奠于尸东，执醴酒，北面西上。豆错，俎错于豆东。立于俎北，西上。醴酒错于豆南。祝受巾，巾之，由足降自西阶。妇人踊。奠者由重南，东。丈夫踊。宾出，主人拜送于门外。乃代哭，不以官。

有襚者，则将命，摈者出请，入告。主人待于位。摈者出，告须，以宾入。宾入中庭，北面致命。主人拜稽颡。宾升自西阶，出于足，西面委衣如于室礼，降，出。主人出，拜送。朋友亲襚，如初仪，西阶东，北面哭，踊三，降，主人不踊。襚者以褶，则必有裳，执衣如初。彻衣者亦如之，升，降自西阶，以东。宵，为燎于中庭。

厥明，灭燎。陈衣于房，南领，西上，绪。绞紟，衾二。君襚，祭服，散衣，庶襚，凡三十称，紟不在算。不必尽用。东方之馔，两瓦瓶，其实醴酒，角觯，木柶，毼豆两，其实葵菹芋、蠃醢，两笾，无縢，布巾，其实栗，不择，脯四脡。奠席在馔北，敛席在其东。掘肂见衽。棺入，主人不哭。升棺用轴，盖在下。熬黍稷各二筐，有鱼腊，馔于西坫南。陈三鼎于门外，北上。豚合升，鱼鱄鲋九。腊左胖，髀不升，其他皆如初。烛俟于馔东。

祝彻盥于门外，入，升自阼阶，丈夫踊。祝彻巾，授执事者以待。彻馔，先取醴酒，北面。其余取先设者，出于足，降自西阶，妇人踊。设于序西南，当西荣，如设于堂。醴酒位如初，执事豆北，南面东上。乃适馔。

帷堂。妇人尸西东面。主人及亲者升自西阶，出于足，西面袒。士盥位如初。布席如初。商祝布绞、紟、衾衣，美者在外。君襚不倒。有大夫，则告。士举迁尸，复位。主人踊无算。卒敛，彻帷。主人冯如初，主妇亦如之。

主人奉尸敛于棺，踊如初，乃盖。主人降，拜大夫之后至者，北面视肂。众主人复位。妇人东复位。设熬，旁一筐，乃涂。踊无算。卒涂，祝取铭置于肂。主人复位，踊，袭。

乃奠。烛升自阼阶，祝执巾，席从，设于奥，东面。祝反降，及执事执馔。士盥，举鼎入，西面北上，如初。载，鱼左首，进鬐，三列，腊进柢。祝执醴如初，酒、豆、笾、俎从，升自阼阶，丈夫踊。甸人彻鼎。奠由楹内入于室。醴酒北面。设豆，右菹，菹南栗，栗东脯。豚当豆。鱼次腊特于俎北，醴酒在笾南。巾如初。既错者出，立于户西，西上。祝后，阖户，先由楹西，降自西阶，妇人踊。奠者由重南东，丈夫踊。

宾出，妇人踊，主人拜送于门外，入，及兄弟北面哭殡。兄弟出，主人拜送于门外。众主人出门，哭止，皆西面于东方。阖门。主人揖，就次。

君若有赐焉，则视敛。既布衣，君至。主人出迎于外门外，见马首，不哭，还，入门右，北面，及众主人袒。巫止于庙门外，祝代之。小臣二人执戈先，二人后。君释采，入门，主人辟。君升自阼阶，西乡。祝负墉，南面，主人中庭。君哭。主人哭，拜稽颡，成踊，出。君命反行事，主人复位。君升主人，主人西楹东，北面。升公卿大夫，继主人，东上。乃敛。卒，公卿大夫逆降，复位。主人降，出。君反主人，主人中庭。君坐抚，当心。主人拜稽颡，成踊，出。君反之，复初位。众主人辟于东壁，南面。君降，西乡，命主人冯尸。主人升自西阶，由足，西面冯尸，不当君所，踊。主妇东面冯，亦如之。奉尸敛于棺，乃盖，主人降，出。君反之，入门左，视涂。君升即位，众主人复位，卒涂，主人出，君命之反奠。入门右，乃奠，升自西阶。君要节而踊，主人从踊。卒奠，主人出，哭者止。君出门，庙中哭。主人不哭，辟。君式之。贰车毕乘，主人哭，拜送。袭，入即位，众主人袭，拜大夫之后至者，成踊。宾出，主人拜送。

三日，成服，杖，拜君命及众宾。不拜棺中之赐。

朝夕哭，不辟子卯。妇人即位于堂，南上，哭。丈夫即位于门外，西面北上；外兄弟在其南，南上；宾继之，北上。门东，北面西上；门西，北面东上；西方，东面北上。主人即位，辟门。妇人拊心，不哭。主人拜宾，旁三，右还，入门，哭。妇人踊。主人堂下，直东序，西面。兄弟皆即位，如外位。卿大夫在主人之南。诸公门东，少进。他国之异爵者门西，少进。敌，则先拜他国之宾。凡异爵者，拜诸其位。彻者盥于门外，烛先入，升自阼阶。丈夫踊。祝取醴，北面；取酒，立于其东；取豆、笾、俎，南面西上。祝先出，酒、豆、笾、俎序从，降自西阶。妇人踊。设于序西南，直西荣。醴酒北面西上，豆西面，错。立于豆北，南面。笾、俎既错，立于执豆之西，东上。酒错，复位，醴错于西，遂先，由主人之北适馔。乃奠，醴、酒、脯、醢升。丈夫踊，入。如初设，不巾。错者出，立于户西，西上。灭烛，出。祝阖门，先降自西阶。妇人踊。奠者由重南，东。丈夫踊。宾出，妇人踊，主人拜送。众主人出，妇人踊。出门，哭止。皆复位。阖门。主人卒拜送宾，揖众主人，乃就次。

朔月，奠用特豚、鱼腊，陈三鼎如初。东方之馔亦如之。无笾，有黍稷。用瓦敦，有盖，当笾位。主人拜宾，如朝夕哭。卒彻，举鼎入，升，皆如初奠之仪。卒朼，释匕于鼎，俎

行。杝者逆出，甸人彻鼎。其序，醴酒、菹醢、黍稷、俎。其设于室，豆错，俎错，腊特，黍稷当笾位。敦启会，却诸其南。醴酒位如初。祝与执豆者巾，乃出。主人要节而踊，皆如朝夕哭之仪。月半不殷奠。有荐新，如朔奠。彻朔奠，先取醴酒，其余取先设者。敦启会，面足。序出，如入。其设于外，如于室。

筮宅，冢人营之。掘四隅，外其壤。掘中，南其壤。既朝哭，主人皆往，兆南北面，免绖。命筮者在主人之右。筮者东面，抽上韇，兼执之，南面受命。命曰："哀子某，为其父某甫筮宅。度兹幽宅，兆基无有后艰？"筮人许诺，不述命，右还，北面，指中封而筮。卦者在左。卒筮，执卦以示命筮者。命筮者受视，反之，东面。旅占，卒，进告于命筮者与主人："占之曰从。"主人绖，哭，不踊。若不从，筮择如初仪。归，殡前北面哭，不踊。

既井椁，主人西面拜工，左还椁，反位，哭，不踊。妇人哭于堂。献材于殡门外，西面北上，綪。主人遍视之，如哭椁。献素、献成亦如之。

卜日，既朝哭，皆复外位。卜人先奠龟于西塾上，南首，有席。楚焞置于燋，在龟东。族长莅卜，及宗人吉服立于门西，东面南上。占者三人在其南，北上。卜人及执燋、席者在塾西。阖东扉，主妇立于其内。席于阒西阈外。宗人告事具。主人北面，免绖，左拥之。莅卜即位于门东，西面。卜人抱龟燋，先奠龟，西首，燋在北。宗人受卜人龟，示高。莅卜受视，反之。宗人还，少退，受命。命曰："哀子某，来日某，卜葬其父某甫。考降，无有近悔？"许诺，不述命；还即席，西面坐；命龟，兴；授卜人龟，负东扉。卜人坐，作龟，兴。宗人受龟，示莅卜。莅卜受视，反之。宗人退，东面。乃旅占，卒，不释龟，告于莅卜与主人："占曰某日从。"授卜人龟，告于主妇，主妇哭。告于异爵者。使人告于众宾。卜人彻龟。宗人告事毕。主人绖，入哭如筮宅。宾出，拜送，若不从，卜择如初仪。

【译文】

士丧礼。人死在适寝的室中，尸体用单被覆盖着。招魂者一人，拿着死者生前所穿的爵弁服，将衣和裳缀连在一起，搭在左肩上，将其交领插入自己的衣带内固定，然后从屋檐的东角上房，再到屋脊之上，用死者的衣服面朝北招魂，呼喊道："噢——某人回来吧！"连喊三遍，然后将衣服从屋前扔下，堂下的人用小竹箱接住衣服，再从阼阶上堂，将衣服覆盖在死者身上，表示魂已回到他身上。招魂者从屋檐的西北角下去。

用角质的匙插入死者的上下牙齿之间。用燕息时用的小几拘束住他的双足，使之不变形，以便为之穿鞋。为死者设奠，用干肉、肉酱和醴酒祭祀。从阼阶上堂，将祭物放置在尸体之东。在堂上用帷幕围隔尸体。

于是派使者向国君报丧。主人站在西阶的东边，面朝南，向使者交待报丧的事宜，然后拜而送之。如果有宾客来吊丧，丧主于此时行拜礼。

丧主入室，坐在尸床的东侧，庶兄弟都站在他的身后，面朝西。妻妾及众子孙在尸床

西侧与男人们夹床而对，面朝东。凡大功以上的亲属在内室。小功以下的众妇人都在户外堂上，面朝北而立，小功以下的男子则在堂下面朝北而立，都朝向尸床。

国君派士前来吊唁时，有司将帷幕开合处向上揭起，丧主要到内门外迎接，刚见到宾时不能哭泣，而是要先从门的右侧进入，面朝北而立。吊唁者入门，从西阶上堂，面朝东而立。丧主走进中庭，吊唁者宣告国君之命。致命毕，丧主可以开始哭泣，跪拜时以额触地，并三番顿足而哭。宾退出，主人在外门之外拜而送之。

国君又派禭者致送助丧的衣被时，有司也要将堂上帷幕的开合处向上揭起，丧主出迎的仪节，与迎接国君派来吊唁的人一样。禭者左手掂着所赠衣的衣领，右手拿裳腰，入门后上堂致国君之命。丧主像迎接国君派来吊唁的人那样行拜礼。禭者入室将衣裳覆盖在敛被上，然后出门。丧主像送别国君派来的吊唁者那样，到外门之外拜而送之。只有奉国君之命前来吊唁、致送助丧用品的使者来临时，丧主才出门迎接，上下堂时都从西阶走。借此机会向其他宾行拜礼，如果有大夫前来，则要单独行拜礼。丧主在西阶下即位，面朝东而立，只是哭拜，不顿足。邀请大夫入门后，即使大夫尚未谦辞(也不必等待)，而是迅速入内(回到尸床旁)。

大功以上的亲属致送助丧用的衣被，不必派人向丧主通报，可以拿着衣被直接到房内的指定处陈放好。庶兄弟致送助丧用的衣被，要派人到室中向丧主通报，丧主在丧位上拜谢，然后将衣裳放在尸体东侧的床上。朋友致送助丧用的衣被，要亲自拿着进入室内，主人向朋友行拜礼。朋友陈放衣服的方式与庶兄弟一样，然后退下，主人号哭而不顿足。撤走衣裳时，有司拿衣裳的方式与致者一样(左手掂着衣领，右手掂裳腰)，放到房内。

把死者的名字写在死者生前使用的旗上，作为死者棺柩的标识。如果是没有资格建旗的不命之士，则用长一尺的黑色的布，其下缀以长二尺的赤色的布，宽都是三寸。死者的名字写在赤色的布上："某氏某人之柩"。用竹子做的旗杆长度为三尺，立在屋檐之下、西阶之上的地方。

甸人在两阶之间的偏西处挖坎，在中庭的西墙下用土块垒灶，灶口朝东。新的瓦盆、瓦盘、瓦瓶、无足的瓦敦、悬挂于架的瓦鬲，都洗濯干净，放在西阶之下候用。

死者穿的衣服陈列在东房中，衣领朝西，南北方向陈放，以南首为尊，不转行。贴身的衣裳，用作帷幕的布制作。束发的笄是用桑木做的，长四寸，中间宽，两头窄。饭含时盖在死者面部的布巾，长和宽都是一幅，正对着口部的地方不挖孔。包裹死者额头的熟帛，宽二尺、长五尺，末端撕开以便打结。塞在耳朵中的是白色的新丝绵。覆盖在死者面部的巾，外表用黑色的布，一尺二寸见方，里子是红色的布；中间填入绵絮，四角有打结用的绳带。为死者套在手上的布套，外表用玄黑色的布，里子用𫄸色的布，长一尺二寸，宽

五寸，中部紧缩一寸；中间填入绵絮，端头有打结用的绳带。戴在拇指上的扳指，用质地优良的王棘木或棘木制作，有打结用的丝带，拉弦用的指套用绵絮制作，套在两个指头上。尸套上下各一，上身的尸套叫作质，是黑色的，宽度上下一致，长度与死者的双手对齐；下身的尸套叫作杀，是红色的，宽度比上身的窄，其长可以掩住死者的足部。死者身穿三套衣服：生前戴爵弁时穿的上衣，以及纁裳；戴皮弁时穿的衣服；镶有红边的黑色礼服。三套衣服的外面是黑色的缙带，裳外的蔽膝之衣以及竹制的手板。如果时值夏天，死者穿白色的葛屦；如果是冬天，则穿白色的皮屦，但不管是葛屦，还是皮屦，鞋上圆丝带、鞋头的饰物，以及鞋的镶边都是黑色的，再用鞋带系在脚后跟上。亲者和庶兄弟、朋友赠送的衣服等依次陈列在东房中，不给死者穿上。

（饭含用的）三枚贝，放在笲内。稻米四升，放在筐内。洗头巾一条，洗身巾二条，都是粗葛布做的，放在笲内。梳篦放在箪内。浴后所穿的衣服，放在箧内。以上竹器都放在西墙之下，从南向北陈列，以南首为尊。

管人从井中打水后，不解脱井绳，而将它盘曲在手上，就提着桶上堂。祝在堂上面朝南，用瓦盆淘米。管人登上最后一级台阶，但不上堂，从祝手中接过淘米水，到堂下的灶上煮，用的是挂在木架上的鬲。祝将米盛在敦中，再将敦放在盛贝的笲的北侧。如果时值夏季，可以用国君赐冰给士时用的夷盘接浴尸的水。死者生前的仆御受命入室，为主人洗头。丧主都出门暂避，在室户之外面朝北而立。于是，仆御用煮过的淘米水为死者洗头，梳理头发，再用巾拭干水，接着为死者洗澡，用巾洗，用浴衣将身上的水擦干。浴水倒入堂下所挖的穴中。然后为死者剪指甲，理顺胡须，就像以往为主人所做的那样。用丝带束发后，插上发笄，再穿上贴身的衣服。此时，主人入室，就其位。

商祝将爵弁服、皮弁服依次放在尸床上，接着再放褖衣。这时，丧主出室，面朝南，袒露左臂，将左袖塞在右腋下的衣带中，接着先在盆上洗净双手，再洗贝，然后拿着入室。宰洗濯柶，然后将它插在敦里所盛的米中，然后再端着敦跟在丧主后面入内。商祝拿着巾随主人后入内，在正对着窗户的地方，面朝北而立，先抽去死者的枕头，再在死者面部用巾覆盖，以免饭含时米粒掉在死者脸上，接着将死者齿间的角匙抽去，又接过饭含用的贝，放在尸体的西边。丧主从死者的足部绕至尸床西侧，然后在床边坐下，面朝东。祝又接过米敦，放在贝的北侧。宰随丧主站在尸床西侧，在丧主之右。丧主左手用角匙从敦中取米，放入死者口内右侧，放三次，再放入一枚贝。在死者口内的中间和左侧放米、贝也是如此。最后再往口内放米，直至放满。然后，主人穿好左衣袖，回到原位。

商祝将"掩"的未撕开的部分覆盖在死者的头顶(将后面的两根丝绳向前交叉，在颐下打结，再将前面的两根丝绳从额部向后交叉，在颈后打结)，接着用丝绵塞耳，再将"幎目"覆盖在死者面部，将丝带向脑后系结。然后，为死者穿鞋，鞋带结在足面上，再用剩余

的带子将两只鞋的鞋带孔穿结在一起，以免死者的双足分开。接着为死者穿衣服，一共三套，贴身的衣服不在此数。然后，在三套衣之外结以大带，又将手板插在带间，再为死者套上扳指，带子系在手腕处，在拇指根打结；又在死者手中放入绢布，使之握持，绢布上的丝带与扳指的丝带相连结；再用尸套将尸体装入，然后在上面盖以大敛时用的衾被。把用过的巾、角匙，以及剪下的乱发、指甲埋在堂下两阶之间所挖的坑中。

悬挂器物的竖木叫"重"，要先斫削再凿眼。甸人将"重"放在庭中，庭的南北距离若分为三等分，则"重"在其南侧的一分处。夏祝将饭含所剩的米盛在两个鬲中，在西墙之下煮成粥。粥煮好后，用粗布盖住鬲口，系鬲的绳索是竹篾编的，悬挂在另一"重"上；再用苇席将横木和鬲掩卷起来，苇席由南朝北卷，同时又从右向左卷，然后以竹篾索为带，缚于其上，重复束两道而在后面打结固定。祝把西阶上的铭取来插在庭中没重的地方。

第二天天明，在东房内陈放小敛用的衣服，衣领都朝南，由西向东摆放，以西首为尊，一行放不下时，向相反方向转行；收紧衣服用的"绞"，横向的三幅，纵向的一幅，宽度都是一幅，布的两端都撕开。衾被以缁布为被面，里子是赤色的，被端不缝被识。接着陈放祭服，再接着放褖衣等衣服，总共十九套，陈列而不用的衣服又陈放于其后，不必都用上。

陈设在东堂之下的有干肉、肉酱、醴、酒。遮盖祭品用的小功之布放在箪内，箪在祭品的东侧，作为盥洗器的盆，也是放在东侧，另有擦手用的布巾。

（此时尚未成服，小敛时丧服的暂用形式是）斩衰的首绖，要比一握的圆径还大，麻根朝下，在头之左，腰绖则比首绖细五分之一；用单股麻缠成，多余部分向下散垂，长度为三尺。齐衰至小功的首绖，麻根在头之右，朝上，其腰也用单股麻缠成，多余部分向下散垂。这些都陈放在东房中。妇人的首绖与男人相同，腰绖则不同，是用牡麻制作的，麻的根部缠结于腰间。陈设在东房内。

床、竹席、覆盖尸体的衾被，陈放在西坫之南。在西堂之下为举尸者准备的盥洗用具，（有盆有巾）与东堂之下一样。

在正寝的门外陈设一鼎，正对着东塾而稍稍偏南，鼎面朝西。鼎中放有一只被肢解成七块的小猪：前肢左右各一，后髀左右各一，共四块，都已剥去蹄甲。胁骨两块，与脊骨相连的肺。鼎配有鼎杠和鼎盖，鼎盖的方向朝西。盛素食的俎在鼎之西，首朝东尾朝西。俎上覆扣着匕，匕柄朝东。

准备抬尸的士洗手后，两人一排，面朝东站在西阶下。在室门内铺席，底下一层是莞草席，上面一层是竹席。商祝在席上依次迭放敛尸用的绞带、衾被、散衣、祭服。祭服不得颠倒着放，越是好的祭服，越要贴近死者的身体。抬尸的士入室，将死者从尸床上抬至竹席上，再回到堂下西阶前。接着，在堂上的东、西楹柱之间安放床和竹床垫，死者的寝卧之席，与在室内铺的一样，下面是莞草席，上面是竹席，席上有枕头。小敛完毕，将帷幕

的出入处的帷布向上掀开。丧主面朝西抚尸顿足痛哭，顿足不计次数；丧主之妇面朝东抚尸顿足痛哭，顿足也不计次数。丧主用麻挽发，袒露左臂，丧主的庶兄弟等在房中用布束发，去冠戴免，他们的配偶则在室中用麻与发合结。士抬起死者的尸体，众男女则在旁捧着尸体，然后将尸体安放在堂上，用夷衾覆盖尸体。众男女在尸周围的位置与在室内时一样，顿足而哭不计次数。丧主从死者足部走到尸体之西，再从西阶下堂。丧主的庶兄弟也随之下堂，在东阶下即位。妇人们则在阼阶之上面朝西而立。丧主向各位来宾行拜礼，如果是大夫，则要一一拜之，对士，则只要拜三拜（表示全部拜遍了）。主人回到东阶下面朝西之位顿足而哭，再到东序前披上衣服，围上麻绖，又回到东阶下面朝西的位置。

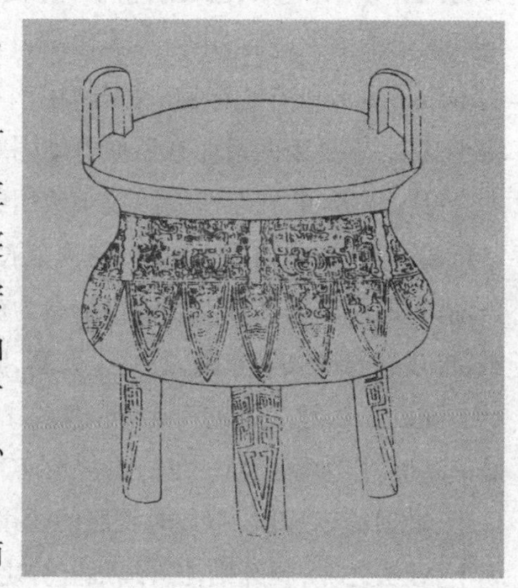
周鱼鼎

于是举行奠祭。两位抬鼎人洗手后出门。右边的抬鼎者用右手执匕，使匕仰着；左边的人用左手拿俎，俎横着；两人分别用另一只手抬鼎入寝门，在阼阶之前，按鼎面朝西的方向放下鼎，俎按面朝北的方向横放。右边的人左手拿匕，右手抽出鼎杠，放在左手上，与匕一起拿着；用右手取下鼎盖，放在鼎的北侧，再将鼎杠放在鼎盖上，不必坐下取放。于是，右边的人用匕从鼎中挑出牲肉，左边的人接过来放在俎上。先将牲后面的左右两髀放在俎的两端，接着往髀的内侧放左右两肩，再在其内侧放两胁，带有脊骨的肺放在最中间，牲肉都倒扣着放，牲骨的根部都朝前。放毕，左边的人持俎等候。接着，夏祝和负责奠祭的执事洗手。夏祝拿着醴走在前面，执事们分别拿着酒、干肉、肉酱和俎跟随其后，从阼阶上堂。主丧的男子们顿足而哭。甸人将空鼎撤到门外，有司在阼阶下拿巾等候。在尸体的东侧举行奠祭，执醴、酒者先入内，都面朝北，表示以西首的死者为尊。接着放置笾豆，俎放在笾豆的东侧。放置的人站在俎的北侧，以西首为尊。醴、酒放置在笾豆的南侧。祝从有司手中接过布巾，遮盖在豆、俎、醴、酒之上，然后从尸体的足前绕到西侧，再从西阶下堂。妇人们开始顿足而哭。奠祭者从"重"的南侧绕至东侧。主丧的男子们又顿足而哭。祭毕，宾出门，丧主到庙门外拜而送之。于是亲人们轮流号哭，不得请官员来号哭。

小敛之后，如果还有来致送助丧的衣被的，则要先让人传命。摈者出门，请问宾为何事而来，然后入内禀告丧主。丧主便在阼阶下面朝西之位等候。摈者出门，告诉宾，主人已在等候，然后引导宾入内。宾走进中庭，面朝北致词。丧主拜了又叩首。宾从西阶上堂，从死者的足前绕至东侧，将衣服放在尸体东侧的床上，就像在室中尸体尚未小敛时一

样，然后下堂，出门。丧主也出门，拜而送之。如果是朋友亲自来致送助丧的衣被，其仪节与上述大致相同，所不同的是，不必致词，但要在西阶之东、面朝北号哭，以顿足三次为一节，一共三节，然后下堂；主人则不用顿足。用上衣来助丧，就一定会有与之配套的裳，执持衣服的方式与前述相同，都是左手掂衣领，右手掂裳腰。撤走衣服时也是如此，上、下堂都从西阶，然后拿着衣服到庭东放好，以备大敛时用。夜晚，在庭中点燃大烛以照明。

小敛的第二天天亮时，熄灭大烛。在房中陈设大敛用的衣服，衣领朝南，由西向东摆放，以西首为尊，一行放不下时，向相反方向转行。先依次陈放敛尸用的绞带、单被一条、絮被两条。接着放国君赠送的衣服，丧主准备的祭服、散衣，亲者及庶兄弟、朋友赠送的衣服，总共三十套，绞带、单被、絮被不在此数。陈设的衣服不一定都用上。在东堂下陈设的祭品是：瓦瓶两个，分别盛着醴和酒，角质的觯，木质的勺；白色的豆两个，分别盛着未经切碎的腌菹菜、蜗肉酱；笾两个，没有缘饰，底部垫着布巾，上面放着粟，没有拣选，肉干四条。奠祭用的席在祭品的北侧，大敛用的席则在东侧。在西阶之上挖埋棺的坎穴，其深度以能见到棺与盖之际的木榫为准。放下棺木时，主人不哭（以免影响安放）。吊起棺木时用窆车，棺盖仍放在堂下。炒黍和稷各两筐，上面还放着鱼和腊肉，设在西坫南边堂下备用。把三个鼎由北向南陈设在门外，以北首为尊。上鼎内放的是左右体相合为一的小猪，中鼎内放的是九条鲊鱼或鲫鱼，下鼎内放的是风干的兔子的左体，但将髀骨除去。豚肉和匕、俎的陈放，与小敛时一样。火把放在祭品的东侧以备用。

祝将原设在东堂下的盥洗用具撤至寝门之外，返入时，从阼阶上堂。男子们顿足而哭。祝撤去覆盖在祭品上的巾，交给执事者，让他在阼阶下等候。接着撤去小敛用的祭品，祝和执事分别取醴、酒，面朝北而立，等待其他撤物者一起下堂。其余的祭品，先陈设的先撤，撤物者都从死者足前绕过，从西阶下堂。此时妇人们顿足而哭。撤下的祭品都陈设在堂下西序的西南方，正对着堂西檐角的地方，摆放的位置，与堂上一样。执持醴、酒者的位置与在堂上时一样，面朝北，以西首为尊。执持豆、俎者站在豆的北侧，面朝南，以东首为尊。设置完毕，祝和执事者一起到东堂下陈设大敛奠的地方去。

于是，为大敛而在堂上张设帷幕。妇人们站在尸体西侧，面朝东而立。丧主与亲属从西阶上堂，从尸体的足部绕到东侧，面朝西，袒去左袖。抬尸的士洗手的仪节和站立的位置都和小敛时一样。有司在东阶之上铺席，方法也和小敛时一样。商祝依次在席上陈放敛尸用的绞带、单被、絮被、衣服，最好的祭服放在外面。国君赠送的衣服不能颠倒着放置。此时如有大夫来吊唁，则派人告知正在大敛，丧主无法下堂迎拜。士将尸体抬到阼阶上的大敛席上后，回到原位。丧主号哭时，顿足不计次数。大敛完毕，撤去帷幕。丧主像小敛时那样抚尸痛哭，丧主之妇也是如此。

士抬着尸，丧主和众主人以及妇人们将尸体捧着入棺木入殓，像小敛时那样号哭，顿足不计其数，接着盖上棺盖。丧主下堂，拜见晚来的大夫，然后上堂，面朝北察看坎穴中的棺木。众主人回到阼阶下位，妇人则回到阼阶上位。于是，放置炒熟的黍稷，在棺木四旁各放一筐，然后在棺木上用木料覆盖，再在其上涂泥。丧主号哭，顿足不计次数。棺涂封好之后，祝将标志死者身份的旗旌插在坎穴的东侧。主人回到东阶下原位，顿足而哭，然后穿好左衣袖。

于是为大敛设祭席。执烛者从阼阶上堂入室，祝执巾与执席者跟随其后，祭席设在室内西南角，席面朝东。祝回身下堂，与执事一起取祭品。士洗手后，扛鼎入内，放置在东阶前，面朝西，以北为尊，如同小敛时那样。往俎上放鼎中的食物时，鱼头朝左，鳍朝前，一共三列，每列三条鱼；腊肉则骨根部的一端朝前。祝像小敛时那样拿醴上堂，拿酒、豆、笾、俎的执事跟随其后，从阼阶上堂。男人们顿足号哭。甸人将空鼎撤走。陈放祭品者从东楹柱的西侧入室，执醴者面朝北站在西首。在席前设豆，最右边是盛菹的豆，左边是盛肉酱的豆，菹豆南边是盛栗脯的笾，栗东边是盛干肉的豆。豚俎在豆的东边，再往东是鱼俎。腊肉单独放在两俎的北边，醴、酒放在栗笾之南。与小敛奠时一样，祭品上要用巾覆盖。祭品放毕，执事者出室，站在室户之西，面朝南而立，以西首为尊。祝最后出室，此时要合上门户；并且率先绕经西楹柱的西侧，从西阶下堂，执事者随其后下堂。此时妇人们顿足而哭。祝和祝事者从庭中的“重”木之南向东方走去，回到门东原位。此时男子们顿足而哭。

来宾退出时，妇人顿足而哭。丧主在寝门之外拜而送宾，然后入室，与同族兄弟们面朝北向着灵柩号哭。接着，同族兄弟退出，丧主也在寝门之外拜送。众主人出殡宫之门时，哭声停止，大家都在寝门外的东方面朝西而立。有司在室内合上门。丧主向众主人拱手行礼，然后各就丧居。

国君若有对士的恩赐，那就是亲临大敛了。丧主闻讯，要预先铺设好绞带、衣被。国君到达时，丧主要到外门之外迎接，看到国君车驾的马头，就不再号哭，转身从门的右侧入内，在门东面朝北而立，并与众主人一起袒去左袖。随君前来的男巫走到庙门外立定，丧祝代替巫为国君先导。两名小臣执戈先行，另二人执戈随后。国君脱去吉服，入门，身穿丧服的主人回避。国君从阼阶上堂，在东序前面朝西而立。丧祝背靠东房之墙，面朝南而立；丧主到中庭面朝北而立。国君面对尸体而哭，丧主跟着哭，并且向国君拜而叩首，又按规定三番顿足而哭，然后到庙门外等候。国君命令丧主返回行大敛之事，于是丧主回到中庭。国君请丧主先上堂，丧主从西阶上堂，在西楹柱的东侧，面朝北而立。接着，公、卿、大夫依次奉命上堂，站在丧主之西，以东首为尊位。于是开始大敛。敛毕，公、卿、大夫按照与上堂时相反的顺序下堂，回到哭吊之位；接着丧主下堂，出庙门。国君命

丧主返回,丧主回到中庭站立。国君在尸体的东边坐下,抚摸死者的心口处,丧主拜而叩首,并按规定的次数顿足而哭,然后出庙门。国君又命丧主返回,丧主回到门内东侧之位,众主人都在东墙下回避国君,一律面朝南。接着国君下堂,面朝西而立,命令丧主上前抚尸。于是丧主从西阶上堂,由死者足前绕至尸床东侧,面朝西抚尸,但不能抚摸国君抚摸过的地方,然后顿足而哭。丧主之妇奉命上堂,面朝东抚尸,其仪节也是如此。抬尸入棺时,丧主和众主人、妇人们要捧住死者的头部,于是盖上棺盖。然后,丧主下堂,出庙门。国君命丧主返回。丧主入门后站在左侧,注视有司往棺上涂泥。国君上堂,即东阶上之位,众主人也都回到阼阶下原位。涂完泥,丧主出庙门。国君又命丧主返回察看陈设祭席。丧主从门右侧入内,于是开始陈设祭席,执事者从西阶上堂。国君在必要时顿足而哭,丧主跟着顿足而哭。执事者将祭席摆设完毕,丧主出庙门,号哭者停止哭泣。国君出庙门后,庙中哭声又起。正在门外的丧主不能哭(因为国君将要离开),应暂避。国君上车后,扶轼欠身,向丧主致意。接着,随行人员也都上了副车。此时,丧主号哭,拜送国君。然后穿好左衣袖,入庙门到东阶下就位。众主人也随后穿好左衣袖。丧主礼拜大夫,要按规定三番顿足而哭。这时宾出门时,丧主到庙门外拜送宾。

到第三天,丧主与亲属开始正式服丧,该拄杖的要拄杖。此时主人可以出门拜谢国君的吊唁,顺便拜谢众宾客,但不必拜谢他们赠送助丧衣物(因为那不是送给自己的)。

每天早晚以及思亲哀痛之时,家中的男女都到殡宫号哭,不必避子、卯忌日。妇人们到堂上就位,面朝西,从南向北排列,以南首为尊,号哭。男人们在殡宫门外就位,面朝西,从北向南排列,以北首为尊;应服丧的异姓男子接着往南排,以南首为尊;再接着是宾客,以北首为尊。诸公等站在外门东侧,面朝北,以西首为尊;异国的有爵者站在外门西侧,面朝北,以东首为尊;士站在西方,面朝东,以北首为尊。丧主在庙门外东侧就位后,殡宫之门打开。此时,妇人捶胸,但不哭。丧主向众宾客行拜礼,每一面拜三拜(表示已全部拜遍);然后向右转身,入庙门号哭。妇人们顿足而哭。丧主在阼阶下,对着堂东序的地方,面朝西而立。众兄弟也都就位,站立的方位与在门外时一样。卿大夫站在丧主的南侧。诸公在门东,比士的私臣稍稍靠前。异国的卿大夫站在门西,比诸公的有司稍稍靠前。如果本国卿大夫爵位与异国来宾相同,则要先拜异国的来宾。凡是有各种爵位的,丧主要到其面前,一一行拜礼。撤大敛祭品者,在门外洗手,拿烛火者先入室,经由东阶上堂。此时,男子顿足而哭。祝先取醴,然后面朝北,等候其余的撤者一起下堂;取酒者取毕,立在祝的东侧;取豆、笾、俎者取毕,面朝南而立,以西首为尊。于是,祝先出室,然后执酒、豆、笾、俎者依次出室,从西阶下堂。此时,妇人们顿足而哭。撤下的祭品放在西序的西南、正对着西端屋翼的地方。执醴、酒者面朝北,站在西方上首;执豆者面朝西,放下豆,然后站在豆的北侧,面朝南。执笾和俎者放好笾、俎后,站在执豆者西侧,以东边

为尊;执酒者放下酒,回到祝的东边,面朝北。祝将醴放在酒的西边,率先从丧主的北侧,向东走到堂下设朝奠之馔的地方。于是设朝奠的祭席,祝和执事们拿醴、酒、干肉、肉酱从西阶上堂。此时男子们顿足而哭,祝和执事进入室内。祭品摆设的方式与大敛时一样,但不设巾。摆完祭品后,执事们走出室外,并排站在室门西边,以西首为尊。祝熄灭火烛后出室,然后合上门,率先从西阶下堂。此时妇人们顿足而哭。设祭品者从庭中的"重"木之南绕过,向东走回门东原位。此时,男人们顿足而哭。宾客出门时,妇人们顿足而哭。丧主送宾至庙门外,拜而送之。众主人出来时,妇人们顿足而哭。出庙门后,哭声停止。众主人在门外东边各复其位,接着合上门。丧主拜送宾客完毕,向众主人行拱手礼,然后回到各自的丧居。

每月初一设奠,要用一只小猪、鱼和风干的兔肉,分盛在三只鼎内,与大敛时一样陈放在庙门外。设在堂东的祭品也是如此,只是没有笾,而有黍和稷,用瓦敦盛放,有盖,放置在原先放笾的地方。丧主拜宾的仪节,与朝夕哭时拜宾一样。拜毕,撤去昨日的祭品。设奠时执事抬鼎入门,将牲体放入鼎内的仪节与初奠时一样。接着,用匕将牲体从鼎中挑出,放在俎上,再将匕放入鼎中,执俎者端上堂。执匕者按与进来时相反的顺序退出。甸人将空鼎撤走。祭品入室的秩序是:醴、酒、菹、醢、黍、稷、俎。在室内放设的位置是:盛肉酱的豆在北、盛菹的豆在南,豚俎在两豆之东,鱼俎又在其东,腊肉单独放在俎豆之北。盛黍稷的敦放在大敛时放笾的位置,敦盖打开后,仰置于敦的南例。醴、酒的位置与大敛时一样。祝和执豆者用巾遮盖在牲肉上,然后退出。丧主在仪节需要时顿足而哭,与朝夕哭时礼仪一样。月半时,不再像初一那样盛奠,而仍与朝夕奠一样。行荐新之祭,就像初一所陈设的那样。撤走初一的祭品,先取醴、酒,其余的祭品先设者先撤。敦盖打开,撤走时让敦足之间向前,撤奠者出室的次序与入室时一样。祭席改设在室外西序西南时,位次与室内一样。

用占筮的方法确定墓地。先由冢人度量一片地方作为墓地,然后挖掘墓地四角,所起的壤土堆在四角之外。挖掘墓地的中央,所起的壤土堆在墓地南侧。朝哭之后,丧主和众主人都前往预选的墓地的南边,面朝北而立,解除绖带。宰站在主人右边。筮者面朝东,抽去筮草筒的上部,左手将上、下部一起拿着,面朝南接受命筮辞。命蓍者代主人发布命筮辞说:"哀子某人,为其父某甫占筮选择墓地,选定此处为幽冥居宅,今天开始在此划定墓域,以后不会有灾难吧?"筮者闻命应诺,不再重述命筮辞,向右转身,面朝北,指着墓中央所起壤土占筮,记卦者在其左边。筮毕,筮者将所得之卦交给宰。宰接来看过后,还给筮者,筮者面朝东,与其下属的筮人共同占筮此卦的吉凶,占筮毕,上前禀告宰和丧主:"占筮的结果是吉利。"丧主又系上绖带,号哭而不顿足。如果占筮的结果不吉利,再另选墓地占筮,仪节与前面相同。从墓地回来后,丧主在殡之前,面朝北号哭,但不顿足。

呈井字形的椁木打造好之后，丧主在殡门东面朝西拜谢工匠，然后向左转身周绕椁架一圈，回到原位，号哭而不顿足。妇人们在堂上号哭。进献来做明器的木材放置在殡宫门之外，面朝西，从北向南排放，以北首为尊位，然后向相反方向转行。丧主检视一遍后，要像检视椁木时那样号哭。献尚未修饰的明器和已完工的明器，主人都要察看，察看时的仪节也是如此。

用占卜来确定落葬日期，丧主和众主人在朝哭之后都到殡宫外就位。卜人先将占卜用的龟甲放在西塾上，首部朝南，龟甲下铺着席。灼龟用的荆木枝放在燃着的苇束上，位置在龟甲的东侧。族长亲临卜日仪式，与宗人一样穿着吉服站在门的西侧，都面朝东，以南首为尊。三位占卜者站在他们的南侧，而以北首者为尊。卜人和执有明火的苇束者、铺席者站在西塾之西。有司合上东边的门扉，丧主之妇立在门内。接着在门橛之西、门限之外铺席。宗人禀告丧主，一切准备完毕。丧主面朝北，解去绖带，搭在左臂上。亲临卜事的族长在门的东侧就位，面朝西。卜人怀抱龟甲，燃着明火的苇束已先放好，接着放下龟甲，首部朝西，苇束在北边。宗人从卜人手中接过龟甲，将腹甲高而当灼的部位给族长看。族长接过龟甲检视，然后交还宗人。宗人转身，稍向后退，接受命卜辞。莅卜指示说："哀子某人，打算把未来的某日作为葬期，占卜落葬其父某甫，成此幽室下棺后，不会有什么宄害而造成悔恨吧？"宗人闻命应诺，不再复述，转身回到席上，面朝西而坐；将命辞传达给龟，然后起身，将龟甲交给卜人，背负东边的门扉而立。卜人坐下，用荆树枝灼龟，然后起身。宗人接过龟甲，请族长观察。族长接过来观察后，交还宗人。宗人退下，面朝东而立。于是，三位占者一起占卜所得之卦，占毕，宗人不放下龟甲，而向族长和丧主禀告："占卜的结果是：'葬日吉利。'"然后，宗人将龟甲交还卜人。又将占卜结果向丧主之妇禀告，丧主之妇号哭。宗人再将占卜结果向异国的卿大夫报告，最后派人向未到场的宾客报告。卜人撤走龟甲。宗人向丧主禀告，占卜葬日之事已经完毕。丧主又系上绖带，到殡前号哭，其仪节与占筮墓地后到殡前号哭时一样。于是宾客退出，丧主出庙门拜送。如果占卜的结果不吉利，可以重新占卜，其仪节与此相同。

既夕礼第十三

【原文】

既夕哭，请启期，告于宾。

夙兴，设盥于祖庙门外。陈鼎皆如殡，东方之馔亦如之。夷床馔于阶间。

二烛俟于殡门外。丈夫髽，散带垂，即位如初。妇人不哭。主人拜宾，入，即位，袒。

商祝免袒，执功布入，升自西阶，尽阶，不升堂。声三启三，命哭。烛入。祝降，与夏祝交于阶下。取铭置于重。踊无算。商祝拂柩用功布，幠用夷衾。

迁于祖，用轴。重先，奠从，烛从，柩从，烛从，主人从。升自西阶。奠俟于下，东面北上。主人从升，妇人升，东面。众主人东即位。正柩于两楹间，用夷床。主人柩东，西面。置重如初。席升设于柩西。奠设如初，巾之，升降自西阶。主人踊无算，降，拜宾，即位，踊，袭。主妇及亲者由足，西面。

荐车，直东荣，北辀。质明，灭烛。彻者升自阼阶，降自西阶。乃奠如初，升降自西阶。主人要节而踊。荐马，缨三就，入门，北面，交辔，圉人夹牵之。御者执策立于马后。哭成踊，右还，出。宾出，主人送于门外。

有司请祖期。曰："日侧。"主人入，袒。乃载，踊无算。卒束。袭。降奠，当前束。商祝饰柩，一池，纽前赪后缁，齐三采，无贝。设披。属引。

陈明器于乘车之西。折，横覆之。抗木，横三，缩二。加抗席三。加茵，用疏布，缁翦，有幅，亦缩二横三。器西南上，绮。茵。苞二。筲三，黍，稷，麦。瓮三，醯，醢，屑。幂用疏布。甒二，醴，酒。幂用功布。皆木桁，久之。用器：弓矢，耒耜，两敦，两杅，槃，匜。匜实于槃中，南流。无祭器。有燕乐器可也。役器，甲，胄，干，笮。燕器，杖，笠，翣。

彻奠，巾席俟于西方。主人要节而踊，袒。商祝御柩，乃祖。踊，袭，少南，当前束。妇人降，即位于阶间。祖，还车不还器。祝取铭，置于茵。二人还重，左还。布席，乃奠如初，主人要节而踊。荐马如初。宾出。主人送，有司请葬期。入，复位。

公赗玄纁束，马两。摈者出请，入告。主人释杖，迎于庙门外，不哭。先入门右，北面，及众主人袒。马入设。宾奉币，由马西当前辂，北面致命。主人哭，拜稽颡，成踊。宾奠币于栈左服，出。宰由主人之北，举币以东。士受马以出。主人送于外门外，拜，袭，入复位，杖。

宾赗者将命，摈者出请，入告，出告须。马入设，宾奉币。摈者先入，宾从，致命如初。主人拜于位，不踊。宾奠币如初，举币、受马如初。摈者出请。若奠，入告，出，以宾入，将命如初。士受羊，如受马。又请。若赙，入告。主人出门左，西面。宾东面将命，主人拜，宾坐委之；宰由主人之北，东面举之，反位。若无器，则捂受之。又请，宾告事毕，拜送入。赠者将命，摈者出请，纳宾如初。宾奠币如初。若就器，则坐奠于陈。凡将礼，必请而后拜送。兄弟，赗、奠可也。所知，则赗而不奠。知死者赠，知生者赙。书赗于方，若九，若七，若五。书遣于策。乃代哭，如初。宵，为燎于门内之右。

厥明，陈鼎五于门外，如初。其实。羊左胖，髀不升，肠五，胃五，离肺。豕亦如之，豚解，无肠胃。鱼、腊、鲜兽，皆如初。东方之馔：四豆，脾析，蜱醢，葵菹，嬴醢；四笾，枣，糗，栗，脯；醴，酒。陈器。灭燎。执烛，侠辂，北面。宾入者，拜之。彻者入，丈夫踊。设于西

北，妇人踊。彻者东，鼎入，乃奠。豆南上，绩。笾，羸醢南，北上，绩。俎二以成，南上，不绩。特鲜兽。醴、酒在笾西，北上。奠者出，主人要节而踊。

甸人抗重。出自道，道左倚之。荐马，马出自道，车各从其马，驾于门外，西面而俟，南上。彻者入，踊如初。彻巾，苞牲，取下体。不以鱼腊。行器，茵、苞、器序从，车从。彻者出。踊如初。

主人之史请读赗，执算从。柩东，当前束，西面。不命毋哭，哭者相止也。唯主人主妇哭。烛在右，南面。读书，释算则坐。卒，命哭，灭烛，书与算执之以逆出。公史自西方，东面，命毋哭，主人、主妇皆不哭。读遣，卒，命哭，灭烛，出。

商祝执功布以御柩。执披。主人袒。乃行。踊无算。出宫，踊，袭。至于邦门，公使宰夫赠玄纁束。主人去杖，不哭，由左听命。宾由右致命。主人哭，拜稽颡。宾升，实币于盖，降。主人拜送，复位，杖。乃行。

至于圹。陈器于道东西，北上。茵先入。属引。主人袒。众主人西面，北上。妇人东面。皆不哭。乃窆。主人哭，踊无算。袭，赠用制币，玄纁束，拜稽颡，踊如初。卒，袒，拜宾。主妇亦拜宾。即位，拾踊三，袭。宾出，则拜送。藏器于旁，加见。藏苞筲于旁。加折，却之。加抗席，覆之。加抗木。实土三。主人拜乡人。即位，踊，袭，如初。

乃反哭，入，升自西阶，东面。众主人堂下东面，北上。妇人入，丈夫踊，升自阼阶。主妇入于室，踊，出即位，及丈夫拾踊，三。宾吊者升自西阶，曰："如之何！"主人拜稽颡。宾降，出。主人送于门外，拜稽颡。遂适殡宫，皆如启位，拾踊三。兄弟出，主人拜送。众主人出门，哭止，阖门。主人揖众主人，乃就次。

犹朝夕哭，不奠。三虞。卒哭。明日，以其班祔。

记

士处适寝，寝东首于北墉下。有疾，疾者齐。养者皆齐，彻琴瑟。疾病，外内皆扫。彻亵衣，加新衣。御者四人，皆坐持体。属纩，以俟绝气。男子不绝于妇人之手，妇人不绝于男子之手。乃行祷于五祀。乃卒。主人啼，兄弟哭。设床第，当牖。衽，下莞上簟，设枕。迁尸。复者朝服，左执领，右执要，招而左。楔，貌如轭，上两末。缀足用燕几，校在南，御者坐持之。即床而奠，当腢，用吉器。若醴，若酒，无巾柶。赴曰："君之臣某死。"赴母、妻、长子，则曰："君之臣某之某死。"室中，唯主人、主妇坐。兄弟有命夫命妇在焉，亦坐。

尸在室，有君命，众主人不出。襚者委衣于床，不坐。其襚于室，户西北面致命。夏祝淅米，差盛之。御者四人，抗衾而浴，襢第。其母之丧，则内御者浴，鬠无笄。设明衣，妇人则设中带。卒洗，贝反于笄，实贝，柱右䪼左䪼。夏祝彻余饭。瑱塞耳。掘坎，南顺，广尺，轮二尺，深三尺；南其壤。垼，用块。明衣裳，用幕布，袂属幅，长下膝。有前后裳，

不辟，长及觳。緆緆緆。缁纯。设握，里亲肤，系钩中指，结于掔。甸人筑坅坎。隶人涅厕。既袭，宵为燎于中庭。

厥明，灭燎，陈衣。凡绞紟用布，伦如朝服。设棜于东堂下，南顺，齐于坫。馔于其上两甒醴、酒，酒在南。篚在东，南顺，实角觯四，木柶二，素勺二。豆在甒北，二以并，笾亦如之。凡笾豆，实具设，皆巾之。觯，俟时而酌，柶覆加之，面枋；及错，建之。小敛，辟奠不出室。无踊节。既冯尸，主人袒，髻发，绞带；众主人布带。大敛于阼。大夫升自西阶，阶东，北面东上。既冯尸，大夫逆降，复位。巾奠，执烛者灭烛出，降自阼阶，由主人之北，东。

既殡，主人说髦。三日绞垂。冠六升，外縪，缨条属，厌。衰三升。屦外纳。杖下本，竹桐一也。居倚庐，寝苫枕块。不说绖带。哭昼夜无时。非丧事不言。歠粥，朝一溢米，夕一溢米。不食菜果。主人乘恶车，白狗幦，蒲蔽，御以蒲菆，犬服，木馆，约绥，约辔，木镳，马不齐髦。主妇之车亦如之，疏布裧。贰车，白狗摄服，其他皆如乘车。

朔月，童子执帚，却之，左手奉之，从彻者而入。比奠，举席，扫室，聚诸变，布席如初。卒奠，扫者执帚，垂末内鬣，从执烛者而东。燕养、馈羞、汤沐之馔，如他日。朔月若荐新，则不馈于下室。

筮宅，家人物土。卜日吉，告从于主妇。主妇哭，妇人皆哭。主妇升堂，哭者皆止。

启之昕，外内不哭。夷床，輁轴，馔于西阶东。

其二庙，则馔于祢庙，如小敛，乃启。朝于祢庙，重止于门外之西，东面。柩入，升自西阶。正柩于两楹间。奠止于西阶之下，东面北上。主人升，柩东，西面。众主人东即位，妇人从升，东面。奠升，设于柩西，升降自西阶，主人要节而踊。烛先入者，升堂，东楹之南，西面；后入者，西阶东，北面，在下。主人降，即位。彻，乃奠，乃降自西阶，主人踊如初。

祝及执事举奠，巾席从而降，柩从、序从如初适祖。

荐乘车，鹿浅幦，干，笮，革靾，载旜，载皮弁服，缨、辔、贝勒县于衡。道车，载朝服。稾车，载蓑笠。将载，祝及执事举奠，户西，南面东上。卒束前而降，奠席于柩西。巾奠，乃墙。抗木，刊。茵著，用荼，实绥泽焉。苇苞，长三尺，一编。菅筲三，其实皆瀹。祖，还车不易位。执披者，旁四人。凡赠币，无常。凡糗，不煎。

唯君命，止柩于堩，其余则否。车至道左，北面立，东上。柩至于圹，敛服载之。卒窆而归，不驱。

君视敛，若不待奠，加盖而出；不视敛，则加盖而至，卒事。

既正柩，宾出，遂、匠纳车于阶间。祝馔祖奠于主人之南，当前辂，北上，巾之。弓矢之新，沽功。有弭饰焉，亦张可也。有柲。设依挞焉。有韣。猴矢一乘，骨镞，短卫。志

矢一乘，轩辋中，亦短卫。

【译文】

夕哭之后，有司向丧主请示启殡的日期，然后把日期告诉参加葬礼的众宾客。

第二天天不亮就起来，有司在祖庙门外陈设盥洗用具。又与大敛既殡时那样，在门外陈设三个鼎，在东堂下陈设祭品也是如此。迁移灵柩用的夷床陈放在祖庙堂下的东、西阶之间。

两个执事各拿点燃的烛炬停放在殡宫门外等待启殡时使用。男子用布缠头，妇人麻发合结，腰间的散带下垂，各自在朝夕哭的地方就位。男子将入殡宫时，堂上的妇人不哭。丧主向来宾行拜礼后，入殡宫门到堂下就位，并袒去左袖。商祝用布缠头，袒去左袖，拿着大功之布入门，走上西阶在最后一段台阶停住，不上堂。接着，连续三次发出“噫兴”的叫声；又连喊三次“启殡”，然后命令男女们号哭。此时，持烛炬者入内。祝下堂时，与正要上堂的夏祝在阶前交错而过。祝拿起表示死者身份的旗旌，插在庭中的“重”木上。丧主号哭，顿足不计次数。开殡后，商祝用大功之布拂去灵柩上的灰尘，覆盖在灵柩上的是小敛覆尸用的夷衾。

将灵柩从坎穴中起出迁至祖庙，用轴车为工具。迁柩时，“重”木在最前，接着是祭品、再接着是烛炬，然后是灵柩，接着又是烛炬，最后是丧主及其亲属。灵柩从祖庙的西阶抬上堂，祭品先放在堂下，等正柩后再上堂陈设，祭品都按面朝东的方向陈放，以北首为尊位。丧主跟随灵柩之后上堂。接着妇人上堂，面朝东而立。众主人在东阶下就位。在两楹柱之间将灵柩的方向调正为头朝北，并将灵柩安放在夷床上。丧主站到灵柩东侧，面朝西。把“重”木放在中庭，位置与在殡宫时一样。设奠者拿着席上堂，铺设在灵柩西侧。陈设祭品的方式与在殡宫时一样，再在其上用巾覆盖，奠者上下堂都从西阶走。丧主号哭顿足不计次数，然后下堂，向来宾行拜礼，再在阼阶前就位，顿足而哭，并穿好左衣袖。丧主之妇及大功以上的亲属从死者的足前绕至东阶之上，面朝西而立。

死者生前乘坐的车陈放在正对着堂东端屋翼的地方，车辕朝北。天刚亮时，熄灭烛炬。撤奠者从阼阶上堂，从西阶下堂。于是，为迁柩而于祖庙设祭席，也在柩的西侧，席面朝东，上下堂都走西阶。丧主在奠者上下堂时顿足而哭。然后，将驾车的马匹牵进来，马胸前的缨带有三种颜色，各有三匝，入门后面朝北，左右辔在马胸前相交，圉人在马两侧夹牵着马。御车者手持马鞭站在马后。丧主按规定三番顿足而哭，圉人向右转身，牵马出庙门。接着，宾客出门，丧主送到门外。

有司向主人请示设祖奠的时间。丧主说：“日头偏西的时候。”于是，丧主入内，袒去左袖。接着，将灵柩抬上柩车。丧主顿足而哭，不计次数。将灵柩在车上束缚完毕，丧主穿好左衣袖。有司从堂上将祭品端下来，陈设在正对着柩前第一道束带的地方。然后，

商祝装饰灵柩：前部有一个形如屋霤的“池”，连结棺顶及四周白布的纽扣前后左右各一，前红后黑，车顶的圆盖有红、白、青三色，四周不悬挂贝。棺两侧各有两条帛带。牵引丧车的绳索拴在车辕的车辂上。

明器陈放在乘车的西侧。棺上的大木架横着放，粗糙的一面朝下，隔土用的抗木，三根横放，两根竖放。上面铺着三层抗席。落葬前，墓底要铺的布，是大功的粗疏之布，染成浅黑色，四周有缘边，也是竖放两块布，横放三块布。明器陈放的位置是：以最西边一行的南端为尊位，自西向东，放完一行，再向相反方向转行。从茵之北：包裹羊肉、豕肉的苇包二个，畚箕三个，分别盛放黍、稷、麦。瓮三只：分别盛放着醋、酱和姜桂的碎末。覆盖在上面的是粗布。瓬瓶两只：分别盛着醴和酒，覆盖在上面的是大功之布。每一器都有木架，器口都塞着。死者生前日常的用器有：弓箭，耒耜，两个敦，两个盂，盘，匜。匜放在盘中，流水的口朝南。不陈放祭器，可以放燕饮用的乐器。所陈放的死者生前服役用的兵器有：铠甲、头盔、盾牌和盛箭器。还陈放有死者生前闲暇时的用具：手杖，竹笠，翟扇。

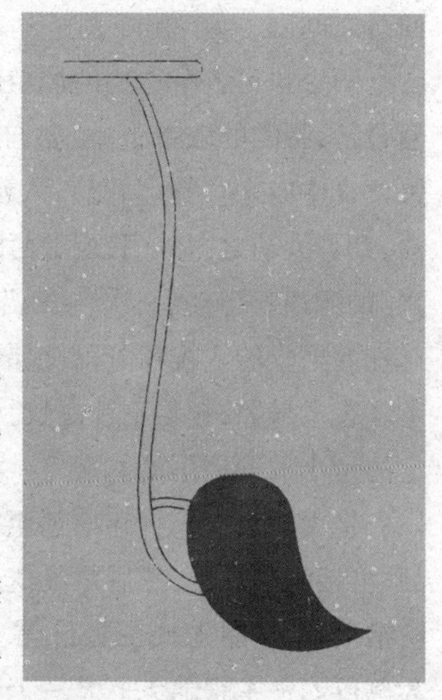
耒耜

撤去设在柩车西边的迁祖奠，巾和席放在西阶下候用。丧主在规定的仪节处顿足而哭，袒去左袖。商祝将柩车掉头朝南，表示开始出行。丧主顿足而哭，穿好左衣袖，稍向南，站在正对着灵柩前面的束带的地方。妇人下堂，在东、西阶之间就位。于是用人力挽转车头，明器的方向不移动。祝拿起标志死者身份的旗旌，放在茵上。两位有司抬起“重”木掉转方向，从右向左转成面朝南。有司铺席，接着摆设祭品方法与迁祖奠时相同，丧主在设祭席时顿足而哭。此时，驾车的马匹又被牵进来，就像第一次做的那样。于是，宾客告辞出门，丧主送至庙门外。有司在门外向主人请问落葬的日期，主人回答后，入内回到原位。

国君派使者致送的助主人送葬之物是：黑色和浅黄色的帛共五匹，马两匹。摈者出门，请问使者为何事而来，然后入门禀告丧主。丧主放下丧杖，到庙门之外迎接。不号哭；接着率先入门，站在门的右侧，面朝北，与众主人都袒去左袖。国君赠送的马匹牵进门后，陈设在庭中间“重”木的南侧。使者捧着五匹帛，从马的西边绕过，在辕上的横木旁，面朝北传达国君之命。主人号哭，拜了又叩首，然后按规定三番顿足而哭。使者将束帛放在柩车车厢的左侧，然后出门。宰从丧主的北侧绕过，捧起五匹帛至东边去收藏。士牵着马出门。丧主送到外门之外，拜送使者，然后穿好左衣袖，入门回到原位，重新拿

起丧杖。

卿大夫士赠送助丧的财物,要派使者前往传命。摈者出门,请问使者为何事而来,然后入内禀告丧主,再出门告诉使者,丧主正在等候他。使者的随从将赠送的马匹牵进庙门,陈设在庭中"重"木的南侧,使者捧着币帛,摈者先入门导引,使者跟随其后。丧主在柩车东侧之位对使者行拜礼,不必顿足而哭。使者像国君的使者那样,把五匹帛放在柩车之左。丧主接受币帛和马的仪节,与接受国君使者的赠予时一样。使者出门后,摈者出门请问还有何事。如果使者还要赠送致祭的物品,摈者就入内禀告丧主,然后出门,导引使者入内。使者像刚才一样,传达主人的吊唁之词。士接受使者赠送的羊的仪式,与接受马时一样。使者出门后,再次请问是否还有事。如果使者还要赠送助丧的财物,摈者就入内禀告丧主;丧主出庙门站在左侧,面朝西;使者面朝东向丧主转达主人的辞令;丧主拜谢之,使者坐下,将盛有财物的器皿放在地上;宰从丧主的北侧绕过,面朝东举起器皿,再回到原位。如果没有器皿,宰就直接从使者手中接过财物。使者出门后,摈者又一次请问还有何事,使者告诉说,事已全部办完。于是丧主拜送使者,然后入门。如果有奉命来赠送助丧的币帛或器皿的,则摈者要出门请问,导引来宾入门的仪节与前述相同,放置币帛的仪节也是一样。如果赠送已做成的实用器物,则要坐下来,陈放在地上。凡是传命送礼的,一定要让摈者问明是否还有事,若事已办完,则丧主要亲自拜送。服丧的众亲戚,可以既赠送助丧之物,又赠送致祭的物品。平时互相熟知的人,则只赠送助丧之物,而不赠送致祭的物品。与死者熟知的人,可以既赠助葬之物,又赠送随葬之物;与生者熟知的人,可以既赠送助葬之物,又可向主人赠送财物。丧主命人将来宾赠送的物品记载在木板上,每方或书九行,或书七行,或书五行,视物品多少而定。赠送的明器记载在简册上。于是,丧主与亲属轮流号哭,如同小敛时那样。入夜,在庙门内右侧点燃大的烛炬。

第二天黎明时候,在庙门外陈设五只鼎,鼎陈放的位置与大敛奠时相同。鼎中的食物是:羊体的左半边,但要将股骨切去,不放在鼎内;肠五节,胃五块,划割而不切断的肺一块;猪也是如此,像肢解小猪那样分割,不用肠胃;鱼;腊兔、鲜兔;都与殡时所设相同。陈设在柩车之东的祭品是:四个豆,分别盛有牛胃、蚌肉酱、腌葵菜、蜗肉酱;四个笾,分别盛着枣、米饼、栗、干肉;此外有醴和酒。昨天收藏起来的明器,此时再次陈列出来。于是,将庭中的烛炬熄灭,两位执烛炬者分站在柩车前辂的两侧,面朝北。参加葬礼的来宾入门时,丧主在庙内行拜礼,而不离开灵柩。撤祭品的人入庙门时,男子们顿足而哭。撤下的祭品改设在柩车西北,此时,妇人们顿足而哭,撤祭品者从柩车之北往东走。鼎从门外抬进来时,开始陈设祭品,四个豆呈方形排列:牛胃在西南方,蚌肉酱在其北侧,腌葵菜又在其东,蜗肉酱在其南,以南边的豆为尊,向相反的方向转行;四个笾也呈方形排列:枣

在蜗肉酱之南，米饼又在其南，栗在米饼之东，干肉在栗之北，以北边的笾为尊，向相反方向转行。俎以两个为一组，从南向北排列，而以南边的俎为尊，不转行。鲜兔之俎单独陈设在豕俎之东。醴和酒在笾的西侧，以北为尊。设祭品者退出时，丧主在规定的仪节处顿足而哭。

甸人抬起"重"木从庙门中央出去，然后将它倚靠在门左侧的墙上。接着，将驾车的马匹牵出来，每辆车两匹马，从门中央出去，车由人挽拉，跟随于马后，到门外套好车，在门东侧面朝西等待出发，以南边的车为尊。撤祭品者入门时，丧主、众主人和妇人像先前那样顿足而哭。覆盖在祭品上的巾撤去后，将牲肉包起来，只取其后肢的下端。不包鱼和干兔。接着撤明器，茵席、瓮、瓶和各种用器顺序撤出，车马跟在最后。撤祭品者出门时，丧主、众主人和妇人像先前那样顿足而哭。

丧主的史请求宣读助丧礼品的清单，执算者拿筹跟随其后。史在柩车的东侧，正对着灵柩前端束带的地方，面朝西而立。不得命令在场者不许号哭，若有人哭，则彼此劝诫。只有丧主及其配偶可以号哭。执烛者站在史的右侧，面朝南。史宣读记载在木版上的礼品单，其助手抽算筹计数时可以坐着。读毕，命大家号哭。然后，熄灭烛炬，木版与算筹由史和助手拿着，按进来时相反的顺序退出。公史站在柩车之西，面朝东，命令在场者不得号哭，丧主及其配偶也都不哭。公史宣读随葬品的清单，读毕，宣布可以号哭，接着熄灭烛炬，公史出门。

商祝执功布在前面，准备指挥柩车的行进。八位士在车两旁执披以保持灵柩的平稳。丧主袒去左袖，于是，柩车开始行进。丧主与亲属顿足而哭，不计次数。出宫门时，丧主顿足而哭，接着穿好左衣袖。柩车到达邦国的城门时，国君派宰夫前往赠送黑色和浅黄色的帛共五匹。此时，丧主放下丧杖，不哭，在车辕的左侧听命；宰夫在车辕的右侧致国君之命。丧主听罢号哭，拜了又叩首。宰夫登上柩车，将五匹帛放在灵柩的帷盖内，然后下车。丧主拜送宰夫后，回到原位，重新拿起丧杖。柩车及送葬者继续行进。

柩车到达墓穴前。将随葬的明器陈设在墓道的东西两侧，以靠近墓室的北端为尊。茵先放入墓穴的底部，接着系好下棺的绳索。丧主袒去左袖，众主人面朝西排列在墓道之东，以北首为尊位。妇人面朝东站在墓道之西。男女都不哭。于是开始落葬。丧主号哭，顿足不计次数，接着穿好左衣袖，将长一丈八尺的制币，即黑色和浅黄色的五匹帛献给死者，然后向灵柩拜而叩首，起立后像先前那样顿足而哭。献毕，丧主袒去左袖，礼拜来宾，丧主之妇也礼拜来宾；接着各就其位，轮流顿足而哭三遍，再穿好左衣袖。宾退出时，丧主要拜送。用器、兵器放置在棺旁，棺上加棺饰。苇包和菅草编的筲也放在棺旁。接着在棺上放置大木架，粗糙的一面朝上；上面再铺抗席，粗糙的一面朝下；上面再加抗木。然后往墓穴中填土夯实，一共三遍。丧主向填土和夯土的乡人拜谢后，回到原位，顿

足而哭，再穿好左衣袖，就像前面已做过的那样。

接着，又从墓地返回祖庙号哭，丧主入门后，从西阶上堂，面朝东而立。众主人在堂下西阶前面朝东而立，以北首为尊位。妇人入门时，男子们顿足而哭，妇人从阼阶上堂。丧主之妇登堂后又入室，顿足而哭，然后出室，在阼阶上就位，面朝西，与男子们轮流号哭三遍。前来吊唁的宾从西阶上堂，致吊辞说："再也见不到你了，真是无可奈何的事啊！"丧主拜而叩首。宾下堂后出门，丧主送到门外，再次拜而叩首；接着前往殡宫，像殡还在时那样各就其位，轮流顿足而哭三遍。同族兄弟出门时，丧主拜送。众主人出门时，哭声停止。丧主合上殡宫的门。丧主向众主人拱手行礼，于是大家分别前往自己的丧居。

葬后仍然朝夕号哭，不设祭席。接着要相继举行三次虞祭，之后举行卒哭祭。卒哭祭的第二天，要在祖庙中将死者按昭穆班辈与先祖一起祔祭。

《记》

士有疾病时，为避免不测要住在正寝，头朝东睡在北墙之下。凡有病，病人要斋戒养病。侍养病人者内心忧愁也要斋戒，撤去琴瑟等乐器，使心志齐一。病重时，常有人来探视，所以室内外都要洒扫。贴身的内衣必然很脏，要脱下换上新衣。四位侍从者都坐在床边，为病人翻身。病人垂危时，将细絮绵放在他的口鼻之上，以观察是否还有气息。男人不能死于妇人的手中，妇人不能死在男人的手中。病人弥留之际为他向五祀祈祷。病人气绝时，丧主悲啼，众兄弟号哭。于是设床席，正对着室南面的窗户。床上的卧席是，下面是莞草席，上面是竹席，设一枕头。然后，将尸体从北墙下移于此床。

招魂者身穿朝服，手持死者生前的爵弁服，左手掂衣领，右手掂裳腰，招魂后转身朝南，将衣服扔到屋下。插在死者齿间的楔，形状像车轭，使用时分叉的两端向上。拘束死者的足用燕几，几的足朝南，侍者坐着扶持几。就着尸床设祭席，在正对着死者左肩之处，用死者生时使用过的器物，或用醴酒，或用新酒，但不设巾和椢。

赴告者向国君报告时说："君的臣某人死了。"向国君报母亲、妻子、嫡长子之丧，则说："君之臣某人之亲属某某死了。"

尸体在室中时，只有丧主及其配偶可以坐。大功以上的众兄弟中，如果有命夫或命妇在场，也可以坐。

尸体在室中时，如果有国君所命使者到，丧主出迎即可，众主人不必出迎。送助丧衣物者只将衣服放在尸床上，不坐。将助丧衣服送至室中者，要先在室门的西边、面朝北致吊唁辞。

夏祝淘米时要选择外形完好的米粒盛在敦中。四位侍者举着衾被，以遮蔽死者的裸体，并将尸床的竹席去掉，以便沥浴水。如果是士的母亲去世，则由女侍为之沐浴，头发挽束而不用笄。死者若是男子，则有明衣；若是妇人，则另有内裤。将贝洗净后，要将贝

放回笲内。饭含时，先要用贝顶住左右侧最大的臼齿。夏祝撤去饭含所余的米，用絮绵塞入死者双耳。在堂下东、西阶之间掘坎穴，要从北向南掘，宽一尺，长二尺，深三尺，挖出来的壤土堆在坎穴之南。灶，用土块垒筑。明衣、明裳，用帷幕之布制作，衣与袖是整幅的布，衣长至双膝。明裳的形制与生人相同，也是前三幅、后四幅，腰间没有襞裥，长度及于脚背。裳的边缘及缘饰都是浅红色的。上衣的领口和袖口都是黑色的。死者的左手有"握"，握的里贴着皮肤，面朝外，两端都有绳，一端绕掌，另一端钩住中指，再在手腕处打结。甸人将坎穴填平、筑实。罪隶填平死者用过的厕所。袭尸之后，要为其换好衣服，入夜，在中庭点燃烛炬。

人死的第二天天亮时，熄灭烛炬后，开始为小敛陈设衣服。凡是小敛、大敛用的绞带和单被所用之布，都和朝服一样。放置酒器用的木盘，陈设在东堂下，使器首朝北尾朝南，南端与堂隅的东坫对齐。陈放在木盘上的有：盛有醴和酒的瓶两只，酒瓶在南；篚在瓶的东侧，器首朝北，尾朝南，里面放着四个角质的觯，二把木质的，二把素色的勺；豆在瓶的北侧，每二豆为一组；笾也是如此。凡是小敛、大敛的笾豆，盛上食物后同时陈设，上面都用巾覆盖。觯，要等到朝祭、夕祭时才酌上醴酒，然后将柶放在觯上，柶柄朝前，等放置后，再将柶插入觯内。小敛时，只在室内移动祭席，而不移出室。在移席时不必顿足而哭。抚尸之后，丧主袒去左袖，用麻束发，以合股的麻绳为腰带；众主人以麻布为腰带。大敛在阼阶上举行。大夫从西阶上堂，在西阶的东边，面朝北由东向西排列，以东首为尊位。抚尸之后，大夫们按与上堂时相反的顺序下堂，回到原位。大敛的祭席设好后，用巾覆盖于其上，然后，执烛者熄灭烛炬而出，再从阼阶下堂，由丧主的北侧绕过，往东而出，将火把放回东堂下。

死者入殡之后，丧主脱下假发饰。死者去世后的第三天，大功以上的亲属，要将腰绖散垂的部分绞合成带子缠于腰。丧冠用密度为六升（四百八十缕）的布制作，从里向外缝在冠圈上，冠圈下垂的部分为缨带，连属于丧冠。斩衰的丧服，用密度为三升（二百四十缕）的布制作。丧鞋向外收束。丧杖的根部在下端，竹杖、桐杖都是一样。丧主居住在倚庐中，寝卧在草席上，头枕着土块，首绖和腰绖都不解下，悲之所至即号哭，昼夜都无定时，与丧事无关的话不说。喝粥，早晨煮一溢米，傍晚煮一溢米，不吃蔬菜和水果。丧主出行时乘坐的是粗劣的木制丧车：用尚未长成长毛的白狗皮做车轼上的顶盖，用蒲草做车后面和两侧的藩蔽，用蒲草的茎做御车的马鞭；用狗皮做武器囊，车毂端头的销钉是木质的，登车用的引绳是用绳子做的，辔也是用绳子做的，马嚼子是木质的；驾车的马的鬃毛不加修剪。丧主配偶的车也是如此。只是车中的帷幕是用大功之布制作的。副车上兵器囊也用白狗皮制作，边缘缀以粗布，其余均与丧主所乘的车一样。

每月初一设奠，由童子左手拿着扫帚，末端朝上，跟随撤祭席者入室。设祭席之前，

先撤去先前设的祭席，扫除室内的尘土，垃圾堆在室内的东南角；再铺席，方法与原先一样。祭席设置完毕，扫除者拿起扫帚，末端下垂，斜向自己，跟随执烛者出室后往东走去。平日燕居时的供养物品、朝夕吃的食物、沐浴用的水，都和往日一样在燕寝中准备着。若逢朔月之祭或荐新之祭，则不必在燕寝中陈设饭食之类。

通过占筮选择墓地，先由冢人选择土地。用占卜来确定祭日，占得的结果吉利，则告诉丧主之妇；丧主之妇号哭，妇人们都跟着号哭；丧主之妇上堂后，哭者都停止号哭。

启殡的那天天色将明时，殡宫内外的人都不哭泣。夷床设在祖庙，轴设在殡宫，都是在西阶的东侧。

如果是上士，则要朝祖、祢二庙，在祢庙设祭席，就如小敛之祭那样，接着启殡。朝祢庙时，“重”木停放在庙门外的西侧，面朝东。灵柩进入祢庙后，从西阶抬上堂。在东、西楹柱之间调正灵柩的方位。祭品放在西阶下，面朝东，从北向南排列，以北首为尊。丧主上堂，在灵柩东侧，面朝西而立。众主人在阼阶下东侧，面朝西就位。妇人跟着上堂，在柩西面朝东而立。接着将祭品设于堂上灵柩的西边。陈设祭品者上下堂都从西阶。上堂时，男子顿足而哭，下堂时，女子顿足而哭。在灵柩之前进入庙门的执烛者，上堂后，站在东楹柱之南，面朝西；在灵柩之后进入庙门的执烛者，站在西阶的东边，面朝北，在堂下。丧主下堂，在阼阶下面朝西就位。然后，撤去堂上的祭品，又摆上朝祖庙的祭品，上下堂时都从西阶，男女们像先前那样在规定的仪节处顿足而哭。

祝和执事拿着撤下的祭品下堂，拿巾席的人跟随其后，灵柩接着下堂，丧主如同出殡宫时一样跟从柩车依次而行，前往祖庙。

朝祖庙时陈设的乘车，车前横木上覆盖着浅色鹿皮，车上放着盾牌、箭袋、革制的马缰，插着旃旗，又载着皮弁服，缨带、辔绳，有贝饰的马络头，都悬挂在车衡上。死者生前上朝或燕游时乘的车上，放着朝服；田猎时乘的车上，放着蓑衣和斗笠。灵柩将要载上车时，祝和执事捧着祭品，站在室户的西边，面朝南，从东向西排列，以东首为尊位。灵柩装车，前端束缚完毕时，祝和执事下堂，在灵柩的西边设祭席。接着用巾覆盖祭品，然后装饰柩车。抗木，要经过整削。茵的夹层内塞上菅茅的花，再塞上廉和泽兰草（用以防潮）。苇苞，以三尺长为一编（以便于包牲）。菅草编织的筲箕有三个，盛于其中的黍、稷、麦都已用水浸渍过。准备出发时，调转车头，使之朝向门外，但车仍在原位。在车旁执披的人，左右各四位。凡是宾客赠送随葬物，或赠玄纁二色的帛一束，或赠玩好之物，数量没有规定。凡是作祭品用的粉饼之类，都不用油煎。

柩车出行，只有宰夫奉国君之命在国门向丧主赠助丧之物时，才能将柩车停在路上，其他情况不得停柩车于路。乘车等到达墓道左侧后，面朝北，先到者在东，后到者在西，以东为尊。柩车到达墓圹，灵柩落葬后，将各车所载的衣服等集中到柩车上带回。棺柩

落葬后柩车返回时，不应快行疾驱（疑心死者的精魂还要回家）。

国君亲临大敛之礼，若因故不能等到设祭席后再走，则可以在盖棺后离去；若未及赶上大敛，则应在盖棺之后再到，然后到祭事完毕再离去。

在堂上两楹之间调正柩的方位后，丧主送宾出门，此时，遂人与匠人将柩车拉到堂下东、西阶之间。祝在丧主之南陈设祖奠，西侧正对着柩车的前辂，祭品的陈设，以北为尊，上面用巾覆盖。

随葬的弓箭是新的，但做工粗恶。弓的两端以骨角为饰，只要能张开就行，不必实用。有护弓用的“柲”。还设有缠弦的“依”和区别弓上下的“挞”。又有弓套。近距离射击用的箭四支，以骨为镞，箭羽很短。习射用的箭四支，前后轻重均衡，箭羽也很短。

士虞礼第十四

【原文】

士虞礼。特豕馈食，侧亨于庙门外之右，东面。鱼腊爨亚之，北上。饎爨在东壁，西面。设洗于西阶西南，水在洗西，篚在东。尊于室中北墉下，当户，两瓦醴、酒，酒在东。无禁，幂用絺布，加勺，南枋。素几，苇席，在西序下。苴刌茅，长五寸，束之，实于篚，馔于西坫上。馔两豆菹、醢于西楹之东，醢在西，一铏亚之。从献豆两亚之，四笾亚之，北上。馔黍稷二敦于阶间，西上，藉用苇席。匜水错于槃中，南流，在西阶之南，箪巾在其东。陈三鼎于门外之右，北面，北上，设扃鼏。匕俎在西塾之西。羞燔俎在内西塾上，南顺。

主人及兄弟如葬服，宾执事者如吊服，皆即位于门外，如朝夕临位。妇人及内兄弟服、即位于堂，亦如之。祝免，澡葛绖带，布席于室中，东面，右几，降，出，及宗人即位于门西，东面南上。宗人告有司具，遂请拜宾。如临，入门哭，妇人哭。主人即位于堂，众主人及兄弟、宾即位于西方，如反哭位。祝入门，左，北面。宗人西阶前北面。

祝盥，升，取苴降，洗之，升，入设于几东席上，东缩，降，洗觯，升，止哭。主人倚杖，入。祝从，在左，西面。赞荐菹醢，醢在北。佐食及执事盥，出举，长在左。鼎入，设于西阶前，东面北上。匕俎从设。左人抽扃、鼏、匕，佐食及右人载。卒，朼者逆退复位。俎入，设于豆东，鱼亚之，腊特。赞设二敦于俎南，黍，其东稷。设一铏于豆南。佐食出，立于户西。赞者彻鼎。祝酌醴，命佐食启会。佐食许诺，启会，却于敦南，复位。祝奠觯于铏南。复位。主人再拜稽首。祝飨，命佐食祭。佐食许诺，钩袒，取黍稷，祭于苴三，取肤祭，祭如初。祝取奠觯，祭，亦如之；不尽，益，反奠之。主人再拜稽首。祝祝卒，主人拜如初，哭，出复位。

祝迎尸，一人衰绖，奉篚，哭从尸。尸入门，丈夫踊，妇人踊。淳尸盥，宗人授巾。尸及阶，祝延尸。尸升，宗人诏踊如初。尸入户，踊如初，哭止。妇人入于房。主人及祝拜妥尸。尸拜，遂坐。

从者错篚于尸左席上，立于其北。尸取奠，左执之，取菹，擩于醢，祭于豆间。祝命佐食墮祭。佐食取黍稷肺祭，授尸，尸祭之。祭奠，祝祝，主人拜如初。尸尝醴，奠之。佐食举肺脊授尸。尸受，振祭，哜之，左手执之。祝命佐食迩敦。佐食举黍，错于席上。尸祭铏，尝铏。泰羹湆自门入，设于铏南；胾四豆，设于左。尸饭，播余于篚。三饭，佐食举干，尸受，振祭，哜之，实于篚。又三饭，举胳，祭如初。佐食举鱼腊，实于篚。又三饭，举肩，祭如初。举鱼腊俎，俎释三个。尸卒食，佐食受肺脊，实于篚，反黍如初设。

主人洗废爵，酌酒酳尸。尸拜受爵，主人北面答拜。尸祭酒，尝之。宾长以肝从，实于俎，缩，右盐。尸左执爵，右取肝，擩盐，振祭，哜之，加于俎。宾降，反俎于西塾，复位。尸卒爵，祝受，不相爵。主人拜，尸答拜。祝酌授尸，尸以醋主人，主人拜受爵，尸答拜。主人坐祭，卒爵，拜，尸答拜。筵祝，南面。主人献祝，祝拜，坐受爵，主人答拜。荐菹醢，设俎。祝左执爵，祭荐，奠爵，兴，取肺，坐祭，哜之，兴，加于俎，祭酒，尝之。肝从。祝取肝擩盐，振祭，哜之，加于俎，卒爵，拜。主人答拜。祝坐授主人。主人酌献佐食，佐食北面拜，坐受爵，主人答拜。佐食祭酒，卒爵，拜。主人答拜，受爵，出，实于篚，升堂复位。

主妇洗足爵于房中，酌，亚献尸，如主人仪。自反两笾枣、栗，设于会南，枣在西。尸祭笾，祭酒，如初。宾以燔从，如初。尸祭燔，卒爵，如初。酌献祝，笾燔从，献佐食，皆如初。以虚爵入于房。

宾长洗繶爵，三献，燔从，如初仪。

妇人复位。祝出户，西面告利成。主人哭，皆哭。祝入，尸谡。从者奉篚哭，如初。祝前尸。出户，踊如初；降堂，踊如初；出门亦如之。

祝反，入彻，设于西北隅，如其设也。几在南，厞用席。祝荐席彻入于房。祝自执其俎出。赞阖牖户。

主人降，宾出。主人出门，哭止，皆复位。宗人告事毕。宾出，主人送，拜稽颡。

记

虞，沐浴，不栉。陈牲于庙门外，北首，西上，寝右。日中而行事。

地杀于庙门西，主人不视。豚解。羹饪，升左肩、臂、臑、肫、胳、脊、胁，离肺。肤祭三，取诸左膉上，肺祭一，实于上鼎；升鱼鱄鲋九，实于中鼎；升腊，左胖，髀不升，实于下鼎。皆设扃鼏，陈之。载犹进柢，鱼进鬐。祝俎，髀、脰、脊、胁，离肺，陈于阶间，敦东。

淳尸盥。执槃，西面。执匜，东面。执巾在其北，东面。宗人授巾，南面。

主人在室，则宗人升，户外北面。佐食无事，则出户，负依南面。铏芼，用苦，若薇，有

滑。夏用葵，冬用荁，有柶。豆实，葵菹，菹以西，蠃醢。笾，枣烝，栗择。

尸入，祝从尸。尸坐不说屦。尸谡。祝前，乡尸；还，出户，又乡尸；还，过主人，又乡尸；还，降阶，又乡尸；降阶，还，及门，如出户。尸出，祝反，入门左，北面复位，然后宗人诏降。尸服卒者之上服。男，男尸，女，女尸；必使异姓，不使贱者。

无尸，则礼及荐馔皆如初。既飨，祭于苴，祝祝卒，不绥祭，无泰羹、湆、胾从献。主人哭，出复位。祝阖牖户，降，复位于门西；男女拾踊三；如食间。祝升，止哭；声三，启户。主人入，祝从，启牖、乡，如初。主人哭，出复位。卒彻，祝、佐食降，复位。宗人诏降如初。

始虞用柔日，曰："哀子某，哀显相，夙兴夜处不宁。敢用洁牲、刚鬣、香合、嘉荐、普淖、明齐溲酒，哀荐祫事，适尔皇祖某甫。飨！"再虞，皆如初，曰"哀荐虞事"。三虞、卒哭、他，用刚日，亦如初，曰"哀荐成事"。

献毕，未彻，乃饯。尊两甒于庙门外之右，少南。水尊在酒西，勺北枋。洗在尊东南，水在洗东，篚在西。馔笾豆，脯四脡。有干肉折俎，二尹缩，祭半尹，在西塾。尸出，执几从，席从。尸出门右，南面。席设于尊西北，东面。几在南。宾出，复位。主人出，即位于门东，少南；妇人出，即位于主人之北；皆西面，哭不止。尸即席坐。唯主人不哭，洗废爵，酌献尸，尸拜受。主人拜送，哭，复位。荐脯醢，设俎于荐东，朐在南。尸左执爵，取脯擩醢，祭之。佐食授哜。尸受，振祭，哜，反之。祭酒，卒爵，奠于南方。主人及兄弟踊，妇人亦如之。主妇洗足爵，亚献如主人仪，无从，踊如初。宾长洗繶爵，三献，如亚献，踊如初。佐食取俎，实于篚。尸谡，从者奉篚，哭从之。祝前，哭者皆从，及大门内，踊如初。尸出门，哭者止。宾出，主人送，拜稽颡。主妇亦拜宾。丈夫说绖带于庙门外。入彻，主人不与。妇人说首绖，不说带。无尸，则不饯。犹出，几席设如初，拾踊三。哭止，告事毕，宾出。

死三日而殡，三月而葬，遂卒哭。将旦而祔，则荐。卒辞曰："哀子某，来日某，隮祔尔于尔皇祖某甫。尚飨！"女子，曰"皇祖妣某氏"。妇，曰"孙妇于皇祖姑某氏"。其他辞，一也。飨辞曰："哀子某，圭为而哀荐之，飨！"

明日，以其班祔。沐浴，栉，搔翦。用专肤为折俎，取诸脰膉。其他如馈食。用嗣尸。曰："孝子某，孝显相，夙兴夜处，小心畏忌。不惰其身，不宁。用尹祭、嘉荐、晋淖、普荐、溲酒，适尔皇祖某甫，以隮祔尔孙某甫。尚飨！"

期而小祥，曰："荐此常事。"又期而大祥，曰："荐此祥事。"中月而禫。是月也。吉祭，犹未配。

【译文】

士虞礼。用一只猪馈饷死者，将猪的左半在庙门外的右侧灶上烹煮，灶要朝东。烹煮鱼和腊肉的灶顺次往南陈设，而以最北边的灶为尊。煮黍稷的灶在东墙前，面朝西。

洗设在西阶的西南边，水在洗的西侧，篚在洗的东侧。酒尊放在室中北墙下，正对着室的门户之处，醴和酒各一瓶，酒瓶在东。瓶不用"禁"承托，放在地上即可，瓶的口部用粗葛布覆盖，上面放勺，勺柄朝南。素色的几和苇席，陈设在西序之下。作衬垫用的白茅切成五寸长，捆束后放入篚内，然后放在堂的西坫上。将盛有菹菜和肉酱的两个豆陈设在西楹柱的东边，肉酱在西，菹菜在东，再往东是一只有盖的铏。主人先献给祝的两个豆又在铏东，主妇献给尸和祝的四个笾再在其东，笾豆的陈列，都以北为尊位。盛黍稷的两个敦陈设在堂下东、西阶之间，以西侧的黍为尊，敦的底下以苇席为衬垫。供尸洗手的匜盛着水放在盘中，匜的流水口朝南，设在西阶之南，盛擦手巾的竹箪放在匜的东侧。在门外的右侧陈设三只鼎，鼎面朝北，以最北的鼎为尊，每鼎都配设鼎杠和鼎盖。放有匕的俎陈设在西塾之西。进烤肉的俎陈设在门内西塾之上，俎首朝北尾朝南。

丧主及众兄弟依然穿着丧服，助祭的宾客依然穿着吊服，都在庙门外就位，与朝夕哭时的位置一样。妇人和内兄弟身穿丧服，在堂上就位，位置也与朝夕哭时一样。丧祝服绕，用洗过的葛做绖带，在室中铺席，席面朝东，几在席右；然后下堂、出门，与宗人在门的西侧就位，面朝东，以站在南边者为尊。宗人禀告丧主，有司已准备完毕，接着又请丧主礼拜来宾。像朝夕哭时那样，丧主和众兄弟入门号哭，妇人们也跟着号哭。丧主在堂上就位，众主人和堂兄弟、来宾在堂下西方就位，与朝夕哭的位置相反。丧祝入门后，站在左侧，面朝北。宗人在西阶前面朝北而立。

丧祝洗手上堂，从西坫上取篚内的白茅后下堂，再洗净白茅，接着上堂，入室放在几东侧的席上，由西向东纵向陈放。又下堂，洗涤酒觯，然后上堂，众人停止号哭。丧主将丧杖倚靠在在西序下，走入室内。祝跟随其后，入室后站在左侧，面朝西。赞者进上菹菜和肉酱，肉酱放在北侧。接着，尸的佐食者及助祭的宾洗手，再出门抬鼎，宾之长在鼎的左边抬。鼎抬进门后，放置在西阶的前边，鼎面朝东，以北边的鼎为尊。匕和俎紧接着往鼎的东边放。鼎左的人放下鼎后抽去鼎杠，撤去鼎盖。用匕将鼎中的牲肉取出来，由佐食者与来宾之长放在俎上。放毕，执者按与入门时相反的顺序退出，回到原位。牲俎端入室中后，放在豆的东侧；再往东是鱼俎；腊肉俎单独放在牲俎和鱼俎之北。赞者将两个盛黍稷的敦放置在俎的南侧，黍在西，其东是稷。在豆的南侧放一只盛有菜羹的铏。于是，佐食者出室，站在门户西边。赞者撤去空鼎。丧祝在觯中酌上醴酒后，命令佐食者打开敦盖。佐食者应诺，打开敦盖，仰置于敦的南侧，再回到原位。丧祝将觯放在铏南，然后回到原位。丧主再拜叩首，虞祭正式开始。祝祷请死者的神灵来享祭，又命佐食者祭神。佐食者应诺后，挽起袖子，露出双臂，将黍稷放在切碎的白茅上致祭，祭毕，再取黍稷致祭，一共三次；接着取猪的颈脖上的肉致祭，也像刚才那样祭三次。丧祝拿起铏南侧的觯祭祀，用勺舀觯中之醴，浇在白茅上，但不能将醴舀尽，然后再添满，放回原处。丧主再

拜叩首。丧祝读完祝辞，丧主又像刚才那样再拜叩首，然后号哭着出门，回到西阶上的位置。

丧祝迎接尸（活人扮作死者而代死者受祭叫尸）入庙。丧主的一位兄弟身穿衰经的丧服，双手捧篚，哭着跟随尸后。尸入门时，男子顿足而哭，妇人也跟着顿足而哭。执事者为尸浇水洗手，宗人递上擦手巾。尸走到阶前，丧祝上前请尸上堂。尸上堂后，宗人像尸初入门时那样诏告丧主等顿足而哭。尸入室后，丧主等还像刚才那样顿足，但停止号哭，以示对尸的尊敬。妇人到房中暂避，以便让执事者入室。丧主和丧祝拜请尸安坐。尸回拜，然后在席上坐下。

跟从尸入门的那位丧主兄弟，将篚放在尸左边的席上，然后站在席的北侧。尸拿起铏南边的觯，用左手拿着，然后右手取菹菜，在肉酱中蘸一下，放在两豆之间祭祀。祝命令佐食者协助尸堕祭。佐食者取黍稷和祭肺，授给尸，尸接过来后放下致祭。祭毕放回原处，丧祝读祝辞，丧主像先前那样，再拜叩首。尸尝一口醴酒，然后将觯放回原处。佐食者拿肺、脊授给尸。尸接受后振祭，再尝一口，用左手拿着，放入俎豆中。丧祝命佐食者将敦移过来。佐食者拿起盛黍的敦，放在席上。接着，尸祭铏中的菜羹，并尝一口。大羹肉汁从庙门外端进来后，放在铏的南侧。大块的肉盛在四个豆内，放在铏的左边。尸用手抓饭吃，吃余的饭放在篚中。尸吃三口饭，佐食者就奉上肋条肉；尸接受后，振祭之，然后尝一口，再放入篚中。尸又吃三口饭，佐食者奉上猪的小腿肉，尸像刚才那样振祭。佐食者又奉上鱼和兔腊肉，尸不接受，佐食者便放入篚中。尸又吃三口饭，佐食者奉上猪肩肉，尸像刚才那样振祭之。佐食者又奉上鱼俎和兔腊肉俎，每俎都只放三条鱼或三块兔腊肉，尸吃完后，佐食者接过吃剩的肺、脊，放入篚中，再把盛黍的敦放在最初的位置。

丧主洗涤废爵，酌上酒，献给尸。尸拜丧主后接爵，丧主面朝北答拜还礼。尸祭爵中之酒，然后尝酒。来宾中的长者跟从主人之后向尸献肝俎，肝纵向放在俎的左侧，右侧是盐。尸左手拿爵，右手取肝，蘸上盐，振祭之，再尝一口，然后放到俎上。宾客中的长者下堂，将俎放回西塾，再回到原位。尸将爵中的酒饮毕，祝接过空爵，不再赞襄丧主拜送爵。丧主拜尸，尸答拜还礼。丧祝酌酒递给尸，尸用它酢丧主；丧主拜谢后接爵，尸答拜还礼。丧主坐下祭酒，然后将爵中的酒饮毕，再拜尸，尸答拜还礼。有司为丧祝铺席，在北墙下边，席面朝南。丧主以爵酌酒献给丧祝，丧祝行拜礼，然后坐下接爵，丧主答拜还礼。接着，献上菹菜和肉酱，为祝设燔俎。丧祝左手拿爵，右手祭菹菜和肉酱，然后放下爵，再起身，从俎上取过肺，坐下祭祀，再尝一口，然后起身，把肺放回俎上，接着祭酒，祭毕尝酒。执事跟从来宾中的长者之后接着献上肝俎，祝拿起肝蘸上盐，进行振祭，祭毕，尝一口，再放回俎上。然后将爵中的酒饮毕，拜谢丧主，丧主答拜还礼。丧祝坐着将空爵递给丧主。丧主在爵中酌酒，献给佐食者，佐食者面朝北向丧主行拜礼，再坐下接爵，丧主答拜还礼。

佐食者祭爵中之酒，然后饮尽，向丧主行拜礼。丧主答拜还礼，接过空爵，下堂，放入篚中，然后上堂回到西序南端原位。

丧主之妇在房中洗涤足爵，酌酒，第二次向尸献爵，其间仪节与丧主向尸献爵时一样。丧主之妇自己返回堂上，取盛有枣和栗的两个笾，入室陈设在敦盖之南，枣笾在西侧，栗笾在东侧。尸祭笾中的枣栗，又祭酒，其间仪节与丧主献尸时一样。接着，宾跟从丧主之妇之后向尸献烤肉，仪节与丧主献尸时一样。尸祭烤肉后，将爵中之酒饮毕，其仪节与丧主献尸时一样。丧主之妇在空爵中酌上酒又献给祝，接着又献上笾食和烤肉；最后向佐食者献酒，其仪节都像丧主献尸时一样。献毕，丧主之妇拿着空爵进入房内。

来宾之长洗涤繶爵，酌酒，第三次向尸献爵，接着献烤肉，其间仪节与前面一样。

妇人们从房中出来回到阼阶上面原位。丧祝走出室门，面朝西禀告丧主，养礼已经完毕。丧主想到神将离走而号哭，男女们都随之号哭。丧祝走入室内，尸起身。丧主的一位兄弟捧着篚跟从在尸之后号哭，其仪节与刚才入门时一样。丧祝在尸的前面引路。尸出室时，丧主及男女们顿足而哭，就像尸入室时那样；尸下堂时，又像尸上堂时那样顿足而哭；尸出门时，又像尸进门时那样顿足而哭。

丧祝送尸出门后，返入室中，撤去神前的祭品，改设在室的西北角，祭品的陈设方式与改设前一样。几放置在祭席的南边，屋的西北角用席围隔。执事者将祝的荐席撤至房内。丧祝自己拿着俎出室，赞者合上窗和门。

丧主下堂，来宾走出殡宫门。丧主送至殡宫门外时，哭声停止，丧主、众兄弟及来宾都回到门外朝夕哭时的位置。宗人向丧主禀告：虞祭的礼仪完毕。于是，来宾出大门，丧主相送，拜了又叩首。

《记》

虞祭前，致祭者要洗头洗澡，但不梳头。祭牲陈设在庙门之外，头朝北，以西方为尊；牲体的右半边放在地上。中午时开始举行虞祭。

在庙门外的西侧杀牲，丧主不亲临现场。豚体按规定分解为七块。肉羹煮熟后，将牲体左半边的肩、臂、前胫骨、股骨、脊骨、胁骨以及切成块的肺从镬中取出，放进鼎中。取猪颈脖上的肉祭祀，祭一次取一块，一共三次，从左边的颈脖上取；划割而不切断的肺一块，放入上边的鼎内。接着放鱼，鲋或鲫鱼九条，放入中间的鼎内。放兔腊肉，用左半边的，但后股处不能放入，除去后放入下边的鼎内。每鼎都配设鼎杠和鼎盖。牲肉放在俎上后，要像士丧礼时那样，牲肉之骨的根端朝前，如果放着鱼，则鱼鳍也要朝前。丧祝的俎上，放着牲的髀骨、颈骨、脊骨、胁骨和切断的肺，陈设在东、西阶之间，敦的东边。

浇水让尸洗手时，端盘接弃水者面朝西而立。拿匜浇水者面朝东而立。拿擦手巾者在其北侧，面朝东而立。由宗人将擦手巾递给尸，面朝南而立。

丧主在室时,宗人上堂,在室户外面朝北而立。佐食者无事时,则走出室户,背对门窗之间的地方,面朝南而立。铏中作菜羹的菜,用苦菜,或者用薇莱,还加放有用以调味的菜:夏天用新鲜的葵菜,冬天用晒干的堇菜,铏中放有角柶,用以和羹。豆中盛的是葵菹。菹的西侧,放的是螺酱。笾中盛的食物,枣子是蒸过的,栗子是挑选过的。

丧祝迎尸时,在前引路,并先行入门,等尸入门后,丧祝再跟随于尸后。尸坐下时不脱鞋,以示侍神不敢怠惰。尸起身时,丧祝为其前导,先面向尸,再转身,导引尸出门。接着又面向尸,然后转身引路,从丧主前走过,又面向尸;再转身,下堂,又面向尸;等尸下堂后,又转身引路,走到庙门时,其仪节与出室门时一样。尸出庙门后,丧祝返回,从庙门左侧入内,在门左,面朝北回复到原位,此时,宗人诏告丧主下堂。尸身上穿的是死者的上服。死者是男的,则以男子为尸。死者若是女子,则以女子为尸,但女尸一定要以异姓的孙媳妇充当,不用地位低贱的庶孙之妾为尸。

如果没有可以做尸的人,祭祀者所穿的衣服、所站的位置方向、升降礼仪,以及陈设祭品的仪节,也都与有尸时一样。享祭之后,佐食者祭于白茅。祝宣读祝辞完毕,不再举行绥祭(原因是没有尸),没有大羹、肉汁、大块的肉(因为这是为尸加设的),也没有从献之礼。丧主号哭着,走出室门,回到西阶上的原位。丧祝合上窗和门,下堂,回到门西侧的原位,男女们轮流顿足而哭三遍,所用的时间与尸一食九饭的时间差不多。丧祝上堂,哭声停止。祝在室门前接连三次发出“噫兴”的叫声。然后打开室门。丧主入室,丧祝跟随其后,打开窗,飨食,仪节与先前一样。丧主号哭,然后出室到西阶之上复位。撤完祭席,丧祝、佐食者都下堂,回到原位。这时,宗人像先前那样诏告丧主下堂。

第一次虞祭要在柔日举行,祭时祝致祝辞说:“哀子某人,及其他居丧的直系亲属,日夜悲痛不安。现谨用洁净的牲猪、黍、菹菜、肉酱、黍、稷、新水酿的酒,向您献上,愿您与先祖相会合,前往您的皇祖某某那儿。请享用祭物吧!”第二次虞祭,仪节都和第一次一样,只是最后一句要说成“谨向您献愿您的神灵安息!”。第三次虞祭,至三月后的卒哭祭,如果有其他祭祀,则要选择刚日举行,仪节与第一次相同;第三次虞祭时,最后一句要说成“谨向您献上祭礼进行完毕”。

卒哭的三献之礼完毕,荐俎尚未撤去,就为尸饯行。两瓶陈设在寝门外的右侧,稍向南的地方。盛玄酒的瓶在盛酒的瓶的西侧,瓶上都有勺,勺柄朝北。洗陈设在的东南侧,水在洗东,篚在洗西。在西塾上陈设笾豆。笾中盛有干肉四条;俎上放的是两截外形很规整的干肉,另有半块供缩祭时用的干肉,放在两块干肉之上。尸从室内出来时,执事者拿几而从,执席者也跟从而出。尸出庙门后站在右侧,面朝南,等待设席。席设在瓶的西北,席面朝东。几设在席的南侧。宾出庙门,回到朝夕哭时的位置。丧主出门后,在门东稍偏南的地方即位;妇人们出门后,在丧主的北边就位;都是面朝西,号哭不止。尸就席

坐下。此时只有丧主不哭，洗涤废爵，酌上酒后献给尸；尸行拜礼后接爵。丧主拜而送之，然后号哭，回到原位。进献干肉和肉酱，又在它的东侧设俎，干肉弯曲的一端朝南。尸左手拿爵，右手取干肉，在肉酱中蘸一蘸，然后致祭。佐食者将俎上干肉递给尸。尸接过干肉，进行振祭，接着尝一口，交还佐食者；然后祭酒，再将爵中之酒饮毕，将空爵放在干肉和肉酱之南。此时，丧主和众兄弟顿足而哭，妇人们也是如此。丧主之妇洗涤足爵，第二次向尸献酒，仪节与丧主献尸时一样，只是不以烤肉从献，顿足而哭与第一次献尸时一样。来宾中的长者洗涤繶爵，第三次向尸献酒，其仪节与第二次献尸时一样，顿足而哭也是如此。佐食者拿起俎上的肉，放入篚中。尸起身，侍从者捧着篚，哭着跟随于后。丧祝在前引导，哭者都跟从于后，走到大门内时，众人像先前那样顿足而哭。尸出门时，停止号哭。来宾出门时，丧主在门外相送，拜了又叩首。丧主之妇也在门内拜送女宾。男子们在庙门外脱去麻布的腰绖，换成葛布的腰绖。大功以下的亲属撤去饯尸的酒食，丧主不参与此事。妇人只脱首绖，不脱腰绖。如果无人可以为尸，则不必饯尸，但还是摆出几和席，摆法与上述相同；男女们轮流顿足而哭三遍。哭声停止后，宗人宣布祭事完毕，于是来宾出门。

士死三日移棺于殡宫，三月之后落葬。葬月，举行卒哭祭。卒哭祭的第二天天明举行祔祭，当天晚上要举行荐祭。荐祭完毕，告知将祔日期的祝辞说："哀子某人，于明天某干支，将升您于祖庙的皇祖某某合在一起祭祀，您或许乐于受享祭物吧！"如果新死者是女子，将升于祖母之庙，祝辞说："升于您的皇祖妣某氏之庙。"如果新死者是孙子的媳妇，祝辞说："孙妇升于皇祖姑某氏。"其余的辞令都是一样。飨尸之辞说："哀子某某，备下洁净的供品，敬献给您，敬请享用！"

卒哭祭的第二天，按新死者的昭穆次序祔于祖庙。至此，死者的亲属可以洗头、洗澡、梳头、剪指甲。将肥厚的猪肉与节拆的牲肉一起，放在丧主之妇以下的俎上，肉从猪的颈脖处取。祔祭的其他仪节与特牲馈食礼一样。祔祭的尸还是由虞祭卒哭时的尸担任。祔祭之辞说："孝子某某，及其他居丧的直系亲属，从早起到夜居，小心畏忌，不敢怠惰其身，不敢安宁。用干肉、菹菜、肉酱、黍稷、莱羹、溲酒致祭，愿您到达您的皇祖某某那里，以升您的孙某某。敬请受飨！"

人死一周年而有小祥之祭，祝辞基本相同，只是最末一句变为"献祭品于这如期进行的小祥之祭"。又过一周年而有大祥之祭，祝辞基本相同，只是末一句变为"献祭品于这如期进行的大祥之祭"。再过一个月而有禫祭。这一个月，如果适逢四时常祭，虽是吉祭，仍不能将先亡故的母亲与新亡的父亲配祭。

特牲馈食礼第十五

【原文】

特牲馈食之礼。不诹日。及筮日，主人冠端玄，即位于门外，西面。子姓兄弟如主人之服，立于主人之南，西面北上。有司群执事，如兄弟服，东面北上。席于门中，闑西阈外。筮人取筮于西塾，执之，东面受命主人。宰自主人之左赞命，命曰："孝孙某，筮来日某，诹此某事，适其皇祖某子。尚飨！"筮者许诺，还，即席，西面坐。卦者在左。卒筮，写卦。筮者执以示主人。主人受视，反之，筮者还，东面。长占，卒，告于主人："占曰吉。"若不吉，则筮远日，如初仪。宗人告事毕。

前期三日之朝，筮尸，如求日之仪。命筮曰："孝孙某，诹此某事，适其皇祖某子，筮某之某为尸。尚飨！"

乃宿尸。主人立于尸外门外。子姓兄弟立主人之后，北面东上。尸如主人服，出门左，西面。主人辟，皆东面，北上。主人再拜。尸答拜。宗人摈辞如初，卒曰："筮子为某尸，占曰吉，敢宿！"祝许诺，致命。尸许诺，主人再拜稽首。尸入主人退。

宿宾。宾如主人服，出门左，西面再拜。主人东面，答再拜。宗人摈，曰："某荐岁事，吾子将莅之，敢宿！"宾曰："某敢不敬从！"主人再拜，宾答拜，主人退，宾拜送。

厥明夕，陈鼎于门外，北面北上，有鼏。杅在其南，南顺实兽于其上，东首。牲在其西，北首，东足。设洗于降阶东南，壶、禁在东序，豆、笾、铏在东房，南上。几、席、两敦在西堂。主人及子姓兄弟即位于门东，如初。宾及众宾即位于门西，东面北上。宗人、祝立于宾西北，东面南上。主人再拜，宾答再拜。三拜众宾，众宾答再拜。主人揖入，兄弟从，宾及众宾从，即位于堂下，如外位。宗人升自西阶，视壶濯及豆笾，反降，东北面告濯、具。宾出，主人出，皆复外位。宗人视牲，告充。雍正作豕。宗人举兽尾，告备；举鼎鼏，告洁。请期，曰"羹饪"。告事毕，宾出，主人拜送。

夙兴，主人服如初，立于门外东方，南面，视侧杀。主妇视饎爨于西堂下。享于门外东方，西面北上。羹饪，实鼎，陈于门外，如初。尊于户东，玄酒在西。实豆、笾、铏，陈于房中，如初。执事之俎，陈于阶间，二列，北上。盛两敦，陈于西堂，藉用萑，几席陈于西堂，如初。尸盥匜水，实于槃中，箪巾，在门内之右。祝筵几于室中，东面。主妇纚笄，宵衣，立于房中，南面。主人及宾、兄弟、群执事，即位于门外，如初。宗人告有司具。主人拜宾如初，揖入，即位，如初，佐食北面立于中庭。

主人及祝升，祝先入，主人从，西面于户内。主妇盥于房中，荐两豆，葵菹、蜗醢，醢在

北。宗人遣佑食及执事盥，出。主人降，及宾盥，出。主人在右，及佐食举牲鼎。宾长在右，及执事举鱼腊鼎。除鼏。宗人执毕先入，当阼阶，南面。鼎西面错，右人抽扃，委于鼎北。赞者错俎，加匕，乃朼。佐食升肵俎，鼏之，设于阼阶西。卒载，加匕于鼎。主人升，入复位。俎入，设于豆东。鱼次，腊特于俎北。主妇设两敦黍稷于俎南，西上，及两铏铏芼设于豆南，南陈。祝洗，酌奠，奠于铏南，遂命佐食启会，佐食启会，却于敦南，出，立于户西，南面。主人再拜稽首。祝在左，卒祝，主人再拜稽首。

祝迎尸于门外。主人降，立于阼阶东。尸入门左，北面盥。宗人授巾。尸至于阶，祝延尸。尸升，入，祝先，主人从。尸即席坐，主人拜妥尸。尸答拜，执奠；祝飨，主人拜如初。祝命挼祭。尸左执觯，右取菹换于醢，祭于豆间。佐食取黍、稷、肺祭，授尸。尸祭之，祭酒，啐酒，告旨。主人拜，尸奠觯，答拜。祭铏，尝之，告旨。主人拜，尸答拜，祝命尔敦。佐食尔黍稷于席上，设大羹湆于醢北，举肺脊以授尸。尸受，振祭，哜之，左执之，乃食，食举。主人羞肵俎于腊北。尸三饭，告饱。祝侑，主人拜。佐食举干，尸受，振祭，哜之。佐食受，加于肵俎。举兽干、鱼一，亦如之。尸实举于菹豆。佐食羞庶羞四豆，设于左，南上有醢。尸又三饭，告饱。祝侑之，如初，举骼及兽、鱼，如初，尸又三饭，告饱。祝侑之如初，举肩及兽、鱼如初。佐食盛肵俎，俎释三个，举肺脊加于肵俎反黍稷于其所。

主人洗角，升酌，酳尸。尸拜受，主人拜送。尸祭酒，啐酒，宾长以肝从。尸左执角，右取肝擩于盐，振祭，哜之，加于菹豆，卒角。祝受尸角，曰："送爵！皇尸卒爵。"主人拜，尸答拜。祝酌授尸，尸以醋主人。主人拜受角，尸拜送。主人退，佐食授挼祭。主人坐，左执角，受祭祭之，祭酒，啐酒，进听嘏。佐食抟黍授祝，祝授尸。尸受以菹豆，执以亲嘏主人。主人左执角，再拜稽首受，复位，诗怀之，实于左袂，挂于季指，卒角，拜。尸答拜。主人出，写啬于房，祝以笾受。筵祝，南面。主人酌献祝，祝拜受角，主人拜送。设菹醢、俎。祝左执角，祭豆，兴取肺，坐祭，哜之，兴加于俎，坐祭酒，啐酒，以肝从。祝左执角，右取肝擩于盐，振祭，哜之，加于俎，卒角，拜。主人答拜，受角，酌献佐食。佐食北面拜受角，主人拜送。佐食坐祭，卒角，拜。主人答拜，受角，降，反于篚，升，入复位。

主妇洗爵于房，酌，亚献尸。尸拜受，主妇北面拜送。宗妇执两笾，户外坐。主妇受，设于敦南。祝赞笾祭。尸受，祭之，祭酒，啐酒。兄弟长以燔从。尸受，振祭，哜之，反之。羞燔者受，加于肵，出。尸卒爵，祝受爵，命送如初。酢，如主人仪。主妇适房，南面。佐食挼祭。主妇左执爵，右抚祭，祭酒，啐酒，入，卒爵，如主人仪。献祝，笾燔从，如初仪。及佐食，如初。卒，以爵入于房。

宾三献，如初。燔从如初。爵止。席于户内。主妇洗爵，酌，致爵于主人。主人拜受爵，主妇拜送爵。宗妇赞豆如初，主妇受，设两豆两笾。俎入设。主人左执爵，祭荐，宗人赞祭。奠爵，兴取肺，坐绝祭，哜之，兴加于俎，坐捝手，祭酒，啐酒，肝从。左执爵，取肝擩

于盐,坐振祭,哜之。宗人受,加于俎。燔亦如之。兴,席末坐卒爵,拜。主妇答拜,受爵,酌醋,左执爵,拜,主人答拜。坐祭,立饮,卒爵,拜,主人答拜。主妇出,反于房。主人降,洗,酌,致爵于主妇,席于房中,南面。主妇拜受爵,主人西面答拜。宗妇荐豆、俎,从献皆如主人。主人更爵酌醋,卒爵,降,实爵于篚,入复位。三献作止爵。尸卒爵,酢。酌献祝及佐食。洗爵,酌致于主人、主妇、燔从皆如初。更爵,酢于主人,卒,复位。

主人降阼阶,西面拜宾,如初。洗,宾辞洗。卒洗,揖让升,酌,西阶上献宾。宾北面拜受爵。主人在右,答拜。荐脯醢。设折俎。宾左执爵,祭豆,奠爵,兴,取肺,坐绝祭,哜之,兴,加于俎,坐挩手,祭酒,卒爵,拜。主人答拜,受爵,酌酢,奠爵,拜。宾答拜。主人坐祭,卒爵,拜。宾答拜,揖,执祭以降,西面奠于其位;位如初。荐、俎从设。众宾升,拜受爵,坐祭,立饮。荐、俎设于其位,辩。主人备答拜焉,降,实爵于篚。尊两壶阼阶东,加勺,南枋,西方亦如之。主人洗觯,酌于西方之尊,西阶前北面酬宾,宾在左。主人奠觯拜,宾答拜。主人坐祭,卒觯,拜。宾答拜。主人洗觯,宾辞,主人对。卒洗,酌,西面。宾北面拜。主人奠觯于荐北。宾坐取觯,还,东面,拜。主人答拜。宾奠觯于荐南。揖复位。主人洗爵,献长兄弟于阼阶上。如宾仪。洗,献众兄弟,如众宾仪。洗,献内兄弟于房中,如献众兄弟之仪。主人西面答拜,更爵酢,卒爵,降,实爵于篚,入复位。

长兄弟洗觚为加爵,如初仪,不及佐食,洗致如初,无从。

众宾长为加爵,如初,爵止。

嗣举奠,盥入,北面再拜稽首。尸执奠,进受,复位,祭酒,啐酒。尸举肝。举奠左执觯,再拜稽首,进受肝,复位,坐食肝,卒觯,拜。尸备答拜焉。举奠洗酌入,尸拜受,举奠答拜。尸祭酒,啐酒,奠之。举奠出,复位。

兄弟弟子洗酌于东方之尊,阼阶前北面,举觯于长兄弟,如主人酬宾仪。宗人告祭脀,乃羞。宾坐取觯,阼阶前北面酬长兄弟;长兄弟在右。宾奠觯拜,长兄弟答拜。宾立卒觯,酌于其尊,东面立。长兄弟拜受觯。宾北面答拜,揖,复位。长兄弟西阶前北面,众宾长自左受旅,如初,长兄弟卒觯,酌于其尊,西面立。受旅者拜受。长兄弟北面答拜,揖,复位。众宾及众兄弟交错以辩。皆如初仪。为加爵者作止爵,如长兄弟之仪。长兄弟酬宾,如宾酬史弟之仪,以辩。卒受者实觯于篚。宾弟子及兄弟弟子洗,各酌于其尊,中庭北面西上,举觯于其长,奠觯拜,长皆答拜。举觯者祭,卒觯,拜,长皆答拜。举觯者洗,各酌于其尊,复初位。长皆拜。举觯者皆奠觯于荐右。长皆执以兴,举觯者皆复位答拜。长皆奠觯于其所,皆揖其弟子,弟子皆复其位。爵皆无算。

利洗散,献于尸,酢,及祝,如初仪。降,实散于篚。

主人出,立于户外,西面。祝东面告利成。尸谡,祝前,主人降。祝反,及主人入,复位。命佐食彻尸俎,俎出于庙门。彻庶羞,设于西序下。

筵对席，佐食分簋铏。宗人遣举奠及长兄弟盥，立于西阶下，东面北上。祝命尝食。馂者，举奠许诺，升，入，东面。长兄弟对之，皆坐。佐食授举，各一肤。主人西面再拜，祝曰："馂，有以也。"两馂奠举于俎，许诺，皆答拜。若是者三。皆取举，祭食，祭举乃食，祭铏，食举。卒食。主人降洗爵，宰赞一爵。主人升酌，酳上馂，上馂拜受爵，主人答拜；酳下䬴，亦如之。主人拜，祝曰："酳，有与也。"如初仪。两馂执爵拜，祭酒，卒爵，拜。主人答拜。两馂皆降，实爵于篚，上馂洗爵，升酌，酢主人，主人拜受爵。上馂即位，坐答拜。主人答拜。主人坐祭，卒爵，拜。上馂答拜，受爵，降，实于篚。主人出，立于户外，西面。

祝命彻阼俎、豆、笾，设于东序下。祝执其俎以出，东面于户西。宗妇彻祝豆、笾入于房，彻主妇荐、俎。佐食彻尸荐、俎、敦，设于西北隅，几在南，厞用筵，纳一尊。佐食阖牖户，降。祝告利成，降，出。主人降，即位。宗人告事毕。宾出，主人送于门外，再拜。佐食彻阼俎。堂下俎毕出。

记

特牲馈食，其服皆朝服，玄冠、缁带、缁韠。唯尸、祝、佐食玄端，玄裳、黄裳、杂裳可也，皆爵韠。

设洗，南北以堂深，东西当东荣。水在洗东。篚在洗西，南顺，实二爵、二觚、四觯、一角、一散。壶、杅禁，馔于东序，南顺。覆两壶焉，盖在南；明日卒奠，幂用绤；即位而彻之，加勺。笾，巾以绤也，纁里，枣烝，栗择。铏芼，用苦，若薇，皆有滑，夏葵，冬荁。棘心匕，刻。牲爨在庙门外东南，鱼腊爨在其南，皆西面，饎爨在西壁。肵俎心舌，皆去本末，午割之，实于牲鼎，载心立、舌缩俎。宾与长兄弟之荐，自东房，其余在东堂。

沃尸盥者一人，奉槃者东面，执匜者西面淳沃，执巾者在匜北。宗人东面取巾，振之三，南面授尸；卒，执巾者受。尸入，主人及宾皆辟位，出亦如之。

嗣举奠，佐食设豆盐。佐食当事，则户外南面，无事，则中庭北面。凡祝呼，佐食许诺。宗人，献与旅齿于众宾。佐食，于旅齿于兄弟。

尊两壶于房中西墉下，南上。内宾立于其北，东面南上。宗妇北堂东面，北上。主妇及内宾、宗妇亦旅，西面。宗妇赞荐者，执以坐于户外，授主妇。

尸卒食，而祭饎爨、雍爨。

宾从尸，俎出庙门，乃反位。

尸俎，右肩、臂、臑、肫、胳，正脊二骨，横脊，长胁二骨，短胁。肤三，离肺一，刌肺三，鱼十有五。腊如牲骨。祝俎，髀、脡脊二骨，胁二骨。肤一，离肺一。阼俎，臂，正脊二骨，横脊，长胁二骨，短胁。肤一，离肺一。主妇俎，觳折，其余如阼俎。佐食俎，觳折，脊，胁。肤一，离肺一。宾，骼。长兄弟及宗人，折：其余如佐食俎。众宾及众兄弟、内宾、宗妇，若有公有司、私臣，皆殽脀，肤一，离肺一。

公有司,门西,北面东上,献次众宾。私臣,门东,北面西上,献次兄弟。升受,降饮。

【译文】

特牲馈食之礼。士行特牲馈食礼不预先商议祭祀的日期。到用占筮确定祭祀日期的那天,主人头戴玄冠,身穿玄端服,在庙门外的东边就位,面朝西。受祭者的子孙穿着与主人一样的服装,站立在主人的南侧,面朝西,由北向南排列,而以北首为尊。有司和助祭的执事,身穿与受祭者的子孙同样的服装,在庙门西边就位,面朝东,由北向南排列,以北首为尊。有司在门中央的门橛之西、门限之外的地方铺席。筮人从西塾取蓍草,执持在手,面朝东听命于主人。宰在主人的右侧传达主人之命,命筮之辞说:"孝孙某某,想通过占筮请示未来某日之吉凶,谋此祭事,敬往皇祖某之庙祭祀。请皇祖某受飨!"筮者应诺,转身回到西塾就席,面朝西而坐。卦者在其左侧,占筮毕,将卦写在版上。筮者捧版给主人看。主人看过之后,还给筮者。筮者转身,回到庙门的第西边,面朝东而立。众筮者依年龄长幼之序占卜,占毕,禀告主人说:"占卜的结果是'吉利'。"如果占卜的结果不吉,则再在本旬以外的日子里占筮、选择,其仪节与这一次一样。最后,宗人宣布筮日之事完毕。

举行祭祀前的第三天清早,通过卜筮来决定尸的人选,其仪节与筮祭日时一样。命筮之辞说:"孝孙某某,想通过占筮请示神灵谋此某事,恭往祭于皇祖某某,筮问某人之子某某为尸。敬请受飨!"

于是,前往邀请尸。主人站在尸家的大门之外,面朝北。受祭者的子孙站在主人身后,面朝北,从东向西排列,以东首为尊。尸穿着与主人一样的服装,出外门后站在左侧,面朝西。于是主人避位,与身后的众人一起变为面朝东,从北向南排列,以北首为尊。主人向尸行再拜礼,尸答拜还礼。宗人为摈者,所用辞令与宰赞命筮尸之辞大体相同,只是最末一句改为:"筮问由某子为某人的尸,占筮的结果是'吉利',谨前来招请您!"祝应诺,向尸转达主人之命。尸表示允诺,主人向尸再拜叩首。于是,尸入门,主人等退归。

主人前往邀请宾。宾穿着与主人一样的衣服,出门后站在左边,面朝西向主人行再拜礼。主人站在门右,面朝东,再拜作答。宗人为摈者,致辞说:"某人将有岁时之祭,请您光临,谨前来招请您!"宾回答说:"某人岂敢不恭敬从命!"主人再拜,宾答拜还礼。主人退归。宾拜送。

邀请嘉宾的第二天傍晚,将鼎陈设在庙门外,鼎面朝北,由北向南排列,以北首为尊。鼎有盖。盛放酒器的木盘在鼎的南侧,南北向陈放,腊兔放在木盘上,头朝东。祭牲在木盘的西侧,头朝北,足朝东。洗陈放在阼阶的东南边,壶、承尊器陈放在东序前,豆、笾、铏陈放在东房内,从南向北排列,以南首为尊。几、席和两个敦都陈放在西堂。主人和受祭者的子孙在庙门外的东侧就位,与初筮时一样。嘉宾和众宾在庙门外的西侧就位,面朝东,从北向南排列,而以北首为尊。宗人和祝站在众宾的西北,面朝东,从南向北排列,而以南首为尊。主人向宾行再拜礼,宾也行再拜礼作答。主人向众宾拜三拜,众宾行再拜礼作答。主人拱手行礼后入门,兄弟跟从其后,宾和众宾跟从于兄弟之后,接着都在堂下就位,位置与在门外一样。宗人从西阶上堂,检视荐献用的壶是否已洗净,豆笾等祭器是否备齐,接着转身下堂,面朝东北禀告主人,所需器具均已洗净、备齐。于是,宾出庙门,主人随后出门,都回到刚才在庙门外站立的位置。宗人检视祭牲是否合于要求,接着禀告主人,祭牲肥硕。雍正用竹策拨动作祭牲的猪,观察其声音、气息,以确认其是否健康。宗人掀起兔腊的尾巴,禀告主人腊物无伤缺;接着又掀起鼎盖,禀告主人鼎内洁净。然后向主人请示致祭的时间,主人说:"明天天亮牲肉羹煮熟时开始。"最后,宗人宣布检视祭器、祭牲之事已经完毕,于是宾出门,主人拜送。

祭祀之日清晨起身,主人身穿视濯时所穿的衣服,站立在庙门外东侧,面朝南,亲自检视宰杀祭牲。主妇在西堂下的灶前检视炊煮黍稷。烹煮猪、鱼、腊肉的灶在门外东方,灶面都朝西,从北向南排列,以北首的灶为尊。肉羹煮熟后,盛入鼎内,陈设在庙门外,位置与视濯时一样。酒壶陈设在室门的东边,玄酒在西侧。盛有食物的豆、笾、铏,陈设在房内,位置与视濯时一样。执事们的俎,陈设在东西阶之间,从北往南排成两行,以北首为尊。两个敦分别盛黍稷,陈设在西堂,垫在下面的席子,用细苇织成,几和席陈设在西堂,位置与昨天的一样。尸洗手用的匜盛着水,放在盘中;竹箪内放着擦手巾,以上诸物都陈设在门内右侧。祝将供神凭依的席铺设在室的西南隅。席面朝东。主妇用帛束发,再加簪绾髻,身穿黑色缯衣,站在房中,面朝南。主人和宾、兄弟、众执事,都在庙门外就位,位置与昨天的一样。宗人禀告主人:有司已准备完毕。主人拜宾,仪节与视濯时一样,然后相揖而入,各就其位,仪节也和视濯时一样。佐食者面朝北站立在庭中。

主人和祝上堂,接着,祝先进入室中,主人跟随其后,面朝西站在门内。主妇在东房中洗手后进献两个豆,里面分别盛着葵菜和螺酱,螺酱放在葵菜之北。宗人让佐食者和执事洗手后出门。主人下堂,与宾洗手后出门抬鼎。主人在鼎的右侧,与鼎左的佐食者抬起牲鼎。来宾中的长者在鼎右,与鼎左的执事者抬起鱼、腊之鼎。抬鼎前,先去鼎盖。宗人手执祭器"毕",先于抬鼎者入门,在正对着阼阶的地方,面朝南而立。鼎在庭中面朝西放置,鼎右侧的人抽去鼎杠,放在鼎北。赞者将俎放在鼎西,再在其上放匕。鼎右侧的人用匕取出鼎中的牲体。左侧的人将牲体放在俎上。佐食者准备好俎,盖好后,陈放在阼阶的西边。三鼎内的牲体放置完毕,将匕放在鼎上。主人上堂,走入室中,回复原位。豕俎端入室中后,陈设在豆的东侧。再往东放鱼俎,腊俎单独放在豕俎之北。主妇将盛黍稷的两个敦陈设在俎的南侧,(东西排列)以西边的敦为尊;盛肉羹和菜羹的两只铏陈设在豆的南侧,从北向南排列。祝洗涤觯,再酌上酒放在铏的南侧,接着命令佐食者打开

敦盖。佐食者打开敦盖，将敦盖仰置于敦的南侧，然后出室，站在门的西侧，面朝南。主人再拜叩首。祝在主人的左侧，向神致辞完毕，主人再拜叩首。

祝代表主人到庙门外迎接尸。主人下堂，站立在阼阶的东边。尸入门庙后站在左侧，接着面朝北洗手。宗人递上擦手巾。尸走到西阶前，祝（在他身后）请他上堂；尸上堂后，入室；祝先从阼阶上堂，主人跟从于后。尸就席而坐，主人礼拜尸，请他安坐。尸答拜还礼，拿起放在南侧的觯；祝告神享祭，主人像先前那样对尸再拜叩首。祝命令举行祭。尸左手拿觯，右手取菹菜，醮上肉酱，在两豆之间祭祀。佐食者取黍、稷、祭肺献给尸以堕祭。尸逐一致祭，接着祭酒，祭毕尝酒，并向主人称赞酒的甜美。主人礼拜尸。尸放下觯答拜还礼；然后，尸祭祀铏中的羹，祭毕尝羹，并向主人称赞羹的甜美。主人拜尸，尸答拜还礼。祝命令将敦移近尸。佐食者将盛黍稷的敦移至尸的席上，接着，将大羹肉汁陈设在肉酱的北边。佐食者拿起肺脊献给尸。尸接过来，进行振祭，祭毕尝之，用左手拿着；于是吃饭，兼食肺、脊。主人进献俎，放置在腊俎之北。尸取饭三次，告诉主人已经吃饱。祝劝尸再吃，主人拜尸。佐食者将牲的长肋献给尸，尸接受后振祭，再尝肋。佐食者接过吃剩的肋，放在俎上；接着又献上兔肋和一条鱼，其间仪节与献长肋时一样。尸将吃剩的肺脊放在盛菹的豆上。佐食者又进上各种食品共四豆，陈设在菹醢二豆的左边，从南往北排列，以南首的为尊，内有一豆是肉酱。尸又取饭三次，告诉主人已经吃饭。祝劝尸再吃，其仪节与前一次劝食一样。佐食者又献上牲的前肢以及兔、鱼，其仪节与前一次献食时一样。尸又取饭三次，告诉主人已经吃饱。祝劝尸再吃，其仪节与第一次劝食时一样；佐食者又献上牲肩及兔、鱼，其仪节与第一次献食时一样。佐食者将尸吃剩的食物放在肵俎上（准备让尸带回去），原来的俎上，牲、腊二俎只留三块牲体，鱼俎留三条鱼；又将菹豆上的肺脊放在带走的俎上，将黍稷放回原处。

主人洗涤饮酒器“角”，上堂酌酒，献给尸。尸拜而受之，主人拜而送之。尸祭酒，祭毕尝酒，来宾中的长者跟从主人向尸献上肝俎。尸左手拿角，右手取肝，蘸上盐，振而祭之，祭毕尝肝，再将吃剩的肝放在菹豆上，然后将角中之酒饮毕。祝接过空角，禀告主人："这是您拜送的酒爵！尸已将爵中之酒饮尽。”主人拜尸。尸答拜还礼。祝酌酒献尸，尸用它酢主人。主人行拜礼后接过角，尸拜而送之。主人退回原位，佐食者将尸吃剩的黍稷等给主人，以此堕祭。主人遂坐下，左手拿角，右手接过佐食者送上的黍稷等祭祀；接着祭酒，祭毕尝酒。然后走到尸的前面，等待尸传达神意、致祝福之辞。佐食者将黍饭搓成团交给祝。祝又献给尸。尸用菹豆接受黍饭团，然后拿着，亲自向主人致祝福之辞。主人左手拿角，向尸再拜叩首，然后接过黍饭团，回到原位；先将黍饭团捧着放入怀中，再放入左袖内，将袖口挂在左手小指上；接着，主人将角中之酒饮尽，礼拜尸。尸答拜还礼。主人出室走入房中，将左袖内的黍饭团倒出来；祝用笾接住。接着，为祝铺席，席面朝南，

主人在角杯中酌酒后献给祝，祝拜主人后接角，主人拜而送之。于是陈设菹菜、肉酱和俎。祝左手拿角，右手祭豆，接着起身取肺，再坐下致祭，祭毕尝之，再起身将肺放在俎上，然后坐下祭酒，祭毕尝酒，有司跟从主人，主人献上肝俎。祝左手拿角，右手取肝蘸上盐，振而祭之，尝肝后将肝放在俎上，将角中的酒饮完后，向主人行拜礼。主人答拜还礼，接过空角，酌酒献给佐食者。佐食者面朝北礼拜主人后接过角，主人拜而送之。于是，佐食者坐下祭酒，接着将角中之酒饮尽，向主人行拜礼。主人答拜还礼，并接过空角；然后下堂，将角放回篚中，再上堂，入室回到原位。

主妇在东房中洗爵，酌上酒，第二次向尸献酒。尸拜主妇后接爵，主妇面朝北拜而送之。宗妇手拿盛有枣、栗的两只笾，坐在门外；主妇接过笾，将它们陈设在敦的南侧。祝协助祭笾中的枣、栗。尸接过笾，祭枣、栗，然后祭酒，祭毕尝酒。兄弟中的最年长者跟从主妇之后献上烤肉。尸接过后，振而祭之，再尝一口，然后递还。献烤肉者接过来，放在肵俎上，然后退出。尸将爵中之酒饮尽，祝接过空爵，命主妇拜尸，就像初献时命主人拜尸一样。尸用酒酢主妇，其仪节与酢主人一样。主妇走到房中，面朝南而立。佐食者为主妇堕祭。主妇左手拿爵，右手抚祭品而祭，接着祭酒，祭毕尝酒；然后入室，将爵中之酒饮尽，其仪节与主人初献时一样。主妇洗爵，酌酒献给祝，有司跟从主妇之后献上盛有枣、栗的笾和烤肉，其仪节与初献时一样。向佐食者献酒，仪节与初献时一样。等到佐食饮干爵中酒，二献（亚献）结束，主妇拿空爵进入东房内。

宾第三次向尸献酒，其仪节与主妇亚献时一样。献酒后从献烤肉的仪节也和亚献时一样。尸将宾所献之爵放下不饮。有司在室户之内为主人铺席。主妇洗爵，酌酒，献给主人。主人行拜礼后接爵，主妇拜而送爵。宗妇像亚献时那样协助主妇进笾豆，主妇接过两豆两笾，设在主人席前。佐食者持俎入室，设在主人席前。主人左手拿爵，右手取祭送上来的祭品；宗人协助致祭。接着，主人放下爵，起身取肺，又坐下扯断肺祭祀，祭毕尝肺；再起身将肺放在俎上，然后坐下擦手，再祭酒，祭毕尝酒；有司跟从主妇之后，进上肝俎、烤肉俎。主人左手拿爵，右手取肝蘸上盐，坐着振而祭之，然后尝肝。宗人接过肝，放在俎上。接着献烤肉，其仪节也是如此。主人起身，再在席末坐下，将爵中之酒饮尽，向主妇行拜礼。主妇答拜还礼，接过空爵，酌酒自酢，主妇左手拿爵，向主人行拜礼，主人答拜还礼。主妇坐着祭祀，站起来饮酒，将爵中之酒饮毕，向主人行拜礼，主人答拜还礼，主妇出室，返回到房中。于是，主人下堂，洗爵，酌上酒，将爵献给主妇，主妇之席在房中，面朝南。主妇向主人行拜礼后接爵，主人面朝西答拜还礼。宗妇进献肵豆、俎，其仪节以及接着献上的食品，都与主人初献时一样。主人更换酒爵，酌酒后自酬，将爵中的酒饮尽后，下堂；将空爵放入篚中，然后入室回到原位。主人、主妇致爵完毕，宾请尸饮三献时所放下的爵。尸将此爵之酒饮尽，又酌酒酬宾。接着，宾又酌酒献给祝及佐食者。然后，再

洗爵，酌上酒献给主人、主妇。从献烤肉，其仪节与亚献时一样。献毕，又更换一爵，酌酒自酢；主人饮毕，宾回到堂下原位。

主人从阼阶下堂，面朝西拜宾，其仪节与检视祭器洗涤情况时一样；接着洗爵，准备向宾献酒。宾谦辞。主人洗完爵，与宾揖让后上堂，酌酒，在西阶之上献宾。宾面朝北拜主人后接爵。主人在宾的右侧，面朝北答拜还礼。接着，进献干肉和肉酱，陈设放节解的牲体的折俎。宾左手拿爵，右手取豆中的肉酱祭祀，再放下爵；起身取折俎上的肺，坐下将肺扯断后祭祀，再尝肺；然后起身将肺放在肵俎上，坐下擦手，接着祭酒，祭毕将爵中之酒饮尽，向主人行拜礼。主人答拜还礼，接过空爵，酌酒自酢，将酒爵放下，向宾行拜礼。宾答拜还礼。主人坐着祭祀，祭毕将爵中的酒饮完，向宾行拜礼。宾答拜还礼。向主人拱手行礼后，拿起地上的祭品下堂，面朝西放于原位，祭品都面朝东，笾豆和俎接着往东放。众宾上堂，拜主人后接爵，坐下祭祀，再站起来饮酒。笾豆和俎陈设在每位宾的席前，众宾接爵时向主人行拜礼，主人一一答拜后下堂，将众宾用过的爵放入篚中。两只盛酒的壶陈设在阼阶的东边，上面放着勺，柄朝南，西阶的西边的两壶酒的放法也是如此。接着，主人洗觯。从西阶的壶中酌酒，然后在西阶前面朝北酬宾；宾面朝北站在主人左边。主人放下觯拜宾，宾答拜还礼。主人坐下祭祀，接着将觯中之酒饮尽，拜宾。宾答拜还礼。主人洗觯，准备向宾献酒，宾谦辞；主人以辞答对，将觯洗好，酌酒，面朝西而立；宾面朝北行拜礼。主人将觯放在祭品的北侧。宾坐下取觯，转身，面朝东拜主人；主人答拜还礼。宾将觯放在祭品的南侧，向主人拱手行礼后回到原位。主人洗爵，酌酒，在阼阶之上向兄弟中的年长者献酒，其仪节与向宾献酒一样。主人洗爵、酌酒，献给众兄弟，其仪节与向众宾献酒一样。主人又洗爵、酌酒，到房中献给姑姐妹和宗妇，其仪节与向众兄弟献酒一样。主人面朝西答拜还礼，接着更换酒爵，酌酒自酢，将爵中之酒饮尽，下堂，将爵放入篚中；然后入室，回到原位。

兄弟中的年长者洗觚，将它作为加献之礼的爵杯，其献尸、拜受、拜送等仪节，与宾三献之礼一样，但献酒不及于佐食者；洗觚、致觚于主人、主妇，其仪节也与宾三献一样，但没有肝俎、烤肉俎等从献的食品。

众宾之长行加献之礼，其仪节也与宾三献一样，但尸接爵后放下不饮，要等旅酬完毕再饮。

主人的嗣子举起放置在铏南边的爵饮尽，洗手入室，面朝北向尸再拜叩首。尸拿爵，上前授给嗣子后，回到原位。嗣子祭酒，祭毕尝酒。尸拿起肝献给嗣子。嗣子左手举起觯，向尸再拜叩首，上前接过肝，回到原位；然后坐下吃肝，又将觯中之酒饮尽，再拜尸。尸每次都答拜还礼。嗣子拿空觯下堂洗涤，上堂酌酒，入内献给尸，尸拜而受之，嗣子举觯答拜。于是，尸祭酒，祭毕尝酒，然后将觯放在铏南。嗣子拿起觯出室，回到东阶下的原位。

兄弟中最年幼者洗觯，再到阼阶东边的壶中酌酒，然后站在阼阶前，面朝北，向兄弟中的最年长者献酬，其仪节与主人酬宾时一样。宗人宣布，众宾、众兄弟等用自己俎上的肺致祭。接着献上庶羞。宾坐下取觯，然后走到阼阶前边，面朝北酬敬兄弟中的最年长者，受酬者站在宾的右侧。宾放下觯行拜礼，兄弟中的最年长者答拜还礼。宾站着将觯中之酒饮尽，又到阼阶之东的壶中酌酒，酌毕，在阼阶上原位面朝东而立。兄弟中的最年长者拜宾后接觯；宾面朝北答拜还礼，接着向宾拱手行礼，再回到原位。兄弟中的最年长者走到西阶前边，面朝北酬敬众宾之长，众宾之长在其左侧受觯，其仪节与宾酬兄弟之长一样。兄弟中的最年长者将觯中之酒饮尽，到西阶西边的壶中酌酒，然后回到西阶前原位面朝西而立。众宾之长行拜礼后接觯。兄弟中的最年长者面朝北答拜还礼，又拱手行礼后，回到原位。众宾与众兄弟东西互酬而遍，其仪节与宾酬兄弟之长、兄弟之长酬宾一样。众宾之长请尸将旅酬前置而未饮的加爵之酒饮完。其仪节与兄弟之长为加爵一样。兄弟中的最年长者酬众宾，其仪节与众宾酬兄弟一样。每人都酬遍。最后一位受酬者将空觯放入篚中。宾中的年幼者和兄弟中的年幼者洗觯，然后分别到西阶西边和东阶东边的壶中酌酒，再到庭中面朝北而立，以站在西侧者为尊；接着分别将觯献给自己的年长者，先放下觯，向长者行拜礼；长者都答拜还礼。两位年幼者举觯祭祀，接着将觯中之酒饮尽，然后向年长者行拜礼；年长者都答拜还礼。两位年幼者洗觯，分别到西阶西边和东阶东边的壶中酌酒，再回到刚才向年长者献酒的位置。年长者行拜礼。两位年幼者都将觯放在两位长者席前的祭品之右。接着，年长者都拿觯起身，年幼者都回到庭中的原位答拜还礼。年长者又都将觯放在原处，向各自的年幼者拱手行礼，年幼者回到阶下各自的位置。随后，众宾客与众兄弟互相劝饮，不计次序和爵数。

佐食者洗酒器“散”，酌酒后献给尸；尸酌酒酢佐食者；佐食者又酌酒献给祝；其仪节与宾长加爵时一样。接着，佐食者下堂，将散放入篚中。

主人出室，站在门外，面朝西。祝面朝东禀告主人，供养之礼已成。尸起身，祝为其前导，主人下堂。祝送尸出门后返回，等主人入室后，再回到原位。祝命佐食者撤去尸的俎，并将它送出庙门（让尸的侍者带回去）；又撤去各种肴羞，改设在西序之下。

在尸席对面另设一席，以便举行“暮”礼。佐食者将敦中的黍分一半到仰置的盖上，分送至东西二席，两个盛羹的铏也分送二席。宗人让嗣子及兄弟之长洗手，洗毕站在西阶下等候，都面朝东，尊者站在北侧。祝告诉说，开始尝食。兄弟之长和嗣子应诺，接着上堂、入室，嗣子面朝东站在尸席前，兄弟之长在其对面，都坐下。佐食者将俎上剩下的猪肉授给两人，各一块。主人面朝西再拜，祝说：“你们能在此吃皇尸剩下的食物，是因为先祖有德，而受享此祭。”两位嗣子和兄弟之长举肉于俎，都应诺，答拜还礼。如此反复叮

咛三遍。祝诏告时,两人都将俎上的肉举起来,接着祭饭,祭肉;然后吃饭,又祭铏中的羹,吃肉。食毕,主人下堂洗爵,宰帮着洗另一爵。主人上堂酌酒,献给嗣子,嗣子行拜礼后接爵,主人答拜还礼;接着酌酒献给兄弟之长,其仪节也是如此。主人行拜礼后,祝又说:"你们饮此酒,当知兄弟相睦。"其仪节与前面一样。嗣子和兄弟之长拿爵而拜,然后祭酒,祭毕将爵中之酒饮尽,又拜。主人答拜还礼。嗣子和兄弟之长都下堂,将空爵放入篚中,嗣子另取一爵,洗过后,上堂酌酒,回敬主人;主人拜而受爵。嗣子即位坐下,答拜还礼。主人坐下祭祀,祭毕将爵中之酒饮尽,又拜。嗣子答拜还礼,接过空爵,下堂放入篚中。于是主人出室,站在室门外,面朝西。

祝命佐食者撤去主人的俎、豆、笾,陈设在东序下。祝搬起自己的俎出室,面朝东站在室门的西边。宗妇把祝的豆、笾撤至房内,又撤去主妇的荐、俎。佐食者撤去尸的荐、俎、敦,改设在室的西北角,几放在席的南侧,用席遮盖祭物,再从堂上撤一酒尊于此。接着,佐食者合上窗门,下堂。祝禀告主人,供养之礼已成,然后下堂,出庙门。主人下堂,在阼阶下就位。宗人宣布礼毕。

宾出门时,主人送到大门外,行再拜之礼。佐食者撤去主人之俎,收藏起来。堂下兄弟们和所有宾的俎也都撤出庙门(让亲友带回家)。

《记》

参加特牲馈食礼的时候,宾及助祭的众兄弟都穿朝服,头戴浅黑色的冠,腰束黑色大带,腹下膝上围着黑色的蔽膝。只有尸、祝、佐食者穿玄端服,下身穿玄裳或黄裳、杂裳,依其身份而定,但围在腹下膝上的蔽膝都是雀色的。

在庭中设洗,洗与堂的南北间距与堂的深度相同,其东西方的位置,则是正对着堂东角的屋檐。洗手用的水放在洗的东侧。篚在洗的西侧,篚首朝北尾朝南,里面放着两只爵、两只觚、四只觯、一只角、一只散。壶和承尊的杆禁,陈设在东序,器首朝北尾朝南,两只壶倒扣着放在上面,壶盖在南侧;第二天致祭时,再将壶翻过来,盛上酒,用粗葛布遮盖;在尸入室就位时再撤去壶盖,放上勺。盛果品的笾,覆盖着粗葛布做的夹层巾,里子是浅绛色的;笾里的枣是蒸熟的,栗是挑选过的。铏中的菜羹,用的是苦菜,或者薇菜,都有调味的菜:夏天用葵菜,冬天用荁菜。用棘木心做的匕,首端刻成龙头形。煮祭牲的灶在庙门外的东南方,煮鱼和兔腊的灶在其南侧,灶都是面朝西;煮黍稷的灶在西墙前。肵俎上放着的心和舌,都切去了两头,交叉割划过,然后放入牲鼎内,煮熟后放在俎上时,心要立着放,舌要纵向放。宾和兄弟之长的食物是从东房中取出来的,其余人的食物则陈放在东堂。

尸洗手时,拿匜浇水、捧盘接水以及拿巾者各一人。捧盘者面朝东,拿匜者面朝西,徐徐浇水;拿巾者站在拿匜者的北侧。尸洗完手,宗人面朝东接过擦手巾,抖动三次,然后面朝南递给尸;尸擦完手,由拿巾者接过擦手巾。尸入门时,主人和宾都要从自己的位置退避;尸出庙门时也是如此。

嗣子举肝而食时,佐食者为之专设一豆,里面放着盐,以便蘸用。佐食者将要有事时,则在室门外面朝南而立;没有事时,则在庭中面朝北而立。凡是祝有事呼唤时,佐食者要应诺。在主人献酒和旅酬时,宗人排在众宾之后,再按年龄排序。旅祭时佐食者排在兄弟之后,再按年龄排序。

将两只盛酒的壶陈设在东房内的西墙下,南北排列,以南侧盛玄酒的壶为尊。内宾们站在壶的北边,面朝东,从南向北排列,以南首为尊。宗妇站在北堂,面朝东,北向南排列,以北首为尊。主妇和内宾、宗妇也行旅酬之礼,行礼时面朝西。宗妇中的助祭者,献笾豆时要捧着坐在室门之外,再授给主妇。

当尸吃九饭完毕的时候,助祭的宗妇祭祀炊黍稷的灶,烹煮牲、鱼、腊肉的灶。

助祭的宾送尸出庙门,等尸的俎送出庙门后,才能入庙门返回原位。

尸的牲俎上放着:牲体右半边的肩,前肢的上臂、下臂,后肢的上段、胫骨,前脊两块,后脊一块,长胁两块,短胁一块。颈脖上的肉皮三块,划割而不切断的肺一块,切断的肺三块,鱼十五条。兔腊有骨者,部位及数目与牲骨一样。祝的俎上放着:股骨一块,中脊两块,前胁两块,颈脖上的肉皮一块,划割而不切断的肺一块。主人的俎上放着:牲体的左臂,正脊两块,后脊一块,长胁二块,短胁一块,颈脖上的肉皮一块,划割而不切断的肺一块。主妇的俎上放着:折解的牲后右足,其余与主人俎上的一样。佐食者的俎上放着:折解的牲后右足,脊一块,胁一块,颈脖上的肉皮一块,划割而不切断的肺一块。宾的俎上放着:后胫骨一块,其他与佐食者一样。兄弟中的最年长者和宗人的俎上有:折解的牲后右足,其他与佐食者一样。众宾以及众兄弟、内宾、宗妇,如果有前来助祭的同僚、朋友、私臣,其俎上都放带肉的骨一块,颈脖上的肉皮一块,划割而不切断的肺一块。

前来助祭的众宾及众兄弟等的同僚、朋友,祭祀时站在门的西侧,面朝北,从东向西排列,以东首为尊,献酒时排在众宾之后,再按年龄排序。家臣祭祀时站在门的东侧,面朝北,从西向东排列,以西首为尊,献酒时排在众兄弟之后,再按年龄排序。接着献酒时,公有司之长与私臣之长分别升到西阶上和阼阶上上堂接爵,主人答拜后下堂饮酒。

少牢馈食礼第十六

【原文】

少牢馈食之礼。日用丁己。筮旬有一日。筮于庙门之外。主人朝服,西面于门东。

史朝服，左执筮，右抽上韇，兼与筮执之，东面受命于主人。主人曰："孝孙某，来日丁亥，用荐岁事于皇祖伯某，以某妃配某氏。尚飨！"史曰："诺！"西面于门西，抽下韇，左执筮，右兼执韇以击筮，遂述命曰："假尔大筮有常。孝孙某，来日丁亥，用荐岁事于皇祖伯某，以某妃配某氏。尚飨！"乃释韇立筮。卦者在左坐。卦以木。卒筮，乃书卦于木，示主人，乃退占。吉，则史韇筮，史兼执筮与封以告于主人："占曰从。"乃官戒，宗人命涤，宰命为酒，乃退。若不吉，则及远日，又筮日如初。

宿。前宿一日，宿戒尸。明日，朝服筮尸，如筮日之礼。命曰："孝孙某，来日丁亥，用荐岁事于皇祖伯某，以某妃配某氏。以某之某为尸。尚飨！"筮、卦占如初。吉，则乃遂宿尸。祝摈，主人再拜稽首。祝告曰："孝孙某，来日丁亥，用荐岁事于皇祖伯某，以某妃配某氏。敢宿！"尸拜，许诺，主人又再拜稽首。主人退，尸送，揖，不拜。若不吉，则遂改筮尸。

既宿尸，反，为期于庙门之外。主人门东，南面。宗人朝服北面，曰："请祭期。"主人曰："比于子。"宗人曰："旦明行事。"主人曰："诺！"乃退。

明日，主人朝服，即位于庙门之外，东方南面。宰、宗人西面，北上。牲北首东上。司马刲羊，司士击豕。宗人告备，乃退。雍人摡鼎、匕、俎于雍爨，雍爨在门东南，北上。廪人摡甑、甗、匕与敦于廪爨，廪爨在雍爨之北。司宫摡豆、笾、勺、爵、觚、觯、几、洗、篚于东堂下，勺、爵、觚、觯实于篚；卒摡，馔豆、笾与篚于房中，放于西方；设洗于阼阶东南，当东荣。

羹定，雍人陈鼎五，三鼎在羊镬之西，二鼎在豕镬之西。司马升羊右胖。髀不升，肩、臂、臑、膊、胳，正脊一、脡脊一、横脊一、短胁一、正胁一、代胁一，皆二骨以并，肠三、胃三、举肺一、祭肺三，实于一鼎。司士升豕右胖。髀不升，肩、臂、臑、膊、胳，正脊一、脡脊一、横脊一、短胁一、正胁一、代胁一，皆二骨以并，举肺一、祭肺三，实于一鼎。雍人伦肤九，实于一鼎。司士又升鱼、腊，鱼十有五而鼎，腊一纯而鼎，腊用麋。卒脀，皆设扃幂，乃举，陈鼎于庙门之外，东方，北面，北上。司宫尊两甒于房户之间，同棜，皆有幂，甒有玄酒。司宫设罍水于洗东，有枓，设篚于洗西，南肆。改馔豆、笾于房中，南面，如馈之设，实豆、笾之实。小祝设槃、匜与箪、巾于西阶东。

主人朝服，即位于阼阶东，西面。司宫筵于奥，祝设几于筵上，右之。主人出迎鼎，除鼏。士盥，举鼎，主人先入。司宫取二勺于篚，洗之，兼执以升，乃启二尊之盖幂，奠于棜上。加二勺于二尊，覆之，南柄。鼎序入。雍正执一匕以从，雍府执四匕以从，司士合执二俎以从。司士赞者二人，皆合执二俎以相，从入。陈鼎于东方，当序，南于洗西，皆西面，北上，肤为下。匕皆加于鼎。东枋。俎皆设于鼎西，西肆。肵俎在羊俎之北，亦西肆。宗人遣宾就主人，皆盥于洗，长朼。佐食上利升牢心舌，载于肵俎。心皆安下切上，午割

勿没，其载于肵俎，末在上。舌皆切本末，亦午割勿没；其载于肵，横之。皆如初为之于爨也。佐食迁肵俎于阼阶西，西缩，乃反。佐食二人。上利升羊，载右胖，髀不升，肩、臂、臑、肫、胳，正脊一、脡脊一、横脊一、短胁一、正胁一、代胁一，皆二骨以并；肠三、胃三，长皆乃俎拒；举肺一，长终肺，祭肺三，皆切。肩、臂、臑、肫、胳在两端，脊、胁、肺，肩在上。下利升豕，其载如羊，无肠胃。体其载于俎，皆进下。司士三人，升鱼、腊、肤。鱼用鲋十有五而俎，缩载，右首，进腴。腊一纯而俎，亦进下，肩在上。肤九而俎，亦横载，革顺。

卒脀，祝盥于洗，升自西阶。主人盥，升自阼阶。祝先入，南面。主人从，户内西面。主妇被锡，衣侈袂，荐自东房，韭、菹、醓、醢，坐奠于筵前。主妇赞者一人，亦被锡。衣移袂。执葵菹、蠃醢，以授主妇。主妇不兴，遂受，陪设于东，韭菹在南，葵菹在北。主妇兴，入于房。佐食上利执羊俎，下利执豕俎，司士三人执鱼，腊、肤俎，序升自西阶，相，从入。设俎，羊在豆东，豕亚其北，鱼在羊东，腊在豕东，特肤当俎北端。主妇自东房，执一金敦黍，有盖，坐设于羊俎之南。妇赞者执敦稷以授主妇。主妇兴受，坐设于鱼俎南；又兴受赞者敦黍，坐设于稷南；又兴受赞者敦稷，坐设于黍南。敦皆南首。主妇兴，入于房。祝酌，奠，遂命佐食启会。佐食启会盖，二以重，设于敦南。主人西面，祝在左，主人再拜稽首。祝祝曰："孝孙某，敢用柔毛、刚鬣、嘉荐、普淖，用荐岁事于皇祖伯某，以某妃配某氏。尚飨！"主人又再拜稽首。

祝出，迎尸于庙门之外。主人降立于阼阶东，西面。祝先，入门右。尸入门左。宗人奉槃，东面于庭南。一宗人奉匜水，西面于槃东。一宗人奉箪、巾，南面于槃北。乃沃尸，盥于槃上。卒盥，坐奠箪，取巾，兴，振之三，以授尸，坐取箪，兴，以受尸巾。祝延尸。尸升自西阶，入，祝从。主人升自阼阶，祝先入，主人从。尸升筵，祝、主人西面立于户内，祝在左。祝、主人皆拜妥尸，尸不言尸答拜，遂坐，祝反南面。

尸取韭菹，辩擩于三豆，祭于豆间。上佐食取黍稷于四敦。下佐食取牢一切肺于俎，以授上佐食。上佐食兼与黍以授尸。尸受，同祭于豆祭。上佐食举尸牢肺、正脊以授尸。上佐食尔上敦黍于筵上，右之。主人羞肵俎，升自阼阶，置于肤北。上佐食羞两铏，取一羊铏于房中，坐设于韭菹之南。下佐食又取一豕铏于房中以从。上佐食受，坐设于羊铏之南。皆芼，皆有柶。尸扱以柶，祭羊铏，遂以祭豕铏，尝羊铏，食举，三饭。上佐食举尸牢干，尸受，振祭，哜之。佐食受，加于肵。上佐食羞胾两瓦豆，有醢，亦用瓦豆，设于荐豆之北。尸又食，食胾。上佐食举尸一鱼，尸受，振祭，哜之。佐食受，加于肵，横之。又食。上佐食举尸腊肩，尸受，振祭，哜之，上佐食受，加于肵。又食。上佐食举尸牢胳，如初。又食。尸告饱。祝西面于主人之南，独侑不拜。侑曰："皇尸未实，侑！"尸又食。上佐食举尸牢肩，尸受，振祭，哜之，佐食受加于肵。尸不饭，告饱。祝西面于主人之南。主人不言，拜侑。尸又三饭。上佐食受尸牢肺、正脊，加于肵。

主人降，洗爵，升，北面酌酒，乃酳尸。尸拜受，主人拜送。尸祭酒，啐酒。宾长羞牢肝，用俎，缩执俎，肝亦缩，进末，盐在右。尸左执爵，右兼取肝，抨于俎盐，振祭，哜之，加于菹豆，卒爵。主人拜。祝受尸爵。尸答拜。

祝酌授尸，尸醋主人。主人拜受爵，尸答拜。主人西面奠爵，又拜。上佐食取四敦黍稷，下佐食取牢一切肺，以授上佐食。上佐食以绥祭。主人左执爵，右受佐食，坐祭之，又祭酒，不兴，遂啐酒。祝与二佐食皆出，盥于洗，入。二佐食各取黍于一敦。上佐食兼受，抟之，以授尸，尸执以命祝。卒命祝，祝受以东，北面于户西，以嘏于主人，曰："皇尸命工祝，承致多福无疆于女孝孙。来女孝孙，使女受禄于天，宜稼于田，眉寿万年，勿替引之。"主人坐奠爵，兴；再拜稽首，兴；受黍，坐振祭，哜之；诗怀之，实于左袂，挂于季指，执爵以兴；坐卒爵，执爵以兴；坐奠爵，拜。尸答拜。执爵以兴，出。宰夫以笾受啬黍。主人尝之，纳诸内。

主人献祝，设席南面。祝拜于席上，坐受。主人西面答拜。荐两豆菹、醢。佐食设俎，牢髀，横脊一、短胁一、肠一、胃一、肤三，鱼一横之，腊两髀属于尻。祝取菹抨于醢，祭于豆间。祝祭俎，祭酒，啐酒。肝牢从。祝取肝抨于盐，振祭，哜之，不兴，加于俎，卒爵，兴。

主人酌，献上佐食。上佐食户内牖东北面拜，坐受爵。主人西面答拜。佐食祭酒，卒爵，拜，坐授爵，兴。俎设于两阶之间，其俎，折，一肤。主人又献下佐食，亦如之。其胥亦设于阶间，西上，亦折，一肤。

有司赞者取爵于篚以升，授主妇赞者于房户。妇赞者受，以授主妇。主妇洗于房中，出酌，入户，西面拜，献尸。尸拜受。主妇主人之北西面拜送爵。尸祭酒，卒爵。主妇拜。祝受尸爵。尸答拜。

易爵，洗，酌，授尸。主妇拜受爵，尸答拜。上佐食绥祭。主妇西面，于主人之北受祭，祭之，其绥祭如主人之礼，不嘏，卒爵，拜。尸答拜。

主妇以爵出。赞者受，易爵于篚，以授主妇于房中。主妇洗，酌，献祝。祝拜，坐受爵。主妇答拜于主人之北。卒爵，不兴，坐授主妇。

主妇受，酌，献上佐食于户内。佐食北面拜，坐受爵，主妇西面答拜。祭酒，卒爵，坐授主妇。主妇献下佐食，亦如之。主妇受爵以入于房。

宾长洗爵献于尸，尸拜受爵。宾户西北拜送爵。尸祭酒，卒爵。宾拜。祝受尸爵，尸答拜。

祝酌授尸，宾拜受爵，尸拜送爵。宾坐奠爵，遂拜，执爵以兴，坐祭，遂饮，卒爵，执爵以兴，坐奠爵，拜。尸答拜。

宾酌献祝。祝拜，坐受爵。宾北面答拜。祝祭酒，啐酒，奠爵于其筵前。

主人出立于阼阶上，西面。祝出立于西阶上，东面。祝告曰："利成。"祝入，尸谡。主人降立于阼阶东，西面。祝先，尸从，遂出于庙门。

祝反，复位于室中。主人亦入于室，复位。祝命佐食彻肵俎，降设于堂下阼阶南。司宫设对席，乃四人餕。上佐食盥升，下佐食对之，宾长二人备。司士进一敦于上佐食，又进一敦黍于下佐食，皆右之于席上。资黍于羊俎两端，两下是餕。司士乃辩举，餕者皆祭黍、祭举。主人西面，三拜餕者。餕者奠举于俎，皆答拜，皆反，取举。司士进一铏于上餕，又进一铏于次餕，又进二豆湆于两下。乃皆食，食举，卒食。主人洗一爵，升酌，以授上餕。赞者洗三爵，酌。主人受于户内，以授次餕，若是以辩。皆不拜，受爵。主人西面，三拜餕者。餕者奠爵，皆答拜，皆祭酒，卒爵，奠爵，皆拜。主人答壹拜。餕者三人兴，出，上餕止。主人受上餕爵，酌以酢于户内，西面坐奠爵，拜，上餕答拜。坐祭酒，啐酒。上餕亲嘏，曰："主人受祭之福，胡寿保建家室。"主人兴，坐奠爵，拜，执爵以兴，坐卒爵，拜，上餕答拜。上餕兴，出。主人送，乃退。

【译文】

少牢馈食之礼。举行祭祀尽可能用柔日中的丁日或己日。日期初步选定后，要在前一个丁日或己日占筮十一天后的丁日或己日是否吉利。卜筮的仪式在庙门外举行。主人身穿朝服，面朝西站在门的东侧。史身穿朝服，左手拿蓍草筒，右手抽开蓍草筒的上部，放到左手上，与下部一起拿着，面朝东听命于主人。主人说："孝孙某某，将于来日即丁亥日致祭于皇祖伯某，并以某妃配享某氏。敬请受飨。"史回答说："是！"于是，史面朝西站在门的西侧，抽去蓍草筒的下部，左手拿蓍草，右手同时拿着蓍草筒的上下两部分，用以敲击蓍草，然后复述主人之命说："借此常有灵验的大蓍草用以占筮。孝孙某某，将于来日即丁亥日致祭于皇祖伯某，并以某妃配享某氏，敬请受飨。"接着，放下蓍草筒，站着占筮，记卦爻者在左侧坐着，用木条将每一爻记在地上。占筮完毕，再将所得之卦写在木版上，呈给主人看，然后退下，面朝东而立，由三位占人顺序占筮。如果占筮的结果吉利，则史将蓍草放回筒内收起来，史同时拿着蓍草筒和卦向主人禀告："占筮的结果是得到了所希望的吉利。"于是告诫诸位参与祭祀的官员备齐祭品。宗人命执事洗涤祭器，宰命执事准备祭祀用的酒，然后都退下。如果占筮的结果不吉利，则从下一旬以外的日子中去筮求，其仪节与此相同。

举行祭祀的前一天，要邀请前来助祭的人员。祭祀的前两天，邀请尸并告知日期。祭祀前第三天早晨，筮定尸的人选，其礼节与筮定祭日时一样。命辞说："孝孙某某，将于来日即丁亥日致祭于皇祖伯某，并以某妃配享某氏，以某之某为尸。敬请受飨。"占筮、画卦、旅占等仪节都与筮定祭日时一样。如果占筮的结果是吉利，则随即正式邀请选定的

尸参加祭礼。邀请时,祝担任傧相,主人再拜叩首。祝告诉尸说:“孝孙某某,将于来日即丁亥日致祭于皇祖伯某,并以某妃配享某氏,谨前来招请您担任尸!”尸行拜礼后,同意。主人又再拜叩首。主人退下时,尸相送,拱手行礼,但不拜。如果卜筮的结果不吉利,则立即改换一人进行占筮。

邀请过尸之后,返回庙门之外约定祭祀的时辰。主人站在庙门东侧,面朝南。宗人身穿朝服,面朝北,对主人说:“请指示祭祀的具体时辰。”主人说:“时间由您来决定吧。”宗人说:“明日天明时举行。”主人说:“好!”于是退下。

第二天清晨,主人身穿朝服,在庙门外的东侧就位,面朝南而立。宰和宗人站在门的东侧,面朝西,从北往南排列,以北首为尊。祭牲的头都朝北,(从东向西排列)以东边的为尊。司马杀羊,司士杀猪。宗人禀告主人:一切都已准备完毕。然后退下。雍人在煮鱼和腊肉的灶上洗涤鼎、匕、俎,煮鱼和腊肉的灶在庙门的东南方,(从北向南排列)以北边的灶为尊。廪人在炊黍稷的灶上洗涤甑、匕和敦,炊黍稷的灶在煮鱼和腊肉的灶的北边。司宫在东堂之下洗涤豆、笾、勺、爵、觚、觯、几、洗、篚;勺、爵、觚、觯洗后放在篚中;祭器全部洗完后,将豆、笾和篚拿到房内,放在靠西墙处;洗陈设在阼阶的东南方、与东端的屋翼正对着的地方。

肉羹煮熟后,雍人开始陈设五个鼎,其中的三个鼎设在煮羊的大釜的西边,两个设在煮猪的大釜的西边。司马将羊的右半边从大釜中捞起来放入鼎中,只有靠后窍的部分去掉,不放入鼎中;肩,前肢的上臂、下臂,后肢的上段、中段,前脊骨一块,中脊骨一块,后脊骨一块,后胁骨一块,中胁骨一块,前胁骨一块,每块骨头都由两小块并在一起;肠三截,胃三块,划割而不切断的肺一块,切断的肺三块,都放在一个鼎内。司士将猪的右半边从大釜中取出放入鼎中,靠后窍之处除去,不放入鼎中,肩,前肢的上臂、下臂,后肢的上段、中段,前脊骨一块,中脊骨一块,后脊骨一块,后胁骨一块,中胁骨一块,前胁骨一块。每块骨头都由两小块并在一起;划割而不切断的肺一块,切断的肺三块,都放入同一鼎中。雍人选择皮、胁之间肉九块,放入同一鼎中。司士又将鱼、腊肉放入鼎中,鱼十五条放一鼎,完整的腊兽放一鼎。腊兽用麋鹿。放置完毕,每鼎都配设鼎杠和鼎盖,接着将鼎抬到庙门之外的东侧陈设,鼎面朝北,(从北向南排列)以北边的鼎为尊。司宫将两只盛酒的陈设在房和室门之间的地方,底下用同一只杅,上面都用幂覆盖,其中一瓶为玄酒。司宫将盛水的瓶放在洗的东侧,上有舀水的勺,将篚放在洗的西侧,篚首朝北尾朝南。接着,又将豆、笾改设在房中,面朝南,像馈食时那样陈设,再在豆、笾内放上菹菜、肉酱。小祝将盘匜和竹箪、擦手巾陈设在西阶的东边。

主人身穿朝服,在阼阶的东边就位,面朝西。司宫在室的西南角为神铺席,祝将供神凭依的几放置在席上,靠南侧。主人到庙门外迎鼎,并揭去鼎盖,表示将要致祭。士洗手后，抬鼎入门。主人为前导。司宫从篚中取出两把勺，再次洗涤，然后一起拿在手中上堂。接着掀去两个瓶上的盖和巾，放在承尊器上，又将两把勺分别反扣在两个匜上，勺柄朝南，再用巾盖好。五个鼎顺序抬进庙门内，雍正持匕跟随于后，作为其属员的二位雍府，又各执两把匕跟在后面。司士拿着两个鼎的俎跟着雍府，司士的两位助手也各拿着两个鼎的俎，跟在后面入庙。将鼎陈设在庭的东边，正对着东序，在洗的西南方，都是面朝西，从北向南排列，以北首为尊，而将肤鼎放在最南处。匕都放在鼎上，柄朝东。俎都放在鼎的西侧，俎面朝西。肵俎设在羊俎之北，也是面朝西陈设。宗人命前来助祭的宾上前就近主人，在设洗处洗手。宾中的年长者先从鼎中往外取牲肉，其余的宾按年龄为序取牲肉。上佐食将羊和猪的心、舌从鼎中取出，放在昕俎上。心都切去下端，使之平齐可以竖立，上端也切去一块，使之平正，中间则交叉割划，但又连着中部不使散落；将它放在肵俎上时要末端朝上地立着。舌也都切去上下两端，也是交叉划割而又不散落，放在俎上时要横着。心与舌都如最初煮牲那样，先放在灶上烹煮。接着，佐食者将肵俎迁到阼阶西边，向西陈放，然后返回到阼阶东。佐食者共有二人，上佐食将羊牲右半边从鼎中取出，放在俎上，靠后窍的部分除去，放在俎上的为肩，前肢的上臂、下臂，后肢的上段、中段；前脊骨一块，中脊骨一块，后脊骨一块，后胁骨一块，中胁骨一块，前胁骨一块，每块骨都由两小块并在一起；肠三截，胃三块，长度都与俎横向两足之间距离相当；划割而不切断的肺一块，长度与整肺一样；祭肺三块，都是切成块的。肩，前肢的上臂、下臂，后肢的上段、中段放在俎的两端，脊骨、胁骨、肺、肩在俎的上部。下佐食将猪牲从鼎中取出，放在俎上的方式与羊一样，只是没有肠胃；牲体放在俎上，进献时都以下端朝前。三位司士，分别取牲肉载在鱼鼎、腊鼎、肤鼎上。鱼是用的鲫鱼，每十五条放一俎，竖着放，头朝右，进献时鱼腹朝前。腊兽左右体合在一起放在俎上，进献时也是骨的末端朝前，肩在俎的上端。九块肤放在一俎上，也是横着放，有皮的一端顺次而列。

俎上的食物盛好后，祝在献前洗手，然后从西阶上堂。主人洗手后从阼阶上堂。祝先入室，在北墙前面朝南而立。主人跟随祝入室，在门内东边面朝西而立。主妇戴着假发，穿的是与士妻一样的绡衣，只是袖长和袖口之宽加大二分之一，从东房端出韭菹、醓肉酱，然后坐下放在席前。主妇的一位助手，也戴着假发，穿着与士妻一样的绡衣，只是袖长和袖口之宽加大二分之一。她端着葵菹、螺酱，授给主妇。主妇不起身，直接接过来，放在东边，但分为两处，韭菹在南侧，葵菹在北侧。于是，主妇起身，进入房内。上佐食拿羊俎，下佐食拿猪俎，三位司士分别拿鱼俎、腊俎、肤俎，依次从西阶上堂，相随入室。陈设俎的方位是，羊俎在豆的东侧，豕俎在豆的北侧，鱼俎在羊俎之东，腊俎在猪俎之东，肤俎单独设在四俎之北。主妇从东房出来，拿一有金饰的敦，盛着黍，有盖；主妇坐下，将敦设在羊俎的南侧。主妇的助手拿盛稷的敦入室，交给主妇。主妇起身接受，又坐下将

它设在鱼俎之南；接着又起身从助手手中接过另一只盛黍的敦，再坐下设在稷敦的南侧；又起身从助手手中接过另一只盛稷的敦，再坐下设在黍敦的南侧。装饰在敦盖上的兽首都朝南。主妇起身，进入房中。祝为神酌上酒，放在席前，命令佐食者打开敦盖。佐食者打开敦盖，每两只重叠在一起，放在敦的南侧。主人面朝西而立，祝在其左侧，主人再拜叩首。祝代主人致祝辞说："孝孙某某，谨用羊、猪、菹醢、黍稷，致祭于皇祖伯某，并以某妃配享某氏。敬请受飨！"主人又再拜叩首。

祝出去，到庙门之外迎接尸。主人下堂，站在阼阶的东边，面朝西而立。祝为尸的前导，从门右侧入内后右行。尸从门左侧入内后左行。宗人捧着盘，面朝东站在庭的南边。另一位宗人捧着盛有水的匜，面朝西站在捧盘的宗人东边，还有一位宗人捧着放有擦手巾的箪，面朝南站在捧盘的宗人北边。接着为尸浇水，在盘的上方洗手。洗毕，捧箪的宗人坐下放好箪，取出擦手巾，再起身，用力抖动三次，然后递给尸；接着坐下拿起箪，再起身，用箪接过尸的擦手巾。祝在尸的身后请尸上堂。尸从西阶上堂，然后入室，祝跟从于后。主人从阼阶上堂，祝先入室，主人随着而入。尸即席，祝、主人面朝西站在室门的东边，面朝西而立，祝在主人的左侧。祝、主人向尸行拜礼，请他安坐，尸沉默不言；尸向祝、主人答拜还礼，然后坐下。这时祝回到室中面朝南而立的位置。

尸取了韭菹，在三个盛酱的豆中逐一蘸遍，然后在豆与豆之间致祭。上佐食从四只敦中取黍稷。下佐食从羊俎和猪俎上各取一块祭肺，递给上佐食。上佐食将祭肺与黍稷一起献给尸。尸接过后，取韭菹合祭于豆间。上佐食捧着羊和猪的祭肺、前脊骨献给尸。上佐食将放在上首的盛黍的敦移近到席上，放在靠近尸的右侧。接着，主人献肵俎，从东阶上堂后，将它放在肤俎之北。上佐食进献两只盛羹的铏，先从房中取羊铏，到尸席前坐下，放在韭菹的南侧。下佐食跟着又从房中取一只猪铏。上佐食接过来后，坐下，将它放在羊的南侧。铏中都有加菜，都有勺。尸用勺取羊羹，祭羊铏，接着取猪羹，祭猪铏，再尝羊铏中的羹。接着，尸吃上佐食举上的祭肺和前脊骨。尸又吃三口黍饭。上佐食又将牲的正胁骨献给尸，尸接过后，振而祭之，再尝一口。佐食者接过尸吃剩的正胁骨，放在肵俎上。上佐食献上两瓦豆大块的肉，还有羊、猪的肉酱，也是用两只瓦豆盛着，陈设在韭俎等四只豆的北侧。尸又吃一口饭，又吃豆中的大肉。上佐食将一条鱼献给尸；尸接受后，振而祭之，然后尝一口。佐食者接过尸吃剩的鱼，横放在肵俎上，尸又接着吃一口饭。上佐食将腊兽的肩献给尸；尸接过来，振而祭之，然后尝一口；上佐食接过尸吃剩的兽肩，放在肵俎上。尸又接着吃一口饭。上佐食将羊、猪后肢的上段献给尸，其仪节与刚才一样。尸又接着吃一口饭，然后尸禀告主人已吃饱。祝面朝西站在主人的南侧，只向尸劝食但不拜尸。劝食之辞说："皇尸还没吃饱呢，请您继续享用！"于是，尸又接着吃一口饭。上佐食将羊、猪的肩献给尸；尸接过来，振而祭之，然后尝一口；佐食者接过尸吃剩的牲

肩，放在肵俎上。尸不再吃黍饭，禀告主人已经吃饱。祝面朝西站在主人的南侧，劝尸再吃。主人不说话，但通过向尸行拜礼，劝他继续吃。尸又吃三口饭。上佐食将尸起初尝过后放在菹豆上的祭肺和前脊骨拿起来，放到肵俎上。

主人下堂，洗爵；洗毕又上堂，面朝北酌酒，献给尸。尸行拜礼后接过爵，主人拜而送之。尸祭爵中之酒，祭毕尝酒。来宾中的长者向尸进献羊、猪的肝，用俎盛着，俎要纵向端着，肝也纵向放在俎上；进献时俎和肝的末端都朝前，盐放在俎的右侧。尸左手拿爵，右手将羊、猪的肝一起拿着，蘸盐；接着振而祭之，祭毕尝一口，然后放在菹豆上，再将爵中之酒饮尽。主人向尸行拜礼。祝接过尸饮完的空爵。尸向主人答拜还礼。

祝在爵中酌酒后授给尸，尸接受后酢主人。主人拜尸后接爵，尸答拜还礼。主人面朝西放下爵，又一次拜尸。上佐食从四个敦中取出少许黍稷；下佐食从羊俎和猪俎上各取一块祭肺，递给上佐食。上佐食以黍稷和祭肺请主人绥祭。主人左手拿爵，右手接过上佐食的黍稷和祭肺，坐下致祭；接着祭酒，祭毕不起身就尝酒。祝与二位佐食者出室，到设洗处洗手，然后入室。二位佐食者各从一敦中取黍饭。上佐食将两人所取黍饭一并拿在手中，搓成团，再授给尸；尸拿着饭团命祝代表他致辞。向祝交代完毕，祝拿着饭团往东走，面朝北站在室门的西边，用祝福辞祝福主人，说："皇尸命我工祝，赐孝孙你无疆之福。赐福于孝孙你，使你受福于天，耕稼于田，长寿万年，永远不废。"主人坐着放好爵，接着起身，再拜叩首，再起身，接过黍饭团，坐下振祭，祭毕尝一口，然后先放入怀中，再放入左袖内，将袖口挂在小指上，拿爵起身，接着又坐下，将爵中之酒饮尽，拿爵起身；又坐下放好爵，拜尸。尸答拜还礼。主人拿爵起身，出门。宰夫用笾接过主人的黍饭团。主人把黍饭团从袖中拿出来尝了尝，然后放入笾内。

主人向祝献酒，在室中面朝南设席。祝在席上向主人行拜礼，再坐下接爵。主人面朝西答拜还礼。有司献上两只分别盛有葵菹和螺酱的豆。佐食者所设的俎上有：羊、猪的右髀骨，后脊骨一块，后胁骨一块，羊肠一截，羊胃一块。肤三块，鱼一条横着放，腊鹿的两块髀骨连着髋骨。祝取菹蘸上肉酱，在豆间致祭。祝祭俎上的肤，接着祭酒，祭毕尝酒。接着献上羊、猪的肝。祝取肝蘸上盐，振而祭之，祭毕尝肝，不起身，将肝放在俎上；然后将爵中之酒饮尽，起身。

主人在爵中酌酒后献给上佐食。上佐食站在室门之内、窗的东侧，面朝北拜主人，然后坐下接爵。主人面朝西答拜还礼。上佐食祭爵中之酒，祭毕将酒饮尽，拜主人，再坐下将空爵交给主人，然后起身。上佐食的俎陈设在东、西阶之间，其俎上放的是：拆解的牲后右足，一块皮胁之间的肉。接着，主人又向下佐食献酒，其仪节也是如此。放牲肉的俎也是陈设在东、西阶之间，在上佐食之俎的东侧，而以西侧的上佐食之俎为尊，俎上放的也是拆解的牲后右足、一块皮胁之间的肉。

有司的助手从篚中取爵后上堂，在东房门前递给主妇的助手。主妇的助手接爵，将它递给主妇。主妇在房中洗爵，出房酌酒后，走入室门，面朝西向尸行拜礼，然后献爵于尸。尸拜主妇后接爵。主妇站在主人的北侧，面朝西行拜礼，送受爵者。尸祭爵中之酒，祭毕将酒饮尽。主妇拜尸。祝接过尸的空爵。尸向主妇答拜还礼。

祝另换一只爵，洗涤后酌酒，授给尸。主妇向尸行拜礼后接受酢酒，尸答拜还礼。上佐食为主妇行绥祭。主妇面朝西，站在主人的北侧，接过黍稷和肺等祭品致祭；绥祭的仪节与主人一样，只是尸不再向主妇致祝福辞；主妇将爵中之酒饮毕，向尸行拜礼。尸答拜还礼。

主妇拿空爵出室。主妇的助手从主妇手中接过爵，到篚中更换一只，到房中交给主妇。主妇洗爵后，酌酒，献给祝。祝拜主妇后，坐下接爵。主妇站在主人的北侧答拜还礼。祝将爵中的酒饮完后，不起身，坐着将空爵交给主妇。

主妇接过祝所授的空爵，酌酒，在室门内献给上佐食。上佐食面朝北拜主妇，然后坐下接爵，主妇面朝西答拜还礼。接着，上佐食祭爵中之酒，祭毕将酒饮尽，再坐下将空爵交给主妇。主妇向下佐食献酒，仪节也是如此。主妇拿空爵回到房中。

来宾之长洗爵，酌上酒献给尸，尸行拜礼后接爵，来宾之长站在室门的西边，面朝北拜送接爵者。尸祭爵中之酒，祭毕将酒饮尽。来宾之长向尸行拜礼。祝接过尸饮尽的空爵，尸向来宾之长答拜还礼。

祝在爵中酌酒后授给尸。来宾之长向尸行拜礼后接过酢酒。尸拜送接爵者。来宾之长坐下，放好爵，接着拜尸，再拿爵起身；又坐下祭酒，祭毕饮酒，将爵中之酒饮尽，然后拿爵起身；再坐下放好爵，向尸行拜礼。尸答拜还礼。来宾之长又酌酒献给祝。祝向来宾之长行拜礼，再坐下接爵。来宾之长面朝北答拜还礼。祝祭爵中之酒，祭毕尝酒，然后将爵放在席前。

主人出室，站立在阼阶之上，面朝西。祝出室后，站立在西阶之上，面朝东。祝禀告主人说："供养之礼已经完成。"祝又走入室内。尸起身。主人下堂站在阼阶的东边，面朝西。祝上前引路，尸跟随于后，然后走出庙门。

祝返回室中，恢复面朝南之位。主人也进入室中，恢复面朝西之位。祝命上佐食撤去肵俎，陈设于堂下阼阶的南边。司宫在尸席的对面再设一席。东西相对，接着行四人餕食之礼。上佐食洗手后上堂，面朝东坐于尸席，下佐食面朝西相对而坐，一位宾长坐在上佐食之北，另一位宾长坐在下佐食之南，至此人数齐备。司士将一只盛有黍的敦献给上佐食，又将另一只盛有黍的敦献给下佐食，都设在每人的席右。接着，将二位佐食敦中的黍分出一部分放在羊俎的两端，以便让二位宾长食用。司士为每位餕食者进献一块肤，餕食者祭黍、祭肤。主人面朝西，向餕食者拜三次（表示遍拜）。食者将肤放在俎上，

离席答拜，然后都回到席上，取肤。司士向上佐食进献一只铏，再向下佐食进献一只铏，又向两位宾长进献两个盛有肉汁的豆。接着都开始吃黍，又吃肤。吃完后，主人下堂洗一只爵，再上堂酌酒，献给上佐食。赞者洗濯三只酒爵，酌上酒。主人在室内接过酒爵，授给下佐食，如此，向每位助食者都献遍。餕食者都不必向主人行拜礼，就可接爵。主人面朝西，向餕食者拜三次（表示遍拜）。餕食者放下爵，向主人答拜还礼，然后都祭酒，再将爵中之酒饮尽，放下爵，向主人行拜礼。主人总答一拜之礼。食者中的三位起身、出室；只有上佐食止步不出。主人接过上佐食的空爵，在门内酌酒自酢，面朝西坐下放好爵，拜上佐食；上佐食答拜还礼。主人又坐下祭酒，祭毕尝酒。上佐食亲自向主人致祝福之辞，说："主人将受此祭祀所带来的福，万寿无疆，永远保持并不断创建家业。"主人起身致意，再坐下放好爵，拜上佐食，又拿爵起身，然后坐下将爵中之酒饮尽，拜上佐食；上佐食答拜还礼。上佐食起身，走出庙门。主人送至门外，然后退回。

有司彻第十七

【原文】

有司彻，扫堂。司宫摄酒。乃燅尸俎，卒燅，乃升羊、豕、鱼三鼎，无腊与肤，乃设扃鼏，陈鼎于门外，如初。乃议侑于宾，以异姓。宗人戒侑。侑出，俟于庙门之外。

司宫筵于户西，南面；又筵于西序，东面。尸与侑，北面于庙门之外，西上。主人出迎尸，宗人摈。主人拜，尸答拜。主人又拜侑，侑答拜。主人揖，先入门，右。尸入门，左；侑从，亦左。揖，乃让。主人先升自阼阶，尸、侑升自西阶，西楹西，北面东上。主人东楹东，北面拜至，尸答拜。主人又拜侑，侑答拜。

乃举，司马举羊鼎，司士举豕鼎、举鱼鼎，以人。陈鼎如初。雍正执一匕以从，雍府执二匕以从，司士合执二俎以从，司士赞者亦合执二俎以从。匕皆加于鼎，东枋。二俎设于羊鼎西，西缩。二俎皆于二鼎西，亦西缩。雍人合执二俎，陈于羊俎西，并皆西缩。覆二疏匕于其上，皆缩俎，西枋。

主人降，受宰几。尸、侑降，主人辞，尸对。宰授几，主人受，二手横执几，揖尸。主人升，尸、侑升，复位。主人西面，左手执几，缩之，以右袂推拂几三，二手横执几，进授尸于筵前。尸进，二手受于手间，主人退。尸还几，缩之，右手执外廉，北面奠于筵上，左之，南缩，不坐。主人东楹东，北面拜。尸复位，尸与侑皆北面答拜。

主人降洗，尸、侑降，尸辞洗。主人对，卒洗，揖。主人升，尸、侑升，尸西楹西北面拜洗。主人东楹东北面奠爵答拜，降盥。尸、侑降，主人辞，尸对。卒盥。主人揖，升，尸、侑

升。主人坐取爵，酌献尸。尸北面拜受爵，主人东楹东北面拜送爵。

主妇自东房荐韭菹、醢，坐奠于筵前，菹在西方。妇赞者执昌菹、醢以授主妇。主妇不兴，受；陪设于南，昌在东方。兴，取笾于房，麷、蕡坐设于豆西，当外列，麷在东方。妇赞者执白、黑以授主妇。主妇不兴，受，设于初笾之南，白在西方；兴，退。

乃升。司马朼羊，亦司马载。载右体，肩、臂、肫、胳、臑，正脊一、脡脊一、横脊一，短胁一、正胁一、代胁一，肠一、胃一、祭肺一，载于一俎。羊肉湆：臑折、正脊一、正胁一、肠一、胃一、哜肺一，载于南俎。司士朼豕，亦司士载，亦右体：肩、臂、肫、胳、臑，正脊一、脡脊一、横脊一，短胁一、正胁一、代胁一，肤五、哜肺一，载于一俎。侑俎：羊左肩、左肫、正脊一、胁一、肠一、胃一、切肺一，载于一俎。侑俎：豕左肩折、正脊一、胁一、肤三、切肺一，载于一俎。阼俎：羊肺一，祭肺一，载于一俎。羊肉湆：臂一、脊一、胁一、肠一、胃一、哜肺一，载于一俎。豕脀：臂一、脊一、胁一、肤三、哜肺一，载于一俎。主妇俎：羊左臑、脊一、胁一、肠一、胃一、肤一、哜羊肺一，载于一俎。司士朼鱼，亦司士载，尸俎五鱼，横载之，侑、主人皆一鱼，亦横载之，皆加膴祭于其上。

卒升。宾长设羊俎于豆南，宾降。尸升筵自西方，坐，左执爵，右取韭、菹抨于三豆，祭于豆间。尸取麷、蕡宰夫赞者取白、黑以授尸。尸受，兼祭于豆祭。

雍人授次宾疏匕与俎。受于鼎西，左手执俎左廉，缩之，却右手执匕枋，缩于俎上，以东面受于羊鼎之西。司马在羊鼎之东，二手执桃匕枋以挹湆，注于疏匕，若是者三。尸兴，左执爵，右取肺，坐祭之，祭酒，兴，左执爵。次宾缩执匕俎以升，若是以授尸。尸却手受匕枋，坐祭，哜之，兴，覆手以授宾。宾亦覆手以受，缩匕于俎上以降。尸席末坐啐酒，兴，坐奠爵，拜，告旨，执爵以兴。主人北面于东楹东，答拜。

司马羞羊肉湆，缩执俎。尸坐奠爵，兴取肺，坐绝祭，哜之，兴，反加于俎。司马缩奠俎于羊湆俎南，乃载于羊俎，卒载俎，缩执俎以降。

尸坐执爵以兴。次宾羞羊燔，缩执俎，缩一燔于俎上，盐在右。尸左执爵，受燔，抨于盐，坐振祭，哜之，兴，加于羊俎。宾缩执俎以降。尸降筵，北面于西楹西，坐卒爵，执爵以兴，坐奠爵，拜，执爵以兴。主人北面于东楹东答拜。主人受爵。尸升筵，立于筵末。

主人酌，献侑。侑西楹西北面拜受爵。主人在其右，北面答拜。主妇荐韭菹醢，坐奠于筵前，醢在南方。妇赞者执二笾麷、蕡，以授主妇。主妇不兴，受之，奠麷于醢南，蕡在麷东。主妇入于房。

侑升筵自北方。司马横执羊俎以升，设于豆东。侑坐，左执爵，右取菹抨于醢，祭于豆间，又取麷、蕡同祭于豆祭，兴，左执爵，右取肺，坐祭之，祭酒，兴，左执爵。次宾羞羊燔，如尸礼。侑降筵自北方，北面于西楹西，坐卒爵，执爵以兴，坐奠爵，拜。主人答拜。

尸受侑爵，降洗。侑降立于西阶西，东面。主人降自阼阶，辞洗。尸坐奠爵于篚，兴对，卒洗。主人升，尸升自西阶。主人拜洗。尸北面于西楹西，坐奠爵，答拜，降盥。主人降，尸辞，主人对。卒盥。主人升。尸升，坐取爵，酌。司宫设席于东序，西面。主人东楹东北面拜受爵，尸西楹西北面答拜。

主妇荐韭、菹、醢，坐奠于筵前，菹在北方。妇赞者执二笾麷、蕡，主妇不兴，受，设麷于菹西北，蕡在麷西。主人升筵自北方，主妇入于房。

长宾设羊俎于豆西。主人坐，左执爵，祭豆笾，如侑之祭，兴，左执爵，右取肺，坐祭之，祭酒，兴。次宾羞匕湆。如尸礼。席末坐啐酒，执爵以兴。

司马羞羊肉湆，缩执俎。主人坐，奠爵于左，兴，受肺，坐绝祭，哜之，兴，反加于湆俎。司马缩奠湆俎于羊俎西，乃载之，卒载，缩执虚俎以降。主人坐取爵以兴。次宾羞燔，主人受，如尸礼。

主人降筵自北方，北面于阼阶上，坐卒爵，执爵以兴，坐奠爵，拜，执爵以兴。尸西楹西答拜。主人坐奠爵于东序南。侑升。尸、侑皆北面于西楹西。主人北面于东楹东，再拜崇酒。尸、侑皆答再拜。主人及尸、侑皆升就筵。

司宫取爵于篚，以授妇赞者于房东，以授主妇。主妇洗于房中，出实爵，尊南，西面拜献尸。尸拜，于筵上受。主妇西面于主人之席北，拜送爵，入于房，取一羊铏，坐奠于韭菹西。主妇赞者执豕铏以从，主妇不兴，受，设于羊铏之西，兴，入于房，取糗与腶修，执以出，坐设之，糗在蕡西。修在白西，兴，立于主人席北。西面。尸坐，左执爵，祭糗修，同祭于豆祭，以羊铏之柶挹羊铏，遂以挹豕铏，祭于豆祭，祭酒。次宾羞豕匕湆，如羊匕湆之礼。尸坐啐酒，左执爵，尝上铏，执爵以兴，坐奠爵，拜，主妇答拜。执爵以兴。司士羞豕脀。尸坐奠爵，兴受，如羊肉湆之礼，坐取爵，兴。次宾羞豕燔。尸左执爵，受燔，如羊燔之礼，坐卒爵，拜。

主妇答拜。受爵，酌，献侑。侑拜受爵，主妇主人之北西面答拜。主妇羞糗、修，坐奠糗于麷南，修在蕡南。侑坐，左执爵，取糗、修兼祭于豆祭。司士缩执豕脀以升。侑兴取肺，坐祭之。司士缩奠豕脀于羊俎之东，载于羊俎，卒，乃缩执俎以降。侑兴。次宾羞豕燔，侑受如尸礼，坐卒爵，拜。

主妇答拜。受爵，酌以致于主人。主人筵上拜受爵，主妇北面于阼阶上答拜。主妇设二铏与糗、修，如尸礼。主人其祭糗、修，祭铏，祭酒，受豕匕湆，拜啐酒，皆如尸礼。尝铏不拜。其受豕脀，受豕燔，亦如尸礼。坐卒爵，拜。主妇北面答拜，受爵。

尸降筵，受主妇爵以降。主人降，侑降。主妇入于房。主人立于洗东北，西面。侑东面于西阶西南。尸易爵于篚，盥洗爵，主人揖尸、侑。主人升。尸升自西阶，侑从。主人北面立于东楹东，侑西楹西北面立。尸酌。主妇出于房。西面拜，受爵。尸北面于侑东答拜。主妇入于房。司宫设室于房中，南面。主妇立于席西。妇赞者荐韭、菹、醢，坐奠

于筵前，菹在西方。妇人赞者执麷、蕡以授妇赞者，妇赞者不兴，受，设麷于菹西，蕡在麷南。主妇升筵。司马设羊俎于豆南。主妇坐，左执爵，右取菹抨于醢，祭于豆间；又取麷、蕡兼祭于豆祭。主妇奠爵，兴取肺，坐绝祭，哜之，兴，加于俎，坐挩手，祭酒，啐酒。次宾羞羊燔。主妇兴，受燔，如主人之礼。主妇执爵以出于房，西面于主人席北，立卒爵，执爵拜。尸西楹西北面答拜。主妇入立于房。尸、主人及侑皆就筵。

上宾洗爵以升，酌，献尸。尸拜受爵。宾西楹西北面拜送爵。尸奠爵于荐左。宾降。

主人降，洗觯，尸、侑降。主人奠爵于篚，辞。尸对。卒洗，揖。尸升，侑不升。主人实觯酬尸，东楹东，北面坐奠爵，拜。尸西楹西北面答拜。坐祭，遂饮，卒爵拜。尸答拜。降洗。尸降辞。主人奠爵于篚，对，卒洗。主人升。尸升。主人实觯，尸拜受爵。主人反位，答拜。尸北面坐，奠爵于荐左。

尸、侑、主人皆升筵。乃羞，宰夫羞房中之羞于尸、侑、主人、主妇，皆右之，司士羞庶羞于尸、侑、主人、主妇，皆左之。

主人降，南面拜众宾于门东，三拜。众宾门东，北面，皆答壹拜。主人洗爵，长宾辞。主人奠爵于篚，兴对，卒洗，升酌，献宾于西阶上。长宾升，拜受爵。主人在其右，北面答拜。宰夫自东房荐脯、醢，醢在西。司士设俎于豆北，羊骼一，肠一，胃一，切肺一，肤一。宾坐，左执爵，右取脯抨于醢，祭之，执爵兴，取肺，坐祭之，祭酒，遂饮，卒爵，执爵以兴，坐奠爵，拜，执爵以兴。主人答拜，受爵，宾坐取祭以降，西面坐委西阶西南。宰夫执荐以从，设于祭东；司士执俎以从，设于荐东。

众宾长升，拜受爵，主人答拜。坐祭，立饮，卒爵，不拜既爵。宰夫赞主人酌，若是以辩。辩受爵。其荐脯、醢与脀，设于其位。其位继上宾而南，皆东面。其脀体，仪也。

乃升长宾，主人酌，酢于长宾，西阶上北面，宾在左。主人坐奠爵，拜，执爵以兴，宾答辩。坐祭，遂饮，卒爵，执爵以兴，坐奠爵，拜。宾答拜。宾降。

宰夫洗觯以升。主人受酌，降酬长宾于西阶南，北面。宾在左。主人坐奠爵，拜，宾答拜。坐祭，遂饮，卒爵拜。宾答拜。主人洗，宾辞。主人坐奠爵于篚，对，卒洗，升酌，降复位。宾拜受爵，主人拜送爵。宾西面坐，奠爵于荐左。

主人洗，升酌，献兄弟于阼阶上。兄弟之长升，拜受爵。主人在其右答拜。坐祭，立饮，不拜既爵，皆若是以辩。辩受爵，其位在洗东，西面北上。升受爵，其荐脀设于其位。其先生之脀，折，胁一，肤一。其众，仪也。

主人洗，献内宾于房中。南面拜受爵，主人南面于其右答拜。坐祭，立饮，不拜既爵。若是以辩，亦有荐脀。

主人降洗，升献私人于阼阶上。拜于下，升受，主人答其长拜。乃降，坐祭，立饮，不拜既爵，若是以辩。宰夫赞主人酌。主人于其群私人，不答拜。其位继兄弟之南，亦北

上，亦有荐脀。主人就筵。

尸作三献之爵。司士羞湆鱼，缩执俎以升。尸取膴祭祭之，祭酒，卒爵。司士缩奠俎于羊俎南，横载于羊俎，卒，乃缩执俎以降。尸奠爵拜。三献北面答拜，受爵，酌献侑。侑拜受，三献北面答拜。司士羞湆鱼一，如尸礼。卒爵拜。三献答拜，受爵，酌致主人。主人拜受爵，三献东楹东北面答拜。司士羞一湆鱼，如尸礼。卒爵拜。三献答拜，受爵。

尸降筵，受三献爵，酌以醋之。三献西楹西北面拜受爵，尸在其右以授之。尸升筵，南面答拜，坐祭，遂饮，卒爵拜。尸答拜。执爵以降，实于篚。

二人洗觯，升实爵，西楹西，北面东上，坐奠爵，拜，执爵以兴，尸、侑答拜。坐祭，遂饮，卒爵，执爵以兴，坐奠爵，拜，尸、侑答拜。皆降洗，升酌，反位。尸、侑皆拜受爵，举觯者皆拜送。侑奠觯于右。尸遂执觯以兴，北面于阼阶上酬主人。主人在右。坐奠爵，拜，主人答拜。不祭，立饮，卒爵，不拜既爵，酌，就于阼阶上酬主人。主人拜受爵。尸拜送。尸就筵，主人以酬侑于西楹西，侑在左。坐奠爵，拜。执爵兴，侑答拜。不祭，立饮，卒爵，不拜既爵，酌，复位。侑拜受，主人拜送。主人复筵，乃升长宾。侑酬之，如主人之礼。至于众宾，遂及兄弟，亦如之，皆饮于上。遂及私人，拜受者升受，下饮，卒爵，升酌，以之其位，相酬辩。卒饮者实爵于篚。乃羞庶羞于宾、兄弟、内宾及私人。

兄弟之后生者举觯于其长。洗，升酌，降，北面立于阼阶南，长在左。坐奠爵，拜，执爵以兴，长答拜。坐祭，遂饮，卒爵，执爵以兴，坐奠爵，拜，执爵以兴，长答拜。洗，升酌，降。长拜受于其位，举爵者东面答拜。爵止。

宾长献于尸，如初，无湆，爵不止。

宾一人举爵于尸，如初，亦遂之于下。

宾及兄弟交错其酬，皆遂及私人，爵无算。

尸出，侑从。主人送于庙门之外，拜，尸不顾，拜侑与长宾，亦如之。众宾从。司士归尸、侑之俎。主人退，有司彻。

若不傧尸，则祝、侑亦如之。尸食，乃盛俎、臑、臂、肫、脡脊、横脊、短胁、代胁，皆牢；鱼七；腊辩，无髀。卒盛，乃举牢肩。尸受，振祭，哜之。佐食受，加于肵。

佐食取一俎于堂下，以入，奠于羊俎东。乃摭于鱼、腊俎，俎释三个。其余皆取之，实于一俎以出。祝、主人之鱼、腊取于是。尸不饭，告饱。主人拜侑，不言。尸又三饭。佐食受牢举，如傧。

主人洗、酌，酳尸，宾羞肝，皆如傧礼。卒爵，主人拜，祝受尸爵，尸答拜。祝酌授尸，尸以醋主人，亦如傧。其绥祭，其嘏，亦如傧。其献祝与二佐食，其位，其荐脀，皆如傧。

主妇其洗献于尸，亦如傧。主妇反取笾于房中，执枣、糗，坐设之，枣在稷南，糗在枣南。妇赞者执栗、脯，主妇不兴，受，设之，栗在糗东，脯在枣东。主妇兴。反位。尸左执

爵,取枣、糗。祝取栗、脯以授尸。尸兼祭于豆祭,祭酒,啐酒。次宾羞牢燔,用俎,盐在右。尸兼取燔抰于盐,振祭,哜之。祝受,加于肵。卒爵。主妇拜。祝受尸爵。尸答拜。祝易爵,洗,酌,授尸。尸以醋主妇,主妇主人之北拜受爵,尸答拜。主妇反位,又拜。上佐食绥祭,如傧。卒爵拜,尸答拜。主妇献祝,其酌如傧。拜,坐受爵。主妇主人之北答拜。宰夫荐枣、糗,坐设枣于菹西,糗在枣南。祝左执爵,取枣、糗祭于豆祭,祭酒,啐酒。次宾羞燔,如尸礼。卒爵。主妇受爵,酌献二佐食,亦如傧。主妇受爵,以入于房。

宾长洗爵,献于尸。尸拜受。宾户西北面答拜。爵止。主妇洗于房中,酌,致于主人。主人拜受,主妇户西北面拜送爵。司宫设席。主妇荐韭、菹、醢,坐设于席前,菹在北方。妇赞者执枣、糗以从,主妇不兴,受,设枣于菹北,糗在枣西。佐食设俎,臂、脊、胁、肺皆牢,肤三,鱼一,腊臂。主人左执爵,右取菹抰于醢,祭于豆间,遂祭笾,奠爵,兴,取牢肺,坐绝祭,哜之,兴,加于俎,坐挩手,祭酒,执爵以兴,坐卒爵,拜。

主妇答拜,受爵,酌以醋,户内北面拜,主人答拜。卒爵,拜。主人答拜。主妇以爵入于房。

尸作止爵,祭酒,卒爵。宾拜。祝受爵。尸答拜。祝酌授尸。宾拜受爵,尸拜送。坐祭,遂饮,卒爵拜。尸答拜。献祝及二佐食。

洗,致爵于主人。主人席上拜受爵,宾北面答拜。坐祭,遂饮,卒爵,拜。

宾答拜,受爵,酌,致爵于主妇。主妇北堂。司宫设席,东面。主妇席北东面拜受爵,宾西面答拜。妇赞者荐韭、菹、醢,菹在南方。妇人赞者执枣、糗,授妇赞者;妇赞者不兴,受,设枣于菹南,糗在枣东。佐食设俎于豆东,羊臑,豕折,羊脊、胁,祭肺一,肤一,鱼一,腊臑。主妇升筵,坐,左执爵,右取菹抰于醢,祭之,祭笾,奠爵,兴取肺,坐绝祭,哜之,兴加于俎,坐挩手,祭酒,执爵兴,筵北东面立卒爵,拜。宾答拜。

宾受爵,易爵于篚,洗、酌,醋于主人,户西北面拜,主人答拜。卒爵,拜,主人答拜。宾以爵降奠于篚。

乃羞。宰夫羞房中之羞,司士羞庶羞于尸、祝、主人、主妇,内羞在右,庶羞在左。

主人降,拜众宾,洗,献众宾。其荐脀,其位,其酬醋,皆如傧礼。主人洗,献兄弟与内宾,与私人,皆如傧礼。其位,其荐脀,皆如傧礼。卒,乃羞于宾、兄弟、内宾及私人,辩。

宾长献于尸,尸酢,献祝,致,醋。宾以爵降,实于篚。

宾、兄弟交错其酬。无算爵。

利洗爵,献于尸,尸醋。献祝,祝受,祭酒,啐酒,奠之。

主人出,立于阼阶上,西面。祝出,立于西阶上,东面。祝告于主人曰:“利成。”祝入。主人降,立于阼阶东,西面。尸谡,祝前,尸从,遂出于庙门。祝反,复位于室中。祝命佐食彻尸俎。佐食乃出尸俎于庙门外,有司受,归之。彻阼荐俎。乃餈,如傧。

卒羹，有司官彻馈，馔于室中西北隅，南面，如馈之设，右几，厞用席。纳一尊于室中。司宫扫祭。主人出，立于阼阶上。西面。祝执其俎以出，立于西阶上，东面。司宫阖牖户。祝告利成，乃执俎以出于庙门外，有司受，归之。众宾出。主人拜送于庙门外，乃反。妇人乃彻，彻室中之馔。

【译文】

有司们把馈飨尸用的食物、祭器都撤下，并为准备行傧尸之礼扫堂。司宫搅动瓶中之酒，接着将尸俎上的牲肉放到锅中加热。然后，将羊、猪、鱼分别放入三个鼎中，不再设腊鼎与肤鼎；三鼎都设有鼎杠和鼎盖，然后将鼎陈设在庙门之外，位置与祭祖祢前一样。接着，从来宾中挑选一位侑者（尸的佐助者），被选者必须与尸异姓。选定之后，由宗人把主人的选择告诉侑。于是，侑者出庙门，等待尸入门。

司宫在堂上室门的西边为尸设席，席面朝南；又在西序为侑者设席，席面朝东。此时，尸与侑者都面朝北站在庙门之外，以站在西侧者为尊。主人出庙门迎接尸，宗人做傧者为主人为导引。主人向尸行拜礼，尸答拜还礼。主人又向侑者行拜礼，侑答拜还礼。主人向尸拱手行礼，先行从庙门右侧入内。接着尸从庙门左侧入内；侑者跟随于尸后，从庙门左侧入内。主人与尸三次拱手行礼后（走到阶前），双方互相谦让三次。主人先从阼阶上堂；尸、侑者从西阶上堂后，站在西楹柱的西边，面朝北，以站在东边的尸为尊。主人站在东楹柱的东侧，面朝北拜谢尸的到来；尸答拜还礼。主人又向侑者行拜礼，侑者答拜还礼。

于是抬鼎，司马二人抬羊鼎，司士四人分别抬猪鼎、鱼鼎，进入庙门。鼎在门内庭东陈设的位置与祭祖祢时一样。雍正拿把匕跟随于鼎后，雍府拿两把匕跟着雍正，司士将两个俎合在一起并拿在手中，跟着雍府，司士的助手也将两个俎合在一起并拿在手中，跟着司士。匕都放在鼎上，柄朝东。两个俎陈设在羊鼎的西边，俎面朝西。另外两个俎分别陈设在猪鼎和鱼鼎之西，也是俎面朝西。雍人两只俎一并搬来，陈设在羊俎的西边，并列着，都是俎面朝西；将两把柄上刻有纹饰的匕反扣在俎上，与俎的方向一致，柄朝西。

主人下堂，准备接宰所奉的几。尸、侑者随着下堂（表示不敢在堂上安处），主人向他们辞谢，尸谦辞以对。宰将几授给主人，主人接过来，双手横握着几，向尸行揖。然后主人上堂，尸、侑者也跟着上堂，各自回到阶上的原位。主人面朝西，左手拿住几的一端，使几纵向朝前，然后用右袖掸去几上的灰尘，一共掸三次，然后，双手横端着几，走到尸席前献给尸。尸上前，双手从主人的双手之间接几，主人退回原位。尸将几转一个方向，纵向拿着，右手握住几的外边，面朝北放置在席的左边，几面朝南，放置时不必坐下。主人站在东楹柱的东边，面朝北向尸行拜礼。尸回到西阶上原位，然后尸与侑者面朝北向主人

答拜还礼。

主人下堂洗爵，尸、侑者跟着下堂，尸劝阻。主人谦词以对，洗毕，向尸拱手行礼。主人上堂，尸、侑者接着上堂。尸站在西楹柱的西边，面朝北拜谢主人亲为洗爵。主人站在东楹柱的东边，面朝北放下爵，答拜还礼，然后下堂洗手。尸、侑者跟着下堂，主人辞谢，尸谦词以对。主人洗手毕，向尸拱手行礼，然后上堂，尸、侑者接着上堂。主人坐下拿起爵，酌酒献尸。尸面朝北向主人行拜礼，然后接爵，主人站在东楹柱的东边，面朝北拜送受爵者。

主妇从东房端出韭菹和肉酱，坐下，放置在尸的席前；韭菹放在西边。主妇的助手将昌本菹和肉酱授给主妇。主妇不起身，接过来，重设于南边，昌本菹在东。然后起身，到房中取笾；两个分别盛着炒熟的麦和大麻子的笾，陈设在豆的西边，正对着豆之南的一列；炒熟的麦放在大麻子的东边。主妇的助手端着炒熟的稻米和黍递给主妇。主妇不起身，接过来后，陈设在最初设的麦、麻二笾的南边，炒熟的稻放在黍的西边，然后起身，退下。

于是，将鼎中的牲体拿出放到俎上。司马用匕拿出鼎中的羊牲，由另一位司马放在俎上。俎上放的是羊牲的右半边，有肩，前肢的上段，后肢的上段、中段，前肢的下段，一块前脊骨，一块中脊骨，一块后脊骨，一块后胁骨，一块中胁骨，一块前胁骨，一截肠，一块胃，一块划割而不切断的肺，都放在同一个俎上。加设的俎，是从有汁的羊肉上折分下来的：从前肢下半段折下的半块，一块前脊骨，一块中胁骨，一截肠，一块胃，一块离肺，都放在南边的俎上。司士用匕取出鼎中的猪牲，由另一位司士放到俎上，也是牲的右半边，有肩，前肢的上段，后肢的上段、中段，前肢的下段，一块前脊骨，一块中脊骨，一块后脊骨，一块后胁骨，一块中胁骨，一块前胁骨，五块肤，一块离肺，放在同一个俎上。侑者的俎上放有：羊牲的左肩，左后肢的上段，一块前脊骨，一块胁骨，一截肠，一块胃，一块划割而不切断的肺，都在同一个俎上。侑者的另一俎上放有：一块从猪俎左肩上折分下来的，一块前脊骨，一块胁骨，三块肤，一块划割而不切断的肺，都在同一个俎上。主人的俎上放有：一块羊肺，一块划割而不切断的肺，放在同一个俎上。有羊肉汁的俎：一块左前肢的上段，一块脊骨，一块胁骨，一截肠，一块胃，一块离肺，放在同一个俎上。载猪牲的俎上有：一块前肢的上段，一块脊骨，一块胁骨，三块肤，一块离肺，放在同一个俎上。主妇的俎上放有：羊左前肢的下段，一块脊骨，一块胁骨，一截肠，一块胃，一块肤，羊的离肺一块，放在同一个俎上。司士用匕将鱼从鼎中取出，由另一位司士放到俎上：尸的俎上有五条鱼，横着放；侑者之俎和主人之俎各有一条鱼，也是横着放在俎上；俎上都有从鱼腹切下的一大块朊（准备祭祀时用）。

尸的羊俎准备完毕。宾长将羊俎陈设在豆的南边，然后下堂。尸从西边走到席上，

坐下，左手拿爵，右手取韭菹，在三个豆中一一蘸过后，在豆之间祭祀。尸取炒熟的麦子、大麻子，宰夫的助手取炒熟的稻米、黍呈给尸。尸接过来后，在豆之间同时祭祀。

雍人将柄部刻有纹饰的匕以及俎递给次宾。次宾站在鼎的西边接受，左手握着持俎的左边，使俎呈纵向，右手掌仰着握住匕柄，再纵向放在俎上，然后面朝东站在羊鼎之西接羊肉汁。司马站在羊鼎的东边，双手执桃匕的柄从羊鼎中取肉汁，再倒入柄部刻有纹饰的匕中，一共三次。尸起身，左手拿爵。右手取羊的祭肺，坐下致祭，接着祭酒，再起身，左手拿爵。次宾纵向端着匕和俎上堂，依然如此递给尸。尸掌心向上接住匕柄，坐下祭肉汁，祭毕尝之，然后起身，手心向下拿着匕，将它交给次宾。次宾也是手心向下接过匕，将它纵向放在俎上，再将匕、俎一起端下堂。尸坐在席的末端尝酒，又起身，然后坐下放好爵，向主人行拜礼，称赞酒味甜美，再拿爵起身。主人面朝北站在东楹柱的东边，答拜还礼。

司马进献有汁的羊肉俎，纵向端着。尸坐下放好爵，再起身从俎上拿肺，然后坐下扯断肺的下端祭祀，祭毕尝肺；接着起身，将吃剩的肺放回俎上。司马将有汁的羊肉俎放在羊俎的南侧，然后将有汁的羊肉全部放到羊俎上，放完后，纵向端着空俎下堂。

尸坐下，拿爵起身。次宾进献烤羊肉，俎纵向端在手中，一块烤羊肉纵向放在俎上，右边是盐。尸左手拿爵，右手接过烤羊肉，在盐上蘸一蘸，坐下振而祭之，祭毕尝一口；接着起身，将尝过的烤羊肉放在羊俎上。宾纵向端着俎下堂。尸离席，走到西楹柱的西边面朝北坐下，将爵中之酒饮尽，再执拿爵起身，又坐下放好爵，向主人行拜礼；再拿爵起身。主人面朝北站在东楹柱的东边答拜还礼。主人接过尸饮尽的空爵。尸回到席上，站在席的末端。

主人在爵中酌上酒，献给侑者。侑者站在西楹柱的西边，面朝北向主人行拜礼，然后接过爵。主人站在侑者的右侧，面朝北答拜还礼。主妇又献上韭菹和肉酱，先坐下，再将它放在席前，肉酱在韭菹的南边。主妇的助手端着盛有炒熟的麦和大麻子的两个笾，递给主妇。主妇不起身，接受之后，将炒麦放在肉酱的南侧，炒大麻子放在炒麦的东边。然后，主妇进入房内。

侑者从席的北方入席。司马横向端着羊俎上堂，将它陈设在韭菹的东侧。侑者坐下，左手拿爵，右手取韭菹在肉酱中蘸一蘸，然后在豆间致祭；又取炒麦和大麻子在豆间一并致祭；祭毕起身，左手拿执爵，右手取肺，再坐下致祭，祭毕又祭酒；然后起身，左手拿爵。次宾进献烤羊肉，其仪节与向尸献烤羊肉时一样。侑者从席的北方离席，面朝北站在西楹柱的西边；接着坐下饮尽爵中之酒，再拿爵起身，然后又坐下放好爵，向主人行拜礼。主人答拜还礼。

尸从侑者手中接过空爵，下堂洗涤。侑者也下堂，站在西阶的西边，面朝东。主人从

阼阶下堂，谦词劝阻尸洗爵。尸坐下，将爵放入篚中，起身谦词对答。洗毕，主人上堂，尸从西阶上堂。主人拜谢尸亲自洗爵。尸面朝北站在西楹柱的西侧，接着坐下放好酒爵，向主人答拜还礼，然后下堂洗手。主人随后下堂（表示不敢独自在堂上安处），尸谦词劝阻，主人谦辞以对。洗毕，主人上堂。尸也上堂，在西楹柱的西边坐下取过爵，酌上酒。司宫在东序为主人铺席，席面朝西。主人站在东楹柱的东边，面朝北拜尸后接爵，尸站在西楹柱的西边，面朝北答拜还礼。

主妇进献韭菹、肉酱，坐着陈放在主人席前，菹放在肉酱北边。主妇的助手端着分别盛有炒麦和大麻子的两个笾，主妇不起身，接过笾，将炒麦陈设在菹的西北，炒熟的大麻子在炒麦的西边。主人从北方入席，主妇进入房内。

宾长将羊俎陈设在豆的西边。主人坐下，左手拿爵，右手祭豆笾，其仪节与侑祭时相同；然后起身，左手拿爵，右手取肺，再坐下致祭，接着又祭酒，祭毕起身。次宾进献匕和羊肉汁，其仪节与献尸时相同。主人在席的末端坐着尝酒，尝毕拿爵起身。

司马进献带汁的羊肉俎，要纵向端在手中。主人坐下，将爵放在席前左方，再起身，从羊肉俎上接过祭肺，又坐下，将肺的下端绝断后致祭，祭毕尝肺，然后起身，将肺放回羊肉俎上。司马将羊肉俎纵向放在羊俎的西边，再将带汁的羊肉全部拨到羊俎上，然后纵向端着空俎下堂。主人坐下，拿爵后起身。次宾又献上烤羊肉，主人接受之，其间仪节与献尸时相同。

主人从席的北方离席，面朝北站在阼阶的上边，再坐下，将爵中之酒饮尽，拿爵起身；又坐下，放好爵，向尸行拜礼，然后拿爵起身。尸站在西楹柱的西边答拜还礼。主人坐下，将爵放在东序南端。侑者上堂。尸、侑者都面朝北站在西楹柱的西边。主人面朝北站在东楹柱的东边，行再拜礼，感谢为他祟酒。尸、侑者都用再拜之礼作答。主人和尸、侑者都入席就座。

司宫从篚中取出酒爵，在房门外的东侧递给主妇的助手，主妇的助手又递给主妇。主妇在房内洗涤酒爵，再出门，在酒樽的南边酌酒，接着面朝西向尸行拜礼，将爵献给尸。尸在席上行拜礼后接爵。主妇面朝西站在主人之席的北边，拜送受爵者，然后进入房内，取出一只盛有羊肉羹的铏，又坐下，将它放在韭菹的西边。主妇的助手端着盛有猪肉羹的铏跟在主妇之后，主妇不起身，从助手的手中接过铏，放在羊肉羹的铏西边；又起身，走进房内，取米粉饼和加了姜桂的干肉，端着出门，在尸席前坐下，米粉饼放在大麻子的西边，干肉放在稻米的西边；然后起身，站在主人之席的北侧，面朝西。尸坐下，左手拿爵，右手拿着米粉饼和干肉致祭，并与先前所陈祭品在豆间一同祭祀。尸用放在羊在豆间上的勺舀取在豆间中的羊肉羹，再用这把勺舀取猪中的猪肉羹，在豆间致祭，接着又祭酒。次宾进献匕和猪肉汁，其仪节与进献匕和羊肉汁时相同。尸坐着品尝酒，左手拿爵，右手

取放在上首的羊在豆间，品尝羊肉羹，又坐下放好爵，向主妇行拜礼，主妇答拜还礼。尸拿爵起身。司士进献猪俎。尸坐下放好爵，再起身接受，其仪节与接受带汁的羊肉俎时一样。尸又坐下取爵，再起身。次宾进献烤猪肉。尸左手拿爵，右手接过烤猪肉，其仪节与接受烤羊肉时一样，尸坐下将爵中之酒饮尽，向主妇行拜礼。

主妇答拜还礼后，接过空爵，酌上酒，献给侑者。侑者行拜礼后接爵，主妇站在主人的北边，面朝西答拜还礼。主妇进献米粉饼、加姜桂的干肉，坐着将米粉饼放在炒麦的南边，干肉放在大麻子的南边。侑者坐下，左手拿爵，右手拿米粉饼、加姜桂的干肉，与原来所放的祭品一并在豆间致祭。司士纵向端着猪俎上堂。侑者起身，从俎上取过肺，坐下致祭。司士将猪俎纵向放在羊俎的东边，将猪俎上的肉都拨到羊俎上，纵向端着空俎下堂。于是侑者起身。次宾献上烤猪，侑者接受的仪节与献尸时相同，然后尸坐下，把爵中之酒饮尽，向主妇行拜礼。

主妇答拜还礼后，接过空爵，酌酒致送给主人。主人在席上行拜礼后接爵，主妇面朝北站在阼阶之上答拜还礼。主妇陈设两只盛羹的铏以及米粉饼、加姜桂的干肉，陈设的方式与献尸时相同。主人祭祀米粉饼、加姜桂的干肉，再祭铏中之羹，又祭酒，然后接过匕和带汁的猪肉，尝酒，其仪节与献尸时相同，只是尝羹之后不必行拜礼。主人接受猪俎，接受烤猪，其仪节也和献尸时相同；然后坐下将爵中之酒饮尽，向主妇行拜礼。主妇面朝北答拜还礼，然后接过空爵。

尸离开席位，从主妇手中接过空爵下堂。主人随着下堂，侑者也下堂（表示不敢在堂上安处）。主妇进入房内。主人站在洗的东北方，面朝西，侑者面朝东站在西阶的西南方。尸将空爵放入篚中又另取一爵，然后洗手、洗爵。主人向尸、侑者拱手行礼。接着主人上堂，尸从西阶上堂，侑者跟随于后。主人面朝北站在东楹柱东边，侑者则在西楹柱的西侧面朝北而立。尸在爵中酌上酒。主妇从房内出来，面朝西拜尸，然后接爵。尸面朝北站在侑者东边，答拜还礼。主妇走进房内。司宫在房中为主妇铺席，席面朝南。主妇站在席西。主妇的助手进献韭菹、肉酱，要坐在主妇席前陈设，菹放在西边。宗妇中的年少者端着炒麦、大麻子，递给主妇的助手；主妇的助手不必起身，坐着接过来，然后将炒麦放在菹的西边，大麻子放在炒麦南边。于是，主妇入席。司马将羊俎陈设在豆的南边。主妇坐下，左手拿爵，右手取菹在肉酱中一蘸，再在豆之间祭祀；又取炒麦、大麻子，与先前陈祭品一并在豆之间致祭。主妇放下爵，起身取肺，又坐下，将肺的下端绝断致祭，祭毕尝肺；再起身，将肺放回俎上，坐下擦手，又祭酒，祭毕尝酒。次宾进献烤羊肉。主妇起身，接过烤羊肉，其仪节与次宾向主人献烤羊肉时一样。主妇拿爵出房，面朝西站在主人之席的北侧，将爵中之酒饮尽，然后拿爵拜尸。尸站在西楹柱的西边，面朝北答拜还礼。主妇进入房内站着，不入席。尸、主人以及侑者都入席。

上宾洗爵后上堂，酌上酒，献给尸。尸行拜礼后，接爵。上宾站在西楹柱的西侧，面朝北拜送受爵者。尸将爵放在肉酱的左侧。上宾下堂。

主人下堂，洗涤酒觯。尸、侑者也随着下堂。主人将觯放入篚中，谦词劝阻。尸谦词对答。主人洗完觯，向尸拱手行礼后上堂。尸随后上堂，侑者不上堂。主人在觯中酌酒后酬尸，在东楹柱东边，面朝北坐下，放好爵，向尸行拜礼。尸在西楹柱的西边，面朝北答拜还礼。主人坐下祭酒，然后将觯中之酒饮尽，接着向尸行拜礼。尸答拜还礼。主人下堂洗觯。尸跟着下堂谦词劝阻。主人把觯放入篚中，谦词以对，再洗觯。主人上堂，尸也上堂。主人在觯中酌酒，尸向主人行拜礼后接觯。主人回到东楹柱东边面朝北的位置，答拜还礼。尸面朝北坐下，把觯放在肉酱左边、稍往南之处。

尸、侑者、主人都入席。于是进献肴馔，宰夫向尸、侑者、主人、主妇进献各种谷物点心，全部陈设在席的右侧；司士向尸、侑者、主人、主妇进献各种肉类食物，全部陈设在席的左边。

主人下堂，在门东面朝南向众宾行拜礼，拜三次(表示遍拜)。众宾在门东、面朝北而立，都以一拜之礼作答。主人洗涤酒爵，宾长谦词劝阻。主人把酒爵放入篚内，起身作答，又把爵洗完，然后上堂酌酒，在西阶之上献给宾长。宾长上堂，向主人行拜礼后接爵；主人站在他的右侧，面朝北答拜还礼。宰夫从东房出来进献干肉、肉酱，肉酱放在干肉的西边。司士将俎陈设在豆的北边，俎上放着：羊左后肢的中段一块，肠一截，胃一块，切肺一块，肤一块。宾长坐下，左手拿爵，右手取了干肉在肉酱中蘸过，再致祭；接着拿爵起身，取俎上的肺，坐下致祭；然后祭酒，祭毕，将爵中之酒饮尽，拿爵起身；又坐下，放好爵，向主人行拜礼，再拿爵起身。主人答拜还礼后接爵。宾长取祭过的干肉和肺下堂，面朝西坐下，将它放在西阶的西南。宰夫执笾豆跟随其后，并将它陈设在干肉和肺的东边。司士执俎跟在宰夫之后，将俎陈设在笾豆的东边。

(除宾长之外的)众宾按长幼之序上堂，给主人行拜礼后接爵，主人答拜还礼。众宾全部坐着祭酒，站着饮酒，要将爵中之酒饮尽，不用向主人行拜礼。宰夫协助主人酌酒，逐一为众宾酌遍。众宾逐一接过爵，进献干肉、肉酱和放有牲体的俎，都陈设在每位宾的席前。众宾的席位接在上宾之后往南排列，都是面朝东。俎上的牲体，都经过选择。

于是，请长宾上堂。主人酌酒后，代替长宾向自己酢酒；主人在西阶之上面朝北而立，长宾在其左侧。主人坐下放好爵，向长宾行拜礼，再拿爵起身，长宾答拜还礼。主人坐下祭酒，接着将爵中之酒饮尽，再拿爵起身；然后又坐下放好爵，向长宾行拜礼。长宾答拜还礼。长宾下堂。

宰夫洗觯后上堂。主人接觯酌酒，下堂到西阶的南边向长宾进酬酒，面朝北。长宾站在主人的左边。主人坐下，放好觯，起身拜长宾，长宾答拜还礼。主人坐下祭酒，祭毕，将爵中之酒饮尽拜长宾。长宾答拜还礼。主人准备洗觯，长宾谦词辞谢。主人坐下将觯放入篚中，谦词以对，洗毕，上堂酌酒，然后下堂回到原位。长宾向主人行拜礼后接觯，主人拜送接觯者。长宾面朝西坐下，将觯放在笾豆的左边。

主人又洗爵，上堂酌酒，在阼阶之上献给兄弟。兄弟中的岁数大的上堂，向主人行拜礼后接爵。主人站在其右答拜还礼。兄弟中的岁数大的坐下致祭，站着将爵中之酒饮完，不必拜谢主人。其余的兄弟都依此仪节逐一轮遍。所有的兄弟都接过爵，位置在洗的东边，面朝西，从北往南排列，以站在北首者为尊。接着，众兄弟上堂接爵，进献的笾豆和俎，摆在每人的席位前。兄弟中最年长者的俎上放着：折断的胁骨一块，肤一块。众兄弟俎上的食物，都经过选择。

主人洗爵酌酒，在房中主妇席的东边献给内宾。内宾面朝南拜主人后接爵，主人面朝南站在内宾的右侧答拜还礼。内宾坐下致祭，站着将爵中之酒饮尽，不用向主人行拜礼。用这样的仪节逐一向各位内宾献酒，每人位前都有笾豆和俎。

主人下堂洗爵，上堂酌酒，在阼阶之上献给家臣。家臣在堂下向主人行拜礼，然后上堂接爵，主人只向家臣之长答拜还礼。家臣下堂，坐着祭酒，站着将爵中之酒饮完，不必向家长行拜礼。主人按着这礼节向每位家臣献酒。宰夫在旁协助主人酌酒。对于家臣之长以外的众家臣，主人不用答拜还礼。众家臣之位接在众兄弟之后往南排列，也是以北首为尊，各自也有笾豆和俎。礼毕，主人到东序即席。

尸举起上宾献的爵。司士献带汁的鱼俎，纵向端着上堂。尸取俎上之鱼下腹的大块肉致祭，接着祭酒，最后将爵中之酒饮尽。司士将鱼俎纵向放置在羊俎的南边，再将俎上的鱼横放在羊俎上，放完后，纵向端着俎下堂。尸放下酒爵，向上宾行拜礼。上宾面朝北答拜还礼，然后接过空爵，酌酒献给侑者。侑者行拜礼后接爵，上宾面朝北答拜还礼。司马又进献一条带汁的鱼，其仪节与献尸时相同。侑者将爵中之酒饮尽，向上宾行拜礼。上宾答拜还礼，接过空爵，酌上酒献给主人。主人行拜礼后接爵，上宾站在东楹柱的东侧，面朝北答拜还礼。司士又献上一条带汁的鱼，其仪节与献尸时相同。主人将爵中的酒饮完后，向上宾行拜礼。上宾答拜还礼，接过空爵。

尸离席，从上宾手中接过空爵，酌酒酢上宾。上宾站在西楹柱的西边，面朝北向尸行拜礼，然后接爵，尸站在上宾的右边将爵授给他。尸即席，面朝南答拜上宾，再坐下致祭，接着将爵中之酒饮尽，向尸行拜礼。尸答拜还礼。上宾拿空爵下堂，将它放入篚中。

堂下的二位助祭者各洗一觯，上堂酌酒，然后在西楹柱的西面朝北并排而立，以站在东边者为尊，然后坐下放好觯，向尸、侑者行拜礼，然后拿觯起身；尸、侑者答拜还礼。二位助祭者坐下祭酒，祭毕将觯中之酒饮尽，拿觯起身，接着又坐下放好觯，向尸、侑者行拜礼；尸、侑者答拜还礼。二位助祭者一起下堂洗觯，再上堂酌酒，回到西楹的西边原位。

尸、侑者都行拜礼后接觯，两位助祭者拜送接觯者。侑者将觯放在席右前侧。尸则拿觯起身，面朝北站在阼阶之上酬敬主人；主人站在他的右侧。尸坐下放好觯，向主人行拜礼，主人答拜还礼。尸不必祭祀觯中的酒，就可以站着将酒饮尽，不用再拜主人；不过要再在觯中酌上酒，就近在阼阶之上酬敬主人。主人行拜礼后接觯，尸拜送接觯者。尸即席，主人在西楹柱的西边举觯酬敬侑者；侑者站在主人的左侧。主人坐下放好觯，向侑者行拜礼，再拿觯起身；侑者答拜还礼。主人不必祭酒，就可以站着将酒饮尽，不用再拜侑者；接着再在觯中酌上酒，回到西楹西边原位。侑者向主人行拜礼后接觯，主人拜而送之。主人回到东序的席位上，接着，请长宾上堂。侑者举觯酬敬长宾，其仪节与酬敬主人时相同。接着轮到向众宾酬酒，再轮到向众兄弟酬酒，其仪节也是一样，都是在堂上饮酒。又轮到向家臣酬酒，家臣之长先在堂下行拜礼，再上堂接觯，然后下堂饮酒；将觯中之酒饮尽，再上堂酌酒，站到所酬者之位，与所有家臣相酬而遍。最后一位饮酒的家臣要将空觯放回篚中。接着，向宾、兄弟、内宾和家臣进献各种肴馔。

兄弟中的后生举觯献给他们中的年长者，先洗觯，再上堂酌酒，然后下堂，面朝北站在阼阶的南边，年长者站在他的左侧。后生坐下放好觯，向年长者行拜礼，再拿觯起身；年长者答拜还礼。年幼者坐下致祭，接着将觯中之酒饮尽，拿觯起身，然后坐下放好觯，向年长者行拜礼，再拿觯起身；年长者答拜还礼。年幼者洗觯，上堂酌酒，然后下堂。年长者在阼阶东南的席位上拜年幼者，然后接觯，年幼者面朝东答拜还礼。年长者放下觯。

宾长向尸献酒，其仪节与上宾献尸时一样；不进献带汁的鱼，献尸时即举爵，尸受爵后不奠爵。

一位年龄次于众宾之长的宾举爵向尸进酬酒，表示再次旅酬开始，其仪节与二位助祭者向尸、侑者献酒时一样，也及于众宾、兄弟，下至家臣。

众宾及兄弟互相酬酒，最后都下及于私臣，所进酬酒不计爵数。

尸出庙门时，侑者紧跟在后。主人在庙门之外送别，向尸行拜礼，直到尸不再回头（才回门内）；向侑者和长宾行拜礼，也是如此。众宾跟随长宾离去。司士将尸、侑者的俎送至各自的家中。然后，主人回到寝室，有司们撤除堂上堂下的荐俎等。

如果（是下大夫，则）不傧尸，祝侑尸原来的仪节都与上大夫傧尸时相同。尸八饭时，在俎上盛放牲前肢的下段、上段，后肢的上段，中脊骨，后脊骨，后胁骨，前胁骨，都是有羊、有猪；鱼七条；兽腊的右半边，但没有靠近后窍的部分。盛放结束，上佐食进献羊、猪的右肩。尸接受后，振而祭之，然后尝一口。上佐食将尝过的右肩接过来，放在肵俎上。

佐食者在堂下取一空俎，走向室内，放在羊俎的东边。然后从鱼俎、腊俎上拿走鱼、腊，每俎都只剩三枚，其余都拿起，放在同一个空俎上，端出室。祝、主人、主妇俎上的鱼、腊肉都从这里取。尸不再吃饭，禀告主人已经吃饱。主人对尸行拜礼，劝他再吃，但不必说话;尸又吃三口饭。佐食者从尸手中接过羊和猪的肺、脊,放在肵俎上,其仪节和上大夫傧尸时相同。

主人洗爵、酌酒,然后献给尸,宾长进献羊肝、猪肝,其仪节与上大夫傧尸时一样。尸将爵中之酒饮尽,主人拜尸,祝从尸手中接过空爵,尸答拜还礼。祝酌酒后将爵递给尸,尸用它酢主人,其仪节与傧尸时一样。其后的绥祭、祝福辞,也与傧尸时一样。主人向祝、二位佐食者献酒时,其位置,所献笾豆俎,都与傧尸时一样。

主妇洗爵献酒给尸,其仪节也和傧尸时相同。主妇返回房内取出二笾,分别盛有枣和米粉饼,然后(在室中)坐下陈设,枣放在稷的南边,米粉饼又放在枣的南边。主妇的助手端着栗、干肉;主妇不起身,接过来陈设,栗在米粉饼的东边,干肉在枣的东边。然后,主妇起身,回到原座位。尸左手拿爵,右手取枣、米粉饼。祝取栗、干肉递给尸。尸把它们与原先所放的祭品在豆间一起致祭,接着祭酒,祭毕尝酒。次宾献上炙烤的羊肉和猪肉,用俎盛放,盐在肉的右侧。尸同时将炙烤的羊肉和猪肉蘸盐,接着振而祭之,祭毕尝一口。祝接过尸尝过的烤肉,放在俎上。尸又将爵中之酒饮尽。主妇向尸行拜礼。祝从尸手中接过空爵。尸向主妇答拜还礼。祝下堂另换一爵,洗涤后,酌上酒,递给尸。尸用它酢主妇,主妇站在主人的北侧,拜尸后接爵,尸答拜还礼。主妇回到原位,又拜尸。上佐食协助主妇进行绥祭,其仪节与傧尸时相同。主妇将爵中之酒饮毕,向尸行拜礼,尸答拜还礼。主妇向祝献酒,自尸卒爵到此的仪节,都与傧尸时相同。尸向主妇行拜礼后,坐下接爵。主妇站在主人的北侧答拜还礼。宰夫进献枣、米粉饼,坐着将枣陈设在菹的西侧,米粉饼在枣的南侧。祝左手拿爵,右手取枣、米粉饼在豆间致祭,然后祭酒,祭毕尝酒。次宾进献烤肉,其仪节与献尸时相同。祝将爵中之酒饮完。主妇接过空爵,酌酒献给二位佐食者,其仪节也和傧尸时相同。主妇接过空爵,走进房内。

宾长洗爵,酌酒后献给尸。尸向宾长行拜礼后接爵,宾长站在室门的西边,面朝北答拜还礼。尸将酒爵放在席前,表示三献之礼已成,希望神的恩惠遍及室中之人。主妇在房中洗爵,再酌酒,致送主人。主人拜后接爵,主妇站在室户的西边,面朝北拜送受爵者。司宫为主人摆筵。主妇进献韭菹、肉酱,坐着陈设在主人席前,菹放在北边。主妇的助手拿着枣、米粉饼跟在主妇之后;主妇没起身,接过来,将枣放在菹的北边,米粉饼放在枣的西边。佐食者陈设俎,俎上放着牲前肢的上段、脊骨、胁骨、肺,都是羊、猪各一块,肤三块,鱼一条,腊兽的前肢上段。主人左手拿爵,右手取菹,蘸上肉酱,在豆之间致祭;接着祭笾,主人放下爵,再起身,从俎上取羊和猪的肺,坐下将肺的末端扯断致祭,祭毕尝肺,然后起身,将肺放回俎上,再坐下擦手,接着祭酒;祭毕执爵起身,再坐下将爵中之酒饮尽,向主妇行拜礼。

主妇向主人答拜还礼后,接过空爵,酌酒自酢,然后在室门之内面朝北行拜礼,主人

答拜还礼。主妇将爵中之酒饮尽,向主人行拜礼。主人答拜还礼。主妇拿空爵进入房内。

尸举起方才宾长所献、放在席前末饮的爵,先祭酒,然后将爵中之酒饮尽。宾长向尸行拜礼。祝从尸手中接过空爵。尸向宾长答拜还礼。祝酌酒后把爵授给尸。宾长拜后接爵,尸拜送接爵者。宾长坐下致祭,接着继续饮酒,将爵中之酒饮尽,向尸行拜礼。尸答拜还礼。接着,宾长向祝和二位佐食者献酒。

宾长洗爵,酌酒后献爵于主人。主人在席上向宾长行拜礼后接爵,宾长面朝北答拜还礼。主人坐下致祭,祭毕将爵中之酒饮尽,再向宾长行拜礼。

宾长向主人答拜还礼后,接过空爵,酌上酒,献给主妇。主妇站在北堂;司宫为主妇铺席,席面朝东。主妇站在席的北侧,面朝东向宾长行拜礼,再接爵,宾长面朝西答拜还礼。主妇的助手进献韭菹、肉酱,韭菹放在肉酱南边。宗妇中的年少者拿着枣、米粉饼,递给主妇的助手;主妇的助手不起身,接过来后,将枣陈设在菹的南侧,米粉饼陈设在枣的东侧。佐食者将俎陈设在豆的东侧,俎上放着:羊前肢的下段,节折的猪骨,羊的脊骨、胁骨,祭肺一块,肤一块,鱼一条,腊兽前肢的下段。主妇就席坐下,左手拿爵,右手取菹蘸肉酱,进行祭祀;接着祭笾,祭毕放下爵,起身从俎上取肺,再坐下将肺的下端绝断后致祭,祭毕尝肺,又起身将肺放到俎上,然后坐下擦手;接着祭酒,祭毕拿爵起身,在席的北边,面朝东站着将爵中之酒饮尽,然后向宾长行拜礼。宾长答拜后还礼。

宾长接过主妇的空爵,在篚中另换一爵,洗涤后酌酒,代替主人酢自己,并在室门的西边面朝北行拜礼,主人答拜还礼。宾长将爵中之酒饮尽,向主人行拜礼,主人答拜还礼。宾长拿空爵下堂,将它放在篚中。

接着,进献各色点心和肴馔。宰夫进献房中之羞,司士把各种肴馔分别献给尸、祝、主人、主妇,房中之羞为内羞,放在右边,各种肴馔放在左边。

主人下堂,向众宾行拜礼;接着洗爵,酌酒后献给众宾。进献的笾豆和俎,分设于众宾之位;主人酬长宾与主人自酢,其仪节与傧尸之时一样。主人又洗爵,酌酒后献给兄弟的内宾,下及于家臣,其仪节也与傧尸时一样。每人的位置,以及笾豆和俎,都与傧尸时相同。献毕,乃进献庶羞于众宾、兄弟、内宾以及家臣,每人都献到。

宾长向尸献酒,尸用它酢宾长。宾长又向祝献酒,并致爵于主人主妇,又代替主人自酢。最后,宾长拿空爵下堂,放入篚中。众宾、兄弟举爵交错相酬以行旅酬之礼,不计爵数。

上佐食洗爵,酌酒后献给尸。尸向上佐食进酢酒。上佐食又向祝献酒。祝接爵后祭酒,祭毕尝酒,然后置爵于席前。

主人走出室门,站在阼阶的上面,面朝西。祝走出室门,站立在西阶之上,面朝东。

祝向主人禀告说:“供养之礼已成。”祝走入室内。主人下堂,站在阼阶的东侧,面朝西。尸起身。祝在前引路,尸跟从于后,于是走出庙门。然后,祝回到室中原位。祝命令佐食者撤去尸的俎。佐食者便将尸的俎撤到庙门外,有司接过来,送往尸的家中。接着,佐食者撤去主人的笾豆和俎。于是,行餕食之礼,其仪节与傧尸时相同。

餕食之礼结束,司马、司士撤俎,宰夫撤豆、敦,改设于室中的西北角,面朝南,具体位置与馈食时所设相同。几放在右侧,屋角用席围隔(使之阴幽)。只把一尊酒放到室中间。司宫扫除豆间致祭的食物。主人走出室门,站立在阼阶的上面,面朝西。祝端着自己的俎走出室门,站立在西阶之上,面朝东。司宫合上门窗。祝宣布供养之礼已经完毕,于是端着俎走出庙门,有司在此接过俎,送往祝的家。接着,众宾出门。主人到庙门外拜而相送,然后返回。于是主妇的助手撤除室中、房中所剩祭品,撤除司马、司士、宰夫等陈设在室内西北角的祭品。

中华传世藏书

儒家经典

图文珍藏本

大 学

[春秋] 曾参◎著

导读

《大学》原为《礼记》第四十二篇，相传为孔子弟子曾参所作。宋朝程颢、程颐兄弟把它从《礼记》中抽出，编次章句。朱熹将《大学》《中庸》《论语》《孟子》合编注释，称为《四书》，从此《大学》成为儒家经典。朱熹把《大学》重新编排整理，分为“经”一章，“传”十章。认为，“经一章盖孔子之言，而曾子述之；其传十章，则曾子之意而门人记之也。”就是说，“经”是孔子的话，曾子记录下来；“传”是曾子解释“经”的话，由曾子的学生记录下来。《大学》文辞简约，内涵深刻，影响深远。两千年来无数仁人志士由此登堂入室以窥儒家之门。该文从实用主义角度，对现代人如何做人，做事，立业等等均有深刻启迪意义。

【原文】

大学之道，在明明德，在亲民，在止于至善。知止而后有定，定而后能静，静而后能安，安而后能虑，虑而后能得。物有本末，事有终始。知所先后，则近道矣。

古之欲明明德于天下者，先治其国；欲治其国者，先齐其家；欲齐其家者，先修其身；欲修其身者，先正其心；欲正其心者，先诚其意；欲诚其意者，先致其知；致知在格物。物格而后知至，知至而后意诚，意诚而后心正，心正而后身修，身修而后家齐，家齐而后国治，国治而后天下平。自天子以至于庶人，壹是皆以修身为本。其本乱，而末治者否矣。其所厚者薄，而其所薄者厚，未之有也。

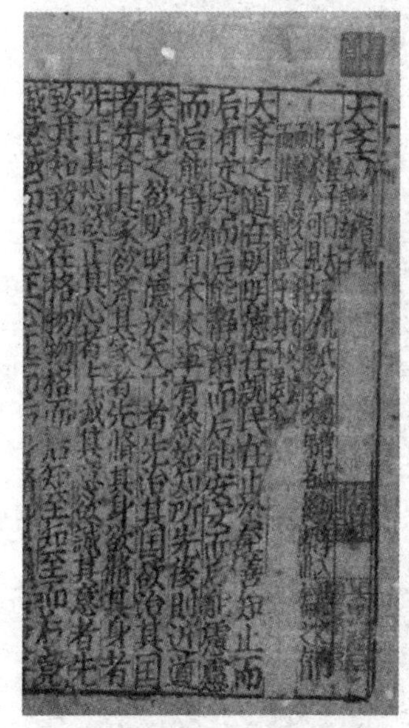

明·《大学》书影

《康诰》曰："克明德。"《大甲》曰："顾諟天之明命。"《帝典》曰："克明峻德。"皆自明也。汤之《盘铭》曰："苟日新，日日新，又日新。"《康诰》曰："作新民。"《诗》曰："周虽旧邦，其命惟新。"是故君子无所不用其极。

《诗》云："邦畿千里，惟民所止。"《诗》云："缗蛮黄鸟，止于丘隅。"子曰："于止，知其所止，可以人而不如鸟乎！"《诗》云："穆穆文王，於缉熙敬止！"为人君，止于仁；为人臣，止于敬；为人子，止于孝；为人父，止于慈；与国人交，止于信。《诗》云："瞻彼淇澳，菉竹猗猗。有斐君子，如切如磋，如琢如磨。瑟兮僩兮，赫兮喧兮。有斐君子，终不可諠兮！"如切如磋者，道学也；如琢如磨者，自修也；瑟兮僩兮者，恂慄也；赫兮喧兮者，威仪也；有斐君子，终不可諠兮者，道盛德至善，民之不能忘也。《诗》云："於戏！前王不忘。"君子贤其贤而亲其亲，小人乐其乐而利其利，此以没世不忘也。

子曰："听讼，吾犹人也，必也使无讼乎！"无情者不得尽其辞。大畏民志。此谓知本。

〔所谓致知在格物者，言欲致吾之知，在即物而穷其理也。盖人心之灵莫不有知，而天下之物莫不有理，惟于理有未穷，故其知有不尽也。是以《大学》始教，必使学者即凡天下之物，莫不因其已知之理而益穷之，以求至乎其极。至于用力之久，而一旦豁然贯通焉，则众物之表里精粗无不到，而吾心之全体大用无不明矣。此谓物格。〕此谓知之至也。

所谓诚其意者：毋自欺也。如恶恶臭，如好好色，此之谓自谦。故君子必慎其独也！

小人闲居为不善，无所不至，见君子而后厌然，掩其不善，而著其善。人之视己，如见其肺肝然，则何益矣。此谓诚于中，形于外，故君子必慎其独也。

曾子曰："十目所视，十手所指，其严乎！"富润屋，德润身，心广体胖。故君子必诚其意。

所谓修身在正其心者，身有所忿懥，则不得其正；有所恐惧，则不得其正；有所好乐，则不得其正；有所忧患，则不得其正。

心不在焉，视而不见，听而不闻，食而不知其味。此谓修身在正其心。

所谓齐其家在修其身者，人之其所亲爱而辟焉，之其所贱恶而辟焉，之其所畏敬而辟焉，之其所哀矜而辟焉，之其所敖惰而辟焉。故好而知其恶，恶而知其美者，天下鲜矣！故谚有之曰："人莫知其子之恶，莫知其苗之硕。"此谓身不修不可以齐其家。

所谓治国必先齐其家者，其家不可教而能教人者，无之。故君子不出家而成教于国。孝者，所以事君也；弟者，所以事长也；慈者，所以使众也。

五代·八达春游图

《康诰》曰："如保赤子。"心诚求之，虽不中不远矣。未有学养子而后嫁者也。

一家仁，一国兴仁；一家让，一国兴让；一人贪戾，一国作乱。其机如此。此谓一言偾事，一人定国。

尧、舜帅天下以仁，而民从之；桀纣帅天下以暴，而民从之。其所令反其所好，而民不从。是故君子有诸己而后求诸人，无诸己而后非诸人。所藏乎身不恕，而能喻诸人者，未之有也。故治国在齐其家。

《诗》云："桃之夭夭，其叶蓁蓁。之子于归，宜其家人。"宜其家人，而后可以教国人。《诗》云："宜兄宜弟。"宜兄宜弟，而后可以教国人。《诗》云："其仪不忒，正是四国。"其为父子兄弟足法，而后民法之也。此谓治国在齐其家。

所谓平天下在治其国者，上老老而民兴孝；上长长而民兴弟；上恤孤而民不倍。是以君子有絜矩之道也。

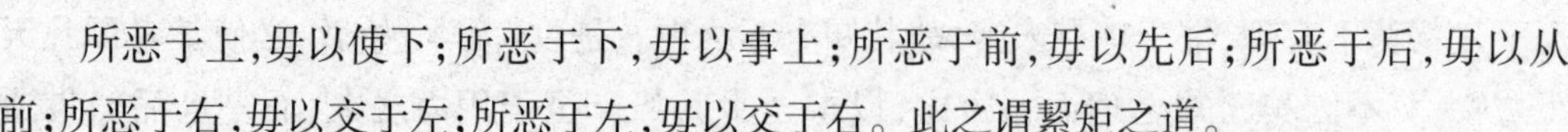

所恶于上，毋以使下；所恶于下，毋以事上；所恶于前，毋以先后；所恶于后，毋以从前；所恶于右，毋以交于左；所恶于左，毋以交于右。此之谓絜矩之道。

《诗》云："乐只君子，民之父母。"民之所好好之，民之所恶恶之，此之谓民之父母。《诗》云："节彼南山，维石岩岩。赫赫师尹，民具尔瞻。"有国者不可以不慎，辟则为天下僇矣。《诗》云："殷之未丧师，克配上帝。仪监于殷，峻命不易。"道得众则得国，失众则失国。

是故君子先慎乎德。有德此有人，有人此有土，有土此有财，有财此有用。德者，本

也;财者,末也。外本内末,争民施夺。是故财聚则民散,财散则民聚。是故言悖而出者,亦悖而入;货悖而入者,亦悖而出。

《康诰》曰:“惟命不于常。”道善则得之,不善则失之矣。《楚书》曰:“楚国无以为宝,惟善以为宝。”舅犯曰:“亡人无以为宝,仁亲以为宝。”

《秦誓》曰:“若有一个臣,断断兮无他技,其心休休焉,其如有容焉。人之有技,若己有之。人之彦圣,其心好之,不啻若自其口出,实能容之。以能保我子孙黎民,尚亦有利哉!人之有技,媢疾以恶之;人之彦圣,而违之俾不通,实不能容。以不能保我子孙黎民,亦曰殆哉!”唯仁人放流之,迸诸四夷,不与同中国。此谓唯仁人为能爱人,能恶人。见贤而不能举,举而不能先,命也。见不善而不能退,退而不能远,过也。好人之所恶,恶人之所好,是谓拂人之性,灾必逮夫身。是故君子有大道:必忠信以得之,骄泰以失之。

生财有大道:生之者众,食之者寡,为之者疾,用之者舒,则财恒足矣。仁者以财发身,不仁者以身发财。未有上好仁而下不好义者也,未有好义其事不终者也,未有府库财非其财者也。孟献子曰:“畜马乘不察于鸡豚,伐冰之家,不畜牛羊;百乘之家,不畜聚敛之臣。与其有聚敛之臣,宁有盗臣。”此谓国不以利为利,以义为利也。长国家而务财用者,必自小人矣。彼为善之,小人之使为国家,灾害并至。虽有善者,亦无如之何矣!此谓国不以利为利,以义为利也。

【译文】

大学的道理,在于使人的美德更加显明,在于使民众的生活不断更新,在于使人处于至善的境界。知道要达到至善的境界,就有了坚定的方向;有了坚定的方向之后,就能宁静;宁静之后,就能安心;安心之后,就能思虑;思虑之后,就会有所收获。万物都有本末轻重,万事都有先后始终。知道摆正事物的先后次序,就接近于道了。

古代想要显明美德于天下的人,首先要治理好他的国家。要想治理好国家,先要整治好他的家庭。要想整治好家庭,先要修养他自身的品德。要想修养自身品德,先要端正他的思想。要想端正思想,先要使他的意念真诚。要想使意念真诚,先要获得知识。获得知识的途径在于穷究事物的原理。穷究了事物的原理,才能获得知识。获得了知识意念才能真诚。意念真诚思想才能端正。思想端正自身品德才能得到修养。修养了自身品德,家庭才能得以整治。整治了家庭,国家才能得到治理。治理了国家,才能进而平治天下。上自天子下至庶人,一律都应该以修养自身的品德为根本。根本混乱而末节反而能治理得好,那是不可能的。轻视重要的根本,而重视次要的末节,这在古代圣人那里是没有的。这才叫作知道根本,这才是至上的智慧。

所谓意念真诚,就是不要自欺。要像讨厌臭味,像喜好美色一样出自真心,这样才算是满足了自己的心意。所以君子在一人独处的时候一定要十分小心谨慎。小人在日常

南宋·女孝经图(局部)

生活中干坏事,无所不为,看见君子来了才躲躲藏藏,把他们干的坏事掩盖起来,故意装出善良的样子。其实别人早已看透了你自己,好像看透你的肺肝一样,这样掩盖又有什么益处?这就是所谓内心的真实情况,一定会表现于外。所以君子在独自一人的时候,一定要十分小心谨慎。曾子说:"十只眼睛看着你,十只手指着你,这是多么令人畏惧啊!"财富可以装饰房屋,道德可以滋润身体,心胸宽广,身体自然舒坦。所以君子一定要使意念真诚。

《诗》上说:"看那弯弯淇水旁,绿竹优美多茂盛。君子多么有文采,如切如磋多认真,如琢如磨真精细。庄重肃穆多威严,显赫盛大多神气。富有文采的君子,人们永远不忘记!""如切如磋",是说君子讲道论学。"如琢如磨",是说君子修养品德。"庄严肃穆",是说君子内心的恭敬戒惧。"显赫盛大",是说君子的仪表十分威严。"富有文采的君子,人们永远不忘记",是说明道德茂盛,达到至善境界的人,民众是不会忘记他的。《诗》上说:"啊呀!前代圣王,永远难忘!"君子赞美前代圣王能尊重贤人,爱戴亲人。小人也从前代圣王的功德中享受到各自的快乐,获得各自的利益。因此,前代圣王世世代代不会被忘记。

《康诰》说:"能够显明美德。"《大甲》说:"思念审察天所赋予的光明美德。"《帝典》说:"能够显明崇高的道德。"这都是说道德要从自己身上显明出来。汤王的《盘铭》说:"洗去污垢,成为新人,日日更新,还要更新。"《康诰》上说:"要把殷商遗民改造为周朝的新民。"《诗》上说:"周虽然是殷朝的旧国,但已接受天命,获得新生。"所以君子在使民众改革更新方面,是竭尽全力的。

《诗》上说:"国都一千里,是民众所居之处。"《诗》上又说:"黄鸟声声鸣,止息在山陵。"孔子说:"鸟对于自己的处所还知道选择合适的地方,人怎么可以不如鸟呢?"《诗》上说:"德行深远的文王,光明敬重知所止之处。"作为人君,就应该处于仁的地位;作为人臣,就应该处于敬的地位;作为儿子,就应该处于孝的地位;作为父亲,就应该处于慈的地位;与国人交往,就应该处于信的地位。

孔子说："审理诉讼案件，我的才能与别人一样。一定要说有什么不同的话，那就是我想最终要使诉讼案件不再发生。使那些隐瞒实情的人不得用花言巧语来狡辩，使民众内心感到敬畏。"这可以说是知道事情的根本了。

所谓修养自身品德首先在于端正思想，是说如果心中怀有愤怒，思想就不得端正；心中怀有恐惧，思想就不得端正；心中怀有爱好，思想就不得端正；心中怀有忧患，思想就不得端正。如果心中所想的不在这里，那么眼睛虽然在看，却视而不见；耳朵虽然在听，却充耳不闻；嘴里虽然在吃，却尝不出滋味。这就是所谓修养自身品德首先要端正思想。

所谓整治家庭先要修养自身，是因为人的看法对自己所亲爱的人会有偏差，对自己所嫌恶的人会有偏差，对自己所敬畏的人会有偏差，对自己所同情的人会有偏差，对自己所怠慢的人也会有偏差。所以，喜爱一个人又能知道他的缺点，厌恶一个人又能知道他的优点，这样的人天下是很少的。所以有谚语说："没有人能知道自己儿子的缺点，没有人会说自己田里的庄稼长得很茂盛。"这就是所谓不修养自身，就不能整治家庭的道理。

所谓治理国家先要整治家庭，是因为家里的人教育不好却能教育好别人，是没有的事。所以君子不出家门就能完成全国的教化。子对父的孝，正是用来事奉君主的；弟对兄的悌，正是用来事奉官长的；父对子的慈爱，也正是君主用来役使民众的。《康诰》上说："爱护民众要像爱护自己的婴儿一样。"只要诚心去追求，即使不能完全达到，也相差不远了。没有听说有谁是先学会了养孩子，然后才出嫁的。国君一家讲究仁，那么整个一国都会兴起仁爱的风气；国君一家讲究礼让，那么整个一国都会兴起仁爱的风气。如果国君一人贪心暴戾，那么整个一国的人都会犯上作乱。国君的关键作用就是如此重要。这就是所谓一句话就能败坏大事，一个人就能安定国家。尧舜用仁爱来引导天下人，民众跟随了他们；桀纣用暴力来引导天下人，民众开始也跟随了他们。如果君主发出的号令跟自己的爱好相反，民众就不会跟随他。

所以君子自己身上具有这种美德，然后才能去要求别人；自己没有这种缺点，然后才能批评别人。藏于心中的东西不能推及别人，却能使别人理解，那是没有的事。所以治国首先在整治家庭。《诗》说："桃花多妖艳，桃叶多茂盛。女儿嫁过去，一家都和顺。"家里人和顺了，然后才可以教诲国人。《诗》上又说："兄弟关系真融洽。"兄弟融洽了，才可以教诲国人。《诗》又说："他的仪态无差错，才能整治四方国家。"国君只有使自己家中的父子兄弟的行为足以成为典范，然后民众才会效法他。这就是所谓治国首先在于整治家庭。

所谓平治天下，首先在于治理国家，是因为国君尊敬老人，民众就会兴起讲究孝道的风气；国君敬重长辈，民众就会兴起讲究悌道的风气；国君体恤孤独的人，民众就不会背离。所以君子有"絜矩之道"的方法。厌恶我的上级这样使唤我，我就不要这样去使唤我

审听诉讼，选自清黎明绘《仿金廷标孝经图》

的下级；厌恶我的下级这样事奉我，我就不要这样去事奉我的上级；厌恶我前面的人这样对待我，我就不要这样去对待我后面的人；厌恶我后面的人这样对待我，我就不要这样去对待前面的人；厌恶我右边的人这样与我交往，我就不要这样去与我左边的人交往；厌恶我左边的人这样与我交往，我就不要这样去与我右边的人交往。这就叫作“絜矩之道”。

《诗》上说：“多么快乐的君子，他是民众的父母。”民众所喜爱的他也喜爱，民众所厌恶的他也厌恶，这样才可以称之为民众的父母。《诗》上说：“南山高又高，岩头多险峻。显赫的师尹，民众都看着你。”治理国家的人不可不小心谨慎，一旦偏离正道，就会受到天下人的惩罚。

《诗》上说：“殷王没有失去众人的时候，他的道德也可以与上帝相配。我们今天应该借鉴殷朝灭亡的教训，要知道获得天命很不容易。”治国的道理是：得到民众就能得到国家，失去民众就会失去国家。所以君子首先要谨慎于德。有了美德才能赢得人民，有了人民才会有土地，有了土地才会有财富，有了财富才可以使用。德是根本，财是末节。轻本重末，就会与民众发生争夺。所以只顾聚积财富，民众就会离散；把财富分散给民众，民众才会凝聚。对民众说出无理的话，也会得到无礼的回报；用悖逆的手段得来的财富，也会被人以悖逆的手段夺去。《康诰》上说：“天命不会永远不变。”施行善道就会得到，不施行善道就要失去。《楚书》上说：“楚国没有什么可以当作宝贝，只把善德当作宝贝。”舅犯也说过：“流亡在外的人没有什么可以当作宝贝，只把仁爱的品德当作宝贝。”

《秦誓》说：“假若有这样一个大臣，老实诚恳，也没有其他才能，只是内心宽和，好像有很大的容量，别人有才能，就好像是他自己有才能一样；别人有美德，他内心真诚地喜

爱,而不只是从嘴里说喜爱。这样的人就能容纳他,因为他能保护我的子孙后代黎民百姓,而且对国家也是有利的！如果别人有才能,他就嫉妒嫌恶;别人有美德,他就去压抑,不让他与国君接近。这样的人就不能容纳,因为他不能保护我的子孙后代黎民百姓,对国家也很危险!”仁人还要将他流放,驱逐到蛮夷之邦,不让他与我们同住在中国。这就是所谓只有仁人才懂得爱什么人,恨什么人。

看见贤人却不去推举,推举了又不肯让他居于自己之上,这便是怠慢。看见坏人却不将他摈退,摈退了又不将他疏远,这也是过错。爱好众人所厌恶的,厌恶众人所爱好的,这便是违背人的本性,这样灾难就一定会落到他身上。所以君子治国有条大道理,必须忠诚守信,才能得到它;骄纵奢侈,就会失去它。

聚积财富有一条大道理:从事生产的人多,而享用财富的人少;创造财富迅速,而使用财富缓慢,这样财富就永远充足。有仁德的人分散财富来赢得自身的美名,不仁的人却出卖自己的身体去聚积财富。没有听说国君爱好仁而民众却不爱好义的。也没有听说民众爱好义而事情不能成功的。也没有听说民众不把国家财富当作自己的财富加以爱护的。

孟献子说:“家里备有车马的,就不再计较养鸡养猪的小利;有资格伐冰备用的大家,就不再养牛养马以牟利;有采邑的卿大夫家里,就不再收养专门帮他搜刮财富的家臣。与其有这种搜刮财富的家臣,倒宁愿有一个盗贼式的家臣。”这就是说国家不应该以利为利,而应该以义为利。想要使国家长治久安却只是一心致力于聚积财富,这一定是出自小人的主意。如果国君赞赏这种小人,用小人来治理国家,天灾人祸一定会一齐到来。这时即使有善人出来,也没有办法了。这就是所谓国家不应该以利为利,而应该以义为利。

中华传世藏书

儒家经典

图文珍藏本

中庸

［春秋］子思 ◎ 著

导读

《中庸》原是《小戴礼记》中的一篇。作者为孔子后裔子嗣子思，后经秦代学者修改整理。《中庸》是被宋代学人提到突出地位上来的，宋一代探索中庸之道的文章不下百篇，北宋程颢、程颐极力尊崇《中庸》。南宋朱熹又作《中庸章句》，并把《中庸》和《大学》《论语》《孟子》并列称为"四书"。宋、元以后，《中庸》成为学校官定的教科书和科举考试的必读书，对古代教育产生了极大的影响。中庸就是既不善也不恶的人的本性。从人性来讲，就是人性的本原，人的根本智慧本性。实质上用现代文字表述就是"临界点"，这就是难以把握的"中庸之道"。

【原文】

天命之谓性,率性之谓道,修道之谓教。

道也者,不可须臾离也,可离非道也。是故君子戒慎乎其所不睹,恐惧乎其所不闻。莫见乎隐,莫显乎微,故君子慎其独也。

喜怒哀乐之未发,谓之中;发而皆中节,谓之和。中也者,天下之大本也;和也者,天下之达道也。致中和,天地位焉,万物育焉。

仲尼曰:“君子中庸,小人反中庸。君子之中庸也,君子而时中;小人之中庸也,小人而无忌惮也。”

子曰:“中庸其至矣乎！民鲜能久矣！”

子曰:“道之不行也,我知之矣:知者过之,愚者不及也。道之不明也,我知之矣:贤者过之,不肖者不及也。人莫不饮食也,鲜能知味也。”

子曰:“道其不行矣夫。”

子曰:“舜其大知也与！舜好问而好察迩言,隐恶而扬善,执其两端,用其中于民,其斯以为舜乎！”

子曰:“人皆曰予知,驱而纳诸罟擭陷阱之中,而莫之知辟也。人皆曰予知,择乎中庸而不能期月守也。”

子曰:“回之为人也,择乎中庸,得一善,则拳拳服膺而弗失之矣。”

子曰:“天下国家可均也,爵禄可辞也,白刃可蹈也,中庸不可能也。”

子路问强。子曰:“南方之强与?北方之强与?抑而强与?宽柔以教,不报无道,南方之强也,君子居之。衽金革,死而不厌,北方之强也,而强者居之。故君子和而不流,强哉矫！中立而不倚,强哉矫！国有道,不变塞焉,强哉矫！国无道,至死不变,强哉矫！”

子曰:“素隐行怪,后世有述焉,吾弗为之矣。君子遵道而行,半途而废,吾弗能已矣。君子依乎中庸,遁世不见知而不悔,唯圣者能之。”

君子之道费而隐。夫妇之愚,可以与知焉,及其至也,虽圣人亦有所不知焉。夫妇之不肖,可以能行焉,及其至也,虽圣人亦有所不能焉。天地之大也,人犹有所憾。故君子语大,天下莫能载焉;语小,天下莫能破焉。《诗》云:“鸢飞戾天,鱼跃于渊。”言其上下察也。君子之道,造端乎夫妇,及其至也,察乎天地。

子曰:“道不远人。人之为道而远人,不可以为道。”

《诗》云:‘伐柯伐柯,其则不远。’执柯以伐柯,睨而视之,犹以为远。故君子以人治人,改而止。

“忠恕违道不远,施诸己而不愿,亦勿施于人。”

“君子之道四,丘未能一焉:所求乎子以事父,未能也;所求乎臣以事君,未能也;所求

乎弟以事兄，未能也；所求乎朋友先施之，未能也。庸德之行，庸言之谨，有所不足，不敢不勉，有余不敢尽。言顾行，行顾言，君子胡不慥慥尔？"

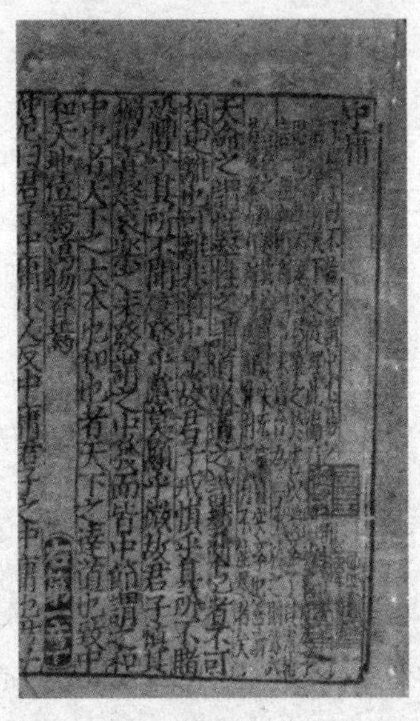

《中庸》书影

君子素其位而行，不愿乎其外。

素富贵，行乎富贵；素贫贱，行乎贫贱；素夷狄，行乎夷狄；素患难，行乎患难。君子无入而不自得焉。

在上位，不陵下；在下位，不援上。正己而不求于人，则无怨。上不怨天，下不尤人。

故君子居易以俟命，小人行险以侥幸。子曰："射有似乎君子，失诸正鹄，反求诸其身。"君子之道，辟如行远必自迩，辟如登高必自卑。《诗》曰："妻子好合，如鼓瑟琴。兄弟既翕，和乐且耽。宜尔室家，乐尔妻帑。"子曰："父母其顺矣乎！"

子曰："鬼神之为德，其盛矣乎！视之而弗见，听之而弗闻，体物而不可遗。使天下之人，齐明盛服，以承祭祀，洋洋乎！如在其上，如在其左右。《诗》曰：'神之格思，不可度思，矧可射思。'夫微之显，诚之不可掩如此夫！"

子曰："舜其大孝也与！德为圣人，尊为天子，富有四海之内，宗庙飨之，子孙保之。故大德必得其位，必得其禄，必得其名，必得其寿。故天之生物，必因其材而笃焉。故栽者培之，倾者覆之。《诗》曰：'嘉乐君子，宪宪令德。宜民宜人，受禄于天。保佑命之，自天申之。'故大德者必受命。"

子曰："无忧者其惟文王乎！以王季为父，以武王为子；父作之，子述之。武王缵大王、王季、文王之绪，壹戎衣而有天下。身不失天下之显名，尊为天子，富有四海之内，宗庙飨之，子孙保之。武王末受命，周公成文武之德，追王大王、王季，上祀先公以天子之礼。斯礼也，达乎诸侯大夫，及士庶人。父为大夫，子为士，葬以大夫，祭以士。父为士，子为大夫，葬以士，祭以大夫。期之丧，达乎大夫。三年之丧，达乎天子。父母之丧，无贵贱一也。"

子曰："武王、周公，其达孝矣乎！夫孝者：善继人之志，善述人之事者也。春秋修其祖庙，陈其宗器，设其裳衣，荐其时食。宗庙之礼，所以序昭穆也；序爵，所以辨贵贱也；序事，所以辨贤也；旅酬下为上，所以逮贱也；燕毛，所以序齿也。践其位，行其礼，奏其乐，敬其所尊，爱其所亲，事死如事生，事亡如事存，孝之至也。郊社之礼，所以事上帝也。宗庙之礼，所以祀乎其先也。明乎郊社之礼、禘尝之义，治国其如示诸掌乎！"

哀公问政。子曰："文武之政，布在方策。其人存，则其政举；其人亡，则其政息。人

道敏政，地道敏树。夫政也者，蒲卢也。故为政在人，取人以身，修身以道，修道以仁。仁者，人也，亲亲为大。义者，宜也，尊贤为大。亲亲之杀，尊贤之等，礼所生也。（在下位不获乎上，民不可得而治矣。）故君子不可以不修身。思修身，不可以不事亲；思事亲，不可以不知人；思知人，不可以不知天。”

天下之达道五，所以行之者三。曰：君臣也，父子也，夫妇也，昆弟也，朋友之交也：五者，天下之达道也。知、仁、勇三者，天下之达德也，所以行之者一也。或生而知之，或学而知之，或困而知之，及其知之一也。或安而行之，或利而行之，或勉强而行之，及其成功一也。子曰：“好学近乎知，力行近乎仁，知耻近乎勇。知斯三者，则知所以修身；知所以修身，则知所以治人；知所以治人，则知所以治天下国家矣。”

凡为天下国家有九经，曰：修身也，尊贤也，亲亲也，敬大臣也，体群臣也，子庶民也，来百工也，柔远人也，怀诸侯也。修身则道立，尊贤则不惑，亲亲则诸父昆弟不怨，敬大臣则不眩，体群臣则士之报礼重，子庶民则百姓劝，来百工则财用足，柔远人则四方归之，怀诸侯则天下畏之。齐明盛服，非礼不动，所以修身也。去谗远色，贱货而贵德，所以劝贤也。尊其位，重其禄，同其好恶，所以劝亲亲也。官盛任使，所以劝大臣也。忠信重禄，所以劝士也。时使薄敛，所以劝百姓也。日省月试，既禀称事，所以劝百工也。送往迎来，嘉善而矜不能，所以柔远人也。继绝世，举废国，治乱持危，朝聘以时，厚往而薄来，所以怀诸侯也。凡为天下国家有九经，所以行之者一也。

凡事豫则立，不豫则废。言前定则不跲，事前定则不困，行前定则不疚，道前定则不穷。

在下位不获乎上，民不可得而治矣。获乎上有道：不信乎朋友，不获乎上矣。信乎朋友有道：不顺乎亲，不信乎朋友矣。顺乎亲有道：反诸身不诚，不顺乎亲矣。诚身有道：不明乎善，不诚乎身矣。

诚者，天之道也；诚之者，人之道也。诚者，不勉而中，不思而得，从容中道，圣人也。诚之者，择善而固执之者也。博学之，审问之，慎思之，明辨之，笃行之。有弗学，学之弗能弗措也；有弗问，问之弗知弗措也；有弗思，思之弗得弗措也；有弗辨，辨之弗明弗措也；有弗行，行之弗笃弗措也。人一能之，己百之；人十能之，己千之。果能此道矣，虽愚必明，虽柔必强。

自诚明，谓之性；自明诚，谓之教。诚则明矣，明则诚矣。

唯天下至诚，为能尽其性；能尽其性，则能尽人之性；能尽人之性，则能尽物之性；能尽物之性，则可以赞天地之化育；可以赞天地之化育，则可以与天地参矣。

其次致曲，曲能有诚，诚则形，形则著，著则明，明则动，动则变，变则化，唯天下至诚为能化。至诚之道，可以前知。国家将兴，必有祯祥；国家将亡，必有妖孽。见乎蓍龟，动

乎四体。祸福将至:善,必先知之;不善,必先知之。故至诚如神。

诚者自成也,而道自道也。诚者物之终始,不诚无物。是故君子诚之为贵。诚者,非自成己而已也,所以成物也。成己,仁也;成物,知也。性之德也,合外内之道也,故时措之宜也。

故至诚无息。不息则久,久则征,征则悠远,悠远则博厚,博厚则高明。博厚,所以载物也;高明,所以覆物也;悠久,所以成物也。博厚配地,高明配天,悠久无疆。如此者,不见而章,不动而变,无为而成。

天地之道,可一言而尽也:其为物不贰,则其生物不测。天地之道:博也,厚也,高也,明也,悠也,久也。今夫天,斯昭昭之多,及其无穷也,日月星辰系焉,万物覆焉。今夫地,一撮土之多,及其广厚,载华岳而不重,振河海而不泄,万物载焉。

今夫山,一卷石之多,及其广大,草木生之,禽兽居之,宝藏兴焉。今夫水,一勺之多,及其不测,鼋鼍蛟龙鱼鳖生焉,货财殖焉。

《诗》云:"维天之命,於穆不已!"盖曰天之所以为天也。"於乎不显,文王之德之纯!"盖曰文王之所以为文也,纯亦不已。

大哉圣人之道!洋洋乎!发育万物,峻极于天。优优大哉!礼仪三百,威仪三千,待其人而后行。故曰苟不至德,至道不凝焉。故君子尊德性而道问学,致广大而尽精微,极高明而道中庸。温故而知新,敦厚以崇礼。是故居上不骄,为下不倍。国有道其言足以兴,国无道其默足以容。《诗》曰:"既明且哲,以保其身。"其此之谓与?

子曰:"愚而好自用,贱而好自专,生乎今之世,反古之道。如此者,灾及其身者也。"

非天子,不议礼,不制度,不考文。今天下车同轨,书同文,行同伦。虽有其位,苟无其德,不敢作礼乐焉;虽有其德,苟无其位,亦不敢作礼乐焉。

子曰:"吾说夏礼,杞不足征也;吾学殷礼,有宋存焉;吾学周礼,今用之,吾从周。"

王天下有三重焉,其寡过矣乎!上焉者,虽善无征,无征不信,不信民弗从。下焉者,虽善不尊,不尊不信,不信民弗从。

故君子之道,本诸身,征诸庶民,考诸三王而不缪,建诸天地而不悖,质诸鬼神而无疑,百世以俟圣人而不惑。质诸鬼神而无疑,知天也;百世以俟圣人而不惑,知人也。是故君子动而世为天下道,行而世为天下法,言而世为天下则。远之则有望,近之则不厌。

《诗》曰:"在彼无恶,在此无射。庶几夙夜,以永终誉。"君子未有不如此而蚤有誉于天下者也。仲尼祖述尧、舜,宪章文、武,上律天时,下袭水土。辟如天地之无不持载,无不覆帱,辟如四时之错行,如日月之代明。万物并育而不相害,道并行而不相悖。小德川流,大德敦化,此天地之所以为大也!

唯天下至圣,为能聪明睿知,足以有临也;宽裕温柔,足以有容也;发强刚毅,足以有执也；齐庄中正，足以有敬也；文理密察，足以有别也。溥博渊泉，而时出之。溥博如天，渊泉如渊。见而民莫不敬，言而民莫不信，行而民莫不说。是以声名洋溢乎中国，施及蛮貊。舟车所至，人力所通，天之所覆，地之所载，日月所照，霜露所坠，凡有血气者，莫不尊亲，故曰配天。

唯天下至诚，为能经纶天下之大经，立天下之大本，知天地之化育。夫焉有所倚？肫肫其仁！渊渊其渊！浩浩其天！苟不固聪明圣知达天德者，其孰能知之？

《诗》曰："衣锦尚絅。"恶其文之著也。故君子之道，暗然而日章；小人之道，的然而日亡。君子之道，淡而不厌，简而文，温而理，知远之近，知风之自，知微之显，可与入德矣。

《诗》云："潜虽伏矣，亦孔之昭！"故君子内省不疚，无恶于志。君子之所不可及者，其唯人之所不见乎？

《诗》云："相在尔室，尚不愧于屋漏。"故君子不动而敬，不言而信。

《诗》曰："奏假无言，时靡有争。"是故君子不赏而民劝，不怒而民威于鈇钺。

《诗》曰："不显惟德，百辟其刑之。"是故君子笃恭而天下平。

《诗》云："予怀明德，不大声以色。"子曰："声色之于以化民，末也。"

《诗》曰："德輶如毛。"毛犹有伦。"上天之载，无声无臭。"至矣！

【译文】

天生下来的叫作"性"，顺着性发展叫作"道"，依照道去修养，叫作"教"。道是不可以一刻离开的，如果可以离开，那就不是道了。所以君子在人所不见之处，特别警惕小心；对人所不闻之事，惶恐畏惧。没有什么比隐蔽的东西更能说明问题，没有什么比细微的小事更能显露本相。所以君子对自己独处时的行为和思想特别谨慎，喜怒哀乐没有表现出来时，叫作"中"，表现出来如果符合规矩，恰到好处，就叫作"和"。中是天下最大的根本，和是天下通行的道理，努力达到中和，天地就各安其所，万物就发育生长了。

孔子说："君子的言行符合中庸，而小人却违反中庸。君子符合中庸，是因为君子的言行时时处在适中的位置上。小人违反中庸，是因为小人的言论没有什么顾忌和害怕。"孔子说："中庸的道德大概是至高无上的了，民众很久以来很少有人能做到了。"孔子说："道不能实行的原因，我知道了：聪明人做得太过分，愚蠢的人却又达不到。道不能被世人所明了的原因，我也知道了：贤人的理解过了头，不肖的人又理解不了。人没有不吃不喝的，但却很少有人品尝出真味。"孔子说："道大概是难以推行了。"

孔子说："舜大概真是大智的人啊！舜乐于向人求教，善于审察浅近的言论，把别人言论中的错误遮掩起来，而把其中好的言论宣扬出来，掌握不同的对立的观点，把其中正确的适宜的意见运用到民众中去。这就是舜之所以为舜的缘故吧！"孔子说："人们都说自己聪明，可是被人赶到网罗陷阱中去，他们还不知道怎样逃避。人们都说自己聪明，可

是选择了中庸的道德，却不能坚持实行一个月。”

孔子说：“颜回的为人，认定了中庸的道德，得到一点正确的思想，就小心坚持着，放在心上，不让它丢失。”孔子说：“天下、国家可以和别人平分共治，爵位俸禄可以辞让掉，闪光的刀刃也敢于踏上去，而要做到中庸却不那么容易。”

子路问什么叫刚强。孔子说：“是南方人的刚强呢，还是北方人的刚强呢，或者还是你自己所谓的刚强呢？宽容温柔地教诲别人，不对无道的人进行报复，这是南方人的刚强，君子守着这样一种刚强。日夜与刀枪铠甲相伴，战死也不怨恨，这是北方人的刚强，尚武好斗的人守着这种刚强。君子与人和睦相处，但不迁就流俗，这才是真正的刚强啊！坚守中庸的道德永不偏移，这才是真正的刚强啊！国家太平，走在正确道路上时，他不改变自己穷困时的操守，这才是真正的刚强啊！国家混乱，离开正道时，他宁愿死去也不改变自己的操守，这才是真正的刚强啊！”

孔子说：“故意追求隐僻的生活，行动诡异，这种人后代可能会被人称述，但我不这样做。君子沿着正道前进，半途而废的事，我是不干的。君子依照中庸之道。遁世隐居而不被人知道，也永不后悔，只有圣人才能做到这一点。”君子所说的道，用途广泛却又微妙难察。平常男女虽然愚蠢，但也能略知一二；但到了极其精微之处，即使圣人也有所不知。平常的男女虽然不肖，也能实行道，但到了极其高妙之处，即使是圣人也有所不能。天地那么大，人们对它也还感到有所缺憾。所以君子的道说到大处，天下没有什么东西能容纳它；说到小处，天下没有什么东西能剖析它。《诗》上说：“老鹰飞上九天，鱼儿潜入深渊。”就是说的上至于天，下至于地。君子的道，从平常男女那里开始，到了极点，也可以上至于天，下至于地，无所不至。

孔子说：“道本来不是远离于人的。有人想要实行道，却远离了人，那样就不可以实行道了。《诗》上说：‘砍斧柄呀砍斧柄，样式就在你眼前。’手执斧头来砍削一个斧柄，眼睛一斜就可以看到样子，还能算是远吗？所以君子是用人身上本来就有的道理来治理人，直到他改正为止。忠恕的品德与中庸之道是相差不远的。施加到自己身上而自己不愿意的东西，就不要施加到别人身上去。君子的道有四个方面，我孔丘尚未做到其中之一：要求儿子对我做到的，我先要能对父亲做到，这我还不能；要求属下对我做到的，我先要能对君上做到，这我还不能；要求弟弟对我做到的，我先要能对哥哥做到，这我还不能；要求朋友对我做到的，我先要能对朋友做到，这我还不能。在平常品德的实行，日常言论的谨慎方面，如果有不足之处，不敢不努力上进；如果做的比说的更好，也不敢把话说尽。说话要顾及自己的行为，行为要顾及自己平时的言论。君子能做到这一点，岂不是诚恳笃厚吗？”

君子根据自己现在所处的地位而行动，不羡慕自己本分以外的东西。现在处在富贵

的地位，就做富贵者该做的事；现在处在贫贱的地位，就做贫贱者该做的事；现在处在夷狄的地位，就做夷狄该做的事；现在处在患难中，就做患难中该做的事。君子无论到了什么地方，都能自得其乐。身居高位，不会欺凌下面的人；身居下位，也不必巴结上级。端正自己的行为而不有求于别人，这样就无所怨恨。对上不怨恨天命，对下不归咎于人。君子守着平安的境地等待命运的安排，而小人却冒险以寻求幸运。

孔子说："射箭的方法跟君子的修养很相似，没有射中靶子，就回头在自己身上找原因。君子的修养方法，又好比长途跋涉，必须从近处开始；好比攀登高峰，必须从低处开始。《诗》上说：'夫妻和好，如琴瑟和谐；兄弟融洽，和气又欢乐；家庭处处好，儿女乐陶陶。'"孔子说："像这样，父母也就顺心如意了。"

孔子说："鬼神的功德，真是盛大无比啊！虽然看是看不见，听也听不到，但却体现在一切事物上没有遗漏。使天下的人都斋戒沐浴，穿戴整齐来恭敬地祭祀，好像到处都充满流动着鬼神的灵气，仿佛就在人们的头上，就在人们的左右。《诗》上说：'神的来到，不可预料，又岂能怠慢不敬！'神是既隐蔽微妙，又显赫明著，真实而不可遮掩，它就是像这样啊！"

孔子说："舜真是大孝啊！他的品德堪称圣人，他的地位尊为天子，他的财富包括四海之内的一切。宗庙里供奉他，子子孙孙永远祭祀他。所以有大德的人一定会得到地位，得到厚禄，得到名誉，得到长寿，可见天生育万物，也一定是根据万物不同的材质而分别加以培养的。可以栽培的就培植它，颓败倾倒的就埋没它。《诗》上说：善良快乐的君子，美好品德多么辉煌，庶民百官都适宜，接受天赐的福禄，老天保佑他成功，加重他的福禄。'所以有大德的人一定能受到天命。"

孔子说："无忧无患的大概只有文王了。他有王季做父亲，有武王做儿子。父亲创业，儿子继承。武王继承了大王、王季、文王的功业，消灭了殷纣取得了天下，自己得到了显赫于天下的名声。地位尊为天子，财富拥有四海之内的一切。宗庙供奉他，子孙祭祀他。武王晚年接受天命，周公最后完成文王、武王的功业，追封太王、王季为王，以天子之礼祭祀列祖列宗。这种礼仪，一直推广到诸侯、大夫以及士、庶人。凡父亲是大夫，儿子是士，父亲死了，就用大夫之礼来安葬，用士之礼来祭祀。凡父亲是士，儿子是大夫，父亲死了，就用士之礼来安葬，用大夫之礼来祭祀。一年的丧期，实行到大夫为止；三年的丧期，实行到天子；对父母的丧服，则无论贵贱，都是一样。"

孔子说："武王、周公可以说是达到孝的极点了吧！所谓孝，就是善于继承先人的遗志，善于完成先人的事业。春秋季节修缮祖庙，陈列先人的祭器，摆设先人的衣裳，供奉时令食品。宗庙的礼节，就是要用来排列昭穆的次序。按照爵位排列次序，是用以区分贵贱等级；安排各项职事，用来辨别才能的高下。旅酬时，尊者酬卑者，是为了使地位卑

贱的人也能参加宴饮。宴饮时按年龄排座次,是为了区分长幼的次序。踏上各自的位置,施行一定的礼节,演奏一定的音乐,对尊者表示敬意,对亲人表示爱戴;事奉死者如同事奉活人一样,祭祀亡灵仿佛它就在眼前一样,真是孝到极点了啊!郊社的礼仪,是用来事奉上帝的;宗庙的礼仪,是用来祭祀先祖的。明白了郊社的礼仪和褅尝的意义,那么,治理国家如同放在自己手掌之上,就容易做到了。"

唏发图

哀公问起为政的道理。孔子说:"文王、武王的政策都明白记载在典籍中。如果今天有像文王、武王这样的人,他们的政策就能实行;没有这样的人,他们的政策也就消亡了。有了这样的人,推行政策就很迅速;就像有了肥沃的土地,栽种的树木就会迅速生长一样。政策,就好像种蒲苇一样,很快生长。所以为政的关键在于获得人才,选取人才要看他自身的品德,修养自身的品德就要遵道,遵道首先要从仁做起。所谓'仁'就是指人性,尊敬亲人是其中最重要的内容;所谓'义',就是指合宜,尊重贤人是其中最重要的内容。尊重亲人有亲疏的等级,尊重贤人也有上下的级别,礼就是从这里产生的。所以君子不可不自我修养,想要自我修养,不可以不事奉双亲;想事奉双亲,不可以不懂得人性;想懂得人性不可不懂得天道。天下通行的伦常道理有五条,用来实践这些伦常道理的品德有三点。君臣关系、父子关系、夫妻关系、兄弟关系、朋友交往,这五条是天下通行的伦常道理。智、仁、勇,这三点是天下通行的品德,是用来推行五种伦常之道的。有的人是生来就知道这些道理,有的人则需经过学习才知道,还有的人是在遇到困惑之后去学习才知道。但等到他们真的知道了,那都是一样的了。有的人是安然自得地去实践这些道理,有的人看到有利才去实践,还有的人是勉强自己去实践。但等到他们获得了成功,那都是一样的了。"

孔子说:"好学的品格近似于智,努力实践的品格近似于仁,知道羞耻的品格近似于勇。知道这三点,就知道怎样修养自身了;知道怎样修养自身,就知道怎样治理别人了;知道怎样治理别人,就知道怎样治理天下国家了。治理天下国家有九项通常的纲领:修养自身、尊重贤人、爱戴亲人、尊敬大臣、体察群臣、爱护百姓、招来百工、怀柔四夷、安抚诸侯。修养自身,道德就确定了;尊重贤人,就不会昏聩;爱戴亲人,父辈和兄弟就不会产生怨恨;尊敬大臣,就不会被人迷惑;体察群臣,士人就会以礼相报;爱护百姓,百姓就会更加努力工作;招来百工,财物用品就会丰富;怀柔四夷,四方的人就会归顺;安抚诸侯,

天下的人就会敬畏。斋戒沐浴,正其衣冠,不做不符合礼的事,这是用来修身的方法。远离谗佞小人和美色,鄙视财货,看重品德,这是用来鼓励贤人的方法。提高他们的地位,增加他们的俸禄,表示出与他们相同的喜好和厌恶,这是用来勉励人们爱戴亲人的方法。给大臣安排众多的属官,供他使用,这是用来勉励大臣的方法。给予信任,加重俸禄,这是用来勉励士人的方法。适时使用,减少征税,这是用来勉励百姓的方法。每日每月进行检查考核,按照事功大小发放口粮,这是用来勉励各种工匠的方法。来时迎接,去时欢送,表彰有善行的人,同情能力低的人,这是用来怀柔四夷之人的方法。延续断绝了的世系,恢复灭亡了的小国。整治动乱,扶持危亡,适时举行朝见聘问,加重赏赐,减少贡纳,这是用来安抚诸侯的方法。治理天下国家有九条纲领,而能使它得到推行的只有一个东西,就是'诚'。一切事情,预先有准备才能成功;预先没有准备就要失败。说话之前打定主意,就不会栽跟头;做事之前先打定主意,就不会遇到困难;行动之前先打定主意,就不会产生忧虑;实行道德之前先打定主意,就不会行不通。处在下级的位置上,如果得不到上级的信任,就治理不好民众。想要得到上级的信任是有方法的:如果不取信于朋友,就不能得到上级的信任。想取信于朋友也是有方法的:如果不能孝顺父母,就不可能取信于朋友。想孝顺父母也是有方法的:如果反躬自问,内心不诚,就不能孝顺父母。想使内心真诚也是有方法的:如果不明白什么是善,就不会使内心真诚了。诚,是天所固有的道;想达到诚,则是人所遵循的道。天生的诚,是不必勉强就很适宜,不必思虑就来到心中,自然而然地合于道的要求。这只有圣人才能做到。通过实践达到诚,就是要选择善道并且坚持不放。广泛地学习,详细地询问,慎重地思考,明确地辨析,坚定地实行。要么不学,一旦去学,不学会就不放弃。要么不问,一旦去问,弄不懂就不放弃。要么不思考,一旦思考,不想个明白就不放弃。要么不辨析,一旦辨析,不辨个清楚就不放弃。要么不实行,一旦实行,实行得不坚实就不放弃。别人一次就能达到的,我用一百次;别人十次能达到的,我用一千次。如果真能照这方法去做,即使是愚蠢的人也会变得聪明,即使是柔弱的人也会变得刚强。由内心真诚而达到明白事理,这就是先天的本性;由明察事理而进入诚的境界,则是后天的教化。真诚就一定会使人明白事理,明白事理也一定会使人真诚。只有具备了天下最高之诚的人,才能充分实现天赋的本性;能充分实现自己的本性,才能充分发挥别人的本性;能充分发挥人的本性,才能充分发挥物的本性;能充分发挥物的本性,就可以帮助天地化育万物,与天地并立为三了。次一等的人,则应该从推究事理的某一方面做起,这样也能达到诚。有了诚就会表现于外,表现于外就会变得显著,显著起来就会发出光明,发出光明就会感动外物,感动外物就会引起变化,引起变化就会产生化育之功。只有达到天下最高的诚,才能产生化育之功。最高的诚道,可以用来预测未来。国家将要兴盛,一定会出现吉祥的征兆。国家将要灭亡,必定会出现

灾祸的萌芽。这些都会在占卜中显示出来,在人们的举止行动中体现出来。祸福将要到来时,是好事,预先就能知道;是坏事,预先也能知道。所以说最高的诚就像神一样先知先觉。诚是自己完成的,道是自己运行的。诚是万物的根本,没有诚就没有万物。所以君子以达到诚为贵。诚又并非只是自我完成而已,同时也成就外物。自我完成,就叫作"仁";成就外物,就叫作"智"。仁、智两者是天性的道德体现,也是内外之道的结合。像这样随时施行都能处处适宜。至高的诚是永不止息的,不止息就能长久,长久就会产生效验,有了效验就能悠久无穷,悠久无穷就会变得广博厚重,广博厚重就会变得高大光明。广博厚重就可以承受万物,高大光明就可以笼罩万物。悠久无穷,就可以完成万物的生长。广博厚重可以与地相配,高大光明可以与天相配,悠久无穷就像天地一样万世长存。如果这样,那么不用自我展现就已经很明显;不必有所动作,就能变化万物;无所作为,就能获得成功。天地之道用一个字就可以全部概括:这就是"诚"。天地真诚不二,生长万物,神奇莫测。天地之道,真是广博、厚重、高大、光明、悠久、无穷啊!且说这个天,看上去只不过这么一点点光亮,但它那无穷无尽的整体,却悬挂着日月星辰,覆盖着天下万物。且说这个地,只不过是一撮一撮的土组成的,但它那厚重的整体,承受着华山却不嫌重,收容了河海却不漏掉一滴水,负载着万物。再说这山,只不过是一块块小石头组成,但在它那广大的整体上,草本生长,禽兽居住,发掘出丰富的宝藏。再说这水,只不过是一瓢一瓢的水组成的,但在它那浩瀚莫测的总体里,却生长着鼋鼍鲛龙鱼鳖,出产了无尽的财富。《诗》上说:'只有天命,美好无比,永不止息。'这大概就是说的天之所以成为天的道理。'宏大光明,文王之德,多么纯净',这大概就是说明文王之所以被谥为"文",是因为他的品德真诚纯洁,也像天地一样永不止息。多么伟大啊,圣人的道!它广博无边,化育着万物,它高大无比,与天并齐。多么充足宽裕啊!礼的纲要有三百,礼的细则有三千,等待着真正的贤人来实行。所以说,如果不具备最高的德行,最高的道是不会完成的。所以君子既尊重先天的道德本性,又加强后天的学习求教;既遍游广大宽宏的领域,又深入到精妙细微之处;既达到极其伟大高明的境界,又遵循着中庸平常的道路。温习旧学问,以便进一步探求新知识;加强道德修养,使道德更加深厚,用以崇尚礼仪。所以身居高位不骄横傲慢,身为臣下也不悖乱无礼。国家有道,他说出话来足以使国家兴旺;国家无道,他的沉默足以使自己容身于乱世。《诗》上说:'精明而又智慧,可以保全自身。'大概就是说的这个吧。"

孔子说:"愚蠢的人却喜欢刚愎自用,卑贱的人却喜欢独断专行,生活在当今的时代,却要恢复古代的做法,像这样的人,灾难是一定会落到他们身上的。不是天子,就不得讨论礼仪,不得制订法度,不得考订文字。如今天下车轨标准相同,书写文字相同,行为准则相同。即使有天子的地位,如果没有圣人的道德,也不敢随意制礼作乐。同样,即使有

殷礼，汉画像石

圣人的道德，如果没有天子的地位，也不敢随便制礼作乐。”孔子说：“我要讲解夏代的礼仪，但现在杞国的情况已经不足以考证出夏礼的原貌了。我要学习殷代的礼仪，现在仅有宋国保存着一些殷礼的情况。我学习周代的礼仪，那正是当今实行着的礼仪，所以我遵从周礼。治理天下有三件重要的事，做好这三件事大概就很少会有过错了。前代的礼仪虽然好，但现在已无法验证；无法验证，就不能使人相信；不能使人相信，民众就不会遵从。不在位的贤人所提倡的礼仪虽然好，但他没有尊贵的地位，所以他订的礼仪也没有权威，没有权威民众也不会遵从，所以君子的道，是以自身的德性为根本，同时要在民众中得到验证，对照三王的礼法也没有差错，树立于天地之间不会产生违背不合之处，对证于鬼神也无可置疑，等到千百年以后的圣人来检验也没有疑惑。对证于鬼神无可置疑，这是知天；让千百年以后的圣人检验没有疑惑，这是知人。所以君子一切举动，都能世世代代让天下人称道；一切行为，都能世世代代让天下人仿效；一切言论都能世世代代作为天下人的法则。远离了它就会感到十分渴望，靠近了它也永远不会厌倦。《诗》上说：‘在那里没有嫌恶，在这里没有厌倦，几乎日夜不懈怠，永远保持好声誉。’君子没有不这样做而能早有声誉于天下的。”

仲尼远承尧舜的传统，近取文武的法则，上取法于天时，下因循着地理。好比伟大的天地，没有什么装载不下，没有什么覆盖不了。又好比四季循环运转，日月交替照耀，万物一齐生长发育，互不妨害；各种规律一同运行，互不违背。小德好像条条河水，奔流不息；大德敦厚化育之功，永无穷尽。这就是天地之所以伟大的缘故。

只有天下最伟大的圣人，才能做到聪明智慧，足以君临天下；宽广充裕，温和柔顺，足以容纳一切；奋发坚强，刚毅果断，足以决断天下大事；恭敬庄重，中和公正，足以令人敬畏；文章条理，精细明察，足以辨别是非。他的德行周遍而广阔，深沉而有根本，好像深潭一样。他一出现，民众没有不表示敬意的；他一说话，民众没有不相信的；他一行动，民众没有不喜悦的。所以他的美好名声充满了整个中国，并传播到四方边远民族。凡是车船所能到达的，人力所能通行的，天所覆盖，地所承受，日月所照耀，霜露所坠落的一切地方，凡是一切有生命血气的人，无不尊敬他、亲近他。所以说圣人的德性是与天相配的。

只有天下最高的诚，才能规划天下的大纲领，树立天下的大根本，知道天地的化育，哪里还需要依赖其他事物？其仁爱是多么诚恳，其深沉像渊水一样，其浩荡像天空一样。如果不是本来就聪明智慧，道德通天的人，谁能真正知道道呢？

《诗》上说："锦袍穿在内，外面罩单衣。"这就是厌恶华美的纹彩过于显露。所以君子的道，开始时虽然暗淡，却一天天逐渐显示出内在的光辉；小人的道开始时虽然鲜艳，却一天天逐渐失去外表的光彩。君子的道，清淡而不使人厌倦，简朴而内含文采，温和而条理分明。如果知道由远及近的道理，知道风气的形成是从哪里开始的，知道事物总是从微小走向显著，那就可以进入道德修养的门径了。《诗》上说："鱼儿潜伏在水中，也能看得很分明。"所以君子自我反省，不感到内疚，也就无愧于心。君子有常人所不能达到的，大概就是人所不见的内心世界了。《诗》上说："看你独自在屋里，也能光明无愧于心。"

所以君子尚未动作，就已怀着敬意；尚未说话，就已存有诚信。《诗》上说："奏起大乐默无声，此时更无吵和争。"所以君子不必行赏，民众就已经受到鼓励；不必发怒，民众对他的敬畏就已经超过了对刑戮的畏惧。《诗》上说："多么光辉的德行，四方诸侯来效法。"所以君子只要笃实恭敬，天下自然就会太平。《诗》上说："高明道德在心中，不靠声色吓唬人。"孔子说："依靠严厉的声色来教化民众，那是末等的方法。"《诗》上说："德轻如羽毛。"羽毛还是有类可比、可以形容的东西。而"上天之道的运行，没有声音和气味"，这才是至高无上的境界。

中华传世藏书

儒家经典

图文珍藏本

论 语

[春秋] 孔子 ◎ 著

导读

《论语》是记载中国古代著名思想家孔子及其弟子言行的语录，共四十卷，由孔子的弟子及其再传弟子编写，是我国古代儒家经典著作之一，是首创语录体。汉语文章的典范性也源于此，儒家创始人孔子的政治思想核心是“仁”“礼”和“中庸”。《论语》是记录孔子主要弟子及其再传弟子关于孔子言行的一部书。作为一部优秀的语录体散文集，它以言简意赅、含蓄隽永的语言，记述了孔子的言论。《论语》中所记孔子循循善诱的教诲之言，或简单应答，点到即止；或启发论辩，侃侃而谈；富于变化，娓娓动人。

学而篇第一

【原文】

子曰:“学而时习之,不亦说乎?有朋自远方来,不亦乐乎?人不知而不愠,不亦君子乎?”

有子曰:“其为人也孝弟,而好犯上者,鲜矣!不好犯上,而好作乱者,未之有也。君子务本,本立而道生。孝弟也者,其为仁之本与。”

子曰:“巧言令色,鲜矣仁!”

曾子曰:“吾日三省吾身:为人谋而不忠乎?与朋友交而不信乎?传不习乎?”

子曰:“道千乘之国,敬事而信,节用而爱人,使民以时。”

子曰:“弟子入则孝,出则悌,谨而信,泛爱众,而亲仁。行有余力,则以学文。”

子夏曰:“贤贤易色;事父母,能竭其力;事君,能致其身,与朋友交,言而有信;虽曰未学,吾必谓之学矣。”

子曰:“君子不重则不威;学则不固。主忠信,无友不如己者,过则勿惮改。”

曾子曰:“慎终,追远,民德归厚矣!”

子禽问于子贡曰:“夫子至于是邦也,必闻其政,求之与?抑与之与?”子贡曰:“夫子温、良、恭、俭、让以得之。夫子之求之也,其诸异乎人之求之与?”

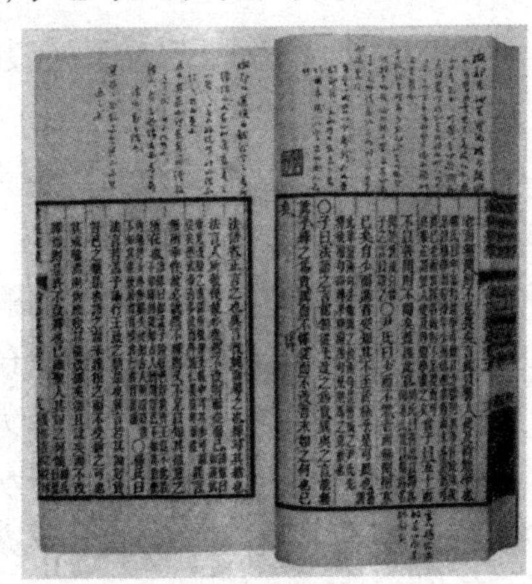
《论语纂注》书影

子曰:“父在,观其志;父没,观其行;三年无改于父之道,可谓孝矣。”

有子曰:“礼之用,和为贵。先王之道斯为美,小大由之。有所不行,知和而和,不以礼节之,亦不可行也。”

有子曰:“信近于义,言可复也;恭近于礼,远耻辱也;因不失其亲,亦可宗也。”

子曰:“君子食无求饱,居无求安,敏于事而慎于言,就有道而正焉,可谓好学也已。”

子贡曰:“贫而无谄,富而无骄,何如?”子曰:“可也。未若贫而乐,富而好礼者也。”

子贡曰:“《诗》云:‘如切如磋,如琢如磨’,其斯之谓与?”子曰:“赐也,始可与言《诗》已矣!告诸往而知来者。”

子曰："不患人之不己知，患不知人也。"

【译文】

孔子说："学过了，再定时地实习它，不也高兴吗？有学生从远方来（求教），不也快乐吗？别人不了解我，我不埋怨人家，不也是君子吗？"

有子说："他的为人呀，既孝顺父母，又尊敬兄长，却喜欢冒犯上级，这种人很少；不喜欢冒犯上级，却喜欢搞动乱，这种人是从来没有的。君子专心于树立基础，基础树立了，'道'也就产生了。孝顺父母，尊敬兄长，这就是'仁'的基础吧！"

孔子说："满口花言巧语，满脸堆起讨好的笑，这种人，是没有多少仁德的。"

曾子说："我每天多次反省：为别人办事是不是尽心尽力了呢？和朋友交往是不是真诚呢？老师传给我的本事是不是复习了呢？"

孔子说："治理有一千辆兵车的国家，就要认真对待工作，诚实可靠，节约费用，爱护官吏，役使老百姓要在农闲时候。"

孔子说："后生小子，在父母跟前，就孝顺他们；离开自己房子，便敬爱兄长；不多说话，说则诚实可信；爱人民，亲近有仁德的人。实行这些以后，有剩馀力量，便去学习文献。"

子夏说："对妻子，看重品德，不看重姿色；侍奉父母，能尽心竭力；服事君上，不惜献出生命；同朋友交往，说话诚实可靠。这样的人，虽说没专门学习过，我一定说他已经学习过了。"

孔子说："君子，如果不庄重，就没有威严；读书，知识也不会巩固。要以忠、信两种品德为主。没有不如自己的朋友。有了错误，就不怕改正。"

曾子说："谨慎地对待父母的去世，追念远代祖先，这就会使得老百姓归于忠厚老实了。"

子禽问子贡道："他老人家一到哪个国家，一定能听到那个国家的政事，是主动打听来的呢？还是别人自动告诉的呢？"子贡说："是靠他老人家温和、善良、严肃、节俭、谦虚的美德取得的。他老人家的取得它，大概和别人的取得它，不相同吧？"

孔子说："当他父亲健在时，（因为他无权独立行动，）要观察他的志向；父亲死了，要考察他的行为；如果多年不改变他父亲的合理部分，就可以说是'孝'了。"

有子说："礼的作用，凡事都做得恰到好处，才是可贵的。过去圣明君王的治理国家，可贵的地方就在这里，他们小事大事都做得恰当。但是，如有行不通的地方，就为恰当而求恰当，而不用一定的规矩制度去加以节制，也是不行的。"

有子说："信守的诺言符合义，说的话就能实现。举止庄重合于礼，就能避免受侮辱。依靠亲近的人，也就可靠了。"

孔子说："君子，吃饭不要求能饱，居住不要求舒适，干事情勤劳敏捷，说话却谨慎，到有道的人那里去匡正自己，这样，就可以说是好学了。"

子贡说："贫穷而不阿谀奉承，有钱而不骄傲自大，怎么样？"孔子说："可以了；不过，还不如虽贫穷却乐于道，虽有钱却谦虚好礼呢。"

子贡说："《诗》上说：'要像对待骨、角、象牙、玉石一样，先切料，然后粗粗锉出模型，再精雕细刻，最后磨光。'就是这样的意思吧？"孔子说："赐呀，现在可以和你说说《诗》了。告诉你一点，你就能举一反三，有所发挥了。"

孔子说："别人不了解我，我不忧虑；我忧虑的是自己不了解别人。"

为政篇第二

【原文】

子曰："为政以德，譬如北辰，居其所而众星共之。"

子曰："《诗》三百，一言以蔽之，曰：'思无邪'。"

子曰："道之以政，齐之以刑，民免而无耻；道之以德，齐之以礼，有耻且格。"

子曰："吾十有五而志于学，三十而立，四十而不惑，五十而知天命，六十而耳顺，七十而从心所欲，不逾矩。"

孟懿子问孝。子曰："无违。"

樊迟御，子告之曰："孟孙问孝于我，我对曰，'无违'。"樊迟曰："何谓也？"子曰："生，事之以礼；死，葬之以礼，祭之以礼。"

孟武伯问孝。子曰："父母唯其疾之忧。"

子游问孝。子曰："今之孝者，是谓能养。至于犬马，皆能有养；不敬，何以别乎？"

子夏问孝。子曰："色难。有事，弟子服其劳；有酒食，先生馔。曾是以为孝乎？"

子曰："吾与回言，终日不违，如愚。退而省其私，亦足以发。回也不愚。"

子曰："视其所以，观其所由，察其所安。人焉廋哉？人焉廋哉？"

子曰："温故而知新，可以为师矣。"

子曰："君子不器。"

子贡问君子。子曰："先行其言，而后从之。"

子曰："君子周而不比，小人比而不周。"

子曰："学而不思则罔，思而不学则殆。"

子曰："攻乎异端，斯害也已。"

子曰："由，诲女知之乎！知之为知之，不知为不知，是知也。"

子张学干禄。子曰："多闻阙疑，慎言其余，则寡尤；多见阙殆，慎行其余，则寡悔。言寡尤，行寡悔，禄在其中矣。"

哀公问曰："何为则民服？"孔子对曰："举直错诸枉，则民服。举枉错诸直，则民不服。"

季康子问："使民敬、忠以劝，如之何？"子曰："临之以庄则敬，孝慈则忠，举善而教不能则劝。"

或谓孔子曰："子奚不为政。"子曰："《书》云：'孝乎！惟孝，友于兄弟'，施于有政。是亦为政，奚其为为政？"

子曰："人而无信，不知其可也。大车无輗，小车无軏，其何以行之哉？"

子张问："十世可知也？"子曰："殷因于夏礼，所损益可知也；周因于殷礼，所损益可知也；其或继周者，虽百世可知也。"

子曰："非其鬼而祭之，谄也。见义不为，无勇也。"

【译文】

孔子说："用道德来行使政令，自己便会像北极星一样，呆在那里一动不动，别的星辰都环绕着它。"

孔子说："《诗》三百篇，用一句话来概括它，就是'思想纯正'。"

孔子说："用政法来诱导，用刑罚来整顿，老百姓只会暂时免于罪过，却没有羞耻之心。如果用道德来诱导，用礼教来整顿，老百姓不但有羞耻之心，而且人心归服。"

孔子说："我十五岁，有志于学问；三十岁，（学了礼仪，）说话做事能站得住脚；四十岁，（掌握了各种知识，）不会迷惑；五十岁，知晓了天命；六十岁，一听别人说话，便能判别是非；到了七十岁，尽管随心所欲，也不会有任何念头越出规矩。"

孟懿子向孔子问孝道。孔子说："不要违背礼节。"

后来，樊迟为孔子驾车，孔子便告诉他说："孟孙向我问孝道，我答复他说，不要违背礼节。"樊迟道："这是什么意思？"孔子说："父母健在，按规定的礼节服侍他们；去世了，按规定的礼节埋葬他们，祭祀他们。"

孟武伯向孔子请教孝道。孔子说："做爹妈的只是为孝子的疾病发愁。"

子游问孝道。孔子说："今天的所谓孝，好像只要能养活爹妈就行了。但狗马也都能够得到饲养；若不恭恭敬敬地孝顺父母，那又怎样区别养活爹妈和饲养狗马呢？"

子夏问孝道。孔子说："儿子在父母跟前经常有快乐的表情，是很难的。有事情，年轻人出力，有吃有喝，年长的人受用。难道这可以算是孝吗？"

孔子说："我整天和颜回谈学问，他从不提反对意见和疑问，像个傻瓜。等他回家自己研究,却也能有所发挥。颜回呀,不傻。”

孔子说:“考察一个人所结交的朋友;观察他为达到目的所采用的方式方法;了解他的心情,安于什么,不安于什么。那么,这个人能躲到哪里去呢?这个人能躲到哪里去呢?”

孔子说:“既温习旧知识,又不断吸取新知识,这就可以做教师了。”

孔子说:“君子不像器皿一般,(只有一定的用途。)”

子贡问怎样才能成为君子。孔子说:“先实行了你要说的,再说出来,(这就算是一个君子了。)”

孔子说:“君子团结,而不勾结;小人勾结,而不团结。”

孔子说:“只是读书而不思考,就会受骗上当;只是冥思苦想,却不读书,就会越想越糊涂。”

孔子说:“攻击那些不正确的言论,这样祸害就没有了。”

孔子说:“由!教给你对待知或不知的正确态度吧!知道就是知道,不知道就是不知道,这就是叫作明智。”

子张向孔子学求官职得俸禄的方法。孔子说:“多听,有疑问的地方,加以保留;其馀足以自信的部分,谨慎地说出,就能减少错误。多看,有疑问的地方,加以保留;其馀足以自信的部分,谨慎地实行,就能减少懊悔。言语少错误,行动少后悔,官职俸禄就在这里面了。”

鲁哀公问道:“要怎样做老百姓才能服从呢?”孔子答道:“提拔正直的人,把他放在不正直的人之上,老百姓就服从了;假若提拔不正直的人,把他放在正直的人之上,老百姓就不会服从。”

季康子问道:“要使人民严肃认真,尽心尽力和互相劝勉,要如何做呢?”孔子说:“你严肃认真地对待人民的事情,他们也会严肃认真地服从你的政令了;你孝顺父母,慈爱幼小,他们也就会对你尽心尽力了;你提拔好人,教育能力弱的人,他们也就会互相勉励了。”

有人对孔子说:“你为什么不参与政治?”孔子说:“《尚书》上说:‘孝呀,只有孝顺父母,友爱兄弟,并把这种风气影响到大官那儿去。’这也算参与政治了啊,你说什么才算参政呢?”

孔子说:“作为一个人,却不讲信用,不晓得那怎么可以。这好比大车没有固定横木的輗,小车没有固定横木的轨,如何能行走呢?”

子张问:“今后十代(的礼仪制度)可以预知吗?”孔子说:“殷朝沿袭夏朝的礼仪制度,所废除的和所增加的,可以知道;周朝沿袭殷朝的礼仪制度,所废除的和所增加的,也

可以知道，那么，如果有继承周朝的，即使一百代，也是可以预知的。”

孔子说：“不该我所祭祀的鬼神，而去祭祀他，这是献媚。眼见应该挺身而出的事情，却袖手旁观，是缺少勇气。”

八佾篇第三

【原文】

孔子谓季氏：“八佾舞于庭，是可忍也，孰不可忍也？”

三家者以《雍》彻。子曰：“‘相维辟公，天子穆穆’，奚取于三家之堂？”

子曰：“人而不仁，如礼何？人而不仁，如乐何？”

林放问礼之本。子曰：“大哉问！礼，与其奢也，宁俭。丧，与其易也，宁戚。”

子曰：“夷狄之有君，不如诸夏之亡也。”

季氏旅于泰山。子谓冉有曰：“女弗能救与？”对曰：“不能！”子曰：“呜呼！曾谓泰山不如林放乎？”

子曰：“君子无所争，必也射乎！揖让而升，下而饮，其争也君子。”

子夏问曰：“‘巧笑倩兮，美目盼兮，素以为绚兮。’何谓也？”子曰：“绘事后素。”

曰：“礼后乎？”子曰：“起予者商也，始可与言《诗》已矣。”

子曰：“夏礼，吾能言之，杞不足征也。殷礼，吾能言之，宋不足征也。文献不足故也，足，则吾能征之矣。”

子曰：“禘，自既灌而往者，吾不欲观之矣。”

或问禘之说。子曰：“不知也。知其说者之于天下也，其如示诸斯乎！”指其掌。

祭如在，祭神如神在。子曰：“吾不与祭，如不祭。”

王孙贾问曰：“‘与其媚于奥，宁媚于灶’，何谓也？”子曰：“不然，获罪于天，无所祷也。”

子曰：“周监于二代，郁郁乎文哉！吾从周。”

子入太庙，每事问。或曰：“孰谓鄹人之子知礼乎？入太庙，每事问。”子闻之，曰：“是礼也。”

子曰：“射不主皮，为力不同科，古之道也。”

子贡欲去告朔之饩羊。子曰：“赐也，尔爱其羊，我爱其礼。”

子曰：“事君尽礼，人以为谄也。”

定公问：“君使臣，臣事君，如之何？”孔子对曰：“君使臣以礼，臣事君以忠。”

子曰："《关雎》，乐而不淫，哀而不伤。"

哀公问社于宰我。宰我对曰："夏后氏以松，殷人以柏，周人以栗，曰使民战栗。"子闻之，曰："成事不说，遂事不谏，既往不咎。"

子曰："管仲之器小哉！"

或曰："管仲俭乎？"曰："管氏有三归，官事不摄，焉得俭？"

"然则管仲知礼乎？"曰："邦君树塞门，管氏亦树塞门。邦君为两君之好，有反坫，管氏亦有反坫。管氏而知礼，孰不知礼？"

子语鲁大师乐。曰："乐其可知也：始作，翕如也；从之，纯如也，皦如也，绎如也，以成。"

仪封人请见。曰："君子之至于斯也，吾未尝不得见也。"从者见之。出，曰："二三子何患于丧乎？天下之无道也久矣，天将以夫子为木铎。"

子谓《韶》："尽美矣，又尽善也。"谓《武》："尽美矣，未尽善也。"

子曰："居上不宽，为礼不敬，临丧不哀，吾何以观之哉？"

孔子，宋马远绘。

【译文】

孔子谈到季氏，说："他用六十四人在庭院中奏乐舞蹈，这都可以狠心做出来，还有什么事不可以狠心做出来呢？"

仲孙、叔孙、季孙三家，当他们祭祀祖先的时候，（也用天子的礼，）唱着《雍》这篇诗来撤除祭品。孔子说："（《雍》诗有这样两句：）'助祭的是诸侯，天子严肃静穆地在那里主祭。'这两句诗，用在三家主祭的大堂上，取它的哪一点意义呢？"

孔子说："作为一个人，却不仁，拿礼仪制度怎么办呢？作为一个人，却不仁，拿音乐怎么办呢？"

林放问礼的本质。孔子说："这可是个大问题呀！一般的礼仪，与其铺张浪费，宁可俭省朴素；丧礼呢，与其仪文过分周全，宁可过度悲哀。"

孔子说："野蛮人的国家虽然有君主，还不如中国没有君主呢。"

季氏打算去祭祀泰山。孔子对冉有说："你不能阻止他吗？"冉有答道："不能。"孔子道："竟可以说泰山还不如林放（懂礼，居然接受这不合规定的祭祀了）吗？"

孔子说："君子没有什么可争的事情。如果一定要举出一件有争的事，那么就是射箭比赛了！（但即使比箭时，也）先要相互作揖然后登堂；（比赛完毕，）走下堂来，然后（作揖）喝酒。这就是君子式的竞争啊。"

子夏问道："'有酒窝的脸儿笑得美啊，黑白分明的眼流转得媚啊，洁白的底子上画着花卉啊。'这几句诗说的什么？"孔子道："先有白色底子，然后画花。"

子夏道："是不是礼乐的产生在（仁义）以后呢？"孔子道："启发我的，是商呀！现在可以同你讨论《诗》了。"

孔子说："夏朝的礼，我能说出来，它的后代杞国不足以作证；殷朝的礼，我能说出来，它的后代宋国不足以作证。这是这两国的历史文献和贤者不够的缘故。若有足够的文献和贤者，我们就可以引以作证了。"

孔子说："禘祭，从第一次献酒以后，我就不想看了。"

有人向孔子请教关于禘祭的知识。孔子说："不知道呀！知道的人对于治理天下，应该像把东西放在这里一样容易吧？"一边说，他一边指着自己的手掌。

孔子祭祖的时候，便好像祖先真在那里；祭神的时候，便好像神真在那里。孔子说："我如果不能亲自参加祭祀，还不如不祭（决不请别人代理）。"

王孙贾问道："'与其讨好房屋西南角的神，宁可讨好灶君司命'，这是什么意思？"孔子说："不对，得罪了上天，祈祷也没有用。"

孔子说："周朝的典章制度借鉴了夏、商两代的，（又有所发展，完善，）多么丰富多彩呀！我主张周朝的。"

孔子到了周公庙，每件事情都发问。有人说："谁说鄹大夫的儿子懂得礼呢？他到了太庙，每件事都要问别人。"孔子听到了这话，便说："这正是礼呀。"

孔子说："比箭，不一定要穿破箭靶子，因为各人的力气大小不相同，这是古时的规矩。"

子贡要把鲁国每月初一告祭祖庙的那只活羊撤去不用。孔子说："赐呀！你舍不得那只羊，我舍不得那种礼。"

孔子说："服事君主，一切依照做臣子的礼节去做，别人却以为他在献媚讨好呢。"

鲁定公问："君主役使臣子，臣子服事君主，各自应该如何做？"孔子答道："君主役使臣子应该依礼，臣子服事君主应该尽忠。"

孔子说："《关雎》这首诗，快乐而不放荡，悲哀而不伤痛。"

鲁哀公向宰我发问，做社主要用什么材料的木头。宰我答道："夏代用松木，殷代用柏木，周代用栗木，意思是使人民有所畏惧而战栗。"孔子听说后，（责备宰我）说："已经做了的事不必再解释了，已经完成的事不必再挽救了，已经过去的事不必再追究了。"

孔子说："管仲的器量小得很哪！"

有人便问："管仲节俭吗？"孔子说："管氏收取了人民高额的地租，他手下的人员，(一人一职，)从不兼差，怎么能说是节俭呢？"

那人又问："那么，管仲懂得礼节吗？"孔子又说："国君宫殿门前，立了一个塞门，管氏也立了个塞门；国君招待外国君主，堂上有放置酒具的土堆，管氏也有这样的土堆。假如说管氏懂得礼节，那谁不懂得礼节呢？"

孔子把演奏音乐的道理告诉给鲁国的太师，他说："音乐，是可以透彻了解的，开始演奏时，翕翕地热烈，继续下去，纯纯地和谐，皦皦地清晰，绎绎地不绝，这样，然后完成。"

仪地的边防官请求孔子接见，说道："有道德学问的人到得这里，我从没有不和他见面的。"孔子的随行学生请求孔子接见了他。他告辞出来后说："你们这些人何必着急没有官位呢？天下黑暗的日子已经很久了，(圣人也该要出来了，)天老爷是要让他老人家来做人民的导师啊。"

孔子论到《韶》，说："美极了，而且好极了。"论到《武》，说："美极了，却还不够好。"

孔子说："居于上位不宽宏大量，行礼的时候不严肃认真，参加丧礼的时候不悲哀，这叫我怎么能看得下去呢？"

里仁篇第四

【原文】

子曰："里仁为美。择不处仁，焉得知？"

子曰："不仁者不可以久处约，不可以长处乐。仁者安仁，知者利仁。"

子曰："唯仁者能好人，能恶人。"

子曰："苟志于仁矣，无恶也。"

子曰："富与贵，是人之所欲也。不以其道得之，不处也。贫与贱，是人之所恶也。不以其道得之，不去也。君子去仁，恶乎成名？君子无终食之间违仁，造次必于是，颠沛必于是。"

子曰："我未见好仁者、恶不仁者。好仁者，无以尚之；恶不仁者，其为仁矣，不使不仁者加乎其身。有能一日用其力于仁矣乎？我未见力不足者。盖有之矣，我未之见也。"

子曰："人之过也，各于其党。观过，斯知仁矣。"

子曰："朝闻道，夕死可矣。"

子曰："士志于道，而耻恶衣恶食者，未足与议也。"

子曰："君子之于天下也，无适也，无莫也，义之与比。"

子曰："君子怀德，小人怀土。君子怀刑，小人怀惠。"

子曰："放于利而行，多怨。"

子曰："能以礼让为国乎？何有？不能以礼让为国，如礼何？"

子曰："不患无位，患所以立；不患莫己知，求为可知也。"

子曰："参乎！吾道一以贯之。"曾子曰："唯。"子出。门人问曰："何谓也？"曾子曰："夫子之道，忠恕而已矣！"

子曰："君子喻于义，小人喻于利。"

子曰："见贤思齐焉，见不贤而内自省也。"

子曰："事父母几谏。见志不从，又敬不违，劳而不怨。"

子曰："父母在，不远游。游必有方。"

子曰："三年无改于父之道，可谓孝矣。"

子曰："父母之年，不可不知也。一则以喜，一则以惧。"

子曰："古者言之不出，耻躬之不逮也。"

子曰："以约失之者，鲜矣！"

子曰："君子欲讷于言，而敏于行。"

子曰："德不孤，必有邻。"

子游曰："事君数，斯辱矣；朋友数，斯疏矣。"

【译文】

孔子说："住的地方，要有仁德才好。选择一个住处，却没有仁德，怎么算得上聪明呢？"

孔子说："不仁的人不可以长久地处于困境中，也不可以长久地处于安乐中。仁人安于仁，（因为他只有实行仁德才心安；）聪明人利用仁，（因为他认识到实行仁德对自己有长远而巨大的利益。）"

孔子说："只有仁人才能够喜爱某人，厌恶某人。"

孔子说："假如立志实行仁德，总没有坏处。"

孔子说："有钱和当官，是人人所盼望的；不用正当的方法去得到它，君子不接受。贫困和地位低，是人人所厌恶的，不用正当的方法去抛弃它，君子不摆脱。君子抛弃了仁德，到哪里去成就他的声名呢？君子没有吃完一餐饭的时间离开仁德，仓促匆忙的时候，他也一定和仁德同在；颠沛流离的时候，他也一定和仁德同在。"

孔子说："我没有见过爱好仁德和厌恶不仁德的人。爱好仁德的人，那是再好不过的了；厌恶不仁德的人，他行仁德，只是不使不仁德的东西加在自己身上。有谁能在某一天把自己的力量用在仁德上呢？我没有见过力量不够的。大概这种人还是有的，我没有见到罢了。"

孔子说："（人是各种各样的，他们所犯的错误也是各种各样的。）什么样的错误就是由什么样的人犯的。观察某人所犯的错误，就可以知道他是怎样的人了。"

孔子说："早晨得知了真理，要我晚上死都可以。"

孔子说："读书人有志于真理，却又以吃粗粮穿破衣为耻辱，便不值得同他商议了。"

孔子说："君子对于天下的事情，没规定要怎样干，也没规定不要怎样干，怎样干合理恰当，便那样干。"

孔子说："君子怀念道德，小人怀念乡土；君子关心法度，小人关心恩惠。"

孔子说："依据自己的利益而行事，会招致许多怨恨。"

孔子说："能够用礼让来治理国家吗，这有什么困难呢？如果不能用礼让来治理国家，又拿这礼仪怎么办呢？"

孔子说："不愁没有职位，只愁没有任职的本领；不怕没人知道自己，只求获得足以使别人知道自己的本领。"

孔子说："参呀！我的学说贯穿着一个基本概念。"曾子说："是的。"

孔子走出去以后，别的学生便问道："这是什么意思？"曾子说："他老人家的学说，只是忠和恕罢了。"

孔子说："君子懂得的是义，小人懂得的是利。"

孔子说："见到贤人，便应该想向他看齐；见到不贤的人，便应该反省，（看自己有没有和他相同的缺点。）"

孔子说："侍奉父母，（如果他们做得不对，）要轻微婉转地劝止；看到自己的意见没有被听从，仍然恭恭敬敬，不冒犯他们；虽然忧愁，但不怨恨。"

孔子说："父母在世，不出远门；如果要出远门，必须有一定的去处。"

孔子说："如果多年不改变他父亲的合理部分，就可以说是'孝'了。"

孔子说："父母的年纪不能不时时记在心里：一来因（其高寿）而欢喜，一来又因（其寿高）而有所恐惧。"

孔子说："古时候言语不轻易出口，就是怕自身的行动赶不上。"

孔子说："因为约束自己而犯过失的，总不多见。"

孔子说："君子言语要谨慎迟钝，工作要勤劳敏捷。"

孔子说："有道德的人不会孤单，一定会有（志同道合的人来和他做）伙伴。"

子游说："对待君主过于烦琐，就会招致侮辱；对待朋友过于烦琐，反而会被疏远。"

公冶长篇第五

【原文】

子谓公冶长："可妻也。虽在缧绁之中，非其罪也。"以其子妻之。

子谓南容："邦有道，不废；邦无道，免于刑戮。"以其兄之子妻之。

子谓子贱："君子哉若人！鲁无君子者，斯焉取斯？"

子贡问曰："赐也何如？"子曰："女，器也。"曰："何器也？"曰："瑚琏也。"

或曰："雍也仁而不佞。"子曰："焉用佞？御人以口给，屡憎于人。不知其仁，焉用佞？"

子使漆雕开仕。对曰："吾斯之未能信。"子说。

子曰："道不行，乘桴浮于海。从我者，其由与？"子路闻之喜。子曰："由也好勇过我，无所取材。"

孟武伯问："子路仁乎？"子曰："不知也。"又问。子曰："由也，千乘之国，可使治其赋也。不知其仁也。""求也何如？"子曰："求也，千室之邑、百乘之家，可使为之宰也。不知其仁也。""赤也何如？"子曰："赤也，束带立于朝，可使与宾客言也。不知其仁也。"

子谓子贡曰："女与回也孰愈？"对曰："赐也何敢望回？回也闻一以知十，赐也闻一以知二。"子曰："弗如也！吾与女弗如也。"

宰予昼寝，子曰："朽木不可雕也，粪土之墙不可杇也。于予与何诛？"子曰："始吾于人也，听其言而信其行；今吾于人也，听其言而观其行。于予与改是。"

子曰："吾未见刚者。"或对曰："申枨。"子曰："枨也欲，焉得刚？"

子贡曰："我不欲人之加诸我也，吾亦欲无加诸人。"子曰："赐也，非尔所及也。"

子贡曰："夫子之文章，可得而闻也；夫子之言性与天道，不可得而闻也。"

子路有闻，未之能行，唯恐有闻。

子贡问曰："孔文子何以谓之'文'也？"子曰："敏而好学，不耻下问，是以谓之'文'也。"

子谓子产："有君子之道四焉：其行己也恭，其事上也敬，其养民也惠，其使民也义。"

子曰："晏平仲善与人交，久而敬之。"

子曰："臧文仲居蔡，山节藻棁，何如其知也？"

子张问曰："令尹子文三仕为令尹，无喜色；三已之，无愠色。旧令尹之政，必以告新

令尹。何如?”子曰:“忠矣。”曰:“仁矣乎?”曰:“未知。焉得仁?”“崔子弑齐君。陈文子有马十乘,弃而违之。至于他邦,则曰:‘犹吾大夫崔子也。’违之。之一邦,则又曰:‘犹吾大夫崔子也。’违之。何如?”子曰:“清矣。”曰:“仁矣乎?”曰:“未知。焉得仁?”

季文子三思而后行。子闻之,曰:“再,斯可矣。”

子曰:“宁武子,邦有道,则知;邦无道,则愚。其知可及也,其愚不可及也。”

子在陈,曰:“归与!归与!吾党之小子狂简,斐然成章,不知所以裁之!”

子曰:“伯夷、叔齐不念旧恶,怨是用希。”

子曰:“孰谓微生高直?或乞醯焉,乞诸其邻而与之。”

子曰:“巧言、令色、足恭,左丘明耻之,丘亦耻之。匿怨而友其人,左丘明耻之,丘亦耻之。”

颜渊、季路侍。子曰:“盍各言尔志?”子路曰:“愿车马衣裘,与朋友共,敝之而无憾。”颜渊曰:“愿无伐善,无施劳。”子路曰:“愿闻子之志。”子曰:“老者安之,朋友信之,少者怀之。”

子曰:“已矣乎!吾未见能见其过而内自讼者也。”

子曰:“十室之邑,必有忠信如丘者焉,不如丘之好学也。”

【译文】

孔子评论公冶长,“可以把女儿嫁给他。他虽然在监狱里关过,但不是他的罪过。”便把自己的女儿嫁给他。

孔子评论南容,“国家政治清明,(总有官做,)不被废弃;国家政治黑暗,也不致被刑罚。”便把哥哥的女儿嫁给他。

孔子评论宓子贱,“这个人,君子呀!假如鲁国没有君子,这个人从哪里取来这种好品德呢?”

子贡问道:“我是一个怎样的人?”孔子道:“你好比一个器皿。”子贡道:“什么器皿呀?”孔子道:“宗庙里盛黍稷的瑚琏。”

有人说:“冉雍这个人呀,有仁德,却缺乏口才。”孔子道:“何必要口才呢?伶牙俐齿地和人争论,常常会使人讨厌。我不晓得冉雍仁不仁,但何必要口才呢?”

孔子让漆雕开去做官。他答道:“我对这个还没有信心。”孔子听了很高兴。

孔子说:“我的主张行不通了,只好乘个木簰到海外去,跟从我的,大概只有仲由吧!”子路听到这话,得意扬扬。孔子说:“仲由太好勇了,他好勇的精神大大超过了我,这就没有什么可取的了!”

孟武伯问孔子子路是否有仁德。孔子说:“不知道。”他又问,孔子便说:“由呀,有一千辆兵车的(中等)国家,可以让他负责兵役和军政工作。至于他仁不仁,我不知道。”

（孟武伯继续问：）“冉求又怎么样呢？”孔子道：“求呀，千户人家的私邑，百辆兵车的大夫封地，可以让他去当头头。至于他仁不仁，我不知道。”

“公西赤又怎么样呢？”孔子道：“赤呀，穿着礼服，立于朝廷之上，可以让他接待外宾，办理交涉。至于他仁不仁，我不知道。”

孔子对子贡说：“你和颜回谁更强些？”子贡答道：“我呀，哪里敢望回的项背？回呀，听到一件事，便可以推知十件事；我呢，听到一件事，只能推知两件事。”孔子道：“赶不上他；我同意你的话，是赶不上他。”

宰予白天睡觉。孔子说：“腐烂了的木头雕刻不得，粪土似的墙壁粉刷不得；对于宰予啊，我说什么好呢？”孔子还说：“起先，我对别人，听到他的话，便相信他的行为；现在，我对别人，听到他的话，还要考察他如何行动。从宰予身上，我（吸取了教训，）改变了态度。”

孔子说：“我没见过刚直不阿的人。”有人答道：“申枨是这样的人。”孔子道：“申枨呀，他欲望太多，怎能做到刚直不阿？”

子贡道：“我不想让别人骑在我头上，我也不想骑在别人头上。”孔子说：“赐呀，这不是你能做到的呀。”

子贡说：“老师关于文献方面的学问，我们听得到；老师关于人性和天道的言论，我们听不到。”

子路听到了新知识，还没来得及实践，只怕又听到（新知识）。

子贡问道：“孔文子凭什么谥他为‘文’？”孔子说：“他聪敏灵活，好学深思，又不以向比他地位低的人发问为耻，所以用‘文’字做他的谥号。”

孔子评论子产，说：“他有四种行为合乎君子之道：他自己的容颜庄严恭敬，他对待君上负责认真，他教养人民用恩惠，他役使人民讲道理。”

孔子说：“晏平仲善于和人交往，相处越久，别人越敬重他。”

孔子说：“臧文仲替一只叫蔡的大乌龟盖了间房，有巨大的斗拱和画着藻草的梁上短柱，这个人的聪明又怎么样呢？”

子张问道：“令尹子文好几次做令尹，没显出高兴的样子；好几次被罢免，没显出恼怒的样子。（每次去职，）一定把自己的政令全都告诉接位的人。他怎么样？”孔子道：“可算是尽忠国家了。”子张道：“算不算是仁呢？”孔子道：“不晓得；这怎么能算仁呢？”

子张又问：“崔杼无理地杀了齐庄公，陈文子有马四十匹，舍弃不要，离开齐国。到了外国，又说道：‘这里掌权的和我们的崔子一样。’又离开。又到了一国，又说道：“这里掌权的和我们的崔子一样。’于是又离开。他怎么样？”孔子道：“清白得很。”子张道：“算不算仁呢？”孔子道：“不晓得；这怎么能算是仁呢？”

季文子每件事要考虑多次才行动。孔子听说了这事，道："想两次，也就可以了。"

孔子说："宁武子在国家太平时节，便聪明；在国家昏暗时节，便装傻。他那聪明，别人赶得上；那装傻，别人就赶不上了。"

孔子在陈国，说："回去吧！回去吧！我们那里的学生们志向高大得很，文彩又斐然可观，我都不知道怎样去指导他们了。"

孔子说："伯夷、叔齐两兄弟不记念过去的仇恨，怨恨他们的因此很少。"

孔子说："谁说微生高这人直爽？有人向他讨点儿醋，（他不说没有），却到邻人那里转讨一点给那人。"

孔子说："花言巧语，胁肩谄笑，百依百顺的样子，左丘明认为可耻，我也认为可耻。内心怨恨某人，却装着与他亲热，这种行为，左丘明认为可耻，我也认为可耻。"

孔子坐着，颜渊、季路各站在孔子旁边。孔子道："你俩何不说说各自的志向？"

子路道："愿意把我的车马衣服皮袍同朋友共同使用，坏了也没什么遗憾。"

颜渊道："愿意不吹嘘自己的优点，不表白自己的功劳。"

子路问孔子道："希望听听您的志向。"孔子说："（我的志向是，）老者使他安逸，朋友使他信任我，年轻人使他怀念我。"

孔子说："得了吧，我还没见过能看见自己的错误便自我批评的人呢。"

孔子说："就是十户人家的地方，也一定有像我这样既忠心又信实的人，只是不如我喜欢学问罢了。"

雍也篇第六

【原文】

子曰："雍也可使南面。"

仲弓问子桑伯子，子曰："可也，简。"

仲弓曰："居敬而行简，以临其民，不亦可乎？居简而行简，无乃大简乎？"子曰："雍之言然。"

哀公问："弟子孰为好学？"孔子对曰："有颜回者好学，不迁怒，不贰过。不幸短命死矣，今也则亡，未闻好学者也。"

子华使于齐，冉子为其母请粟。子曰："与之釜。"

请益。曰："与之庾。"冉子与之粟五秉。

子曰："赤之适齐也，乘肥马，衣轻裘。吾闻之也，君子周急不继富。"

原思为之宰，与之粟九百，辞。子曰："毋！以与尔邻里乡党乎！"

子谓仲弓曰："犁牛之子骍且角，虽欲勿用，山川其舍诸？"

子曰："回也，其心三月不违仁。其余则日月至焉而已矣。"

季康子问："仲由可使从政也与？"子曰："由也果，于从政乎何有？"曰："赐也可使从政也与？"曰："赐也达，于从政乎何有？"曰："求也可使从政也与？"曰："求也艺，于从政乎何有？"

季氏使闵子骞为费宰。闵子骞曰："善为我辞焉。如有复我者，则吾必在汶上矣。"

伯牛有疾，子问之，自牖执其手，曰："亡之，命矣夫！斯人也而有斯疾也！斯人也而有斯疾也！"

子曰："贤哉，回也！一箪食，一瓢饮，在陋巷。人不堪其忧，回也不改其乐。贤哉，回也！"

冉求曰："非不说子之道，力不足也。"子曰："力不足者，中道而废。今女画。"

子谓子夏曰："女为君子儒，无为小人儒。"

子游为武城宰。子曰："女得人焉尔乎？"曰："有澹台灭明者，行不由径。非公事，未尝至于偃之室也。"

子曰："孟之反不伐。奔而殿；将入门，策其马，曰：'非敢后也，马不进也。'"

子曰："不有祝鮀之佞，而有宋朝之美，难乎免于今之世矣！"

子曰："谁能出不由户？何莫由斯道也？"

子曰："质胜文则野，文胜质则史，文质彬彬，然后君子。"

子曰："人之生也直，罔之生也幸而免。"

子曰："知之者不如好之者，好之者不如乐之者。"

子曰："中人以上，可以语上也；中人以下，不可以语上也。"

樊迟问知。子曰："务民之义，敬鬼神而远之，可谓知矣。"问仁。曰："仁者先难而后获，可谓仁矣。"

子曰："知者乐水，仁者乐山；知者动，仁者静；知者乐，仁者寿。"

子曰："齐一变，至于鲁；鲁一变，至于道。"

子曰："觚不觚，觚哉！觚哉！"

宰我问曰："仁者，虽告之曰'井有仁焉'，其从之也？"子曰："何为其然也？君子可逝也，不可陷也；可欺也，不可罔也。"

子曰："君子博学于文，约之以礼，亦可以弗畔矣夫。"

子见南子，子路不说。夫子矢之曰："予所否者，天厌之！天厌之！"

子曰："中庸之为德也，其至矣乎！民鲜久矣。"

子贡曰："如有博施于民而能济众，何如？可谓仁乎？"子曰："何事于仁，必也圣乎！尧、舜其犹病诸！夫仁者，己欲立而立人，己欲达而达人。能近取譬，可谓仁之方也已。"

【译文】

孔子说："冉雍呀，可以让他做一部门或一地方的长官。"

仲弓问到子桑伯子这个人。孔子道："他简单得好。"仲弓道："若存心严肃认真，而以简单行之，（识大体，不繁琐），来治理百姓，不也可以吗？若存心简单，又以简单行之，不是太简单了吗？"孔子说："雍的这话是对的。"

鲁哀公问："你的学生中，哪个好学？"孔子答道："有一个叫颜回的人好学，不拿别人出气；也不再犯同样的过失。不幸短命死了，现在再没有这样的人了，再也没听过好学的人了。"

公西华被派出使齐国，冉有替他母亲向孔子请求小米。孔子道："给他一釜。"冉有请求增加。孔子道："再给他一庾。"冉有却给了他五秉小米。孔子道："公西赤到齐国去，坐着肥马驾的车子，穿着又轻又暖的皮袍。我听说过：君子只是雪中送炭，不去锦上添花。"

原思任孔子家的总管，孔子给他小米九百，他不肯受。孔子道："别推辞！有多的，给你家乡（的穷人）吧！"

孔子谈到冉雍，说："耕牛的儿子长着赤色的毛，整齐的角，虽然不想用它作祭祀的牺牲，山川之神难道舍得放弃它吗？"

孔子说："颜回呀，他的心长久地不离开仁德，别的学生吗，只是偶然想起一下罢了。"

季康子问孔子："仲由这人，可以让他治理政事吗？"孔子道："仲由果敢决断，让他治理政事有什么困难呢？"又问："端木赐可以让他治理政事吗？"孔子道："端木赐通情达理，让他治理政事有什么困难呢？"又问："冉求可以让他治理政事吗？"孔子道："冉求多才多艺，让他治理政事有什么困难呢？"

颜回，选自《清刻历代画像传》。

季氏叫闵子骞做他封地费的长官。闵子骞对来人说："好好地为我辞掉吧！如果再有人来找我，那我一定会逃到汶水以北去了。"

伯牛生了病，孔子去慰问他，从窗子里握着他的手，道："活不成了，这就是命吧！这样的人呀，竟有这样的病呀！这样的人呀，

竟有这样的病呀！”

孔子说：“颜回真是贤良呀！一竹篮饭，一木瓢水，住在小巷子里，别人都受不了那穷苦的忧愁，颜回却不改变他自有的快乐。颜回真是贤良呀！”

冉求道：“不是我不喜欢您的学说，只是力量不够。”孔子道：“如果真是力量不够，走到半道会再走不动的。现在你却没有开步走。”

孔子对子夏说：“你要做个君子式的儒者，不要做那小人式的儒者！”

子游做武城的长官，孔子道：“你在这儿得到什么人才没有？”他道：“有个叫澹台灭明的，走路不插小道，不是公事，从不到我屋里来。”

孔子说：“孟之反不夸耀自己，（在抵御齐国的战役中，右翼的军队溃退了，）他走在最后，掩护全军，将进城门，便鞭打马匹，一面说道：‘不是我敢于殿后，是马匹不肯快走的缘故。’”

孔子说：“假使没有祝鮀的口才，而仅有宋朝的美貌，在如今这年头恐怕难逃祸害了。”

孔子说：“谁能够外出不经门户，为什么没人从我这条道上走呢？”

孔子说：“朴实多于文采，就未免粗野；文采多于朴实，又未免虚浮。既有文采，又不乏朴实，这才是个君子。”

孔子说：“真正的人活在世上，靠的是正直；不正直的人也得以活下来，那是他侥幸地免于祸害。”

孔子说：“（对于任何学问和事业，）懂得它的人不如喜爱它的人，喜爱它的人又不如以它为乐的人。”

孔子说：“智力中等以上的人，可以告诉他高深学问；智力中等以下的人，不可以告诉他高深的学问。”

樊迟问怎么样才算聪明。孔子说：“一心一意使人民走向‘义’，严肃地对待鬼神，却并不接近他，就可以说是聪明了。”又问怎样才算有仁德。孔子说：“仁人在付出努力后才收获，这就是所谓仁德。”

孔子说：“聪明人乐于水，仁人乐于山，聪明人活动，仁人沉静；聪明人快乐，仁人长寿。”

孔子说：“齐国（的政治和教育）一有改革，便达到鲁国的程度；鲁国（的政治和教育）一有改革，便进而合于大道了。”

孔子说：“觚不像个觚，这是觚吗！这是觚吗！”

宰我问道：“有仁德的人，即便告诉他，‘井里掉下一位仁人啦。’他是不是会跟着下去呢？”孔子道：“怎么能是这样呢？君子可以让他一去不回，却不可以陷害他；可以欺骗他，却不可愚弄他。"

孔子说:"君子广泛地学习文献,再用礼节约束自己,也可以不离经叛道了吧!"

孔子和南子相见,子路不高兴。孔子发誓道:"我如果不对,老天厌弃我!老天厌弃我!"

孔子说:"中庸作为一种道德,该是最高的了,大家已经缺乏它很久了。"

子贡道:"假使有这么一个人,他广泛地给人民以好处,又能帮助大家过上好生活,怎么样?可以算是仁了吧?"孔子道:"哪里仅仅是仁!那一定是圣了!仁是什么?自己要站得住,同时使别人也站得住;自己要事事通达,同时使别人也事事通达。能够从眼前的事实中选择例子踏踏实实地去做,这就是实践仁德的方法了。"

述而篇第七

【原文】

子曰:"述而不作,信而好古,窃比于我老彭。"

子曰:"默而识之,学而不厌,诲人不倦,何有于我哉?"

子曰:"德之不修,学之不讲,闻义不能徙,不善不能改,是吾忧也。"

子之燕居,申申如也,夭夭如也。

子曰:"甚矣吾衰也!久矣吾不复梦见周公。"

子曰:"志于道,据于德,依于仁,游于艺。"

子曰:"自行束修以上,吾未尝无诲焉!"

子曰:"不愤不启,不悱不发。举一隅不以三隅反,则不复也。"

子食于有丧者之侧,未尝饱也。

子于是日哭,则不歌。

子谓颜渊曰:"用之则行,舍之则藏,唯我与尔有是夫!"子路曰:"子行三军,则谁与?"子曰:"暴虎冯河,死而无悔者,吾不与也。必也临事而惧,好谋而成者也。"

子曰:"富而可求也,虽执鞭之士,吾亦为之。如不可求,从吾所好。"

子之所慎:齐,战,疾。

子在齐闻《韶》,三月不知肉味。曰:"不图为乐之至于斯也!"

冉有曰:"夫子为卫君乎?"子贡曰:"诺。吾将问之。"入,曰:"伯夷、叔齐何人也?"曰:"古之贤人也。"曰:"怨乎?"曰:"求仁而得仁,又何怨!"出,曰:"夫子不为也。"

子曰:"饭疏食,饮水,曲肱而枕之,乐亦在其中矣!不义而富且贵,于我如浮云。"

子曰："加我数年，五十以学《易》，可以无大过矣。"

子所雅言：《诗》《书》、执礼，皆雅言也。

叶公问孔子于子路，子路不对。子曰："女奚不曰：其为人也，发愤忘食，乐以忘忧，不知老之将至云尔。"

子曰："我非生而知之者，好古，敏以求之者也。"

子不语怪、力、乱、神。

子曰："三人行，必有我师焉！择其善者而从之，其不善者而改之。"

子曰："天生德于予，桓魋其如予何？"

子曰："二三子以我为隐乎？吾无隐乎尔。吾无行而不与二三子者，是丘也。"

子以四教：文，行，忠，信。

子曰："圣人，吾不得而见之矣；得见君子者，斯可矣。"

子曰："善人，吾不得而见之矣；得见有恒者，斯可矣。亡而为有，虚而为盈，约而为泰，难乎有恒矣。"

子钓而不纲，弋不射宿。

子曰："盖有不知而作之者，我无是也。多闻，择其善者而从之，多见而识之，知之次也。"

互乡难与言，童子见，门人惑。子曰："与其进也，不与其退也，唯何甚！人洁己以进，与其洁也，不保其往也。"

子曰："仁远乎哉？我欲仁，斯仁至矣。"

陈司败问："昭公知礼乎？"孔子曰："知礼。"孔子退。揖巫马期而进之，曰："吾闻君子不党，君子亦党乎？君取于吴，为同姓，谓之吴孟子。君而知礼，孰不知礼？"巫马期以告。子曰："丘也幸，苟有过，人必知之。"

子与人歌而善，必使反之，而后和之。

子曰："文，莫吾犹人也。躬行君子，则吾未之有得。"

子曰："若圣与仁，则吾岂敢！抑为之不厌，诲人不倦，则可谓云尔已矣！"公西华曰："正唯弟子不能学也。"

子疾病，子路请祷。子曰："有诸？"子路对曰："有之。《诔》曰：'祷尔于上下神祇。'"子曰："丘之祷久矣。"

子曰："奢则不孙，俭则固。与其不孙也，宁固。"

子曰："君子坦荡荡，小人长戚戚。"

子温而厉，威而不猛，恭而安。

【译文】

孔子说:“阐述而不创作,既相信又喜好古代文化,我私下敢和我那老彭相比。”

孔子说:“(把所见所闻)默默地记在心里,努力学习而不厌弃,教导别人从不疲倦,这些事情对我有什么难呢?”

孔子说:“品德不培养;学问不讲习;听到义的所在,却不能去追求;有错误不能改正,这些都是我所忧虑的呀!”

孔子在家闲居,很整齐,很和乐而舒展。

孔子说:“我衰老得多么厉害呀!我好久好久没有梦见周公了!”

孔子说;“志向在‘道’,根据在‘德’,依靠在‘仁’,而游憩于礼、乐、射、御、书、数六艺之中。”

孔子说:“只要是送一束干肉给我的,我从没有不教诲的。”

孔子说:“教育学生,不到他想弄明白而不得的时候,不去开导他;不到他想说却说不出的时候,不去启发他。教给他东方,他却不能由此推知西、南、北三方,便不再教他了。”

孔子在死了亲属的人旁边吃饭,从没吃饱过。

孔子在这一天哭过,就不再唱歌。

孔子对颜渊说:“用我呢,就干起来;不用呢,就藏起来。只有我和你才能这样吧!”

子路道:“您若统帅三军,谁会跟您?”

孔子道:“徒手和老虎搏斗,不用船只去渡河,这样死了都不后悔的人,我是不会和他共事的。(我要找他共事的,)一定是面对任务便恐惧谨慎,善于谋略而能完成任务的人呀!”

孔子说:“财富如果可以求得的话,就是做市场的守门卒我也肯干。如果求它不到,还是干我自己的吧。”

孔子所小心谨慎的事:斋戒、战争、疾病。

孔子在齐国听到了《韶》的乐章,好几个月尝不出肉味,说:“想不到欣赏音乐达到了这种境界。”

冉有道:“老师赞成卫君吗?”子贡道:“好的,我去问问他。”

子贡到孔子房里,道:“伯夷、叔齐是什么样的人?”孔子道:“古代的贤人。”子贡道:“(他俩因不肯做孤竹国国君而互相推让,双双跑到国外,)是不是又后悔抱怨呢?”孔子道:“他们追求仁德,又得到了仁德,怨悔什么呢?”

子贡出来,道:“老师不赞成卫君。”

孔子说:“吃粗粮,喝冷水,弯着胳膊做枕头,这中间也有乐趣。干不正当的事而得来的富贵,我看来好像浮云。”

孔子说："让我多活几年，到五十岁的时候去学习《易》，便可以没有大过错了。"

孔子有说雅言的时候，读《诗》、读《书》，行礼，都说雅言。

叶公向子路问孔子的为人，子路不回答。孔子道："你为什么不说：他的为人，用起功来便忘记吃饭，快乐起来便抛却忧愁，不晓得衰老就要到来，如此罢了。"

孔子说："我不是生来就有知识的人，而是爱好古代文化，勤奋敏捷去求取知识的人。"

孔子不谈怪异、勇力、动乱和鬼神。

孔子说："几个人一起走路，其中一定有可以被我师法的人；我选择那些优点去学习，看出那些（自己也有的）缺点，然后改正。"

孔子说："天在我身上生就了优秀的品德，他桓魋能把我怎么样？"

孔子说："学生们，你们以为我有所隐瞒吗？我对你们无所隐瞒！我没有一点不向你们公开，我孔丘就是这样的人。"

孔子用四种内容教育学生：文献、实践、忠诚、信实。

孔子说："圣人，我不能看见了；能见到君子，就可以了。"

孔子又说："圣人，我不能看见了，能看见操守坚定的人，就可以了。本来没有，却装作有；本来空虚，却装作充足；本来穷困，却硬充豪华，这样的人便难于坚定操守了。"

孔子钓鱼，不用大绳横断流水取鱼；用带生丝的箭射鸟；不射已归巢的鸟。

孔子说："大概有一种自己不懂却瞎编乱吹的人，我却没有这种毛病。多多地听，选择其中好的加以接受；多多地看，全记在心里。这样的知，是仅次于'生而知之'的。"

互乡这地方的人难于交谈，那里的一个童子得到孔子的接见，弟子们疑惑。孔子道："我们赞成他的进步，不赞成他的退步，事情何必做得太绝？别人收拾得干干净净而来，便应该赞成他的干净，不要死记住他的过去。"

孔子道："仁德难道很远吗？我要仁，这仁就来了。"

陈司败向孔子问鲁昭公懂不懂礼，孔子道："懂礼。"

孔子出去以后，陈司败便向巫马期作了个揖，请他走近自己，然后说道："我听说君子不偏袒谁，难道君子也偏袒吗？鲁君从吴国娶了位夫人，吴和鲁是同姓国家，（不便称她为吴姬，）于是叫她为吴孟子。鲁君要是算懂礼，那谁不懂礼？"

巫马期把这话转告给孔子。孔子道："我孔丘呀真幸运，如果有错处，人家一定晓得。"

孔子同别人一道唱歌，如果唱得好，一定请他再唱一遍，然后自己又和他。

孔子说："书本上的知识，大约我和别人差不多。身体力行地做个君子，那我还没有很大的收获。"

孔子道："讲到圣和仁，我怎么敢当？不过是学习和工作总不厌倦，教导别人总不疲劳，就是如此如此罢了。"公西华道；"这一点正是我们学不到的。"

孔子病重，子路要向神灵乞求延长孔子的寿命，请求孔子同意。孔子道："有这回事吗？"子路道："有的，《诔文》上说：'替你向天神地祇求寿。'"孔子道："我早就求过寿了。"

孔子说："奢侈豪华就显得骄傲，省俭朴素就显得寒酸。与其骄傲，不如寒酸。"

孔子说："君子胸怀宽广平坦，小人却经常局促忧愁。"

孔子温和而严厉，有威仪而不凶猛，庄严而安详。

泰伯篇第八

【原文】

子曰："泰伯，其可谓至德也已矣！三以天下让，民无得而称焉。"

子曰："恭而无礼则劳，慎而无礼则葸，勇而无礼则乱，直而无礼则绞。君子笃于亲，则民兴于仁；故旧不遗，则民不偷。"

曾子有疾，召门弟子曰："启予足！启予手！《诗》云：'战战兢兢，如临深渊，如履薄冰。'而今而后，吾知免夫！小子！"

曾子有疾，孟敬子问之。曾子言曰："鸟之将死，其鸣也哀；人之将死，其言也善。君子所贵乎道者三：动容貌，斯远暴慢矣；正颜色，斯近信矣；出辞气，斯远鄙倍矣。笾豆之事，则有司存。"

曾子曰："以能问于不能，以多问于寡；有若无，实若虚，犯而不校，昔者吾友尝从事于斯矣。"

曾子曰："可以托六尺之孤，可以寄百里之命，临大节而不可夺也，君子人与？君子人也。"

曾子曰："士不可以不弘毅，任重而道远。仁以为己任，不亦重乎？死而后已，不亦远乎？"

子曰："兴于《诗》，立于礼，成于乐。"

子曰："民可使由之，不可使知之。"

子曰："好勇疾贫，乱也。人而不仁，疾之已甚，乱也。"

子曰："如有周公之才之美，使骄且吝，其余不足观也已。"

子曰："三年学，不至于谷，不易得也。"

子曰："笃信好学，守死善道。危邦不入，乱邦不居。天下有道则见，无道则隐。邦有

道，贫且贱焉，耻也。邦无道，富且贵焉，耻也。”

子曰：“不在其位，不谋其政。”

子曰：“师挚之始，《关雎》之乱，洋洋乎盈耳哉！”

子曰：“狂而不直，侗而不愿，悾悾而不信，吾不知之矣。”

子曰：“学如不及，犹恐失之。”

子曰：“巍巍乎！舜、禹之有天下也，而不与焉。”

子曰：“大哉！尧之为君也！巍巍乎！唯天为大，唯尧则之。荡荡乎！民无能名焉。巍巍乎！其有成功也！焕乎！其有文章！”

舜有臣五人而天下治。武王曰：“予有乱臣十人。”孔子曰：“才难，不其然乎？唐、虞之际，于斯为盛。有妇人焉，九人而已。三分天下有其二，以服事殷。周之德，其可谓至德也已矣。”

子曰：“禹，吾无间然矣。菲饮食，而致孝乎鬼神；恶衣服，而致美乎黻冕；卑宫室，而尽力乎沟洫。禹，吾无间然矣！”

【译文】

孔子说：“泰伯，真可以说是品德高尚至极了。他好几次把江山让给季历，老百姓不晓得怎样称赞他才好。”

孔子说：“恭敬而不懂礼教，就未免劳倦；谨慎而不懂礼教，就显得懦弱；胆大而不懂礼教，就容易闯祸；直爽而不懂礼教，就尖酸刻薄。在上位的人对待亲族宽厚仁慈，老百姓就会走向仁德；在上位的人不遗弃他的老同事、老朋友，老百姓就不会对人冷漠无情。”

曾参病了，便把学生们召集拢来说：“看着我的脚！看着我的手！《诗经》上说：‘小心呀！谨慎呀！好像临近深水潭边，好像走在薄冰层上。’从今以后，我才晓得自己可以免于祸害刑戮了！同学们！”

曾参病了，孟敬子探问他。曾子说：“鸟要死了，它的鸣声呀悲哀；人要死了，他说的话呀友善。在上位的人待人接物有三点是可贵的：让自己的表情严肃，就可以避免别人的粗暴和怠慢；使自己的脸色端庄，就容易令人信服；说话时，注意言辞和声调，就可以避免粗野和错误。至于礼仪的细节，自有主管人员。”

曾子说：“有能力却向无能的人请教，知识丰富却向知识缺乏的人请教：有知识却像没知识；满腹诗书却像一无所有；被人冒犯，也不计较——从前我的一位朋友就曾经这样做过。”

曾子说：“可以把幼小的孤儿和国家的命脉都托付给他，在大是大非面前，不能动摇他的理想、节操——这种人，是君子吗？是君子呀！”

曾子说：“读书人不可以不刚强而有毅力，因为他肩负沉重的使命，要跋涉遥远的路途。以在天下实现仁德为己任,不是很沉重吗?到死方休,不是很遥远吗?"

孔子说:"读《诗》使我振奋,礼使我能在社会上站得住,音乐使我的所学得以完成。"

孔子说:"老百姓,可以使他们在我们指引的道路上走,不可以使他们知道那是为什么。"

孔子说:"以勇敢自喜却厌恶贫困,是一种祸害。对于不仁的人,痛恨太甚,也是一种祸害。"

孔子说:"假如才能的美好比得上周公,只要骄傲而且吝啬,别的方面也就不值得一看了。"

孔子说:"读书三年并没想到要做官,这是难能可贵的。"

孔子说:"坚定地相信我们的道,并努力学习它,誓死保卫它。危险的国家不去,祸乱的国家不住。天下太平,就出来工作;不太平,就隐居。国家政治清明,自己贫贱,是耻辱;政治黑暗,自己富贵,更是耻辱。"

孔子说:"不居于那个职位,便不考虑它的政务。"

孔子说:"当太师挚开始演奏时,当结尾演奏《关雎》的曲调时,满耳朵都是音乐啊!"

孔子说:"狂妄而不直率,幼稚而不老实,无能而不讲信用,这种人的心我是难以猜透的。"

孔子说:"做学问好像(追逐什么似的,)生怕赶不上;(赶上了,)还生怕丢了。"

孔子说:"崇高啊!舜和禹贵为天子,富有四海,却一点也不为自己。"

孔子说:"尧作为一个君主,真伟大啊!真高不可攀啊!只有天最高最大,只有尧能学习天。他的恩泽真是无处不到啊,老百姓真不知道怎样称赞他才好!他的功绩实在太崇高了,他的礼仪制度也真够美好了!"

舜有五位贤臣,天下便太平。武王也说:"我有十位能治理天下的臣子。"孔子因此说:"人才难得,不是这样吗?唐尧和虞舜之际直到武王时代,人才最为兴盛。武王的能臣中还有一位妇女,除开她,实际上只有九位能臣罢了。周文王得了天下的三分之二,仍然向商纣称臣。周朝的道德,可以说是最高的了!"

孔子说:"禹,我对他没有批评了。他自己吃得很差,却把祭品办得极丰盛;穿得很差,却把祭服缝得极华美;住得很坏,却倾全力于沟渠水利。禹,我对他没有批评了。"

子罕篇第九

【原文】

子罕言利,与命,与仁。

达巷党人曰:“大哉孔子!博学而无所成名。”子闻之,谓门弟子曰:“吾何执?执御乎?执射乎?吾执御矣。”

子曰:“麻冕,礼也;今也纯,俭。吾从众。拜下,礼也;今拜乎上,泰也。虽违众,吾从下。”

子绝四:毋意,毋必,毋固,毋我。

子畏于匡。曰:“文王既没,文不在兹乎?天之将丧斯文也,后死者不得与于斯文也;天之未丧斯文也,匡人其如予何?”

太宰问于子贡曰:“夫子圣者与?何其多能也?”子贡曰:“固天纵之将圣,又多能也。”子闻之,曰:“太宰知我乎!吾少也贱,故多能鄙事。君子多乎哉?不多也。”牢曰:“子云:‘吾不试,故艺。’”

子曰:“吾有知乎哉?无知也。有鄙夫问于我,空空如也,我叩其两端而竭焉。”

子曰:“凤鸟不至,河不出图,吾已矣夫!”

子见齐衰者、冕衣裳者与瞽者,见之,虽少,必作;过之,必趋。

颜渊喟然叹曰:“仰之弥高,钻之弥坚;瞻之在前,忽焉在后。夫子循循然善诱人,博我以文,约我以礼。欲罢不能,既竭吾才,如有所立卓尔。虽欲从之,末由也已。”

子疾病。子路使门人为臣。病间,曰:“久矣哉,由之行诈也!无臣而为有臣,吾谁欺?欺天乎?且予与其死于臣之手也,无宁死于二三子之手乎?且予纵不得大葬,予死于道路乎?”

子贡曰:“有美玉于斯,韫椟而藏诸?求善贾而沽诸?”子曰:“沽之哉!沽之哉!我待贾者也。”

子欲居九夷。或曰:“陋,如之何?”子曰:“君子居之,何陋之有?”

子曰:“吾自卫反鲁,然后乐正,《雅》《颂》各得其所。”

子曰:“出则事公卿,入则事父兄,丧事不敢不勉,不为酒困,何有于我哉?”

子在川上曰:“逝者如斯夫!不舍昼夜。”

子曰:“吾未见好德如好色者也。”

子曰:“譬如为山,未成一篑,止,吾止也!譬如平地,虽覆一篑,进,吾往也!”

子曰:“语之而不惰者,其回也与!”

子谓颜渊,曰:“惜乎!吾见其进也,未见其止也。”

子曰:“苗而不秀者有矣夫!秀而不实者有矣夫!”

子曰:“后生可畏,焉知来者之不如今也?四十、五十而无闻焉,斯亦不足畏也已!”

子曰:“法语之言,能无从乎?改之为贵。巽与之言,能无说乎?绎之为贵。说而不绎,从而不改,吾末如之何也已矣!”

子曰："主忠信，毋友不如己者，过则勿惮改。"

子曰："三军可夺帅也，匹夫不可夺志也。"

子曰："衣敝缊袍，与衣狐貉者立，而不耻者，其由也与！'不忮不求，何用不臧？'"子路终身诵之。子曰："是道也，何足以臧？"

子曰："岁寒，然后知松柏之后凋也。"

子曰："知者不惑，仁者不忧，勇者不惧。"

子曰："可与共学，未可与适道；可与适道，未可与立；可与立，未可与权。"

"唐棣之华，偏其反而。岂不尔思？室是远而。"子曰："未之思也。夫何远之有？"

【译文】

孔子很少（主动）谈到功利、命运和仁德。

达衖的一个人说："孔子真伟大！学问广博，可惜没有足以使他成名的专长。"孔子听了这话，对学生们说："我干什么好呢？是赶大车呢？还是做弓箭手呢？我赶大车好了。"

孔子说："用麻来织礼帽，是合于礼的；今天都用丝来织，这样俭省，我同意大家的做法。臣见君，先在堂下磕头，然后升堂又磕头，这也是合于礼的。今天，大家都只升堂后磕一次头，这是骄泰的表现。虽然违反大家的意愿，我仍然主张先在堂下磕头。"

孔子绝对没有四种毛病——不臆测，不武断，不固执，不自以为是。

孔子被匡地的老百姓拘禁，便说："周文王去世以后，一切文化遗产不是都在我这里吗？天如果要灭绝这种文化，那我也不会掌握这种文化了呀！天如果不灭绝这种文化，那匡人能把我怎么样！"

太宰向子贡问道："孔老先生是位圣人吗？为什么这样多才多艺呢？"子贡道："这本来是老天让他成为圣人，又让他多才多艺的呀。"

孔子听到，便道："太宰知道我吗？我小时候贫穷，所以学会了不少鄙贱的技艺。真正的君子会有这样多的技巧吗？是不会的。"

牢说："孔子说过，'我不曾被国家所用，所以学得一些技艺。'"

孔子说："我有知识吗，没有呀。有个种田的向我求教，我一点也不知道；我从他那个问题的头和尾去盘问。（才揣测到一些意思，）然后尽量地告诉他。"

孔子说："凤凰不来，黄河也不再出现图画，我这一辈子算是完了吧！"

孔子看见穿丧服的人、穿戴礼帽礼服的人以及盲人，相见的时候，尽管他们年轻，孔子必定起身；走过的时候，一定快走几步。

颜渊感叹着说："我老师的道德文章，越抬头望，越高不可攀；越钻研，越觉得深奥。看看，似乎在前面，忽然间又到后面去了。（虽然如此高深和不可捉摸，可是）老师善于有步骤地诱导我们，用各种文献来丰富我的知识，用各种礼节来约束我的行为，使我想停止

都不可能。我已经用尽我的才力，似乎能够独自工作了，要想再向前迈进一步，又不知怎样下手了。”

孔子病得厉害，子路便让孔子的学生们充当治丧的臣。后来，孔子的病渐渐好了，就道：“太久了啊，仲由干这种骗人的勾当！我本没有到享受治丧之臣的级别，却定要为我设立！我欺哄谁呢，欺哄老天吗？我与其死在治丧之臣手里，还不如死在你们学生的手里呢！即使得不到隆重的葬礼，我会死在路上吗？”

子贡说：“这里有一块美玉，把它放在柜子里藏起来呢？还是找一个识货的商人卖掉它呢？”孔子说：“卖掉它，卖掉它！我是在等待识货的人呀。”

孔子想搬到九夷去住。有人说：“那地方非常简陋，怎么办？”孔子说：“有君子去住，有什么简陋呢？”

孔子说：“我从卫国回到鲁国，才把音乐（的篇章）整理出来，使《雅》和《颂》各有适当的位置。”

孔子说：“出外便服事公卿，入门便服事父兄，有丧事不敢不礼节周全，不被酒所困扰，这些事对我有什么难呢？”

孔子在河边，叹道：“消逝的时光就像这河水一样吧！它日夜不停地流着。”

孔子说：“我还没见过喜爱道德赛过喜爱美貌的人。”

孔子说：“比如堆土成山，只要再加一筐土便大功告成，若不愿做下去，那是我自己停止的。又比如在平地上堆土成山，纵是刚倒下了一筐土，如果决心继续下去，还是要靠自己坚持啊！”

孔子说：“听我的话始终不懈怠的，也许只有颜回吧！”

孔子谈到颜渊，说：“可惜呀（他死得早）！我只看见他不断地进步，从没看见他止步。”

孔子说：“庄稼长大了，却没来得及吐穗扬花，（就枯萎了，）是有的吧！吐穗扬花了，却没来得及灌浆结实，（就枯萎了，）是有的吧！”

孔子说：“年少的人是可敬畏的，怎么能断定他将来赶不上现在的人呢？到了四、五十岁还没有什么名声，也就不值得惧怕了。”

孔子说：“严肃而合乎原则的话，能够不接受吗？改正错误才可贵。顺从己意的话，能不悦耳吗？分析一下才可贵。盲目高兴，不加分析；假意接受，却不改正，这种人我是拿他没办法的。”

孔子说：“要以忠信两种品德为主。没有不如自己的朋友。有了错误就不怕改正。”

孔子说：“一国军队，可以使它丧失主帅；一个男子汉，却不能强迫他改变志向。”

孔子说道：“穿着破烂的旧丝棉袍子和穿着狐貉裘的人一道站着，而不觉得惭愧的，

在川观水，选自《孔子圣迹图》。

恐怕只有仲由吧！《诗经》说：‘不妒嫉，不贪求，有什么不好？’”子路听了，便老念这两句诗。孔子又说：“仅仅这个样子，怎么能够好起来？”

孔子说：“天寒地冻，才晓得松柏是最后落叶的呀！”

孔子说：“聪明人不会疑惑，仁德的人永远乐观，勇敢的人无所畏惧。”

孔子说：“可以同他一道学习的人，未必可以同他一道取得某项成就；可以同他一道取得某项成就的人，未必可以同他一道事事依礼而行；可以同他一道事事依礼而行的人，未必可以同他一道通权达变。”

古诗上说：“唐棣树的花儿，随风翻到这翻到那；难道我不想念你，只因家远在天涯。”孔子道：“他不是真正的想念呀，真的想念，又有什么远呢？”

乡党篇第十

【原文】

孔子于乡党，恂恂如也，似不能言者。其在宗庙、朝廷，便便言，唯谨尔。

朝，与下大夫言，侃侃如也；与上大夫言，訚訚如也。君在，踧踖如也，与与如也。

君召使摈，色勃如也，足躩如也。揖所与立，左右手。衣前后，襜如也。趋进，翼如也。宾退，必复命曰：“宾不顾矣。”

入公门，鞠躬如也，如不容。立不中门，行不履阈。过位，色勃如也，足躩如也，其言似不足者。摄齐升堂，鞠躬如也，屏气似不息者。出，降一等，逞颜色，怡怡如也。没阶，趋进，翼如也。复其位，踧踖如也。

执圭，鞠躬如也，如不胜。上如揖，下如授。勃如战色，足蹜蹜如有循。享礼，有容色。私觌，愉愉如也。

君子不以绀緅饰。红紫不以为亵服。当暑，袗絺绤，必表而出之。缁衣羔裘，素衣麑裘，黄衣狐裘。亵裘长，短右袂。必有寝衣，长一身有半。狐貉之厚以居。去丧，无所不佩。非帷裳，必杀之。羔裘玄冠不以吊。吉月，必朝服而朝。

齐，必有明衣，布。

齐，必变食，居必迁坐。食不厌精，脍不厌细。食饐而餲，鱼馁而肉败，不食。色恶，不食。臭恶，不食。失饪，不食。不时，不食。割不正，不食。不得其酱，不食。肉虽多，不使胜食气。唯酒无量，不及乱。沽酒市脯，不食。不撤姜食，不多食。祭于公，不宿肉。祭肉不出三日。出三日，不食之矣。食不语，寝不言。虽疏食、菜羹、瓜祭，必齐如也。

席不正，不坐。

乡人饮酒，杖者出，斯出矣。乡人傩，朝服而立于阼阶。

问人于他邦，再拜而送之。

康子馈药。拜而受之，曰："丘未达，不敢尝。"

厩焚。子退朝，曰："伤人乎？"不问马。

君赐食，必正席先尝之。君赐腥，必熟而荐之。君赐生，必畜之。侍食于君，君祭，先饭。疾，君视之，东首，加朝服，拖绅。君命召，不俟驾行矣。

入太庙，每事问。

朋友死，无所归，曰："于我殡。"朋友之馈，虽车马，非祭肉，不拜。

寝不尸，居不容。见齐衰者，虽狎，必变。见冕者与瞽者，虽亵，必以貌。凶服者式之。式负版者。有盛馔，必变色而作。迅雷风烈，必变。

升车，必正立，执绥。车中不内顾，不疾言，不亲指。

色斯举矣，翔而后集。曰："山梁雌雉，时哉！时哉！"子路共之，三嗅而作。

【译文】

孔子回到故乡，非常恭顺，好像不能说话的样子。他在宗庙里、朝廷上，便能明白晓畅地说出自己的意见，只是说得不多。

上朝时，（在君主到来之前，）同下大夫说话，温和而快乐；同上大夫说话，正直而恭敬。君主来了，便显出恭敬而局促的样子，行步却从容安祥。

鲁君召他接待国宾，面色矜持庄重，脚步也快起来。向两旁的人作揖，不停地左右拱

手，衣服一俯一仰，却很整齐。快步向前，如鸟儿展翅。贵宾退下后，一定向君主报告："客人已经不回头了。"

走进朝廷大门，他的仪容十分敬畏，好像无处容身。站，不站在门中间；走，不踩门坎。经过国君座位，面色矜持，脚步也快，言语也好像中气不足。提起下摆朝堂上走，恭敬谨慎，憋住气好像不呼吸。出来，下一级台阶，面色舒展，怡然自得。下完台阶，轻快地向前走几步，如同鸟儿舒展翅膀。回到自己的位置，又显出恭敬局促的样子。

（孔子出使外国，举行典礼，）拿着圭，恭敬谨慎得好像举不起来。向上举好像作揖，向下好像在交给别人。面色凝重如同在作战，脚步紧凑好像踩着一条线似的。献礼物时，满脸和气。和外国君臣私下相见，就显得轻松愉快。

君子不用天青色和铁灰色作为镶边，浅红色和紫色的布不用来作为平常居家的衣服。暑天，穿着粗的或细的葛布单衣，里面一定穿背心，使它露在外面。黑衣配紫羔，白衣配麑裘，黄衣配狐裘。居家的皮袄较长，但右袖要做得短些。睡觉一定有小被，约有一个半人长。用狐貉皮的厚毛作为坐垫。

丧服满了以后，什么东西都可以佩带。不是（上朝和祭祀穿的）用整幅布做的裙子，一定裁去一些。紫羔和黑色礼帽都不穿戴着去吊丧。大年初一，必定着上朝的礼服去朝贺。

斋戒沐浴的时候，一定有浴衣，用布做的。斋戒时，一定改变食谱；居住也一定搬迁地方，（不与妻妾同房。）

粮食不嫌舂得精，鱼和肉不嫌切得细。粮食霉烂发臭，鱼和肉腐烂，都不吃。食物颜色难看，不吃。气味难闻，不吃。烹调不当，不吃。不到应该吃的时候，不吃。不按一定方法砍割的肉，不吃。没有一定量的调味的酱醋，不吃。席面上肉虽然多，吃它不超过主食。只有酒不限量，但不喝醉。买来的酒和肉干不吃。吃完了，姜不撤除，但吃得不多。

参与国家祭祀典礼，不把祭肉留到第二天。其他的祭肉保留不超过三天。如若过了三天，便不吃了。

吃饭时不交谈，睡觉时不说话。

即使是糙米饭蔬菜汤，也一定得先祭一祭，祭时必恭恭敬敬，就像斋戒了一般。

坐席摆的方向不合礼制，不坐。

行乡饮酒礼后，要等持杖的老人都出去了，自己才出去。

本地的人们迎神驱鬼，穿着朝服站在东边的台阶上。

托人给在外国的朋友问好送礼，便向受托者拜两次送行。

季康子送药给孔子，孔子拜而接受，却说："我对这药的药性不很了解，不敢试服。"

马棚失了火。孔子从朝廷回来，道："伤了人吗？"不问到马。

国君赐给熟食，孔子一定摆正座位先尝一尝。国君赐给生肉，一定先煮熟，再给祖宗进供。国君赐给活物，一定养着它。和国君一同吃饭，当他举行饭前祭礼的时候，自己先吃饭，(不吃菜。)

孔子病了，国君来探问，他便把脸朝东，把朝服盖在身上，拖着大带。

国君召见，不等车辆驾好马，立即先步行。

到了周公庙，孔子每件事情都发问。

朋友死了，没人收敛，孔子便道："丧葬由我来料理。"

朋友的赠品，即使是车马，只要不是祭肉，孔子接受时也不行礼。

孔子睡觉不像死尸一样(直躺)，平日坐着，也不像接见客人或自己做客人一样，(跪着，屁股放在足跟上。)

孔子看见穿齐衰孝服的人，即便是最亲密的，也一定改变态度，(表示同情。)看见戴礼帽的人和盲人，即使常相见，也一定有礼貌。

在车中遇着运送死人衣物的人，便把身体微微向前一俯，手伏着车前的横木，(表示同情。)遇见背负国家图籍的人，也手伏车前横木。

一有丰盛的菜肴，一定神采飞扬，站立起来。

遇见疾雷、大风，一定改变态度。

上车后，一定先端正地站好，拉着扶手带(登车)。在车中，不向内回顾，不很快地说话，不用手指指点点。

(孔子在山谷中行走，看见几只野鸡。)孔子的脸色刚一动，野鸡便飞向空中，盘旋一阵，又都停在一处。孔子道："这些山梁上的母野鸡啊，得其时呀！得其时呀！"子路向它们拱拱手，它们又振一振翅膀飞去了。

先进篇第十一

【原文】

子曰："先进于礼乐，野人也；后进于礼乐，君子也。如用之，则吾从先进。"

子曰："从我于陈、蔡者，皆不及门也。"

德行：颜渊，闵子骞，冉伯牛，仲弓。言语：宰我，子贡。政事：冉有，季路。文学：子游，子夏。

子曰："回也非助我者也，于吾言无所不说。"

子曰："孝哉闵子骞！人不间于其父母昆弟之言。"

南容三复白圭，孔子以其兄之子妻之。

季康子问："弟子孰为好学？"孔子对曰："有颜回者好学，不幸短命死矣！今也则亡。"

颜渊死，颜路请子之车以为之椁。子曰："才不才，亦各言其子也。鲤也死，有棺而无椁，吾不徒行以为之椁。以吾从大夫之后，不可徒行也。"

颜渊死。子曰："噫！天丧予！天丧予！"

颜渊死，子哭之恸。从者曰："子恸矣。"曰："有恸乎？非夫人之为恸而谁为！"

颜渊死，门人欲厚葬之。子曰："不可。"门人厚葬之。子曰："回也，视予犹父也，予不得视犹子也。非我也，夫二三子也。"

季路问事鬼神。子曰："未能事人，焉能事鬼？""敢问死。"曰："未知生，焉知死？"

闵子侍侧，訚訚如也；子路，行行如也；冉有、子贡，侃侃如也。子乐。"若由也，不得其死然。"

鲁人为长府。闵子骞曰："仍旧贯，如之何？何必改作？"子曰："夫人不言，言必有中。"

子曰："由之瑟，奚为于丘之门？"门人不敬子路。子曰："由也升堂矣，未入于室也。"

子贡问："师与商也孰贤？"子曰："师也过，商也不及。"曰："然则师愈与？"子曰："过犹不及。"

"季氏富于周公，而求也为之聚敛而附益之。"子曰："非吾徒也。小子鸣鼓而攻之，可也！"

柴也愚，参也鲁，师也辟，由也喭。

子曰："回也其庶乎！屡空。赐不受命，而货殖焉，亿则屡中。"

子张问善人之道。子曰："不践迹，亦不入于室。"

子曰："论笃是与，君子者乎？色庄者乎？"

子路问："闻斯行诸？"子曰："有父兄在，如之何其闻斯行之？"冉有问："闻斯行诸？"子曰："闻斯行之。"公西华曰："由也问'闻斯行诸'，子曰'有父兄在'；求也问'闻斯行诸'，子曰'闻斯行之'。赤也惑，敢问。"子曰："求也退，故进之；由也兼人，故退之。"

子畏于匡，颜渊后。子曰："吾以女为死矣。"曰："子在，回何敢死？"

季子然问："仲由、冉求可谓大臣与？"子曰："吾以子为异之问，曾由与求之问！所谓大臣者，以道事君，不可则止。今由与求也，可谓具臣矣。"曰："然则从之者与？"子曰："弑父与君，亦不从也。"

子路使子羔为费宰。子曰："贼夫人之子。"子路曰："有民人焉，有社稷焉。何必读书，然后为学？"子曰："是故恶夫佞者。"

子路、曾皙、冉有、公西华侍坐。子曰："以吾一日长乎尔，毋吾以也。居则曰：'不吾

知也！'如或知尔，则何以哉？"子路率尔而对曰："千乘之国，摄乎大国之间，加之以师旅，因之以饥馑；由也为之，比及三年，可使有勇，且知方也。"夫子哂之。"求！尔何如？"对曰："方六七十，如五六十，求也为之，比及三年，可使足民。如其礼乐，以俟君子。""赤，尔何如？"对曰："非曰能之，愿学焉。宗庙之事，如会同，端章甫，愿为小相焉。""点！尔何如？"鼓瑟希，铿尔，舍瑟而作。对曰："异乎三子者之撰。"子曰："何伤乎？亦各言其志也。"曰："莫春者，春服既成。冠者五六人，童子六七人，浴乎沂，风乎舞雩，咏而归。"夫子喟然叹曰："吾与点也！"三子者出，曾皙后。曾皙曰："夫三子者之言何如？"子曰："亦各言其志也已矣。"曰："夫子何哂由也？"曰："为国以礼，其言不让，是故哂之。""唯求则非邦也与？""安见方六七十如五六十而非邦也者？""唯赤则非邦也与？""宗庙会同，非诸侯而何？赤也为之小，孰能为之大？"

【译文】

孔子说："先学习礼乐而后做官的是未曾有过爵禄的山野之人，先有了官位而后学习礼乐的是卿大夫的子弟。如果让我选用人才，我主张选用先学习礼乐的人。"

圣门四科，选自《孔子圣迹图》。

孔子说："跟着我在陈国、蔡国之间忍饥挨饿的人，都不在我这里了。"

（孔子的学生各有千秋。）德行好的有颜渊、闵子骞、冉伯牛、仲弓。能说会道的有宰我、子贡。擅长处理政务的有冉有、季路。熟悉古代文献的有子游、子夏。

孔子说："颜回呀，不是对我有所帮助的人，他对我的话没有不喜欢的。"

孔子说："孝顺呀，闵子骞！别人对于他爹娘兄弟称赞他的话没有异议。"

南容经常把"白圭之玷，尚可磨也；斯言之玷，不可为也(白圭上的污点还可以磨掉，

说错了话,就无法挽回了)”几句诗挂在嘴上,孔子便把自己的侄女嫁给他。

季康子问:“你的学生中,哪个好学?”孔子答道:“有一个叫颜回的好学,不幸短命死了,现在再没有这样的人了。”

颜渊死了,他父亲颜路请求孔子卖掉车子来替颜渊置办外椁。孔子道:“不管有才还是没才,但总是各自的儿子呀!从前我儿子鲤死了,也只有内棺,而无外椁。我不能(卖掉车子)步行来替他买椁。因为我也曾随行于大夫行列之后,是不能步行的。”

颜渊死了,孔子道:“咳!老天爷要我的命呀!老天爷要我的命呀!”

颜渊死了,孔子哭得很伤心。随从孔子的人说:“先生太伤心了!”孔子道:“真是太伤心了吗?我不为这个人伤心,又为谁伤心呢!”

颜渊死了,孔子的学生们想要很丰厚地埋葬他。孔子道:“不可以。”学生们仍然很丰厚地埋葬了他。孔子道:“颜渊呀,你对待我好像对待父亲呀!我却不能像对待儿子一样对待你呀!这不能怪我呀,是你的那些同学干的呀!”

子路问怎样服事鬼神。孔子道:“人还不能服事,又怎能去服事鬼?”

子路又道:“我冒昧地请问死是怎么回事?”孔子道:“生的道理还没有弄明白,怎么能够懂得死?”

闵子骞站在孔子身旁,显得恭敬而正直;子路显得很刚强;冉有、子贡显得温和、愉快。孔子乐了:“像仲由呀,怕是不得好死。”

鲁国翻修金库——长府。闵子骞道:“仍像原来的样子如何?为什么一定要翻修呢?”孔子道:“这人平日不大开口,一开口却十分中肯。”

孔子道:“仲由弹瑟,为什么到我这里来弹呢?”听了这话,学生们便瞧不起子路。孔子道:“由呀,学问已经不错了,只是还不够精深罢了。”

子贡问孔子:“颛孙师(子张)和卜商(子夏)两个人谁强?”孔子道:“师呀,有点过分;商呢,有点赶不上。”子贡道:“那么,师强一点么?”孔子道:“过分和赶不上一个样。”

季氏比周公还有钱,而冉求还替他搜刮,增加更多的财富。孔子道:“冉求不是我们的人,你们学生大张旗鼓地去攻击他,是可以的。”

高柴愚笨,曾参迟钝,颛孙师偏激,仲由卤莽。

孔子说:“颜回的学问道德差不多了吧,可是常常穷得没办法。端木赐不安本分,囤积投机,猜测行情,却每每猜对了。”

子张问怎样做才是善人。孔子说:“不踩着别人的脚印走,道德文章也难以到家。”

孔子说:“总是推许言论笃实的人,他是真正的君子呢?还是故作深沉的人呢?”

子路问:“听到就干起来吗?”孔子道:“父亲兄长还健在,怎么能听到就干起来?”冉有问:“听到就干起来吗?”孔子道:“听到就干起来。”

公西华道："仲由问听到就干起来吗。您说'父亲兄长还健在，（不能这样做；）'冉求问听到就干起来吗，您却说'听到就干起来。'我给弄糊涂了，大胆地来问问您。"孔子道：冉求平时做事退缩，所以我给他打气；仲由却有两个人的胆量，所以我要给他泼点冷水。"

孔子在匡被围困了之后，颜渊最后才来。孔子道："我还以为你死了。"颜渊道："您还健在，我怎么敢死呢？"

季子然问："仲由和冉求可以说是大臣吗？"孔子道："我以为您是问别人，原来问的是由与求呀。我们所说的大臣，应心怀仁义来服事君主，如果这样行不通，就宁愿辞职不干。如今由和求这两个人，可以说是具备相当才能的臣子了。"季子然又问："那么，他们会服从上级吗？"孔子道："杀父亲和君主的事，他们也不会服从的。"

子路叫子羔去做费县县长。孔子道："这是害了别人的儿子！"子路道："那地方有老百姓，有土地和五谷，为什么定要读书才叫作学问呢？"孔子道："所以我讨厌巧舌如簧的人。"

子路、曾皙、冉有、公西华四人陪孔子坐着。孔子说道："因为我年纪比你们都大，（老了，）没有人用我了。你们平日说：'人家不了解我呀！'如果有人了解你们，（打算请你们出去，）那你们怎么办呢？"

子路不假思索地答道："一千辆兵车的国家，局促地处在几个大国之间，外面有军队侵犯它，国内又常闹灾荒。我去治理，等到三年以后，可以使人人有勇气，而且懂得大道理。"孔子微微一笑。又问："冉求！你怎么样？"答道："方圆六七十里或者五六十里的小国家，我去治理，等到三年以后，可以使人民丰衣足食。至于修明礼乐，那只有等待贤人君子了。"孔子又问："公西赤！你怎么样？"答道："不是说我已经很有能力了，我愿意这样学习：祭祀的工作或者同外国会盟，我穿着礼服，戴着礼帽，做一个小司仪者。"又问："曾点！你怎么样？"他弹瑟正近尾声，铿地一声把瑟放下，站起来答道："我的志向和他们三位所讲的不同。"孔子道："有什么关系呢，正是要各人说出自己的志向呀！"曾皙便道："暮春时节，春天衣服都已穿定了，我和五六位成年人、六七个小孩，在沂水中洗洗澡，在舞雩台上吹吹风，再唱着歌儿回家。"孔子长叹一声说："我同意曾点的主张呀！"子路、冉有、公西华三人都出去了，曾皙后走。曾皙问道："那三位同学的话怎样？"孔子道："也不过各人说说自己的志向罢了。"曾皙又道："先生为什么对仲由微笑呢？"孔子道："治理国家应该讲求礼，可是他的话一点都不谦让，所以笑笑他。""难道冉求所讲的就不是国家吗？"孔子道："怎么见得方圆六七十里或五六十里地就不够一个国家呢？""公西赤所讲的不是国家吗？"孔子道："有宗庙，有国际间的盟会，不是国家是什么？（我笑仲由不是说他不能治理国家，而是笑他说话的内容和态度不够谦虚。譬如公西赤，他是个十分懂得礼仪的人，但他只说愿意学着做一个小司仪者。）如果他只做一个小司仪者，又有谁来做

大司仪者呢？”

颜渊篇第十二

【原文】

颜渊问仁。子曰：“克己复礼为仁。一日克己复礼，天下归仁焉。为仁由己，而由人乎哉？”颜渊曰：“请问其目。”子曰：“非礼勿视，非礼勿听，非礼勿言，非礼勿动。”

颜渊曰：“回虽不敏，请事斯语矣！”

仲弓问仁。子曰：“出门如见大宾，使民如承大祭。己所不欲，勿施于人。在邦无怨，在家无怨。”仲弓曰：“雍虽不敏，请事斯语矣！”

司马牛问仁。子曰：“仁者，其言也讱。”曰：“其言也讱，斯谓之仁已乎？”子曰：“为之难，言之得无讱乎？”

司马牛问君子。子曰：“君子不忧不惧。”曰：“不忧不惧，斯谓之君子已乎？”子曰：“内省不疚，夫何忧何惧？”

司马牛忧曰：“人皆有兄弟，我独亡！”子夏曰：“商闻之矣：死生有命，富贵在天。君子敬而无失，与人恭而有礼，四海之内，皆兄弟也。君子何患乎无兄弟也？”

子张问明。子曰：“浸润之谮，肤受之愬，不行焉，可谓明也已矣。浸润之谮，肤受之愬，不行焉，可谓远也已矣。”

子贡问政。子曰：“足食，足兵，民信之矣。”子贡曰：“必不得已而去，于斯三者何先？”曰：“去兵。”子贡曰：“必不得已而去，于斯二者何先？”曰：“去食。自古皆有死，民无信不立。”

棘子成曰：“君子质而已矣，何以文为？”子贡曰：“惜乎！夫子之说君子也。驷不及舌。文犹质也，质犹文也。虎豹之鞟犹犬羊之鞟。”

哀公问于有若曰：“年饥，用不足，如之何？”有若对曰：“盍彻乎？”曰：“二，吾犹不足，如之何其彻也？”对曰：“百姓足，君孰与不足？百姓不足，君孰与足？”

子张问崇德、辨惑。子曰：“主忠信，徙义，崇德也。爱之欲其生，恶之欲其死；既欲其生，又欲其死：是惑也。‘诚不以富，亦祇以异。’”

齐景公问政于孔子。孔子对曰：“君君、臣臣、父父、子子。”公曰：“善哉！信如君不君、臣不臣、父不父、子不子，虽有粟，吾得而食诸？”

子曰：“片言可以折狱者，其由也与？”子路无宿诺。

子曰：“听讼，吾犹人也。必也使无讼乎！”

子张问政。子曰:“居之无倦,行之以忠。”

子曰:“博学于文,约之以礼,亦可以弗畔矣夫!”

子曰:“君子成人之美,不成人之恶。小人反是。

季康子问政于孔子。孔子对曰:“政者,正也。子帅以正,孰敢不正?”

季康子患盗,问于孔子。孔子对曰:“苟子之不欲,虽赏之不窃。”

季康子问政于孔子曰:“如杀无道,以就有道,何如?”孔子对曰:“子为政,焉用杀?子欲善而民善矣!君子之德,风;小人之德,草。草上之风,必偃。”

子张问:“士何如斯可谓之达矣?”子曰:“何哉,尔所谓达者?”子张对曰:“在邦必闻,在家必闻。”子曰:“是闻也,非达也。夫达也者,质直而好义,察言而观色,虑以下人。在邦必达,在家必达。夫闻也者,色取仁而行违,居之不疑。在邦必闻,在家必闻。”

樊迟从游于舞雩之下,曰:“敢问崇德、修慝、辨惑。”子曰:“善哉问!先事后得,非崇德与?攻其恶,无攻人之恶,非修慝与?一朝之忿,忘其身以及其亲,非惑与?”

樊迟问仁。子曰:“爱人。”问知。子曰:“知人。”樊迟未达。子曰:“举直错诸枉,能使枉者直。”樊迟退,见子夏,曰:“嚮也吾见于夫子而问知,子曰:‘举直错诸枉,能使枉者直’,何谓也?”

子夏曰:“富哉言乎!舜有天下,选于众,举皋陶,不仁者远矣。汤有天下,选于众,举伊尹,不仁者远矣。”

子贡问友。子曰:“忠告而善道之,不可则止,毋自辱焉。”

曾子曰:“君子以文会友,以友辅仁。”

【译文】

颜渊问仁德。孔子道:“抑制自己,使言语行动都回复到传统的礼所允许的范围,就是仁。一旦这样做了,天下的人都会称许你是仁人。实践仁德,全靠自己,难道还靠别人不成?”

颜渊道:“请问行动的纲领。”孔子道:“不合礼的事不看,不合礼的话不听,不合礼的话不说,不合礼的事不做。”颜渊道:“我虽不敏捷,也要实行您这话。”

仲弓问仁德。孔子道:“出门(工作)好像去接待贵宾,役使百姓好像去承担大祀典,(事事严肃认真,小心谨慎。)自己所不喜欢的事物,就不强加于别人。在工作岗位上不对工作有怨言,就是不在工作岗位上也没有怨言。”仲弓道:“我虽然不敏捷,也要实行您这话。”

司马牛问仁德。孔子道:“仁人,他的言语迟钝。”司马牛道:“言语迟钝,这就叫作仁了吗?”孔子道:“做起来不容易,说话能够不迟钝吗?”

司马牛问怎样才能成为一个君子。孔子道:“君子不忧愁,不恐惧。”司马牛道:“不忧愁,不恐惧,这样就可以叫作君子了吗?"孔子道:"自己问心无愧,那有什么可以忧愁和恐惧的呢?"

司马牛忧愁地说:"别人都有兄弟,只有我没有。"子夏道:"我听说过:死生听之命运,富贵由天安排。君子只是对待工作严肃认真,不出差错,对待别人辞色恭谨,合乎礼节。普天之下,到处都有兄弟!君子又何必着急没有兄弟呢?"

子张问怎样做才算是个明白人。孔子道:"点滴而来、日积月累的谗言和肌肤所受、急迫切身的诬告在你这里都行不通,那你可以算是看得明白的人了。点滴而来、日积月累的谗言和肌肤所受、急迫切身的诬告在你这里都行不通,那你可以算是看得远的了。"

子贡问怎样去治理政事。孔子道:"充足粮食,充足军备,百姓对政府就有信心了。"子贡道:"如果迫不得已,在粮食、军队和人民的信心三者之中一定要去掉一项,先去掉哪一项?":孔子道:"去掉军备。"子贡道:"如果迫不得已,在粮食和人民的信心两者之中一定要去掉一项,先去掉哪一项?"孔子道:"去掉粮食。(没有粮食,不过一死,但)自古以来谁都免不了死亡。如果人民对政府缺乏信心,国家是站不起来的。"

棘子成道:"君子只要有好的本质就行了,要那些文采(那些仪节、那些形式)干什么?"子贡道:"可惜呀,先生这样谈论君子。一言既出,驷马难追。本质和文彩,是同等重要的。假若把虎豹和犬羊两类兽皮拔去有文采的毛,那这两类皮革就很难区别了。"

鲁哀公向有若问道:"年成不好,国家用度不足,该怎么办?"有若答道:"为什么不实行十分抽一的税率呢?"哀公道:"十分抽二,我还不够,怎么能十分抽一呢?"答道:"如果百姓的用度够,您怎么会不够?如果百姓的用度不够,您又怎么会够?"

子张问怎样提高品德,辨别迷惑。孔子道:"以忠诚信实为主,唯义是从,就可以提高品德。爱一个人,希望他长寿,厌恶起来,恨不得他马上死去。既要他长寿,又要他短命,这便是迷惑。就如诗经中说的'诚不以富,亦祇以异(尽管不是嫌贫爱富那样势力,但也是如同见异思迁、喜新厌旧一样可笑啊)。'"

齐景公向孔子问政治。孔子答道:"君要像个君,臣要像个臣,父亲要像父亲,儿子要像儿子。"景公道:"对呀!若真是君不像君,臣不像臣,父不像父,子不像子,虽然有很多粮食,我能吃得上吗?"

孔子说:"根据一方面的言语就可以判决案件的,大概只有仲由吧!"子路从不拖延诺言。

孔子说:"审理诉讼,我同别人差不多。一定要使诉讼的事件完全消灭才好。"

子张问政治。孔子道:"在位不要疲倦懈怠,执行政令要忠心。"

孔子说:"君子广泛地学习文献,再用礼节约束自己,也可以不离经叛道了吧!"

孔子说:"君子成全别人的好事,不促成别人的坏事。小人却和这相反。"

季康子向孔子问政治。孔子答道："政字的意思就是端正。您自己带头端正，谁敢不端正呢？"

季康子苦于盗贼太多，向孔子求教。孔子答道："假如您不贪求太多的财货，就是奖励偷抢，他们也不会干。"

季康子向孔子请教政治，说道："假若杀掉坏人来亲近好人，怎么样？"孔子答道："您治理政治，为什么要杀戮？您想把国家搞好，百姓就会好起来。领导人的作风好比风，老百姓的作风好比草。风向哪边吹，草向哪边倒。"

子张问："读书人要如何做才可以叫作达？"孔子道："你所说的达是什么意思？"子张答道："在朝廷做官时一定有名望，在大夫家工作时一定有名望。"孔子道："这是闻，不是达。怎样才是达呢？品质正直，遇事讲理，善于观察别人的颜色，从思想上愿意对别人退让。这样，他在朝廷做官必定事事通达，在大夫家也一定事事通达。至于闻，表面上似乎爱好仁德，实际行为却不如此，而自己竟以仁人自居毫不怀疑。这种人，做朝廷的官时一定会骗取名望，在大夫家工作时也一定会骗取名望。"

樊迟陪同孔子在舞雩台下游玩，他说："请问怎样提高自己的品德，怎样消除别人对自己不显露的怨恨，怎么辨别出哪种是糊涂事。"孔子道："问得好！首先付出劳动，然后收获，不是提高品德了吗？批判自己的坏处，不去批判别人的坏处，不就消除无形的怨恨了吗？因为偶然的忿怒，便忘记自己，甚至忘记了爹娘，不是糊涂吗？"

樊迟问什么是仁，孔子道："爱人。"又问什么是智，孔子道："善于了解别人。"樊迟还不理解。孔子道："提拔正直的人，使他地位在不正直的人之上，能够使不正直的人正直。"樊迟退了出来，找到子夏，说道："刚才我去见老师，请教什么是智，他说：'提拔正直的人，使他地位在不正直的人之上，能够使不正直的人正直。'这是什么意思？"子夏答道："这话的意义多么丰富啊！舜有了天下，在众人之中挑选，提拔了皋陶，坏人就难以得势了。汤有了天下，在众人之中挑选，提拔了伊尹，坏人就难以得势了。"

子贡问如何对待朋友。孔子道："忠心地劝告他，好好地引导他，他不听从，也就罢了，不要自找侮辱。"

曾子说："君子用文章学问来聚会朋友，用朋友来帮助我培养仁德。"

子路篇第十三

【原文】

子路问政。子曰："先之，劳之。"请益。曰："无倦。"

仲弓为季氏宰，问政。子曰："先有司，赦小过，举贤才。"曰："焉知贤才而举之？"子曰："举尔所知。尔所不知，人其舍诸？"

子路曰："卫君待子而为政，子将奚先？"子曰："必也正名乎！"子路曰："有是哉，子之迂也！奚其正？"子曰："野哉，由也！君子于其所不知，盖阙如也。名不正，则言不顺；言不顺，则事不成；事不成，则礼乐不兴；礼乐不兴，则刑罚不中；刑罚不中，则民无所错手足。故君子名之必可言也，言之必可行也。君子于其言，无所苟而已矣。"

樊迟请学稼，子曰："吾不如老农。"请学为圃。曰："吾不如老圃。"樊迟出。子曰："小人哉，樊须也！上好礼，则民莫敢不敬；上好义，则民莫敢不服；上好信，则民莫敢不用情。夫如是，则四方之民襁负其子而至矣，焉用稼？"

子曰："诵《诗》三百，授之以政，不达；使于四方，不能专对；虽多，亦奚以为？"

子曰："其身正，不令而行；其身不正，虽令不从。"

子曰："鲁卫之政，兄弟也。"

子谓卫公子荆："善居室。始有，曰：'苟合矣！'少有，曰：'苟完矣。'富有，曰：'苟美矣。'"

子适卫，冉有仆。子曰："庶矣哉！"冉有曰："既庶矣，又何加焉？"曰："富之。"曰："既富矣，又何加焉？"曰："教之。"

子曰："苟有用我者，期月而已可也，三年有成。"

子曰："'善人为邦百年，亦可以胜残去杀矣'。诚哉是言也！"

子曰："如有王者，必世而后仁。"

子曰："苟正其身矣，于从政乎何有？不能正其身，如正人何！"

冉子退朝。子曰："何晏也？"对曰："有政。"子曰："其事也。如有政，虽不吾以，吾其与闻之。"

定公问："一言而可以兴邦，有诸？"孔子对曰："言不可以若是。其几也，人之言曰：'为君难，为臣不易。'如知为君之难也，不几乎一言而兴邦乎？"曰："一言而丧邦，有诸？"孔子对曰："言不可以若是。其几也，人之言曰：'予无乐乎为君，唯其言而莫予违也。'如其善而莫之违也，不亦善乎！如不善而莫之违也，不几乎一言而丧邦乎？"

叶公问政。子曰："近者说，远者来。"

子夏为莒父宰，问政。子曰："无欲速，无见小利。欲速则不达；见小利则大事不成。"

叶公语孔子曰："吾党有直躬者，其父攘羊，而子证之。"孔子曰："吾党之直者异于是。父为子隐，子为父隐，直在其中矣。"

樊迟问仁。子曰："居处恭，执事敬，与人忠；虽之夷狄，不可弃也。"

子贡问曰："何如斯可谓之士矣？"子曰："行己有耻，使于四方，不辱君命，可谓士

矣。”曰:“敢问其次。”曰:“宗族称孝焉,乡党称弟焉。”曰:“敢问其次。”曰:“言必信,行必果,硁硁然小人哉!抑亦可以为次矣。”曰:“今之从政者何如?”子曰:“噫!斗筲之人,何足算也!”

子曰:“不得中行而与之,必也狂狷乎!狂者进取,狷者有所不为也。”

子曰:“南人有言曰:‘人而无恒,不可以作巫医。’善夫!”“不恒其德,或承之羞。”子曰:“不占而已矣。”

子曰:“君子和而不同,小人同而不和。”

子贡问曰:“乡人皆好之,何如?”子曰:“未可也。”“乡人皆恶之,何如?”子曰:“未可也。不如乡人之善者好之,其不善者恶之。”

子曰:“君子易事而难说也。说之不以道,不说也;及其使人也,器之。小人难事而易说也。说之虽不以道,说也;及其使人也,求备焉。”

子曰:“君子泰而不骄,小人骄而不泰。”

子曰:“刚、毅、木、讷,近仁。”

子路问曰:“何如斯可谓之士矣?”子曰:“切切偲偲,怡怡如也,可谓士矣。朋友切切偲偲,兄弟怡怡。”

子曰:“善人教民七年,亦可以即戎矣。”

子曰:“以不教民战,是谓弃之。”

【译文】

子路问政治。孔子道:“自己带头,然后让老百姓勤劳地工作。”子路请求再讲一点。孔子又道:“永远不要松劲。”

仲弓当了季氏的管家,向孔子问政治。孔子道:“给下属做榜样,原谅别人的小过失,推举贤能的人。”仲弓道:“怎样去识别贤能的人并提拔他们呢?”孔子道:“推举你所知道的;你所不知道的,别人难道会舍弃他吗?”

子路对孔子说:“卫君等着您去治理国政,您准备首先干什么?”孔子道:“那一定是纠正名分上的用词不当吧!”子路道:“您的迂腐竟到了如此地步吗!这又何必纠正?”孔子道:“你怎么这样粗野!君子对于他所不懂的,大概采取保留态度,(而不会像你这样乱说。)用词不当,言语就不能顺理成章,言语不顺理成章,工作就不能搞好,工作搞不好,国家的礼乐制度也就举办不起来;礼乐制度举办不起来,刑罚也就不会得当;刑罚不得当,百姓就会(无所适从,)连手脚都不晓得摆在哪里好。所以君子用一个词,一定可以说得出用它的道理来;而顺理成章的话也一定行得通。君子对于措词说话要没有一点马虎的地方,才肯罢休。”

樊迟请求学种庄稼。孔子道:“我不如老农夫。”又请求学种蔬菜。孔子道:“我不如

子路，选自《芥子园画传》。

老菜农。”樊迟出去了。孔子道：“樊迟真是小人！在上位者讲礼节，老百姓就没人敢不尊敬；在上位者讲道理，老百姓就没人敢不服从；在上位者讲信誉，老百姓就没人敢不说真话。能做到这样，四面八方的老百姓都会背负着小儿女来投靠，为什么要自己种地呢？”

孔子说：“熟读《诗》三百篇，把政治任务交给他，却不能办好；让他出使外国，又不能独当一面；即使书读得再多，又有什么用处呢？”

孔子说：“当权者自己行得正，不发命令，政令也能贯彻。自己行为不检点，即使三令五申，老百姓也不会听从。”

孔子说：“鲁国和卫国的政治，像兄弟一般，（相差无几。）”

孔子谈到卫国的公子荆，说：“他善于居家过日子，刚有一点，便说：‘差不多够了。’增加了一点，又说道：‘差不多完备了。’多有一点，便说道：‘差不多美轮美奂了。’”

孔子到卫国，冉有替他驾车子。孔子道：“人真多呀！”冉有道：“人口已经众多了，又该干什么呢？”孔子说：“让他们富起来。”冉有道：“已经富裕了，又该干什么呢？”孔子道：“教育他们。”

孔子说：“如有用我主持国家政事的，一年也就差不多了，三年便会很有成绩。”

孔子说：“‘善人治理国家一百年，也可以克服残暴免除杀戮了。’这话说得真对呀！”

孔子说：“假如有王者兴起，一定需要三十年才能使仁政大行。”

孔子说：“假若端正了自己，治理国家还有什么困难呢？连本身都不能端正，又怎能端正别人呢？”

冉有下朝回来。孔子道：“今天为什么回得晚了呢？”答道：“有政务。”孔子道：“那只是事务罢了。如果有政务，虽然不用我了，我也会知道的。”

鲁定公问：“一句话兴盛国家，有这事吗？”孔子答道：“说话可不能像这样地简单机械。不过，大家都说：‘做君主很难，做臣子不容易。’如果知道做君主的艰难，（事事自然会认真谨慎地去干，）这不就接近一句话便兴盛国家了吗？”定公又道：“一句话丧失国家，有这事吗？”孔子答道：“说话可不能像这样地简单机械。不过，大家都说：‘我做君主没有

别的快乐，只是我说任何话都没人敢违抗。’如果说的话正确而没人敢违抗，不也好吗？如果说的话不正确也没人敢违抗，这不就接近一句话便丧失国家了吗？”

叶公问政治。孔子道：“近处的人使他高兴，远方的人使他来投奔。”

子夏做了莒父的县长，问政治。孔子道：“不要图快，不要顾小利。图快，反而达不到目的，顾小利，大事就办不成功。”

叶公告诉孔子道：“我那里有个坦白直率的人，他父亲偷了羊，他便告发。”孔子道：“我们那里坦白直率的人和你们的不同：父亲替儿子隐瞒，儿子替父亲隐瞒。直率就在这里面。”

樊迟问仁。孔子道：“平日容貌态度端正庄严，工作严肃认真，对别人忠心诚意。这几种品德，纵是到了野蛮人的国度，也是不能废弃的。”

子贡问道：“怎样才可以叫作‘士’？”孔子道：“以羞耻之心约束自己的行动，出使各国，不负君主的使命，这就可以叫作‘士’了。”子贡道：“请问次一等的。”孔子道：“宗族称赞他孝顺父母，乡里称赞他恭敬兄长。”子贡又道：“请问再次一等的。”孔子道：“言语一定信实，行为一定坚决，这是不问黑白而只管自己贯彻言行的小人呀！但也可以说是再次一等的‘士’了。”子贡道：“现在的执政诸公怎么样？”孔子道：“咳！这班器识狭小的人算什么东西！”

孔子说：“得不到言行合乎中庸的人和他相交，那一定要结交激进的人和直筒子脾气的人吧！激进者一意向前，直筒子脾气的人也不肯做坏事。”

孔子说：“南方人有句话说，‘人假若没有恒心，连巫医都做不了。’这话说得好呀！”《易·恒卦》的爻辞说：“三心二意，翻云覆雨，总有人招致羞耻。”孔子又说：“这话的意思是叫无恒心的人不必去占卦罢了。”

孔子说：“君子追求在正确前提下的和谐，却不肯盲从；小人只会盲从，却不肯坚持正确立场。”

子贡问道：“一乡的人都喜欢他，这个人怎么样？”孔子道：“还不行。”子贡又道：“一乡的人都厌恶他，这个人怎么样？”孔子道：“还不行。最好一乡的好人都喜欢他，一乡的坏人都厌恶他。”

孔子说：“在君子手下工作很容易，讨他的欢喜却难。不用正当的方式去讨他的欢喜，他是不会欢喜的；等到他使用人的时候，却衡量各人的才德去分配任务。在小人手下工作很难，讨他的欢喜却容易。用不正当的方式去讨他的欢喜，他会欢喜；等到他使用人的时候，便会百般挑剔，求全责备。”

孔子说：“君子安详舒泰，而不盛气凌人；小人盛气凌人，而不安详舒泰。”

孔子说：“刚强、果断、质朴、说话谨慎，有这四种品德的人近于仁德。”

子路问道："怎么样才可以叫作'士'了呢？"孔子道："互相批评，和睦相处，就可以叫作'士'了。朋友之间，互相批评；兄弟之间，和睦相处。"

孔子说："善人教导人民七八年，也能够叫他们作战了。"

孔子道："用没有被训练过的人民去作战，这等于糟蹋生命。"

宪问篇第十四

【原文】

宪问耻。子曰："邦有道，谷；邦无道，谷，耻也。"

"克、伐、怨、欲不行焉，可以为仁矣？"子曰："可以为难矣，仁则吾不知也。"

子曰："士而怀居，不足以为士矣！"

子曰："邦有道，危言危行；邦无道，危行言孙。"

子曰："有德者必有言，有言者不必有德；仁者必有勇，勇者不必有仁。"

南宫适问于孔子曰："羿善射，奡荡舟，俱不得其死然。禹、稷躬稼，而有天下。"夫子不答。南宫适出。子曰："君子哉若人！尚德哉若人！"

子曰："君子而不仁者有矣夫，未有小人而仁者也。"

子曰："爱之，能勿劳乎？忠焉，能勿诲乎？"

子曰："为命：裨谌草创之，世叔讨论之，行人子羽修饰之，东里子产润色之。"

或问子产。子曰："惠人也。"问子西。曰："彼哉！彼哉！"问管仲。曰："人也。夺伯氏骈邑三百，饭疏食，没齿无怨言。"

子曰："贫而无怨难，富而无骄易。"

子曰："孟公绰为赵魏老则优，不可以为滕薛大夫。"

子路问成人。子曰："若臧武仲之知，公绰之不欲，卞庄子之勇，冉求之艺，文之以礼乐，亦可以为成人矣。"曰："今之成人者何必然？见利思义，见危授命，久要不忘平生之言，亦可以为成人矣。"

子问公叔文子于公明贾曰："信乎？夫子不言、不笑、不取乎？"公明贾对曰："以告者过也。夫子时然后言，人不厌其言；乐然后笑，人不厌其笑；义然后取，人不厌其取。"子曰："其然，岂其然乎？"

子曰："臧武仲以防求为后于鲁，虽曰不要君，吾不信也。"

子曰："晋文公谲而不正，齐桓公正而不谲。"

子路曰："桓公杀公子纠，召忽死之，管仲不死。"曰："未仁乎？"子曰："桓公九合诸

侯，不以兵车，管仲之力也。如其仁！如其仁！”

子贡曰：“管仲非仁者与？桓公杀公子纠，不能死，又相之。”子曰：“管仲相桓公，霸诸侯，一匡天下，民到于今受其赐。微管仲，吾其被发左衽矣。岂若匹夫匹妇之为谅也，自经于沟渎而莫之知也。”

公叔文子之臣大夫僎与文子同升诸公。子闻之曰：“可以为文矣。”

子言卫灵公之无道也，康子曰：“夫如是，奚而不丧？”孔子曰：“仲叔圉治宾客，祝鮀治宗庙，王孙贾治军旅。夫如是，奚其丧？”

子曰：“其言之不怍，则为之也难！”

陈成子弑简公。孔子沐浴而朝，告于哀公曰：“陈恒弑其君，请讨之。”公曰：“告夫三子！”孔子曰：“以吾从大夫之后，不敢不告也。君曰‘告夫三子’者。”之三子告，不可。孔子曰：“以吾从大夫之后，不敢不告也。”

子路问事君。子曰：“勿欺也，而犯之。”

子曰：“君子上达，小人下达。”

子曰：“古之学者为己，今之学者为人。”

蘧伯玉使人于孔子。孔子与之坐而问焉，曰：“夫子何为？”对曰：“夫子欲寡其过而未能也。”使者出。子曰：“使乎！使乎！”

子曰：“不在其位，不谋其政。”

曾子曰：“君子思不出其位。”

子曰：“君子耻其言而过其行。”

子曰：“君子道者三，我无能焉：仁者不忧，知者不惑，勇者不惧。”子贡曰：“夫子自道也。”

子贡方人。子曰：“赐也贤乎哉！夫我则不暇。”

子曰：“不患人之不己知，患其不能也。”

子曰：“不逆诈，不亿不信。抑亦先觉者，是贤乎！”

微生亩谓孔子曰：“丘何为是栖栖者与？无乃为佞乎？”孔子曰：“非敢为佞也，疾固也。”

子曰：“骥不称其力，称其德也。”

或曰：“以德报怨，何如？”子曰：“何以报德？以直报怨，以德报德。”

子曰：“莫我知也夫！”子贡曰：“何为其莫知子也？”子曰：“不怨天，不尤人。下学而上达。知我者其天乎！”

公伯寮愬子路于季孙。子服景伯以告，曰：“夫子固有惑志，于公伯寮，吾力犹能肆诸市朝。”子曰：“道之将行也与？命也。道之将废也与？命也。公伯寮其如命何！”

子曰："贤者辟世，其次辟地，其次辟色，其次辟言。"子曰："作者七人矣。"

子路宿于石门。晨门曰："奚自？"子路曰："自孔氏。"曰："是知其不可而为之者与？"

子击磬于卫。有荷蒉而过孔氏之门者，曰："有心哉！击磬乎！"既而曰："鄙哉！硁硁乎！莫己知也，斯己而已矣。深则厉，浅则揭。"子曰："果哉！末之难矣。"

子张曰："《书》云：'高宗谅阴，三年不言。'何谓也？"子曰："何必高宗？古之人皆然。君薨，百官总己以听于冢宰三年。"

子曰："上好礼，则民易使也。"

子路问君子。子曰："修己以敬。"曰："如斯而已乎？"曰："修己以安人。"曰："如斯而已乎？"曰："修己以安百姓。修己以安百姓，尧、舜其犹病诸！"

原壤夷俟。子曰："幼而不孙弟，长而无述焉，老而不死，是为贼！"以杖叩其胫。

阙党童子将命。或问之曰："益者与？"子曰："吾见其居于位也，见其与先生并行也，非求益者也，欲速成者也。"

【译文】

原宪问什么叫耻辱。孔子道："国家政治清明，可以做官领薪俸；国家政治黑暗，做官领薪俸，这就是耻辱。"原宪又说："一个人，好胜、自夸、怨恨和贪心都没有表现过，可以说是仁德之人吗？"孔子说："可以说是难能可贵了，至于仁德，我不知道。"

孔子说："作为一个读书人，却贪图安逸，真不配做读书人了。"

孔子说："政治清明，言语正直，行为正直；政治黑暗，行为正直，言语谦逊。"

孔子道："有道德的人一定有名言，但有名言的人不一定有道德。仁人一定勇敢，但勇敢的人不一定仁。"

南宫适向孔子问道："羿擅长射箭，奡擅长水战，都没有得到好死。禹和稷自己下地种田，却得到了天下。（怎样理解这些历史？）"孔子没有答复。南宫适退出去后，孔子道："这个人，好一个君子！这个人，多么尊尚道德！"

孔子说："君子之中不仁的人是有的吧，小人之中却不会有仁人。"

孔子说："爱他，能不磨砺他吗？忠于他，能不教诲他吗？"

孔子说："郑国外交辞令的撰写过程，由裨谌打草稿，世叔提意见，外交官子羽修改，东里的子产做文辞上的加工。"

有人向孔子问子产是怎样的人物。孔子道："他是宽厚慈惠的人。"又问到子西。孔子道："他呀，他呀！"又问到管仲。孔子道："他是个人才。剥夺了伯氏骈邑三百户的封地，使他只能吃粗粮，却到死也没有怨言。"

孔子说："贫穷却没有怨限，很难；富贵却不骄傲，倒容易做到。"

孔子说："孟公绰，让他做晋国卿大夫赵氏、魏氏的家臣，是能胜任愉快的，但没有能

力做滕、薛这类小国的大夫。”

子路问怎样才是全人。孔子道：“智慧像臧武仲，清心寡欲像孟公绰，勇敢像卞庄子，多才多艺像冉求，再用礼乐来成就他的文采，也可以说是全人了。”等了一会，又道：“现在的全人哪里一定要这样？看见利益能想起该不该得，遇到危险肯付出生命，经过长久的穷困日子都不忘记平日的诺言，也可以说是全人了。”

孔子向公明贾问到公叔文子，说：“他老人家不说话，不笑，不取，是真的吗？”公明贾答道：“这是传话的人说错了。他老人家到该说话的时候才说话，别人便不讨厌他的话；快乐了才笑，别人便不讨厌他的笑；应该取才取，别人便不讨厌他的取。”孔子道：“如此吗？真的如此吗？”

孔子说：“臧武仲（逃到齐国之前，）凭借着他的封地防城请求立其子弟继他为鲁国卿大夫，虽然有人说他不是要挟国君，但我是不相信的。”

孔子说：“晋文公好搞阴谋诡计，不光明正大；齐桓公光明正大，不搞阴谋诡计。”

子路道：“齐桓公杀了公子纠，（公子纠的师傅）召忽因此自杀，（但是他的另一师傅）管仲却活着。”接着又道：“管仲怕是不仁吧？”孔子道：“齐桓公多次主持诸侯间的盟会，消弭了战祸，这都是管仲的力量。这就是管仲的仁德！这就是管仲的仁德！”

子贡道：“管仲该不是仁人吧，桓公杀了公子纠，他不但不能以身殉难，还去辅相他。”孔子道：“管仲辅相桓公，称霸诸侯，使天下一切都得以匡正，人民到今天还感受到他的好处。如果没有管仲，我们都会披散着头发，衣襟向左边开着，（沦落为夷狄了。）他难道要像普通老百姓一样守着小节小信，在山沟里自杀，死了还没人知道吗？”

公叔文子的家臣大夫僎，（由于文子的推荐）和文子一道做了国家的大臣。孔子知道这事，便道：“这便可以谥为‘文’了。”

孔子讲到卫灵公的昏乱，康子道：“既然这样，为什么不败亡？”孔子道：“他有仲叔圉接待宾客，祝鮀管理祭祀，王孙贾统率军队，像这样，怎么会败亡？”

孔子说：“那个人大言不惭，他实行就不容易。”

陈恒杀了齐简公。孔子斋戒沐浴后朝见鲁哀公，报告道：“陈恒杀了他的君主，请您出兵讨伐他。”哀公道：“你向季孙、仲孙、孟孙三人去报告吧！”（退了出来，）道：“因为我曾忝为大夫，不敢不来报告，但是君上却对我说，‘给那三人报告吧，！”孔子又去报告三位大臣，不肯出兵。孔子道：“因为我曾忝为大夫，不敢不报告。”

子路问怎样服事人君。孔子道：“不要（阳奉阴违地）欺骗他，却可以（当面）触犯他。”

孔子说：“君子通达于仁义，小人通达于财利。”

孔子说：“古代学者是为了提高自己的道德文章做学问，现代学者做学问却是为了装门面给人家看。”

蘧伯玉派一位使者访问孔子。孔子给他让座,而后问道:“他老人家干些什么?”使者答道:“他老人家想减少过错却还没能做到。”使者出去后,孔子道:“好一位使者!好一位使者!”

孔子说:“不居于那个职位,便不考虑它的政务。”

曾子说:“君子所思虑的不超出自己的职责范围。”

孔子说:“说得多,做得少,君子以为耻。”

孔子说:“君子所行的三件事,我一件也没能做到:仁德的人不忧虑,聪明的人不迷惑,勇敢的人不畏惧。”子贡道:“他老人家所刻画的正是他自己呀!”

子贡讥评别人。孔子对他道:“你就够好了吗?我却没有这闲工夫。”

击磬,汉画像石。

孔子说:“不着急别人不知道我,只着急自己没有能力。”

孔子说:“不预先怀疑别人的欺诈,也不无根据地猜测别人的不老实,却能及早发觉,这样的人是一位贤者吧!”

微生亩对孔子道:“你为什么要这样忙忙碌碌呢?难道是要逞你的口才吗?”孔子道:“我不是敢逞口才,而是讨厌那种顽固不化的人。”

孔子说:“称千里马叫作骥,不是称赞它的力气,而是称赞它的品质。”

有人对孔子说:“拿恩惠来回答怨恨,怎么样?”孔子道:“那又拿什么来报答恩惠呢?应该拿公平正直来回答怨恨,拿恩惠来报答恩惠。”

孔子叹道:“没有人知道我呀!”子贡道:“为什么没有人知道您呢?”孔子道:“不怨恨天,不责备人,学习一些平常的知识,却透彻了解很高的道理。知道我的,只有天吧!”

公伯寮在季孙那里污蔑子路。子服景伯告诉孔子,并且说:“他老人家固然已经被公伯寮迷惑了,可是我的力量还能把他(公伯寮)的尸首在街头示众。”孔子道:“我的主张

将实现吗？全听凭命运呀；我的主张将永不实现吗？也听凭命运呀。公伯寮能奈何我的命运吗?"

孔子说:"有些贤者逃避乱世而隐居,次一等的择地而处,再次一等的避免不好的脸色,再次一等的躲避恶言。"孔子又说:"这样的人出现过七位了。"

子路在石门住了一晚,(第二天清早进城,)司门者道:"从哪里来?"子路道:"从孔家来。"司门者道:"就是那个知道做不到却偏要去做的人吗?"

孔子在卫国,一天正敲着磬,有一个挑着草筐子的人恰在门前走过,便说道:"这个敲磬是有深意的呀!"等一会又说道:"磬声铿铿的,可鄙呀！（它好像在说,没有人知道我呀!)没人知道自己,也就别干了。水深,索性连衣裳走过去;水浅,无妨撩起衣裳走过去。"孔子道:"好坚决！这样就没什么难的了。"

子张道:"《尚书》说:'殷高宗守孝,住在凶庐,三年不言语。'这是什么意思?"孔子道:"不仅仅高宗,古人都是这样:国君死了,(新君三年不问政事,)所有官员都听命于宰相。"

孔子说:"在上位的人若遇事依礼而行,就容易使百姓听从指挥。"

子路问怎样才能成为一个君子。孔子道:"修养自己来严肃认真地对待工作。"子路道:"这样就够了吗?"孔子道:"修养自己来使上层人物安乐。"子路道:"这样就够了吗?"孔子道:"修养自己来使所有老百姓安乐。修养自己来使所有老百姓安乐,尧舜大概还没有完全做到呢!"

原壤两腿像八字一样张开坐在地上,等着孔子。孔子骂道:"你小时候不懂礼节,长大了没什么值得一说的成绩,老了还白吃粮食,真是个害人精。"说完,用拐杖敲了敲他的小腿。

阙党的一个童子来向孔子传达信息。有人问孔子道:"这小孩是肯求上进的人吗?"孔子道:"我看见他(大模大样地)坐在位上,又看见他和长辈并肩而行。这不是个肯求上进的人,只是一个想走捷径的人。"

卫灵公篇第十五

【原文】

卫灵公问陈于孔子。孔子对曰:"俎豆之事,则尝闻之矣;军旅之事,未之学也。"明日遂行。

在陈绝粮,从者病,莫能兴。子路愠见,曰:"君子亦有穷乎?"子曰:"君子固穷,小人穷斯滥矣。”

子曰：“赐也，女以予为多学而识之者与？”对曰：“然。非与？”曰：“非也。予一以贯之。”

子曰：“由！知德者鲜矣。”

子曰：“无为而治者，其舜也与！夫何为哉？恭己正南面而已矣。”

子张问行。子曰：“言忠信，行笃敬，虽蛮貊之邦，行矣；言不忠信，行不笃敬，虽州里，行乎哉？立，则见其参于前也，在舆，则见其倚于衡也，夫然后行。”子张书诸绅。

子曰：“直哉史鱼！邦有道，如矢；邦无道，如矢。君子哉蘧伯玉！邦有道，则仕；邦无道，则可卷而怀之。”

子曰：“可与言，而不与之言，失人；不可与言，而与之言，失言。知者不失人，亦不失言。”

子曰：“志士仁人，无求生以害仁，有杀身以成仁。”

子贡问为仁。子曰：“工欲善其事，必先利其器。居是邦也，事其大夫之贤者，友其士之仁者。”

颜渊问为邦。子曰：“行夏之时，乘殷之辂，服周之冕，乐则《韶》舞。放郑声，远佞人。郑声淫，佞人殆。”

子曰：“人无远虑，必有近忧。”

子曰：“已矣乎！吾未见好德如好色者也。”

子曰：“臧文仲其窃位者与？知柳下惠之贤而不与立也。”

子曰：“躬自厚而薄责于人，则远怨矣。”

子曰：“不曰‘如之何如之何’者，吾末如之何也已矣。”

子曰：“群居终日，言不及义，好行小慧，难矣哉！”

子曰：“君子义以为质，礼以行之，孙以出之，信以成之。君子哉！”

子曰：“君子病无能焉，不病人之不己知也。”

子曰：“君子疾没世而名不称焉。”

子曰：“君子求诸己，小人求诸人。”

子曰：“君子矜而不争，群而不党。”

子曰：“君子不以言举人，不以人废言。”

子贡问曰：“有一言而可以终身行之者乎？”子曰：“其‘恕’乎！己所不欲，勿施于人。”

子曰：“吾之于人也，谁毁谁誉？如有所誉者，其有所试矣。斯民也，三代之所以直道而行也。”

子曰："吾犹及史之阙文也，有马者借人乘之。今亡矣夫！"

子曰："巧言乱德，小不忍则乱大谋。"

子曰："众恶之，必察焉；众好之，必察焉。"

子曰："人能弘道，非道弘人。"

子曰："过而不改，是谓过矣。"

子曰："吾尝终日不食，终夜不寝，以思，无益，不如学也。"

子曰："君子谋道不谋食。耕也，馁在其中矣；学也，禄在其中矣。君子忧道不忧贫。"

子曰："知及之，仁不能守之，虽得之，必失之。知及之，仁能守之，不庄以莅之，则民不敬。知及之，仁能守之，庄以莅之，动之不以礼，未善也。"

子曰："君子不可小知而可大受也。小人不可大受而可小知也。"

子曰："民之于仁也，甚于水火。水火，吾见蹈而死者矣，未见蹈仁而死者也。"

子曰："当仁，不让于师。"

子曰："君子贞而不谅。"

子曰："事君，敬其事而后其食。"

子曰："有教无类。"

子曰："道不同，不相为谋。"

子曰："辞达而已矣。"

师冕见，及阶，子曰："阶也。"及席，子曰："席也。"皆坐，子告之曰："某在斯，某在斯。"师冕出。子张问曰："与师言之道与？"子曰："然。固相师之道也。"

【译文】

卫灵公问孔子军队如何布阵。孔子答道："礼仪的事情，我曾经听到过；军队的事情，却从没学过。"第二天便离开了卫国。

孔子在陈国断绝了粮食供应，跟随的人都饿病了，爬不起来。子路拉长了脸来见孔子，说："难道君子也有一筹莫展的时候吗？"孔子道："君子行不通时，仍然坚持着；小人行不通时，便无所不为了。"

孔子道："赐呀，你以为我是学得多又记得住的人吗？"子贡答道："对啊，难道不是这样的吗？"孔子道："不是的，我有一个基本观念来贯穿它。"

孔子对子路说："由！懂得'德'的人真是少之又少啊。"

孔子说："自己从容安静而使天下太平的大概只有舜吧？他干了什么呢？庄严端正地坐于朝廷罢了。"

子张问怎样才能到处行得通。孔子道："言语忠诚老实，行为忠厚严肃，纵是到了野蛮人的国度，也行得通。言语欺诈无信，行为刻薄轻浮，即使在本乡本土，能行得通吗？

站着的时候,就(仿佛)看见‘忠信笃敬’几个字在我们面前;在车箱里,也(仿佛)看见它靠在前面的横木上;(时刻牢记着它,)才能到处行得通。”子张把这些话写在大带上。

孔子说:“好一个刚直不阿的史鱼!政治清明,他像箭一般直,政治黑暗,他也像箭一般直。好一个君子蘧伯玉!政治清明就出来做官,政治黑暗就可把自己的本领收藏起来。”

孔子说:“可以同他谈而不同他谈,这是错过人才;不可同他谈却同他谈,这是浪费言语。聪明人既不错过人才,也不浪费言语。”

孔子说:“志士仁人,不贪生怕死因而损害仁德,只勇于牺牲生命来成全仁德。”

子贡问如何成就仁德。孔子道:“工匠要把事情干好,一定先要完善他的工具。我们住在这个国家,就要敬奉那些大臣中的贤人,结交那些士人中的仁人。”

颜渊问如何治理国家。孔子道:“用夏朝的历法,坐殷朝的车子,戴周朝的礼帽,音乐就用《韶》和《武》。放弃郑国的乐曲,斥退小人。郑国的乐曲淫秽,小人危险。”

孔子说:“一个人没有长远的考虑,一定会有眼前的忧患。”

孔子说:“算了吧,我还从没见过喜欢美德如同喜欢美貌一样的呢!”

孔子说:“臧文仲大概是个做官不管事的人,他明知柳下惠贤良,却不给他官位。”

孔子说:“多责备自己而少责备别人,便不会招致怨恨了。”

孔子说:“(一个人)不想想‘怎么办,怎么办’,对这种人,我也不知道该拿他怎么办了。”

孔子说:“一群人整天混在一起,不说一句有道理的话,只喜欢卖弄小聪明,这种人真难造就!”

孔子说:“君子(对于事业),以道义为原则,依礼节实行它,用谦逊的言语说出它,用诚实的态度完成它。这才是真君子呀!”

孔子说:“君子只惭愧自己没有能力,不怨恨别人不知道自己。”

孔子说:“君子深感遗憾的是到死而名字不被人家称述。”

孔子说:“君子要求自己,小人要求别人。”

孔子说:“君子庄矜而不争执,合群而不闹宗派。”

孔子说:“君子不因某人一句话(说得好)便提拔他,也不因某人是坏人而鄙弃他的好话。”

子贡问道:“有没有一句话可以终身奉行呢?”孔子道:“大概是‘恕’吧!自己所不想要的任何事物,都不要加给别人。”

孔子说:“我对于别人,诋毁了谁,称赞了谁?假如我对他有所称赞,一定是考验过他的。夏、商、周三代的人都是这样做的,所以那时能直道而行。”

孔子说："我还能看到史书存疑的地方。"（孔子说：）"有马的人（自己不会训练，）先给别人使用，这种精神，今天没有了吧！"

孔子说："花言巧语足以败坏道德。小事情不忍耐，便会败坏大事情。"

孔子说："大家厌恶他，一定要去考察；大家喜爱他，也一定要去考察。"

孔子说："人能够弘扬道德，不是道德来光大人。"

孔子说："有错误而不改正，这本身就是一个错误！"

孔子说："我曾经整天不吃，整夜不睡，去想，但却没有益处，不如去学习。"

孔子说："君子用心力于学术，不用心力于衣食。耕田，也常常饿肚皮；学习，却常得到俸禄。君子只着急得不到道，不着急得不到财。"

孔子说："聪明才智足以得到它，仁德不足以保持它，就是得到，也一定会丧失。聪明才智足以得到它，仁德足以保持它，不用严肃态度来对待它，百姓也不会认真（地生活和工作）。聪明才智足以得到它，仁德足以保持它，且能用严肃的态度来对待它，假如不用礼来感动它，也不是尽善尽美的。"

孔子说："君子不可以用小事情来考验他，却可以接受重大任务；小人不可以接受重大任务，却可以用小事情考验他。"

孔子说："百姓需要仁德，急于需要水火。往水火里去，我看见死了人的，却从没见过因实践仁德而死了的。"

过庭诗礼，选自《孔子圣迹图》。

孔子说："面临着仁德，就是老师，也不同他谦让。"

孔子说："君子讲大信，却不讲小信。"

孔子说："对待君上，认真工作，把拿俸禄的事放在后面。"

孔子说："人人我都教育，没有（贫富、地域等等）区别。"

孔子说："主张不同，不互相商议。"

孔子说："言辞，足以达意便行了。"

师冕来见孔子，走到阶沿，孔子道："这是阶沿了。"走到坐席边，孔子道："这是坐席了。"都坐定了，孔子告诉他说："某人在这里，某人在这里。"师冕辞出后，子张问道："这是同盲人讲话的方式吗？"孔子道："对的，这本来是帮助盲人的方式。"

季氏篇第十六

【原文】

季氏将伐颛臾。冉有、季路见于孔子，曰："季氏将有事于颛臾。"孔子曰："求！无乃尔是过与？夫颛臾，昔者先王以为东蒙主，且在邦域之中矣，是社稷之臣也。何以伐为？"冉有曰："夫子欲之，吾二臣者皆不欲也。"孔子曰："求！周任有言曰：'陈力就列，不能者止。'危而不持，颠而不扶，则将焉用彼相矣？且尔言过矣。虎兕出于柙，龟玉毁于椟中，是谁之过与？"冉有曰："今夫颛臾，固而近于费。今不取，后世必为子孙忧。"孔子曰："求！君子疾夫舍曰欲之而必为之辞。丘也闻有国有家者，不患贫而患不均，不患寡而患不安。盖均无贫，和无寡，安无倾。夫如是，故远人不服，则修文德以来之。既来之，则安之。今由与求也，相夫子，远人不服，而不能来也；邦分崩离析，而不能守也；而谋动干戈于邦内。吾恐季孙之忧，不在颛臾，而在萧墙之内也。"

孔子曰："天下有道，则礼乐征伐自天子出；天下无道，则礼乐征伐自诸侯出。自诸侯出，盖十世希不失矣；自大夫出，五世希不失矣；陪臣执国命，三世希不失矣。天下有道，则政不在大夫。天下有道，则庶人不议。"

孔子曰："禄之去公室五世矣，政逮于大夫四世矣，故夫三桓之子孙微矣。"

孔子曰："益者三友，损者三友。友直，友谅，友多闻，益矣；友便辟，友善柔，友便佞，损矣。"

孔子曰："益者三乐，损者三乐。乐节礼乐，乐道人之善，乐多贤友，益矣；乐骄乐，乐佚游，乐宴乐，损矣。"

孔子曰："侍于君子有三愆：言未及之而言谓之躁，言及之而不言谓之隐，未见颜色而言谓之瞽。"

孔子曰："君子有三戒：少之时，血气未定，戒之在色；及其壮也，血气方刚，戒之在斗；及其老也，血气既衰，戒之在得。"

孔子曰："君子有三畏：畏天命，畏大人，畏圣人之言。小人不知天命而不畏也，狎大人，侮圣人之言。"

孔子曰："生而知之者，上也；学而知之者，次也；困而学之，又其次也；困而不学，民斯为下矣。"

孔子曰："君子有九思：视思明，听思聪，色思温，貌思恭，言思忠，事思敬，疑思问，忿思难，见得思义。"

孔子曰："见善如不及，见不善如探汤。吾见其人矣，吾闻其语矣。隐居以求其志，行义以达其道。吾闻其语矣，未见其人也。"

齐景公有马千驷，死之日，民无德而称焉。伯夷叔齐饿于首阳之下，民到于今称之。其斯之谓与？

陈亢问于伯鱼曰："子亦有异闻乎？"对曰："未也。尝独立，鲤趋而过庭。曰：'学《诗》乎？'对曰：'未也。''不学《诗》，无以言。'鲤退而学《诗》。他日，又独立，鲤趋而过庭。曰：'学礼乎？'对曰：'未也。''不学礼，无以立。'鲤退而学礼。闻斯二者。"陈亢退而喜曰："问一得三：闻《诗》，闻礼，又闻君子之远其子也。"

邦君之妻，君称之曰夫人，夫人自称曰小童；邦人称之曰君夫人；称诸异邦曰寡小君；异邦人称之，亦曰君夫人。

【译文】

季氏准备攻打颛臾。冉有、子路两人谒见孔子，说道："季氏要对颛臾下手了。"

孔子道："冉求！这难道不该责备你吗？颛臾，上代的君王曾经授权它主持东蒙山的祭祀，而且它早就在我们最初被封时的疆域之内，这正是我国安危与共的藩属，为什么要攻打它呢？"

冉有道："季孙要这么干，我们两人本来都是不同意的。"

孔子道："冉求！周任有句话说：'能够贡献自己的力量，再去任职；如果不行，就该辞职。'譬如瞎子遇到危险，不去扶持，将要摔倒，又不去搀扶，那又何必要助手呢？你的话不对。老虎犀牛从笼里逃出来，龟壳美玉毁坏在匣子里，这是谁的责任呢？"

冉有道："颛臾，城墙牢固而且离季孙的采邑费城很近。如今不去占领它，日子久了，一定会给子孙留下祸害。"

孔子道："冉求！君子讨厌那种不说自己贪心却一定要找些说辞的态度。我听说过：无论诸侯或者大夫，不必着急财富不多，只需着急财富不均；不必着急人民太少，只需着急境内不安。财富平均，便无所谓贫穷；境内安定团结，便不会觉得人少；境内平安，便不会倾危。这样的话,远方的人还不归服,便可修仁义礼乐的政教来招致他们。他们来了,就得使他们安心。如今仲由和冉求两人辅相季孙,远方的人不归服,而不能招致,国家支离破碎,却不能保全;反而想在国境之内大动干戈。我恐怕季孙的忧愁不在颛臾,却在鲁君呀!"

孔子说:"天下太平,制礼作乐以及出兵都由天子决定;天下混乱,制礼作乐以及出兵便由诸侯决定了。由诸侯决定,大约传到十代还能维持的,就很少了;由大夫决定,传到五代还能维持的就很少了;若是由大夫的家臣操纵国家命运,传到三代便很少还能维持。天下太平,国家的最高政治权力就不会由大夫掌握。天下太平,老百姓就不会议论纷纷。"

孔子说:"国家政权离开了鲁君,已经五代了;政权到了大夫手里,已经四代了,所以桓公的三房子孙现在也衰微了。"

孔子说:"有益的朋友有三种,有害的朋友有三种。同正直的人交友,同信实的人交友,同见多识广的人交友,便有益了。同阿谀奉承的人交友,同口蜜腹剑的人交友,同夸夸其谈的人交友,便有害了。"

孔子说:"有益的快乐有三种,有害的快乐有三种。以得到礼乐的调节为乐,以宣扬别人的好处为乐,以交了不少有益的朋友为乐,就有益了。以骄傲为乐,以浪游不归为乐,以饮食荒淫为乐,就有害了。"

孔子说:"陪着君子说话容易犯三种过失:没轮到他说话而说,叫作急躁;该说话了却不说,叫作隐瞒;不看看脸色便贸然开口,叫作瞎子。"

孔子说:"君子有三件事情应该警惕戒备:年轻时,血气未定,便要警戒,莫迷恋女色;到了壮年,血气正旺盛,便要警戒,莫好胜喜斗;等到年老了,血气已经衰弱,便要警戒,莫贪得无厌。"

孔子说:"君子有三怕:怕天命,怕王公大人,怕圣人的言语。小人不懂得天命,因而不怕它;轻视王公大人,轻侮圣人的言语。"

孔子说:"生来就知道的是上等,学习然后知道的次一等;遇到困难,才去学习,是再次一等;遇到困难也不学,老百姓就是这种最下等的了。"

孔子说:"君子有九种考虑:看的时候,考虑是否看明白了;听的时候,考虑是否听清楚了;脸上的表情,考虑是否温和;举止容貌,考虑是否端庄;言语谈吐,考虑是否忠诚老实;工作态度,考虑是否严肃认真;遇到疑问,考虑如何向人请教;要生气了,考虑有什么后患;看见可得的,考虑自己是否该得。"

孔子说:"看见善良,努力追求,好像赶不上似的;遇见邪恶,使劲避开,好像手快挨到沸水了,我见过这样的人,也听过这样的话。避世隐居以求保全他的意志,依义而行以求

贯彻他的主张，我听过这样的话，却还没见过这样的人。

齐景公有马四千匹，死了以后，老百姓没有哪个感戴称颂他，伯夷叔齐两人饿死在首阳山下，老百姓现在还称颂他们，这是什么道理呢？

陈亢向孔子的儿子伯鱼问道："您在老师那儿，也得着与众不同的传授吗？"答道："没有。他曾经一个人站在庭中，我恭敬地走过。他问我：'学诗没有？'我答：'没有。'他便说：'不学诗，便不会说话。'我退回便学诗。过了几天，他又一个人站在庭中，我又恭敬地走过。他问道：'学礼没有？'我答：'没有。'他便说：'不学礼，便没法在社会上立足。'我退回便学礼。就听到这两件。"陈亢回去非常高兴地说："我问一件事，知道了三件事。知道诗，知道礼，又知道君子对儿子与学生一视同仁。"

国君的妻子，国君称她为夫人，她自称为小童；国内的人称她为君夫人，但对外国人便称她为寡小君；外国人也称她为君夫人。

阳货篇第十七

【原文】

阳货欲见孔子，孔子不见，归孔子豚。孔子时其亡也，而往拜之，遇诸涂。谓孔子曰："来！予与尔言。"曰："怀其宝而迷其邦，可谓仁乎？"曰："不可。好从事而亟失时，可谓知乎？"曰："不可。日月逝矣，岁不我与。"孔子曰："诺。吾将仕矣。"

子曰："性相近也，习相远也。"

子曰："唯上知与下愚不移。"

子之武城，闻弦歌之声。夫子莞尔而笑，曰："割鸡焉用牛刀？"子游对曰："昔者偃也闻诸夫子曰：'君子学道则爱人，小人学道则易使也。'"子曰："二三子！偃之言是也。前言戏之耳。"

公山弗扰以费畔，召，子欲往。子路不说，曰："末之也已，何必公山氏之之也？"子曰："夫召我者而岂徒哉？如有用我者，吾其为东周乎？"

子张问仁于孔子。孔子曰："能行五者于天下，为仁矣。"请问之。曰："恭，宽，信，敏，惠。恭则不侮，宽则得众，信则人任焉，敏则有功，惠则足以使人。"

佛肸召，子欲往。子路曰："昔者由也闻诸夫子曰：'亲于其身为不善者，君子不入也。'佛肸以中牟畔。子之往也，如之何？"子曰："然。有是言也。不曰坚乎，磨而不磷；不曰白乎，涅而不缁。吾岂匏瓜也哉？焉能系而不食？"

子曰："由也，女闻六言六蔽矣乎？"对曰："未也。""居！吾语女。好仁不好学，其蔽

也愚；好知不好学，其蔽也荡；好信不好学，其蔽也贼；好直不好学，其蔽也绞；好勇不好学，其蔽也乱；好刚不好学，其蔽也狂。”

子曰：“小子！何莫学夫《诗》？《诗》可以兴，可以观，可以群，可以怨。迩之事父，远之事君。多识于鸟兽草木之名。”

子谓伯鱼曰：“女为《周南》《召南》矣乎？人而不为《周南》《召南》，其犹正墙面而立也与！”

子曰：“礼云礼云，玉帛云乎哉？乐云乐云，钟鼓云乎哉？”

子曰：“色厉而内荏，譬诸小人，其犹穿窬之盗也与？”

子曰：“乡原，德之贼也。”

子曰：“道听而涂说，德之弃也。”

子曰：“鄙夫可与事君也与哉？其未得之也，患不得之；既得之，患失之。苟患失之，无所不至矣。”

子曰：“古者民有三疾，今也或是之亡也。古之狂也肆，今之狂也荡；古之矜也廉，今之矜也忿戾；古之愚也直，今之愚也诈而已矣。”

子曰：“巧言令色，鲜矣仁。”

子曰：“恶紫之夺朱也，恶郑声之乱雅乐也，恶利口之覆邦家者。”

子曰：“予欲无言。”子贡曰：“子如不言，则小子何述焉？”子曰：“天何言哉？四时行焉，百物生焉，天何言哉？”

孺悲欲见孔子，孔子辞以疾。将命者出户。取瑟而歌，使之闻之。

宰我问：“三年之丧，期已久矣。君子三年不为礼，礼必坏；三年不为乐，乐必崩。旧谷既没，新谷既升，钻燧改火，期可已矣。”子曰：“食夫稻，衣夫锦，于女安乎？”曰：“安。”“女安，则为之！夫君子之居丧，食旨不甘，闻乐不乐，居处不安，故不为也。今女安，则为之！”宰我出。子曰：“予之不仁也！子生三年，然后免于父母之怀。夫三年之丧，天下之通丧也。予也有三年之爱于其父母乎？”

子曰：“饱食终日，无所用心，难矣哉！不有博弈者乎，为之犹贤乎已。”

子路曰：“君子尚勇乎？”子曰：“君子义以为上。君子有勇而无义为乱，小人有勇而无义为盗。”

子贡曰：“君子亦有恶乎？”子曰：“有恶：恶称人之恶者，恶居下流而讪上者，恶勇而无礼者，恶果敢而窒者。”曰：“赐也亦有恶乎？”“恶徼以为知者，恶不孙以为勇者，恶讦以为直者。”

子曰：“唯女子与小人为难养也，近之则不孙，远之则怨。”

子曰：“年四十而见恶焉，其终也已。”

【译文】

阳货想要孔子来拜会他，孔子不去，他便派人送给孔子一头（蒸熟了的）小猪，（想让孔子到他家来道谢。）孔子趁他不在家的时候，去拜谢，结果在归途上遇着了。他对孔子叫道："来！我要和你说话。"（孔子走了过去。）他又道："怀有一身本领，却听任国事混乱不堪，这可以叫作仁爱吗？"（孔子不作声。）他又接着说："不可以！一个人喜欢做官，却屡屡错过机会，这可以叫作聪明吗？"（孔子仍不作声。）他又一次接着说："不可以！时光一去，就再不回来了呀！"孔子这才说道："好吧，我打算做官了。"

孔子说："各人的本性都相差不远，只因所受的影响不同，才拉开了距离。"

孔子说："只有上等的智者和下等的愚人是改变不了的。"

孔子到了（子游当县长的）武城，听到了弹琴瑟唱诗歌的声音。孔子微微一笑，说道："杀鸡，哪里用得着宰牛的刀？（治理这个小地方，用得着教育吗？）"子游答道："以前我听老师说过，做官的学习了，就会有仁爱之心；老百姓学习了，就容易使唤。（可见教育总是有用的。）"孔子说："同学们！言偃的话是对的。我刚才的话不过是和他开玩笑罢了。"

公山弗扰盘踞费邑准备造反，叫孔子去，孔子准备去。子路很不高兴，说："没地方去就算了，又何必去公山氏那里呢？"孔子道："那个叫我去的人，难道是白白召我吗？假若有人用我，我将使周文王周武王之道在东方复兴。"

子张向孔子问仁。孔子道："能够处处实行五种品德，便是仁人了。"子张道："请问哪五种？"孔子道："庄重、宽厚、诚实、勤敏、慈惠。庄重就不致遭受侮辱，宽厚就能得到大众的拥戴，诚实就会得到别人的任用，勤敏工作，效率就会提高，做出大的贡献，慈惠就能够使唤人。"

佛肸叫孔子去，孔子打算动身。子路道："从前我听老师说过'亲自做坏事的人那里，君子是不去的。'如今佛肸盘踞中牟谋反，您却要去，怎么说得过去呢？"孔子道："对，我有过这话。但是，你不知道吗？最坚固的东西，磨也磨不薄；最白的东西，染也染不黑。我难道是匏瓜吗？哪里只能系在腰间而不让人吃呢？"

孔子道："仲由呀，你听过有六种品德便会有六种弊病吗？"子路答道："没有。"孔子道："坐下！我告诉你。爱仁德，而不爱学问，它的弊病就是容易受人愚弄；爱玩弄小聪明，而不爱学问，它的弊病就是放荡而无基础；爱诚实，而不爱学问，它的弊病就是（容易被人利用，反而）害了自己；爱直率，而不爱学问，它的弊病就是说话尖刻，刺痛人心；爱勇敢，而不爱学问，它的弊病就是捣乱闯祸；爱刚强，而不爱学问，它的弊病就是胆大妄为。"

孔子说："同学们，你们中间为什么没有人研究诗？读诗，可以培养想象力，可以提高观察力，可以锻炼合群性，可以学会讽刺方法。近呢，可以运用其中的道理来服事父母；远呢，可以用来服事君上；而且能多多记住鸟兽草木的名称。"

孔子对伯鱼说:“你研究过《周南》和《召南》了吗? 人如果不研习《周南》和《召南》,那就如同脸对着墙壁站着呢!”

孔子说:“礼呀礼呀,难道只是指玉帛等等礼物吗? 乐呀乐呀,难道只是指钟鼓等等乐器吗?”

孔子说:“脸色严厉,内心怯弱,若用坏人做比喻,怕像个挖洞跳墙的小偷吧!”

孔子说:“不分是非的好好先生是足以败坏道德的小人。”

孔子说:“听到小道消息就四处传播,这是应该革除的作风。”

孔子说:“鄙夫,难道能同他共同服事君上吗? 当他没有得到职位的时候,生怕得不到;已经得到了,又怕失去。假如生怕失去,那就什么事也做得出来了。”

孔子说:“古代的人民还有三种(可贵的)毛病,现在呀,或许连这些也没有了。古代的狂人肆意直言,现在的狂人便放荡不羁了;古代矜持的人还有些不能触犯的地方,现在矜持的人却只是一味恼羞成怒、无理取闹罢了;古代的愚人还直率,现在的愚人只是要耍欺诈手段罢了。”

孔子说:“满口花言巧语,满脸堆起讨好的笑,这种人,是没有多少仁德的。”

孔子说:“我憎恶紫色夺去了大红色的光彩和地位,憎恶郑国的乐曲破坏了典雅的乐曲,憎恶强嘴利舌颠覆国家的人。”

孔子说:“我想不说话了。”子贡道:“您假如不说话,那我们传述什么呢?”孔子道:“天说了什么呢,四季还是照样运行,百物还是照样生长,天说了什么呢?”

孺悲来,要会晤孔子,孔子托言有病,拒绝见他。传命的人刚出房门,孔子便取下瑟边弹边唱,故意使孺悲听见。

宰我问道:“父母死了,要守孝三年,为期也太久了。君子三年不去习礼仪,礼仪一定会被废弃;三年不去演奏音乐,音乐一定会失传。陈谷既已吃完,新谷又已登场;打火用的燧木又经过了一个轮回,一年,应该是够了。”孔子道:“(父母死了,不到三年,)你便吃那白米饭,穿那花缎衣,你心里安不安呢?”宰我道:“安。”孔子便抢着说:“你觉得安,你就这样做吧! 君子守孝,吃美味不晓得甜,听音乐不觉得快乐,住在家里不以为舒适,才不这样做。如今你既然心安理得,就去这样做好了。”宰我退出去后,孔子道:“宰予真不仁呀! 儿女生下来,三年后才能脱离父母的怀抱。替父母守孝三年,天下都是这样的。宰予难道就没有从他父母那里得到怀抱三年的爱护吗?”

孔子说:“整天吃饱了撑着,什么事也不做,不行的呀! 不是有掷采下棋的游戏吗? 干干也比闲着好。”

子路问道:“君子尊尚勇敢吗?”孔子道:“君子认为义是最值得尊尚的,君子只有勇,没有义,就会捣乱造反;小人只有勇,没有义,就会做土匪强盗。”

瑟敬孺悲，选自《孔子圣迹图》。

子贡道："君子也有所憎恶的事吗？"孔子道："有憎恶的事；憎恶专讲别人坏话的人，憎恶在下位而诋毁上级的人，憎恶勇敢却不懂礼节的人，憎恶勇于贯彻自己的主张，却顽固不化，一条道走到黑的人。"孔子又道："赐，你也有所憎恶的事吗？"子贡随即答道："我憎恶偷袭别人的成绩来作为自己的聪明的人，憎恶毫不谦虚却自以为勇敢的人，憎恶揭发别人阴私却自以为直率的人。"

孔子道："只有女子和小人是难得打交道的，亲近了，他便无礼；疏远了，他又怨恨。"

孔子说："到了四十岁还被人讨厌，他这一生呀就算完了。"

微子篇第十八

【原文】

微子去之，箕子为之奴，比干谏而死。孔子曰："殷有三仁焉。"

柳下惠为士师，三黜。人曰："子未可以去乎？"曰："直道而事人，焉往而不三黜？枉道而事人，何必去父母之邦？"

齐景公待孔子，曰："若季氏，则吾不能，以季、孟之间待之。"曰："吾老矣，不能用也。"孔子行。

齐人归女乐。季桓子受之，三日不朝。孔子行。

楚狂接舆歌而过孔子，曰："凤兮！凤兮！何德之衰？往者不可谏，来者犹可追。已而！已而！今之从政者殆而！"孔子下，欲与之言。趋而辟之，不得与之言。

长沮、桀溺耦而耕，孔子过之，使子路问津焉。长沮曰："夫执舆者为谁？"子路曰："为孔丘。"曰："是鲁孔丘与？"曰："是也。"曰："是知津矣。"问于桀溺，桀溺曰："子为谁？"曰："为仲由。"曰："是鲁孔丘之徒与？"对曰："然。"曰："滔滔者天下皆是也，而谁以易之？且而与其从辟人之士也，岂若从辟世之士哉？"耰而不辍。子路行以告。夫子怃然曰："鸟兽不可与同群，吾非斯人之徒与而谁与？天下有道，丘不与易也。"

子路从而后，遇丈人，以杖荷蓧。子路问曰："子见夫子乎？"丈人曰："四体不勤，五谷不分。孰为夫子？"植其杖而芸。子路拱而立。止子路宿，杀鸡为黍而食之，见其二子焉。明日，子路行以告。子曰："隐者也。"使子路反见之。至则行矣。子路曰："不仕无义。长幼之节，不可废也；君臣之义，如之何其废之？欲洁其身，而乱大伦？君子之仕也，行其义也。道之不行，已知之矣。"

逸民：伯夷、叔齐、虞仲、夷逸、朱张、柳下惠、少连。子曰："不降其志，不辱其身，伯夷、叔齐与！"谓："柳下惠、少连，降志辱身矣。言中伦，行中虑，其斯而已矣。"谓："虞仲、夷逸，隐居放言，身中清，废中权。我则异于是，无可无不可。"

大师挚适齐，亚饭干适楚，三饭缭适蔡，四饭缺适秦。鼓方叔入于河，播鼗武入于汉，少师阳、击磬襄入于海。

周公谓鲁公曰："君子不施其亲，不使大臣怨乎不以。故旧无大故，则不弃也。无求备于一人。"

周有八士：伯达、伯适、仲突、仲忽、叔夜、叔夏、季随、季騧。

【译文】

（纣王荒淫残暴，）微子便离开了他，箕子沦为奴隶，比干进谏而被杀。孔子说："殷朝有三位仁人。"

柳下惠当法官，好几次被撤职。有人对他说："您不可以离开鲁国吗？"他道："正直地工作，到哪里去不多次被撤职？不正直地工作，为什么一定要离开祖国呢？"

齐景公讲到怎样对待孔子时说："用鲁君对待季氏的规格，那我做不到；我要给他次于季氏而高于孟氏的待遇。"又道："我老了，没什么作为了。"孔子便离开了齐国。

齐国送了许多歌姬舞女给楚国，季桓子接受了，三天不上朝，孔子就离职走了。

楚国的狂人接舆一边走过孔子的车子，一边唱着歌："凤凰啊，凤凰啊！为什么美的

德行会如此衰微？过去的已不可劝止，未来的还可以追回。算了吧，算了吧！现在的执政者们危乎其危！"孔子下车，想和他谈谈，他却连忙躲开，孔子没和他谈成。

长沮、桀溺两人一同耕田，孔子从那里路过，让子路去问渡口。长沮问子路："那位驾车子的是谁？"子路道："是孔丘。"他又道："是鲁国的那位孔丘吗？"子路道："是的。"长沮道："他啊，早晓得渡口在哪儿了。"又去问桀溺。桀溺道："您是谁？"子路道："我是仲由。"桀溺道："您是鲁国孔丘的门徒吗？"答道："是的。"桀溺便道："像洪水一样的坏东西到处都是，你们同谁去改革它呢？你与其跟着（孔丘那种）逃避坏人的人，为什么不跟着（我们这些）逃避整个社会的人呢？"说完，仍旧不停地干农活。子路回来把这些报告给孔子。孔子很失望地说："我们既然不可以同飞禽走兽合群共处，若不同人群打交道，又同什么去打交道呢？如果天下太平，我就不会同你们一道来从事改革了。"

子路跟随着孔子，掉了队，碰到一个老头儿，用棍子挑着除草用的工具。子路问道："您看见了我的老师吗？"老头儿道："你这人，四肢不劳动，五谷不认识，谁认识你的老师？"说完，便扶着棍子去踩草，子路拱着手恭敬地站着。老头儿便留子路到他家住宿，杀鸡、做饭给子路吃，又叫他两个儿子出来相见。第二天，子路赶上了孔子，报告了这件事。孔子道："这是位隐士。"叫子路返回去再看看他。子路到了那里，他却走开了。子路便道："不做官是不对的。长幼间的关系，是不可能废弃的；君臣间的关系，怎么能不管呢？你原想不沾污自身，却不知这样做便违反了君臣间的伦常。君子出来做官，只是为了尽义务。至于我们的政治主张行不通，早就知道了。"

荷篆丈人，清任熊绘。

古今被遗落的贤人有伯夷、叔齐、虞仲、夷逸、朱张、柳下惠、少连。孔子道："不动摇自己意志，不辱没自己身份的，是伯夷、叔齐吧！"又说，"柳下惠、少连降低自己意志，屈辱自己身份了，可是言语合乎法度，行为经过思虑，那也不过如此罢了。"又说："虞仲、夷逸逃世隐居，放肆直言。行为廉洁，

被废弃的是他的权术。我就和他们这些人不同，没有什么可以，也没有什么不可以。”

太师挚到了齐国，亚饭乐师干到了楚国，三饭乐师缭到了蔡国，四饭乐师缺到了秦国，击鼓乐师方叔入居黄河之边，摇小鼓乐师武逃居汉水之滨，少阳师和击磬的襄避居到海边。

周公对鲁公说道：“君子不怠慢他的亲族，不让大臣抱怨没被信用。老臣故人没有严重过失，就不要抛弃他。不要对某一人求全责备！”

周朝有八个有教养的人：伯达、伯适、仲突、仲忽、叔夜、叔夏、季随、季骃。

子张篇第十九

【原文】

子张曰：“士见危致命，见得思义，祭思敬，丧思哀，其可已矣。”

子张曰：“执德不弘，信道不笃，焉能为有？焉能为亡？”

子夏之门人问交于子张。子张曰：“子夏云何？”对曰：“子夏曰：‘可者与之，其不可者拒之。’”子张曰：“异乎吾所闻，君子尊贤而容众，嘉善而矜不能。我之大贤与，于人何所不容？我之不贤与，人将拒我，如之何其拒人也？”

子夏曰：“虽小道，必有可观者焉；致远恐泥，是以君子不为也。”

子夏曰：“日知其所亡，月无忘其所能，可谓好学也已矣。”

子夏曰：“博学而笃志，切问而近思，仁在其中矣。”

子夏曰：“百工居肆以成其事，君子学以致其道。”

子夏曰：“小人之过也必文。”

子夏曰：“君子有三变：望之俨然，即之也温，听其言也厉。”

子夏曰：“君子信而后劳其民，未信，则以为厉己也；信而后谏，未信，则以为谤己也。”

子夏曰：“大德不逾闲，小德出入可也。”

子游曰：“子夏之门人小子，当洒扫、应对、进退，则可矣。抑末也，本之则无，如之何？”子夏闻之，曰：“噫！言游过矣！君子之道，孰先传焉？孰后倦焉？譬诸草木，区以别矣。君子之道，焉可诬也？有始有卒者，其惟圣人乎！”

子夏曰：“仕而优则学，学而优则仕。”

子游曰：“丧致乎哀而止。”

子游曰：“吾友张也，为难能也。然而未仁。”

曾子曰：“堂堂乎张也，难与并为仁矣。”

曾子曰:“吾闻诸夫子:人未有自致者也,必也亲丧乎!”

曾子曰:“吾闻诸夫子:孟庄子之孝也,其他可能也,其不改父之臣与父之政,是难能也。”

孟氏使阳肤为士师,问于曾子。曾子曰:“上失其道,民散久矣。如得其情,则哀矜而勿喜。”

子贡曰:“纣之不善,不如是之甚也。是以君子恶居下流,天下之恶皆归焉。”

子贡曰:“君子之过也,如日月之食焉:过也,人皆见之;更也,人皆仰之。”

卫公孙朝问于子贡曰:“仲尼焉学?”子贡曰:“文、武之道,未坠于地,在人。贤者识其大者,不贤者识其小者,莫不有文、武之道焉。夫子焉不学?而亦何常师之有?”

叔孙武叔语大夫于朝,曰:“子贡贤于仲尼。”子服景伯以告子贡。子贡曰:“譬之宫墙!赐之墙也及肩,窥见室家之好。夫子之墙数仞,不得其门而入,不见宗庙之美,百官之富。得其门者或寡矣。夫子之云,不亦宜乎!”

叔孙武叔毁仲尼。子贡曰:“无以为也,仲尼不可毁也。他人之贤者,丘陵也,犹可逾也。仲尼,日月也,无得而逾焉。人虽欲自绝,其何伤于日月乎?多见其不知量也!”

陈子禽谓子贡曰:“子为恭也,仲尼岂贤于子乎?”子贡曰:“君子一言以为知,一言以为不知,言不可不慎也。夫子之不可及也,犹天之不可阶而升也。夫子之得邦家者,所谓立之斯立,道之斯行,绥之斯来,动之斯和。其生也荣,其死也哀。如之何其可及也!”

【译文】

子张说:“读书人看见危险便肯献出生命,看见有所得便考虑是否该得,祭祀时想到要严肃恭敬,居丧时记着要悲痛哀伤,那也就可以了。”

子张说:“不坚守道德,不忠于信仰,(这种人,)有他也可,无他也可。”

子夏的学生向子张请教怎样交朋友。子张道:“子夏说了些什么?”答道:“子夏说,可以交的去结交他,不可以交的拒绝他。”子张道:“这不同于我所听到的:君子尊敬贤人,也容纳普通人;鼓励好人,可怜无能的人。我是大好人吗,什么人容不下呢?我是坏人吗,别人将拒绝我,我还如何去拒绝别人呢?”

子夏说:“即便是小技艺,也一定有值得一看的地方;恐怕它影响远大目标,所以君子不去从事。”

子夏说:“每天知道所未知的,每月复习所已能的,就可以说是好学了。”

子夏说:“广泛地学习,坚守自己的志向;恳切地发问,多考虑当前的问题,仁德就在这中间了。

子夏说:“工匠们待在工棚里完成他们的任务,君子则通过学习来求得那个道。”

子夏说:“小人对于错误一定加以掩饰。”

子夏说："君子有三变：远望着庄严令人敬畏；走近又显得和蔼可亲；听他说话，则严厉不苟。"

子夏说："君子必须得到信任以后才去动员百姓；否则百姓会以为你在折磨他们。必须得到信任以后才去进谏，否则君上会以为你在诽谤他。"

子夏说："一个人在大是大非上要站稳立场，小节上放松一点没多大关系。"

子游道："子夏的学生，叫他们做做打扫、接待客人、应对进退的工作，是可以的；不过这都只是末节。学术的根底他们却缺乏，这怎么可以呢？"

子夏听了这话，便道："咳！言游说错了！君子的学术，哪一项先传授，那一项后讲述呢？学术好比草木，是要区别为各种各类的。君子的学术，如何可以歪曲？（按部就班，循序渐进传授学术而）有始有终的，大概只有圣人吧！"

子夏说："做官了，有空闲便去学习；学习了，有空闲便去做官。"

子游说："居丧，真正做到了哀伤也就够了。"

子游说："我的朋友子张是难能可贵的了，然而还算不上仁。"

曾子说："子张真够得上是威仪堂堂了，然而却难以携带别人一同进入仁德。"

曾子说："我听老师说过，平常时候，人的感情不可能自动地得以发挥，如果有，那一定是父母亡故的时候吧！"

曾子说："我听老师说过：孟庄子的孝，别的都容易做到；而他留用父亲的旧臣，按父亲的既定方针办，则是难以做到的。"

孟氏任命阳肤做法官，阳肤向曾子求教。曾子道："居上位的人行事不依法度，百姓早就散漫无纪了。你如果能审出罪犯的真情，便应该同情他，切不要自鸣得意！"

子贡说："商纣的坏，不像现在传说的这么厉害。所以君子憎恶居于下流，一居下流，天下的坏事都归结于他了。"

子贡说："君子的过失好比日食月食：错的时候，每个人都见得到；改的时候，每个人都仰望着。"

卫国的公孙朝向子贡问道："孔仲尼的学问是从哪里学来的？"子贡道："周文王周武王的道，并没有失传，散在人间。贤能的人便抓住大处，不贤能的人只抓些末节。无处没有文王武王之道。我的老师何处不学，又为什么要有一定的老师，专门的传授呢？"

叔孙武叔在朝廷中对官员们说："子贡比他老师仲尼要强些。"子服景伯便把这话告诉子贡。子贡道："好比围墙，我家的围墙只有肩膀那么高，谁都可以探望到房屋的美好。我老师的围墙却有好几丈高，找不到大门走进去，就看不到里面宗庙的雄伟，房舍的多种多样。能够找着大门的人或许不多吧，那么，武叔他老人家这么说，不也是自然的吗？"

叔孙武叔毁谤仲尼。子贡道："不要这样做！仲尼是骂不倒的。别人的贤能，好比山

丘,还可以越过;仲尼,简直是太阳和月亮,是不可逾越的。一个人若是要自绝于太阳月亮,那对太阳月亮有什么损害呢,只是表示他不自量力罢了。”

陈子禽对子贡说:“您太谦虚了,仲尼难道比您还强吗?”子贡道:“有身份的人可以因一句话表现出他的智慧,也可因一句话表现出他的无知,所以说话不可不谨慎。他老人家的不可超越,犹如青天的不可以用梯子爬上去。他老人家如果得国而为诸侯,或者得到采邑而为卿大夫,那正如我们所说的一叫百姓人人能立足于社会,百姓自会人人能立足于社会;一引导百姓,百姓自会前进;一安抚百姓,百姓自会从远方来投靠;一动员百姓,百姓自会同心协力。他老人家,生得光荣,死得可惜,又怎么能够超越得了呢?”

尧曰篇第二十

【原文】

尧曰:“咨!尔舜!天之历数在尔躬。允执其中。四海困穷,天禄永终。”舜亦以命禹。

曰:“予小子履,敢用玄牡,敢昭告于皇皇后帝:有罪不敢赦。帝臣不蔽,简在帝心。朕躬有罪,无以万方;万方有罪,罪在朕躬。”

周有大赉,善人是富。“虽有周亲,不如仁人。百姓有过,在予一人。”

谨权量,审法度,修废官,四方之政行焉。兴灭国,继绝世,举逸民,天下之民归心焉。所重:民、食、丧、祭。宽则得众,信则民任焉,敏则有功,公则说。

子张问于孔子曰:“何如斯可以从政矣?”子曰:“尊五美,屏四恶,斯可以从政矣。”子张曰:“何谓五美?”子曰:“君子惠而不费,劳而不怨,欲而不贪,泰而不骄,威而不猛。”子张曰:“何谓惠而不费?”子曰:“因民之所利而利之,斯不亦惠而不费乎?择可劳而劳之,又谁怨?欲仁而得仁,又焉贪?君子无众寡,无大小,无敢慢,斯不亦泰而不骄乎?君子正其衣冠,尊其瞻视,俨然人望而畏之,斯不亦威而不猛乎?”子张曰:“何谓四恶?”子曰:“不教而杀谓之虐;不戒视成谓之暴;慢令致期谓之贼;犹之与人也,出纳之吝谓之有司。”

孔子曰:“不知命,无以为君子也。不知礼,无以立也。不知言,无以知人也。”

【译文】

尧(让位给舜的时候,)说道:“啧啧!你这位舜,上天的大命已经落在你身上了,诚实地保持着那正道吧!如果天下的百姓都困苦贫穷,上天给你的禄位也会永远终止。”舜(让位给禹的时候,)也说了这番话。

(汤)说:“我履谨用黑色牡牛作为牺牲,明明白白地告于光明而伟大的天帝:有罪的人(我)不敢擅自去赦免他。您的臣仆(的善恶)我也不隐瞒掩盖,(对此,)您心里是早就明白的。如我本人有罪,就不要牵连天下万方;天下万方有罪,也都归我一人来承担。”

周朝大封诸侯,使善人都富贵起来。“我虽然有至亲,却不如有仁德之人。百姓如果有过错,应该由我来担承。”

检验并审定度量衡,修复已废弃的机关工作,全国的政令就会通行。复兴被灭亡的国家,承续已断绝的后代,提拔被遗落的人才,天下的百姓就都会心悦诚服了。

所重视的有:人民、粮食、丧礼、祭祀。

宽厚就会得到群众的拥护,勤敏就会有功绩,公平就会使百姓高兴。

子张问孔子道:“要怎样才可以治理政事呢?”孔子道:“尊尚五美,摒弃四恶,这样就可以从政了。”子张道:“什么叫五美?”孔子道:“君子为人民谋利益,自己却无所耗费;劳动百姓,百姓却不怨恨;欲仁欲义,而不贪财贪色;安泰矜持却不骄傲;威严而不凶猛。”子张道:“为人民谋利益,自己却无所耗费,这是什么意思?”孔子道:“把人民引向能得到利益的地方而使他们受惠,这不是为人民谋利益而自己无所耗费吗?选择可以劳动的时间和地点,再去劳动他们,又有谁怨恨呢?自己需要仁德便得到了仁德,还需贪求什么呢?不管人多人少,不管势力大小,君子都不敢怠慢他们,这不就是安泰矜持却不骄傲吗?君子衣冠整齐,目不斜视,庄严地使人望着便生出敬畏之心,这不是威严而不凶猛吗?”子张道:“什么是四恶?”孔子道:“不加以教育便横加杀戮叫作虐;不加申诫便要成绩叫作暴;起先懈怠,突然限期叫作贼;同是给人以财物,却出手悭吝,叫作小家子气。”

孔子说:“不懂得命运,没有可能作为君子;不懂得礼,没有可能立足于社会,不懂得分辨人家的言语,没有可能认识人。”

中华传世藏书

儒家经典

图文珍藏本

诗经

[东周] 佚名 ◎ 著

导读

《诗经》是中国最早的诗歌总集，收入自西周初年至春秋中叶大约五百多年的诗歌(前11世纪至前6世纪)。另外还有6篇有题目无内容，即有目无辞，称为笙诗，又称《诗三百》。人们把《诗经》的内容编排和表现手法称为：风、雅、颂，关于《诗经》中诗的分类有“四始六义”之说。“四始”指《国风》《大雅》《小雅》《颂》的四篇列首位的诗。“六义”则指“风、雅、颂、赋、比、兴”。“风、雅、颂”是按音乐的不同对《诗经》的分类，“赋、比、兴”是《诗经》的表现手法。《诗经》多以四言为主，兼有杂言。

风

周南

关雎

【原文】

关关雎鸠，在河之洲。
窈窕淑女，君子好逑。
参差荇菜，左右流之。
窈窕淑女，寤寐求之。
求之不得，寤寐思服。
悠哉悠哉，辗转反侧。
参差荇菜，左右采之。
窈窕淑女，琴瑟友之。
参差荇菜，左右芼之。
窈窕淑女，钟鼓乐之。

【译文】

雎鸠关关相对唱，双栖河里小岛上。
纯洁美丽好姑娘，真是我的好对象。
长长短短鲜荇菜，左手右手顺流采。
纯洁美丽好姑娘，醒着相思梦里爱。
追求姑娘难实现，醒来梦里意常牵。
一片深情悠悠长，翻来覆去难成眠。
长长短短荇菜鲜，左手采来右手拣。
纯洁美丽好姑娘，弹琴奏瑟表爱怜。
长长短短鲜荇菜，左手右手拣拣开。
纯洁美丽好姑娘，敲钟打鼓娶过来。

葛覃

【原文】

葛之覃兮，施于中谷；
维叶萋萋。黄鸟于飞，

集于灌木；其鸣喈喈。
葛之覃兮，施于中谷；
维叶莫莫。是刈是濩，
为絺为绤；服之无斁。
言告师氏，言告言归。
薄污我私，薄浣我衣。
害浣害否，归宁父母。

【译文】

葛藤枝儿长又长，蔓延到，谷中央；
叶子青青盛又旺。黄雀飞，来回忙，
歇在丛生小树上；叫喳喳，在歌唱。
葛藤枝儿长又长，蔓延到，谷中央；
叶子青青密又旺。割了煮，自家纺，
细布粗布制新装；穿不厌，旧衣裳。
告诉咱家老保姆，回娘家，去望望。
搓呀揉呀洗衣裳，脏衣衫，洗清爽。
别把衣服全泡上，要回家，看爹娘。

卷耳

【原文】

采采卷耳，不盈顷筐。
嗟我怀人，寘彼周行。
陟彼崔嵬，我马虺隤。
我姑酌彼金罍，维以不永怀。
陟彼高冈，我马玄黄。
我姑酌彼兕觥，维以不永伤。
陟彼砠矣，我马瘏矣。
我仆痡矣，云何吁矣！

【译文】

采呀采呀卷耳菜，不满小小一浅筐。
心中想念我丈夫，浅筐搁在大道旁。
登上高高土石山，我马跑得腿发软。
姑且酌满铜酒杯，莫叫心中长相念。
登上高高山脊梁，马儿病得黑又黄。
姑且酌满犀角杯，莫叫心中长悲伤。
登上那座乱石冈，马儿病倒躺一旁，
仆人累得跟不上，心中怎不添忧伤！

樛木

【原文】

南有樛木，葛藟累之。
乐只君子，福履绥之！

南有樛木，葛藟荒之。
乐只君子，福履将之！

南有樛木，葛藟萦之。
乐只君子，福履成之！

【译文】

南边弯弯树枝桠，野葡萄藤攀缘它。
先生结婚真快乐，上天降福赐给他！
南边弯弯树枝桠，野葡萄藤掩盖它。

先生结婚真快乐，上天降福保佑他！
南边弯弯树枝杻，野葡萄藤旋绕它。
先生结婚真快乐，上天降福成全他。

螽斯

【原文】

螽斯羽，诜诜兮。
宜尔子孙，振振兮。
螽斯羽，薨薨兮。

宜尔子孙，绳绳兮。
螽斯羽，揖揖兮。
宜尔子孙，蛰蛰兮。

【译文】

蝗虫展翅膀，群集在一方。
你们多子又多孙，繁盛振奋聚一堂。
蝗虫展翅膀，嗡嗡飞得忙。

你们多子又多孙，永远群处在一堂。
蝗虫展翅膀，紧聚在一方。
你们多子又多孙，安静和睦在一堂。

桃夭

【原文】

桃之夭夭，灼灼其华。
之子于归，宜其室家。
桃之夭夭，有蕡其实。

之子于归，宜其家室。
桃之夭夭，其叶蓁蓁。
之子于归，宜其家人。

【译文】

茂盛桃树嫩枝桠，绽开鲜艳粉红花。

这位姑娘要出嫁，和顺对待您夫家。

茂盛桃树枝桠嫩，桃子结得红润润。
这位姑娘嫁出门，待您丈夫要和顺。
茂盛桃树嫩枝桠，叶儿密密发光华。
这位姑娘要出嫁，和顺对待您全家。

兔罝

【原文】

肃肃兔罝，椓之丁丁。
赳赳武夫，公侯干城。
肃肃兔罝，施于中逵。
赳赳武夫，公侯好仇。
肃肃兔罝，施于中林。
赳赳武夫，公侯腹心。

【译文】

繁密整齐大兔网，铮铮打桩张地上。
武士英姿雄赳赳，公侯卫国好屏障。
繁密整齐大兔网，四通八达道上放。
武士英姿雄赳赳，公侯助手真好样。
繁密整齐大兔网，郊外林中多布放。
武士英姿雄赳赳，公侯心腹保国防。

芣苢

【原文】

采采芣苢，薄言采之。
采采芣苢，薄言有之。
采采芣苢，薄言掇之。
采采芣苢，薄言捋之。
采采芣苢，薄言袺之。
采采芣苢，薄言襭之。

【译文】

车前草哟采呀采，快点把它采些来。
车前草哟采呀采，快点把它采得来。
车前草哟采呀采，快点把它拾起来。
车前草哟采呀采，快点把籽抹下来。
车前草哟采呀采，快点把它揣起来。
车前草哟采呀采，快点把它兜回来。

汉广

【原文】

南有乔木，不可休思。
汉有游女，不可求思。
汉之广矣，不可泳思。
江之永矣，不可方思。
翘翘错薪，言刈其楚。
之子于归，言秣其马。
汉之广矣，不可泳思。
江之永矣，不可方思。
翘翘错薪，言刈其蒌。
之子于归，言秣其驹。
汉之广矣，不可泳思。
江之永矣，不可方思。

【译文】

南方有树高又长，不可歇息少荫凉。
姑娘游玩汉水旁，要想追求没指望。
好比汉水宽又广，不能游过河那方。
好比江水长又长，划着筏子难来往。
乱柴杂草长得高，砍下荆条当烛烧。
姑娘有朝能嫁我，喂饱马儿接她到。
好比汉水宽又广，不能游过河那方。
好比江水长又长，划着筏子难来往。
乱柴杂草长得高，割下蒌蒿当烛烧。
姑娘有朝能嫁我，喂饱马驹接她到。
好比汉水宽又广，不能游过河那方。
好比江水长又长，划着筏子难来往。

汝坟

【原文】

遵彼汝坟，伐其条枚。
未见君子，惄如调饥。
遵彼汝坟，伐其条肄。
既见君子，不我遐弃。
鲂鱼赪尾，王室如燬。
虽则如燬，父母孔迩。

【译文】

沿着汝堤走一遭，砍下树枝当柴烧。
好久没见我丈夫，就像早饥心里焦。
沿着汝堤走一遭，砍下嫩枝当柴烧，
好像已见我丈夫，幸而没有将我抛。

鲂鱼红尾多疲劳，官家虐政像火烧，即使王事急如火，爹娘还在莫忘掉。

麟之趾

【原文】

麟之趾。振振公子，
于嗟麟兮！
麟之定。振振公姓，
于嗟麟兮！
麟之角。振振公族，
于嗟麟兮！

【译文】

麒麟蹄儿不踢人。振奋有为的公子，
哎呀你是麒麟啊！
麒麟额头不撞人。振奋有为的公孙，
哎呀你是麒麟啊！
麒麟角儿不触人。振奋有为的公族，
哎呀你是麒麟啊！

召南

鹊巢

【原文】

维鹊有巢，维鸠居之。
之子于归，百两御之。
维鹊有巢，维鸠方之。
之子于归，百两将之。
维鹊有巢，维鸠盈之。
之子于归，百两成之。

【译文】

喜鹊树上把窝搭，八哥来住它的家。
这位姑娘要出嫁，百辆车子来接她。
喜鹊树上把窝搭，八哥同住这个家。
这位姑娘要出嫁，百辆车子保卫她。
喜鹊树上窝搭成，住满八哥喜盈门。
这位姑娘要出嫁，车队迎来好成婚。

采蘩

【原文】

于以采蘩？于沼于沚。
于以用之？公侯之事。
于以采蘩？于涧之中。
于以用之？公侯之宫。
被之僮僮，夙夜在公。
被之祁祁，薄言还归。

【译文】

要采白蒿到哪方？在那池里在那塘。
什么地方要用它？为替公侯养蚕忙。
要采白蒿到哪里？山间潺潺溪流里。
什么地方要用它？送到公侯蚕室里。
蚕妇发髻高高耸，日夜养蚕无闲空。
蚕妇发髻像云霞，蚕事完毕快回家。

草虫

【原文】

喓喓草虫，趯趯阜螽。
未见君子，忧心忡忡。
亦既见止，亦既觏止，
我心则降。
陟彼南山，言采其蕨。
未见君子，忧心惙惙。
亦既见止，亦既觏止，
我心则说。
陟彼南山，言采其薇。
未见君子，我心伤悲。
亦既见止，亦既觏止，
我心则夷。

【译文】

秋来蝈蝈喓喓叫，蚱蜢蹦蹦又跳跳。
长久不见夫君面，忧思愁绪心头搅。
我们已经相见了，我们已经相聚了，
心儿放下再不焦。
登到那座南山上，采集蕨菜春日长。
长久不见夫君面，忧思愁绪心发慌。
我们已经相见了，我们已经相聚了，
心儿欢欣又舒畅。
登到那座南山上，采集薇菜春日长。
长久不见夫君面，忧思愁绪心悲伤。

我们已经相见了,我们已经相聚了,
心儿平静又安详。

采蘋

【原文】

于以采蘋?南涧之滨。
于以采藻?于彼行潦。
于以盛之?维筐及筥。
于以湘之?维锜及釜。
于以奠之?宗室牖下。
谁其尸之?有齐季女。

【译文】

哪儿采浮蘋?南山溪水边。
哪儿采水藻?沟水、积水间。
盛它用什么?方筐和圆箩。
煮它用什么?没脚、三脚锅。
祭品放哪儿?宗庙天窗下。
是谁在主祭?虔诚女娇娃。

甘棠

【原文】

蔽芾甘棠,勿剪勿伐,
召伯所茇。
蔽芾甘棠,勿剪勿败,
召伯所憩。
蔽芾甘棠,勿剪勿拜,
召伯所说。

【译文】

棠梨茂密又高大,不要剪它别砍它,
召伯曾住这树下。
棠梨茂密又高大,不要剪它别毁它,
召伯曾息这树下。
棠梨茂密又高大,不要剪它别拔它,
召伯曾歇这树下。

行露

【原文】

厌浥行露，岂不夙夜？
谓行多露！
谁谓雀无角？何以穿我屋？
谁谓女无家？何以速我狱？
虽速我狱，室家不足！
谁谓鼠无牙？何以穿我墉？
谁谓女无家？何以速我讼？
虽速我讼，亦不女从！

【译文】

道上露水湿漉漉，难道不愿赶夜路？
只怕道上沾满露！
谁说麻雀没有嘴？凭啥啄穿我的房？
谁说你家没婆娘？凭啥逼我上公堂？
虽然要挟打官司，逼婚理由太荒唐！
谁说老鼠没有牙？凭啥打洞穿我墙？
谁说你家没婆娘？凭啥逼我上公堂？
虽然要挟打官司，也不嫁你强暴郎！

羔羊

【原文】

羔羊之皮，素丝五纥。
退食自公，委蛇委蛇。
羔羊之革，素丝五緎。
委蛇委蛇，自公退食。
羔羊之缝，素丝五总。
委蛇委蛇，退食自公。

【译文】

穿了一身羔皮袍，白丝交叉缝又绕。
吃饱喝足下朝来，摇摇摆摆多逍遥。
穿了一身羔皮袍，白丝交叉缝又绕。
大摇大摆下朝来，吃饱喝足往家跑。
穿了一身羔皮袍，白丝交叉缝又绕。
吃饱喝足摇又摆，下得朝来往家跑。

殷其雷

【原文】

殷其雷，在南山之阳。
何斯违斯？莫敢或遑。
振振君子，归哉归哉！
殷其雷，在南山之侧。
何斯违斯？莫敢遑息。
振振君子，归哉归哉！
殷其雷，在南山之下。
何斯违斯？莫敢遑处。
振振君子，归哉归哉！

【译文】

雷声雷声响轰轰，响在南山向阳峰。
为啥这时离开家？忙得不敢有闲空。
我的丈夫真勤奋，快快回来乐相逢。
雷声轰轰震四方，响在南边大山旁。
为啥这时离家走？不敢稍停实在忙。
我的丈夫真勤奋，快快回来聚一堂。
雷声轰轰震耳响，响在南山山下方。
为啥这时离家门？不敢稍住那样忙。
我的丈夫真勤奋，快快回来乐而康。

摽有梅

【原文】

摽有梅，其实七兮。
求我庶士，迨其吉兮。
摽有梅，其实三兮。
求我庶士，迨其今兮。
摽有梅，顷筐塈之。
求我庶士，迨其谓之。

【译文】

梅子渐渐落了地，树上十成留七成。
追求我吧年轻人，趁着吉日再定情。
梅子纷纷落了地，树上只有三成稀。
追求我的年轻人，趁着今儿定婚期。
梅子个个落了地，手拿畚箕来拾取。
追求我的年轻人，趁着仲春好同居。

小星

【原文】

嘒彼小星，三五在东。
肃肃宵征，夙夜在公。
寔命不同！

嘒彼小星，维参与昴。
肃肃宵征，抱衾与裯。
寔命不犹！

【译文】

小小星星闪微光，三三五五在东方。
急急匆匆赶夜路，早早晚晚为公忙。
命运不同徒自伤！

小小星星闪微光，参星昴星挂天上。
急急匆匆赶夜路，抱着棉被和床帐。
人家命运比我强！

江有汜

【原文】

江有汜，之子归，
不我以。不我以，
其后也悔。
江有渚，之子归，
不我与。不我与，
其后也处。
江有沱，之子归，
不我过。不我过，
其啸也歌。

【译文】

江水长长有支流，新人嫁来分两头，
你不要我使人愁。今日虽然不要我，
将来后悔又来求。
江水宽宽有沙洲，新人嫁来分两头，
你不爱我使人愁。今日虽然不爱我，
将来想聚又来求。
江水长长有沱流，新人嫁来分两头，
你不找我使人愁。不找我呀心烦闷，
唱着哭着消我忧。

野有死麕

【原文】

野有死麕，白茅包之。
有女怀春，吉士诱之。
林有朴樕，野有死鹿。
白茅纯束，有女如玉。
“舒而脱脱兮！无感我帨兮！
无使尨也吠！”

【译文】

猎来小鹿撂荒郊，洁白茅草将它包。
有位姑娘春心动，小伙上前把话挑。
砍下朴樕当烛烧，打死小鹿在荒郊。
白茅捆扎当礼物，如玉姑娘接受了。
轻轻慢慢别着忙！别掀围裙别莽撞！
别惹狗儿叫汪汪！”

何彼襛矣

【原文】

何彼襛矣？唐棣之华。
曷不肃雝？王姬之车。
何彼襛矣？华如桃李。
平王之孙，齐侯之子。
其钓维何？维丝伊缗。
齐侯之子，平王之孙。

【译文】

怎么那样浓艳漂亮？像唐棣花儿一样。

怎么气氛欠肃穆安详？王姬出嫁的车辆。

怎么那样浓艳漂亮？像桃李花开一样。

天子平王的外孙，齐侯的女儿做新娘。
钓鱼是用什么绳？是用丝线来做成。
她是齐侯的女儿，天子平王的外孙。

驺虞

【原文】

彼茁者葭，壹发五豝，
于嗟乎驺虞！

彼茁者蓬，壹发五豵，
于嗟乎驺虞！

【译文】

密密一片芦苇丛，一群母猪被射中。
哎呀这位猎手真神勇！

密密一片蓬蒿草，一群小猪被射倒。
哎呀这位猎手本领高！

邶风

柏舟

【原文】

汎彼柏舟，亦汎其流。
耿耿不寐，如有隐忧。
微我无酒，以敖以游。
我心匪鉴，不可以茹。
亦有兄弟，不可以据。
薄言往愬，逢彼之怒。
我心匪石，不可转也。
我心匪席，不可卷也。

威仪棣棣，不可选也。
忧心悄悄，愠于群小。
觏闵既多，受侮不少。
静言思之，寤辟有摽。
日居月诸，胡迭而微？
心之忧矣，如匪浣衣。
静言思之，不能奋飞。

【译文】

飘飘荡荡柏木舟，随着河水任漂流。

两眼炯炯不成眼，多少烦恼积心头。

不是无酒来消愁，不是无处可遨游。
我心不是青铜镜，难把人面清清照。
娘家虽有亲兄弟，谁知他们难依靠。
勉强回家叹苦经，见他发怒心烦恼。
我心不像石一块，任人搬东又搬西。
我心不是席一条，哪能打开又卷起。
仪容娴静品行端，优点哪个数得齐。
愁思重重心头绕，群小怨我众口咬。
横遭陷害已多次，身受侮辱更不少。
仔仔细细想一想，梦醒痛苦把胸敲。
红太阳啊明月亮，为啥老是没光芒？
心头烦恼除不尽，就像没洗脏衣裳。
仔仔细细想一想，不能展翅飞天上。

绿衣

【原文】

绿兮衣兮，绿衣黄里。
心之忧矣，曷维其已！
绿兮衣兮，绿衣黄裳。
心之忧矣，曷维其亡！
绿兮丝兮，女所治兮。
我思古人，俾无訧兮。
絺兮绤兮，凄其以风。
我思古人，实获我心。

【译文】

绿色衣啊绿色衣，外面绿色黄夹里。
穿上绿衣心忧伤，不知何时停怀忆！
绿色衣啊绿色衣，上穿绿衣下黄裳。
穿上绿衣心忧伤，旧情深深怎相忘！
绿色衣啊绿色丝，丝丝是你亲手织。
想起我的亡妻啊，遇事劝我无差失。
夏布粗啊夏布细，穿上风凉又爽气。
想起我的亡妻啊，样样都合我心意。

燕燕

【原文】

燕燕于飞，差池其羽。
之子于归，远送于野。
瞻望弗及，泣涕如雨！
燕燕于飞，颉之颃之。
之子于归，远于将之。
瞻望弗及，伫立以泣！
燕燕于飞，下上其音。
之子于归，远送于南。

瞻望弗及，实劳我心！
仲氏任只，其心塞渊。
终温且惠，淑慎其身。
先君之思，以勖寡人！

【译文】

燕燕双双飞天上，参差不齐展翅膀。
这位姑娘要出嫁，送到郊外远地方。
遥望背影渐消失，泪珠滚滚雨一样！
燕子双双飞天上，高高低低追逐忙。
这位姑娘要出嫁，送她不嫌路途长。
遥望背影渐消失，凝神久立泪汪汪！
燕子双双飞天上，上上下下呢喃唱。
这位姑娘要出嫁，送她向南路茫茫。
遥望背影渐消失，离愁别恨断人肠！
二妹为人可信任，心地诚实虑事深。
性格温柔又和顺，修身善良又谨慎。
常说“莫忘先君爱”，淳淳劝勉感我心！

日月

【原文】

日居月诸！照临下土。
乃如之人兮，逝不古处。
胡能有定？宁不我顾？
日居月诸！下土是冒。
乃如之人兮，逝不相好。
胡能有定？宁不我报？
日居月诸！出自东方。
乃如之人兮，德音无良。
胡能有定？俾也可忘。
日居月诸！东方自出。
父兮母兮！畜我不卒。
胡能有定？报我不述！

【译文】

太阳啊，月亮啊！光辉普照大地上。
天下竟有这种人，会把故居恩爱忘。
为何不念夫妻情？为何不想进我房？
太阳啊，月亮啊！光辉普照大地上。
天下竟有这种人，绝情不和我来往。
为何不念夫妻情？为何使我守空房？
太阳啊，月亮啊！日月光辉出东方。
天下竟有这种人，名誉扫地丧天良。
为何不念夫妻情？使我真该把他忘。
太阳啊，月亮啊！东方升起亮堂堂。
我的爹啊我的娘！丈夫爱我不久长。
为何不念夫妻情？我也不愿诉衷肠！

终风

【原文】

终风且暴，顾我则笑。
谑浪笑敖，中心是悼！
终风且霾，惠然肯来。
莫往莫来？悠悠我思！
终风且曀，不日有曀。
寤言不寐，愿言则嚏。
曀曀其阴，虺虺其雷。
寤言不寐，愿言则怀。

【译文】

大风既起狂又暴，对我侮弄嘻嘻笑。
调戏取笑太放荡，想想悲伤心烦恼！
大风既起尘飞扬，他可顺心来我房？
如今竟然不来往，绵绵相思不能忘！
大风既起日无光，顷刻又阴晴无望。
夜半独语难入梦，愿他喷嚏知我想。
天色阴沉暗无光，雷声隐隐天边响。
夜半独语难入梦，愿他悔悟将我想。

击鼓

【原文】

击鼓其镗，踊跃用兵。
土国城漕，我独南行。
从孙子仲，平陈与宋。
不我以归，忧心有忡！
爰居爰处？爰丧其马？
于以求之？于林之下。
"死生契阔"，与子成说。
执子之手，与子偕老。
于嗟阔兮，不我活兮！
于嗟洵兮，不我信兮！

【译文】

战鼓擂得咚咚响，官兵踊跃练刀枪。
别人修路筑漕城，我独从军去南方。
跟随将军孙子仲，调停纠纷陈与宋。
常驻戍地不让归，思妻愁绪心忡忡。
住哪儿啊息何方？马儿丢失何处藏？
去到哪里找我马？丛林深处大树旁。
"生死永远不分离"，对你誓言记心里。
我曾紧紧握你手，和你到老在一起。

可叹重重隔关山，不让我们重相见！

可叹悠悠长别离，不让我们守誓言！

凯风

【原文】

凯风自南，吹彼棘心。
棘心夭夭，母氏劬劳。
凯风自南，吹彼棘薪。
母氏圣善，我无令人。

爰有寒泉，在浚之下。
有子七人，母氏劳苦。
睍睆黄鸟，载好其音。
有子七人，莫慰母心。

【译文】

和风吹来自南方，吹在枣树红心上。
枣树红心嫩又壮，我娘辛苦善教养。
和风南方吹过来，枣树成长好当柴。
我娘人好又明理，我们兄弟不成材。

寒泉清冷把暑消，源头出自浚县郊。
儿子七个不算少，却累我娘独辛劳。
宛转黄雀清和音，歌声吱吱真好听。
我娘儿子有七个，不能安慰亲娘心。

雄雉

【原文】

雄雉于飞，泄泄其羽。
我之怀矣，自诒伊阻！
雄雉于飞，下上其音。
展矣君子，实劳我心！

瞻彼日月，悠悠我思！
道之云远，曷云能来？
百尔君子，不知德行。
不忮不求，何用不臧？

【译文】

雄雉起飞向远方，拍拍翅膀真舒畅。
心中怀念我夫君，自找离愁空忧伤！
雄雉起飞向远方，忽高忽低咯咯唱。
我的夫君确实好，苦思苦想心难放。

远望太阳和月亮，我的相思长又长！
相隔道路太遥远，何时回到我身旁？
天下"君子"一个样，不知道德和修养。
你不损人又不贪，走到哪里不顺当。

匏有苦叶

【原文】

匏有苦叶，济有深涉。
深则厉，浅则揭。
有瀰济盈，有鷕雉鸣。
济盈不濡轨，雉鸣求其牡。
雝雝鸣雁，旭日始旦。
士如归妻，迨冰未泮。
招招舟子，人涉卬否。
人涉卬否，卬须我友。

【译文】

枯叶葫芦腰间收，济水渡口深水流。
水深和着衣裳趟，水浅提起下衣走。
济水涨起满盈盈，水边野鸡吆吆鸣。
水满不湿车轴头，野鸡唱歌求配偶。
大雁嘎嘎相对唱，初升太阳放光芒。
郎若有心娶新娘，要趁今冬冰未烊。
船夫招手把客揽，别人上船我留岸。
别人上船我留岸，我等情郎来结伴。

谷风

【原文】

习习谷风，以阴以雨。
黾勉同心，不宜有怒。
采葑采菲，无以下体？
德音莫违，“及尔同死。”
行道迟迟，中心有违。
不远伊迩，薄送我畿。
谁谓荼苦？其甘如荠。
宴尔新昏，如兄如弟。
泾以渭浊，湜湜其沚。
宴尔新昏，不我屑以。
毋逝我梁，毋发我笱。
我躬不阅，遑恤我后。
就其深矣，方之舟之。
就其浅矣，泳之游之。
何有何亡，黾勉求之。
凡民有丧，匍匐救之。
不我能慉，反以我为仇。
既阻我德，贾用不售。
昔育恐育鞫，及尔颠覆。
既生既育，比予于毒。
我有旨蓄，亦以御冬。
宴尔新昏，以我御穷。

有洸有溃，既诒我肄。
不念昔者，伊余来塈。

【译文】

飒飒山谷起大风，天阴雨暴来半空。
夫妻勉力结同心，不该怒骂不相容。
萝卜地瓜当菜吃，难道要叶不要根。
甜言蜜语莫忘记："和你到死永不分。"
走出家门慢吞吞，脚步向前心不忍。
不求远送望近送，谁知只送到房门。
谁说荼菜苦无比？在我吃来甜似荠。
你有新人多快乐，两口亲热像兄弟。
渭水入泾泾水浑，泾水虽浑底下清。
你有新人多快乐，诬我不洁又不清。
别到我的鱼坝去，别把鱼篓胡乱提。
今日我已不见容，往后事情难顾及。
好比河水深悠悠，那就撑筏划小舟。
好比河水浅清清，那就游泳把水泅。
家里有这没有那，尽心尽力为你求。
邻居出了灾难事，伏着爬着也去救。
你不爱我倒也罢，不该把我当冤仇。
一片好意遭拒绝，好像货物难脱手。
以前生活困又穷，共渡难关苦重重。
如今生计有好转，翻脸比我像毒虫。
我有腌的美咸菜，贮藏起来度寒冬。
你有新人多快乐，拿我旧妻挡困穷。
粗声恶气打又骂，还要逼我做苦工。
不念昔日情绵绵，一片恩爱将我宠。

式微

【原文】

式微，式微，胡不归？
微君之故，胡为乎中露！
式微，式微，胡不归？
微君之躬，胡为乎泥中！

【译文】

日光渐暗天色灰，为啥有家去不回？
不是君主差事苦，哪会夜露湿我腿？
日光渐暗天色灰，为啥有家去不回？
不是君主养贵体，哪会夜间踩泥水？

旄丘

【原文】

旄丘之葛兮,何诞之节兮?
叔兮伯兮！何多日也?
何其处也？必有与也。
何其久也？必有以也。
狐裘蒙戎,匪车不东。
叔兮伯兮！靡所与同。
琐兮尾兮！流离之子。
叔兮伯兮！褎如充耳。

【译文】

葛藤长在山坡上,枝节怎么那样长?
叔叔啊,伯伯啊！为啥好久不帮忙?
为啥躲在家里边,定要等谁才露面?
为啥拖拉这么久,定有原因在其间。
身穿狐裘毛蓬松,他坐车子不向东。
叔叔啊,伯伯啊！你我感情不相同。
我们渺小又卑贱,我们流亡望人怜。
叔叔啊,伯伯啊！趾高气扬听不见。

简兮

【原文】

简兮简兮,方将《万舞》。
日之方中,在前上处。
硕人俣俣,公庭《万舞》。
有力如虎,执辔如组。
左手执籥,右手秉翟。
赫如渥赭,公言锡爵。
山有榛,隰有苓。
云谁之思？西方美人。
彼美人兮,西方之人兮！

【译文】

敲起鼓来咚咚响,《万舞》演出将开场。
太阳高高正中央,舞师排在最前行。
身材高大真魁梧,公庭前面演《万舞》。
扮成武士力如虎,手执缰绳赛丝组。
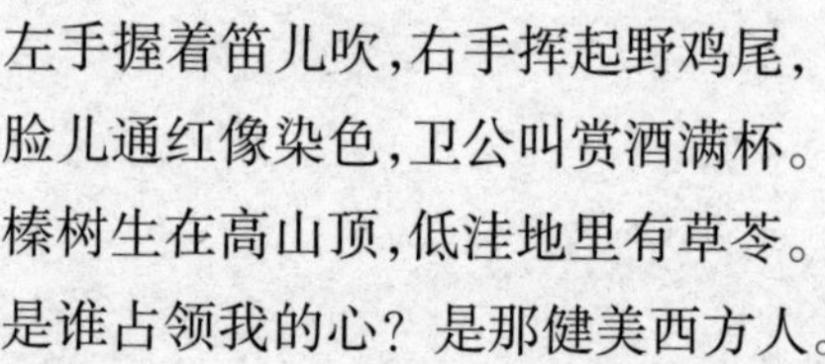
左手握着笛儿吹,右手挥起野鸡尾,
脸儿通红像染色,卫公叫赏酒满杯。
榛树生在高山顶,低洼地里有草苓。
是谁占领我的心？是那健美西方人。

美人美人难忘怀，他是西方来的人！

泉水

【原文】

毖彼泉水，亦流于淇。
有怀于卫，靡日不思。
娈彼诸姬，聊与之谋。
出宿于泲，饮饯于祢。
女子有行，远父母兄弟
问我诸姑，遂及伯姊。
出宿于干，饮饯于言。
载脂载辖，还车言迈。
遄臻于卫，不瑕有害！
我思肥泉，兹之永叹。
思须于漕，我心悠悠。
驾言出游，以写我忧。

【译文】

泉水涌涌流不息，毕竟流到淇水里。
想起卫国我故乡，没有一天不惦记。
同来姊妹多美好，且和他们共商议。
想起当初宿在泲，喝酒饯行在祢邑。
姑娘出嫁到别国，远离父母和兄弟。
临行问候姑姑们，还有大姊别忘记。
如能回家宿干地，喝酒饯行在言邑。
涂好轴油插上键，回车归家走得快。
只想快快回国去，想必看看没啥害！
心儿飞到肥泉头，声声长叹阵阵忧。
心儿飞向须和漕，绵绵相思盼重游。
驾起车子出门去，借此消我心中愁。

北门

【原文】

出自北门，忧心殷殷。
终窭且贫，莫知我艰。
已焉哉！
天实为之，谓之何哉！
王事适我，政事一埤益我。
我入自外，室人交遍谪我。
已焉哉！
天实为之，谓之何哉！
王事敦我，政事一埤遗我。
我入自外，室人交遍摧我。
已焉哉！
天实为之，谓之何哉！

【译文】

一路走出城北门，心里隐隐含忧患。
既无排场又穷酸，有谁了解我艰难。
既然这样啦，老天存心摆布我，
叫我怎么办！
王室差事扔给我，政事全都推给我。
忙了一天回家来，家人个个骂我呆。
既然这样啦，总是老天的安排，
叫我也无奈！
王室差事逼迫我，政事全盘压着我。
忙了一天回到家，家人个个骂我傻。
既然这样啦，老天存心安排下，
我有啥办法！

北风

【原文】

北风其凉，雨雪其雱。
惠而好我，携手同行。
其虚其邪？既亟只且！
北风其喈，雨雪其霏。
惠而好我，携手同归。
其虚其邪？既亟只且！
莫赤匪狐，莫黑匪乌。
惠而好我，携手同车。
其虚其邪？既亟只且！

【译文】

北风吹来冰冰凉，漫天雪花任飞扬。
赞同我的好伙伴，携手同路齐逃亡。
哪能犹豫慢吞吞？事已紧急大祸降！
北风刮得寒凛凛，雪花漫天下纷纷。
赞同我的好伙伴，携手同去安乐村。
哪能犹豫慢吞吞？事已紧急大祸临！
天下赤狐尽狡狯，天下乌鸦一般黑！
赞同我的好伙伴，携手同车结成队。
哪能犹豫慢吞吞？事已紧急莫后悔！

静女

【原文】

静女其姝，俟我于城隅。
爱而不见，搔首踟蹰。

静女其娈，贻我彤管。
彤管有炜，说怿女美。
自牧归荑，洵美且异。
匪女之为美，美人之贻。

【译文】

善良姑娘真美丽，等我城楼去幽会。
故意藏着逗人找，惹我搔头又徘徊。
善良姑娘真漂亮，送我彤管情意长。
红管鲜红光闪闪，越看越爱心欢畅。
郊外送茅表情爱，嫩茅确实美得怪。
不是嫩茅有多美，只因美人送它来。

新台

【原文】

新台有泚，河水沵沵。
燕婉之求，籧篨不鲜。
新台有洒，河水浼浼。
燕婉之求，籧篨不殄。
鱼网之设，鸿则离之。
燕婉之求，得此戚施。

【译文】

河上新台真辉煌，水面一片白茫茫。
本想嫁个美男子，碰上丑汉虾蟆样。
河上新台真高敞，水面一片平荡荡。
本想嫁个美男子，碰上虾蟆没好相。
想得大鱼把网张，谁知虾蟆进了网。
本想嫁个美男子，碰上虾蟆四不像。

二子乘舟

【原文】

二子乘舟，汎汎其景。
愿言思子，中心养养。
二子乘舟，汎汎其逝。
愿言思子，不瑕有害？

【译文】

两人同坐小船上，飘飘荡荡向远方。
每当想起你们俩，心里不安多忧伤。
两人同坐小船上，飘飘荡荡往远方。
每当想起你们俩，此行是否遭祸殃？

鄘风

柏舟

【原文】

汎彼柏舟,在彼中河。
髧彼两髦,实维我仪;之死矢靡它。
母也天只！不谅人只！

汎彼柏舟,在彼河侧。
髧彼两髦,实维我特;之死矢靡慝。
母也天只！不谅人只！

【译文】

柏木小船漂荡荡,一漂漂到河中央。
额前垂发少年郎,是我心中好对象;
到死誓不变心肠。我的爹啊我的娘!
为何对我不体谅!

柏木小船漂荡荡,一漂漂到河岸旁。
额前垂发少年郎,处处和我配得上;
誓死不会变主张。我的爹啊我的娘!
为何对我不体谅!

墙有茨

【原文】

墙有茨,不可埽也。
中冓之言,不可道也!
所可道也？言之丑也!
墙有茨,不可襄也。
中冓之言,不可详也!
所可详也？言之长也!
墙有茨,不可束也。
中冓之言,不可读也!
所可读也？言之辱也!

【译文】

墙上蒺藜爬,不可扫掉它。
宫廷悄悄话,不可乱拉呱!

还能说什么？说来太丑啦！
蒺藜爬满墙，难以一扫光。
宫廷悄悄话，不可仔细讲！
还能说什么？说来话太长！
墙上蒺藜生，除也除不尽。
宫廷悄悄话，宣扬可不行！
还能说什么？说来难为情！

君子偕老

【原文】

君子偕老，副笄六珈。
委委佗佗，如山如河，
象服是宜。子之不淑，
云如之何？
玼兮玼兮，其之翟也。
鬒发如云，不屑髢也。
玉之瑱也，象之揥也，
扬且之皙也。胡然而天也？
胡然而帝也？
瑳兮瑳兮，其之展也。
蒙彼绉絺，是绁袢也，
子之清扬，扬且之颜也。
展如之人兮，邦之媛也。

【译文】

君王爱妻亲又和，玉簪步摇珠颗颗。
仪态万方移莲步，静如高山动如河，
灿烂画袍身段合。只是行为不端正，
对她还能说什么！
文采翟衣真鲜艳，画羽礼服耀人眼。
黑发密密似乌云，不用假发更天然。
美玉充耳垂两边，象牙簪子插发间，
俊俏白皙好脸面。莫非尘世出天仙？
莫非帝子降人间？
文彩展衣真艳丽，轻纱薄绢会客衣。
罩上绉罗如蝉翼，透明内衣世上稀。
看她眉目多清秀，看她容颜多美丽。
但是如此盛装女，天香国色差淑仪。

桑中

【原文】

爰采唐矣？沬之乡矣。
云谁之思？美孟姜矣。
期我乎桑中，要我乎上宫，
送我乎淇之上矣。

爰采麦矣？沬之北矣。
云谁之思？美孟弋矣。
期我乎桑中，要我乎上宫，
送我乎淇之上矣。

爰采葑矣？沬之东矣。
云谁之思？美孟庸矣。
期我乎桑中，要我乎上宫，
送我乎淇之上矣。

【译文】

采集女萝去哪方？在那卫国朝歌乡。
我的心中想念谁？漂亮大姊本姓姜。
约我等待在桑中，邀我相会在上宫，
淇水口上远相送。
采集麦子去哪里？朝歌北面旧邶地。
我的心中想念谁？漂亮大姊本姓弋。
约我等待在桑中，邀我相会在上宫，
淇水口上远相送。
采集萝卜去哪垅？朝歌东头旧名沬。
我的心中想念谁？漂亮大姐本姓庸。
约我等待在桑中，邀我相会在上宫，
淇水口上远相送。

鹑之奔奔

【原文】

鹑之奔奔，鹊之彊彊。
人之无良，我以为兄。

鹊之彊彊，鹑之奔奔。
人之无良，我以为君。

【译文】

鹌鹑尚且双双飞，喜鹊也知对对配。
这人鸟鹊都不如，我还把他当长辈。

喜鹊尚且对对配，鹌鹑也知双双飞。
这人鸟鹊都不如，反而占着国君位。

定之方中

【原文】

定之方中，作于楚宫。
揆之以日，作于楚室。
树之榛栗，椅桐梓漆，
爰伐琴瑟。

升彼虚矣，以望楚矣。
望楚与堂，景山与京，
降观于桑。卜云其吉，
终然允臧。

灵雨既零，命彼倌人。
星言夙驾，说于桑田。
匪直也人，秉心塞渊，
骍牝三千。

【译文】

冬月定星照天中，建设楚丘筑新宫。
按照日影测方向，营照住宅兴土功。
房前屋后种榛栗，加上梓漆和椅桐，
成材伐作琴瑟用。
登上漕邑废墟望，楚丘地势细端详。
看好楚丘和堂邑，遍历高丘和山冈，
下到田里看蚕桑。占卜征兆很吉祥，
结果良好真妥当。
好雨落过乌云散，叫起管车小马倌。
天晴早早把车赶，歇在桑田查生产。
既为百姓也为国，用心踏实又深远，
良马三千可备战。

蝃蝀

【原文】

蝃蝀在东，莫之敢指。
女子有行，远父母兄弟。
朝隮于西，崇朝其雨。
女子有行，远兄弟父母。
乃如之人也，怀昏姻也。
大无信也，不知命也。

【译文】

东方出现美人虹，没人敢指怕遭凶。
这位女子要出嫁，远离父母和弟兄。
清晨西方彩虹长，阴雨不停一早上。
女子自己找丈夫，远离兄弟父母乡。
就是这样一个人，破坏礼教乱婚姻。
什么贞洁全不讲，父母之命也不听。

相鼠

【原文】

相鼠有皮，人而无仪。
人而无仪，不死何为？
相鼠有齿，人而无止。
人而无止，不死何俟？
相鼠有体，人而无礼。
人而无礼，胡不遄死？

【译文】

请看老鼠还有皮，这人行为没威仪。
既然行为没威仪，为啥还不命归西？
请看老鼠还有齿，这人行为没节止。
既然行为没节止，还等什么不去死？
请看老鼠还有体，这人行为不守礼。
既然行为不守礼，就该快死何迟疑？

干旄

【原文】

孑孑干旄，在浚之郊。
素丝纰之，良马四之。
彼姝者子，何以畀之？
孑孑干旟，
在浚之都。
素丝组之，良马五之。
彼姝者子，何以予之？
孑孑干旌，在浚之城。
素丝祝之，良马六之。
彼姝者子，何以告之？

【译文】

招贤旗子高高飘，插在车后到浚郊。
旗边镶着白丝线，好马四匹礼不少。
那位忠顺贤才士，用啥才能去应招？
招贤旗子高高飘，驾车浚邑近郊跑。
旗边镶着白丝线，好马五匹礼不少。
那位忠顺贤才士，用啥办法去应招？
招贤旗子高高飘，车马向着浚城跑。
旗边镶着白丝线，好马六匹礼不少。
那位忠顺贤才士，用啥建议去应招？

载驰

【原文】

载驰载驱，归唁卫侯。
驱马悠悠，言至于漕。
大夫跋涉，我心则忧。
既不我嘉，不能旋反。
视尔不臧，我思不远。
既不我嘉，不能旋济。
视尔不臧，我思不閟。
陟彼阿丘，言采其蝱。

女子善怀，亦各有行。
许人尤之，众稚且狂。
我行其野，芃芃其麦。
控于大邦，谁因谁极！
大夫君子，无我有尤。
百尔所思，不如我所之！

【译文】

赶着马车快快走，回国慰问我卫侯。
挥鞭驱马路悠悠，望见漕邑城门楼。
许国大夫急急来，知他来意我心忧。
对我归卫都摇头，我可不能往回走。
比起你们没良策，我的计划近可求。
对我归卫都反对，决不渡河再回头。
比起你们没良策，我的计划有效果。
登上那边高山冈，采来贝母治忧伤。
女子虽然多想家，自有道理和主张。
许国大夫反对我，既是幼稚又愚妄。
走在祖国田野上，麦苗蓬勃长得旺。
赶快奔告求大国，依靠齐人来救亡！
许国大夫众高官，不要再把我阻挡。
你们纵有百条计，不如我跑这一趟！

卫风

淇奥

【原文】

瞻彼淇奥，绿竹猗猗。
有匪君子，如切如磋，
如琢如磨。瑟兮僩兮，
赫兮咺兮。有匪君子，
终不可谖兮。
瞻彼淇奥，绿竹青青。
有匪君子，充耳琇莹，
会弁如星。瑟兮僩兮，
赫兮咺兮。有匪君子，
终不可谖兮。
瞻彼淇奥，绿竹如箦。
有匪君子，如金如锡，
如圭如璧。宽兮绰兮，
猗重较兮。善戏谑兮，
不为虐兮。

【译文】

河湾头淇水流过，看绿竹多么婀娜。
美君子文采风流，似象牙经过切磋，
似美玉经过琢磨。你看他庄严威武，
你看他光明磊落。美君子文采风流，
常记住永不泯没。
河湾头淇水流清，看绿竹一片菁菁。
美君子文采风流，充耳垂宝石晶莹，
帽上玉亮如明星。你看他威武庄严，
你看他磊落光明。美君子文采风流，
我永远牢记心铭。
河湾头淇水流急，看绿竹层层密密。
美君子文采风流，论才学精如金锡，
论德行洁如圭璧。你看他宽厚温柔，
你看他登车凭倚。爱谈笑说话风趣，
不刻薄待人平易。

考槃

【原文】

考槃在涧，硕人之宽。
独寐寤言，永矢弗谖。
考槃在阿，硕人之薖。
独寐寤歌，永矢弗过。
考槃在陆，硕人之轴。
独寐寤宿，永矢弗告。

【译文】

敲着盘儿溪谷旁，贤人心胸自宽敞。
独睡独醒独说话，这种乐趣誓不忘。
敲着盘儿在山坡，贤人自有安乐窝。
独睡独醒独唱歌，发誓跟人不结伙。
敲着盘儿在高原，兜兜圈子真悠闲。
独睡独醒独自躺，此中乐趣不能言。

硕人

【原文】

硕人其颀，衣锦褧衣。
齐侯之子，卫侯之妻，
东宫之妹，邢侯之姨，
谭公维私。
手如柔荑，肤如凝脂，
领如蝤蛴，齿如瓠犀，

螓首蛾眉。巧笑倩兮，
美目盼兮。
硕人敖敖，说于农郊。
四牡有骄，朱幩镳镳，
翟茀以朝。大夫夙退，
无使君劳。
河水洋洋，北流活活。
施罛涉涉，鳣鲔发发，
葭菼揭揭。
庶姜孽孽，庶士有朅。

【译文】

高高身材一美女，身穿锦服罩单衣。
她本齐侯千金女，嫁给卫侯做娇妻，
本是太子同胞妹，邢侯称她小姨子，
谭公原是她姊婿。
细如白茅嫩手指，皮肤润泽似冻脂，
脖颈白皙像蝤蛴，牙比瓜子还整齐，
额角方正蛾眉细。嫣然巧笑两酒窝，
秋水一泓转眼时。
美人身材长得高，停车休息在近郊。
四匹雄马肥又壮，马嚼边上飘红绡，
雉羽采车来上朝。大夫朝毕请早退，
别教卫君太辛劳。
河水一片白茫茫，哗哗奔流向北方。
撒开渔网呼呼响，鳣鲔泼泼跳进网，
芦荻高高排成行。
陪嫁姑娘个子长，随从媵臣好雄壮！

氓

【原文】

氓之蚩蚩，抱布贸丝。
匪来贸丝，来即我谋。
送子涉淇，至于顿丘。
匪我愆期，子无良媒。
将子无怒，秋以为期。
乘彼垝垣，以望复关。
不见复关，泣涕涟涟。
既见复关，载笑载言。
尔卜尔筮，体无咎言。
以尔车来，以我贿迁。
桑之未落，其叶沃若。
于嗟鸠兮，无食桑葚。
于嗟女兮，无与士耽。
士之耽兮，犹可说也。
女之耽兮，不可说也。
桑之落矣，其黄而陨。
自我徂尔，三岁食贫。
淇水汤汤，渐车帷裳。
女也不爽，士贰其行。
士也罔极，二三其德。
三岁为妇，靡室劳矣。
夙兴夜寐，靡有朝矣。
言既遂矣，至于暴矣。
兄弟不知，咥其笑矣。

静言思之，躬自悼矣。
及尔偕老，老使我怨。
淇则有岸，隰则有泮。
总角之宴，言笑晏晏。
信誓旦旦，不思其反。
反是不思，亦已焉哉！

【译文】

流浪小伙笑嘻嘻，抱着布匹来换丝。
不是真心来换丝，找我商量婚姻事。
送你渡过淇水去，直到顿丘才告辞。
并非我想拖日子，你我良媒来联系。
请你不要发脾气，深秋时节作婚期。
登上那堵残土墙，遥望复关盼情郎。
望穿秋水人不见，心中焦急泪汪汪。
既见郎从复关来，有笑有说心欢畅。
龟甲蓍草你去占，卦没凶兆求神帮。
拉着你的车子来，把我嫁妆往上装。
桑叶未落密又繁，柔嫩润泽真好看。
唉呀斑鸠小鸟儿，见了桑葚别嘴馋。
唉呀年轻姑娘们，见了男人别胡缠。
男人要把女人缠，说甩就甩他不管。
女人若是恋男人，撒手摆脱难上难。
桑叶萎谢飘落净，枯黄憔悴任凋零。
自从我到你家来，多年吃苦受寒贫。
淇水滔滔送我回，溅湿车帷冷冰冰。
我做妻子没过错，是你男人太无情。
真真假假没定准，三心两意话难凭。
结婚多年守妇道，我把家事一肩挑。
起早睡晚勤操作，累死累活非一朝。
家业有成已安定，面目渐改施残暴。
兄弟不知我处境，见我回家哈哈笑。
静思默想苦难言，只有独自暗伤悼。
与你偕老当年话，如今老了我怨他。
淇水虽宽有堤岸，沼泽虽阔有边涯。
回想年少未嫁时，一言一笑多温雅。
海誓山盟还在耳，谁料翻脸变冤家。
违背誓言你不顾，那就从此算了吧！

竹竿

【原文】

籊籊竹竿，以钓于淇。
岂不尔思？远莫致之。
泉源在左，淇水在右。
女子有行，远兄弟父母。
淇水在右，泉源在左。
巧笑之瑳，佩玉之傩。
淇水滺滺，桧楫松舟。
驾言出游，以写我忧。

【译文】

竹竿竹竿细又长，当年钓鱼淇水上。
难道旧游我不想？路途遥远难还乡。

左边呀，泉源头；右边呀，淇水流。
姑娘出嫁别故国，远离家人怎不愁。
右边呀，淇水流；左边呀，泉源头。
巧笑露齿少年游，行动佩玉有节奏。
淇水悠悠照样流，桧桨松舟也依旧。
只好驾车且出游，聊除心里思乡愁。

芄兰

【原文】

芄兰之支，童子佩觿。
虽则佩觿，能不我知。
容兮遂兮，垂带悸兮。
芄兰之叶，童子佩韘。
虽则佩韘，能不我甲。
容兮遂兮，垂带悸兮。

【译文】

芄兰枝上尖荚垂，儿童挂着解结锥。
虽然挂着解结锥，可他不解我是谁。
大摇大摆佩玉响，东晃西荡大带垂。
芄兰枝上叶弯弯，儿童佩韘不像样。
虽然佩带玉扳指，不愿亲我把话讲。
大摇大摆佩玉响，垂带晃荡净装腔。

河广

【原文】

谁谓河广？一苇杭之。
谁谓宋远？跂予望之。
谁谓河广？曾不容刀。
谁谓宋远？曾不崇朝。

【译文】

谁说黄河广又广？一条苇筏就能航。
谁说宋国远又远？踮起脚跟就在望。
谁说黄河宽又宽？一条小船容纳难。
谁说宋国远又远？不用一朝到对岸。

伯兮

【原文】

伯兮朅兮，邦之桀兮。
伯也执殳，为王前驱。

自伯之东，首如飞蓬。
岂无膏沐？谁适为容！
其雨其雨，杲杲出日。
愿言思伯，甘心首疾！
焉得谖草？言树之背。
愿言思伯，使我心痗！

【译文】

阿哥壮健又威风，他是国家真英雄。
阿哥手执丈二殳，保卫君王打先锋。
自从哥哥去征东，无心梳发像飞蓬。
难道没有润发油？讨谁欢心去美容！
好比久旱把雨盼，偏偏晴天日头灿。
魂牵梦萦想哥回，想得头痛心口颤！
哪儿去找忘忧草？找来种到后院中。
魂牵梦萦想哥回，心病难治意难通。

有狐

【原文】

有狐绥绥，在彼淇梁。
心之忧矣，之子无裳！
有狐绥绥，在彼淇厉。
心之忧矣，之子无带！
有狐绥绥，在彼淇侧。
心之忧矣，之子无服！

【译文】

狐狸缓缓走，淇水石桥上。
心里真忧愁，这人没衣裳！
狐狸缓缓走，淇水岸边濑。
心里真忧愁，这人没腰带！
狐狸缓缓走，在那淇水边。
心里真忧愁，这人没衣衫！

木瓜

【原文】

投我以木瓜，报之以琼琚。
匪报也，永以为好也！
投我以木桃，报之以琼瑶。
匪报也，永以为好也！
投我以木李，报之以琼玖。
匪报也，永以为好也！

【译文】

送我一只大木瓜，我拿佩玉报答她。
不是仅仅为报答，表示永远爱着她。
送我一只大木桃，我拿美玉来还报。
不是仅仅为还报，表示和她永远好。
送我一只大木李，我拿宝石还报你。
不是仅仅为还礼，表示爱你爱到底。

王风

黍离

【原文】

彼黍离离，彼稷之苗。
行迈靡靡，中心摇摇。
知我者，谓我心忧，
不知我者，谓我何求。
悠悠苍天，此何人哉！
彼黍离离，彼稷之穗。
行迈靡靡，中心如醉。
知我者，谓我心忧，
不知我者，谓我何求。
悠悠苍天，此何人哉！
彼黍离离，彼稷之实。
行迈靡靡，中心如噎。
知我者，谓我心忧，
不知我者，谓我何求。
悠悠苍天，此何人哉？

【译文】

看那小米满田畴，高粱抽苗绿油油。
远行在即难迈步，无限愁思郁心头。
知心人说我心烦忧，
局外人当我啥要求。
遥远的老天啊，是谁害我离家走！
看那小米满田畴，高粱穗儿低下头。
远行在即难迈步，心中恍惚像醉酒。
知心人说我心烦忧，
局外人当我啥要求。
遥远的老天啊，是谁害我离家走！
看那小米满田畴，高粱结实不胜收。
远行在即难迈步，心口如噎真难受。
知心人说我心烦忧，
局外人当我啥要求。
遥远的老天啊，是谁害我离家走？

君子于役

【原文】

君子于役，不知其期。曷至哉？
鸡栖于埘，日之夕矣，羊牛下来。
君子于役，如之何勿思！

君子于役，不日不月。曷其有佸？
鸡栖于桀，日之夕矣，羊牛下括。
君子于役，苟无饥渴？

【译文】

夫君服役去远方，没年没月心忧伤。不知何时回家乡？

鸡儿纷纷奔回窝，西天暮霭遮夕阳，牛羊下坡进栏忙。

夫君服役去远方，叫我怎不苦苦想！

夫君服役去远方，没日没月别离长。何日团圆聚一堂？

鸡儿纷纷上木桩，西天暮霭遮夕阳，牛羊下坡聚拢忙。

夫君服役去远方，也许不致饿肚肠？

君子阳阳

【原文】

君子阳阳，左执簧，
右招我由房。其乐只且！

君子陶陶，左执翿。
右招我由敖。其乐只且！

【译文】

舞师得意喜洋洋，左手握着大笙簧，

右手招我奏“由房”。快快乐乐舞一场！

舞师得意乐陶陶，左手举起鸟羽摇，

右手招我奏“由敖”。快快乐乐共舞蹈。

扬之水

【原文】

扬之水，不流束薪。
彼其之子，不与我戍申。
怀哉怀哉！曷月予还归哉？
扬之水，不流束楚。
彼其之子，不与我戍甫。
怀哉怀哉！曷月予还归哉？
扬之水，不流束蒲。
彼其之子，不与我戍许。
怀哉怀哉！曷月予还归哉？

【译文】

河水慢慢流过来，水小难漂一捆柴。
想起我那意中人，我守申国她难来。
日思夜想丢不开，哪月回家没法猜。
小河浅水缓缓流，一捆荆条漂不走。
想起我那意中人，不能同我把甫守。
日思夜想丢不开，何时回家相聚首？
河水缓缓流向东，一束蒲柳漂不动。
想起我那意中人，不能来许意难通。
日思夜想丢不开，何时我能回家中？

中谷有蓷

【原文】

中谷有蓷，暵其干矣。
有女仳离，嘅其叹矣。
嘅其叹矣，遇人之艰难矣。
中谷有蓷，暵其脩矣。
有女仳离，条其歗矣。
条其歗矣，遇人之不淑矣。
中谷有蓷，暵其湿矣。
有女仳离，啜其泣矣。
啜其泣矣，何嗟及矣！

【译文】

山谷长着益母草，天旱不雨草枯焦。
有位女子被遗弃，抚胸长叹心苦恼。
抚胸长叹心苦恼，嫁人嫁得太糟糕！
益母草长山谷间，天旱不雨草晒干。

有位女子被遗弃，唉声长叹心里酸。
唉声长叹心里酸，不幸嫁个负心汉！
益母草长山谷中，天旱草枯地裂缝。
有位女子被遗弃，呜咽悲泣心伤痛。
呜咽悲泣心伤痛，后悔莫及叹也空。

兔爰

【原文】

有兔爰爰，雉离于罗。
我生之初，尚无为。
我生之后，逢此百罹，尚寐无吪。
有兔爰爰，雉离于罦。
我生之初，尚无造。
我生之后，逢此百忧，尚寐无觉。
有兔爰爰，雉离于罿。
我生之初，尚无庸。
我生之后，逢此百凶，尚寐无聪。

【译文】

狡兔自由又自在，野鸡落进网里来。

当我初生那时候，没有战争没有灾。

偏偏在我出生后，倒霉事儿成了堆，但愿长睡口不开。

狡兔自由又自在，野鸡落进网里来。

当我初生那时候，没有迁都没有灾。

偏偏在我出生后，百般晦气连着来，但愿长睡眼不开。

狡兔自由又自在，野鸡落进网里来。

当我初生那时候，没有劳役没有灾。

偏偏在我出生后，百样坏事上门来，但愿长睡两耳塞。

葛藟

【原文】

绵绵葛藟，在河之浒。
终远兄弟，谓他人父。
谓他人父，亦莫我顾！
绵绵葛藟，在河之涘。
终远兄弟，谓他人母。
谓他人母，亦莫我有！
绵绵葛藟，在河之漘。
终远兄弟，谓他人昆。
谓他人昆，亦莫我闻！

【译文】

野葡萄藤绵绵长，攀在河边小树上。
离别亲人去远方，喊人阿爸求帮忙。
阿爸阿爸连声唤，没人理睬独彷徨！
野葡萄藤绵绵长，攀在河滨小树上。
离别亲人去他乡，喊人阿妈求帮忙。
阿妈阿妈连声喊，没人亲近徒悲伤！
野葡萄藤绵绵长，攀在河岸小树上。
离别亲人到异乡，喊人阿哥求帮忙。
阿哥阿哥连声喊，没人救助空流亡！

采葛

【原文】

彼采葛兮，一日不见，如三月兮！
彼采萧兮，一日不见，如三秋兮！
彼采艾兮，一日不见，如三岁兮！

【译文】

那位姑娘去采葛，只有一天没见着，好像三月久相隔！

那位姑娘去采蒿，只有一天没见到，像隔三秋受煎熬！

姑娘采艾去田间，只有一天没会面，好像隔了整三年！

大车

【原文】

大车槛槛，毳衣如菼。
岂不尔思？畏子不敢。
大车啍啍，毳衣如璊。
岂不尔思？畏子不奔。
谷则异室，死则同穴。
谓予不信，有如皦日！

【译文】

大车驶过声坎坎，毛衣青翠色如菼。
难道是我不想你？怕你犹豫还不敢。
大车驶过慢吞吞，毛衣殷红色如璊。
难道是我不想你，怕你犹豫不私奔。

活着不能同房住，死后但愿同圹埋。别说我话难凭信，天上太阳作证来！

丘中有麻

【原文】

丘中有麻，彼留子嗟。
彼留子嗟，将其来施施。
丘中有麦，彼留子国。
彼留子国，将其来食。
丘中有李，彼留之子。
彼留之子，贻我佩玖。

【译文】

山坡上面种着麻，刘家小伙名子嗟。
刘家小伙名子嗟，请他帮忙来我家。
山坡上面种着麦，那位子国是他爸。
那位子国是他爸，请他吃饭来我家。
山坡上面种着李，刘家小伙就是他。
刘家小伙就是他，送我佩玉想成家。

郑风

缁衣

【原文】

缁衣之宜兮，敝，予又改为兮。
适子之馆兮，还，予授子之粲兮。
缁衣之好兮，敝，予又改造兮。
适子之馆兮，还，予授子之粲兮。
缁衣之蓆兮，敝，予又改作兮。
适子之馆兮，还，予授子之粲兮。

【译文】

黑色朝服多合样，破了我再做衣裳。
你去官署把事办，回来给你试新装。
黑色朝服多美好，破了我再缝一套。
你去官署把公干，回来给你穿新袍。
黑色朝服大又宽，破了我再做一番。
你到官署去办事，回来给你新衣穿。

将仲子

【原文】

将仲子兮！无逾我里，
无折我树杞。岂敢爱之？
畏我父母。仲可怀也，
父母之言，亦可畏也。
将仲子兮！无逾我墙，
无折我树桑。岂敢爱之？
畏我诸兄。仲可怀也，
诸兄之言，亦可畏也。
将仲子兮！无逾我园，
无折我树檀。岂敢爱之？
畏人之多言。仲可怀也，
人之多言，亦可畏也。

【译文】

二哥请你听我讲！不要翻越我里墙，
别把杞树来压伤。哪敢吝惜这些树？
只怕我的爹和娘。二哥叫我好牵挂，
只是爹娘要责骂，心里想想有点怕！
二哥请你听我讲！不要翻过我院墙，
别伤墙边种的桑。哪敢吝惜这些树？
怕我兄长要张扬。二哥叫我好牵挂，
只是兄长要责骂，想想心里有点怕！
二哥请你听我讲！不要翻我后园墙，
别让檀树受了伤。哪敢吝惜这些树？
怕人多嘴舌头长。二哥叫我好牵挂，
只是别人要多话，想想心里有点怕！

叔于田

【原文】

叔于田，巷无居人。
岂无居人？不如叔也，洵美且仁。
叔于狩，巷无饮酒。
岂无饮酒？不如叔也，洵美且好。
叔适野，巷无服马。
岂无服马？不如叔也。洵美且武。

【译文】

三哥打猎出了门，巷里空空不见人。
并非真的没住人，能比三哥有几人？
他真漂亮又谦逊。
三哥出去冬猎了，巷里不见喝酒佬。

并非没有喝酒佬，三哥样样比人高，他真漂亮又和好。

三哥打猎到田野，巷里不见人驾马。

并非别人不会驾，而是技术不如他，英俊威武人人夸。

大叔于田

【原文】

叔于田，乘乘马。
执辔如组，两骖如舞。
叔在薮，火烈具举。
襢裼暴虎，献于公所。
“将叔无狃，戒其伤女。”
叔于田，乘乘黄。
两服上襄，两骖雁行。
叔在薮，火烈具扬。
叔善射忌，又良御忌。
抑磬控忌，抑纵送忌。
叔于田，乘乘鸨。
两服齐首，两骖如手。
叔在薮，火烈具阜。
叔马慢忌，叔发罕忌。
抑释掤忌，抑鬯弓忌。

【译文】

三郎打猎登征途，驾起四马真英武。
手提缰绳如丝组，骖马整齐像跳舞。
三郎驾车在林薮，猎火齐起截兽路。
赤膊空拳打老虎，打来献到郑公府。
“三郎请勿太大意，提防老虎伤肌肤。”
三郎出猎真雄壮，驾起四马毛色黄。
两匹服马首高昂，骖马整齐像雁行。
三郎驾车草地上，猎火熊熊把兽挡。
拉弓能穿百步杨，驾车能驶万里疆。
忽而勒马急停车，忽而纵马四蹄扬。
三郎打猎郊外游，四匹花马跑不休。
中央服马头并头，两旁骖马像双手。
三郎驾车在草泽，猎火熊熊风飕飕。
马儿走得慢悠悠，箭儿少发无禽兽。
解下箭筒揭开盖，强弓装进袋里头。

清人

【原文】

清人在彭，驷介旁旁。
二矛重英，河上乎翱翔。

清人在消，驷介麃麃。
二矛重乔，河上乎逍遥。

清人在轴，驷介陶陶。
左旋右抽，中军作好。

【译文】

清邑军队守彭庄，驷马披甲真强壮。
两矛装饰重缨络，河边闲游多欢畅。
清邑军队守在消，驷马披甲威风骄。

两矛装饰野鸡毛，河边闲逛多逍遥。
清邑军队守在轴，驷马披甲如风跑。
身子左转右抽刀，将军练武姿态好。

羔裘

【原文】

羔裘如濡，洵直且侯。
彼其之子，舍命不渝。
羔裘豹饰，孔武有力。

彼其之子，邦之司直。
羔裘晏兮，三英粲兮。
彼其之子，邦之彦兮。

【译文】

身穿柔滑羊皮袄，为人正直又美好。
他是这样一个人，肯舍生命保节操。
羔裘袖口饰豹皮，为人威武有毅力。

他是这样一个人，国家司直有名气。
羔羊皮袄光又鲜，三道豹皮色更妍。
他是这样一个人，国之模范正华年。

遵大路

【原文】

遵大路兮，掺执子之祛兮！
无我恶兮，不寁故也！

遵大路兮，掺执子之手兮！
无我魗兮，不寁好也！

【译文】

沿着大路跟你走，手儿拉住你袖口！
求你不要讨厌我，多年相伴别分手！

沿着大路跟你走，手儿拉住你的手！
求你不要嫌我丑，多年相好别弃丢！

女曰鸡鸣

【原文】

女曰:“鸡鸣。”士曰:“昧旦。”
“子兴视夜,明星有烂。”
“将翱将翔,弋凫与雁。”
“弋言加之,与子宜之。
宜言饮酒,与子偕老。
琴瑟在御,莫不静好。”
“知子之来之,杂佩以赠之。
知子之顺之,杂佩以问之。
知子之好之,杂佩以报之。”

【译文】

女说“雄鸡叫得欢”,男说“黎明天还暗”。
“你快起来看夜色,启明星儿光闪闪。”
“我要出去走一走,射些野鸭和飞雁。”
“射中野鸭野味香,为你做菜请你尝。
就菜下酒相对饮,白头到老百年长。
弹琴鼓瑟乐陶陶,夫妻美满心欢畅。”
“你的体贴我了解,送你杂佩志不忘。
你的温顺我懂得,送你杂佩表情长。
你的爱恋我心知,送你杂佩诉衷肠。”

有女同车

【原文】

有女同车,颜如舜华。
将翱将翔,佩玉琼琚。
彼美孟姜,洵美且都!
有女同行,颜如舜英。
将翱将翔,佩玉将将。
彼美孟姜,德音不忘!

【译文】

姑娘和我同乘车,脸儿好像木槿花。
我们在外同遨游,美玉佩环身上挂。
姜家美丽大姑娘,确实漂亮又文雅!
姑娘和我同路行,脸像槿花红莹莹。
我们在外同游玩,身上佩玉响叮叮。
姜家美丽大姑娘,美好品德永光明!

山有扶苏

【原文】

山有扶苏，隰有荷华。
不见子都，乃见狂且。

山有桥松，隰有游龙。
不见子充，乃见狡童。

【译文】

山顶大树多枝桠，低洼地里开荷花。
不见子都美男子，遇见个疯癫大傻瓜。

山顶松树高又大，低洼地里开茏花。
不见子充好男儿，遇见个滑头小冤家。

箨兮

【原文】

箨兮萚兮，风其吹女！
叔兮伯兮，倡予和女！

箨兮萚兮，风其漂女！
叔兮伯兮，倡予要女！

【译文】

枯叶枯叶往下掉，风儿吹你轻飘飘！
叔呀伯呀大家来，我先唱来你和调！

枯叶枯叶往下掉，风儿吹你舞飘飘！
叔呀伯呀大家来，我唱你和约明朝。

狡童

【原文】

彼狡童兮，不与我言兮。
维子之故，使我不能餐兮！

彼狡童兮，不与我食兮。
维子之故，使我不能息兮！

【译文】

那个小伙太狡猾，不肯和我再说话。
为了你这小冤家，害我茶饭咽不下！

那个小伙耍手腕，不肯和我同吃饭。
为了你这小冤家，害我胸闷气难喘！

褰裳

【原文】

子惠思我，褰裳涉溱。
子不我思，岂无他人？
狂童之狂也且！

子惠思我，褰裳涉洧。
子不我思，岂无他士？
狂童之狂也且！

【译文】

你若爱我想念我，提起衣裳趟溱河。
你若变心不想我，难道再没多情哥？
看你那疯癫样儿傻呵呵！

你若爱我想念我，提起衣裳趟洧河。
你若变心不想我，难道再没年少哥？
看你那疯癫样儿傻呵呵！

丰

【原文】

子之丰兮，俟我乎巷兮。
悔予不送兮！
子之昌兮，俟我乎堂兮。
悔予不将兮！

衣锦褧衣，裳锦褧裳。
叔兮伯兮，驾予与行！
裳锦褧裳，衣锦褧衣。
叔兮伯兮，驾予与归。

【译文】

想你丰满美颜容，“亲迎”等我在巷中。
后悔我家不相送！
想你身体多魁伟，“亲迎”等我在堂内。

后悔当初没相随！
锦缎衣裳身上穿，以披绉纱白罩衫。
大叔大伯请再来，驾车接我同归还！

身披罩衫白绉纱，锦缎衣裳灿如霞。 | 大叔大伯请再来，驾车接我到你家！

东门之墠

【原文】

东门之墠，茹藘在阪。
其室则迩，其人甚远。
东门之栗，有践家室。
岂不尔思，子不我即！

【译文】

东门郊外广场大，土坡开着红茜花。
你家离得这么近，人儿仿佛在天涯。
东门郊外栗树下，那里有个好人家。
难道我不想念你？你不亲近为了啥！

风雨

【原文】

风雨凄凄，鸡鸣喈喈。
既见君子，云胡不夷？
风雨潇潇，鸡鸣胶胶。
既见君子，云胡不瘳？
风雨如晦，鸡鸣不已。
既见君子，云胡不喜？

【译文】

凄风苦雨天气凉，雄鸡喔喔声断肠。
丈夫忽然回家来，我心哪会不安畅？
急风骤雨沙沙响，雄鸡喔喔报晓唱。
丈夫忽然回家来，害啥相思心不慌？
风雨交加日无光，雄鸡报晓不停唱，
丈夫忽然回家来，哪会不乐心花放？

子衿

【原文】

青青子衿，悠悠我心。
纵我不往，子宁不嗣音？
青青子佩，悠悠我思。
纵我不往，子宁不来？

挑兮达兮，在城阙兮。

一日不见，如三月兮。

【译文】

你的衣领色青青，我心惦记总不停。
纵然我没去找你，怎么不给我音讯？
你的佩带色青青，我心思念总不停。

纵然我没去找你，怎么不来真扫兴！
独自徘徊影随形，城门楼上久久等。
只有一天没见面，好像隔了三月整。

扬之水

【原文】

扬之水，不流束楚。
终鲜兄弟，维予与女。
无信人之言，人实迋女。

扬之水，不流束薪。
终鲜兄弟，维予二人。
无信人之言，人实不信。

【译文】

河水悠悠没有劲，哪能漂散一捆荆。
我家兄弟本很少，只有你我结同心。
不要轻听别人话，人家骗你你别信。

河水悠悠流过来，哪能漂散一捆柴。
我家兄弟本很少，你我两人最关怀。
不要轻信别人话，人家挑拨你别睬。

出其东门

【原文】

出其东门，有女如云。
虽则如云，匪我思存。
缟衣綦巾，聊乐我员。

出其闉阇，有女如荼。
虽则如荼，匪我思且。
缟衣茹藘，聊可与娱。

【译文】

出了东城门，女子多如云。
虽然多如云，不是意中人。

白衣绿巾妻，相爱又相亲。
出了外城郭，如花女子多。

虽然如花多,不在我心窝。

白衣红巾妻,家庭乐呵呵。

野有蔓草

【原文】

野有蔓草,零露漙兮。
有美一人,清扬婉兮。
邂逅相遇,适我愿兮。

野有蔓草,零露瀼瀼。
有美一人,婉如清扬。
邂逅相遇,与子偕臧。

【译文】

野外蔓草碧连天,露珠落上颗颗圆。
有位美人姗姗来,眉清目秀好容颜。
今日路上巧相遇,情意绵绵合我愿。

野外蔓草绿成茵,露水浓浓多晶莹。
有位美人姗姗来,眉清目秀千种情。
不期而会缘分好,你欢我乐喜盈盈。

溱洧

【原文】

溱与洧,方涣涣兮。
士与女,方秉蕑兮。
女曰:“观乎?”
士曰:“既且。”
“且往观乎!
洧之外,洵讦且乐。”
维士与女,伊其相谑,赠之以勺药。

溱与洧,浏其清矣。
士与女,殷其盈矣。
女曰:“观乎?”
士曰:“既且。”
“且往观乎!
洧之外,洵讦且乐。”
维士与女,伊其将谑,赠之以勺药。

【译文】

溱水流、洧水淌,三月冰融水流畅。
小伙子、小姑娘,手拿兰草驱不祥。
妹说:“咱们去看看?”
哥说:“我已去一趟。”

“陪我再去又何妨!洧水外、河岸旁,确实好玩又宽广。”

男男女女喜洋洋,相互调笑心花放,送支芍药表情长。

溱水流、洧水淌，三月河水清亮亮。
小伙子、小姑娘，人山人海闹嚷嚷。
妹说：“咱们去看看？”
哥说：“我已去一趟。”

“陪我再去又何妨！洧水外、河岸旁，确实好玩又宽广。”

男男女女喜洋洋，相互调笑心花放，送支芍药表情长。

齐风

鸡鸣

【原文】

“鸡既鸣矣，朝既盈矣。”
“匪鸡则鸣，苍蝇之声。”
“东方明矣，朝既昌矣。”
“匪东方则明，月出之光。”
“虫飞薨薨，甘与子同梦。”
“会且归矣，无庶予子憎。”

【译文】

“你听公鸡喔喔叫，大家都已去早朝。”
“不是什么公鸡叫，那是苍蝇在喧闹。”
“你瞧东方已发亮，朝会已经挤满堂。”
“不是什么东方亮，那是一片明月光。”
“虫声嗡嗡催人睡，但愿一齐入梦乡。”
“朝会人们快回啦，别招人厌说短长。”

还

【原文】

子之还兮，遭我乎猛之间兮。
并驱从两肩兮，揖我谓我儇兮。
子之茂兮，遭我乎猛之道兮。
并驱从两牡兮，揖我谓我好兮。
子之昌兮，遭我乎猛之阳兮。
并驱从两狼兮，揖我谓我臧兮。

【译文】

猎技敏捷数你优，与我相遇猺山头。
并马追赶两大猪，作揖夸我好身手。
你的猎技多漂亮，遇我猺山小道上。
并马追赶两雄兽，作揖夸我手段强。
看你膀大腰又粗，遇我猺山向阳坡。
并驱两狼劲头足，作揖夸我打得多。

著

【原文】

俟我于著乎而，充耳以素乎而，
尚之以琼华乎而！
俟我于庭乎而，充耳以青乎而，
尚之以琼莹乎而！
俟我于堂乎而，充耳以黄乎而，
尚之以琼英乎而！

【译文】

新郎等我屏风前，帽边“充耳”白丝线，
美玉闪闪光照面！
新郎等我院中央，帽边“充耳”青丝长，
美玉闪闪真漂亮！
新郎等我在厅堂，帽边“充耳”丝线黄，
美玉闪闪增容光！

东方之日

【原文】

东方之日兮，彼姝者子，
在我室兮。在我室兮，
履我即兮。
东方之月兮，彼姝者子，
在我闼兮。在我闼兮，
履我发兮。

【译文】

太阳升起在东方，有位漂亮好姑娘，
来到我家进我房。来到我家进我房，
踩我膝头诉衷肠。
月亮升起在东方，有位漂亮好姑娘，
来到门内进我房。来到门内进我房，
踩我脚儿表情长。

东方未明

【原文】

东方未明，颠倒衣裳。
颠之倒之，自公召之。
东方未晞，颠倒裳衣。
倒之颠之，自公令之。
折柳樊圃，狂夫瞿瞿。
不能辰夜，不夙则莫。

【译文】

东方没露一线光，丈夫颠倒穿衣裳。
为啥颠倒穿衣裳？因为公家召唤忙。
东方未明天还黑，丈夫颠倒穿裳衣。
为啥颠倒穿裳衣？因为公家命令急。
折柳编篱将我防，临走还要瞪眼望。
夜里不能陪伴我，早出晚归太无常。

南山

【原文】

南山崔崔，雄狐绥绥。
鲁道有荡，齐子由归。
既曰归止，曷又怀止？
葛屦五两，冠緌双止。
鲁道有荡，齐子庸止。
既曰庸止，曷又从止？
蓺麻如之何？衡从其亩。
取妻如之何？必告父母。
既曰告止，曷又鞠止？
析薪如之何？匪斧不克。
取妻如之何？匪媒不得。
既曰得止，曷又极止？

【译文】

巍巍南山高又大，雄狐步子慢慢跨。
鲁国大道平坦坦，文姜由这去出嫁。
既然她已嫁鲁侯，为啥你还想着她？
葛鞋两只双双放，帽带一对垂颈下。
鲁国大道平坦坦，文姜从这去出嫁。
既然她已嫁鲁侯，为啥你又盯上她？
农家怎样种大麻？田垅横直有定法。
青年怎样娶妻子？必定先要告爹妈。
告了爹妈娶妻子，为啥还要放纵她？
想劈木柴靠什么？不用斧头没办法。

想娶妻子靠什么？没有媒人别想她。既然妻子娶到手，为啥让她到娘家？

甫田

【原文】

无田甫田，维莠骄骄。
无思远人，劳心忉忉！
无田甫田，维莠桀桀。
无思远人，劳心怛怛！
婉兮娈兮，总角丱兮。
未几见兮，突而弁兮！

【译文】

主子大田别去种，野草茂盛一丛丛。
远方人儿别想他，见不到他心伤痛！
主子大田别去耪，野草长得那么旺。
远方人儿别想他，见不到他徒忧伤！
少小年纪多姣好，两束头发像羊角。
不久倘能见到他，突然戴上成人帽！

卢令

【原文】

卢令令，其人美且仁。
卢重环，其人美且鬈。
卢重𬭚，其人美且偲。

【译文】

黑狗儿颈环铃铃响，那人儿和气又漂亮。

黑狗儿颈上环套环，那人儿漂亮又勇敢。

黑狗儿颈上套两环，那人儿漂亮有才干。

敝笱

【原文】

敝笱在梁，其鱼鲂鳏。
齐子归止，其从如云。
敝笱在梁，其鱼鲂鲊。
齐子归止，其从如雨。
敝笱在梁，其鱼唯唯。
齐子归止，其从如水。

【译文】

破笼搁在鱼梁上，鳊鱼鲲鱼心不慌。
文姜回齐没人管，随从多得云一样。
破笼搁在鱼梁上，鳊鱼鲢鱼心不慌。
文姜回齐没人管，随从多得雨一样。
破笼搁在鱼梁上，鱼儿游来又游往。
文姜回齐没人管，随从多得水一样。

载驱

【原文】

载驱薄薄，簟茀朱鞹。
鲁道有荡，齐子发夕。
四骊济济，垂辔沵沵。
鲁道有荡，齐子岂弟。
汶水汤汤，行人彭彭。
鲁道有荡，齐子翱翔。
汶水滔滔，行人儦儦。
鲁道有荡，齐子游敖。

【译文】

大车奔驰轧轧响，竹帘红盖好气象。
鲁道宽阔又平坦，哀姜从早拖到晚。
四匹黑马多美壮，柔软缰绳垂两旁。
鲁道平坦接新娘，哀姜动身天已亮。
汶水浩浩又荡荡，路人如潮争观望。
鲁道平坦又宽广，哀姜迟嫁在游逛。
汶水哗哗翻大浪，路人来来又往往。
鲁道平坦接新娘，哀姜迟嫁在游荡。

猗嗟

【原文】

猗嗟昌兮！颀而长兮，
抑若扬兮。美目扬兮，
巧趋跄兮。射则臧兮！
猗嗟名兮！美目清兮，
仪既成兮。终日射侯，
不出正兮。展我甥兮！
猗嗟娈兮！清扬婉兮，
舞则选兮。射则贯兮，
四矢反兮。以御乱兮！

【译文】

生来多美貌啊！身材高又高啊，
凛亮额角宽啊。美目向人瞟啊，
舞步多巧妙啊。射艺真正好啊！
长得多精神啊！美目如水清啊，
准备已完成啊。打靶一天整啊，
箭箭射得准啊。不愧我外甥啊！
美貌令人赞啊！秀眉扬俊眼啊，
舞有节奏感啊。箭箭都射穿啊，
连中一个点啊。有力抗外患啊！

魏风

葛屦

【原文】

纠纠葛屦，可以履霜？
掺掺女手，可以缝裳？
要之襋之，好人服之。
好人提提，宛然左辟，
佩其象揥。维是褊心，
是以为刺。

【译文】

葛编凉鞋麻绳缠，穿它怎能踏寒霜？
缝衣女手纤纤细，用它怎能做衣裳？
提起衣带和衣领，请那美人试新装。
美人不睬偏装腔，扭转身子闪一旁，
插上簪子自梳妆。这个女子狭心肠，
作诗刺她理应当。

汾沮洳

【原文】

彼汾沮洳，言采其莫。
彼其之子，美无度。
美无度，殊异乎公路。
彼汾一方，言采其桑。
彼其之子，美如英。
美如英，殊异乎公行。
彼汾一曲，言采其萎。
彼其之子，美如玉。
美如玉，殊异乎公族。

【译文】

汾水岸边湿地上，采来莫菜水汪汪。
就是那位采菜人，美得简直没法讲。
美得简直没法讲，他和“公路”大两样。
汾水岸边斜坡上，桑叶青青采撷忙。
就是那位采桑人，美得好像花一样。
美得好像花一样，他和“公行”不相像。
汾水河边曲岸旁，采那泽泻浅水上。
就是那位采桑人，美如冠玉真漂亮。
美如冠玉真漂亮，他和“公族”不一样。

园有桃

【原文】

园有桃，其实之肴。
心之忧矣，我歌且谣。
不知我者，谓我“士也骄。
彼人是哉，子曰何其！”
心之忧矣，其谁知之？
其谁知之，盖亦勿思！
园有棘，其实之食。
心之忧矣，聊以行国。

不知我者，谓我“士也罔极。
彼人是哉，子曰何其！”
心之忧矣，其谁知之？
其谁知之，盖亦勿思！

【译文】

园里有株桃，采食桃子也能饱。
穷愁潦倒心忧伤，聊除烦闷唱歌谣。
有人并不了解我，说我“先生太骄傲。
朝廷政策可没错，你又为啥多唠叨？”
穷愁潦倒心忧伤，谁能了解我苦恼？
既然无人了解我，何不把它全抛掉！
园里有株枣，采食枣子也能饱。
穷愁潦倒心忧伤，聊除烦闷去游遨。
有人并不了解我，说我“先生违常道。
朝廷政策可没错，你又为啥多唠叨！”
穷愁潦倒心忧伤，谁能了解我苦恼？
既然无人了解我，何不把它全忘掉！

陟岵

【原文】

陟彼岵兮，瞻望父兮。
父曰：“嗟！予子行役，夙夜无已。
上慎旃哉，犹来无止！”
陟彼屺兮，瞻望母兮。
母曰：“嗟！予季行役，夙夜无寐。
上慎旃哉，犹来无弃！”
陟彼冈兮，瞻望兄兮。
兄曰：“嗟！予弟行役，夙夜必偕。
上慎旃哉，犹来无死！”

【译文】

登上青山冈，远远把爹望。
好像听见我爹讲：“孩子啊，
早夜服役你太忙！当心身体保安康，
回来吧，别滞留远方！”
登上青山冈，遥望我亲娘。
好像听见亲娘讲：“宝贝啊，
日夜没睡太凄怆！当心身体保安康，
回来吧，莫抛弃亲娘！”
登上高山冈，远远望兄长，
好像听见哥哥讲：“兄弟啊，
早夜服役人尽伤！当心身体保安康，
回来吧，休埋骨异乡！”

十亩之间

【原文】

十亩之间兮，桑者闲闲兮。
行与子还兮。
十亩之外兮，桑者泄泄兮。
行与子逝兮。

【译文】

宅间十亩绿桑园，采桑姑娘已空闲。
走吧，咱们一道回家转。
宅外十亩绿桑林，采桑姑娘一群群。
走吧，咱们一道回家门。

伐檀

【原文】

坎坎伐檀兮，置之河之干兮，
河水清且涟猗。
不稼不穑，胡取禾三百廛兮？
不狩不猎，胡瞻尔庭有县貆兮？
彼君子兮，不素餐兮！
坎坎伐辐兮，置之河之侧兮，
河水清且直猗。
不稼不穑，胡取禾三百亿兮？
不狩不猎，胡瞻尔庭有县特兮？
彼君子兮，不素食兮！
坎坎伐轮兮，置之河之漘兮，
河水清且沦猗。
不稼不穑，胡取禾三百囷兮？
不狩不猎，胡瞻尔庭有县鹑兮？
彼君子兮，不素飧兮！

【译文】

砍伐檀树响叮当，放在河边堤岸上，
河水清清起波浪。不下种子不收割，
为啥粮食堆满仓？不拿弓箭不打猎，
为啥猪獾挂院墙？那些大人老爷们，
不是白白吃闲粮！
叮叮当当檀树砍，为做车辐放河边，
河水清清波浪坦。不下种子不收割，
为啥聚谷百亿万？不拿弓箭不打猎，
为啥大兽挂你院？那些大人老爷们，
不是白白吃干饭！

砍起檀树声坎坎，为做车轮放河边，
河水清清微波展。不下种子不收割，
为啥粮囤都冒尖？不拿弓箭不打猎，
为啥鹌鹑挂你院？那些大人老爷们，
不是白白吃熟饭！

硕鼠

【原文】

硕鼠硕鼠，无食我黍！
三岁贯女，莫我肯顾。
逝将去女，适彼乐土。
乐土乐土，爰得我所。
硕鼠硕鼠，无食我麦！
三岁贯女，莫我肯德。
逝将去女，适彼乐国。
乐国乐国，爰得我直。
硕鼠硕鼠，无食我苗！
三岁贯女，莫我肯劳。
逝将去女，适彼乐郊。
乐郊乐郊，谁之永号？

【译文】

大老鼠呀大老鼠，不要吃我种的黍！
多年辛苦养活你，我的生活从不顾。
发誓从此离开你，去那理想新乐土。
新乐土呀新乐土，才是安居好去处。
大老鼠呀大老鼠，不要吃我大麦粒！
多年辛苦养活你，从来不见你感激。
发誓从此离开你，去那理想新乐邑。
新乐邑呀新乐邑，劳动价值归自己。
大老鼠呀大老鼠，不要吃我种的苗！
多年辛苦养活你，从来不见你慰劳。
发誓从此离开你，去那理想新乐郊。
新乐郊呀新乐郊，有谁去过徒长号？

唐风

蟋蟀

【原文】

蟋蟀在堂，岁聿其莫。
今我不乐，日月其除。

无已大康，职思其居。
“好乐无荒”，良士瞿瞿。
蟋蟀在堂，岁聿其逝。
今我不乐，日月其迈。
无已大康，职思其外。
“好乐无荒”，良士蹶蹶。
蟋蟀在堂，役车其休。
今我不乐，日月其慆。
无已大康，职思其忧。
“好乐无荒”，良士休休。

【译文】

蟋蟀进房天气寒，岁月匆匆近年关。
今不及时去寻乐，光阴一去不复返。
过度安乐也不好，还是要把工作干。
“不荒正业又娱乐”，贤士警语记心间。
蟋蟀进房天气寒，一年匆匆将过完。
今不及时去行乐，光阴一去再不还。
过度安乐也不好，分外事儿也要干。
“不荒正业又娱乐”，贤士勤快是模范。
蟋蟀进房天气寒，出差车儿将回转。
今不及时去寻乐，光阴一去再不还。
过度安乐也不好，战争可忧莫小看。
“不荒正业又娱乐”，贤士爱国真好汉。

山有枢

【原文】

山有枢，隰有榆。
子有衣裳，弗曳弗娄。
子有车马，弗驰弗驱。
宛其死矣，他人是愉。
山有栲，隰有杻。
子有廷内，弗洒弗扫。
子有钟鼓，弗鼓弗考。
宛其死矣，他人是保。
山有漆，隰有栗。
子有酒食，何不日鼓瑟？
且以喜乐，且以永日。
宛其死矣，他人入室。

【译文】

山上刺榆长，低地白榆香。
你有衣来又有裳，不穿不着放在箱。
你有车来又有马，不乘不骑闲置放。
有朝眼闭腿一伸，别人享受喜洋洋。
山上栲树长，低地杻树香。
你有院来又有房，不去打扫随它脏。
你有钟来又有鼓，不敲不打没音响。
有朝眼闭腿一伸，空为别人省一场。
山上漆树长，低地栗树香。
你有美酒和好菜，何不奏乐又宴享？
姑且用它来寻乐，姑且用它度时光。
有朝眼闭腿一伸，别人就要进你房。

扬之水

【原文】

扬之水，白石凿凿。
素衣朱襮，从子于沃。
既见君子，云何不乐。
扬之水，白石皓皓。
素衣朱绣，从子于鹄。
既见君子，云何其忧。
扬之水，白石粼粼。
我闻有命，不敢以告人！

【译文】

河水悠悠缓慢行，水底白石多鲜明。
身穿白衫红衣领，跟他一道到沃城。
一同拜见曲沃君，怎不高兴笑盈盈。
河水悠悠缓慢行，水底白石多洁净。
身穿白衫绣衣领，跟他一道到鹄城。
一同拜见曲沃君，还有什么不高兴。
河水悠悠缓慢行，水底白石多晶莹。
听说将有政变令，严守机密不告人！

椒聊

【原文】

椒聊之实，蕃衍盈升。
彼其之子，硕大无朋。
椒聊且！远条且！
椒聊之实，蕃衍盈匊。
彼其之子，硕大且笃。
椒聊且！远条且！

【译文】

花椒串串挂树上，结子繁盛满升量。
这位妇人子孙多，身材高大称无双。
花椒一囊囊！远闻扑鼻香！
花椒串串已成熟，结子繁盛捧不够。
这位妇人子孙多，身材高大又肥厚。
花椒一兜兜！远远暗香透！

绸缪

【原文】

绸缪束薪，三星在天。
今夕何夕，见此良人？
子兮子兮，如此良人何？
绸缪束刍，三星在隅。
今夕何夕，见此邂逅？
子兮子兮，如此邂逅何？
绸缪束楚，三星在户。
今夕何夕，见此粲者？
子兮子兮，如此粲者何？

【译文】

捆捆柴草紧紧缠，黄昏星星天上闪。
今天夜里啥日子，见这郎君欢不欢？
新娘子啊新娘子，你把丈夫怎么办？
把把草料密密缠，星儿遥遥天边闪。
今天夜里啥日子，两口心里甜不甜？
新娘子啊新官人，你把爱人怎么办？
束束薪条细细缠，星儿低低门外闪。
今天夜里啥日子，见这美人恋不恋？
叫新郎啊问新郎，你把美人怎么办？

杕杜

【原文】

有杕之杜，其叶湑湑。
独行踽踽，岂无他人？
不如我同父。嗟行之人，
胡不比焉？人无兄弟，
胡不佽焉？
有杕之杜，其叶菁菁。
独行睘睘，岂无他人？
不如我同姓。嗟行之人，
胡不比焉？人无兄弟，
胡不佽焉？

【译文】

一株杜梨虽孤零，还有叶子密密生。
独自行走冷清清，难道没人同路行？
不如同胞骨肉亲。可叹处处陌路人，
为何不来近我身？有人生来没兄弟，

为何不肯怜我贫？
一株杜梨虽孤零，还有叶子青又青。
独自行走苦伶仃，难道没人同路行？
不如同胞骨肉亲。可叹处处陌路人，
为何不来近我身？有人生来没兄弟，
为何不肯怜我贫？

羔裘

【原文】

羔裘豹祛，自我人居居。
岂无他人？维子之故！
羔裘豹褎，自我人究究。
岂无他人？维子之好！

【译文】

羔袍袖口镶豹毛，对我傲慢气焰高。
难道没有别的人？非要同你才相好？
羔袍豹袖显贵人，态度恶劣气焰盛。
难道没有别人爱？非同你好就不成？

鸨羽

【原文】

肃肃鸨羽，集于苞栩。
王事靡盬，不能蓺稷黍，父母何怙？
悠悠苍天，曷其有所？
肃肃鸨翼，集于苞棘。
王事靡盬，不能蓺黍稷，父母何食？
悠悠苍天，曷其有极？
肃肃鸨行，集于苞桑。
王事靡盬，不能蓺稻粱，父母何尝？
悠悠苍天，曷其有常？

【译文】

大雁沙沙展翅膀，落在丛丛栎树上。
国王差事做不完，不能在家种黍粱，
爹娘生活靠谁养？老天爷啊老天爷！
何时才能回家乡？
大雁沙沙拍翅膀，落在丛丛酸枣上。
国王差事做不完，不能在家种黍粱，
爹娘吃饭哪来粮？老天爷啊老天爷，
劳役何日能收场？
大雁沙沙飞成行，落在密密桑树上。
国王差事做不完，不能在家种稻粱，

可怜爹娘吃啥粮？老天爷啊老天爷！何时生活能正常？

无衣

【原文】

岂曰无衣七兮？
不如子之衣，
安且吉兮！

岂曰无衣六兮？
不如子之衣，
安且燠兮！

【译文】

难道说我今天缺衣少穿？
叹只叹都不是你的针线，
怎比得你做的舒坦美观！

难道说我今天缺衣少穿？
叹只叹都不是旧日衣冠，
怎比得你做的舒服温暖！

有杕之杜

【原文】

有杕之杜，生于道左。
彼君子兮，噬肯适我？
中心好之，曷饮食之？

有杕之杜，生于道周。
彼君子兮，噬肯来游？
中心好之，曷饮食之？

【译文】

一株杜梨独自开，长在左边道路外。
不知我那心上人，可肯到我这里来？
心里既然爱着他，何不请他喝一杯？

一株杜梨独自开，长在右边道路外。
不知我那心中人，可肯出门看我来？
心里既然爱着他，何不请他喝一杯？

葛生

【原文】

葛生蒙楚，蔹蔓于野。
予美亡此，谁与？独处！
葛生蒙棘，蔹蔓于域。
予美亡此，谁与？独息！
角枕粲兮，锦衾烂兮。
予美亡此，谁与？独旦！
夏之日，冬之夜。
百岁之后，归于其居！
冬之夜，夏之日。
百岁之后，归于其室！

【译文】

葛藤爬满荆树上，蔹草蔓延野外长。
我爱已离人间去，谁人伴我守空房！
葛藤爬满枣树上，蔹草蔓延墓地旁。
我爱已离人间去，谁人伴我睡空房！
角枕鲜丽作陪葬，锦被敛尸闪闪光。
我爱已离人间去，谁人伴我熬天亮！
夏日炎炎白昼长，寒冬凛冽夜漫漫。
但愿有朝我死后，到你坟里再相伴！
寒冬凛冽夜漫漫，夏日炎炎白昼长。
但愿有朝我死后，到你坟中永相伴！

采苓

【原文】

采苓采苓，首阳之颠。
人之为言，苟亦无信。
舍旃舍旃，苟亦无然。
人之为言，胡得焉！
采苦采苦，首阳之下。
人之为言，苟亦无与。
舍旃舍旃，苟亦无然。
人之为言，胡得焉！
采葑采葑，首阳之东。
人之为言，苟亦无从。
舍旃舍旃，苟亦无然。
人之为言，胡得焉！

【译文】

采甘草呀采甘草，在那首阳山顶找。
有人专爱造谣言，千万别信那一套。

别理他呀别睬他，那些全都不可靠。
有人专爱造谣言，啥也捞不到。
采苦菜呀到处跑，在那首阳山下找。
有人喜欢说谎话，千万别跟他一道。
别理他呀别睬他，那些全都不可靠。
有人喜欢说谎话，啥也得不到！
采芜菁呀路迢迢，首阳山东仔细瞧。
有人爱说欺诳话，千万不要跟他跑。
别理他呀别睬他，那些全都不可靠。
有人爱说欺诳话，啥也骗不到！

秦风

车邻

【原文】

有车邻邻，有马白颠。
未见君子，寺人之令。
阪有漆，隰有栗。
既见君子，并坐鼓瑟。
"今者不乐，逝者其耋！"
阪有桑，隰有杨。
既见君子，并坐鼓簧。
"今者不乐，逝者其亡！"

【译文】

车儿驶过响玲玲，驾车马儿白额顶。
为啥不见君王面，只因寺人没传令。
山坡上面漆树种，低洼地里栗成丛。
总算见到君王面，并坐弹瑟喜相逢。
"现在及时不行乐，将来转眼成老翁。"
山坡上面有绿桑，低洼地里长水杨。
总算见到君王面，并排坐着吹笙簧。
"现在及时不行乐，将来转眼见阎王。"

驷驖

【原文】

驷驖孔阜，六辔在手。
公之媚子，从公于狩。
奉时辰牡，辰牡孔硕。
公曰"左之"，舍拔则获。

游于北园，四马既闲。
輶车鸾镳，载猃歇骄。

【译文】

四匹黑马壮又肥，六根缰绳手里垂。
公爷宠爱赶车人，跟他一起去打围。
兽官放出应时兽，应时野兽个个肥。
公爷喊声“朝左射”，箭发野兽应声坠。
猎罢再去游北园，驾轻就熟马悠闲。
车儿轻快銮铃响，猎狗息在车中间。

小戎

【原文】

小戎俴收，五楘梁辀。
游环胁驱，阴靷鋈续。
文茵畅毂，驾我骐馵。
言念君子，温其如玉。
在其板屋，乱我心曲。
四牡孔阜，六辔在手。
骐骝是中，䯄骊是骖。
龙盾之合，鋈以觼軜。
言念君子，温其在邑。
方何为期？胡然我念之。
俴驷孔群，厹矛鋈镦。
蒙伐有苑，虎韔镂膺。
交韔二弓，竹闭绲縢。
言念君子，载寝载兴。
厌厌良人，秩秩德音。

【译文】

战车轻小车厢浅，五根皮条缠车辕。
环儿扣儿马具全，拉车皮带穿铜圈。
虎皮垫座车毂长，花马驾车他执鞭。
想起夫君好人儿，人品温和玉一般。
如今从军去西戎，搅得我心烦又乱。
四匹马儿肥又大，六根缰绳手里拿。
青马红马在中间，黄马黑马两边驾。
画龙盾牌双双合，白铜绳环对对拉。
想念夫君好人儿，从军戎地性和洽。
何时才能凯旋归？叫我怎么不想他！
四马协调铁甲轻，酋矛杆柄套铜镦。
新漆盾牌画毛羽，虎皮弓袋刻花纹。
两弓交叉袋中放，正弓竹柲绳捆紧。
想念夫君好人儿，忽睡忽起不安心。
夫君温和又安静，彬彬有礼好名声。

蒹葭

【原文】

蒹葭苍苍，白露为霜。
所谓伊人，在水一方。
溯洄从之，道阻且长。
溯游从之，宛在水中央。
蒹葭凄凄，白露未晞。
所谓伊人，在水之湄。
溯洄从之，道阻且跻。
溯游从之，宛在水中坻。
蒹葭采采，白露未已。
所谓伊人，在水之涘。
溯洄从之，道阻且右。
溯游从之，宛在水中沚。

【译文】

河边芦荻青苍苍，秋深白露凝成霜。
意中人儿何处寻，就在河水那一旁。
逆着流水去找她，道路坎坷险又长。
顺着流水去找她，仿佛人在水中央。
河边芦荻湿漫漫，白露滴滴叶未干。
意中人儿何处寻，就在河岸那一端。
逆着流水去找她，道路险阻攀登难。
顺着流水去找她，仿佛人在水中滩。
河边芦荻密稠稠，清晨露水全未收。
意中人儿何处寻，就在河岸那一头。
逆着流水去找她，道路弯弯险难求。
顺着流水去找她，仿佛人在水中洲。

终南

【原文】

终南何有？有条有梅。
君子至止，锦衣狐裘。
颜如渥丹，其君也哉？
终南何有？有纪有堂。
君子至止，黻衣绣裳。
佩玉将将，寿考不忘！

【译文】

终南山有什么来？又有山楸又有梅。
公爷封爵到此地，锦衣狐裘好气派。
脸色红润像涂丹，他做君主好是坏？
终南山有什么来？丛丛杞树棠梨开。

公爷封爵到此地，绣花衣裙闪五彩。身上佩玉锵锵响，永记我们别忘怀。

黄鸟

【原文】

交交黄鸟，止于棘。
谁从穆公？子车奄息。
维此奄息，百夫之特。
临其穴，惴惴其慄。
彼苍者天，歼我良人！
如可赎兮，人百其身！
交交黄鸟，止于桑。
谁从穆公？子车仲行。
维此仲行，百夫之防。
临其穴，惴惴其慄。
彼苍者天，歼我良人！
如可赎兮，人百其身！
交交黄鸟，止于楚。
谁从穆公？子车鍼虎。
维此鍼虎，百夫之御。
临其穴，惴惴其慄。
彼苍者天，歼我良人！
如可赎兮，人百其身！

【译文】

黄鸟交交声凄凉，飞来落在枣树上。
谁从穆公去殉葬？子车奄息有名望。
说起这位奄息郎，才德百人比不上。
走近墓穴要活埋，浑身战栗心发慌。
老天爷啊老天爷，杀我好人你不挡！
如果可以赎他命，愿死百次来抵偿！
黄鸟交交声凄凉，飞来落在枣树上。
谁从穆公去殉葬？子车仲行有名望。
说起这位贤仲行，百人才德难比量。
走到墓穴要活埋，浑身哆嗦魂魄丧。
老天爷啊老天爷，杀我好人你不响！
如果可以赎他命，愿死百次来抵偿！
黄鸟交交声凄凉，飞来落在荆树上。
谁从穆公去殉葬？子车鍼虎有名望。
说起这位鍼虎郎，百人才能没他强。
走到墓穴要活埋，浑身发抖心惊惶。
老天爷啊老天爷，杀我好人你不帮！
如果可以赎他命，愿死百次来抵偿！

晨风

【原文】

鴥彼晨风，郁彼北林。
未见君子，忧心钦钦。
如何如何？忘我实多！
山有苞栎，隰有六驳。
未见君子，忧心靡乐。
如何如何？忘我实多！
山有苞棣，隰有树檖。
未见君子，忧心如醉。
如何如何？忘我实多！

【译文】

鹯鸟展翅疾如梭，北林茂密有鸟窝。
许久未见我夫君，心里思念真难过。
怎么办啊怎么办？他怎还会想到我！
从丛栎树长山坡，低湿地里红李多。
许久未见我夫君，愁闷不乐受折磨。
怎么办啊怎么办？他怎还会想到我！
成丛棣树满山坡，低湿地里山梨多。
许久未见我夫君，心如醉酒失魂魄。
怎么办啊怎么办？他怎还会想到我！

无衣

【原文】

岂曰无衣？与子同袍。
王于兴师，修我戈矛，
与子同仇！
岂曰无衣？与子同泽。
王于兴师，修我矛戟，
与子偕作！
岂曰无衣？与子同裳。
王于兴师，修我甲兵，
与子偕行！

【译文】

谁说没有军衣穿？你我合穿一件袍。
国王调兵要打仗，赶快修理戈和矛，
共同对敌在一道！
谁说没有军衣穿！你我合穿一件衫。

国王调兵要打仗，修好矛戟亮闪闪，
咱们两个一道干！
谁说没有军衣穿？你我合穿一件裳。

国王调兵要打仗，修好盔甲和刀枪，
咱们一道上战场！

渭阳

【原文】

我送舅氏，曰至渭阳。
何以赠之？路车乘黄。

我送舅氏，悠悠我思。
何以赠之？琼瑰玉佩。

【译文】

我送舅舅回舅家，送到渭水北边涯。
用啥礼物送给他？一辆路车四黄马。

我送舅舅回舅家，忧思悠悠想起妈。
用啥礼物送给她？宝石佩玉一大挂。

权舆

【原文】

於，我乎！夏屋渠渠，
今也每食无余。于嗟乎！
不承权舆！

於，我乎！每食四簋，
今也每食不饱。于嗟乎！
不承权舆！

【译文】

唉，我呀！从前住的大厦高楼，
如今每餐勉强吃够。哎呀呀！
当初排场哪能讲究！

唉，我呀！从前每餐四碗打底，
如今每餐饿着肚皮。哎呀呀！
再也没有当初福气！

陈风

宛丘

【原文】

子之汤兮，宛丘之上兮。
洵有情兮，而无望兮！
坎其击鼓，宛丘之下。
无冬无夏，值其鹭羽。
坎其击缶，宛丘之道。
无冬无夏，值其鹭翿。

【译文】

姑娘舞姿摇又晃，在那宛丘高地上。
心里实在爱慕她，可惜没有啥希望。
敲起鼓来咚咚响，跳舞宛丘低坡上。
不管寒冬和炎夏，鹭羽伞儿手中扬。
鼓起瓦盆当当响，跳舞宛丘大路上。
不管寒冬和炎夏，头戴鹭羽鸟一样。

东门之枌

【原文】

东门之枌，宛丘之栩。
子仲之子，婆娑其下。
穀旦于差，南方之原。
不绩其麻，市也婆娑。
穀旦于逝，越以鬷迈。
视尔如荍，贻我握椒。

【译文】

东门白榆长路边，宛丘柞树连成片。
子仲家里好姑娘，大树底下舞翩跹。
挑选一个好时光，同到南边平原上。
撂下手中纺的麻，闹市当中舞一场。
趁着良辰同前往，多次相会共寻芳。
看你像朵锦葵花，送我花椒一把香。

衡门

【原文】

衡门之下，可以栖迟。
泌之洋洋，可以乐饥。
岂其食鱼，必河之鲂？
岂其取妻，必齐之姜？
岂其食鱼，必河之鲤？
岂其取妻，必宋之子？

【译文】

支起横木做门框，房子虽差也无妨。
泌丘泉水淌啊淌，清水也能充饥肠。
难道我们吃鱼汤，非要鲂鱼才算香？
难道我们娶妻子，不娶齐姜不风光？
难道我们吃鱼汤，非要鲤鱼才算香？
难道我们娶妻子，不娶宋子不排场？

东门之池

【原文】

东门之池，可以沤麻。
彼美淑姬，可与晤歌。
东门之池，可以沤纻。
彼美淑姬，可与晤语。
东门之池，可以沤菅。
彼美淑姬，可与晤言。

【译文】

东城门外护城河，可以泡麻织衣裳。
姬家美丽三姑娘，可以和她相对唱。
东城门外护城河，可以浸纻织新装。
姬家美丽三姑娘，有商有量情意长。
东城门外护城河，可以浸茅做鞋帮。
姬家美丽三姑娘，可以向她诉衷肠。

东门之杨

【原文】

东门之杨，其叶牂牂。
昏以为期，明星煌煌。

东门之杨，其叶肺肺。
昏以为期，明星晢晢。

【译文】

东门之外有白杨，叶子茂密好乘凉。
约定黄昏来相会，等到启明星儿亮。
白杨长在城门东，叶子密密青葱葱。
约定相会在黄昏，等到天亮一场空。

墓门

【原文】

墓门有棘，斧以斯之。
夫也不良，国人知之。
知而不已，谁昔然矣？
墓门有梅，有鸮萃止。
夫也不良，歌以讯之。
讯予不顾，颠倒思予。

【译文】

墓门有棵酸枣树，拿起斧头砍掉它。
那人不是好东西，大家都很知道他。
恶行暴露不制止，当初是谁纵容他？
墓门有棵酸枣树，树上停着猫头鹰。
那人不是好东西，唱个歌儿来提醒。
我的警告听不进，遭难才知我话真。

防有鹊巢

【原文】

防有鹊巢，邛有旨苕。
谁侜予美？心焉忉忉！
中唐有甓，邛有旨鹝。
谁侜予美？心焉惕惕。

【译文】

哪有堤上筑鹊巢？哪有山上长苕草？
谁在离间我情人？心里又愁又烦恼。
哪有庭院瓦铺道？哪有山上长绶草？
谁在离间我情人？心里担忧又烦躁。

月出

【原文】

月出皎兮，佼人僚兮，
舒窈纠兮，劳心悄兮。
月出皓兮，佼人懰兮，
舒忧受兮，劳心慅兮。
月出照兮，佼人燎兮，
舒夭绍兮，劳心惨兮。

【译文】

月儿东升亮皎皎，月下美人更俊俏，
体态苗条姗姗来，惹人相思我心焦。
月儿出来多光耀，月下美人眉目娇，
婀娜多姿姗姗来，惹人相思心头搅。
月儿出来光普照，月下美人神采姣，
体态轻盈姗姗来，惹人相思心烦躁。

株林

【原文】

胡为乎株林，从夏南？
匪适株林，从夏南！
驾我乘马，说于株野。
乘我乘驹，朝食于株。

【译文】

他到株林去干啥，是跟夏南去游玩？
原来他到株林去，不是为了找夏南！
驾着我的四匹马，到了郊外卸下鞍。
再换我的四匹驹，赶到夏家吃早饭。

泽陂

【原文】

彼泽之陂，有蒲与荷。
有美一人，伤如之何！
寤寐无为，涕泗滂沱。
彼泽之陂，有蒲与蕑。

有美一人，硕大且卷。
寤寐无为，中心悁悁。
彼泽之陂，有蒲菡萏。
有美一人，硕大且俨。
寤寐无为，辗转伏枕。

【译文】

池塘边上围堤坝，塘中蒲草伴荷花。
看见一个美男子，我心爱他没办法！
日夜相思睡不着，眼泪鼻涕一把把。
池塘边上堤岸高，塘中莲蓬伴蒲草。
看见一个美男子，身材高大品德好。
日夜相思睡不着，心里忧郁愁难熬。
池塘边上堤岸高，塘中荷花伴蒲草。
看见一个美男子，身材高大风度好。
日夜相思睡不着，翻来覆去空烦恼。

桧风

羔裘

【原文】

羔裘逍遥，狐裘以朝。
岂不尔思？劳心忉忉！
羔裘翱翔，狐裘在堂。
岂不尔思？我心忧伤！
羔裘如膏，日出有曜。
岂不尔思？中心是悼！

【译文】

游逛你穿羊皮袄，上朝你披狐皮袍。
难道我不思念你？心有顾虑愁难消！
你穿羊裘去游逛，你披狐裘上公堂。
难道我不思念你？心有顾虑暗忧伤！
羊皮袍子油光光，太阳出来衣发亮。
难道我不思念你？心中恐惧又发慌！

素冠

【原文】

庶见素冠兮，棘人栾栾兮。
劳心怜怜兮！
庶见素衣兮，我心伤悲兮！
聊与子同归兮。
庶见素韠兮，我心蕴结兮！
聊与子如一兮！

【译文】

见到您戴着白帽，瘦棱棱变了容貌。
心忧伤不安难熬！
见到你素白衣衫，我心里伤悲难言！
愿和您一同归天。
见到您围裙素淡，心忧郁难以排遣！
愿和您同赴黄泉。

隰有苌楚

【原文】

隰有苌楚，猗傩其枝。
夭之沃沃，乐子之无知。
隰有苌楚，猗傩其华。
夭之沃沃，乐子之无家。
隰有苌楚，猗傩其实。
夭之沃沃，乐子之无室。

【译文】

低湿地上长羊桃，枝儿婀娜又娇娆。
细细嫩嫩光泽好，羡你无知无烦恼。
低湿地上长羊桃，繁花一片多俊俏。
柔嫩浓密光泽好，羡你无家真逍遥。
低湿地上长羊桃，果儿累累挂枝条。
又肥又大光泽好，羡你无妻无家小。

匪风

【原文】

匪风发兮，匪车偈兮。
顾瞻周道，中心怛兮。
匪风飘兮，匪车嘌兮。
顾瞻周道，中心吊兮。
谁能亨鱼？溉之釜鬵。
谁将西归？怀之好音。

【译文】

风儿刮得发发响，车儿跑得飞一样。
回头向着大路望，心里想家真忧伤。
风儿刮得打旋转，车儿轻快急忙忙。
回头向着大路望，心里想家泪汪汪。
谁会烧那新鲜鱼？替他把锅洗干净。
谁要回到西方去？托他带个平安信。

曹风

蜉蝣

【原文】

蜉蝣之羽，衣裳楚楚。
心之忧矣，于我归处。
蜉蝣之翼，采采衣服。
心之忧矣，于我归息。
蜉蝣掘阅，麻衣如雪。
心之忧矣，于我归说。

【译文】

蜉蝣有对好翅膀，衣裳整洁又漂亮。
可恨朝生暮就死，我们归宿都一样。
蜉蝣展翅在飞翔，衣服华丽真漂亮。
可恨朝生暮就死，与我归宿一个样。
蜉蝣穿洞来人间，麻衣像雪白晃晃。
可恨朝生暮就死，大家都是这下场。

候人

【原文】

彼候人兮，何戈与祋。
彼其之子，三百赤芾。
维鹈在梁，不濡其翼。
彼其之子，不称其服。

维鹈在梁，不濡其咮。
彼其之子，不遂其媾。
荟兮蔚兮，南山朝隮。
婉兮娈兮，季女斯饥。

【译文】

候人官职小得很，肩上扛着戈和棍。
可恨那些暴发户，红皮绑腿三百人。
鹈鹕栖在鱼梁上，居然未曾湿翅膀。
可笑那些暴发户，哪配穿上贵族装。

鹈鹕栖在鱼梁上，长嘴不湿太反常。
且看那些暴发户，不会称心得宠长。
云漫漫啊雾弥弥，南山早上彩虹起。
候人幼女虽姣好，没有饭吃饿肚皮。

鸤鸠

【原文】

鸤鸠在桑，其子七兮。
淑人君子，其仪一兮。
其仪一兮，心如结兮。
鸤鸠在桑，其子在梅。
淑人君子，其带伊丝。
其带伊丝，其弁伊骐。

鸤鸠在桑，其子在棘。
淑人君子，其仪不忒。
其仪不忒，正是四国。
鸤鸠在桑，其子在榛。
淑人君子，正是国人。
正是国人，胡不万年。

【译文】

布谷筑巢桑树间，喂养小鸟心不偏。
我们理想好君子，说到做到不空谈。
说到做到不空谈，忠心耿耿磐石坚。

布谷筑巢桑树间，小鸟学飞梅树颠。
我们理想好君子，丝带束腰真不凡。
丝带束腰真不凡，玉饰皮帽花色鲜。

布谷筑巢桑树间，小鸟飞在枣树上。
我们理想好君子，言行如一不走样。
言行如一不走样，四方各国好榜样。

布谷筑巢桑树间，小鸟飞落榛树上。
我们理想好君子，全国百姓好官长。
全国百姓好官长，怎不祝他寿无疆。

下泉

【原文】

冽彼下泉，浸彼苞稂。
忾我寤叹，念彼周京。
冽彼下泉，浸彼苞萧。
忾我寤叹，念彼京周。

冽彼下泉，浸彼苞蓍。
忾我寤叹，念彼京师。
芃芃黍苗，阴雨膏之。
四国有王，郇伯劳之。

【译文】

下泉水呀清又凉，淹得莠草难生长。
睁眼醒来长叹息，不知京都怎么样。
下泉水呀清又凉，淹得蒿草难生长。
睁眼醒来长叹息，空念京城难回乡。

下泉水呀清又凉，淹得蓍草难生长。
睁眼醒来长叹息，京师惹人常怀想。
蓬勃一片黍苗壮，阴雨润泽助它长。
各国诸侯终有主，护送敬王荀伯忙。

豳风

七月

【原文】

七月流火，九月授衣。
一之日觱发，二之日栗烈。
无衣无褐，何以卒岁？
三之日于耜，四之日举趾。

同我妇子，馌彼南亩，
田畯至喜。
七月流火，九月授衣。
春日载阳，有鸣仓庚。

女执懿筐，遵彼微行，
爰求柔桑。
春日迟迟，采蘩祁祁。
女心伤悲，殆及公子同归。
七月流火，八月萑苇。
蚕月条桑，取彼斧斨。
以伐远扬，猗彼女桑。
七月鸣鵙，八月载绩。
载玄载黄，我朱孔阳，
为公子裳。
四月秀葽，五月鸣蜩。
八月其获，十月陨萚。
一之日于貉，取彼狐狸，
为公子裘。
二之日其同，载缵武功。
言私其豵，献豜于公。
五月斯螽动股，六月莎鸡振羽。
七月在野，八月在宇，
九月在户，十月蟋蟀入我床下。
穹窒熏鼠，塞向墐户。
嗟我妇子，曰为改岁，
入此室处。
六月食郁及薁，七月亨葵及菽。
八月剥枣，十月获稻。
为此春酒，以介眉寿。
七月食瓜，八月断壶，九月叔苴。
采荼薪樗，食我农夫。
九月筑场圃，十月纳禾稼，
黍稷重穋，禾麻菽麦。
嗟我农夫！我稼既同，上入执宫功。
昼尔于茅，宵尔索绹。
亟其乘屋，其始播百谷。
二之日凿冰冲冲，三之日纳于凌阴。
四之日其蚤，献羔祭韭。
九月肃霜，十月涤场。
朋酒斯飨，曰杀羔羊。
跻彼公堂，称彼兕觥，
万寿无疆！

【译文】

七月大火偏西方，九月女工缝衣裳。
十一月风毕拨响，腊月寒气刺骨凉。
粗布衣服都没有，怎样过冬心悲伤！
正月农具修整好，二月下地春耕忙。
叫来老婆和孩子，饭菜送到田边旁，
农官老爷充饥肠。
七月大火偏西方，九月女工缝衣裳，
春天太阳暖洋洋，黄莺吱喳枝头唱。
姑娘手提深竹筐，沿着墙边小路旁，
采呀采那柔嫩桑。春天日子渐渐长，
采蒿人儿闹嚷嚷。姑娘心里暗悲伤，
只怕公子看上抢。
七月大火偏西方，八月割苇好收藏。
三月动手修桑树，拿起斧头拿起新，
高枝长条砍个光，攀着短枝摘嫩桑。
七月伯劳树上唱，八月纺麻织布忙。
染成黑红染成黄，我染深红最漂亮，
为那公子做衣裳。
四月远志结子囊，五月知了声声唱。
八月庄稼要收割，十月落叶随风扬。
十一月里打貉子，剥下狐狸茸茸皮，
好为公子做衣裳。腊月大伙聚一起，
继续打猎练武忙。小猪自己留下来，
大猪（古代一种像熊的野兽）送到公

府上。

五月蚱蜢弹腿响，六月蝈蝈抖翅膀。
七月蟋蟀野地鸣，八月屋檐底下唱，
九月跳进房门来，十月到我床下藏。
打扫垃圾熏老鼠，泥好柴门封北窗。
哎呀我的妻和儿，眼看就要过年关，
避寒住进这破房。
六月郁李葡萄尝，七月煮葵烧豆汤。
八月打下大红枣，十月收割稻米香。
用来酿成好春酒，老爷饮了寿命长。
七月采瓜食瓜瓤，八月葫芦摘个光，
九月拾麻好收藏，采来苦菜砍臭椿，
是咱农夫半年粮。

九月筑好打谷场，十月庄稼要进仓，
谷子黄禾和高粱，粟麻豆麦分开放。
哎呀可叹咱农夫！庄稼刚刚收拾完，
又要服役修宫房：白天割来粗茅草，
晚上搓绳长又长，急忙上屋把顶盖，
开春要播各种粮。
腊月凿冰冲冲响，正月送进冰窖藏。
二月起早行祭礼，献上韭菜和小羊。
九月天高气又爽，十月萧瑟树叶黄。
两壶美酒大家饮，举刀宰了小羔羊，
踏上台阶进公堂，高高举起牛角杯，
同声高祝寿无疆！

鸱鸮

【原文】

鸱鸮鸱鸮，既取我子，
无毁我室。恩斯勤斯，
鬻子之闵斯。
迨天之未阴雨，彻彼桑土，
绸缪牖户。今女下民，
或敢侮予。

予手拮据，予所捋荼，
予所蓄租，予口卒瘏，
曰予未有室家。
予羽谯谯，予尾翛翛，
予室翘翘，风雨所漂摇，
予维音哓哓！

【译文】

猫头鹰啊猫头鹰，你已抓走我娃娃，
不要再毁我的家。辛苦爱我小宝贝，
养育孩子累又乏。
趁着天晴没阴雨，剥下桑树根上皮，
修补窗子和门户。现在你们树下人，
有谁还敢来欺侮。

我手发麻太疲劳，我采芦花来垫巢，
我还贮存干茅草，我的嘴巴累痛了，
我窝还没修理好。
我的羽毛已枯焦，我的尾巴干寥寥，
我的窝儿险又高，风吹雨打晃又摇，
吓得我啊吱吱叫。

东山

【原文】

我徂东山，慆慆不归。
我来自东，零雨其濛。
我东曰归，我心西悲。
制彼裳衣，勿士行枚。
蜎蜎者蠋，烝在桑野。
敦彼独宿，亦在车下。
我徂东山，慆慆不归。
我来自东，零雨其濛。
果赢之实，亦施于宇。
伊威在室，蟏蛸在户。
町畽鹿场，熠耀宵行。
不可畏也，伊可怀也。
我徂东山，慆慆不归。
我来自东，零雨其濛。
鹳鸣于垤，妇叹于室。
洒扫穹窒，我征聿至。
有敦瓜苦，烝在栗薪。
自我不见，于今三年。
我徂东山，慆慆不归。
我来自东，零雨其濛。
仓庚于飞，熠耀其羽。
之子于归，皇驳其马。
亲结其缡，九十其仪。
其新孔嘉，其旧如之何？

【译文】

我到东山去打仗，久久不归岁月长。
今天我从东方来，细雨蒙蒙倍凄凉。
我刚听说要回乡，西望家园心悲伤。
缝好一套平日装，不再含枚上战场。
青虫爬动曲又弯，长在野外桑树上。
孤身独宿缩成团，兵车底下权当床。
我到东山去打仗，久久不归岁月长。
今天我从东方来，细雨蒙蒙倍凄凉。
瓜蒌结实一串串，爬到高高房檐上，
屋里到处地鳖虫，门前结满蜘蛛网。
田地变成野鹿场，入夜萤火点点亮。
家园荒凉怕不怕？越是荒凉越怀想！
我到东山去打仗，久久不归岁月长。
今天我从东方来，细雨蒙蒙倍凄凉。
老鹳长鸣土堆上，爱妻嗟叹守空房。
洒扫房屋修好墙，盼我征夫早回乡。
团团苦瓜涩又苦，结在苦菜柴薪上。
自从我们不相见，于今三年断人肠！
我到东山去打仗，久久不归岁月长。
今天我从东方来，细雨蒙蒙倍凄凉。
黄莺翻飞春已暮，毛羽鲜明闪闪光。
想起当年她出嫁，迎亲花马白里黄。
娘替女儿结佩巾，仪式繁多求吉祥。
新婚夫妇多美满，久别重逢该怎样？

破斧

【原文】

既破我斧，又缺我斨。
周公东征，四国是皇。
哀我人斯，亦孔之将！
既破我斧，又缺我锜。
周公东征，四国是吪。
哀我人斯，亦孔之嘉！
既破我斧，又缺我銶。
周公东征，四国是遒。
哀我人斯，亦孔之休！

【译文】

斧头斫得裂缝长，满身伤痕青铜斨。
周公东征到远方，四国听着都着慌。
可怜我们这些人，总算命大能回乡！
斧头斫得裂缝粗，作战折断三齿锄。
周公东征到远方，四国幡然都悔悟！
可怜我们这些人，总算有福回乡土！
斧头斫裂刃锋销，缺口参差手中锹。
周公东征到远方，四国平定不动摇。
可怜我们这些人，熬到回乡算命好！

伐柯

【原文】

伐柯如何？匪斧不克。
取妻如何？匪媒不得。
伐柯伐柯，其则不远。
我觏之子，笾豆有践。

【译文】

要砍斧柄怎么办？没有斧头不成功。
要娶妻子怎么办？没有媒人行不通。
砍斧柄呀砍斧柄，样子就在你面前。
我看那位好姑娘，料理宴席很熟练。

九罭

【原文】

九罭之鱼，鳟、鲂。我觏之子，
衮衣绣裳。
鸿飞遵渚，公归无所，
于女信处。

鸿飞遵陆，公归不复，
于女信宿！
是以有衮衣兮，无以我公归兮，
无使我心悲兮！

【译文】

细网捞着大鳟鲂，我的客人不平常，
画龙上衣彩色裳。
大雁飞飞沿沙洲，您若归去没处留，
不住两夜不让走。

大雁沿着陆地飞，您若归去不再回，
请住两夜别推诿！
藏起您的绣龙袍，请您别走好不好，
不要让我添烦恼！

狼跋

【原文】

狼跋其胡，载疐其尾。
公孙硕肤，赤舄几几。

狼疐其尾，载跋其胡。
公孙硕肤，德音不瑕？

【译文】

老狼朝前踩下巴，后退又踏长尾巴。
公孙身体肥又大，红鞋弯弯神气煞。

老狼后退踩尾巴，前进又踏肥下巴。
公孙身体肥又大，品德名誉差不差？

小雅

鹿鸣之什

鹿鸣

【原文】

呦呦鹿鸣，食野之苹。
我有嘉宾，鼓瑟吹笙。
吹笙鼓簧，承筐是将。
人之好我，示我周行。
呦呦鹿鸣，食野之蒿。
我有嘉宾，德音孔昭。
视民不恌，君子是则是效。
我有旨酒，嘉宾式燕以敖。
呦呦鹿鸣，食野之芩。
我有嘉宾，鼓瑟鼓琴。
鼓瑟鼓琴，和乐且湛。
我有旨酒，以燕乐嘉宾之心。

【译文】

鹿儿呦呦叫不停，唤来同伴吃野苹。
我有满座好宾客，席上弹瑟又吹笙。
吹笙按簧声和声，捧上礼物竹筐盛。
诸位宾朋喜爱我，教我道理最欢迎。
鹿儿呦呦叫不停，呼吃青蒿结伴行。
我有满座好宾客，品德高尚有美名。
待人宽厚不刻薄，君子学习好典型。
我有美酒敬一杯，宾客欢宴喜盈盈。
鹿儿呦呦叫不停，唤来同伴吃野芩。
我有满座好宾客，席上弹瑟又奏琴。
琴瑟齐奏声和鸣，酒酣耳热座生春。
我有美酒敬一杯，借此娱乐诸贵宾。

四牡

【原文】

四牡騑騑，周道倭迟。
岂不怀归？王事靡盬，
我心伤悲！
四牡騑騑，啴啴骆马。

岂不怀归？王事靡盬，
不遑启处！
翩翩者鵻，载飞载下，
集于苞栩。王事靡盬，
不遑将父！
翩翩者鵻，载飞载止，
集于苞杞。
王事靡盬，不遑将母！
驾彼四骆，载骤骎骎。
岂不怀归？是用作歌，将母来谂！

【译文】

四匹公马跑得累，大路遥远又迂回。
难道不想把家回？王家差事做不完，
使我心里太伤悲！
四匹公马不停蹄，累得骆马直喘气。
难道不想回家里？王家差事做不完，
哪有时间去休息！
翩翩鹁鸪飞又鸣，飞上飞下多高兴，
落在丛丛柞树顶。王家差事做不完，
要养老父也不行！
翩翩鹁鸪任飞翔，飞飞停停多舒畅，
歇在一片杞树上。王家差事做不完，
没空回家养老娘！
四马驾车成一行，车儿急驰马蹄忙。
难道不想回家乡？唱支歌儿诉衷肠，
日夜思念我亲娘！

皇皇者华

【原文】

皇皇者华，于彼原隰。
駪駪征夫，每怀靡及。
我马维驹，六辔如濡。
载驰载驱，周爰咨诹。
我马维骐，六辔如丝。
载驰载驱，周爰咨谋。
我马维骆，六辔沃若。
载驰载驱，周爰咨度。
我马维骃，六辔既均。
载驰载驱，周爰咨询。

【译文】

花儿朵朵开烂漫，高原低地都开遍。
急急忙忙我出差，纵有考虑不周全。
驾起马儿真高骏，六条缰绳多滑润。
赶着车儿快快跑，广泛访问城和村。
驾起马儿黑带青，六条缰绳称手匀。
赶着车儿快快跑，到处访问老百姓。
雪白马儿黑尾巴，缰绳光润手中拿。
赶着车儿快快跑，到处访问细调查。
马儿浅黑毛斑驳，缰绳均匀手中握。
赶着车儿快快跑，细心察访勤探索。

常棣

【原文】

常棣之华，鄂不韡韡。
凡今之人，莫如兄弟。
死丧之威，兄弟孔怀。
原隰裒矣，兄弟求矣。
脊令在原，兄弟急难。
每有良朋，况也永叹。
兄弟阋于墙，外御其务。
每有良朋，烝也无戎。
丧乱既平，既安且宁。
虽有兄弟，不如友生。
傧尔笾豆，饮酒之饫。
兄弟既具，和乐且孺。
妻子好合，如鼓瑟琴。
兄弟既翕，和乐且湛。
宜尔室家，乐尔妻帑。
是究是图，亶其然乎！

【译文】

棠棣花开照眼明，花萼花蒂同根生。
试看如今世上人，没人能比兄弟情。
死亡威胁最可怕，只有兄弟最关心。
假如地震山川变，只有兄弟来相寻。
鹡鸰流落在高原，兄弟着急来救难。
平时虽是好朋友，看你遭难只长叹。
兄弟在家虽争吵，却能同心抗强暴。
平时虽有好朋友，事到临头难依靠。
死丧祸乱既平靖，一家生活也安宁。
那时虽有亲兄弟，反觉不如朋友亲。
大碗小碗摆上来，又是喝酒又吃菜。
兄弟已经都来齐，家宴和乐又亲爱。
情投意合妻子好，弹琴奏瑟同到老。
兄弟感情既融洽，和睦相处乐陶陶。
妥善安排你家庭，妻子儿女喜盈盈。
认真考虑细思量，此理是否很分明！

伐木

【原文】

伐木丁丁，鸟鸣嘤嘤。
出自幽谷，迁于乔木。
嘤其鸣矣，求其友声。
相彼鸟矣，犹求友声。
矧伊人矣，不求友生？
神之听之，终和且平。

伐木许许，酾酒有芎！
既有肥羜，以速诸父。
宁适不来，微我弗顾。
於粲洒扫，陈馈八簋。
既有肥牡，以速诸舅。
宁适不来，微我有咎。

伐木于阪，酾酒有衍。
笾豆有践，兄弟无远。
民之失德，干糇以愆。
有酒湑我，无酒酤我。
坎坎鼓我，蹲蹲舞我。
迨我暇矣，饮此湑矣。

【译文】

砍起树木铮铮响，林中小鸟嘤嘤唱。
小鸟本从深谷出，飞来住到大树上。
鸟儿嘤嘤啼不住，呼伴引类声欢畅。
看那小鸟是飞禽，尚且求友不断唱。
何况我们是人类，不和朋友相来往？
天神听说人相爱，也会把那和平降。
呼起号子砍树忙，筛出美酒喷喷香。
备好肥嫩小羔羊，请我伯叔来尝尝。
宁可凑巧他不来，莫让责我将他忘。

屋里扫得真清爽，八盘好菜都摆上。
备好肥嫩小公羊，请我长辈来尝尝。
宁可凑巧他不来，免叫他人说短长。
小山坡上来砍树，酒已满杯还要注。
盘儿碗儿排整齐，兄弟之间别相疏。
人们为啥失友情，饭菜不周致交恶。
家里有酒筛出来，没酒店里买一壶。
敲起鼓儿咚咚响，扬起长袖翩翩舞。
趁着今朝有空闲，把这清酒喝下肚。

天保

【原文】

天保定尔，亦孔之固。
俾尔单厚，何福不除？
俾尔多益，以莫不庶。
天保定尔，俾尔戬谷。
罄无不宜，受天百禄。
降尔遐福，维日不足。
天保定尔，以莫不兴。
如山如阜，如冈如陵。
如川之方至，以莫不增。

吉蠲为饎，是用孝享。
禴祠烝尝，于公先王。
君曰卜尔，万寿无疆。
神之吊矣，诒尔多福。
民之质矣，日用饮食。
群黎百姓，遍为尔德。
如月之恒，如日之升。
如南山之寿，不骞不崩。
如松柏之茂，无不尔或承。

【译文】

上天保佑庇护，使您政权巩固。
使您国家强大，赐您一切幸福。
让您物产丰盈，叫您国家富庶。
上天保佑庇护，使您安乐幸福。
万事无不如意，享受众多福乐。
福祉降临您身，唯恐一天不足。
上天保您吉祥，生产蒸蒸日上。
恰如巍巍丘陵，又如高高山冈。
如水滚滚而来，永远不断增长。
饭菜清清爽爽，拿来祭祀祖上。
春夏秋冬四季，祭我先公先王。
祖宗开口说话，赐您万寿无疆。
祖宗已经来临，赐您幸福如锦。
人民淳朴老实，每天吃饱就好。
不管是官是民，个个感您恩情。
您像新月渐盈，您像旭日东升。
您像南山高寿，永不亏损塌崩。
您像松柏常青，子孙永远继承。

采薇

【原文】

采薇采薇，薇亦作止。
曰归曰归，岁亦莫止。
靡室靡家，猃狁之故。
不遑启居，猃狁之故。
采薇采薇，薇亦柔止。
曰归曰归，心亦忧止。
忧心烈烈，载饥载渴。
我戍未定，靡使归聘。
采薇采薇，薇亦刚止。
曰归曰归，岁亦阳止。
王事靡盬，不遑启处。
忧心孔疚，我行不来！
彼尔维何？维常之华。
彼路斯何？君子之车。
戎车既驾，四牡业业。
岂敢定居？一月三捷。
驾彼四牡，四牡骙骙。
君子所依，小人所腓。
四牡翼翼，象弭鱼服。
岂不日戒？俨狁孔棘！
昔我往矣，杨柳依依。
今我来思，雨雪霏霏。
行道迟迟，载渴载饥。
我心伤悲，莫知我哀！

【译文】

采薇采薇一把把，薇菜新芽已长大。
说回家呀说回家，眼看一年又完啦。
有家等于没有家，为着猃狁来厮杀。
没有空闲坐下啦，为着猃狁来厮杀。
采薇采薇一把把，薇菜柔嫩初发芽。
说回家呀说回家，心里忧闷多牵挂。

满腔愁绪火辣辣，又饥又渴真苦煞。
驻地至今难定下，书信无人捎回家。
采薇采薇一把把，薇菜已经发枝桠。
说回家呀说回家，转眼十月又到啦。
王室差事没个完，想要休息没闲暇。
满腔愁绪真苦煞，只怕从此难回家！
什么花儿开得盛？密密层层棠棣花。
什么车儿高又大？将军战车要出发。
兵车已经套上马，四匹公马壮又大。
边地怎敢图安居？一月数胜为邦家！
驾起四匹大公马，马儿雄骏高又大。
将军威武倚车立，兵士掩蔽也靠它。
四匹马儿多齐整，鱼皮箭袋雕弓挂。
哪有一天不戒备，军情紧急难卸甲！
回想当初出征日，杨柳依依随风斜。
如今归来路途中，大雪纷纷漫天洒。
道路泥泞脚步慢，又渴又饿又疲乏。
我心伤感满腔愁，没人体会苦生涯！

出车

【原文】

我出我车，于彼牧矣。
自天子所，谓我来矣。
召彼仆夫，谓之载矣。
王事多难，维其棘矣。
我出我车，于彼郊矣。
设此旐矣，建彼旄矣。
彼旟旐斯，胡不旆旆？
忧心悄悄，仆夫况瘁。
王命南仲，往城于方。
出车彭彭，旂旐央央。
天子命我，城彼朔方。
赫赫南仲，玁狁于襄。
昔我往矣，黍稷方华。
今我来思，雨雪载涂。
王事多难，不遑启居。
岂不怀归？畏此简书。
喓喓草虫，趯趯阜螽。
未见君子，忧心忡忡。
既见君子，我心则降。
赫赫南仲，薄伐西戎。
春日迟迟，卉木萋萋。
仓庚喈喈，采蘩祁祁。
执讯获丑，薄言还归。
赫赫南仲，玁狁于夷。

【译文】

推出战车马套上，驾到远郊养马场。
有人从王那里来，派我出征到北方。
唤来马夫驾起车，赶快送我到边防。
“国王政事多外患，事儿紧急保家邦。”
推出战车马套上，驾到郊外养马场。
车上插起龟蛇旗，树起干旄随风扬。
旗上鹰隼气昂昂，怎不展翅高飞翔？
我为战事心不安，马夫憔悴驾驭忙。

王命南仲大将军，筑城防敌到北方。
驾车四马多壮健，旐旗鲜明亮晃晃。
天子下令我执行，去到北方筑城墙。
威名赫赫南仲子，扫除猃狁上战场。
当初北征离家乡，黍稷茂盛庄稼香。
现在回来打西戎，大雪满路化泥浆。
国王政事多外患，无法安居整天忙。
难道不想回家乡？邻邦盟约不敢忘。

蝈蝈喓喓不住唱，蚱蜢蹦蹦跳场上。
未曾看见南仲面，忧心忡忡虑国防，
如今见了南仲面，石头落地心舒畅。
声名赫赫南仲子，征伐西戎威名扬。
春天日子渐渐长，草木茂盛叶苍苍。
黄莺吱喳枝头唱，采蘩姑娘闹洋洋。
捉来间谍杀敌寇，胜利归来到家乡。
威名赫赫南仲子，平定猃狁国增光。

杕杜

【原文】

有杕之杜，有睆其实。
王事靡盬，继嗣我日。
日月阳止，女心伤止，
征夫遑止！
有杕之杜，其叶萋萋。
王事靡盬，我心伤悲。
卉木萋止，女心悲止，
征夫归止！

陟彼北山，言采其杞。
王事靡盬，忧我父母。
檀车幝幝，四牡痯痯，
征夫不远！
匪载匪来，忧心孔疚。
期逝不至，而多为恤。
卜筮偕止，会言近止，
征夫迩止！

【译文】

一株棠梨生路旁，果实累累挂树上。
国王差事无休止，服役期限又延长。
日子已到十月头，满心忧伤想我郎，
征人有空应回乡！
一株棠梨生路旁，叶儿繁茂真盛旺。
国王差事无休止，遥想征人我心伤。
草木青青春又到，心儿忧碎愁断肠，
征人哪天能还乡！

登上北山我彷徨，手采枸杞心想郎。
国王差事无休止，谁来奉养爹和娘。
檀木车子已破烂，四马疲劳步踉跄，
征夫归期该不长！
人不回来车不装，忧心忡忡苦怀想。
服役期过不回来，最是忧愁最惆怅。
占卜卦辞说吉祥，聚会之期不太长，
征人很快就回乡！

鱼丽

【原文】

鱼丽于罶，鲿鲨。
君子有酒，旨且多。
鱼丽于罶，鲂鳢。
君子有酒，多且旨。
鱼丽于罶，鰋鲤。
君子有酒，旨且有。
物其多矣，维其嘉矣。
物其旨矣，维其偕矣。
物其有矣，维其时矣。

【译文】

鱼儿篓里历录跳，小鲨黄颊下锅烧。
老爷有酒藏得好，满坛满罐清香飘。
鱼儿篓里历录跳，鳊鱼黑鱼有味道。
老爷有酒藏得好，满桶满缸清香飘。
鱼儿篓里历录跳，鲶鱼鲤鱼好菜肴。
老爷有酒藏得好，满樽满杯清香飘。
酒菜丰盛花色多，味道实在好不过。
样样酒菜都精美，客人尝了对口味。
吃的喝的堆满仓，时鲜货色不断档。

南有嘉鱼之什

南有嘉鱼

【原文】

南有嘉鱼，烝然罩罩。
君子有酒，嘉宾式燕以乐。
南有嘉鱼，烝然汕汕。
君子有酒，嘉宾式燕以衎。
南有樛木，甘瓠累之。
君子有酒，嘉宾式燕绥之。
翩翩者鵻，烝然来思。
君子有酒，嘉宾式燕又思。

【译文】

南方有好鱼，群群游水中。
主人有好酒，宴会宾客乐融融。
南方有好鱼，群群游水里。
主人有好酒，宴会宾客乐无比。
南方曲树弯，葫芦缠树上。
主人有好酒，宴会宾客真欢畅。
鹁鸪轻飞翔，成群落树上。
主人有好酒，宴会宾客敬一觞。

南山有台

【原文】

南山有台，北山有莱。
乐只君子，邦家之基。
乐只君子，万寿无期！
南山有桑，北山有杨。
乐只君子，邦家之光。
乐只君子，万寿无疆！
南山有杞，北山有李。
乐只君子，民之父母。
乐只君子，德音不已！
南山有栲，北山有杻。
乐只君子，遐不眉寿！
乐只君子，德音是茂。
南山有枸，北山有楰。
乐只君子，遐不黄耇？
乐只君子，保艾尔后。

【译文】

南山莎草绿萋萋，北山遍地长野藜。
得到君子多快乐，国家靠你做根基。
得到君子多快乐，祝你万寿无穷期！
南山遍地有嫩桑，北山到处长白杨。
得到君子多快乐，国家有你增荣光。
得到君子多快乐，祝你万寿永无疆！
南山杞木株连株，北山冈上长李树。
得到君子多快乐，民众尊你是父母。
得到君子多快乐，你的美名永记住。
南山栲树绿油油，北山檍树满山丘。
得到君子多快乐，怎不盼你享长寿！
得到君子多快乐，你的美名传九州。
南山枸树到处有，北山遍地是苦楸。
得到君子多快乐，怎不愿你永长寿！
得到君子多快乐，保养子孙传千秋。

蓼萧

【原文】

蓼彼萧斯，零露湑兮。
既见君子，我心写兮。
燕笑语兮，是以有誉处兮。
蓼彼萧斯，零露瀼瀼。
既见君子，为龙为光。
其德不爽，寿考不忘。

蓼彼萧斯，零露泥泥。
既见君子，孔燕岂弟。
宜兄宜弟，令德寿岂。
蓼彼萧斯，零露浓浓。
既见君子，鞗革冲冲，
和鸾雝雝，万福攸同。

【译文】

艾蒿高又长，露水闪闪亮。
见到周天子，我心真舒畅。
宴饮又笑谈，大家喜洋洋。
艾蒿高又长，露水晶晶亮。
见到周天子，得宠沾荣光。
皇恩真浩荡，万寿永无疆。

艾蒿长又高，露珠纷纷掉。
见到周天子，盛宴乐陶陶。
兄弟情融洽，德美又寿考。
艾蒿密成丛，叶上露珠浓。
见到周天子，马辔镶黄铜。
鸾铃响丁东，万福归圣躬。

湛露

【原文】

湛湛露斯，匪阳不晞。
厌厌夜饮，不醉无归。
湛湛露斯，在彼丰草。
厌厌夜饮，在宗载考。

湛湛露斯，在彼杞棘。
显允君子，莫不令德。
其桐其椅，其实离离。
岂弟君子，莫不令仪。

【译文】

早晨露水重又浓，不晒太阳它不干。

夜间宴饮安又闲，酒不喝醉莫回还。

浓浓露水闪亮光，沾在茂盛野草上。
夜间宴饮多舒畅，宗庙燕享乐钟响。
浓浓露水闪亮光，沾在枸杞酸枣上。
尊贵忠诚众来宾，品德美好有名望。
桐树椅树到深秋，果实累累满枝头。
贵客和气又平易，彬彬有礼不酗酒。

彤弓

【原文】

彤弓弨兮，受言藏之。
我有嘉宾，中心贶之。
钟鼓既设，一朝飨之。
彤弓弨兮，受言载之。
我有嘉宾，中心喜之。
钟鼓既设，一朝右之。
彤弓弨兮，受言櫜之。
我有嘉宾，中心好之。
钟鼓既设，一朝酬之。

【译文】

弦儿松松红漆弓，诸侯受赐藏家中。
我有如此好宾客，诚心赠物表恩宠。
钟鼓乐器齐备好，从早摆宴到日中。
弦儿松松红漆弓，诸侯受赐带家中。
我有如此好宾客，心里欢喜现笑容。
钟鼓乐器齐备好，从早饮酒到日中。
弦儿松松红漆弓，诸侯受赐插袋中。
我有如此好宾客，无限宠爱喜气浓。
钟鼓乐器齐备好，从早敬酒到日中。

菁菁者莪

【原文】

菁菁者莪，在彼中阿。
既见君子，乐且有仪。
菁菁者莪，在彼中沚。
既见君子，我心则喜。
菁菁者莪，在彼中陵。
既见君子，锡我百朋。
泛泛杨舟，载沉载浮。
既见君子，我心则休。

【译文】

萝蒿一片密又多，长在向阳南山坡。
有幸见到好老师，心里快乐有楷模。
萝蒿一片蓬勃长，长在河心小洲上。
有幸见到好老师，心里欢喜又舒畅。
萝蒿一片真茂盛，高高丘陵连根生。
有幸见到好老师，胜过赏我百千文。
水中漂着杨木舟，半沉半浮没人管。
有幸见到好老师，学有榜样心喜欢。

六月

【原文】

六月栖栖，戎车既饬。
四牡骙骙，载是常服。
猃狁孔炽，我是用急。
王于出征，以匡王国。
比物四骊，闲之维则。
维此六月，既成我服。
我服既成，于三十里。
王于出征，以佐天子。
四牡修广，其大有颙。
薄伐猃狁，以奏肤功。
有严有翼，共武之服。
共武之服，以定王国。
猃狁匪茹，整居焦获。
侵镐及方，至于泾阳。
织文鸟章，白旆央央。
元戎十乘，以先启行。
戎车既安，如轾如轩。
四牡既佶，既佶且闲。
薄伐猃狁，至于大原。
文武吉甫，万邦为宪。
吉甫燕喜，既多受祉。
“来归自镐，我行永久。”
饮御诸友，炰鳖脍鲤。
侯谁在矣？张仲孝友。

【译文】

六月出兵好紧张，整理兵车备战忙。
四匹公马肥又壮，士兵军服装载上。
可恨猃狁太猖狂，我军急行守边防。
周王命令我出征，保我邦国保我王。
四匹黑马选得壮，驾马技术练习忙。
就在盛夏六月里，军服制成好穿上。
新制军服穿上身，日行卅里赴边疆。
周王命令我出征，帮助天子战强梁。
四匹公马高又壮，大头大脑气昂昂。
同心勉力讨猃狁，建立大功安周邦。
将帅威武又谨严，共管战事守国防。
共同管好国防事，卫我国家安我王。
猃狁不弱非窝囊，驻兵焦获战线长。
侵略宁夏和朔方，深入甘肃到泾阳。

我军挂徽坚鹰旗，旗端飘带白又亮。
大型战车有十乘，冲开敌垒勇难挡。
战车安然奏凯还，俯仰自如无损伤。
四匹公马真雄壮，说它雄壮却驯良。
同心勉力讨猃狁，深入大原敌胆丧。
能文能武尹吉甫，四方诸侯好榜样。
宴请吉甫庆喜事，接受赏赐多吉祥。
“我从固原班师归，路上行军日子长。”
邀请战友为陪客，蒸鳖脍鲤佳肴香。
宴会座中还有谁？孝友张仲有名望。

采芑

【原文】

薄言采芑，于彼新田，
于此菑亩。方叔莅止，
其车三千，师干之试。
方叔率止，乘其四骐，
四骐翼翼。路车有奭，
簟茀鱼服，钩膺鞗革。
薄言采芑，于彼新田，
于此中乡。方叔莅止，
其车三千，旂旐央央。
方叔率止，约軧错衡，
八鸾玱玱。服其命服，
朱芾斯皇，有玱葱珩。
鴥彼飞隼，其飞戾天，
亦集爰止。方叔莅止，
其车三千，师干之试。
方叔率止，钲人伐鼓，
陈师鞠旅。显允方叔，
伐鼓渊渊，振旅阗阗。
蠢尔蛮荆，大邦为仇。
方叔元老，克壮其犹。
方叔率止，执讯获丑。
戎车啴啴，啴啴焞焞，
如霆如雷。显允方叔，
征伐猃狁。蛮荆来威。

【译文】

急急忙忙采苦菜，在那郊外新田间，
又到这块初垦田。方叔亲临来检验，
战车排开整三千，战士执盾勤操练。
方叔领兵上前线，乘上战车驰在先，
四匹青鬃肩并肩。朱漆战车红艳艳，
鱼皮箭袋细竹帘，马鞅马勒光耀眼。
急急忙忙采苦菜，在那郊外新田间，
又到这块初垦田。方叔亲临挂帅印，
战车威武有三千，军旗招展多光鲜。
方叔领兵去出征，皮饰车毂雕花辕，
车铃叮当走得欢。王赐宫服身上穿，
鲜红蔽膝亮闪闪，玉佩铿锵响声传。
鹞鹰疾飞快如箭，忽然高飞上九天，
忽然停息落地面。方叔亲临来检验，
战车排开整三千，战士持盾勤操练。
方叔带兵去出征，钲人击鼓声喧阗，

列队誓师好庄严。方叔军纪明又信，
击鼓咚咚号令传，士兵动作应鼓点。
荆州蛮子太愚蠢，敢同周朝做仇人。
方叔乃是元老臣，雄才大略兵如神。
方叔领兵去出征，打得敌人束手擒。
战车隆隆起烟尘，排山倒海军容振，
势如雷霆动乾坤。方叔军纪明又信，
曾经北伐克獗狁，荆蛮闻风已惊心。

车攻

【原文】

我车既攻，我马既同。
四牡庞庞，驾言徂东。
田车既好，四牡孔阜。
东有甫草，驾言行狩。
之子于苗，选徒嚣嚣。
建旐设旄，薄狩于敖。
驾彼四牡，四牡奕奕。
赤芾金舄，会同有绎。
决拾既佽，弓矢既调。
射夫既同，助我举柴。
四黄既驾，两骖不猗。
不失其驰，舍矢如破。
萧萧马鸣，悠悠旆旌。
徒御不惊，大庖不盈。
之子于征，有闻无声。
允矣君子，展也大成。

【译文】

猎车修理已完工，马儿整齐速度同。
四匹公马多强壮，驾着猎车驶向东。
猎车修得很完好，四匹公马大又高。
东都甫田有草原，驾车打猎走一遭。
国王夏猎有排场，清点随员闹洋洋。
树起旗子插上旄，前往敖山狩猎场。
诸侯驾着四马来，四马从容又轻快，
大红蔽膝金头鞋，共同会猎好气派。
扳指臂鞲都齐备，强弓利矢两相配。
猎罢射手都集中，助拣猎物抬又背。
四匹黄马已驾上，两旁骖马不偏向。
往来驰驱有章法，一箭射出就杀伤。
耳听马鸣声萧萧，眼望旌旗悠悠飘。
驭手机警又严肃，野味下厨充佳肴。
国王猎罢归京城，人马整肃寂无声。
真是圣明好天子，会猎胜利大有成。

吉日

【原文】

吉日维戊，既伯既祷。
田车既好，四牡孔阜。
升彼大阜，从其群丑。
吉日庚午，既差我马。
兽之所同，麀鹿麌麌。
漆沮之从，天子之所。
瞻彼中原，其祁孔有。
儦儦俟俟，或群或友。
悉率左右，以燕天子。
既张我弓，既挟我矢。
发彼小豝，殪此大兕。
以御宾客，且以酌醴。

【译文】

时逢戊辰日子好，祭了马祖又祈祷。
猎车坚固更灵巧，四匹公马满身膘。
驾车登上大土坡，追逐群兽飞快跑。
庚午吉日时辰巧，猎马已经选择好。
查看群兽聚集地，鹿儿来往真不少。
驱逐漆沮岸旁兽，赶向周王打猎道。
放眼远望原野头，地方广大物富有。
或跑或走野兽多，三五成群结队游。
把它统统赶出来，等待周王显身手。
按好我的弓上弦，拔出箭儿拿在手。
一箭射中小野猪，再发射死大野牛。
烹调野味宴宾客，做成佳肴好下酒。

鸿雁之什

鸿雁

【原文】

鸿雁于飞，肃肃其羽。
之子于征，劬劳于野。
爰及矜人，哀此鳏寡。
鸿雁于飞，集于中泽。
之子于垣，百堵皆作。
虽则劬劳，其究安宅。

鸿雁于飞，哀鸣嗷嗷。
维此哲人，谓我劬劳。
维彼愚人，谓我宣骄。

【译文】

大雁远飞翔，翅膀沙沙响。
使臣走远路，辛劳奔波忙。
救济贫苦人，鳏寡可怜相。
大雁远飞翔，落在湖中央。
使臣巡工地，筑起百堵墙。
虽然很辛劳，穷人有住房。
大雁远飞翔，哀鸣声凄凉。
只有明白人，说我辛苦忙。
那些愚昧者，说我讲排场。

庭燎

【原文】

夜如何其？夜未央，
庭燎之光。君子至止，
鸾声将将。
夜如何其？夜未艾，
庭燎晰晰。君子至止。
鸾声哕哕。
夜如何其？夜乡晨，
庭燎有辉。君子至止，
言观其旂。

【译文】

现在夜里啥时光？长夜漫漫天未亮，
是那火炬烧得旺。诸侯朝见快来到，
远处车铃叮当响。
现在夜里啥时光？夜色蒙蒙天未亮，
是那火炬明晃晃。诸侯朝见快来到，
铃声渐近响叮当。
现在夜里啥时光？长夜将尽天快亮，
火炬渐熄烟气香。诸侯朝见已来到，
只见旌旗随风扬。

沔水

【原文】

沔彼流水，朝宗于海。
鴥彼飞隼，载飞载止。
嗟我兄弟，邦人诸友。
莫肯念乱，谁无父母？
沔彼流水，其流汤汤。
鴥彼飞隼，载飞载扬。
念彼不迹，载起载行。
心之忧矣，不可弭忘。
鴥彼飞隼，率彼中陵。
民之讹言，宁莫之惩。
我友敬矣，谗言其兴。

【译文】

流水盈盈向东方，百川归海成汪洋。
天空隼鸟任疾飞，飞飞停停不慌忙。
可叹同姓诸兄弟，可叹朋友和同乡，
无人考虑国事乱，你们难道没爹娘？
流水盈盈向东方，浩浩荡荡入海洋。
天空隼鸟任疾飞，扇动翅膀高飞翔。
上边做事没准则，坐立不安我彷徨。
心忧国事这模样，终日焦虑不能忘。
天空隼鸟任疾飞，沿着山陵高飞翔。
民间谣言纷纷起，不去制止真荒唐。
告我友朋须警惕，谣言蜂起要提防。

鹤鸣

【原文】

鹤鸣于九皋，声闻于野。
鱼潜在渊，或在于渚。
乐彼之园，爰有树檀，
其下维萚。它山之石，
可以为错。
鹤鸣于九皋，声闻于天。
鱼在于渚，或潜在渊。
乐彼之园，爰有树檀，
其下维榖。它山之石，
可以攻玉。

【译文】

沼泽曲折白鹤叫，鸣声嘹亮传四郊。
鱼儿潜伏深水里，有时游出近小岛。

美丽花园逗人爱，园里檀树大又高，
树下萚树矮又小。他乡山上有宝石，
同样可做雕玉刀。
沼泽曲折白鹤叫，鸣声嘹亮传九霄。
鱼儿游在沙洲边，潜入深渊也逍遥。
美丽花园逗人爱，园里檀树大又高，
下有楮树丑又小。它乡山上有宝石，
同样可将美玉雕。

祈父

【原文】

祈父，予王之爪牙。
胡转予于恤，靡所止居？
祈父，予王之爪士。
胡转予于恤，靡所厎止？
祈父，亶不聪。
胡转予于恤，有母之尸饔！

【译文】

大司马呀大司马，你是国王的爪牙。
为啥调我到战场，害我背井离家乡？
大司马呀大司马，你是卫士的领班。
为啥调我到战场，害我有家难回还？
大司马呀大司马，你真不了解情况。
为啥调我到战场，去时娘在，回来哭灵堂！

白驹

【原文】

皎皎白驹，食我场苗。
絷之维之，以永今朝。
所谓伊人，于焉逍遥。
皎皎白驹，食我场藿。
絷之维之，以永今夕。
所谓伊人，于焉嘉客？
皎皎白驹，贲然来思。
尔公尔侯，逸豫无期。
慎尔优游，勉尔遁思。
皎皎白驹，在彼空谷。
生刍一束，其人如玉。
毋金玉尔音，而有遐心。

【译文】

浑身皎洁小白马，请来吃我场中苗。
拿起绳索拴马脚，伴我朋友度今朝。
说起我的好朋友，请在这里且逍遥。
浑身皎洁小白马，来我场中吃豆叶。
拿起绳索绊马脚，留下你再过一夜。
说起我的好朋友，此地做客此地歇。
浑身皎洁小白马，飞跑奔来真快煞。
才能堪为公和侯，莫要日夜只玩耍。
安闲游乐须谨慎，切勿隐居图闲暇。
浑身皎洁小白马，向那山谷自在跑。
备捆青草做饲料，等待如玉友人到。
别后音书莫吝惜，心存疏远忘知交。

黄鸟

【原文】

黄鸟黄鸟，无集于榖，
无啄我粟。此邦之人，
不我肯穀。言旋言归，
复我邦族。
黄鸟黄鸟，无集于桑，
无啄我粱。此邦之人，
不可与明。言旋言归，
复我诸兄。
黄鸟黄鸟，无集于栩，
无啄我黍。此邦之人，
不可与处。言旋言归，
复我诸父。

【译文】

黄鸟黄鸟听我讲，不要停在楮树上，
不要吃我小米粮。这个国家的人们，
对我实在不善良。回去回去快回去，
回到本国我家乡。
黄鸟黄鸟听我讲，不要停在桑树上，
不要吃我红高粱。这个国家的人们，
不守信用真荒唐。回去回去快回去，
回到故土见兄长。
黄鸟黄鸟听我讲，不要停在柞树上，
不要吃我玉米粮。这个国家的人们，
没法共处相来往。回去回去快回去，
去和伯叔细商量。

我行其野

【原文】

我行其野，蔽芾其樗。
昏姻之故，言就尔居。
尔不我畜，复我邦家。
我行其野，言采其蓫。
昏姻之故，言就尔宿。
尔不我畜，言归斯复。
我行其野，言采其葍。
不思旧姻，求尔新特。
成不以富，亦祇以异。

【译文】

我在郊外独行路，臭椿枝叶长满树。
因为结婚成姻缘，才来和你一块住。
你却无情不爱我，只好回去当弃妇。
我在郊外独行路，采棵臭蓫情难诉。
因为结婚成姻缘，夜夜才和你同宿。
你却无情不爱我，只好回到娘家住。
我在郊外独行路，摘株葍草心凄楚。
不念旧妻太狠心，追求新配真可恶。
并非她家比我富，是你异心相辜负。

斯干

【原文】

秩秩斯干，幽幽南山。
如竹苞矣，如松茂矣。
兄及弟矣，式相好矣，
无相犹矣。
似续妣祖，筑室百堵，
西南其户。爰居爰处，
爰笑爰语。
约之阁阁，椓之橐橐。
风雨攸除，鸟鼠攸去，
君子攸芋。
如跂斯翼，如矢斯棘，
如鸟斯革，如翚斯飞，
君子攸跻。
殖殖其庭，有觉其楹，
哙哙其正，哕哕其冥，
君子攸宁。
下莞上簟，乃安斯寝。
乃寝乃兴，乃占我梦。

吉梦维何？维熊维罴，
维虺维蛇。
大人占之："维熊维罴，
男子之祥。维虺维蛇，
女子之祥。"
乃生男子，载寝之床，
载衣之裳，载弄之璋。
其泣喤喤，朱芾斯皇，
室家君王。
乃生女子，载寝之地，
载衣之裼，载弄之瓦。
无非无仪，唯酒食是议，
无父母诒罹。

【译文】

流水清清小山涧，林木幽幽终南山。
丛丛绿竹好形势，密密青松满冈峦。
兄弟同住多和睦，相亲相爱心相关，
胸襟坦白不欺瞒。
继承祖妣遵遗愿，盖起宫室千百间，
厢列东西门朝南。就在这里同居住，
亲人团聚笑语欢。
扎紧木板咯咯响，夯土咚咚筑泥墙。
从此不怕风和雨，麻雀老鼠都赶光，
君子住着多舒畅。
端正犹如踮脚立，齐整有如利箭急，
宽广好似鸟展翼，华丽赛过锦毛鸡，
君子登堂心欢喜。
庭院宽阔平且正，屋柱笔直高又挺。
白天光线多明亮，夜晚昏暗真幽静，
君子住着心安定。
上铺竹席下铺草，高枕无忧没烦恼。
睡得酣来起得早，昨夜梦境好不好。
好梦梦见啥东西？是熊是罴显吉兆，
有虺有蛇好运道。
大人占梦细细讲，"梦见熊罴有名堂，
象征生男有力量。梦见虺蛇有讲究，
象征生个女娇娘。"
如若生个男孩子，给他睡张小眠床，
给他裹上大衣裳，给他玩弄白玉璋。
娃儿哭声真洪亮，朱红蔽膝更辉煌，
将来周朝做君王。
如若生个小姑娘，给她铺席睡地板，
一条小被包身上，纺线瓦锤给她玩。
不许违抗莫多话，料理家务烧好饭，
别给父母添麻烦。

无羊

【原文】

谁谓尔无羊？三百维群。
谁谓尔无牛？九十其犉。
尔羊来思，其角濈濈。
尔牛来思，其耳湿湿。

或降于阿，或饮于池，
或寝或讹。尔牧来思，
何蓑何笠，或负其糇。
三十维物，尔牲则具。
尔牧来思，以薪以蒸，
以雌以雄。尔羊来思，
矜矜兢兢，不骞不崩。
麾之以肱，毕来既升。
牧人乃梦，众维鱼矣，
旐维旟矣。大人占之：
“众维鱼矣，实维丰年。
旐维旟矣，室家溱溱。”

【译文】

谁说你家没有羊？数百成群遍山丘。
谁说你家没有牛？壮牛就有几十头。
你的羊群走来啦，只见犄角密稠稠。
你的牛群走来啦，摇摇耳朵慢悠悠。
有的牛羊下山坡，有的池边找水喝，
有的走动有的卧。你家牧童归来时，
戴着斗笠披着蓑，有的背着干馍馍。
牲口毛色好几十，品种齐备祭牲多。
你家牧童归来时，拣回一捆柴和草，
顺便打猎收获好。你的羊群牧罢归，
争先恐后快快跑，不掉队儿不乱套。
牧童胳膊挥一挥，一只不少进圈了。
牧官夜里做个梦，梦见鱼儿无其数，
梦见鹰旗漫天舞。大人占梦说端详：
“梦见鱼儿无其数，预兆丰年多富裕。
梦见鹰旗漫天舞，人丁兴旺真欢愉。”

节南山之什

节南山

【原文】

节彼南山，维石岩岩。
赫赫师尹，民具尔瞻。
忧心如惔，不敢戏谈。
国既卒斩，何用不监！
节彼南山，有实其猗。
赫赫师尹，不平谓何！
天方荐瘥，丧乱弘多。
民言无嘉，憯莫惩嗟！
尹氏大师，维周之氐。
秉国之均，四方是维。
天子是毗，俾民不迷。
不吊昊天，不宜空我师！

弗躬弗亲，庶民弗信。
弗问弗仕，勿罔君子。
式夷式已，无小人殆。
琐琐姻亚，则无朊仕。
昊天不佣，降此鞠讻。
昊天不惠，降此大戾！
君子如届，俾民心阕。
君子如夷，恶怒是违。
不吊昊天，乱靡有定。
式月斯生，俾民不宁。
忧心如酲，谁秉国成？
不自为政，卒劳百姓。
驾彼四牡，四牡项领。
我瞻四方，蹙蹙靡所骋。
方茂尔恶，相尔矛矣。
既夷既怿，如相酬矣。
昊天不平，我王不宁。
不惩其心，覆怨其正。
家父作诵，以究王讻。
式讹尔心，以畜万邦。

【译文】

终南山，山峻峭，崖石层层高又高。
赫赫有名尹太师，人人对他侧目瞧。
满心忧忿像火烧，不敢谈论发牢骚。
国运已经快断绝，为何还不觉察到！
终南山，高又长，一片山坡多宽广。
赫赫有名尹太师，为何办事太荒唐！
上天正在降灾荒，国家动乱人死亡。
民怨沸腾没好话，还不认真想一想！
尹太师啊尹太师，你是国家的基石。
朝廷大权手中握，天下靠你来维持。
君王靠你当助手，百姓靠你把路指。
可恨老天没长眼，让他刮尽民膏脂。
国事你不亲主宰，百姓对你不信赖。
人才不问又不用，欺骗好人太不该。
赶快铲除害人虫，不要因此惹祸灾。
亲戚既然无才能，乌纱帽儿摘下来。
老天爷啊心太坏，降下浩劫把人害！
老天爷啊太不仁，降下灾难活不成！
好人如果能执政，民愤可以平一平。
好人如果排除掉，人民反抗怒火烧。
可恨老天没眼睛，乱子从来不曾停。
生灵涂炭命难存，百姓生活不安宁。
忧愁搅得心如醉，究竟让谁掌权柄？
君王不管天下事，结果苦了老百姓。
驾起四匹大公马，马儿肥壮粗脖颈。
东南西北望一望，天地太窄难驰骋！
看你作恶真不少，就像一柄杀人矛。
铲除恶人开心日，举酒相庆乐陶陶。
老天多么不公平，害得我王不安宁。
君王不惩尹氏恶，反而怨恨劝谏臣。
家父作诗自长吟，追究王朝祸乱根。
但愿君王心意转，治理天下享太平。

正月

【原文】

正月繁霜，我心忧伤。
民之讹言，亦孔之将。
念我独兮，忧心京京。
哀我小心，癙忧以痒。
父母生我，胡俾我瘉？
不自我先，不自我后。
好言自口，莠言自口，
忧心愈愈，是以有侮。
忧心茕茕，念我无禄。
民之无辜，并其臣仆。
哀我人斯，于何从禄？
瞻乌爰止，于谁之屋？
瞻彼中林，侯薪侯蒸。
民今方殆，视天梦梦。
既克有定，靡人弗胜。
有皇上帝，伊谁云憎。
谓山盖卑，为冈为陵。
民之讹言，宁莫之惩。
召彼故老，讯之占梦。
具曰予圣，谁知乌之雌雄！
谓天盖高，不敢不局。
谓地盖厚？不敢不蹐。
维号斯言，有伦有脊。
哀今之人，胡为虺蜴？
瞻彼阪田，有菀其特。
天之抓我，如不我克。
彼求我则，如不我得。
执我仇仇，亦不我力。
心之忧矣，如或结之。
今兹之正，胡然厉矣？
燎之方扬，宁或灭之？
赫赫宗周，褒姒灭之！
终其永怀，又窘阴雨。
其车既载，乃弃尔辅。
载输尔载，“将伯助予！”
无弃尔辅，员于尔辐。
屡顾尔仆，不输尔载。
终逾绝险，曾是不意！
鱼在于沼，亦匪克乐。
潜虽伏矣，亦孔之炤。
忧心惨惨，念国之为虐。
彼有旨酒、又有嘉殽。
洽比其邻，昏姻孔云。
念我独兮，忧心慇慇。
佌佌彼有屋，蔌蔌方有谷。
民今之无禄，天夭是椓。
哿矣富人，哀此茕独。

【译文】

六月下霜不正常，这使我心很忧伤。
民间已经有谣言，沸沸扬扬传得广。

想我一身多孤单，愁思萦绕常怅怅。
胆小怕事真可哀，又怕又闷病一场。
爹娘既然生了我，为啥使我受创伤？
我生不早又不晚，乱世灾祸偏碰上。
好话凭他嘴里说，坏话凭他去宣扬。
反复无常真可怕，受人欺侮更懊丧。
没人了解满腹愁，想我命苦泪暗流。
平民百姓有何罪，国亡都成阶下囚。
可怜我们这些人，爵位俸禄何处求？
看那乌鸦往下飞，停下谁家屋脊头？
看那树林密层层，粗干细枝交错生。
人民处境正危险，老天糊涂太昏昏。
世上一切你主宰，没人能够违天命。
皇皇上帝我问你，究竟你恨什么人？
人说山矮像土冢，却是高冈耸半空。
民间谣言既发生，怎不警惕采行动。
召来元老仔细问，再请占梦卜吉凶。
都说自己最高明，不辨乌鸦雌和雄。
是谁说那天很高？走路不敢不弯腰。
是谁说那地很厚？走路不敢不蹑脚。
人民喊出这些话，确有道理说得好。
可恨如今世上人，为何像蛇将人咬。
看那山坡坡上田，一片茂密长禾苗。
老天拼命折磨我，好像非把我压倒。
当初朝廷需要我，找我唯恐得不到。
邀去却又撂一边，不让我把重担挑。
心里忧愁没办法，就像绳子结疙瘩。
试看今日朝中政，为啥暴虐乱如麻？
野火蓬蓬正燃起，有谁能够浇熄它？
赫赫镐京正兴旺，褒姒一笑灭亡它！
心中已经常忧伤，又逢阴雨更凄凉，
车子已经装满货，却把拦板全抽光。
等到货物遍地撒，才叫“大哥帮帮忙！”
请勿丢掉车拦板，还要加粗车轮辐。
经常照顾你车夫，莫使失落车上物。
这样才能渡险境，你却总是不在乎！
鱼儿虽在池里游，并不能够乐逍遥。
虽然潜在深水中，水清仍旧躲不掉。
心中不安常忧虑，想想朝政太残暴。
他有美酒喷喷香，鱼肉好菜供品尝。
狐群狗党相勾结，亲朋好友周旋忙。
想我孤零无依靠，忧心如捣痛断肠。
卑劣小人住好屋，鄙陋家伙有五谷。
如今人民最不幸，天降灾祸真命苦，
富人享福哈哈笑，可怜穷人太孤独。

十月之交

【原文】

十月之交，朔月辛卯。
日有食之，亦孔之丑。
彼月而微，此日而微。
今此下民，亦孔之哀。
日月告凶，不用其行。
四国无政，不用其良。
彼月而食，则维其常。
此日而食，于何不臧！

烨烨震电，不宁不令，
百川沸腾，山冢崒崩。
高岸为谷，深谷为陵。
哀今之人，胡憯莫惩！
皇父卿士，番维司徒。
家伯维宰，仲允膳夫。
聚子内史，蹶维趣马，
楀维师氏，艳妻煽方处。
抑此皇父！岂曰不时。
胡为我作，不即我谋！
彻我墙屋，田卒汙莱。
曰“予不戕，礼则然矣。”

皇父孔圣，作都于向。
择三有事，亶侯多藏。
不憖遗一老，俾守我王。
择有车马，以居徂向。
黾勉从事，不敢告劳。
无罪无辜，谗口嚣嚣。
下民之孽，匪降自天。
噂沓背憎，职竞由人。
悠悠我里，亦孔之痗。
四方有羡，我独居忧。
民莫不逸，我独不敢休。
天命不彻，我不敢效我友自逸。

【译文】

九月刚过十月到，初一早上辰时交。
忽然太阳又蚀了，这种天象是凶兆。
不久之前方月蚀，今又日蚀更糟糕。
如今天下老百姓，大难临头真堪悼。
日月显示灾难兆，不再遵循常轨道，
到处没有好政治，贤臣良才全不要。
上次月亮被吞食，还算平常屡见到。
太阳遭蚀了不得，坏事临头怎么好！
电光闪闪雷轰鸣，政治黑暗民不宁。
大小江河齐沸腾，山峰倒塌乱石崩。
高山刹那变深谷，深谷顿时变丘陵。
可恨如今掌权人，何曾引以为教训！
六卿之首是皇父，樊氏当上大司徒，
朝廷典籍家伯掌，仲允管的是御厨，
聚子充当内史官，蹶父养马管放牧，
还有楀氏管监察，都同褒姒很热乎。
提起皇父叫人气，硬说他没违农时。
为啥派我服劳役，也不商量就通知。
我家墙屋被拆毁，我家田园全荒弛。
还说：“不是我害你，照章办事该如此。”
这位皇父太高明，要在向邑建都城。
选中大官有三个，钱财多得数不清。
不肯留下一老臣，让他保王卫宫廷。
看中富家有车马，迁往向邑结伴行。
尽力服役为王事，不敢诉苦不敢怨。
没犯过错没犯罪，众口诽谤难分辩。
百姓遭受大灾难，不是老天不长眼。
当面谈笑背后骂，都是坏人在诬陷。
苦恼烦闷恨悠悠，恰似大病在心头。
看看别家很富裕，独我一人在忧愁。
人们生活都安逸，我独不敢片刻休。
天道无常难预测，不敢学人图享受。

雨无正

【原文】

浩浩昊天，不骏其德。
降丧饥馑，斩伐四国。
旻天疾威，弗虑弗图。
舍彼有罪，既伏其辜。
若此无罪，沦胥以铺。
周宗既灭，靡所止戾。
正大夫离居，莫知我勩。
三事大夫，莫肯夙夜。
邦君诸侯，莫肯朝夕。
庶曰式臧，覆出为恶。
如何昊天！辟言不信。
如彼行迈，则靡所臻。
凡百君子，各敬尔身。
胡不相畏，不畏于天。

戎成不退，饥成不遂。
曾我暬御，憯憯日瘁。
凡百君子，莫肯用讯。
听言则答，谮言则退。
哀哉不能言，匪舌是出，
维躬是瘁。哿矣能言，
巧言如流，俾躬处休。
维曰于仕，孔棘且殆。
云不可使，得罪于天子。
亦云可使，怨及朋友。
谓尔迁于王都，曰予未有室家。
鼠思泣血，无言不疾。
昔尔出居，谁从作尔室？

【译文】

浩浩老天听我讲，你的恩惠不经常。
降下饥荒和死亡，天下人都被残伤。
老天暴虐太不良，不加思考不思量。
有罪之人你放过，包庇恶行瞒罪状。
无罪之人真冤枉，相继受害遭祸殃。
都城如果被攻破，想要栖身没地方。
大臣高官都逃走，有谁知我工作忙。
三公位高不尽职，不肯早晚辅君王。
各国诸侯也失职，不勤国事匡周邦。
总盼周王能变好，谁知反而更荒唐。
老天这样怎么行！忠言逆耳王不听。

好比一个行路人，毫无目的向前进。
百官群臣不管事，各自小心保自身。
为何互相不尊重，甚至不知畏天命？
敌人进犯今未退，饥荒严重兵将溃。
只我侍御亲近臣，每天忧虑身憔悴。
百官群臣都闭口，不肯进谏怕得罪。
君王爱听顺耳话，谁进忠言就斥退。
可悲有话不能讲，不是舌头生了疮，
是怕自己受损伤。能说会道就吃香，
花言巧语来开腔，高官厚禄如愿偿。
别人劝我把官当，危险太大太紧张。

要说坏事干不得，那就得罪了国王；
要说坏事可以做，朋友要骂丧天良。
劝你迁回王都吧，推辞那里没有家。
苦口婆心再劝他，对我切齿又咬牙，
试问从前离王都，是谁帮你造官衙？

小旻

【原文】

旻天疾威，敷于下土。
谋犹回遹，何日斯沮？
谋臧不从，不臧覆用。
我视谋犹，亦孔之邛。
潝潝訿訿，亦孔之哀。
谋之其臧，则具是违。
谋之不臧，则具是依。
我视谋犹，伊于胡厎。
我龟既厌，不我告犹。
谋夫孔多，是用不集。
发言盈庭，谁敢执其咎？
如匪行迈谋，是用不得于道。
哀哉为犹，匪先民是程，
匪大犹是经。维迩言是听，
维迩言是争。如彼筑室于道谋，
是用不溃于成。
国虽靡止，或圣或否。
民虽靡膴，或哲或谋，
或肃或艾。如彼泉流，
无沦胥以败。
不敢暴虎，不敢冯河。
人知其一，莫知其他。
战战兢兢，如临深渊，
如履薄冰。

【译文】

老天暴虐太恶毒，灾难遍布满国土。
政策谋略全错误，哪天结束这痛苦？
好的计谋你不听，坏的主意反信服。
我看现在的政策，糟糕透顶弊无数。
人们叽叽又咕咕，我心悲哀难解除。
正确意见提上来，千方刁难百计阻；
错误主张提上来，一拍即合就依附。
我看现在的政策，不知弄到啥地步。
我的灵龟已厌恶，谋略吉凶不告诉。
参谋顾问一大堆，议来议去不算数。
你一言来我一语，哪个敢把责任负。
好像问讯陌路人，很难得到正确路。
可叹执政太糊涂，不学祖宗不师古，
不遵正道走邪路；只肯听些浅陋话，
还要吵闹争赢输！如造房子问路卜，
终究没法盖成屋。
国家虽然不算大，也有天才有凡夫，
人民虽然不算多，也有明智谋略富，
也有干才责任负。国运如水一泻去，
终将败亡拦不住！

不敢空手打老虎，不敢徒步河中渡。
这个道理人皆知，别的危险就糊涂。
战战兢兢过日子，如临深渊须留步，
如踩薄冰防险路。

小宛

【原文】

宛彼鸣鸠，翰飞戾天。
我心忧伤，念昔先人。
明发不寐，有怀二人。
人之齐圣，饮酒温克。
彼昏不知，壹醉日富。
各敬尔仪，天命不又。
中原有菽，庶民采之。
螟蛉有子，蜾蠃负之。
教诲尔子，式穀似之。
题彼脊令，载飞载鸣。
我日斯迈，而月斯征。
夙兴夜寐，无忝尔所生！
交交桑扈，率场啄粟。
哀我填寡，宜岸宜狱。
握粟出卜，自何能穀。
温温恭人，如集于木。
惴惴小心，如临于谷；
战战兢兢，如履薄冰。

【译文】

小小斑鸠鸟，高飞上云天。
我心真忧伤，想起我祖先。
一夜睡不着，又把爹娘念。
聪明正派人，喝酒克制又从容。
无知糊涂人，越喝越醉发酒疯。
各位作风要谨慎，国运一去难追踪。
地里有豆苗，人们采回充菜肴。
螟蛾有幼虫，细腰土蜂捉回巢。
教育你儿子，王位定要继承好。
看那小鹡鸰，边飞又边鸣。
天天我奔波，月月你出行。
早起晚睡忙不停。不要辱没父母名。
小小青雀本食肉，却啄黄粟在谷场。
叹我穷得叮当响，还吃官司进牢房。
抓把小米去占卜，何处才能得吉祥？
为人柔顺又温良，竟像爬在高树上。
惴惴不安往下看，如临山谷深万丈。
战战兢兢怕失手，好像踩在薄冰上。

小弁

【原文】

弁彼鸒斯，归飞提提。
民莫不谷，我独于罹。
何辜于天，我罪伊何？
心之忧矣，云如之何？
踧踧周道，鞫为茂草。
我心忧伤，惄焉如捣。
假寐永叹，维忧用老。
心之忧矣，疢如疾首。
维桑与梓，必恭敬止。
靡瞻匪父，靡依匪母。
不属于毛，不离于里，
天之生我，我辰安在？
菀彼柳斯，鸣蜩嘒嘒。
有漼者渊，萑苇淠淠。
譬彼舟流，不知所届。
心之忧矣，不遑假寐。
鹿斯之奔，维足伎伎。
雉之朝雊，尚求其雌。
譬彼坏木，疾用无枝。
心之忧矣，宁莫之知！
相彼投兔，尚或先之。
行有死人，尚或墐之。
君子秉心，维其忍之。
心之忧矣，涕既陨之！
君子信谗，如或酬之。
君子不惠，不舒究之。
伐木掎矣，析薪扡矣。
舍彼有罪，予之佗矣！
莫高匪山，莫浚匪泉。
君子无易由言，耳属于垣。
无逝我梁，无发我笱。
我躬不阅，遑恤我后。

【译文】

乌鸦乌鸦心里欢，飞回窝里真安闲。
人们生活都很好，我独忧愁难排遣。
我有啥事得罪天，我是犯了啥条款？
满心忧伤说不完，叫我究竟怎么办？
平平坦坦京都道，如今长满丛丛草。
忧伤痛苦不堪言，犹如棒槌把心捣。
和衣而卧长叹息，忧伤使我人衰老。
心里苦闷说不完，好像头痛发高烧。
桑梓爹娘种门前，敬它就如敬祖先。
儿子哪有不敬父，孩儿怎不把母恋。
谁非爹生皮和毛，谁非和娘血肉连。
老天既然生了我，为啥时乖命又蹇？
千丝万缕柳条青，蝉儿喳喳不住鸣。
一泓池水深又深，水边芦苇密密生。
我像小船断了缆，不知漂到何处停。
满腹忧伤说不尽，无法安心打个盹。
鹿儿觅群怕失散，留恋同伴脚步慢。
野鸡早上不住啼，还知追求它伙伴。

我像一株有病树，枝叶不生都枯干。
心里忧伤说不完，没人知我真孤单。
兔子关在笼子里，有人怜悯把门开。
尸体横在大路上，有人同情把他埋。
不料父亲居心狠，这般残忍真不该。
心里忧伤说不完，涕泪涟涟只自哀！
父亲听谗太轻信，像受敬酒味津津。
父亲对我没恩情，不究谣言何由生。
砍树还要拉紧绳，劈柴还要顺木纹。
放过罪人造谣者，却把罪名加我身。
若是不高不是山，若是不深不是潭。
父亲休要轻开言，隔墙有耳贴壁边。
别到我的鱼坝去，别把鱼篓打开看。
自身尚且不见容，哪顾身后事变迁。

巧言

【原文】

悠悠昊天，曰父母且。
无罪无辜，乱如此怃。
昊天已威，予慎无罪；
昊天泰怃，予慎无辜。
乱之初生，僭始既涵。
乱之又生，君子信谗。
君子如怒，乱庶遄沮。
君子如祉，乱庶遄已。
君子屡盟，乱是用长。
君子信盗，乱是用暴。
盗言孔甘，乱是用餤。
匪其止共，维王之邛。
奕奕寝庙，君子作之。
秩秩大猷，圣人莫之。
他人有心，予忖度之。
跃跃毚兔，遇犬获之。
荏染柔木，君子树之。
往来行言，心焉数之。
蛇蛇硕言，出自口矣。
巧言如簧，颜之厚矣。
彼何人斯？居河之麋。
无拳无勇，职为乱阶。
既微且尰，尔勇伊何？
为犹将多，尔居徒几何？

【译文】

悠悠老天听我诉，我把你来当父母。
人们没罪没过错，遭受祸乱太残酷。
老天施威太可怖，罪过我真半点无。
老天疏忽太糊涂，我是真正属无辜。
当初乱事刚发生，所有谗言都听进；
乱事再次又出现，君王又把谗言信。
君王如能斥谗人，祸乱马上能除尽；
君王如能用贤良，祸乱很快能平定。
君王谗人常结盟，所以乱子无穷尽。
君王轻信窃国盗，所以乱子更凶暴。
盗贼说话蜜蜜甜，所以乱子更增添。
不忠职守太不该，专把君王来坑害。

宫殿宗庙多雄伟，都是先王建成功。
典章制度多完善，圣人制定谋略宏。
别人有心破坏它，我能揣度猜测中。
好比狡兔脚虽快，碰上猎犬把命送。
好的树木柔又韧，君子种来树成荫。
流言散布没定准，我能辨别记在心。
骗人大话哪里来，都以谗人嘴中喷。
花言巧语像吹簧，脸皮太厚真可恨。
他是一个啥货色？住在大河水边沿。
既无才能又无勇，祸乱他是总根源。
烂了小腿又肿脚，你的勇气怎不见？
诡计多端真可恶，多少同党共作乱？

何人斯

【原文】

彼何人斯？其心孔艰。
胡逝我梁，不入我门？
伊谁云从？维暴之云。
二人从行，谁为此祸？
胡逝我梁，不入唁我？
始者不如今，云不我可。
彼何人斯？胡逝我陈？
我闻其声，不见其身。
不愧于人？不畏于天？
彼何人斯？其为飘风。
胡不自北？胡不自南？
胡逝我梁，祇搅我心！
尔之安行，亦不遑舍。
尔之亟行，遑脂尔车。
壹者之来，云何其盱！
尔还而入，我心易也。
还而不入，否难知也。
壹者之来，俾我祇也。
伯氏吹埙，仲氏吹篪。
及尔如贯，谅不我知！
出此三物，以诅尔斯！
为鬼为蜮，则不可得。
有靦面目，视人罔极。
作此好歌，以极反侧。

【译文】

请问他是什么人？心地阴险真可恨。
为何路过我鱼梁，不肯进入我家门？
请问他听谁的话？暴公说甚他说甚。
他跟暴公并肩行，我遭祸事谁是根？
为何走过我鱼梁，不进我门来慰问？
当初对我还不错，如今翻脸不认人！
请问他是什么人？为何从我穿堂行？
远远只听脚步声，看看不见他身影。
难道人前不惭愧？难道不怕天报应？
请问他是什么人？一阵暴风从此经。
为何不从北边走，为何不从南边行？
为何走过我鱼梁，恰恰使我疑心生！
你的车儿慢慢行，也没工夫停一停。
现在你说要快走，偏又添油把车停。

前次你到我家来，使我苦闷心头冷！
回国走进我家门，交情如旧我欢欣。
回国不进我家门，居心叵测难相信。
上次你到我家来，气得我竟生了病。
大哥奏乐吹起埙，二哥吹篪相和音。
你我本是一线穿，却不理解我的心！
捧出三牲鸡猪狗，求神降祸于你身！
为鬼为蜮害人精，无影无形难找寻。
你有颜面是人样，却比别人没定准。
特地唱支善意歌，揭穿反复无常人。

巷伯

【原文】

萋兮斐兮，成是贝锦。
彼谮人者，亦已大甚！
哆兮侈兮，成是南箕。
彼谮人者，谁适与谋？
缉缉翩翩，谋欲谮人。
慎尔言也，谓尔不信。
捷捷幡幡，谋欲谮言。
岂不尔受？既其女迁。
骄人好好，劳人草草。
苍天苍天！视彼骄人，
矜此劳人！
彼谮人者，谁适与谋！
取彼谮人，投畀豺虎！
豺虎不食，投畀有北。
有北不受，投畀有昊。
杨园之道，猗于亩丘。
寺人孟子，作为此诗。
凡百君子，敬而听之。

【译文】

丝线错杂颜色明，织成五彩贝纹锦。
那个造谣害人精，用心实在太凶狠！
张开大口畚箕样，箕星高挂天南方。
那个造谣害人精，谁愿和他去搭腔！
唧唧喳喳嚼舌根，整天算计陷害人。
劝你说话要当心，否则对你就不信。
花言巧语信口编，挖空心思造谣言。
虽说一时受你骗，终究恨你太阴险。
小人得志就忘形，好人被谗意消沉。
老天老天把眼睁！你看那人多骄横，
可怜我们受害人！
那个造谣大坏蛋，谁愿和他去搭腔！
抓住那个造谣家，丢到野外喂虎狼！
虎狼嫌他不愿吃，把他摔到北大荒；
北荒如果不接受，送他归天见阎王。
一条大路通杨园，紧紧靠在亩丘边。
我是宦官叫孟子，受人陷害写诗篇。
诸位君子大老爷，请您认真听我言。

谷风之什

谷风

【原文】

习习谷风，维风及雨。
将恐将惧，维予与女；
将安将乐，女转弃予！
习习谷风，维风及颓。
将恐将惧，寘予于怀；
将安将乐，弃予如遗！
习习谷风，维山崔嵬。
无草不死，无木不萎。
忘我大德，思我小怨。

【译文】

山谷大风呼呼叫，风狂雨骤天地摇。
当初忧患飘摇日，唯我助你把心操；
如今日子已安乐，反而将我抛弃掉。
山谷大风呼呼起，旋风阵阵不停息。
当初忧患飘摇日，把我搂在怀抱里；
如今生活已安乐，把我丢开全忘记。
大风呼呼吹不停，吹过高山刮过岭。
刮得百草都枯死，刮得树木尽凋零。
我的好处全忘记，专把小错记在心。

蓼莪

【原文】

蓼蓼者莪，匪莪伊蒿。
哀哀父母，生我劬劳。
蓼蓼者莪，匪莪伊蔚。
哀哀父母，生我劳瘁。
瓶之罄矣，维罍之耻。
鲜民之生，不如死之久矣！
无父何怙，无母何恃。
出则衔恤，入则靡至。
父兮生我，母兮鞠我。
拊我畜我，长我育我，

顾我复我，出入腹我。
欲报之德，昊天罔极！
南山烈烈，飘风发发。
民莫不穀，我独何害！
南山律律，飘风弗弗。
民莫不穀，我独不卒！

【译文】

一丛莪蒿长又高，不料非莪是散蒿。
可怜我的爹和娘，生我养我太辛劳。
高高莪蒿叶青翠，不料非莪而是蔚。
可怜我的爹和娘，生我辛劳太憔悴。
酒瓶底儿朝了天，酒坛应该觉害臊。
孤儿活在世界上，不如早些就死掉！
没有父亲何所依，没有母亲何所靠！
离家服役心含悲，回来双亲见不到。
爹呀是你生下我，娘呀是你抚养我。
抚摸我啊爱护我，养我长大教育我，
照顾我啊挂念我，出门进屋抱着我。
如今想报爹娘恩，谁料老天降灾祸！
南山崎岖行路难，狂风呼啸刺骨寒。
人人都能养爹娘，独我服役受苦难！
南山高耸把路挡，狂风呼啸尘飞扬。
人人都能养爹娘，独我不能去奔丧！

大东

【原文】

有饛簋飧，有捄棘匕。
周道如砥，其直如矢。
君子所履，小人所视。
睠言顾之，潸焉出涕。
小东大东，杼柚其空。
纠纠葛屦，可以履霜？
佻佻公子，行彼周行。
既往既来，使我心疚。
有洌氿泉，无浸获薪！
契契寤叹，哀我惮人。
薪是获薪，尚可载也。
哀我惮人，亦可息也。
东人之子，职劳不来。
西人之子，粲粲衣服。
舟人之子，熊罴是裘。
私人之子，百僚是试。
或以其酒，不以其浆。
鞙鞙佩璲，不以其长。
维天有汉，监亦有光。
跂彼织女，终日七襄。
虽则七襄，不成报章。
睆彼牵牛，不以服箱。
东有启明，西有长庚。
有捄天毕，载施之行。
维南有箕，不可以簸扬。
维北有斗，不可以挹酒浆。
维南有箕，载翕其舌。
维北有斗，西柄之揭。

【译文】

一盒熟食装满满，枣木饭勺柄儿弯。
大路平如磨刀石，笔直就像箭一般。
贵人在这路上走，小民只能瞪眼看。
回过头来怅然望，不禁伤心泪潸潸！
东方远近诸侯国，织机布帛搜刮空。
夏布凉鞋麻绳缠，怎能踏在秋霜冻？
贵人公子轻佻样，走在那条大路中。
往来不绝征赋税，使我忧伤心里痛。
冰冷泉水从旁来，不要浸湿那劈柴！
忧愁不眠暗叹息，劳苦人们真可哀。
谁要想烧这劈柴，还需车儿去装载。
可怜我们劳苦人，休息休息也应该。
东方子弟头难抬，没人慰劳只当差。
西方青年高一等，衣服鲜艳有光彩。
大人子弟褐气好，打熊猎罴心花开。
小人子弟命运乖，干这干那当奴才。
有人进贡美味酒，周人嫌它薄如浆。
进贡美丽佩玉带，周人嫌它不够长。
天上银河虽宽广，用作镜子空有光。
织女星座三只角，一天七次移位忙。
虽然来回移动忙，不能织出好花样。
牵牛星儿亮闪闪，不能用来驾车辆。
早晨启明出东方，傍晚长庚随夕阳。
毕星似网长柄弯，斜挂天空没用场。
南方箕星簸箕样，不能用它扬米糠。
斗星高高挂天上，不能用它舀酒浆。
南方箕星像簸箕，缩着舌头把嘴张。
斗星高高挂天上，扬起柄儿向西方。

四月

【原文】

四月维夏，六月徂暑。
先祖匪人，胡宁忍予？
秋日凄凄，百卉俱腓。
乱离瘼矣，爰其适归？
冬日烈烈，飘风发发。
民莫不谷，我独何害！
山有嘉卉，侯栗侯梅。
废为残贼，莫知其尤。
相彼泉水，载清载浊。
我日构祸，曷云能谷？
滔滔江汉，南国之纪。
尽瘁以仕，宁莫我有。
匪鹑匪鸢，翰飞戾天。
匪鳣匪鲔，潜逃于渊。
山有蕨薇，隰有杞桋。
君子作歌，维以告哀！

【译文】

四月出差是夏天，六月盛暑将过完。
祖先不是别家人，为啥任我受苦难？

秋风萧瑟真凄清，百草干枯尽凋零。
兵荒马乱心忧苦，何处可去何处行？
三九寒天彻骨凉，阵阵狂风呼呼响。
人们生活都很好，我独受害离家乡！
好树好花山上栽，也有栗子也有梅。
习惯成为害民贼，还不承认是犯罪。
看那泉水下山坡，清时少来浊时多。
天天碰上倒霉事，日子怎么会好过？
长江汉水浪滔滔，总揽南方小河道。
鞠躬尽瘁为国家，可是没人说声好。
为人不如鹰和雕，高飞能够冲云霄。
为人不如鲤和鲔，逃进深水真逍遥。
山上一片蕨薇草，低地杞桋真不少。
作首诗歌唱起来，心头悲哀表一表！

北山

【原文】

陟彼北山，言采其杞。
偕偕士子，朝夕从事。
王事靡盬，忧我父母。
溥天之下，莫非王土，
率土之滨，莫非王臣。
大夫不均，我从事独贤。
四牡彭彭，王事傍傍。
嘉我未老，鲜我方将。
旅力方刚，经营四方。
或燕燕居息，或尽瘁事国。
或息偃在床，或不已于行。
或不知叫号，或惨惨劬劳。
或栖迟偃仰，或王事鞅掌。
或湛乐饮酒，或惨惨畏咎。
或出入风议，或靡事不为。

【译文】

登上那座北山冈，采点枸杞尝一尝。
士子身强力又壮，从早到晚工作忙。
国王差事无休止，担心爹娘没人养。
普天之下哪片地，不是国王的领土，
四海之内哪个人，不是国王的臣仆。
大夫做事不公平，派我工作特别苦。
四马拉车匆匆赶，王事繁重没个完。
他们夸我年纪轻，赞我身体真壮健，
说是年富力又强，奔走四方理当然。
有的坐家中安乐享受，有的忙国事皮包骨头。

有的吃饱饭高枕无忧，有的在路上日夜奔走。

有的从不知民间疾苦，有的忧国事累断筋骨。

有的专享福悠闲自得，有的为工作忙忙碌碌。

有的寻欢作乐饮美酒，有的担心灾难要临头。

有的夸夸其谈发议论，有的样样事情

要动手。

无将大车

【原文】

无将大车，祇自尘兮。
无思百忧，祇自疧兮。
无将大车，维尘冥冥。
无思百忧，不出于颎。
无将大车，维尘雍兮。
无思百忧，祇自重兮。

【译文】

不要去推那牛车，只会惹上一身尘。
不要去想忧心事，多想徒然自伤身。
不要去推那牛车，扬起尘土迷眼睛。
不要去想忧心事，多想前途没光明。
不要去推那牛车，尘土飞扬看不清。
不要去想忧心事，多想只会把病生。

小明

【原文】

明明上天，照临下土。
我征徂西，至于艽野。
二月初吉，载离寒暑。
心之忧矣，其毒大苦。
念彼共人，涕零如雨！
岂不怀归？畏此罪罟。
昔我往矣，日月方除。
曷云其还？岁聿云莫。
念我独兮，我事孔庶。
心之忧矣，惮我不暇。
念彼共人，睠睠怀顾。
岂不怀归？畏此谴怒。
昔我往矣，日月方奥。
曷云其还？政事愈蹙。
岁聿云莫，采萧获菽。
心之忧矣，自诒伊戚。
念彼共人，兴言出宿。
岂不怀归？畏此反覆。
嗟尔君子！无恒安处。
靖共尔位，正直是与。
神之听之，式穀以女。
嗟尔君子！无恒安息。
靖共尔位，好是正直。
神之听之，介尔景福。

【译文】

昭昭上天亮光光，普照辽阔大地上。
想我出差到西方，直到荒凉那边疆。
十二月初吉日走，至今寒来又暑往。
心中想想真忧愁，好像吃药苦难当。
想起那位老同事，不禁伤心泪汪汪。
难道不想回家乡？只怕获罪触法网。
回想当初我动身，正是新年好时光。
何日才能回家乡？一年将近犹无望。
想想只有我一人，事情多得头发胀。
心里真是太忧伤，整年劳累天天忙。
思念那位老同事，很想回去望一望。
难道不想回家乡？怕人恼怒说短长。
回想当初我动身，天气正暖不太凉。
何日才能回家乡？政事越来越繁忙。
一年很快就过完，采艾收豆上晒场。
心里想想真忧愁，自寻烦恼徒悲伤。
想起那位老同事，难以入睡起彷徨。
难道不想回家乡？只怕无辜受灾殃。
哎呀劝你老同事！休要安居把福享。
认真办好本职事，亲近正直靠贤良。
神明听到这一切，赐你福禄永吉祥。
哎呀劝你老同事！休贪安逸把福享。
认真办好本职事，亲近正直靠贤良。
神明听到这一切，赐你大福寿无疆。

鼓钟

【原文】

鼓钟将将，淮水汤汤，
忧心且伤。淑人君子，
怀允不忘。
鼓钟喈喈，淮水湝湝，
忧心且悲。淑人君子，
其德不回。
鼓钟伐鼛，淮有三洲，
忧心且妯。淑人君子，
其德不犹。
鼓钟钦钦，鼓瑟鼓琴，
笙磬同音。以雅以南，
以籥不僭。

【译文】

敲起编钟响叮当，淮水滚滚起波浪，
我心忧愁且悲伤。想起古代好君子，
叫人思念不能忘。
敲起编钟声和谐，淮水滔滔流不歇，
我心忧愁且悲切。想起古代好君子，
人品道德不偏邪。
敲钟打鼓声未休，淮河水中三小洲，
我心伤悼且忧愁。想起古代好君子，
品德高贵传千秋。
敲起编钟声钦钦，又鼓瑟来又弹琴，

笙磬同奏相和鸣。歌唱雅乐和南乐，吹籥伴奏更分明。

楚茨

【原文】

楚楚者茨，言抽其棘。
自昔何为？我蓺黍稷。
我黍与与，我稷翼翼。
我仓既盈，我庾维亿。
以为酒食，以享以祀。
以妥以侑，以介景福。
济济跄跄，絜尔牛羊，
以往烝尝。或剥或亨，
或肆或将。祝祭于祊，
祀事孔明。先祖是皇，
神保是飨。"孝孙有庆，
报以介福，万寿无疆！"
执爨踖踖，为俎孔硕，
或燔或炙。君妇莫莫，
为豆孔庶，为宾为客，
献酬交错。礼仪卒度，
笑语卒获。神保是格，
"报以介福，万寿攸酢！"
我孔熯矣，式礼莫愆。
工祝致告："徂赉孝孙。
苾芬孝祀，神嗜饮食。
卜尔百福，如几如式。
既齐既稷，既匡既敕。
永锡尔极，时万时亿。"
礼仪既备，钟鼓既戒。
孝孙徂位，工祝致告：
"神具醉止。"皇尸载起，
鼓钟送尸，神保聿归。
诸宰君妇，废彻不迟。
诸父兄弟，备言燕私。
乐具入奏，以绥后禄。
尔殽既将，莫怨具庆。
既醉既饱，小大稽首。
"神嗜饮食，使君寿考。
孔惠孔时，维其尽之。
子子孙孙，勿替引之。"

【译文】

蒺藜丛丛长满地，我拿锄头除荆棘。
从前开荒为的啥？我种高粱和小米。
我的小米多茂盛，我的高粱多整齐。
我的仓库已堆满，囤里藏粮千百亿。
粮食用来做酒饭，用它献神和祭祀。
请来尸神敬上酒，求神快将大福赐。
助祭恭敬又端庄，洗净你的牛和羊，
准备拿去作祭享。切的切来烧的烧，
摆开碗盏端上堂。太祝祭神庙门里，
祭事完备又周详。祖宗前来受祭祀，
神灵来把酒肉尝。"主祭少爷有吉庆，
神明酬报洪福降，赐您万寿永无疆！"

厨师敏捷做菜肴，案上鱼肉真不少，
有的红烧有的烤。主妇恭敬又小心，
端上佳肴一道道，招待宾客真周到。
主劝客饮杯盏交，遵守礼节不喧闹，
合乎规矩轻谈笑。祖先神灵已来到。
“神用大福来酬报，赐您长寿永不老！”
我的态度很恭敬，礼节周到没毛病。
太祝传下祖宗话：“快去赐福给孝孙。
祭祀酒菜香喷喷，神灵爱吃心高兴。
赐您百福为报应。祭祀及时又标准，
办事快速又齐整，态度谨慎又端正。
永远赐您无量福，福禄亿万数不清。”
祭祀仪式都完备，钟鼓敲响近尾声。
主祭走回堂下位，太祝报告祭礼成：
“神灵都已醉醺醺。”大尸告辞立起身。
乐队敲鼓送尸神，祖宗神灵上归程。
烧菜厨师和主妇，撤去祭品不留停。
伯叔兄弟都聚齐，合家宴饮叙天伦。
乐队进庙齐奏起，子孙享受祭后食。
您的菜肴真美好，怨言全无乐滋滋。
菜饭吃饱酒喝足，老小叩头齐致辞：
“神灵爱吃这饭菜，使您长寿百年期。
祭祀又好又顺利，主人确实尽礼制。
但愿子孙和后代，永把祭礼来保持。”

信南山

【原文】

信彼南山，维禹甸之。
畇畇原隰，曾孙田之。
我疆我理，南东其亩。
上天同云，雨雪雰雰。
益之以霢霂，既优既渥，
既霑既足，生我百谷。
疆埸翼翼，黍稷彧彧。
曾孙之穑，以为酒食。
畀我尸宾，寿考万年。
中田有庐，疆埸有瓜。
是剥是菹，献之皇祖。
曾孙寿考，受天之祜。
祭以清酒，从以骍牡，
享于祖考。执其鸾刀，
以启其毛，取其血膋。
是烝是享，苾苾芬芬，
祀事孔明。先祖是皇，
报以介福，万寿无疆！

【译文】

绵延不断终南山，大禹治过旧封疆。
原野平坦又整齐，曾孙在此种食粮。
划分田界挖沟渠，亩亩方正好丈量。
天上乌云密层层，雪花飞舞乱纷纷。
加上细雨蒙蒙下，雨水充足好年成，
土地潮湿又滋润，苗壮茂盛五谷生。
疆界齐整划井田，小米高粱连成片。
曾孙收获粮食多，制酒做饭香又甜。

供给神主和宾客，神灵赐我寿万年。
田中有房住人家，田边种着青翠瓜。
瓜儿切开腌起来，献给祖先请收下。
曾孙寿命长百岁，皇天赐福保佑他。
神前斟上清清酒，再献赤黄大公牛，
上供祖先来享受。拿起锋利金鸾刀，
分开公牛颈下毛，取出牛血和脂膏。
美酒黄牛已献上，烧起脂膏喷喷香，
祭事完备又周详。祖宗来临把祭享，
神明酬报洪福降，赐您万寿永无疆！

甫田之什

甫田

【原文】

倬彼甫田，岁取十千。
我取其陈，食我农人。
自古有年，今适南亩。
或耘或耔，黍稷薿薿。
攸介攸止，蒸我髦士。
以我齐明，与我牺羊，
以社以方。我田既臧，
农夫之庆。琴瑟击鼓，
以御田祖，以祈甘雨，
以介我稷黍，以谷我士女。
曾孙来止，以其妇子，
馌彼南亩。田畯至喜，
攘其左右，尝其旨否。
禾易长亩，终善且有。
曾孙不怒，农夫克敏。
曾孙之稼，如茨如梁。
曾孙之庾，如坻如京。
乃求千斯仓，乃求万斯箱。
黍稷稻粱，农夫之庆。
报以介福，万寿无疆。

【译文】

一片大田广无边，每年收粮万万千。
拿出仓里陈谷子，给我农民把肚填。
古来都是丰收年。我到南亩去巡视，
锄草培土人不闲，小米高粱一大片。
庄稼长大收上场，田官向我来进献。
黍稷装满碗和盆，配上羊羔毛色纯，
祭祀土神四方神。我的庄稼长得好，
召集农夫同欢庆。击鼓奏瑟又弹琴，
迎神赛会祭农神，祈求上天降甘霖，
使我庄稼得丰收，养活老爷小姐们。
曾孙来到大田间，农民叫他妻和子，
一齐送饭到田边。田官一见心喜欢，
拿起身边菜和饭，尝尝味道鲜不鲜。
满田庄稼密又壮，既好又多是丰年。

曾孙欢喜笑颜开，农夫干活很勤勉。
曾孙庄稼堆满场，高如屋顶和桥梁。
曾孙粮囤只只满，就像小丘和山冈。
快造仓库成千座，快造车子上万辆。
黍稷稻粱往里装，农夫同庆喜洋洋。
神灵报王以大福，长命百岁寿无疆！

大田

【原文】

大田多稼，既种既戒，
既备乃事，以我覃耜，
俶载南亩。播厥百谷，
既庭且硕，曾孙是若。
既方既皁，既坚既好，
不稂不莠，去其螟螣，
及其蟊贼，无害我田穉。
田祖有神，秉畀炎火。
有渰萋萋，兴雨祁祁。
雨我公田，遂及我私。
彼有不获穉，此有不敛穧。
彼有遗秉，此有滞穗，
伊寡妇之利。
曾孙来止，以其妇子，
馌彼南亩，田畯至喜。
来方禋祀，以其骍黑，
与其黍稷。以享以祀，
以介景福。

【译文】

大田宽广庄稼多，选好种子修家伙，
事前准备都完妥。背起我那锋快犁，
开始下田干农活。播下黍稷诸谷物，
苗儿挺拔又壮茁，曾孙心里好快活。
庄稼抽穗已结实，籽粒饱满长势好，
没有空穗和杂草。害虫螟螣全除掉，
蟊虫贼虫逃不了，不许伤害我嫩苗。
多亏农神来保佑，投进大炎将虫烧。
凉风凄凄云满天，小雨下来细绵绵。
雨点落在公田里，同时洒到我私田。
那儿谷嫩不曾割，这儿几株漏田间；
那儿掉下一束禾，这儿散穗三五点，
照顾寡妇任她拣。
曾孙视察已光临，农民叫他妻儿们，
送饭田头犒饥人，田官看了真开心。
曾孙来到正祭神，黄牛黑猪案上陈，
小米高粱配嘉珍。献上祭品行祭礼，
祈求大福赐曾孙。